Die grenzüberschreitende stille Gesellschaft
im Internationalen Steuerrecht

Europäische Hochschulschriften

Publications Universitaires Européennes
European University Studies

Reihe V
Volks- und Betriebswirtschaft

Série V Series V
Sciences économiques, gestion d'entreprise
Economics and Management

Bd./Vol. 2565

PETER LANG
Frankfurt am Main · Berlin · Bern · Bruxelles · New York · Wien

Miriam Glessner

Die grenzüberschreitende stille Gesellschaft im Internationalen Steuerrecht

Einkommen- und körperschaftsteuerliche Wirkungen aus deutscher Sicht

PETER LANG
Europäischer Verlag der Wissenschaften

Die Deutsche Bibliothek - CIP-Einheitsaufnahme

Glessner, Miriam:

Die grenzüberschreitende stille Gesellschaft im Internationalen Steuerrecht : Einkommen- und körperschaftsteuerliche Wirkungen aus deutscher Sicht / Miriam Glessner. - Frankfurt am Main ; Berlin ; Bern ; Bruxelles ; New York ; Wien : Lang, 2000

(Europäische Hochschulschriften : Reihe 5, Volks- und Betriebswirtschaft ; Bd. 2565)
Zugl.: Saarbrücken, Univ., Diss., 1999
ISBN 3-631-35739-7

D 291
ISSN 0531-7339
ISBN 3-631-35739-7

Vorwort

Die vorliegende Arbeit entstand während meiner Tätigkeit als wissenschaftliche Mitarbeiterin in der Betriebswirtschaftlichen Abteilung der Wirtschaftswissenschaftlichen Seminarbibliothek an der Universität des Saarlandes. Sie wurde im Sommersemester 1999 von der Rechts- und Wirtschaftswissenschaftlichen Fakultät der Universität des Saarlandes als Dissertation angenommen.

Mein herzlicher Dank gilt allen, die mich bei der Anfertigung dieser Arbeit unterstützt haben. Großer Dank gebührt meinem verehrten akademischen Lehrer, Herrn Professor Dr. Heinz Kußmaul, für die wissenschaftliche Betreuung sowie die vielfältige und großzügige Unterstützung in den zurückliegenden Jahren. Ebenso danke ich Herrn Professor Dr. Hartmut Bieg für die Übernahme des Korreferats.

Danken möchte ich auch Herrn Dr. Axel Kihm für die kritische Durchsicht des internationalen Teils der Untersuchung.

Mein ganz besonderer Dank gilt meinem Lebensgefährten, Herrn Dr. Wolfgang Wegener, der mit seiner steten Diskussionsbereitschaft und seinen konstruktiven Vorschlägen anläßlich des Lesens des Manuskripts wesentlich zum Gelingen dieser Arbeit beigetragen hat.

Nicht zuletzt gilt mein Dank meiner Mutter sowie meiner Großmutter, die mich in meinem eingeschlagenen Weg wohlwollend begleiten und unterstützen. Ihnen ist diese Arbeit gewidmet.

Saarbrücken, im September 1999 Miriam Glessner

Inhaltsverzeichnis

Vorwort V

Inhaltsverzeichnis VII

Abbildungsverzeichnis XIII

Tabellenverzeichnis XV

Abkürzungsverzeichnis XVII

I. Problemstellung und Gang der Untersuchung 1
- A. Problemstellung 1
- B. Gang der Untersuchung 5

II. Stille Gesellschaft im deutschen Zivil- und Steuerrecht 7
- A. Stille Gesellschaft im zivilrechtlichen Kontext 7
  - 1. Allgemeine Begriffsbestimmung und Rechtsnatur 7
  - 2. Wesentliche Merkmale im einzelnen 10
    - a) Wesen der stillen Gesellschaft 10
    - b) Anforderungen an den Geschäftsinhaber 12
    - c) Anforderungen an den stillen Gesellschafter 15
    - d) Anforderungen an die Vertragsgestaltung 16
  - 3. Abgrenzung der stillen Gesellschaft von verwandten Rechtsinstituten 18
  - 4. Zivilrechtliche Ausgestaltungsarten 22
  - 5. Stille Beteiligung im Jahresabschluß 26
    - a) Keine Bilanzierungspflicht der stillen Gesellschaft 26
    - b) Abbildung der stillen Einlage in der Bilanz 27
      - (1) Bilanzierung des Geschäftsinhabers 27
        - (a) Vorbemerkung 27
        - (b) Ausweis der stillen Einlage der Stelle nach 27
        - (c) Ausweis der stillen Einlage der Höhe nach 36
      - (2) Bilanzierung des stillen Gesellschafters 39
        - (a) Ausweis der stillen Einlage der Stelle nach 39
        - (b) Ausweis der stillen Einlage der Höhe nach 41
    - c) Abbildung des Ergebnisanteils des stillen Gesellschafters in der Gewinn- und Verlustrechnung 43
  - 6. Feststellung und Verteilung von Gewinn und Verlust 45
  - 7. Zusammenfassende Beurteilung 48
- B. Stille Gesellschaft im steuerrechtlichen Kontext 50
  - 1. Steuerrechtliche Ausgestaltungsarten 50
  - 2. Steuerrechtliche Anerkennungsvoraussetzungen 54
    - a) Grundsätzliche Anwendung der handelsrechtlichen Kriterien 54
    - b) Spezielle steuerrechtliche Anforderungen 55

(1) Verträge unter Angehörigen ... 55
(2) Personenidentität zwischen Anteilseigner und stillem Gesellschafter ... 56
(3) Personenidentität zwischen Geschäftsführer und stillem Gesellschafter ... 58
(4) Angemessenheit der Gewinnverteilung ... 60
3. Steuerwirkungen einer typisch stillen Gesellschaft ... 63
a) Steuerliche Behandlung des Geschäftsinhabers ... 63
(1) Einkommensteuer ... 63
(2) Körperschaftsteuer ... 64
(a) Anteil des stillen Gesellschafters als Betriebsausgabe ... 64
(b) Problematik verdeckter Gewinnausschüttungen ... 64
b) Steuerliche Behandlung des typisch stillen Gesellschafters ... 68
(1) Einkommensteuer ... 68
(a) Anteil am Gewinn ... 68
(b) Anteil am Verlust ... 68
(c) Zeitliche Berücksichtigung der Gewinn- und Verlustanteile ... 72
(2) Körperschaftsteuer ... 72
(3) Kapitalertragsteuer ... 73
4. Steuerwirkungen einer atypisch stillen Gesellschaft ... 73
a) Qualifizierung als Mitunternehmerschaft ... 73
(1) Atypisch stille Gesellschaft als Subjekt der Einkünfteermittlung, -qualifikation und -erzielung ... 73
(a) Vorbemerkung ... 73
(b) Stille Gesellschaft als Subjekt der Einkünfteermittlung ... 74
(c) Stille Gesellschaft als Subjekt der Einkünftequalifikation ... 78
(d) Stille Gesellschaft als Subjekt der Einkünfteerzielung ... 79
(2) Erweiterung der gewerblichen Einkünfte infolge der Anwendung der Abfärbe- bzw. Gepräge-Theorie ... 81
(3) Steuerliche Erfolgsermittlung ... 85
(a) Ermittlung des Gewinns der Mitunternehmerschaft ... 85
(b) Verlustübernahme durch den atypisch stillen Gesellschafter ... 89
b) Besteuerung der Mitunternehmer der atypisch stillen Gesellschaft ... 91
(1) Steuerliche Behandlung des Geschäftsinhabers ... 91
(2) Steuerliche Behandlung des atypisch stillen Gesellschafters ... 92
5. Zusammenfassende Beurteilung ... 93

III. Stille Gesellschaft im ausländischen Zivil- und Steuerrecht 97
A. Vorbemerkung 97
B. Stille Gesellschaften im Zivil- und Steuerrecht einzelner Staaten 98
1. Dem deutsche Steuerrecht vergleichbare rechtliche Regelungen 98
2. Vom deutschen Recht abweichende rechtliche Regelungen 99
3. Ersatzlösungen 101
4. Zusammenfassende Beurteilung 103

IV. Stille Gesellschaft im Internationalen Steuerrecht 105
A. Einführende Grundlagen 105
1. Begriff und Rechtsquellen des Internationalen Steuerrechts 105
2. Grundsätzliche Problematik grenzüberschreitender stiller Gesellschaften 107
3. Internationale Doppelbesteuerung 109
B. Steuerliche Behandlung ohne Berücksichtigung des Abkommensrechts 111
1. Anwendung unilateraler Bestimmungen 111
a) Anknüpfungspunkte der Besteuerung 111
b) Qualifikation von Steuersubjekt bzw. Steuerobjekt 114
(1) Vorbemerkung 114
(2) Qualifikationsfragen bei unbeschränkter Steuerpflicht 115
(a) Einfluß des Internationalen Privatrechts 115
(b) Qualifikationsproblematik im Rahmen einer stillen Beteiligung 122
(3) Qualifikationsfragen bei beschränkter Steuerpflicht 126
(a) Beschränkte Einkommen- und Körperschaftsteuerpflicht 126
(b) Qualifikationsproblematik im Rahmen einer stillen Beteiligung 128
2. Beteiligung eines Steuerinländers an einem ausländischen Unternehmen 134
a) Typisch stille Gesellschaft 134
(1) Besteuerung im Gewinnfall 134
(2) Besteuerung im Verlustfall 135
(a) Anwendbare unilaterale Regelungen 135
(b) Geltungsbereich des § 2a Abs. 1 und 2 EStG 136
(c) Anwendungsvoraussetzungen des § 2a Abs. 1 und 2 EStG 137
(d) Qualifikation der Einkünfte 140
(e) Ermittlung der negativen Einkünfte 143
(f) Verhältnis zwischen § 15a EStG und § 2a EStG 144
b) Atypisch stille Gesellschaft 149
(1) Besteuerung im Gewinnfall 149

(2) Besteuerung im Verlustfall 152
c) Unilaterale Vermeidung der Doppelbesteuerung 154
(1) Vorbemerkung 154
(2) Ermittlung ausländischer Einkünfte gem. § 34d EStG 155
(3) Für stille Gesellschaften maßgebliche Methoden gem. § 34c EStG 157
(a) Anrechnung und Abzug gem. § 34c Abs. 1 bzw. 2 EStG 157
(b) Abzug, Erlaß und Pauschalierung gem. § 34c Abs. 3 bzw. 5 EStG 166
3. Beteiligung eines Steuerausländers an einem inländischen Unternehmen 167
a) Typisch stille Gesellschaft 167
(1) Besteuerung im Rahmen der beschränkten Einkommen- bzw. Körperschaftsteuerpflicht 167
(2) Sonderfall des § 8a KStG 169
(a) Voraussetzungen und Anwendungsbereich der Vorschrift 169
(b) Stille Beteiligungen von unmittelbar bzw. mittelbar Beteiligten 174
(c) Stille Beteiligungen anderer nahestehender Personen 180
b) Atypisch stille Gesellschaft 183
4. Zusammenfassende Beurteilung 186
C. Steuerliche Behandlung unter Berücksichtigung des OECD-MA 191
1. Rechtsgrundlagen und Geltungsbereich 191
a) Rechtliche Einordnung der DBA 191
b) Persönlicher Geltungsbereich 193
c) Sachlicher Geltungsbereich 194
2. Grundsätzliche Funktionsweise der Vermeidung bzw. Minderung der Doppelbesteuerung 194
a) Zusammenspiel von Verteilungs- und Vermeidungsnormen 194
b) Methoden des Wohnsitzstaates 197
(1) Vorbemerkung 197
(2) Freistellungsmethode 197
(3) Anrechnungsmethode 199
c) Methoden des Quellenstaates 200
3. Auslegung der DBA 201
4. Ermittlung von Art und Höhe der Einkünfte 205
a) Bestimmung der Art der Einkünfte 205
(1) Grundsätze der Qualifikation der Einkunftsart 205
(2) Theorie der Qualifikationsverkettung 207

(3) Neuere Auffassungen von Finanzrechtsprechung und -verwaltung 209
b) Bestimmung der Höhe der Einkünfte 216
5. Stille Gesellschaften im OECD-MA 218
a) Keine Abkommensberechtigung stiller Gesellschaften 218
b) Wertungsmöglichkeiten bezüglich der DBA-Objekttatbestände bei typisch stillen Gesellschaften 218
c) Wertungsmöglichkeiten bezüglich der DBA-Objekttatbestände bei atypisch stillen Gesellschaften 221
(1) Abkommensrechtliche Einordnung der Gewinnanteile 221
(2) Abkommensrechtliche Einordnung der Sondervergütungen 225
6. Beteiligung eines Steuerinländers an einem ausländischen Unternehmen 228
a) Typisch stille Gesellschaft 228
(1) Steuerliche Behandlung bei übereinstimmender Wertung 228
(2) Steuerliche Behandlung bei abweichender Wertung 229
b) Atypisch stille Gesellschaft 232
(1) Steuerliche Behandlung bei übereinstimmender Wertung 232
(2) Steuerliche Behandlung bei abweichender Wertung 236
7. Beteiligung eines Steuerausländers an einem inländischen Unternehmen 240
a) Typisch stille Gesellschaft 240
b) Atypisch stille Gesellschaft 243
8. Zusammenfassende Beurteilung 247
D. Stille Gesellschaften in der deutschen Abkommenspraxis 251
1. Steuerliche Behandlung auf der Grundlage deutscher DBA 251
a) Vorbemerkung 251
b) Berücksichtigung stiller Gesellschaften 251
c) Formulierungsstandards 257
d) Besteuerungsgrundsätze im Quellen- und Wohnsitzstaat 261
(1) Einkünfte aus typisch stillen Gesellschaften 261
(2) Einkünfte aus atypisch stillen Gesellschaften 267
2. Übertragung der Theorie der Qualifikationsverkettung auf den Erfolgsanteil des stillen Gesellschafters in der DBA-Praxis 270
a) Mögliche Wertungsdivergenzen trotz Bestehen eines DBA 270
b) Dem OECD-MA vergleichbare Qualifikationsverkettungen in der deutschen DBA-Praxis 273
3. Zusammenfassende Beurteilung 277
E. Stille Gesellschaft im Außensteuergesetz 285
1. Zielsetzung des Außensteuergesetzes 285

2. Gewinnberichtigung bei international verbundenen Unternehmen (§ 1 AStG) ... 286
a) Positionierung der stillen Gesellschaft im Regelungskreis des § 1 AStG ... 286
b) Stille Gesellschaft keine nahestehende Person i. S. d. § 1 AStG ... 287
c) Stille Beteiligung als Konkretisierung des Begriffs „nahestehend" i. S. d. § 1 Abs. 2 AStG ... 288
d) Stille Beteiligung als Geschäftsbeziehung ... 292
3. Erweiterte beschränkte Steuerpflicht bei Wohnsitzwechsel in ein Niedrigsteuerland (§§ 2 und 5 AStG) ... 293
a) Allgemeine Zielsetzung und Anwendungsvoraussetzungen ... 293
b) Stille Beteiligungen als Kennzeichen wesentlicher wirtschaftlicher Interessen ... 294
c) Umfang der erweiterten Inlandseinkünfte ... 296
d) Verhältnis zu den DBA ... 299
4. Besteuerung der Einkünfte aus Beteiligungen an ausländischen Zwischengesellschaften (§§ 7 bis 14 AStG) ... 301
a) Allgemeine Zielsetzung und Anwendungsvoraussetzungen ... 301
b) Stille Einlage als Beteiligung i. S. d. § 7 AStG ... 302
c) Einkünfte aus einer stillen Beteiligung als Einkünfte einer Zwischengesellschaft i. S. v. § 8 AStG ... 304
(1) Voraussetzungen für das Vorliegen von Zwischeneinkünften ... 304
(2) Auswirkungen atypisch stiller Beteiligungen auf die Ermittlung von Zwischeneinkünften ... 307
(3) Auswirkungen typisch stiller Beteiligungen auf die Ermittlung von Zwischeneinkünften ... 309
(4) Ermittlung des Hinzurechnungsbetrags unter Berücksichtigung der Einkünfte aus typisch und atypisch stillen Beteiligungen ... 311
5. Zusammenfassende Beurteilung ... 316
V. Schlußbetrachtung ... 319
Quellenverzeichnis ... 323

Abbildungsverzeichnis

Abbildung 1: Das handelsrechtliche Kennzeichnungsprofil einer stillen Gesellschaft im Überblick 8

Abbildung 2: Stille Gesellschaft im Handelsrecht und im bürgerlichen Recht 10

Abbildung 3: Die zivilrechtliche Unterscheidung zwischen der typischen und der atypischen Ausgestaltungsvariante 23

Abbildung 4: Bilanzierung der stillen Einlage in der Bilanz des Geschäftsinhabers sowie der stillen Beteiligung in der Bilanz des Stillen 41

Abbildung 5: Atypisch stille Beteiligung an einer GmbH & Co. KG bzw. einer GmbH i. S. d. BFH 59

Abbildung 6: Fälle verdeckter Gewinnausschüttungen in Verbindung mit stillen Gesellschaften 65

Abbildung 7: Voraussetzungen für die Anwendung von § 15 Abs. 3 Nr. 1 und Nr. 2 EStG 82

Abbildung 8: Additive Gewinnermittlung der atypisch stillen Gesellschaft 88

Abbildung 9: Kombinationsmöglichkeiten grenzüberschreitender stiller Gesellschaften 108

Abbildung 10: Steuersubjektqualifikation unter Anerkennung der Maßgeblichkeit des Internationalen Privatrechts für das nationale Steuerrecht 120

Abbildung 11: Kombinationsmöglichkeiten der Qualifikation des Geschäftsinhabers 124

Abbildung 12: Übertragung der Gepräge-Theorie auf transnationale Sachverhalte 133

Abbildung 13: Anwendungsbereiche und Rechtsfolgen von § 2a EStG bzw. § 15a EStG 146

Abbildung 14: Gesellschafterfremdfinanzierung (Grundfall) 174

Abbildung 15: Gesellschafterfremdfinanzierung (Gestaltung 1a und 1b) 176

Abbildung 16: Zurechnung einer vGA i. S. v. § 8a KStG sowie bei Vorteilszuwendung 179

Abbildung 17: Gesellschafterfremdfinanzierung (Gestaltung 2) 181

Abbildung 18: Gesellschafterfremdfinanzierung (Gestaltung 3) 182

Abbildung 19: Wertungsmöglichkeiten der Vertragspartner hinsichtlich der DBA-Objekttatbestände bei typisch stillen Gesellschaften auf der Grundlage des OECD-MA 221

Abbildung 20: Wertungsmöglichkeiten der Vertragspartner hinsichtlich der DBA-Objekttatbestände bei atypisch stillen Gesellschaften auf der Grundlage des OECD-MA 225

Abbildung 21: Wertungsmöglichkeiten der Vertragspartner hinsichtlich der DBA-Objekttatbestände bei Sondervergütungen auf der Grundlage des OECD-MA 227

Abbildung 22: Mögliche Konfliktfälle typisch stiller Gesellschaften in der DBA-Praxis 271
Abbildung 23: Mögliche Konfliktfälle atypisch stiller Gesellschaften in der DBA-Praxis 272

Tabellenverzeichnis

Tabelle 1: Kriterien für die Zuordnung stiller Einlagen zum Eigenkapital nach *Hense* 31
Tabelle 2: Durchschnittsrenditen laut BFH für die angemessene Gewinnverteilung bei Verträgen mit Familienangehörigen 61
Tabelle 3: Berücksichtigung stiller Gesellschaften in deutschen DBA 253
Tabelle 4: Klassifizierung des Wortlauts der Regelungen über stille Gesellschaften in der deutschen DBA-Praxis 259
Tabelle 5: Quellensteuersätze für Einkünfte aus typisch stillen Gesellschaften 267
Tabelle 6: Aktivitätsvorbehalt für Einkünfte aus atypisch stillen Gesellschaften in deutschen DBA 269
Tabelle 7: Qualifikationsverkettungen in der deutschen DBA-Praxis 276
Tabelle 8: Wesentliche Komponenten der steuerlichen Behandlung von Gewinnanteilen aus grenzüberschreitenden stillen Gesellschaften in der deutschen DBA-Praxis im Überblick 305
Tabelle 9: Ermittlung des anzusetzenden Hinzurechnungsbetrags 313

Abkürzungsverzeichnis

a. A. ....andere(r) Ansicht

a. a. O. ....am angegebenen Ort

a. F. ....alte Fassung

Abl. ....Amtsblatt

Abs. ....Absatz bzw. Absätze

Abt. ....Abteilung

ADS ....Adler/Düring/Schmaltz (Kommentar)

AG ....Die Aktiengesellschaft (Zeitschrift); auch: Aktiengesellschaft

AIG ....Auslandsinvestitionsgesetz

AktG ....Aktiengesetz

Anh. ....Anhang

AO ....Abgabenordnung

Art. ....Artikel

Aufl. ....Auflage

AStG ....Außensteuergesetz

AuslInvG ....Auslandsinvestmentgesetz

AWD ....Außenwirtschaftsdienst des Betriebsberaters (ab 1975 RIW(AWD) (Zeitschrift)

BB ....Betriebsberater (Zeitschrift)

bearb. ....bearbeitet

Beck Bil-Komm ....Beck'scher Bilanz-Kommentar

Beck GmbH-HB ....Beck'sches Handbuch der GmbH

begr. ....begründet

BewG ....Bewertungsgesetz

BFH ....Bundesfinanzhof

BFHE ....Amtliche Sammlung der Entscheidungen des Bundesfinanzhofes

BGB ....Bürgerliches Gesetzbuch

BGBl. ....Bundesgesetzblatt

BGH ....Bundesgerichtshof

BGHZ ....Amtliche Sammlung der Entscheidungen des Bundesgerichtshofes in Zivilsachen

BiRiLiG .... Bilanzrichtliniegesetz

BMF .... Bundesminister der Finanzen; auch: Bundesministerium der Finanzen

BStBl. .... Bundessteuerblatt

BT-Drs. .... Bundestags-Drucksache

bzw. .... beziehungsweise

CDFI .... Cahiers de Droit Fiscal International (Zeitschrift)

D .... Bundesrepublik Deutschland

d. h. .... das heißt

d. Verf. .... die Verfasserin

DB .... Der Betrieb (Zeitschrift)

DBA .... Doppelbesteuerungsabkommen

ders. .... derselbe

dies. .... dieselbe

DM .... Deutsche Mark

DStR .... Deutsches Steuerrecht (Zeitschrift)

DStZ .... Deutsche Steuerzeitung (Zeitschrift)

DStZ/A .... Deutsche Steuerzeitung Ausgabe A (Zeitschrift)

E .... Enkelgesellschaft

e. V. .... eingetragener Verein

EFG .... Entscheidungen der Finanzgerichte (Zeitschrift)

EG .... Europäische Gemeinschaft(en)

EGV .... Vertrag zur Gründung der Europäischen Gemeinschaft

EGBGB .... Einführungsgesetz zum Bürgerlichen Gesetzbuch

Einl. .... Einleitung

EK .... Eigenkapital

EntwLStG .... Entwicklungsländer-Steuergesetz

ErbStG .... Erbschaftsteuer- und Schenkungsteuergesetz

EStG .... Einkommensteuergesetz

EStR .... Einkommensteuerrichtlinien

EU .... Europäische Union

EuGH .... Gerichtshof der Europäischen Gemeinschaften

EUGHE .... Amtliche Sammlung der Rechtsprechung des Gerichtshofes der Europäischen Gemeinschaften

EWG ....Europäische Wirtschaftsgemeinschaft
EWR ....Europäischer Wirtschaftsraum
f. ....folgende(r)
ff. ....fortfolgende(r)
FG ....Finanzgericht(e)
FGO ....Finanzgerichtsordnung
FinMin ....Finanzminister bzw. Finanzministerium
FK ....Fremdkapital
FN ....Fußnote
fortgef. ....fortgeführt
FR ....Finanzrundschau (Zeitschrift)
G ....Gesellschaft
GbR ....Gesellschaft des bürgerlichen Rechts
GdbR ....Gesellschaft des bürgerlichen Rechts
GE ....Geldeinheiten
gegr. ....gegründet
gem. ....gemäß
GewStG ....Gewerbesteuergesetz
GG ....Grundgesetz
ggf. ....gegebenenfalls
GIE ....Groupement d'Intérêt Économique
gl. A. ....gleiche(r) Ansicht
GmbH ....Gesellschaft mit beschränkter Haftung
GmbHG ....Gesetz betreffend die Gesellschaften mit beschränkter Haftung
GmbHR ....GmbH-Rundschau (Zeitschrift)
GrS ....Großer Senat
GuV ....Gewinn- und Verlustrechnung
h. M. ....herrschende Meinung
HB ....Handbuch
HdB ....Handbuch der Bilanzierung
HdJ ....Handbuch des Jahresabschlusses in Einzeldarstellungen
HdR ....Handbuch der Rechnungslegung

HFA .... Hauptfachausschuß des Instituts der Wirtschaftsprüfer in Deutschland e. V.

HGB .... Handelsgesetzbuch

HRefG .... Handelsreformgesetz

hrsg. .... herausgegeben

Hrsg. .... Herausgeber

HStrktG .... Haushaltsstrukturgesetz

i. Br. .... im Breisgau

i. d. F. .... in der Fassung

i. d. R. .... in der Regel

i. H. v. .... in Höhe von

i. S. .... im Sinne

i. S. d. .... im Sinne des bzw. im Sinne der

i. S. v. .... im Sinne von

i. V. m. .... in Verbindung mit

IDW .... Institut der Wirtschaftsprüfer in Deutschland e. V.

IFA .... International Fiscal Association

INF .... Die Information über Steuer und Wirtschaft (Zeitschrift)

InsO .... Insolvenzordnung

IPRax .... Praxis des Internationalen Privat- und Verfahrensrechts (Zeitschrift)

IStR .... Internationales Steuerrecht; auch: Internationales Steuerrecht (Zeitschrift)

IWB .... Internationale Wirtschaftsbriefe (Loseblattwerk)

JbfFSt .... Jahrbuch der Fachanwälte für Steuerrecht

KG .... Kommanditgesellschaft

KGaA .... Kommanditgesellschaften auf Aktien

KSt .... Körperschaftsteuer

KStÄndGE .... Körperschaftsteueränderungsgesetz

KStG .... Körperschaftsteuergesetz

KWG .... Kreditwesengesetz

Lit. .... Litera (Buchstabe)

LP .... Limited Partnership

M .... Muttergesellschaft

m. E. .... meines Erachtens

m. w. N. ....mit weiteren Nennungen
MA ....Musterabkommen
Mio. ....Million(en)
MK ....Kommentar zum OECD-MA
n. F. ....neue Fassung
Nr. ....Nummer(n)
NRW ....Nordrhein-Westfalen
OCAM ....Organisation Commune Africaine et Magache
OECD ....Organization for Economic Cooperation and Development
OFD ....Oberfinanzdirektion
OHG ....Offene Handelsgesellschaft
OLG ....Oberlandesgericht
OR ....(schweizerisches) Obligationenrecht
PublG ....Gesetz über die Rechnungslegung von bestimmten Unternehmen und Konzernen (Publizitätsgesetz)
R ....Richtlinie(n)
Rdnr. ....Randnummer(n)
RFH ....Reichsfinanzhof
RFHE ....Amtliche Sammlung der Entscheidungen des Reichsfinanzhofes
RGBl. ....Reichsgesetzblatt
RIW ....Recht der Internationalen Wirtschaft (Zeitschrift)
RStBl. ....Reichssteuerblatt
Rz. ....Randziffer
S. . ...Seite(n)
sog. ....sogenannte(r)
Sp. ....Spalte(n)
StÄndG ....Steueränderungsgesetz
StandOG ....Standortsicherungsgesetz
StB ....Der Steuerberater (Zeitschrift)
StBJb ....Steuerberater-Jahrbuch
StBKgR ....Steuerberaterkongreßreport
StBp..............................Die steuerliche Betriebsprüfung (Zeitschrift)
SteuerStud ....Steuer und Studium (Zeitschrift)

StG .... Stille Gesellschaft

StG (a) .... Atypisch stille Gesellschaft

StG (t) .... Typisch stille Gesellschaft

StMBG .... Gesetz zur Bekämpfung des Mißbrauchs und zur Bereinigung des Steuerrechts

StRefG .... Steuerreformgesetz

StuW .... Steuer und Wirtschaft (Zeitschrift)

StW .... Steuerwarte (Zeitschrift)

T .... Tochtergesellschaft

Tz. .... Teilziffer(n)

u. a. .... unter anderem; auch: und andere

u. E. .... unseres Erachtens

u. U. .... unter Umständen

UNO .... United Nations Organization

US .... United States

v. .... von

V .... Vertragsstaat

VerschG .... Verschollenheitsgesetz

VG .... Verwaltungsgrundsätze

vGA .... verdeckte Gewinnausschüttung(en)

Vgl. .... Vergleiche

Vorbem. .... Vorbemerkung

WM .... Wertpapier-Mitteilungen (Zeitschrift)

WP .... Wirtschaftsprüfer

WPg .... Die Wirtschaftsprüfung (Zeitschrift)

WÜRV .... Wiener Übereinkommen über das Recht der Verträge

z. B. .... zum Beispiel

z. T. .... zum Teil

z. Z. .... zur Zeit

ZHR .... Zeitschrift für das gesamte Handelsrecht und Wirtschaftsrecht (Zeitschrift)

ZIP .... Zeitschrift für Wirtschaftsrecht und Insolvenzpraxis (Zeitschrift)

I. Problemstellung und Gang der Untersuchung

A. Problemstellung

Die Wahl der Rechtsform ist eine der **grundlegenden und langfristig wirksamen unternehmerischen Entscheidungen**, die durch unterschiedliche Beweggründe beeinflußt wird.[1] Die Rechtsordnung stellt eine Vielzahl von Gesellschaftsformen zur Verfügung, unter denen diejenige ausgewählt werden kann, mit deren Hilfe sich die gesellschaftsrechtlichen, steuerrechtlichen und wirtschaftlichen Interessen der sich betätigenden Personen am ehesten verwirklichen lassen. In einer Entscheidung des RFH aus dem Jahr 1954 stellt der erkennende I. Senat fest, es „sei der Wirtschaft freigestellt, welche Rechtsform sie gerade auch im Hinblick auf die Wirkung der Besteuerung wählen wolle."[2] Im vorliegenden Urteil hatte der RFH über die atypisch stille Beteiligung eines Gesellschafters einer Kapitalgesellschaft an derselben zu befinden und kam zu dem grundsätzlichen Ergebnis, daß die **stille Gesellschaft** sowohl in ihrer typischen als auch in ihrer speziellen atypischen Ausgestaltung eine handels- und steuerrechtlich zulässige Rechtsform darstellt.

Die Motivation der Beteiligten, ein stilles Gesellschaftsverhältnis einzugehen, ist vielfältig;[3] einer der wesentlichen **wirtschaftlichen Beweggründe** für den stillen Gesellschafter ist die Möglichkeit einer Kapitalanlage mit überschaubarem Risiko, da der Stille entweder nicht oder nur bis zur Höhe seiner Kapitaleinlage am Verlust des Unternehmens teilnimmt. Da die kapitalmäßige Beteiligung geheimgehalten werden kann, besteht ein zusätzlicher Anreiz für die Begründung eines stillen Gesellschaftsverhältnisses für juristische oder natürliche Personen, die sich aus persönlichen oder beruflichen Gründen nicht offen an einem Unternehmen beteiligen können oder wollen. Der Geschäftsinhaber kann durch die Aufnahme eines stillen Gesellschafters flexibel, da formlos, den Kapitalstock im Unternehmen vergrößern und die erfolgsunabhängigen „fixen Kosten" für die Kapitalaufnahme herabsetzen, so daß auch bei schlechter Ertragslage eine Zuführung liquider Mittel mit überschaubarem Risiko möglich ist, da die stille Beteiligung stets eine gewinnabhängige Vergütung verbrieft. In Familiengesellschaften kann die stille Beteiligung ein Instrument zur Vorbereitung der Unternehmensnachfolge sein.[4]

---

1 Vgl. *Wöhe*, Steuerlehre II/1 1990, S. 3.

2 RFH vom 20.8.1954, RStBl. III 1954, S. 338.

3 Vgl. ausführlich zu rein nationalen stillen Gesellschaften *Bezzenberger*, in: Münchener Handbuch 1991, § 4 StG, Rdnr. 1 ff.; *Paulick/Blaurock*, Handbuch 1998, S. 16 ff. Zu grenzüberschreitenden stillen Gesellschaften vgl. *Burmester*, Probleme der stillen Gesellschaft 1996, S. 123 ff.; *Lüdicke*, in: StBJb 1997/98, S. 478 ff.; *Strobl/Schäfer*, Berücksichtigung von Auslandsverlusten 1993, S. 206 ff.

4 Vgl. dazu ausführlich *Kußmaul*, Unternehmerkinder 1983, S. 283 ff.; *ders.*, in: StBKgR 1995, S. 207 ff.; *ders.*, in: Familiengesellschaften 1998, S. 4 ff.

Hinter dieser Gesellschaftsform stehen allerdings auch häufig **steuerliche Beweggründe**, so beispielsweise bei Familiengesellschaften, da die stille Beteiligung von Familienangehörigen die Einkommensverteilung auf mehrere Personen und somit aufgrund des progressiven Einkommensteuertarifs eine Minderung der Steuerbelastung insgesamt erlaubt.[5] Eine Herabsetzung der Steuerlast des stillen Gesellschafters kann durch die Teilnahme am Verlust des Handelsgewerbes erfolgen, wobei deren Wirkung allerdings durch die Begrenzung der Höhe des Verlustausgleichs auf die Höhe der Einlage gem. § 15a EStG stark eingeschränkt ist. Darüber hinaus stellt die stille Beteiligung eine Form der Rückgewährung ausgeschütteter Beträge im Zuge des Schütt-aus-hol-zurück-Verfahrens[6] dar und ermöglicht damit steuerlich vorteilhafte Gestaltungen, soweit es sich beim Inhaber des Handelsgewerbes um eine Kapitalgesellschaft handelt und die persönliche Steuerlast des Gesellschafters geringer als 45 % der Einkünfte ist.[7]

Grundsätzlich gelten die genannten Motive auch im Fall stiller Beteiligungen von in der Bundesrepublik Deutschland Ansässigen an ausländischen Unternehmen bzw. von nicht in der Bundesrepublik Deutschland Ansässigen an deutschen Unternehmen, allerdings können die Steuerwirkungen bei **transnationalen Beteiligungen** erheblich von denen bei rein nationalen Sachverhaltsgestaltungen abweichen; so sind hinsichtlich der Fragestellung nach der steuerlichen Vorteilhaftigkeit einer grenzüberschreitenden stillen Gesellschaft mögliche Doppel- und Minderbesteuerungen bzw. doppelte Steuerfreistellungen in das Kalkül einzubeziehen. Dabei basieren Minderbesteuerungen bzw. doppelte Steuerfreistellungen im wesentlichen auf Sachverhaltsgestaltungen, die auf eine geschickte Ausnutzung des internationalen Steuergefälles oder auf von beiden Staaten unversteuerte (sog. weiße) Einkünfte abzielen, wie sie beispielsweise infolge einer unterschiedlichen Wertung des rechtlichen Gebildes und der dadurch ausgelösten Einkunftsart in den beteiligten Staaten entstehen können.[8]

Obwohl die stille Gesellschaft eine in der Bundesrepublik Deutschland seit dem Mittelalter bekannte Rechtsform darstellt,[9] sind im Bereich des nationalen Einkommen- und Körperschaftsteuerrechts zahlreiche, auch grundsätzliche Fragen ungeklärt und

---

5 Vgl. dazu ausführlich *Kußmaul*, Unternehmerkinder 1983, S. 102 ff.

6 Zum Schütt-aus-hol-zurück-Verfahren als Möglichkeit der Kapitalzuführung vgl. ausführlich *Bieg*, Finanzierung und Besteuerung 1998, S. 404 ff.; *Kußmaul*, in: StBKgR 1990, S. 223 ff.

7 Vgl. ausführlich *Bezzenberger*, in: Münchener Handbuch 1991, § 4 StG, Rdnr. 6 ff.; *Paulick/Blaurock*, Handbuch 1998, S. 19 ff.

8 Vgl. ausführlich *Burmester*, Probleme der stillen Gesellschaft 1996, S. 123 ff.; *Lüdicke*, in: StBJb 1997/98, S. 478 ff.

9 In der Bundesrepublik Deutschland zählt die stille Gesellschaft zu den ältesten Organisationsformen; ihre Geschichte ist bis ins Mittelalter zurückzuverfolgen, wo sie im Soester Stadtrecht von 1120 erstmalig erwähnt wurde und vor allem in Zeiten, in denen die Gewährung von Darlehen gegen Entgelt verboten war, an Bedeutung gewann; vgl. *Paulick/Blaurock*, Handbuch 1998, S. 32 f.

heftig diskutiert.[10] Die Problematik potenziert sich im Internationalen Steuerrecht, da hier zu den nationalen Problemen weitere **Konfliktpotentiale** hinzutreten, die beispielsweise durch unterschiedliche Regelungen über stille Gesellschaften in den beteiligten Staaten bzw. unterschiedliche Rechtsanwendungen ausgelöst werden. Der daraus resultierende Effekt ist von *Burmester* zutreffend als „Minenfeld"[11] bezeichnet worden, das in dieser Arbeit vorsichtig betreten werden soll.

Zur Lösung der bestehenden **Zweifelsfragen** ist im Rahmen der folgenden Untersuchung häufig eine Gesetzesauslegung erforderlich.[12] Als Methoden der Gesetzesauslegung dienen die Auslegung nach dem Gesetzeswortlaut (grammatikalische Methode), die Auslegung nach der Entstehungsgeschichte des Gesetzes (historische Methode), die Auslegung nach der Stellung der Vorschrift im Gesetz (logisch-systematische Methode) und die Auslegung nach dem Zweck der Vorschrift (teleologische Methode);[13] diese Methoden stehen allerdings nicht gleichwertig nebeneinander, sondern in einem Über-/Unterordnungsverhältnis[14]. Angesichts der Zielsetzung der Gesetzesauslegung, nämlich der Ermittlung und Klarstellung des Sinns des Gesetzeswortlauts, ist vom Gesetzeszweck auszugehen,[15] so daß die teleologische Auslegung im Vordergrund steht, während die übrigen Methoden Hilfsmittel zur Ermittlung des Gesetzeszwecks darstellen.[16] Dabei löst sich allerdings die Gesetzesauslegung keinesfalls vom Gesetzestext, so daß die Auslegungsgrenzen durch den Wortlaut des Gesetzes vorgegeben sind: „Der mögliche (i. S. v.: noch mögliche) oder äußerste Wortsinn, d. h. derjenige Sinn, der nach dem Sprachgebrauch eben noch mit einem mehr- oder vieldeutigen Ausdruck verbunden werden kann, bildet die Grenze der Auslegung".[17]

---

10 Vgl. beispielsweise zur Frage der Anerkennung der atypisch stillen Gesellschaft als Subjekt der Einkünfteermittlung, -qualifikation und -erzielung Kapitel II.B.4.a)(1).

11 *Burmester*, Probleme der stillen Gesellschaft 1996, S. 123.

12 Zur Auslegung von Doppelbesteuerungsabkommen vgl. ausführlich Kapitel IV.C.3.

13 Vgl. ausführlich *Ahrens*, Auslegung von Gesetzestexten 1996, S. 247 ff.; *Grammer*, Rechtsanwendung im Steuerrecht 1998, S. 202 ff.; *Larenz*, Methodenlehre 1991, S. 312 ff.; *Müller*, Juristische Methodik 1995, S. 199 ff. Zur Vorgehensweise bei der Gesetzesauslegung führt der BFH aus: „Maßgebend für die Auslegung einer Gesetzesvorschrift ist der in ihr zum Ausdruck kommende objektivierte Wille des Gesetzgebers, so wie er sich aus dem Wortlaut der Gesetzesbestimmung und dem Sinnzusammenhang ergibt, in den dieser hineingestellt ist."; BFH vom 19.5.1976, BStBl. II 1977, S. 60.

14 Vgl. *Lang*, in: *Tipke/Lang*, Steuerrecht 1998, § 5, Rdnr. 42; *Tipke*, Teleologische Auslegung 1985, S. 135.

15 Vgl. *Lang*, in: *Tipke/Lang*, Steuerrecht 1998, § 5, Rdnr. 42.

16 Vgl. *Coing*, in: *Staudingers* Kommentar zum BGB 1995, Einl., Rdnr. 198; *Tipke*, Teleologische Auslegung 1985, S. 135.

17 *Lang*, in: *Tipke/Lang*, Steuerrecht 1998, § 5, Rdnr. 53. Am Beispiel der Lehre und Praxis in der Schweiz erläutert *Höhn*, daß die Gesetzesauslegung nicht beim möglichen Wortsinn enden muß, sondern auch Zweckargumente bei der Auslegung in vollem Umfang berücksichtigt werden können; allerdings dürfe dabei nicht übersehen werden, „daß die umfassende Auslegung die Gefahr

Fortsetzung ...

Im Steuerrecht greift mit der wirtschaftlichen Betrachtungsweise eine besondere Form der teleologischen Auslegung Platz, indem Begriffe, die in den Steuergesetzen verwendet werden, von dem Zweck der Steuerrechtsnorm her ausgelegt werden und diese gleichermaßen rechtliche Auslegung als wirtschaftlich gekennzeichnet wird.[18] Diese Sichtweise trägt der Tatsache Rechnung, daß „dem Zivilrecht, dem Steuerrecht und anderen Zweigen des öffentlichen Rechts unterschiedliche Teleologien zugrundeliegen"[19] und sich damit Begriffe, die nicht nur im Steuerrecht verwendet werden, nach dem Zweck des Steuergesetzes bestimmen.[20]

Untersuchungsgegenstand der vorliegenden Arbeit ist die grenzüberschreitende stille Gesellschaft im Internationalen Steuerrecht, deren einkommen- und körperschaftsteuerliche Wirkungen aus deutscher Sicht analysiert werden. Grenzüberschreitende stille Gesellschaften im Sinne dieser Arbeit entstehen entweder durch die Beteiligung eines in der Bundesrepublik Deutschland unbeschränkt Steuerpflichtigen (Steuerinländer) an einem ausländischen Unternehmen oder durch die Beteiligung eines in der Bundesrepublik Deutschland beschränkt Steuerpflichtigen (Steuerausländer) an einem deutschen Unternehmen. In beide „Beteiligungsrichtungen" werden die einkommen- und körperschaftsteuerlichen Wirkungen erarbeitet und dargestellt; das dabei zugrunde gelegte Normengerüst besteht zum einen aus dem allgemeinen deutschen Außensteuerrecht, das sich fragmentartig in den unterschiedlichen Einzelsteuergesetzen wiederfindet, und dem speziellen deutschen Außensteuerrecht in Gestalt des Außensteuergesetzes sowie zum anderen aus dem OECD-Musterabkommen und den deutschen Doppelbesteuerungsabkommen.

---

in sich birgt, daß im Rahmen der Auslegung den Zweckargumenten zuviel Beachtung geschenkt und damit eine extensive Gesetzesauslegung praktiziert wird"; *Höhn*, Auslegung 1995, S. 218.

18 Vgl. dazu ausführlich *Beisse*, Wirtschaftliche Betrachtungsweise 1981, S. 3 ff. Die wirtschaftliche Betrachtungsweise ist dabei durchaus keine Eigenart des Steuerrechts; sie ist auch in anderen Rechtsgebieten anerkannt, wenn auch dort nicht so ausgeprägt wie im Steuerrecht; vgl. *Ahrens*, Auslegung von Gesetzestexten 1996, S. 251.

19 *Lang*, in: *Tipke/Lang*, Steuerrecht 1998, § 5, Rdnr. 65.

20 Vgl. *Kruse*, in: *Tipke/Kruse*, AO/FGO 1998, § 4 AO, Rdnr. 106 ff.

B. Gang der Untersuchung

Die vorliegende Arbeit gliedert sich in insgesamt fünf Hauptkapitel. In Anschluß an das **erste Hauptkapitel**, in dem die Problemstellung und der Gang der Untersuchung skizziert werden, beschäftigt sich das **zweite Hauptkapitel** mit der stillen Gesellschaft im deutschen Zivil- und Steuerrecht. Die dabei zunächst vorgenommene Darstellung der zivilrechtlichen Behandlung der stillen Gesellschaft im Unterkapitel A. legt das Fundament für die weitere Untersuchung. Nach der Analyse der wesentlichen Merkmale im Zivilrecht und der Abgrenzung von verwandten Rechtsinstituten, wie insbesondere dem partiarischen Darlehen, erfolgt die Darstellung der Behandlung der stillen Gesellschaft im Jahresabschluß des Geschäftsinhabers und des Stillen. Darauf aufbauend befaßt sich das Unterkapitel B. eingehend mit der stillen Gesellschaft im nationalen steuerrechtlichen Kontext; nach der grundlegenden Unterscheidung zwischen der typischen und der atypischen Ausgestaltungsvariante und der Untersuchung der steuerlichen Anerkennungsvoraussetzungen bilden die Steuerwirkungen des stillen Vertragsverhältnisses den Schwerpunkt dieses Unterkapitels.

Gegenstand des **dritten Hauptkapitels** ist die Behandlung der stillen Gesellschaft im ausländischen Zivil- und Steuerrecht; dabei werden die im vorangegangenen Kapitel herausgearbeiteten wesentlichen Merkmale der stillen Gesellschaft in Deutschland mit denen in ausländischen Staaten verglichen. Die Darstellung der steuerlichen Behandlung jener Rechtsgebilde, die aus deutscher Sicht als stille Gesellschaft gewertet würden, erfolgt beispielhaft für Länder, in denen dem deutschen Recht vergleichbare Regelungen bestehen, und für solche, die zwar ebenfalls eine gesetzlich fixierte, der stillen Gesellschaft vergleichbare Gesellschaftsform kennen, die allerdings nicht in allen wesentlichen zivil- und steuerrechtlich anwendbaren Bestimmungen mit der deutschen stillen Gesellschaft übereinstimmt, sowie für jene Staaten, in deren Recht eine der stillen Gesellschaft ähnliche zivil- und steuerrechtliche Struktur unbekannt ist und folglich „Ersatzlösungen" vorliegen.

Die Darstellung der Würdigung der stillen Gesellschaft im ausländischen Zivil- und Steuerrecht verdeutlicht die Relevanz des Themas dieser Arbeit anhand ausgewählter Beispiele und bildet somit gemeinsam mit dem vorangegangenen Hauptkapitel einen tragfähigen Unterbau, auf den mit dem **vierten Hauptkapitel** der Zentralbereich der Untersuchung, die Analyse der stillen Gesellschaft im Internationalen Steuerrecht, aufbauen kann. Nach den einführenden Grundlagen in Unterkapitel A. widmet sich das Unterkapitel B. der steuerlichen Behandlung stiller Gesellschaften ohne Berücksichtigung des Abkommensrechts. Im Mittelpunkt stehen dabei Fragen der Qualifikation des Steuersubjekts bzw. Steuerobjekts im Fall der Beteiligung eines Steuerinländers an einem ausländischen Unternehmen bzw. eines Steuerausländers an einem inländischen Unternehmen sowie der Ermittlung und Besteuerung der sich aus diesem Engagement ergebenden Einkünfte aus deutscher Sicht anhand des deutschen Außensteuerrechts.

Im Unterkapitel C. des vierten Hauptkapitels wird die Behandlung stiller Gesellschaften und der daraus bezogenen Einkünfte nunmehr unter Berücksichtigung des Abkommensrechts zunächst auf der Grundlage des OECD-MA analysiert, indem aufbauend auf eine Würdigung der abkommensrechtlichen Rahmenbedingungen die steuerlichen Wirkungen des transnationalen Engagements erarbeitet werden. Im

Anschluß an diese Analyse des abkommensrechtlichen Grundfalls rückt die deutsche Abkommenspraxis ins Zentrum der Untersuchung, so daß die von der Bundesrepublik Deutschland konkret geschlossenen DBA Gegenstand der Ausführungen in Unterkapitel D. sind; sie werden insbesondere auf explizite Bestimmungen zu stillen Gesellschaften, Formulierungsstandards, Besteuerungsgrundsätze und mögliche Wertungsverkettungen hin untersucht. Das letzte Unterkapitel E. befaßt sich mit der stillen Gesellschaft im deutschen Außensteuerrecht und beantwortet die Frage nach der Bedeutung der stillen Beteiligung im Zuge der Gewinnberichtigung bei international verbundenden Unternehmen, bei der erweiterten beschränkten Steuerpflicht und hinsichtlich der Besteuerung von Einkünften aus der Beteiligung an Zwischengesellschaften.

Die Arbeit schließt mit einer Zusammenfassung der Untersuchungsergebnisse im **fünften Hauptkapitel** ab.

II. Stille Gesellschaft im deutschen Zivil- und Steuerrecht

A. Stille Gesellschaft im zivilrechtlichen Kontext

1. Allgemeine Begriffsbestimmung und Rechtsnatur

Die stille Gesellschaft ist im deutschen Handelsrecht im Dritten Abschnitt des HGB in den §§ 230 bis 237[21] geregelt, dort jedoch nicht explizit definiert. Eine Begriffsumschreibung anhand der durch die Gründung einer stillen Gesellschaft hervorgerufenen Rechtsfolgen findet sich in den Abs. 1 und 2 des § 230 HGB, wonach derjenige, der „sich als stiller Gesellschafter an dem Handelsgewerbe, das ein anderer betreibt, mit einer Vermögenseinlage beteiligt, die Einlage so zu leisten (hat; d. Verf.), daß sie in das Vermögen des Inhabers des Handelsgeschäfts übergeht. Der Inhaber wird aus den in dem Betrieb geschlossenen Geschäften allein berechtigt und verpflichtet." § 231 HGB regelt darüber hinaus die Gewinn- und Verlustbeteiligung des stillen Gesellschafters. § 231 Abs. 2 HGB legt dabei fest, daß eine Beteiligung am Verlust dispositiv, eine Beteiligung am Gewinn des Handelsgeschäfts jedoch unverzichtbar ist.

Diese gesetzlichen Regelungen bringen anhand der beschriebenen Rechtsfolgen zum einen bestimmte Merkmale für das Vorliegen einer stillen Gesellschaft direkt zum Ausdruck, zum anderen implizieren sie weitere Kennzeichen. In der Literatur[22] werden bestimmte wesentliche Merkmale einer stillen Gesellschaft konstituiert, die im folgenden zu einem **Kennzeichnungsprofil mit vier Teilbereichen** zusammengefaßt werden.

Teilbereich 1 betrifft dabei die stille Gesellschaft selbst; hier sind die besonderen Wesensmerkmale „Innengesellschaft" und „Personengesellschaft" angesprochen. Dagegen beschreibt **Teilbereich 2** die Pflichten des Geschäftsinhabers sowie wesentliche an ihn gestellte Anforderungen, insbesondere die Führung eines Handelsgewerbes auf gemeinsame Rechnung der an der stillen Gesellschaft Beteiligten und die Notwendigkeit des Vorliegens einer Kaufmannseigenschaft. Der **Teilbereich 3** zielt auf den stillen Gesellschafter selbst, indem ihm in erster Linie die Leistung eines Beitrags sowie die Beteiligung am Handelsgewerbe eines anderen abverlangt wird.

---

21 Von 1890 bis 1985 befanden sich die Vorschriften über stille Gesellschaften in den §§ 335 ff. HGB; die Umstellung erfolgte im Zuge der Inkrafttretung des Gesetzes vom 19.12.1985, BGBl. I 1985, S. 2355 (Bilanzrichtlinien-Gesetz).

22 Vgl. *Bezzenberger*, in: Münchener Handbuch 1991, § 1 StG, Rdnr. 2 ff.; *Paulick/Blaurock*, Handbuch 1998, S. 54 ff.; *Schmidt*, Gesellschaftsrecht 1998, S. 1846; *Stüttgen*, Gewerbliche Familien-GmbH 1988, S. 96.

Teilbereich 4 regelt die Vertragsgestaltung und rückt damit die Existenz eines Gesellschaftsvertrages und die darin festgelegte Beteiligung des Stillen am Gewinn des Handelsgewerbes in den Vordergrund. Abbildung 1 zeigt die Teilbereiche des handelsrechtlichen Kennzeichnungsprofils einer stillen Gesellschaft sowie deren wesentliche Merkmale im Überblick.

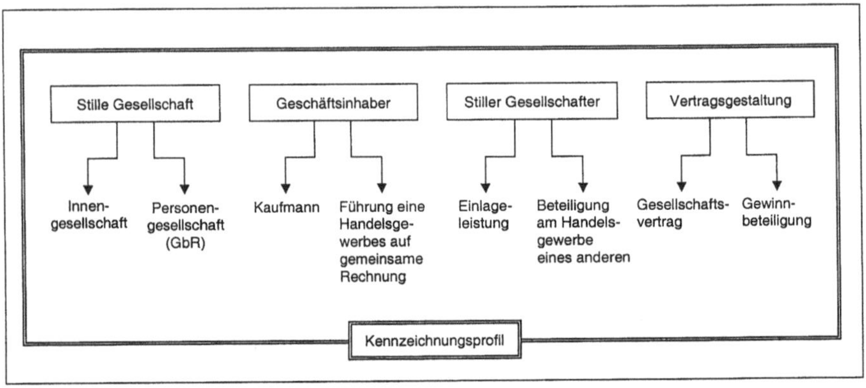

Abbildung 1: Das handelsrechtliche Kennzeichnungsprofil einer stillen Gesellschaft im Überblick

Der Begriff der stillen Gesellschaft wird meist auf den handelsrechtlichen Kontext beschränkt, obwohl er über diese Sichtweise hinausgeht.[23] Das deutsche Zivilrecht kennt die dem Handelsrecht nachgebildete sog. **stille Gesellschaft des bürgerlichen Rechts**, die sich von der des Handelsrechts in lediglich einem Punkt unterscheidet: Die explizite Forderung nach dem Vorliegen eines kaufmännischen Unternehmens („Handelsgewerbe“) wird aufgegeben und die Beteiligung an einem nichtgewerblichen Unternehmen zugelassen.[24]

---

23 Vgl. *Baumbach/Duden/Hopt*, HGB 1995, § 230 HGB, Rdnr. 1.

24 Vgl. *Baumbach/Duden/Hopt*, HGB 1995, § 230 HGB, Rdnr. 1; *Bezzenberger*, in: Münchener Handbuch 1991, § 3 StG, Rdnr. 5; *Keßler*, in: *Staudinger*s Kommentar zum BGB 1991, Vorbem. zu § 705 BGB, Rdnr. 105; *Ulmer*, in: Münchener Kommentar BGB 1997, § 705 BGB, Rdnr. 240 ff. Diese Begriffserweiterung auf nichtgewerblich tätige Geschäftsinhaber findet sich auch bei *Schmidt*, in: *Schlegelberger*, HGB 1986, § 335 (§ 230 n.F.) HGB, Rdnr. 14, allerdings auf der Grundlage einer anderen Argumentation. Seiner Ansicht nach gelten die §§ 230 ff. HGB für jede stille Beteiligung an einem Unternehmen, gleich ob es sich dabei um ein Handelsgewerbe handelt oder nicht: „Versteht man das stille Gesellschaftsverhältnis als Vertragstypus, so ist eine Begrenzung auf kaufmännische Unternehmen nicht angezeigt“; wörtliches Zitat ebenda. M.E. kollidiert diese direkte Anwendung der §§ 230 ff. HGB auf Nicht-Handelsgewerbe mit dem Wortlaut des Gesetzes, welches in § 230 Abs. 1 HGB ausdrücklich die Beteiligung an einem Handelsgewerbe gefordert wird. Darüber hinaus stellt das HGB ein Sonderrecht des Kaufmanns dar (vgl. *Baumbach/Duden/Hopt*, HGB 1995, Einl. vor § 1 HGB, S. 2), so daß bereits aus diesem Grund einer di-

Fortsetzung ...

Obwohl die stille Gesellschaft des bürgerlichen Rechts auf direkter Grundlage der §§ 705 ff. BGB geschaffen wird, ist eine Anwendung zahlreicher[25] der Gesellschaft des bürgerlichen Rechts zugrundeliegender Bestimmungen nicht möglich, da die besonderen, für die stille Gesellschaft charakteristischen Vertragsmerkmale dies verhindern.[26] Nach h.M.[27] sind die Regelungen i.S.d. §§ 230 ff. HGB als Spezialnormen analog anzuwenden. Dies bedingt insbesondere, daß immer dann, wenn vom „Handelsgewerbe" gesprochen wird, dieser Terminus durch den neutralen Begriff „Unternehmen" ersetzt werden muß und der Begriff „Inhaber des Handelsgewerbes" als „Geschäftsinhaber" zu verstehen ist.

Den Zusammenhang zwischen den grundsätzlich möglichen Formen der stillen Gesellschaft zeigt Abbildung 2.

---

rekten Anwendung der HGB-Vorschriften auf stille Gesellschaften des BGB nicht zugestimmt werden kann.

25 Siehe insbesondere §§ 709, 711, 712, 714, 715, 718 und 719 BGB; vgl. *Ulmer*, in: Münchener Kommentar BGB 1997, § 705 BGB, Rdnr. 241.

26 Vgl. *Ulmer*, in: Münchener Kommentar BGB 1997, § 705 BGB, Rdnr. 240.

27 Vgl. *Baumbach/Duden/Hopt*, HGB 1995, § 230 HGB, Rdnr. 1; *Keßler*, in: *Staudinger*s Kommentar zum BGB 1991, Vorbem. zu § 705 BGB, Rdnr. 105; *Paulick/Blaurock*, Handbuch 1998, S. 130; *Schücking*, in: Münchner Handbuch 1995, § 4 BGB-Gesellschaft, Rdnr. 58; *Ulmer*, in: Münchener Kommentar BGB 1997, § 705 BGB, Rdnr. 241.

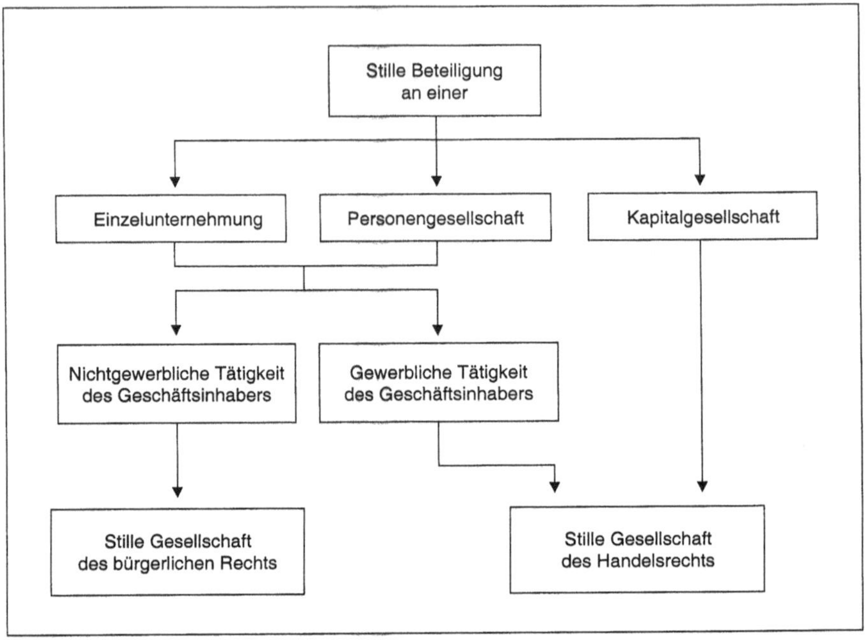

Abbildung 2: Stille Gesellschaft im Handelsrecht und im bürgerlichen Recht

Die vorliegende Arbeit beschränkt sich auf die stille Gesellschaft des Handelsrechts, da sich für die stille Gesellschaft des bürgerlichen Rechts bislang noch keine nationalen steuerlichen Regelungen herausgebildet haben, die als rechtliches Fundament für eine umfassende internationale Betrachtung dienen könnten. Im folgenden Kapitel werden die wesentlichen Merkmale der stillen Gesellschaft näher erläutert.

2. Wesentliche Merkmale im einzelnen

a) Wesen der stillen Gesellschaft

Die Rechtsnatur der stillen Gesellschaft zeigt sich zum einen in der Qualifizierung als sog. Innengesellschaft[28], zum anderen in ihrer Charakteristik als Personengesellschaft[29].

28 Vgl. *Baumbach/Duden/Hopt*, HGB 1995, § 230 HGB, Rdnr. 2; *Horn*, in: *Heymann*, HGB 1996, § 230 HGB, Rdnr. 3; *Paulick/Blaurock*, Handbuch 1998, S. 57 ff.; *Schmidt*, Gesellschaftsrecht 1998, S. 1837; *Stuhlfelner/Glanegger*, in: Heidelberger Kommentar 1995, § 230 HGB, Rdnr. 4 f.

Wesentliche Kennzeichen der **Innengesellschaft**[30] sind[31]

- fehlende Außenwirkung,
- fehlende Rechtsfähigkeit und
- fehlendes Gesellschaftsvermögen.

Das Fehlen einer Außenwirkung bedingt, daß die stille Gesellschaft nicht als solche im Rechtsverkehr Dritten gegenüber auftritt. Ungeachtet dieser Tatsache kann dem Stillen selbstverständlich im Rahmen der §§ 48 bis 58 HGB Prokura bzw. Handlungsvollmacht erteilt werden.[32] Die stille Gesellschaft firmiert nicht unter einem eigenen Namen; vielmehr handelt ausschließlich der Geschäftsinhaber, dem auch das Gesellschaftsvermögen vollständig zuzurechnen ist. Aus § 230 Abs. 2 HGB ergibt sich, daß „der Inhaber ... aus den in dem Betrieb geschlossenen Geschäften allein berechtigt und verpflichtet" wird. Damit haftet der stille Gesellschafter Gläubigern gegenüber nicht. Das Fehlen des Gesellschaftsvermögens ergibt sich direkt aus der Formulierung des § 230 Abs. 1 HGB, wonach „die Einlage so zu leisten (ist; d. Verf.), daß sie in das Vermögen des Inhabers des Handelsgeschäfts übergeht."

Die rechtssystematische Einordnung als Innengesellschaft könnte zu der Annahme verleiten, es handele sich bei der stillen Gesellschaft lediglich um ein Schuldverhältnis[33], nicht aber um eine Gesellschaft im eigentlichen Sinne. Diese Anschauung übersieht, daß neben dieses Schuldverhältnis die Erfüllung der Voraussetzung für das Vorliegen einer Gesellschaft i. S. d. §§ 705 ff. BGB tritt, so daß das Wesen der stillen Gesellschaft über das eines wechselseitigen Vertrages hinausgeht.[34] Die Erfüllung eines gemeinsamen Zwecks, also jener Voraussetzung, die die Gesellschaft von gegenseitigen Austauschverhältnissen unterscheidet, richtet sich im Fall der stillen Gesellschaft auf den Betrieb des Unternehmens durch den tätigen Gesellschafter mit der Absicht der Gewinnerzielung.[35]

Die Einordnung in den Kontext der §§ 705 ff. BGB qualifiziert die stille Gesellschaft als besondere Ausgestaltung der Gesellschaft des bürgerlichen Rechts (GbR) und

---

29 Vgl. *Aulinger*, Atypische stille Gesellschaft 1955, S. 15; *Horn*, in: *Heymann*, HGB 1996, § 230 HGB, Rdnr. 2; *Klauss/Mittelbach*, Stille Gesellschaft 1980, S. 23 f.; *Paulick/Blaurock*, Handbuch 1998, S. 60 ff.; *Schmidt*, Gesellschaftsrecht 1998, S. 1837.

30 Zur Abgrenzung der Begriffe „Innengesellschaft" und „Außengesellschaft" vgl. BGH vom 23.6.1960, in: DB 1960, S. 912 ff.

31 Vgl. *Bezzenberger*, in: Münchener Handbuch 1991, § 1 StG, Rdnr. 3; *Paulick/Blaurock*, Handbuch 1998, S. 57 ff.

32 Vgl. *Hense*, Jahresabschluß 1990, S. 11.

33 So *Schmidt*, Gesellschaftsrecht 1998, der auf S. 1838 ausführt: „Als Innengesellschaft ist die stille Gesellschaft in erster Linie Schuldverhältnis. ... Ohne besondere Vereinbarung geht die stille Gesellschaft über dieses schuldrechtliche Konzept nicht hinaus."

34 Gl. A. *Horn*, in: *Heymann*, HGB 1996, § 230 HGB, Rdnr. 3; *Paulick/Blaurock*, Handbuch 1998, S. 57.

35 Vgl. BFH vom 10.2.1978, BStBl. II 1978, S. 256.

damit als **Personengesellschaft**. Die Charakteristik als Innengesellschaft verbietet das Vorliegen einer Personenhandelsgesellschaft, vielmehr erschöpft sich die Identität der stillen Gesellschaft in der Beteiligung am Handelsgewerbe eines anderen.

b) Anforderungen an den Geschäftsinhaber

In den Anforderungen an den Geschäftsinhaber differenziert sich die stille Gesellschaft des Handelsrechts von der des bürgerlichen Rechts.

Da § 230 Abs. 1 HGB explizit die Beteiligung an einem Handelsgewerbe fordert, muß der Geschäftsinhaber – auch „tätiger Gesellschafter“[36], „‚Komplementär‘ oder ‚Hauptgesellschafter‘“[37] genannt – als Beteiligter einer **stillen Gesellschaft des Handelsrechts** Kaufmann i. S. d. §§ 1 bis 6 HGB sein[38]; dabei war es vor Inkrafttreten des Handelsreformgesetzes[39] zum 1. Juli 1998 unerheblich, ob es sich um einen Minder- oder einen Vollkaufmann handelt.[40] Im Zuge der Gesetzesreform wurden die gesetzlichen Regelungen über den sog. Minderkaufmann in § 4 HGB aufgegeben und in § 1 Abs. 2 HGB eine Legaldefinition des Begriffs „Handelsgewerbe“ eingefügt: „Handelsgewerbe ist jeder Gewerbebetrieb, es sei denn, daß das Unternehmen nach Art oder Umfang einen in kaufmännischer Weise eingerichteten Geschäftsbetrieb nicht erfordert.“ Da § 230 Abs. 1 HGB für die Entstehung einer stillen Gesellschaft ausdrücklich die Beteiligung an einem Handelsgewerbe eines anderen fordert, ist m. E. nach der im Zuge der Gesetzesänderung erfolgten Definition des Begriffs „Handelsgewerbes“ eine stille Beteiligung des Handelsrechts an einem Kleingewerbe nicht mehr möglich.[41] Allerdings können Kleingewerbetreibende nach der neuen Rechtslage gem. § 2 HGB optieren und unabhängig von der Branche durch die Handelsregistereintragung zum vollwertigen Kaufmann werden.

Insgesamt können Einzelunternehmer, soweit es sich um Kaufleute i. S. d. § 1 HGB handelt, Personenhandelsgesellschaften und Kapitalgesellschaften die Funktion des Geschäftsinhabers übernehmen.[42] Kontrovers diskutiert wird die Frage, ob denn auch eine Gesellschaft bürgerlichen Rechts (GbR) Hauptgesellschafter einer stillen Gesellschaft sein kann. Gegen die GbR als Hauptgesellschafter einer stillen Gesell-

---

36 *Horn*, in: *Heymann*, HGB 1996, § 230 HGB, Rdnr. 4.

37 *Bezzenberger*, in: Münchener Handbuch 1991, § 1 StG, Rdnr. 2.

38 Vgl. *Baumbach/Duden/Hopt*, HGB 1995, § 230 HGB, Rdnr. 5; *Hense*, Jahresabschluß 1990, S. 13; *Paulick/Blaurock*, Handbuch 1998, S. 69.

39 Vgl. Gesetz zur Neuregelung des Kaufmanns- und Firmenrechts und zur Änderung anderer handels- und gesellschaftsrechtlicher Vorschriften vom 22.6.1998 (Handelsreformgesetz HRefG), BGBl. I 1998, S. 1474.

40 Vgl. *Klauss/Mittelbach*, Stille Gesellschaft 1980, S. 33.

41 Dagegen stand vor der Reform des HGB Minderkaufleuten i. S. v. § 4 HGB a. F. die Möglichkeit, Geschäftsinhaber einer stillen Gesellschaft zu sein, offen; vgl. *Paulick/Blaurock*, Handbuch 1998, S. 73.

42 Vgl. *Böttcher/Zartmann/Faut*, Unterbeteiligung 1977, S. 60.

schaft spricht die Tatsache, daß sie nicht Träger eines Handelsgewerbes sein kann.[43] Nach alter Rechtslage galt hinsichtlich der Eignung einer GbR zum Geschäftsinhaber das Gegenargument, man könne einem Zusammenschluß zweier oder mehrerer Minderkaufleute zu einer GbR nicht verwehren, was einem einzelnen gestattet ist.[44] Da offensichtlich nach neuer Rechtslage eine stille Gesellschaft des HGB unter Beteiligung eines Kleingewerbetreibenden als Geschäftsinhaber nicht mehr möglich ist, hat dieses Argument m. E. auch für die Aufnahme einer GbR in den Kreis möglicher Geschäftsinhaber an Zugkraft verloren.[45]

Nach der Gesetzesänderung steht die Eignung zum Inhaber eines Handelsgewerbes folgenden Gruppen offen:

1. Kaufleute, die ein Gewerbe i. S. d. § 1 Abs. 2 HGB betreiben;
2. Kaufleute kraft Eintragung gem. § 2 HGB;[46]
3. Kaufleute durch Eintragung gem. § 3 HGB (sog. Kannkaufleute);
4. Kaufleute kraft Rechtsform gem. § 6 HGB[47].

---

43 Eine GbR als Geschäftsinhaber daher ablehnend vgl. *Hense*, Jahresabschluß 1990, S. 14.

44 Vgl. *Bezzenberger*, in: Münchener Handbuch 1991, § 5 StG, Rdnr. 8; *Paulick/Blaurock*, Handbuch 1998, S. 69 f., die den Standpunkt vertreten, auch die fehlende Rechtsfähigkeit der Gesellschaft des bürgerlichen Rechts widerspreche ihrer generellen Eignung zum Vertragspartner einer stillen Gesellschaft nicht und führe auch nicht dazu, daß der Stille mit jedem Gesellschafter der GbR einen Vertrag abschließen müsse, vielmehr bestehe auch in diesem Fall die stille Gesellschaft „nicht an der Person des Unternehmensträgers, sondern an seinem Unternehmen"; wörtliches Zitat *Bezzenberger*, in: Münchener Handbuch 1991, § 5 StG, Rdnr. 8. A. A. *Klauss/Mittelbach*, die feststellen, daß „in der Tat auf Grund des Rechtsbegriffes der GdbR durch den Gesellschaftsvertrag über die stille Gesellschaft eben nicht die GdbR, sondern deren Gesellschafter berechtigt und verpflichtet werden, so wie dies bei jedem anderen Rechtsgeschäft einer GdbR der Fall ist"; *Klauss/Mittelbach*, Stille Gesellschaft 1980, S. 34. Ebenfalls die Eignung der GbR zum Geschäftsinhaber ausdrücklich, aber ohne weitere Begründung, ablehnend *Schücking*, in: Münchner Handbuch 1995, § 4 BGB-Gesellschaft, Rdnr. 54.

45 Dem Minderkaufmann steht es allerdings gem. § 2 HGB offen, für eine Handelsregistereintragung zu optieren und somit zum Kaufmann i. S. d. HGB zu werden.

46 Strittig nach alter Rechtslage war, ob das stille Gesellschaftsverhältnis bereits vor Eintragung in das Handelsregister gem. § 2 HGB wirksam ist oder nicht; dagegen *Paulick/Blaurock*, Handbuch 1998, S. 72; für die Unabhängigkeit der Begründung einer stillen Gesellschaft von der Eintragung *Schmidt*, in: *Schlegelberger*, HGB 1986, § 335 (§ 230 n. F.) HGB, Rdnr. 17. Dieser Streitpunkt wurde m. E. durch das Handelsreformgesetz (vgl. BGBl. I 1998, S. 1474) behoben, da die früheren Sollkaufleute, die erst mit der deklaratorischen Handelsregistereintragung zum Kaufmann wurden, fortan bereits mit der Betriebsaufnahme Kaufleute sind; vgl. *Brune*, Auswirkungen des Handelsrechtsreformgesetzes 1998, S. 243.

47 Der hier abgelehnte Standpunkt *Schmidt*s (vgl. FN 24), den Begriff des Handelsgewerbes als wesentliche Voraussetzung für die Begründung einer stillen Gesellschaft in der Weise zu erweitern, daß die §§ 230 ff. HGB direkte Anwendung auch auf Nicht-Handelsgewerbe finden, führt dazu, daß die Kaufmannseigenschaft für die Begründung einer stillen Gesellschaft nicht ausreicht; viel-

Fortsetzung ...

Die **Pflicht des Geschäftsinhabers** besteht darin, das Unternehmen auf gemeinsame Rechnung zu führen.[48] Grundsätzlich ist er auch allein gem. § 230 HGB zur Geschäftsführung i. S. d. §§ 709 ff. BGB berechtigt und auch verpflichtet; allerdings betrifft diese alleinige Geschäftsführung nicht Änderungen der wesentlichen Grundlagen des Betriebes.[49] Eine Änderung der wesentlichen Grundlagen liegt insbesondere bei der Aufgabe oder Veräußerung des Betriebes vor, aber auch Änderungen hinsichtlich des Sitzes oder der Rechtsform werden unter diese Art zustimmungsbedürftiger Vorgänge subsumiert.[50] Ein Widerspruchs- oder Zustimmungsrecht besteht dagegen nicht bei sog. ungewöhnlichen Geschäften, die nicht auf eine wesentliche Änderung des Unternehmens abzielen.[51]

Die Frage, ob auch die Veränderung innerhalb des Gesellschafterkreises regelmäßig unter die Zustimmungspflicht fällt, wird in der Literatur unterschiedlich differenziert betrachtet. Die h. M.[52] geht davon aus, daß ein Gesellschafterwechsel beim Geschäftsinhaber nicht in jedem Fall der Zustimmung des stillen Gesellschafters bedarf. *Paulick/Blaurock* unterscheiden dabei hinsichtlich der Rechtsform des Unternehmens, an dem eine stille Gesellschaft begründet wurde. Bei **Personenhandelsgesellschaften** bleibt auch nach einem Gesellschafterwechsel die Identität der Handelsgesellschaft gewahrt, so daß ihrer Ansicht nach für eine Auflösung der stillen Gesellschaft kein Anlaß besteht; sind mit dem Wechsel allerdings die „Gefährdung oder Beeinträchtigung der berechtigten Interessen des stillen Gesellschafters" verbunden, so muß diesem nach Ansicht von *Bezzenberger* ein außerordentliches Kündigungsrecht gewährt werden.[53] Darüber hinaus ist es möglich – wie dies insbesondere bei mitunternehmerischer Stellung des Stillen sinnvoll sein kann –, die Aufnahme eines neuen Gesellschafters von der Zustimmung des Stillen durch die Vereinbarung eines Mitspracherechts im Gesellschaftsvertrag abhängig zu machen.[54]

---

mehr muß der Kaufmann nach Ansicht *Schmidts* ein Unternehmen betreiben, so daß eine formkaufmännische Gesellschaft, die nicht Träger eines Unternehmens ist (wie beispielsweise eine GmbH mit nichtwirtschaftlichem Zweck), als Geschäftsinhaber einer stillen Gesellschaft nicht in Frage kommt; vgl. *Schmidt*, in: *Schlegelberger*, HGB 1986, § 335 (§ 230 n.F.) HGB, Rdnr. 21.

48 Vgl. *Paulick/Blaurock*, Handbuch 1998, S. 212.

49 Vgl. BGH vom 25.9.1963, in: BB 1963, S. 1277.

50 Vgl. *Horn*, in: *Heymann*, HGB 1996, § 230 HGB, Rdnr. 35.

51 Vgl. *Schmidt*, in: *Schlegelberger*, HGB 1986, § 335 (230 n.F.) HGB, Rdnr. 132.

52 Vgl. *Bezzenberger*, in: Münchener Handbuch 1991, § 12 StG, Rdnr. 14 ff.; *Paulick/Blaurock*, Handbuch 1998, S. 218 ff.; ohne Differenzierungen die Zustimmungsbedürftigkeit durch den stillen Gesellschafter in Fällen des Gesellschafterwechsels proklamierend vgl. *Horn*, in: *Heymann*, HGB 1996, § 230 HGB, Rdnr. 35.

53 Vgl. *Bezzenberger*, in: Münchener Handbuch 1991, § 12 StG, Rdnr. 14; wörtliches Zitat ebenda. Gl.A. *Paulick/Blaurock*, Handbuch 1998, S. 218.

54 Vgl. *Paulick/Blaurock*, Handbuch 1998, S. 218 f.

Besteht die stille Gesellschaft an einer **Kapitalgesellschaft**, so ist die Aufnahme neuer Gesellschafter von der Zustimmung des Stillen unabhängig; auch wird ihm kein außergewöhnliches Kündigungsrecht zugebilligt.[55]

c) Anforderungen an den stillen Gesellschafter

An die **Person des stillen Gesellschafters** werden keine besonderen Anforderungen gestellt: Natürliche Personen, Handelsgesellschaften, Gesellschaften des bürgerlichen Rechts, juristische Personen des bürgerlichen und des Handelsrechts, Personengemeinschaften, Erbengemeinschaften, Körperschaften des öffentlichen Rechts oder nicht rechtsfähige Vereine können sich somit still am Unternehmen eines anderen beteiligen.[56]

Das in § 230 Abs. 1 HGB kodifizierte Wesensmerkmal einer **Vermögenseinlage** des stillen Gesellschafters umschreibt eine Rechtsfolge aus der Anerkennung einer stillen Gesellschaft als „echte" Gesellschaft i. S. d. §§ 705 f. BGB, deren charakteristisches Merkmal in eben dieser Beitragsleistung zur Förderung des gemeinsamen Zwecks besteht.[57] In der Literatur streitig ist die Frage, ob die Einlage ein unverzichtbares Merkmal der stillen Gesellschaft darstellt[58] oder eine stille Gesellschaft auch ohne Einlageleistung, nicht jedoch ohne Beitragsleistung denkbar ist[59]. Letztere Meinung gründet sich auf die einsichtige Argumentation, daß in § 231 Abs. 1 HGB nicht davon die Rede ist, daß eine Einlage in das Vermögen des Geschäftsinhabers zu leisten ist, sondern nur wie die Einlage zu erfolgen hat.[60] Allerdings sind die praktischen Auswirkungen dieses wissenschaftlichen Disputs gering, beruht er doch auf einer Auslegung des Begriffs „Einlage", der in seiner weiten Interpretation „in jedem mit einem Geldbetrag schätzbaren Vorteil"[61] besteht, dagegen im engeren Sinne ausschließlich übertragbare Vermögensgegenstände[62] erfaßt. Letztere Auffassung subsumiert die sonstigen Leistungen, beispielsweise die Überlassung von Schutz-

---

[55] Vgl. *Bezzenberger*, in: Münchener Handbuch 1991, § 12 StG, Rdnr. 15; *Paulick/Blaurock*, Handbuch 1998, S. 219.

[56] Vgl. *Bezzenberger*, in: Münchener Handbuch 1991, § 5 StG, Rdnr. 17; *Paulick/Blaurock*, Handbuch 1998, S. 79.

[57] Vgl. *Ulmer*, in: Münchener Kommentar BGB 1997, Vor § 705 BGB, Rdnr. 5; *Westermann*, in: Handkommentar BGB 1993, Vor § 705 BGB, Rdnr. 3 ff.

[58] Vgl. *Baumbach/Duden/Hopt*, HGB 1995, § 230 HGB, Rdnr. 20; *Klauss/Mittelbach*, Stille Gesellschaft 1980, S. 63 f.; *Koenigs*, Stille Gesellschaft 1961, S. 122; *Paulick/Blaurock*, Handbuch 1981 (Altauflage), S. 68.

[59] Vgl. *Huber*, Vermögensanteil 1970, S. 194; *Paulick/Blaurock*, Handbuch 1998, S. 88 ff.; *Schmidt*, in: *Schlegelberger*, HGB 1986, § 335 (§ 230 n.F.) HGB, Rdnr. 133; *Westermann*, Vertragsfreiheit 1970, S. 319.

[60] Vgl. *Huber*, Vermögensanteil 1970, S. 194.

[61] *Baumbach/Duden/Hopt*, HGB 1995, § 230 HGB, Rdnr. 20.

[62] Vgl. *Huber*, Vermögensanteil 1970, S. 193 f.

rechten, Know How, Dienstleistungen oder Nutzungen, unter den Begriff der „Beiträge". Die Anerkennung der Einlageleistung als unverzichtbares Merkmal der stillen Gesellschaft bei weiter Auslegung des Einlagebegriffs ist in ihrer praktischen Konsequenz gleichzusetzen mit der Aussage, daß zwar auf eine Einlage im engeren Sinne, nicht jedoch auf einen Beitrag des stillen Gesellschafters verzichtet werden kann.[63]

§ 230 Abs. 1 HGB fordert die Beteiligung an einem „**Handelsgewerbe, das ein anderer betreibt**", und schließt damit den Geschäftsinhaber als stillen Gesellschafter aus. Gestaltungsmöglichkeiten ergeben sich jedoch aus der Tatsache, daß Personengesellschaften als selbständige Rechtsträger und Kapitalgesellschaften aufgrund ihrer eigenen Rechtspersönlichkeit als Inhaber des entsprechenden Handelsgewerbes anzusehen sind.[64] Damit kann ein Gesellschafter einer OHG bzw. einer GmbH zivilrechtlich zugleich auch still am Handelsgewerbe der OHG bzw. GmbH beteiligt sein, eine stille Beteiligung der OHG bzw. GmbH an dem jeweiligen „eigenen" Handelsgewerbe ist dagegen ausgeschlossen.[65]

d) Anforderungen an die Vertragsgestaltung

Die Begründung einer stillen Gesellschaft erfordert das **Vorliegen eines Gesellschaftsvertrags** i. S. v. § 705 BGB;[66] ein Gesellschaftsverhältnis auf rein faktischer Grundlage ist nicht anzuerkennen.[67] Seiner Rechtsnatur nach ist der Gesellschaftsvertrag ein rein schuldrechtlicher Vertrag, der grundsätzlich keiner Formvorschrift unterliegt.[68]

An den **Inhalt des Gesellschaftsvertrags** stellt der Gesetzgeber keine besonderen Anforderungen, es gilt die Vertragsfreiheit, jedoch müssen aus dem Gesellschaftsvertrag der Wille zur Errichtung einer stillen Gesellschaft hervorgehen und – quasi

---

63 Gl. A. *Bezzenberger*, in: Münchener Handbuch 1991, § 16 StG, Rdnr. 1 f.

64 Vgl. *Schmidt*, Gesellschaftsrecht 1998, S. 1841.

65 Anders ist die Beurteilung im Steuerrecht: Da bei Personenhandelsgesellschaften regelmäßig die Mitunternehmerkonzeption greift, ist eine stille Beteiligung eines Gesellschafters einer OHG oder KG am eigenen Unternehmen nicht möglich; die notwendige Voraussetzung der Beteiligung am Handelsgewerbe eines anderen ist in diesem Fall nicht gegeben. Zu den steuerlichen Anerkennungsvoraussetzungen vgl. ausführlich Kapitel II.B.2.

66 Vgl. *Baumbach/Duden/Hopt*, HGB 1995, § 230 HGB, Rdnr. 9; *Horn*, in: *Heymann*, HGB 1996, § 230 HGB, Rdnr. 20.

67 Vgl. *Schmidt*, Gesellschaftsrecht 1998, S. 1842.

68 Die Einhaltung der Form kann ausnahmsweise durch andere Vorschriften bedungen sein, beispielsweise im Fall der Einbringung eines Grundstücks – hier wären die §§ 313, 873 BGB einschlägig – oder der Schenkung einer stillen Beteiligung, die stets der notariellen Beurkundung gem. § 518 Abs. 1 BGB bedarf. Allerdings wird auch im Fall der Schenkung einer stillen Beteiligung ein etwaiger Formmangel durch Bewirken der versprochenen Leistung gem. § 518 Abs. 2 BGB geheilt.

als Mindestinhalt – die gesetzlichen Merkmale, die in der Summe das Wesen der stillen Gesellschaft kennzeichnen, ersichtlich sein.[69]

Die **Gewinnbeteiligung**[70] ist ein unverzichtbares, nicht dispositives Merkmal der stillen Gesellschaft, allerdings kann der Umfang des Anteils des Stillen am Erfolg des Unternehmens im Gesellschaftsvertrag frei bestimmt werden;[71] bei Fehlen einer dahingehenden Vereinbarung ist hilfsweise die gesetzliche Regelung des § 231 Abs. 1 HGB heranzuziehen, wonach „ein den Umständen nach angemessener Anteil als bedungen" gilt. Ein Ausschluß des Stillen vom Unternehmensgewinn widerspricht dem Wesen der stillen Gesellschaft, hingegen kann im Gesellschaftsvertrag mit § 231 Abs. 2 HGB ein **Ausschluß von der Teilnahme am Unternehmensverlust** bestimmt werden. Der Ausschluß der Verlustbeteiligung gilt jedoch als Abweichung vom Regelfall und bedarf daher einer Willenserklärung.[72] Folglich ist eine Teilnahme am Verlust des Unternehmens nicht schon mit der alleinigen Festlegung der Gewinnbeteiligung im Gesellschaftsvertrag ausgeschlossen;[73] ein Beitrag im Form der Erbringung von Dienstleistungen oder der Überlassung von Gegenständen zum Gebrauch stellt ebensowenig einen konkludenten Ausschluß der Verlustbeteiligung dar.[74] Im Gegensatz dazu ist die Abrede einer Mindestverzinsung als eine dahingehende stillschweigende Vereinbarung zu werten,[75] allerdings ist dann zu prüfen, ob bei der Garantie eines Mindestgewinns auch in Verlustjahren überhaupt der Wille zur Gründung einer stillen Gesellschaft oder vielmehr zur Gewährung eines (partiarischen) Darlehens[76] vorliegt.[77] Ist eine Beteiligung am Verlust vereinbart, bestimmt

---

69 Vgl. *Paulick/Blaurock*, Handbuch 1998, S. 173.

70 Der Begriff „Gewinnbeteiligung" wird unabhängig von der im Steuerrecht zur Anwendung kommenden Art der Einkünfteermittlung als neutraler Begriff für den Anteil am Erfolg des betreffenden Unternehmens verwendet.

71 Vgl. *Bezzenberger*, in: Münchener Handbuch 1991, § 22 StG, Rdnr. 3. Eine Beteiligung am Umsatz ist hingegen nicht ausreichend; vgl. BFH vom 22.10.1987, BStBl. II 1988, S. 62.

72 Vgl. *Horn*, in: *Heymann*, HGB 1996, § 231 HGB, Rdnr. 4.

73 Nach Ansicht des BGH soll in einem solchen Fall die Vereinbarung hinsichtlich der Gewinnbeteiligung im Verlustfall analog anzuwenden sein; vgl. BGH vom 30.11.1959, in: DB 1960, S. 261.

74 Vgl. *Horn*, in: *Heymann*, HGB 1996, § 231 HGB, Rdnr. 4; *Schmidt*, in: *Schlegelberger*, HGB 1986, § 336 (§ 231 n.F.) HGB, Rdnr. 20.

75 Vgl. *Paulick/Blaurock*, Handbuch 1998, S. 126; *Schmidt*, in: *Schlegelberger*, HGB 1986, § 336 (§ 231 n.F.) HGB, Rdnr. 20.

76 Zur Abgrenzung zwischen stiller Gesellschaft und partiarischem Darlehen vgl. Kapitel II.A.3.

77 Vgl. *Schmidt*, in: *Schlegelberger*, HGB 1986, § 336 (§ 231 n.F.) HGB, Rdnr. 23. Nach Ansicht von *Paulick/Blaurock* ist der Ertrag aus der stillen Gesellschaft direkt an das Geschäftsergebnis gekoppelt, der Stille hat also „die Gefahr, daß kein Gewinn erzielt wird, mitzutragen"; *Paulick/Blaurock*, Handbuch 1998, S. 114. Aus diesen Gründen lehnt *Hense* das Vorliegen einer stillen Gesellschaft bei Ansatz eines Mindestgewinns ab: „Eine Gewinnbeteiligung des stillen Gesellschafters liegt nur dann vor, wenn der stille Gesellschafter hinsichtlich seines Gewinnanteils die Erfolgschancen des Geschäftsinhabers teilt und damit seine Gewinnbeteiligung von der jeweiligen Höhe

Fortsetzung ...

§ 232 Abs. 2 HGB, daß spätere Gewinne zur Deckung des Verlusts eingesetzt werden. Die Einschränkung der Gewinnbeteiligung durch Ausschluß des Gewinns bestimmter Sparten oder Zweigniederlassungen widerspricht dem Wesen der stillen Gesellschaft nicht.[78]

3. Abgrenzung der stillen Gesellschaft von verwandten Rechtsinstituten

Der rechtlichen Konstruktion einer stillen Gesellschaft liegt die **Gesellschaft des bürgerlichen Rechts** zugrunde, von deren Grundform sie sich durch die in § 230 HGB kodifizierten Wesensmerkmale unterscheidet.[79] Insbesondere kennzeichnen die Rechtsnatur als Innengesellschaft ohne Gesellschaftsvermögen, der Übergang der Einlage in das Vermögen des Geschäftsinhabers und die auch vertraglich nicht ausschließbare Beteiligung am Gewinn des Unternehmens das Vorliegen einer stillen Gesellschaft und markieren die Abgrenzung zur GbR.[80] Im Fall der stillen Gesellschaft des Handelsrechts kommt als Unterscheidungsmerkmal die Beteiligung des Stillen an einem Handelsgewerbe hinzu.

Der Rechtstypus als Innengesellschaft mit den damit verbundenen Merkmalen zieht die Grenze zu den Personenhandelsgesellschaften wie der **OHG** oder der **KG**, allerdings würde eine rein rechtstheoretische Betrachtung der wirtschaftlichen Nähe eines stillen Gesellschafters zum Kommanditisten nicht gerecht, da beide mit beschränktem Risiko mit einer Einlage am Geschäftsergebnis eines Handelsgewerbes beteiligt sind, wobei die Mitwirkung an der Geschäftsführung möglich ist, aber auch auf reine Kontrollrechte beschränkt sein kann.[81] Dennoch bestehen auch Unterschiede:

1. Gem. § 171 Abs. 1 HGB haftet der Kommanditist den Gläubigern der Gesellschaft in Höhe seiner Einlage unmittelbar, solange diese noch nicht vollstän-

---

des Gewinns des Geschäftsinhabers abhängt und er bei einem Gewinn von Null oder bei einem Verlust keine Vergütung erhält."; *Hense*, Jahresabschluß 1990, S. 33.

78 Vgl. *Baumbach/Duden/Hopt*, HGB 1995, § 231 HGB, Rdnr. 2. Unklar hingegen die Stellungnahmen von *Schmidt*, der ausführt: „Sie (die Gewinnbeteiligung; d. Verf.) kann sich auf einen Unternehmensteil – z.B. auf eine Filiale oder auf eine Niederlassung – beschränken, nicht jedoch auf bestimmte einzelne Geschäfte"; *Schmidt*, Gesellschaftsrecht 1998, S. 1845. An anderer Stelle vertritt er jedoch die Ansicht, es sei, „ohne daß die Gesellschaft dadurch das Wesen der stillen Gesellschaft verliert, möglich, ihn (den Stillen; d. Verf.) von der Beteiligung am Gewinn einzelner Geschäfte, Geschäftssparten oder Zweigniederlassungen auszuschließen"; *Schmidt*, in: *Schlegelberger*, HGB 1986, § 336 (§ 231 n.F.) HGB, Rdnr. 23. Eine solche Unterscheidung ist wegen der faktischen Identität des Ausschlusses des Gewinns einzelner Geschäfte mit der Beschränkung auf den Gewinn einzelner Geschäfte in sich nicht schlüssig.

79 Vgl. Abbildung 1.

80 Vgl. *Zacharias/Hebig/Rinnewitz*, Stille Gesellschaft 1996, S. 31 f.

81 Vgl. *Bezzenberger*, in: Münchener Handbuch 1991, § 3 StG, Rdnr. 3.

dig geleistet ist; im Fall der stillen Gesellschaft ist dagegen die **Haftung** des Stillen gegenüber Dritten ausgeschlossen.[82] Zwischen dem stillen Gesellschafter und den Gesellschaftsgläubigern besteht keine Rechtsbeziehung, da, anders als im Fall des Kommanditisten, bei Geschäften des Inhabers, trotz der im Innenverhältnis geltenden Pflicht zur Führung der Geschäfte auf gemeinsame Rechnung, keine Vertretung des Stillen erfolgt,[83] und so der Hauptgesellschafter allein berechtigt und verpflichtet wird (§ 230 Abs. 2 HGB).

2. Das in § 164 HGB kodifizierte **Widerspruchsrecht** des Kommanditisten umfaßt Handlungen, die über den gewöhnlichen Betrieb des Handelsgewerbes hinausgehen; eine Teilnahme des Stillen an Entscheidungen über ungewöhnliche Geschäfte ist gesetzlich hingegen nicht vorgesehen,[84] kann jedoch durch Gesellschaftsvertrag eingeräumt werden.[85]

3. Im Gegensatz zur Gewinnbeteiligung kann gem. § 231 Abs. 2 HGB die **Teilnahme des Stillen am Verlust** des Unternehmens durch den Gesellschaftsvertrag ausgeschlossen werden, während der Kommanditist stets am Verlust der Handelsgewerbes teilnimmt.[86]

4. Ein wesentlicher Unterschied zeigt sich auch im Insolvenzfall des Geschäftsinhabers: Die Einlage des Stillen ist „nicht Haftkapital im Unternehmen, sondern sie ist ein **qualifizierter Kredit**"[87] mit der Folge, daß der Stille im Insolvenzfall – anders als der Kommanditist – allen anderen Insolvenzgläubigern gleichgestellt ist und seine Einlageforderungen, abzüglich etwaiger auf ihn entfallender Verluste, als Forderung anmelden kann.[88]

Für die **Unterbeteiligung** bestehen im Gegensatz zur stillen Gesellschaft keine gesetzlichen Regelungen; aus dieser Tatsache ergibt sich eine weitreichende Typenvielfalt. Dennoch werden bestimmte Strukturmerkmale zugrunde gelegt, die das Vorliegen einer solchen Vertragsgestaltung verifizieren. Die Ähnlichkeit zur stillen Ge-

---

[82] Vgl. statt vieler *Baumbach/Duden/Hopt*, HGB 1995, § 230 HGB, Rdnr. 27, die eine unmittelbare Haftung des Stillen gegenüber Geschäftsgläubigern nur im Fall besonderer Verpflichtungen, wie beispielsweise Bürgschaften, zulassen.

[83] Vgl. *Paulick/Blaurock*, Handbuch 1998, S. 132 f.

[84] Vgl. bereits Kapitel II.A.2.b).

[85] Vgl. *Paulick/Blaurock*, Handbuch 1998, S. 133; *Zacharias/Hebig/Rinnewitz*, Stille Gesellschaft 1996, S. 32.

[86] Vgl. *Paulick/Blaurock*, Handbuch 1998, S. 133.

[87] *Schmidt*, Gesellschaftsrecht 1998, S. 1861.

[88] Liegen allerdings die Voraussetzungen für eigenkapitalersetzende Leistungen vor, wird das in § 236 HGB festgeschriebene Recht des stillen Gesellschafters, seine Forderung gegen den Geschäftsinhaber geltend zu machen, eingeschränkt. Dies ist insbesondere bei der gesellschaftsvertraglichen Vereinbarung einer Nachrangabrede (vgl. noch zur Konkursordnung BGH vom 21.3.1983, in: GmbHR 1984, S. 39) oder dem Vorliegen der Voraussetzungen des § 32a GmbHG der Fall; vgl. auch *Müller*, Überschuldungsstatus 1997, S. 113 f.

sellschaft ergibt sich aus der Tatsache, daß es sich bei der Unterbeteiligung ebenfalls um eine Innengesellschaft handelt, allerdings besteht eine Unterbeteiligung nicht am Handelsgewerbe, sondern am Gesellschaftsanteil eines anderen.[89] Folglich muß also eine gesellschaftliche Beteiligung vorhanden sein, an der eine Unterbeteiligung begründet werden kann, mit der Konsequenz, daß es „weder eine Unterbeteiligung an einer Einzelfirma, also am Handelsgewerbe eines Einzelunternehmers, noch eine an einer Gesellschaft begrifflich geben kann".[90] Auch das sog. **Metageschäft** ist eine Innengesellschaft, die sich auf „die Beteiligung am Risiko und Gewinn bestimmter einzelner Geschäfte, die ein tätiger Partner im eigenen Namen, aber für gemeinsame Rechnung schließt",[91] beschränkt. Diese Art von Gelegenheitsgesellschaften erfüllen jedoch nicht die Merkmale einer stillen Gesellschaft i. S. d. HGB.

Mit der Ausgestaltung des **partiarischen Darlehens** als Einbringung von Kapital in eine Gesellschaft gegen Vergütung in Form einer Teilnahme am Gewinn wird der Praxis ein der stillen Gesellschaft stark verwandtes Rechtsinstitut zur Verfügung gestellt. Wie bei einem üblichen Darlehen ist gem. § 607 BGB der Darlehensnehmer, der Geld oder andere vertretbare Sachen als Darlehen empfangen hat, verpflichtet, „dem Darleiher das Empfangene in Sachen von gleicher Art, Güte und Menge zurückzuerstatten". Die Besonderheit des partiarischen Darlehens liegt in einer an die Ertragskraft des Unternehmens anknüpfenden gewinnabhängigen Vergütung.[92] Gleich dem stillen Gesellschafter tritt auch der partiarische Darlehensgeber nach außen hin nicht in Erscheinung.[93]

Neben diesen Gemeinsamkeiten bestehen jedoch auch erhebliche Unterschiede, anhand derer eine Abgrenzung zwischen den beiden Rechtsinstituten vorgenommen werden kann. Wichtigstes Kriterium ist dabei der Gesellschaftsbegriff und daran anknüpfend das auf einem Gesellschaftsvertrag beruhende **Verfolgen eines gemeinsamen Zwecks** im Fall der stillen Gesellschaft, während das partiarische Darlehen sich in der Begründung eines schuldrechtlichen Austauschverhältnisses erschöpft, bei dem jeder Beteiligte auf eigene Rechnung tätig wird.[94] Darüber hinaus kommt es durch das stille Gesellschaftsverhältnis zu einem **partnerschaftlichen Zusammenwirken von stillem Gesellschafter und Geschäftsinhaber**, während der BFH[95] im Fall des partiarischen Darlehens ein Über- bzw. Unterordnungsverhältnis erkennt.

---

89 Vgl. *Bieg*, Eigenkapitalbeschaffung 1997, S. 68; *Horn*, in: *Heymann*, HGB 1996, § 230 HGB, Rdnr. 65.

90 *Böttcher/Zartmann/Faut*, Unterbeteiligung 1977, S. 22.

91 *Horn*, in: *Heymann*, HGB 1996, § 230 HGB, Rdnr. 18.

92 Zur grundsätzlichen rechtlichen Einordnung und den sich daraus ergebenden Folgen vgl. ausführlich *Huffer*, Partiarisches Geschäft 1971, S. 59 ff.; *Kühnle*, Partiarisches Darlehen 1967, S. 101 ff.

93 Vgl. *Jestädt*, Partiarisches Darlehen 1993, S. 389.

94 Vgl. für die Rechtsprechung BFH vom 10.2.1978, BStBl. II 1978, S. 256; BFH vom 8.3.1984, BStBl. II 1984, S. 623; BFH vom 22.10.1987, BStBl. II 1988, S. 62. In der Literatur vgl. *Harthaus*, Darlehnsverhältnis 1998, S. 14; *Schmidt*, in: *Schlegelberger*, HGB 1986, § 335 (§ 230 n.F.) HGB, Rdnr. 20.

95 Vgl. BFH vom 7.12.1983, BStBl. II 1984, S. 373.

Zwingend für eine stille Gesellschaft spricht die Vereinbarung einer **Beteiligung am Verlust** des Unternehmens, eine solche ist beim partiarischen Darlehen stets ausgeschlossen.[96]

Eine Abgrenzung kann jedoch im Einzelfall sehr schwierig sein, da in der überwiegenden Zahl denkbarer Gestaltungsvarianten lediglich Indizien für das Vorliegen eines bestimmten Rechtsinstituts abgeleitet werden können.[97] So könnte der Ausschluß der Verlustbeteiligung oder die Vereinbarung eines Festzinses neben dem Gewinnanteil als Indiz für das Vorliegen eines partiarischen Darlehens gewertet werden.[98] Auf eine stille Gesellschaft kann hingegen die Abrede von Kontrollrechten hinweisen, allerdings stehen dem Darlehensgeber, wenn auch in beschränktem Maße, ebenfalls Kontrollrechte zu.[99] Im Gegenzug kann jedoch aus der Tatsache, daß das in § 233 HGB kodifizierte gesetzliche Kontrollrecht des stillen Gesellschafters im Gesellschaftsvertrag ausdrücklich abbedungen wurde, nicht die Ablehnung einer stillen Gesellschaft gefolgert werden.[100]

Die Zuordnung zum einen oder anderen Gestaltungsinstrument löst unterschiedliche zivilrechtliche Rechtsfolgen aus. Da durch die stille Beteiligung zivilrechtlich eine Gesellschaft entsteht, kann der Stille darauf bestehen, daß seine **Einlage entsprechend dem gemeinsamen Zweck verwendet** wird; der partiarische Darlehensgeber hat dagegen keinen Einfluß auf die Verwendung seines Darlehens.[101] Für die Kündigung des stillen Gesellschaftsverhältnisses sind die §§ 234 Abs. 2 Satz 2, 132 HGB einschlägig, wonach eine Kündigung nur zum Ende des Geschäftsjahres mit einer **Kündigungsfrist** von sechs Monaten erfolgen kann; ein partiarisches Darlehen kann gem. § 609 Abs. 2 BGB hingegen jederzeit mit einer Frist von einem bzw. drei Monaten[102] gekündigt werden.

Im **Insolvenzfall** kann der stille Gesellschafter nur den Betrag als Forderung geltend machen, der seinen Verlustanteil übersteigt (§ 236 Abs. 1 HGB);[103] rückständige Einlagen sind, soweit sie zur Deckung des auf den Stillen entfallenden Verlustanteils notwendig sind, in die Insolvenzmasse einzuzahlen (§ 236 Abs. 2 HGB). Der partiarische Darlehensgeber kann im Insolvenzfall des Geschäftsinhabers dagegen den vollen Darlehensbetrag als Insolvenzforderung geltend machen. Auch die Möglich-

---

96 Vgl. BGH vom 26.9.1957, in: WM 1957, S. 1335; BGH vom 10.6.1965, in: WM 1965, S. 1052.

97 Laut Entscheidung des BGH vom 9.2.1967, in: BB 1967, S. 439, ist bei Fehlen eines eindeutigen Willens der Vertragsschließenden auf die grundsätzlichen Unterschiede der Vertragstypen abzustellen.

98 Vgl. *Schmidt*, in: *Schlegelberger*, HGB 1986, § 335 (§ 230 n.F.) HGB, Rdnr. 56.

99 Vgl. *Kühnle*, Partiarisches Darlehen 1967, S. 160.

100 Vgl. BFH vom 10.2.1978, BStBl. II 1978, S. 256.

101 Vgl. *Bezzenberger*, in: Münchener Handbuch 1991, § 3 StG, Rdnr. 13; *Paulick/Blaurock*, Handbuch 1998, S. 136.

102 Die dafür erforderliche Darlehenssumme von mindestens 300 DM kann in den hier behandelten Fällen stets angenommen werden.

103 Vgl. bereits Kapitel II.A.2.

keit der **Übertragung der Rechte und Pflichten** aus dem jeweiligen Rechtsverhältnis differiert, da eine stille Gesellschaft nur unter Zustimmung beider Beteiligten übertragen werden kann, während die Abtretung der Forderungen aus einem partiarischen Darlehen grundsätzlich jederzeit möglich ist.[104]

Im Ergebnis ist festzustellen, daß eine Entscheidung hinsichtlich des Vorliegens einer stillen Gesellschaft respektive eines partiarischen Darlehens nicht pauschal getroffen werden kann, sondern im Einzelfall eine umfassende Würdigung des wirtschaftlichen Ziels der Vereinbarungen sowie der Vertragszwecke und -inhalte vorausgehen muß.[105]

4. Zivilrechtliche Ausgestaltungsarten

Da die gesetzlichen Normen in den §§ 230 ff. HGB weitgehend dispositives Recht beinhalten, sind vielfältige Ausgestaltungsmöglichkeiten der stillen Gesellschaft denkbar. Diese Typenvielfalt rankt sich um das „Gerüst rechtsformnotwendiger Elemente“[106] und führt zur Entstehung zahlreicher vom gesetzlichen Normaltypus abweichender Vereinbarungen, die damit als nichttypisch oder atypisch bezeichnet werden können. Gesellschafts- und steuerrechtliche Praxis und Literatur kennen den Rechtsbegriff der **atypisch stillen Gesellschaft**, der allerdings nicht jedwede Abweichung von den dispositiven gesetzlichen Regelungen erfaßt,[107] sondern sich auf die abweichende Festlegung strukturbildender Merkmale im Gesellschaftsvertrag beschränkt. In der Literatur[108] werden als strukturbildende Merkmale der stillen Gesellschaft die folgenden drei Tatbestände unterschieden:

---

104 Vgl. *Bezzenberger*, in: Münchener Handbuch 1991, § 3 StG, Rdnr. 13; *Paulick/Blaurock*, Handbuch 1998, S. 136; *Schmidt*, in: *Schlegelberger*, HGB 1986, § 335 (§ 230 n.F.) HGB, Rdnr. 160.

105 Vgl. *Baumbach/Duden/Hopt*, HGB 1995, § 230 HGB, Rdnr. 4; *Bezzenberger*, in: Münchener Handbuch 1991, § 3 StG, Rdnr. 11; *Horn*, in: *Heymann*, HGB 1996, § 230 HGB, Rdnr. 16. Der BFH erkennt darüber hinaus noch weitere zu berücksichtigende Umstände, wie die „bisherigen persönlichen Beziehungen, die geplante Dauer der Beteiligung, das Streben des Geldgebers, sein Risiko zu verringern, sowie das Interesse des Geschäftsinhabers an der Person des Geldgebers“; vgl. BFH vom 10.2.1978, BStBl. II 1978, S. 256; dort auch wörtliches Zitat.

106 *Bezzenberger*, in: Münchener Handbuch 1991, § 2 StG, Rdnr. 4. Zu den gesetzlichen Merkmalen der stillen Gesellschaft vgl. Kapitel II.A.2.

107 Gl.A. *Aulinger*, Atypische stille Gesellschaft 1955, S. 16, der auf die erweiterte Rechtsstellung des atypisch stillen Gesellschafters im Vergleich zum typisch stillen Gesellschafter hinweist. A.A. *Baetge*, Bilanzen 1996, S. 442; *Küting/Kessler*, in: *Küting/Weber*, HdR 1995, § 272 HGB, Rdnr. 222.

108 Vgl. *Bezzenberger*, in: Münchener Handbuch 1991, § 2 StG, Rdnr. 4. Der fehlende Verbandscharakter der stillen Gesellschaft in ihrer gesetzestypischen Ausgestaltung ist von *Schmidt* als strukturbildendes Merkmal herausgearbeitet worden; vgl. *Schmidt*, in: *Schlegelberger*, HGB 1986, § 335 (§ 230 n.F.) HGB, Rdnr. 67. In früheren Abhandlungen des Rechtstypus finden sich lediglich die Vermögensbeteiligung und die Geschäftsführungsbefugnis als Ansatzpunkte für die Begründung einer atypisch stillen Gesellschaft; vgl. *Aulinger*, Atypische stille Gesellschaft 1955,

Fortsetzung ...

1. die fehlende Beteiligung am Vermögen des Unternehmens,
2. die fehlenden Mitverwaltungsrechte (Geschäftsführungsbefugnis) und
3. die fehlende verbandsmäßige Organisation.

Diese zivilrechtliche Unterscheidung zwischen der typischen und der atypischen Ausgestaltungsvariante ist in Abbildung 3 übersichtsartig dargestellt.

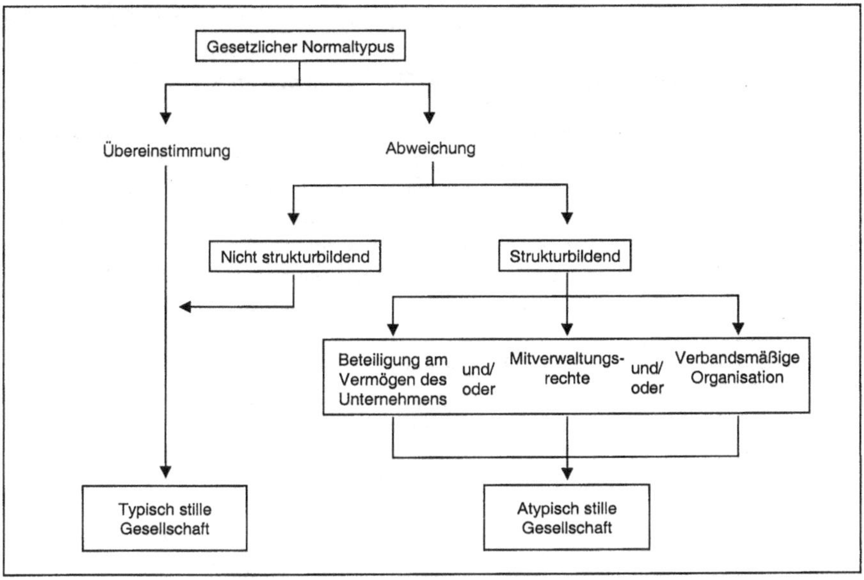

Abbildung 3: Die zivilrechtliche Unterscheidung zwischen der typischen und der atypischen Ausgestaltungsvariante

Aus den drei Strukturkennzeichen einer typisch stillen Gesellschaft werden im wesentlichen die drei Erscheinungsformen[109] der atypisch stillen Gesellschaft mit Ver-

S. 16 f.; *Böttcher/Zartmann/Faut*, Unterbeteiligung 1977, S. 130; *Westermann*, Vertragsfreiheit 1970, S. 308 ff.

109 *Schmidt* erkennt hierbei vier mögliche Gestaltungsvarianten, wobei die vierte Variante einer atypisch stillen Gesellschaft durch den Fall abgebildet wird, in dem ein Kommanditist neben der Kommanditeinlage zugleich eine stille Beteiligung zeichnet und somit eine Verknüpfung der stillen Beteiligung mit einer Kommanditbeteiligung entsteht; vgl. *Schmidt*, in: *Schlegelberger*, HGB 1986, § 335 (§ 230 n. F.) HGB, Rdnr. 77. Zwar geht es bei dieser Gestaltung nicht um die Verknüpfung mehrerer stiller Beteiligungen, sondern um die Verknüpfung der stillen Beteiligung mit einer Kommanditisteneinlage desselben Gesellschafters, dennoch soll diese Option hier als besondere Gestaltung unter die atypisch stille Gesellschaft mit Verbandscharakter subsumiert werden. Ebenso *Bezzenberger*, in: Münchener Handbuch 1991, § 2 StG, Rdnr. 16.

mögensbeteiligung, mit Geschäftsführungsbefugnis und mit Verbandscharakter abgeleitet. Die Begriffe der typisch und atypisch stillen Gesellschaft wurden originär im deutschen Steuerrecht verwandt, eine Zuordnung zur atypischen Variante, die im Gegensatz[110] zu der gesellschaftsrechtlichen Unterscheidung auf einer Änderung hinsichtlich einer der ersten beiden Strukturmerkmale durch den Gesellschaftsvertrag beruht, hat die Behandlung als Mitunternehmerschaft zur Folge.[111]

Der Typus der **atypisch stillen Gesellschaft mit Vermögensbeteiligung** unterstellt weder die Annahme eines gemeinschaftlichen Vermögens auf seiten der stillen Gesellschaft noch eines dinglichen Anteils des Stillen am Vermögen des Geschäftsinhabers; die rechtsformbegründende Vorschrift des § 230 Abs. 1 HGB, wonach die Einlage in das Vermögen des Geschäftsinhabers übergehen muß, wird nicht berührt. Vielmehr begründet die gesellschaftsvertragliche Vereinbarung einen schuldrechtlichen Anspruch des stillen Gesellschafters gegenüber dem Geschäftsinhaber, der ihm einen Anteil an der Wertsteigerung der Vermögenssubstanz sichert. Damit tritt im Fall der atypisch stillen Gesellschaft neben die Gewinnbeteiligung ein hauptsächlich im Fall der Beendigung des Gesellschaftsverhältnisses an Bedeutung gewinnender Anteil an den Wertsteigerungen des Anlage- und Umlaufvermögens sowie am Geschäftswert des Handelsgewerbes.[112]

Die gesetzlich vorgesehene Beteiligung des Stillen an der Unternehmensführung beschränkt sich gem. § 233 Abs. 1 HGB auf Kontroll- und Informationsrechte, indem dem Stillen die Erlaubnis, „die abschriftliche Mitteilung des Jahresabschlusses zu verlangen und dessen Richtigkeit unter Einsicht der Bücher und Papiere zu prüfen“, eingeräumt wird; Mitwirkungsrechte stehen ihm grundsätzlich[113] nicht zu.[114] Bei der zweiten Variante, der **atypisch stillen Gesellschaft mit Geschäftsführungsbefugnis**, werden im Gesellschaftsvertrag über die Kontrollrechte des gesetzlichen Normaltypus hinausgehende Widerspruchsrechte, Zustimmungsrechte und Weisungsrechte des Stillen vereinbart.[115] Die ausschließliche Erweiterung der Kontrollrechte reicht für eine zivilrechtliche Qualifizierung als atypisch stille Gesellschaft nicht aus, vielmehr muß eine tatsächliche Beteiligung an Geschäftsführungsmaßnahmen erkennbar sein.[116] Die dahingehenden Vereinbarungen bewegen sich auf schuldrechtlicher Basis, so daß sie keine gesellschaftsrechtliche Stellung des Stillen als Gesell-

---

110 Teilweise werden in der Literatur auch die steuerrechtlichen Kriterien für die Annahme einer atypischen Ausgestaltung ins Zivilrecht transferiert; vgl. *Aulinger*, Atypische stille Gesellschaft 1955, S. 19 ff.; *Horn*, in: *Heymann*, HGB 1996, § 230 HGB, Rdnr. 51.

111 Damit ist auch im Steuerrecht die Ausgestaltung des Gesellschaftsverhältnisses ursächlich für eine Unterscheidung hinsichtlich der typischen und der atypischen Variante; vgl. im einzelnen dazu Kapitel II.B.1.

112 Vgl. *Aulinger*, Atypische stille Gesellschaft 1955, S. 24.

113 Ein Widerspruchsrecht besteht allerdings für Geschäfte des Geschäftsinhabers, die auf eine Änderung der wesentlichen Grundlagen des Betriebs abzielen; vgl. dazu bereits Kapitel II.A.2.b).

114 Vgl. *Hense/Jung/Schwaiger*, in: Beck GmbH-HB 1995, § 7, Rdnr. 169.

115 Vgl. *Schmidt*, in: *Schlegelberger*, HGB 1986, § 335 (§ 230 n.F.) HGB, Rdnr. 70.

116 Vgl. *Bezzenberger*, in: Münchener Handbuch 1991, § 2 StG, Rdnr. 11.

schafter des Unternehmens verbriefen, sondern ihm lediglich eine Teilhabe an der Unternehmensführung sichern.

Für die Ausgestaltung der Geschäftsführung bestehen unterschiedliche Möglichkeiten;[117] so kann die Einzel- oder die Gesamtgeschäftsführung vereinbart oder dem stillen Gesellschafter die Geschäftsführungsbefugnis ausschließlich für bestimmte Bereiche oder auch die alleinige Geschäftsführung übertragen werden.[118] Die Reduktion der Geschäftsführungsbefugnis auf bestimmte Geschäfte darf allerdings nicht so weit gehen, daß sie sich im Zustimmungsrecht bei der Änderung wesentlicher Grundlagen des Handelsgeschäfts erschöpft, da diese Art der Mitwirkung auch dem typisch stillen Gesellschafter zusteht[119] und insofern keine Abweichung vom gesetzlichen Normaltypus darstellt. Eine Abgrenzung ist für den jeweiligen Einzelfall vorzunehmen, wobei sich die Fälle, in denen eine Geschäftsführungsbefugnis im Gesellschaftsvertrag schriftlich vereinbart wurde, als weniger problematisch darstellen, als jene, in denen sich einzelne Bestimmungen stillschweigend aus konkludentem Handeln ergeben.

Grundsätzlich ist die stille Gesellschaft in ihrer Ausgestaltung als Innengesellschaft zweigliedrig; bestehen mehrere stille Beteiligungen an einem Unternehmen, so sind in eben dieser Anzahl auch stille Gesellschaften vorhanden. Rechtsbeziehungen bestehen allerdings ausschließlich zwischen den stillen Gesellschaftern und dem Inhaber des Handelsgewerbes.[120] Eine **atypisch stille Gesellschaft mit Verbandscharakter** entsteht damit erst, wenn alle Beteiligten gesellschaftlich miteinander verbun-

---

117 Im Fall einer stillen Beteiligung an einer Personenhandelsgesellschaft ist die Geschäftsführung des Stillen lediglich durch Vollmacht bzw. Prokura möglich, da der Grundsatz der Selbstorganschaft die Übertragung der Geschäftsführung einer Personenhandelsgesellschaft an einen Nichtgesellschafter verbietet; vgl. BGH vom 22.1.1962, BGHZ 36, S. 292; BFH vom 28.1.1982, BStBl. II 1982, S. 389; BFH vom 3.7.1997, BStBl. II 1998, S. 86. Im Fall einer stillen Beteiligung an einer Kapitalgesellschaft ist hingegen die Übertragung der Geschäftsführung auch durch die Begründung eines Arbeitsverhältnisses möglich.

118 Vgl. *Aulinger*, Atypische stille Gesellschaft 1955, S. 28 f.; *Kühn*, in: Münchener Handbuch 1991, § 14 StG, Rdnr. 3 ff.; *Schmidt*, in: *Schlegelberger*, HGB 1986, § 335 (§ 230 n.F.) HGB, Rdnr. 71.

119 Vgl. dazu Kapitel II.A.2.b).

120 Vgl. *Böttcher/Zartmann/Faut*, Unterbeteiligung 1977, S. 46; *Koenigs*, Stille Gesellschaft 1961, S. 229; *Paulick/Blaurock*, Handbuch 1998, S. 82. *Albracht* weist darauf hin, daß die Vertragspraxis im Fall von stillen Gesellschaften als Publikumspersonengesellschaften einen anderen Weg geht: „Sie konzipiert Gesellschaftsverträge, in denen es sinngemäß heißt, die stillen Gesellschafter würden durch ihre Beteiligung Gesellschafter einer einzigen stillen Gesellschaft. Geschäftsinhaber und alle stillen Gesellschafter sollen vertraglich untereinander verbunden sein. Angestrebt wird eine der KG (im Innenverhältnis) vergleichbare stille Gesellschaft, bei der die gesellschaftsvertraglichen Verbindungen nicht nur zwischen dem Geschäftsinhaber und den einzelnen stillen Gesellschaftern, sondern auch zwischen den stillen Gesellschaftern entstehen.“; *Albracht*, Publikumspersonengesellschaften 1990, S. 79 f.

den sind.[121] Für den überwiegenden Teil der Literaturstimmen[122] entspringt eine solche Organisation der Vertragsfreiheit, so daß im Wege der Vertragsauslegung – dem Willen der Vertragspartner entsprechend – eine einzige stille Gesellschaft mit mehreren stillen Gesellschaftern offenkundig werde. *Schmidt*[123] differenziert in dieser Frage zwischen dem stillen Einlageverhältnis einerseits und dem stillen Gesellschaftsverhältnis andererseits und stellt fest, daß das stille Einlageverhältnis selbst bei der oben beschriebenen verbandsmäßigen Ausgestaltung nur aus dem jeweiligen Stillen und dem Geschäftsinhaber besteht, wogegen das stille Gesellschaftsverhältnis ein Organisationsstatut darstellt, das die stille Gesellschaft als mehrgliedrig kennzeichnet.

5. Stille Beteiligung im Jahresabschluß

a) Keine Bilanzierungspflicht der stillen Gesellschaft

Für die stille Gesellschaft selbst bestehen wie bei einer GbR grundsätzlich keine Bilanzierungs-, sondern lediglich Rechenschaftslegungspflichten, so daß sich die folgenden Ausführungen auf die Abbildung der stillen Gesellschaft im Jahresabschluß des Geschäftsinhabers und in dem des bilanzierenden Stillen beschränken.[124]

---

121 Vgl. *Böttcher/Zartmann/Faut*, Unterbeteiligung 1977, S. 46; *Koenigs*, Stille Gesellschaft 1961, S. 228; *Paulick/Blaurock*, Handbuch 1998, S. 84. Für *Bezzenberger* basiert der zur Errichtung einer mehrgliedrigen stillen Gesellschaft nötige Gesellschaftsvertrag nicht nur auf einer einfachen schuldrechtlichen Regelung des Vertragsverhältnisses der Gesellschafter; vielmehr müsse er „dem erweiterten Gesellschafterbestand entsprechend, organisationsrechtliche Vorschriften enthalten, u.a. die Voraussetzungen für die Meinungsbildung innerhalb des Verbandes der Gesellschafter und eventuell die Einrichtung von Gesellschafter-Organen (Gesellschafter-Ausschüsse, Beiräte) regeln sowie Bestimmungen über den Eintritt weiterer und das Ausscheiden bisheriger Gesellschafter und die Auflösung der Gesellschaft treffen.“; *Bezzenberger*, in: Münchener Handbuch 1991, § 2 StG, Rdnr. 14.

122 Vgl. *Bezzenberger*, in: Münchener Handbuch 1991, § 2 StG, Rdnr. 14; *Böttcher/Zartmann/Faut*, Unterbeteiligung 1977, S. 46; *Hense/Jung/Schwaiger*, in: Beck GmbH-HB 1995, § 7, Rdnr. 161; *Koenigs*, Stille Gesellschaft 1961, S. 228.

123 Vgl. *Schmidt*, in: *Schlegelberger*, HGB 1986, § 335 (§ 230 n.F.) HGB, Rdnr. 73.

124 Zur Rechenschaftslegungspflicht des Inhabers des Handelsgewerbes vgl. Kapitel II.A.6.

b) Abbildung der stillen Einlage in der Bilanz

(1) Bilanzierung des Geschäftsinhabers

(a) Vorbemerkung

In der Bilanz des Geschäftsinhabers kann sich zum einen auf der Aktivseite die Erbringung der Leistung des Stillen (Einlageleistung), zum anderen auf der Passivseite die Gutschrift der Einlage (Einlageguthaben) niederschlagen.[125] Für die Bilanzierung dem Grunde, der Stelle und der Höhe nach gelten für die **Einlageleistung** im Zusammenhang mit stillen Gesellschaften keine Besonderheiten; vielmehr kann auf die allgemeinen Grundsätze für die Bilanzierung von Vermögensgegenständen verwiesen werden.[126]

Die Diskussion um die Bilanzierung des **Einlageguthabens** des stillen Gesellschafters wird in der Literatur hingegen kontrovers geführt. Im folgenden ist zunächst der Ort des bilanziellen Ausweises des Einlageguthabens zu klären, bevor in einem zweiten Schritt auf die Höhe eingegangen wird.

(b) Ausweis der stillen Einlage der Stelle nach

Für die **Bilanzierung des Einlageguthabens** – im folgenden kurz stille Einlage genannt – haben sich trotz der langen Geschichte des Rechtsinstituts der stillen Gesellschaft keine eindeutigen Grundsätze entwickelt.[127] Einigkeit herrscht lediglich darüber, daß die Einlage des Stillen in der Bilanz des Geschäftsinhabers als Passivposten anzusetzen und nicht erfolgswirksam zu vereinnahmen ist.[128] Für den Ort des bilanziellen Ausweises werden dagegen verschiedene Alternativen diskutiert:

---

125 Vgl. *Hense*, Jahresabschluß 1990, S. 104.

126 Vgl. *Bieg/Kußmaul*, Rechnungswesen 1998, S. 72 ff.; *Kußmaul*, Ansatz und Bewertung 1992, S. 455 ff.; *ders.*, Ansatz und Bewertung 1993, S. 13 ff., S. 57 ff.; *ders.*, in: *Küting/Weber*, HdR 1995, Bilanzierungsfähigkeit und Bilanzierungspflicht, Rdnr. 384 ff. Für den Fall der Leistung einer Einlage im Rahmen einer stillen Gesellschaft vgl. ausführlich *Hense*, Jahresabschluß 1990, S. 105 ff., der auf den S. 112 ff. auf die Problematik der Einlagefähigkeit von Nutzungen bzw. Nutzungsrechten eingeht; vgl. hierzu weiterführend *Kußmaul*, Nutzungsrechte 1987, S. 150 ff., *ders.*, Vermögensgegenstände 1987, S. 2053 ff.; *ders.*, in: HdB 1998, Nutzungen/Nutzungsrechte, Rdnr. 1 ff.

127 Vgl. *Glade*, Praxishandbuch 1995, § 266 HGB, Rdnr. 580.

128 Vgl. *Hense*, Jahresabschluß 1990, S. 142; *Küting/Kessler*, Eigenkapitalähnliche Mittel 1994, S. 2113 f.

1. Ansatz einer Verbindlichkeit,
2. Zurechnung zum Eigenkapital oder zum Fremdkapital je nach Ausgestaltung des Gesellschaftsvertrages,
3. Ansatz eines Sonderpostens zwischen Eigenkapital und Fremdkapital.

Die Vertreter[129] des obligatorischen **Ansatzes einer Verbindlichkeit** bescheinigen der stillen Gesellschaft keine bilanzerhebliche Besonderheit im Vergleich zur Kapitalzuführung durch Fremdkapitalgeber; so sieht *Groh* in der Einlage des stillen Gesellschafters wegen der Pflicht zur Rückzahlung im Fall der Beendigung „eine betagte und damit passivierungspflichtige Verbindlichkeit"[130].

Andere Literaturmeinungen[131] lehnen zwar den Ansatz einer Verbindlichkeit nicht ab, allerdings fordern sie bei Erfüllen bestimmter Kriterien die Bilanzierung der stillen Einlage im Eigenkapital. Die zu einer Differenzierung zwischen der **Zurechnung zum Fremd- bzw. Eigenkapital** heranzuziehenden Merkmale sowie die im Fall einer Zuordnung zum Eigenkapital anzusprechende Bilanzposition sind streitig.

Für die Frage nach der Qualifizierung als Eigen- oder Fremdkapital stellt *Lutter* allein auf die **Partizipation am Verlust des Unternehmens** ab und betont, daß es auf die Dauer der Kapitalüberlassung nicht ankäme.[132] *Clemm/Nonnenmacher* hingegen übertragen auf stille Beteiligungen die Bilanzierungsgrundsätze für Genußrechtskapital[133] und proklamieren für deren Eignung zum bilanziellen Ausweis im Eigenkapital folgende **kumulativ zu erfüllende Voraussetzungen**:[134]

„1. Der stille Gesellschafter und der Inhaber des Handelsgeschäfts können die Beteiligung längerfristig nicht kündigen.

---

129 Vgl. *Büchele*, Einlagen 1997, S. 2340; *Groh*, Eigenkapitalersatz 1993, S. 1891; *Hüttemann*, in: HdJ 1998, Abt. III/8, Rdnr. 61 ff.; *Paulick/Blaurock*, Handbuch 1981 (Altauflage), S. 213.

130 *Groh*, Eigenkapitalersatz 1993, S. 1891. *Bezzenberger* erkennt im Rückzahlungsbetrag in Höhe der Einlage im Fall eines nicht am Verlust beteiligten stillen Gesellschafters eine aufschiebend bedingte Verbindlichkeit des Geschäftsinhabers; vgl. *Bezzenberger* in: Münchener Handbuch 1991, § 18 StG, Rdnr. 6.

131 Vgl. *Adler/Düring/Schmaltz*, in: ADS 1997, § 266 HGB, Rdnr. 235; *Clemm/Nonnenmacher*, in: Beck Bil-Komm 1995, § 247 HGB, Rdnr. 233; *Förschle/Kofahl*, in: Beck Bil-Komm 1995, § 266 HGB, Rdnr. 187; *Hense*, Jahresabschluß 1990, S. 171 ff.; *Paulick/Blaurock*, Handbuch 1998, S. 274 f.; *Reusch*, Eigenkapital 1989, S. 2361; *Wahl*, Vermögenseinlage 1975, S. 172 f.

132 Vgl. *Lutter*, Genußrechte 1993, S. 2444.

133 Gl.A. *Bordt*, in: HdJ 1998, Abt. III/1, Rdnr. 221; *Küting/Kessler*, Eigenkapitalähnliche Mittel 1994, S. 2114. Vgl. auch die Stellungnahme des Hauptfachausschusses des Instituts der Wirtschaftsprüfer, HFA 1/1994, S. 419. Zu Genußrechten als Form der Außenfinanzierung und ihrer Abgrenzung zu stillen Gesellschaften vgl. *Bieg*, Genussrechte 1998, S. 482.

134 *Clemm/Nonnenmacher*, in: Beck Bil-Komm 1995, § 247 HGB, Rdnr. 233. Gl.A. *Adler/Düring/Schmaltz*, in: ADS 1997, § 246 HGB, Rdnr. 91; *Glade*, Praxishandbuch 1995, § 266 HGB, Rdnr. 582.

2. Ein Rückzahlungsanspruch des stillen Gesellschafters kann im Liquidationsfall erst nach Befriedigung aller Gläubiger und im Konkursfall nicht als Konkursforderung geltend gemacht werden.
3. Die stille Einlage nimmt am Verlust bis zur vollen Höhe teil."

Bei Übertragung der Kriterien für den Ausweis von Genußrechtskapital im Eigenkapital auf stille Gesellschaften kann unter dem Begriff „längerfristig" ein Zeitraum von fünf Jahren verstanden werden.[135] Andere Literaturmeinungen[136] stimmen den genannten Voraussetzungen zwar grundsätzlich zu, verzichten allerdings auf die Dauer der Kapitalüberlassung als Kriterium.

Die damit an die Vertragsgestaltung gestellten Voraussetzungen finden sich in der geltenden Rechtslage bei der bilanziellen Behandlung der Einlagen stiller Gesellschafter in das Vermögen von Kreditinstituten wieder, für die § 10 Abs. 4 KWG konkrete Voraussetzungen für die Zurechnung zum haftenden Eigenkapital, genauer zum sog. Kernkapital, formuliert. Danach sind die Vermögenseinlagen stiller Gesellschafter für das haftende Eigenkapital anrechnungsfähig, wenn

- sie bis zur vollen Höhe am Verlust teilnehmen,
- sie im Liquidations- bzw. Konkursfall erst nach Befriedigung aller Gläubiger zurückgezahlt werden,
- sie dem Kreditinstitut für die Dauer von mindestens fünf Jahren zur Verfügung gestellt wurden,
- der Rückzahlungsanspruch in nicht weniger als zwei Jahren fällig wird und
- das Kreditinstitut bei der Begründung der stillen Gesellschaft auf die Nachrangigkeit im Liquidations- bzw. Konkursfall sowie die Mindestlaufzeit ausdrücklich und schriftlich hingewiesen hat.[137]

Hense stellt für die Unterscheidung zwischen Fremd- und Eigenkapital auf die gesellschaftsvertraglichen Regelungen für den Zeitpunkt der Auseinandersetzung bzw. Liquidation ab.[138] Danach ist eine Schuld zu passivieren, wenn für den angesprochenen Zeitpunkt die Rückerstattung des Einlagebetrags – im Fall der Verlustbeteiligung um die Verlustübernahme gemindert – sowie ein Anteil am Wert des Unternehmens des Geschäftsinhabers vereinbart ist; ein Ausweis im Eigenkapital des Geschäftsinhabers ist nach seiner Ansicht vorzunehmen, wenn eine Verpflichtung zur Auszahlung der Einlage fehlt, allerdings nach Auflösung der stillen Gesellschaft das

---

[135] Vgl. *Küting/Kessler*, Eigenkapitalähnliche Mittel 1994, S. 2114.

[136] Vgl. *Förschle/Kofahl*, in: Beck Bil-Komm 1995, § 266 HGB, Rdnr. 187; *Hense/Jung/Schwaiger*, in: Beck GmbH-HB 1995, § 7, Rdnr. 184; *Reinhard*, in: *Küting/Weber*, HdR 1995, § 247 HGB, Rdnr. 97.

[137] Vgl. ausführlich *Bähre/Schneider*, KWG-Kommentar 1986, § 10 KWG, S. 135 ff.; *Regnery*, Bankeneigenkapital 1994, S. 155 ff. Ob diese Grundsätze auch auf Nichtkreditinstitute übertragbar sind, ist in der Literatur umstritten. Dafür *Küting/Kessler*, in: *Küting/Weber*, HdR 1995, § 272 HGB, Rdnr. 214, 224; dagegen *Adler/Düring/Schmaltz*, in: ADS 1997, § 246 HGB, Rdnr. 91.

[138] Vgl. *Hense*, Jahresabschluß 1990, S. 391 ff.

Unternehmen des Geschäftsinhabers liquidiert wird und die Auszahlung eines Anteils am Liquidationsüberschuß an den Stillen vereinbart wurde, oder wenn zwar eine Auszahlung des Einlageguthabens vorgesehen ist, der Stille jedoch eine Stellung einnimmt, die einem Eigenkapitalgeber vergleichbar ist. Dabei sieht *Hense* im Anspruch auf Rückzahlung der Einlage und der Zurechnung zum Eigenkapital keinen Widerspruch; vielmehr ist seiner Ansicht nach bei der Zurechnung zum bilanziellen Eigenkapital auf dessen unabdingbare Charakteristika – dauerhafte Kapitalüberlassung, Verlustübernahme, Haftung in der Insolvenz – abzustellen. *Hense* kommt zu dem Ergebnis, daß diese Kriterien je nach Rechtsform unterschiedliche Merkmalsausprägungen haben, die **Grenzen zwischen Eigen- und Fremdkapital** folglich **rechtsformspezifisch auszulegen** sind. Tabelle 1 zeigt die Ergebnisse *Hense*s hinsichtlich einer rechtsformspezifischen Zuordnung der stillen Einlage zum Eigenkapital im Überblick.

<table>
<tr><th rowspan="2">Rechtsformen</th><th colspan="2">Merkmale der stillen Gesellschaft</th></tr>
<tr><th>Bestehen einer Auszahlungsverpflichtung</th><th>Fehlen einer Auszahlungsverpflichtung</th></tr>
<tr><td>Einzelkaufmann</td><td>• Nachrangabrede (I)[139]</td><td rowspan="6">Rechtsformunabhängig:
• Keine Auseinandersetzung,
• Auflösung der stillen Gesellschaft durch Umwandlung in eine Außengesellschaft,
• Stiller Gesellschafter übernimmt das Unternehmen des Geschäftsinhabers,
• Beteiligung des stillen Gesellschafters am Liquidationserlös.</td></tr>
<tr><td>OHG</td><td>• Nachrangabrede (II)[140]</td></tr>
<tr><td>KG</td><td>• Nachrangabrede (II),
• KG & Still,
• Stiller Gesellschafter hat Mitverwaltungsrechte wie ein Kommanditist.</td></tr>
<tr><td>GmbH</td><td>• Nachrangabrede (III),[141]
• Stiller Gesellschafter ist wie ein GmbH-Gesellschafter in die Organisations- und Finanzstruktur der GmbH einbezogen.</td></tr>
<tr><td>AG</td><td>• Nachrangabrede (IV)[142] und
• Verlustübernahme bei vereinfachter Kapitalherabsetzung.</td></tr>
<tr><td>KGaA</td><td>• Wie OHG oder
• wie AG.</td></tr>
</table>

Tabelle 1: Kriterien für die Zuordnung stiller Einlagen zum Eigenkapital nach *Hense*[143]

---

[139] Nachrangabrede (I): „Der stille Gesellschafter verpflichtet sich, auf die Kündigung der stillen Gesellschaft oder die Auszahlung seines Auseinandersetzungsguthabens zu verzichten, wenn der Geschäftsinhaber überschuldet oder zahlungsunfähig ist oder dessen Zahlungsunfähigkeit droht oder die Zahlungsunfähigkeit oder Überschuldung des Geschäftsinhabers durch die Auszahlung des Auseinandersetzungsguthabens herbeigeführt würde.“; *Hense*, Jahresabschluß 1990, S. 251.

[140] Nachrangabrede (II): „Der stille Gesellschafter verpflichtet sich, die Auszahlung seines Einlageguthabens im Falle der Liquidation des Unternehmens des Geschäftsinhabers nur zu fordern, soweit diese aus dem Liquidationsüberschuß möglich ist, und die Forderung auf das Einlageguthaben nicht als Konkursforderung geltend zu machen.“; *Hense*, Jahresabschluß 1990, S. 251.

[141] Nachrangabrede (III): „Der stille Gesellschafter verpflichtet sich, die Auszahlung seines Einlageguthabens nur zu verlangen, soweit diese aus nicht zur Stammkapitalerhaltung erforderlichem Reinvermögen oder einem Liquidationsüberschuß möglich ist.“; *Hense*, Jahresabschluß 1990, S. 251.

[142] Nachrangabrede (IV): „Der stille Gesellschafter verpflichtet sich, die Auszahlung seines Einlageguthabens nur zu verlangen, soweit diese aus künftigen Bilanzgewinnen oder einem Liquidationsüberschuß möglich ist.“; *Hense*, Jahresabschluß 1990, S. 251.

[143] Modifiziert entnommen aus *Hense*, Jahresabschluß 1990, S. 250; vgl. auch S. 251.

Seltener wird in der Literatur[144] die Zuordnung der stillen Einlage zum Eigen- bzw. Fremdkapital an der Ausgestaltung des Gesellschaftsvertrages der stillen Gesellschaft festgemacht, indem als Anknüpfungspunkt ausschließlich die zivilrechtliche **Differenzierung zwischen typisch und atypisch stiller Gesellschaft** herangezogen wird. Uneingeschränkt Eigenkapitalcharakter der stillen Einlage erkennt *Wahl* bei der atypischen Ausgestaltung der stillen Gesellschaft mit der Begründung: „Da der atypische stille Gesellschafter ... ebenso wie der Inhaber des Handelsgewerbes nur am Geschäftsvermögen nach Abzug der Verbindlichkeiten ... beteiligt werden kann, kommt dem Einlagekonto des atypisch stillen Gesellschafters u. E. Eigenkapitalcharakter zu“[145]. Die „generalisierende Feststellung, daß eine atypische stille Gesellschaft vorliegt“[146], genügt nach Ansicht von *Reusch* nicht, um eine Entscheidung zwischen Eigen- oder Fremdkapitalcharakter der stillen Einlage zu treffen. Allerdings beschreiben die von ihm genannten Voraussetzungen für das Vorliegen von Eigenkapital – nämlich die Beteiligung am Geschäftswert und den stillen Reserven sowie die Einflußmöglichkeit auf die Geschicke der Gesellschaft – zwei wesentliche der nicht kumulativ zu verstehenden handelsrechtlichen Merkmale[147] für das Vorliegen einer atypisch stillen Gesellschaft. Im Ergebnis macht *Reusch* damit den Eigenkapitalcharakter einer stillen Beteiligung am Vorliegen einer atypisch stillen Gesellschaft fest.

Für einen Ausweis im Eigenkapital stellt sich die Frage nach der anzusprechenden Bilanzposition regelmäßig nur bei Kapitalgesellschaften, da das Bilanzrecht für Personengesellschaften und Einzelkaufleute keine besonderen Bestimmungen bezüglich des Eigenkapitalausweises vorsieht.[148] Die Meinung, die stille Einlage in eine Kapitalgesellschaft könnte u. U. auch **gezeichnetes Kapital** darstellen, wird in der Literatur[149] nur selten vertreten, i. d. R. jedoch zu Recht explizit mit dem Hinweis darauf, daß dem gezeichneten Kapital ausschließlich das im Handelsregister eingetragene Stammkapital einer GmbH bzw. Grundkapital einer AG zugänglich ist, verwor-

---

144 Vgl. *Wahl*, Vermögenseinlage 1975, S. 172 f. Im Ergebnis ebenso *Reusch*, Eigenkapital 1989, S. 2361.

145 *Wahl*, Vermögenseinlage 1975, S. 172. *Knobbe-Keuk* widerspricht der Übertragung der originär steuerrechtlichen Unterscheidung zwischen typisch und atypisch stiller Gesellschaft auf das Handelsrecht und stellt fest, daß die Grenze für eine unterschiedliche handelsrechtliche Beurteilung nicht zwischen den unterschiedlichen Ausgestaltungsarten, sondern „zwischen der stillen Gesellschaft mit und derjenigen ohne Verlustbeteiligung des Stillen“ verlaufe; vgl. *Knobbe-Keuk*, Rangrücktrittsvereinbarung 1983, S. 128; wörtliches Zitat ebenda.

146 *Reusch*, Eigenkapital 1989, S. 2361. Gl.A. *Kaldenbach/Löhr*, Bilanzierung stiller Beteiligungen 1997, S. 1089.

147 Zu der Abgrenzung zwischen typisch und atypisch stiller Gesellschaft im Handelsrecht vgl. Kapitel II.A.4; im Steuerrecht vgl. Kapitel II.B.1.

148 Vgl. *Reinhard*, in: *Küting/Weber*, HdR 1995, § 247 HGB, Rdnr. 98.

149 Vgl. *Stüttgen*, Gewerbliche Familien-GmbH 1988, S. 177.

fen.[150] Der überwiegende Teil der Literaturstimmen[151] spricht sich für einen **gesonderten Posten im Eigenkapital** aus, wobei *Wahl* dem von ihm für die Unterscheidung zwischen Eigen- und Fremdkapitalcharakter einer stillen Einlage postulierten Abgrenzungskriterium typisch versus atypisch stille Gesellschaft folgend eine Bilanzposition „Einlagen Atypische stille Gesellschafter" im Eigenkapital unmittelbar nach dem Stammkapital vorschlägt.[152] *Küting/Kessler* empfehlen für den Ausweis einer stillen Einlage mit Eigenkapitalcharakter einen „Sonderposten nach dem gezeichneten Kapital, nach den Gewinnrücklagen oder als letzter Posten der Eigenkapitalgruppe"[153].

Hense nimmt eine Eingliederung der Einlagen stiller Gesellschafter, sofern sie den von ihm abgeleiteten Voraussetzungen für die Eignung zum bilanziellen Eigenkapital genügen, in die vom Gesetzgeber für mittelgroße und große Kapitalgesellschaften in § 266 Abs. 3 HGB vorgesehenen und in § 272 Abs. 2 und 3 HGB näher spezifizierten Positionen des Eigenkapitals vor.[154] Mit der Norm in § 272 Abs. 2 Nr. 4 HGB werden solche Zuzahlungen erfaßt, „die Gesellschafter ohne Gewährung von Vorzügen seitens der Kapitalgesellschaft erbringen".[155] Mit dieser gezielten Zuzahlung in das Eigenkapital (nicht in das Nennkapital) einer Kapitalgesellschaft wird dem Gesellschafter unmittelbar zwar keine Gegenleistung zuteil, dennoch erfahren das Gesellschaftsvermögen und folglich auch die Gesellschaftsanteile einen Wertzuwachs, so daß *Küting* zu Recht feststellt, daß die Leistung „letztlich mit Rücksicht auf das Gesellschaftsverhältnis erfolgt"[156]. Den Anforderungen, die an eine Kapitalrücklage i.S.v. § 272 Abs. 2 Nr. 4 HGB gestellt werden, kann die stille Einlage nur dann gerecht werden, wenn der Stille zugleich auch Gesellschafter der als Geschäftsinhaberin auftretenden Kapitalgesellschaft ist. Ist der Stille jedoch nicht zugleich Gesellschafter der Kapitalgesellschaft, schlägt *Hense* den Ausweis des stillen Einlageguthabens als Kapitalrücklage „eigener Art"[157] bzw. – falls „der stille Gesellschafter keine Geldeinlage leistet und auch keinen gem. § 27 Abs. 1 AktG einlagefähigen Vermögensgegenstand an die Kapitalgesellschaft leistet" – unter dem Posten

---

150 Vgl. *Adler/Düring/Schmaltz*, in: ADS 1997, § 272 HGB, Rdnr. 12; *Hense*, Jahresabschluß 1990, S. 257.

151 Vgl. *Adler/Düring/Schmaltz*, in: ADS 1997, § 266 HGB, Rdnr. 188; *Glade*, Praxishandbuch 1995, § 266 HGB, Rdnr. 582; *Hense*, Jahresabschluß 1990, S. 257 ff.; *Hense/Jung/Schwaiger*, in: Beck GmbH-HB 1995, § 7, Rdnr. 184; *Förschle/Kofahl*, in: Beck Bil-Komm 1995, § 266 HGB, Rdnr. 187; *Küting/Kessler*, in: *Küting/Weber*, HdR 1995, § 272 HGB, Rdnr. 225; *Paulick/Blaurock*, Handbuch 1988 (Altauflage), S. 253; *Wahl*, Vermögenseinlage 1975, S. 173.

152 Vgl. *Wahl*, Vermögenseinlage 1975, S. 173.

153 *Küting/Kessler*, in: *Küting/Weber*, HdR 1995, § 272 HGB, Rdnr. 225.

154 Vgl. *Hense*, Jahresabschluß 1990, S. 261 ff.

155 *Förschle/Kofahl*, in: Beck Bil-Komm 1995, § 272 HGB, Rdnr. 67.

156 *Küting*, in: *Küting/Weber*, HdR 1995, § 272 HGB, Rdnr. 91, m.w.N.

157 Dabei argumentiert *Hense*, die Aufzählung in § 272 Abs. 2 Nr. 1 bis 4 HGB sei nicht abschließend und für den Fall der Bilanzierung einer stillen Einlage zu erweitern; vgl. *Hense*, Jahresabschluß 1990, S. 262.

„Andere Gewinnrücklagen“ jeweils unter der Bezeichnung „Rücklage für das Einlageguthaben des/der stillen Gesellschafter(s)“ vor.[158]

Aufgrund des bilanziellen Zuordnungsdilemmas infolge des besonderen Charakters der stillen Gesellschaft wird in der Literatur[159] auch die Ansicht vertreten, die übliche Gliederung der Passivseite in Eigen- und Fremdkapital entziehe sich einer sachgerechten Einordnung der Einlage stiller Gesellschafter; vielmehr wird, um die Bilanzierungsproblematik einer endgültigen Lösung zuzuführen, ein **eigener Bilanzposten zwischen Eigen- und Fremdkapital** vorgeschlagen. *Westerfelhaus* sieht im Fall der Bilanzierung stiller Beteiligungen – gleich ob typischer oder atypischer Art – „insbesondere für Kapitalgesellschaften im Gliederungsschema des § 266 HGB eine Gesetzeslücke ..., die der Ausfüllung bedarf“[160]. Er fordert eine gesonderte Bilanzposition „Stille Einlage“ hinter dem Eigenkapital und dem Sonderposten mit Rücklageanteil und vor den Rückstellungen. Keinesfalls hält *Westerfelhaus* den Ausweis als Eigenkapital für zulässig, „denn ein solcher würde den zivilrechtlichen Tatbestand nicht gebührend berücksichtigen“[161]. Auch eine Einstellung in die sonstigen Verbindlichkeiten wird seiner Ansicht nach weder tatbestandsmäßig noch sachverhaltsmäßig der stillen Einlage gerecht.[162] Auch *Glade* plädiert für einen Ausweis der stillen Einlage als Sonderposten zwischen dem Eigenkapital und den Rückstellungen bzw. dem Sonderposten mit Rücklageanteil, sofern die stille Einlage in ihrer vertraglichen Ausgestaltung den gesetzlichen Vorschriften entspricht; die stillen Beteiligungen, die dem Unternehmen auf Dauer überlassen wurden, am Verlust partizipieren und im Insolvenzfall nicht geltend gemacht werden können, will *Glade* jedoch einem Sonderposten des Eigenkapitals zuführen.[163]

Aufgrund der wirtschaftlichen Einordnung als Beteiligungskapital fordert auch *Bezzenberger* unter bestimmten Voraussetzungen die Schaffung einer neuen Bilanzposition unter der Bezeichnung „Stille Beteiligungen“ oder „Einlagen stiller Gesellschafter“ nach dem Eigenkapital und vor den Rückstellungen.[164] Voraussetzung für den Zugang zu diesem Sonderposten ist die Beteiligung am Verlust oder das Vorliegen von Haftungskapital.[165] Da die Einlage kein Eigenkapital des Geschäftsinhabers ist, kann sie seiner Ansicht nach auch nicht als solches ausgewiesen werden; anderes kann auch nicht gelten, „wenn die Einlage ihrer Funktion nach das Eigenkapital

---

158 Vgl. *Hense*, Jahresabschluß 1990, S. 262 ff.; wörtliches Zitat auf S. 263.

159 Vgl. *Bezzenberger*, in: Münchener Handbuch 1991, § 18 StG, Rdnr. 7; *Glade*, Praxishandbuch 1995, § 266 HGB, Rdnr. 582; *Hornung*, in: HdB 1998, Stille Gesellschaft, Rdnr. 38; *Knobbe-Keuk*, Rangrücktrittsvereinbarung 1983, S. 131; *dies.*, Unternehmenssteuerrecht 1993, S. 110; *Westerfelhaus*, Bilanzrecht 1988, S. 1178.

160 *Westerfelhaus*, Bilanzrecht 1988, S. 1177, in Anlehnung an *Hartmann/Walter*, Auslegung 1984, S. 236 ff.

161 *Westerfelhaus*, Bilanzrecht 1988, S. 1178.

162 Vgl. *Westerfelhaus*, Bilanzrecht 1988, S. 1178.

163 Vgl. *Glade*, Praxishandbuch 1995, § 266 HGB, Rdnr. 582.

164 Vgl. *Bezzenberger*, in: Münchener Handbuch 1991, § 18 StG, Rdnr. 7 ff.

165 Zu den Einzelheiten vgl. *Kühn*, in: Münchener Handbuch 1991, § 17 StG, Rdnr. 8 ff.

des Geschäftsinhabers ergänzen oder ersetzen soll oder nach den für den Geschäftsinhaber geltenden Kapitalerhaltungsgrundsätzen wie Eigenkapital zu behandeln ist".[166]

Für *Adler/Düring/Schmaltz* setzt der Ausweis eines Sonderpostens die Annäherung der Position des Stillen an die eines Gesellschafters „etwa durch Einräumung von Mitbestimmungs- oder Kontrollrechten, Beteiligung am Verlust und an den stillen Reserven"[167] voraus.

Insbesondere von der Definition des haftenden Kapitals und seiner Stellung im Überschuldungsstatus des Unternehmens des Geschäftsinhabers ausgehend kommt *Knobbe-Keuk* zur Schlußfolgerung, die Differenzierung zwischen haftendem und nichthaftendem Kapital müsse auch in die Handelsbilanz Eingang finden und hält als Fazit fest: „Die schlichte – grobe – Unterteilung der Passivposten in Eigenkapital und Fremdkapital ist für eine aussagekräftige Darstellung der Kapitalsituation des Unternehmens nicht ausreichend".[168] In einen eigenen Passivposten sollte daher jenes Fremdkapital eingestellt werden,

1. das im Verhältnis zu den Gläubigern und zum Inhaber des Unternehmens so gut wie Eigenkapital ist (beispielsweise stille Beteiligungen mit Verlustpartizipation) oder
2. für das eine Rangrücktrittsvereinbarung besteht.

Zwar würde letztere Ansicht das Bilanzierungsproblem der stillen Einlage am konsequentesten und für den Bilanzleser aussagekräftigsten einer Lösung zuführen, indem sie leicht zu handhabende, eindeutige und über den Horizont der stillen Gesellschaft hinausblickende Voraussetzungen für den Bilanzausweis schafft, allerdings stellt sich das grundsätzliche Problem einer drohenden Auflösung der vom Gesetzgeber gewollten Trennung zwischen Eigen- und Fremdkapital.[169] Fraglich ist, ob die durch eine solche Maßnahme vermittelten zusätzlichen Informationen die Aufgabe der traditionellen Gliederung der bilanziellen Passivseite rechtfertigen, da im Fall von Verbindlichkeiten mit Rangrücktrittsvereinbarung durch einen Vermerk oder eine Anhan-

---

166 Vgl. *Bezzenberger*, in: Münchener Handbuch 1991, § 18 StG, Rdnr. 8 f.; wörtliches Zitat in Rdnr. 9.

167 *Adler/Düring/Schmaltz*, in: ADS 1997, § 246 HGB, Rdnr. 92.

168 Vgl. *Knobbe-Keuk*, Rangrücktrittsvereinbarung 1983, S. 128 ff.; wörtliches Zitat auf S. 131.

169 Gl. A. *Küting/Kessler*, in: *Küting/Weber*, HdR 1995, § 272 HGB, Rdnr. 189, 163, die darauf hinweisen, daß ein solcher Sonderposten die vom Gesetzgeber gezogenen klaren Grenzen zwischen Eigen- und Fremdkapital verwischen würde. Andererseits verfügt das deutsche Bilanzrecht in Gestalt der Sonderposten mit Rücklageanteil bereits über einen solchen Mischposten zwischen Eigen- und Fremdkapital. Dieser besteht z.T. aus einer Rückstellung in Höhe der bei seiner Auflösung voraussichtlich anfallenden Ertragsteuer und z.T. aus der Rücklage in Höhe des nach der Versteuerung verbleibenden Restbetrags. Gem. § 273 HGB ist der Sonderposten mit Rücklageanteil auf der Passivseite vor den Rückstellungen auszuweisen; vgl. *Köhler*, Sonderposten mit Rücklageanteil 1997, S. 249 ff.; *Tietze*, in: *Küting/Weber*, HdR 1995, § 273 HGB, Rdnr. 13 ff.; *Weilbach*, Sonderposten mit Rücklageanteil 1989, S. 1788.

gangabe die nachrangige Behandlung gekennzeichnet werden könnte und so ein Informationsdefizit beseitigt wäre.[170]

Wie oben gezeigt wurde, basiert die Entscheidung über die Einstellung der stillen Einlage ins Eigen- oder Fremdkapital in der Literatur auf dem Erfüllen unterschiedlicher Kriterien; daran anknüpfend werden zum Ausweis der Einlage verschiedene Bilanzpositionen diskutiert. Die Zuordnung der stillen Einlage allein zum Fremdkapital der Gesellschaft wird m. E. den besonderen Möglichkeiten zur vertraglichen Ausgestaltung des stillen Gesellschaftsverhältnisses nicht gerecht; vielmehr muß der stillen Einlage gegebenenfalls auch der Weg ins Eigenkapital offenstehen. Zu diesem Zweck erscheint allerdings die Übertragung der originär steuerrechtlichen Unterscheidung zwischen typisch und atypisch stiller Gesellschaft ins Handelsrecht wegen der differierenden Zielsetzung beider Rechtsgebiete nicht sinnvoll. Die Unterscheidung kann m. E. folglich nicht pauschal für eine bestimmte Variante getroffen werden, sondern muß sich an den an das handelsrechtliche Eigenkapital gestellten Anforderungen orientieren; entscheidungsrelevant ist daher die Dauer der Kapitalüberlassung, die Verlustpartizipation sowie die Haftung in der Insolvenz. Zur konkreten Ausgestaltung der Kriterien für eine Einstellung der stillen Einlage ins Eigenkapital könnten die vom Hauptfachausschuß des Instituts der Wirtschaftsprüfer aufgestellten Bilanzierungsgrundsätze für Genußrechtskapital[171] oder die Vorschriften zum Eigenkapitalausweis von stillen Beteiligungen in der Bankbilanz herangezogen werden. Sind diese Voraussetzungen erfüllt, können m. E. Einlagen stiller Gesellschafter in einen Sonderposten „Kapital stiller Gesellschafter" als letzte Position des Eigenkapitals in die Bilanz des Inhabers des Handelsgewerbes aufgenommen werden.

Die in der Literatur teilweise geforderte Schaffung einer neuen Bilanzposition zwischen Eigenkapital und Fremdkapital für die Einlagen (atypisch) stiller Gesellschafter berücksichtigt nach der hier vertretenen Ansicht nicht die durch gesellschaftsvertragliche Vereinbarungen mögliche Nähe des stillen Gesellschafters zum üblichen Gesellschafter.

(c) Ausweis der stillen Einlage der Höhe nach

Die **Bewertung der Vermögenseinlage** des stillen Gesellschafters richtet sich nach dem Wert der Einlageleistung und ist folglich im Fall von Bareinlagen unproblematisch, da dann der eingezahlte Betrag mit seinem Nominalwert anzusetzen ist.[172] Die Frage, in welcher Höhe die Einlage des Stillen bei Gewährung von Sacheinlagen

---

170 Vgl. *Clemm/Nonnenmacher*, in: Beck Bil-Komm 1995, § 266 HGB, Rdnr. 255; *Küting/Kessler*, in: *Küting/Weber*, HdR 1995, § 272 HGB, Rdnr. 191.

171 Vgl. Stellungnahme des Hauptfachausschusses des Instituts der Wirtschaftsprüfer, HFA 1/1994, S. 419.

172 Vgl. *Bezzenberger*, in: Münchener Handbuch 1991, § 18 StG, Rdnr. 15; *Paulick/Blaurock*, Handbuch 1998, S. 104.

bilanziert werden soll, wird in der Literatur unterschiedlich beantwortet. Einerseits[173] wird davon ausgegangen, daß die Beteiligten des Rechtsgeschäfts die Höhe der anzusetzenden Einlage selbst frei bestimmen können, andererseits[174] wird im Zeitwert der Sacheinlage eine Bewertungsgrenze gesehen.

Die Bewertung der stillen Einlage ist m. E. abhängig vom Ort des Ausweises; bejaht man einen Zugang im gezeichneten Kapital, dann – und nur dann – finden die allgemeinen gesetzlichen Regelungen für Sacheinlagen zur Aufbringung von Nennkapital in Kapitalgesellschaften Anwendung.[175] Das von *Hense*[176] angeführte, auf der Grundlage des Grundsatzes der Kapitalaufbringung beruhende Verbot der Überbewertung von Sacheinlagen gem. § 27 Abs. 1 AktG und § 5 Abs. 4 GmbHG ist explizit nur für die Aufbringung von gezeichnetem Kapital maßgeblich, so daß ausschließlich in diesem Fall der Zeitwert der Sacheinlage eine Obergrenze für den Wertansatz bildet. Der Zugang einer stillen Einlage in das gezeichnete Kapital wird hier jedoch in Übereinstimmung mit der h. M.[177] abgelehnt.[178]

Der hier befürwortete Ausweis der stillen Einlage – je nach gesellschaftsrechtlicher Ausgestaltung der stillen Gesellschaft – entweder in einem gesonderten Posten im Eigenkapital oder im Fremdkapital der Gesellschaft hat zur Folge, daß für die Bewertung der stillen Einlage als interner Beitrag zur Gesellschaft grundsätzlich völlige Freiheit besteht;[179] m. E. finden jedoch für den Ausweis der stillen Einlage als gesonderter Posten des Eigenkapitals die für andere Zuzahlungen der Gesellschafter in das Eigenkapital gem. § 272 Abs. 2 Nr. 4 HGB geltenden Grundsätze analoge Anwendung. In der Kapitalrücklage gem. § 272 Abs. 2 Nr. 4 HGB werden Beiträge der Gesellschafter an ihre Gesellschaft erfaßt, die ihre Ursache im Gesellschaftsverhältnis haben[180], wobei nach der Intention des Gesetzgebers[181] eine willentliche Leistung des Gesellschafters in das Eigenkapital zu erkennen sein muß. Für die Bewertung von in die Kapitalrücklage gem. § 272 Abs. 2 Nr. 4 HGB geleistete Sacheinlagen stellt der vorsichtig geschätzte Zeitwert die Obergrenze dar.[182]

---

173 Vgl. *Bezzenberger*, in: Münchener Handbuch 1991, § 18 StG, Rdnr. 15; *Klauss/Mittelbach*, Stille Gesellschaft 1980, S. 66; *Paulick/Blaurock*, Handbuch 1998, S. 105.

174 Vgl. *Hense*, Jahresabschluß 1990, S. 124 ff.

175 Steuerrechtlich sind Sacheinlagen in eine neu zu gründende oder bereits bestehende Personengesellschaft gem. § 6 Abs. 1 Nr. 6 EStG mit dem Teilwert anzusetzen; vgl. *Lange*, in: *Lange/Grützner/Kussmann/Reiß*, Personengesellschaften 1998, S. 406. Vgl. auch Kapitel II.B.3.a)(2)(b).

176 Vgl. *Hense*, Jahresabschluß 1990, S. 132.

177 Vgl. FN 151.

178 Vgl. dazu Kapitel II.A.5.b)(1)(b).

179 Vgl. *Böttcher/Zartmann/Faut*, Unterbeteiligung 1977, S. 70; *Klauss/Mittelbach*, Stille Gesellschaft 1980, S. 66 f.; *Koenigs*, Stille Gesellschaft 1961, S. 124.

180 Vgl. *Förschle/Kofahl*, in: Beck Bil-Komm 1995, § 272 HGB, Rdnr. 67; *Küting*, in: *Küting/Weber*, HdR 1995, § 272 HGB, Rdnr. 89;

181 Vgl. BT-Drs. 10/4268, S. 107.

182 Vgl. *Küting*, in: *Küting/Weber*, HdR 1995, § 272 HGB, Rdnr. 102.

Bejaht man entgegen der hier vertretenen Ansicht die Bewertungsfreiheit für die stille Einlage, ist dies mit vielerlei Problemen behaftet. So äußert sich die Überbewertung einer durch den stillen Gesellschafter erbrachten Sacheinlage im Jahresabschluß des Geschäftsinhabers in einer unkorrekten Darstellung der Vermögenslage im Zeitpunkt der Einlage sowie in einem irreführenden Ausweis der Ertragslage im darauffolgenden Geschäftsjahr, in dem eine Abschreibung auf den Zeitwert des Einlagegutes vorgenommen werden muß.[183] Darüber hinaus ist die Bewertung der Einlage für die Höhe des Auszahlungsanspruchs im Zeitpunkt der Auflösung der stillen Gesellschaft sowie bei der Verlustbeteiligung, die steuerlich nur bis zur Höhe der Einlage anerkannt wird, von Bedeutung.[184] Die Überbewertung der Sacheinlage kann sich als eine der Formvorschrift des § 518 BGB unterliegenden Schenkung des Geschäftsinhabers an den Stillen darstellen;[185] die Schenkung wird jedoch nach Ansicht der überwiegenden Literaturmeinung[186] durch Abschluß des Gesellschaftsvertrags und Einbuchung der Einlage bewirkt, so daß die fehlende notarielle Beurkundung als geheilt angesehen werden kann.[187]

Unstreitig ist, daß Verlustanteile, falls sie im Gesellschaftsvertrag vereinbart wurden, die Einlage des Stillen mindern, während dagegen Gewinne aus dem stillen Gesellschaftsverhältnis, soweit mit ihnen nicht frühere Verluste auf dem Einlagekonto ausgeglichen werden, der Einlage nicht zuzuschreiben, sondern vielmehr auf einem gesonderten Konto zu verbuchen sind.[188] Der Ausgleich einer durch Verluste geminderten Einlage mit späteren Gewinnen ist durch § 232 Abs. 2 HGB obligatorisch; auf ebengleicher Normengrundlage ist der Stille ausdrücklich nicht verpflichtet, den bereits bezogenen Gewinn angesichts späterer Verluste zurückzuzahlen.

---

[183] Damit sei *Bezzenberger* widersprochen, der als Argument für den höheren Einbringungswert anführt, daß „wegen der auf den nächsten Bilanzstichtag vorzunehmenden Abschreibung der Einlagegüter auf ihren Zeitwert eine Irreführung nicht erfolgt"; vgl. *Bezzenberger*, in: Münchener Handbuch 1991, § 18 StG, Rdnr. 15.

[184] Vgl. *Fleischer/Thierfeld*, Stille Gesellschaft 1998, S. 155. Zur steuerlichen Behandlung der stillen Gesellschaft vgl. Kapitel II.B.

[185] Vgl. *Baumbach/Duden/Hopt*, HGB 1995, § 230 HGB, Rdnr. 22.

[186] Vgl. *Koenigs*, Stille Gesellschaft 1961, S. 74 f.; *Paulick/Blaurock*, Handbuch 1998, S. 96. A.A. *Herrmann*, Schenkung 1983, S. 317 ff.

[187] A.A. der BGH, der im Ergebnis die Heilung des Formmangels mit dem Hinweis auf die Ausgestaltung der stillen Gesellschaft als Innengesellschaft ablehnt; vgl. BGH vom 29.10.1952, BGHZ 7, S. 378.

[188] Vgl. *Baumbach/Duden/Hopt*, HGB 1995, § 232 HGB, Rdnr. 8; *Schmidt*, in: *Schlegelberger*, HGB 1986, § 337 (§ 232 n.F.) HGB, Rdnr. 32 ff.

(2) Bilanzierung des stillen Gesellschafters

(a) Ausweis der stillen Einlage der Stelle nach

Für den stillen Gesellschafter – soweit er bilanzierender Kaufmann ist – kommen grundsätzlich zwei in der Literatur kontrovers diskutierte **Ausweisvarianten der stillen Beteiligung** am Unternehmen des Geschäftsinhabers in Frage: der Ausweis einer Forderung sowie der einer Beteiligung.

Groh, der für den regelmäßigen Ausweis der stillen Einlage als Verbindlichkeit des Geschäftsinhabers votiert[189], spricht sich folgerichtig für das Pendant in der Bilanz des stillen Gesellschafters, d. h. den **Ausweis einer Forderung** aus.[190] Diametral dazu verhält sich die Meinung von *Westerfelhaus*, demzufolge eine Einstufung als reines Forderungsrecht dem gesetzlichen Tatbestand der stillen Einlage widerspricht und stille Beteiligungen ebenso wie Anteile an Personen- oder Kapitalgesellschaften stets **unter „Beteiligungen" im Finanzanlagevermögen**, bei entsprechender Sachverhaltsgestaltung auch unter „Anteilen an verbundenen Unternehmen"[191] auszuweisen sind.[192]

Schnicke/Gutike differenzieren zwischen der stillen Gesellschaft mit und ohne Verlustbeteiligung und sprechen bei Vorliegen einer Einlage mit Verlustpartizipation von einem „Unternehmensanteil"; fehlt eine dahingehende Vereinbarung, so gleicht die Stellung des Stillen ihrer Ansicht nach „mehr der eines Forderungsgläubigers als der eines Anteilseigners".[193] Dem widersprechen ausdrücklich *Adler/Düring/Schmaltz*, die in der Verlustpartizipation keine hinreichende Voraussetzung für das Vorliegen einer Beteiligung i. S. v. § 271 Abs. 1 Satz 1 HGB erkennen, sondern weitergehend auf die materiell einem Gesellschaftsrecht vergleichbare Ausgestaltung der Kontroll- und Mitspracherechte im Zuge der Kapitaleinlage abstellen.[194] Ähnlich äußern sich *Dusemond/Knop*, die grundsätzlich den Zugang eines Anteils an einer stillen Gesellschaft in die Bilanzposition „Beteiligungen" mit dem Hinweis auf das dieser Gesellschaftsform immanente reine Kapitalverwertungsinteresse ablehnen.[195] Die einen Ausweis gem. § 271 Abs. 1 HGB voraussetzende Einflußnahme auf die Geschäftspolitik ist gemäß dieser Argumentation prinzipiell kein Wesensmerkmal der stillen Gesellschaft; sollte dennoch die vertragliche Ausgestaltung einer stillen Gesellschaft den Anforderungen des § 271 Abs. 1 HGB genügen, so ist ein Ausweis als Beteili-

---

189 Vgl. FN 130.

190 Vgl. *Groh*, Eigenkapitalersatz 1993, S. 1892.

191 Zu den Bedingungen, unter denen ein Unternehmensverbund nach HGB vorliegt, vgl. *Küting*, in: *Küting/Weber*, HdR 1995, § 271 HGB, Rdnr. 96.

192 Vgl. *Westerfelhaus*, Bilanzrecht 1988, S. 1178.

193 *Schnicke/Gutike*, in: Beck Bil-Komm 1995, § 271 HGB, Rdnr. 15.

194 Vgl. *Adler/Düring/Schmaltz*, in: ADS 1997, § 271 HGB, Rdnr. 7. Gl. A. *Bieg*, in: *Küting/Weber*, HdR 1995, § 271 HGB, Rdnr. 10.

195 Vgl. *Dusemond/Knop*, in: *Küting/Weber*, HdR 1995, § 266 HGB, Rdnr. 46.

gung denkbar.[196] Wird mit einer stillen Gesellschaft in erster Linie der Zweck einer Kapitalverzinsung verfolgt, so wertet auch *Bezzenberger* die stille Einlage als Forderung; für eine Beteiligung i. S. v. § 271 Abs. 1 HGB spricht es nach seiner Ansicht hingegen, wenn der Stille auf die Geschäftsführung des Geschäftsinhabers Einfluß nehmen kann und darüber hinaus unternehmerische Ziele verfolgt.[197] Unabhängig von der Vertragsgestaltung bezeichnet *Hense* die stille Beteiligung stets als „Mitgliedschaft", die als eigenständiger Vermögensgegenstand Zugang in die Bilanz des stillen Gesellschafters finden muß; bei Vorliegen der entsprechenden Voraussetzungen ist daher seiner Meinung nach eine Beteiligung i. S. d. § 271 Abs. 1 HGB oder auch ein Anteil an einem verbundenen Unternehmen i. S. d. § 271 Abs. 2 i. V. m. § 290 HGB auszuweisen.[198] Sind diese Voraussetzungen allerdings nicht erfüllt, oder soll die stille Gesellschaft nur kurzfristig Bestand haben, so ist nach Ansicht *Hense*s eine Mitgliedschaft im Umlaufvermögen unter den Forderungen im Sammelposten „Sonstige Vermögensgegenstände" auszuweisen.[199]

M. E. ist mit der h. M. zwischen der stillen Beteiligung, die lediglich auf einem Kapitalverwertungsinteresse beruht, und jener, die eine dem Beteiligungsbegriff immanente Einflußnahme auf die Geschäftsführung ermöglicht, zu differenzieren; dabei ist nur jener stillen Beteiligung der Zugang zur Bilanzposition „Beteiligungen" im Finanzanlagevermögen zu eröffnen, die die daran gestellten Anforderungen erfüllt. Insbesondere ist in diesem Zusammenhang zu prüfen, ob die stille Beteiligung eine mitgliedschaftsrechtliche Stellung vermittelt und dazu bestimmt ist, dem eigenen Geschäftsbetrieb durch Herstellung einer dauernden Verbindung zu jenem Unternehmen zu dienen.[200] Fehlt es an der mitgliedschaftsrechtlichen Stellung des stillen Gesellschafters, so ist m. E. zu unterscheiden, ob die stille Beteiligung Daueranlagecharakter aufweist oder nicht. Beabsichtigt der stille Gesellschafter keine dauerhafte Beteiligung am Handelsgewerbe des Geschäftsinhabers, ist die Einlage im Umlaufvermögen unter den Forderungen im Sammelposten „Sonstige Vermögensgegenstände" auszuweisen. Einer dauerhaften Beteiligung[201] in Gestalt einer stillen Gesellschaft ohne Vereinbarung von Mitgliedschaftsrechten ist m. E. sowohl der Zugang zu den Beteiligungen im Finanzanlagevermögen als auch zu den Forderungen im Um-

---

196 Vgl. *Dusemond/Knop*, in: *Küting/Weber*, HdR 1995, § 266 HGB, Rdnr. 47. Gl.A. *IDW*, WP-Handbuch 1992, F 89.

197 Vgl. *Bezzenberger*, in: Münchener Handbuch 1991, § 18 StG, Rdnr. 18 ff.

198 Vgl. *Hense*, Jahresabschluß 1990, S. 321 ff.

199 Vgl. *Hense*, Jahresabschluß 1990, S. 351 ff.

200 Zur Auslegung der in § 271 Abs. 1 Satz 1 HGB kodifizierten Voraussetzungen für den Beteiligungsbegriff vgl. ausführlich *Bieg*, Handelsbilanzausweis 1985, S. 2 f. sowie S. 14 ff.; *ders.*, in: *Küting/Weber*, HdR 1995, § 271 HGB, Rdnr. 7 ff.

201 Das Kriterium „dauerhaft" beschreibt eine vereinbarte Laufzeit bzw. eine Restlaufzeit von mindestens einem Jahr; vgl. *Dusemond/Knop*, in: *Küting/Weber*, HdR 1995, § 266 HGB, Rdnr. 57.

laufvermögen verwehrt. Derartige Beteiligungen werden lediglich von der Sammelposition „Sonstige Ausleihungen" im Finanzanlagevermögen erfaßt.[202]

Generell wäre m. E. ein Gleichklang zwischen der Bilanzierung des Geschäftsinhabers und der des stillen Gesellschafters wünschenswert. Der Ausweis von Fremdkapital auf der einen und der einer Beteiligung auf der anderen Seite erscheint inkonsequent, könnte allerdings lediglich durch eindeutige gesetzliche Regelungen hinsichtlich des Ausweises stiller Beteiligungen in der Bilanz des Geschäftsinhabers bzw. des Stillen gelöst werden.

Die Möglichkeiten des Bilanzausweises auf seiten des Geschäftsinhabers und des stillen Gesellschafters zeigt im Überblick Abbildung 4.

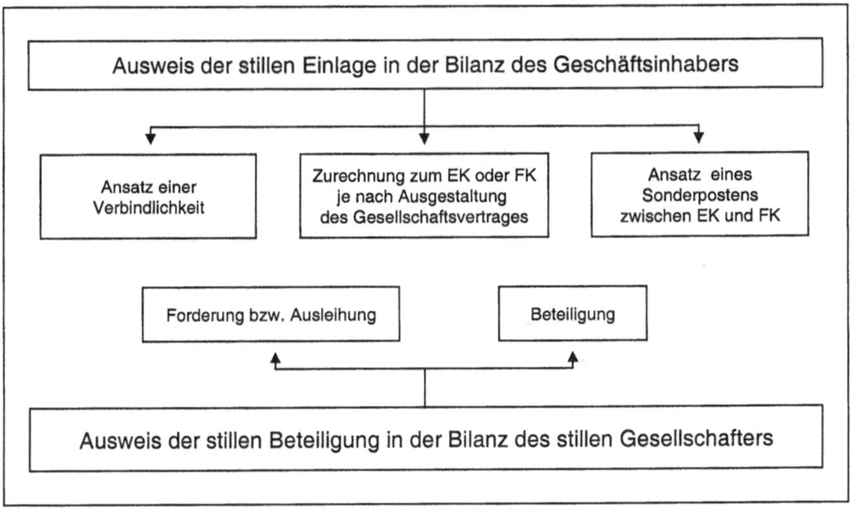

Abbildung 4: Bilanzierung der stillen Einlage in der Bilanz des Geschäftsinhabers sowie der stillen Beteiligung in der Bilanz des Stillen

(b) Ausweis der stillen Einlage der Höhe nach

Zur **Bewertung der stillen Einlage** in der Bilanz des stillen Gesellschafters, der in der Literatur nur wenig Beachtung geschenkt wird, können die allgemeinen Bewertungsgrundsätze – Ansatz in Höhe der Anschaffungskosten, gemindert um Abschreibungen gem. § 253 Abs. 2 bzw. 3 HGB auf den niedrigeren beizulegenden

[202] Diese bilanzielle Behandlung entspricht dem vom Hauptfachausschuß des Instituts der Wirtschaftsprüfer vorgeschlagenen bilanziellen Ausweis von nichtverbrieften oder in Form von Namenspapieren verbrieften Genußrechten; vgl. HFA 1/1994, S. 422.

Wert – Anwendung finden.[203] Fraglich ist in diesem Zusammenhang jedoch, wie dem Stillen zuzurechnende, bereits entstandene und folglich auf dem Einlagekonto verrechnete Verluste handelsbilanziell berücksichtigt werden können.[204] Anknüpfungspunkt für die Bewertung ist der Ort des Ausweises der Einlage in der Bilanz des stillen Gesellschafters; darüber hinaus kann als zusätzliche Komponente der Entscheidungsfindung die Bilanzierung beim Geschäftsinhaber einbezogen werden.[205]

Auf den Ausweis einer Beteiligung auf der einen und den einer Eigenkapitalposition auf der anderen Seite können die gefestigten Grundsätze der Bewertung von Beteiligungen an Personengesellschaften problemlos Anwendung finden. Nach h. M.[206] sind Anteile an Personengesellschaften und somit auch solche an einer stillen Gesellschaft trotz unterschiedlicher rechtlicher Qualität wie Anteile an Kapitalgesellschaften zu behandeln; folglich wirken sich Verluste nicht schon im Zeitpunkt der Verrechnung auf dem Einlagekonto des stillen Gesellschafters gleichfalls in dessen Bilanzposition „Beteiligungen" aus, sondern erst dann, wenn die allgemeinen Voraussetzungen für eine außerplanmäßige Abschreibung gem. § 253 Abs. 2 HGB erfüllt sind.[207]

Eine sehr naheliegende, von *Groh* vertretene Berücksichtigung der mit dem Einlagekonto verrechneten Verluste kann im Fall der Bilanzierung einer Verbindlichkeit auf seiten des Geschäftsinhabers und einer Forderung auf seiten des stillen Gesellschafters erfolgen. Die denkbare Folge einer Verlustpartizipation – Ausweis einer im Vergleich zum Forderungsansatz höheren Verbindlichkeit – könnte bei dieser Konstellation dadurch umgangen werden, daß etwaige dem Stillen zuzurechnende Verluste sich „unmittelbar in einer Minderung des Rückzahlungsanspruches und nicht erst in einer allfälligen Abschreibung auf den Beteiligungswert auswirken"[208].

---

203 Zur Bewertung im handelsrechtlichen Jahresabschluß allgemein vgl. *Bieg/Kußmaul*, Rechnungswesen 1998, S. 97 ff.

204 Vgl. *Schulze zur Wiesche*, Bilanzierung 1995, S. 592.

205 Vgl. zur Bilanzierung der stillen Einlage in der Bilanz des Geschäftsinhabers sowie der stillen Beteiligung in der Bilanz des Stillen Abbildung 4.

206 Vgl. *Karrenbauer*, in: *Küting/Weber*, HdR 1995, § 253 HGB, Rdnr. 32; *Schnicke/Gutike*, in: Beck Bil-Komm 1995, § 253 HGB, Rdnr. 405. Von der h. M. abgelehnt wird die in der Vergangenheit in der Literatur jahrelang proklamierte sog. Spiegelbildmethode, derzufolge das Beteiligungskonto in der Bilanz des Gesellschafters derart an das Kapitalkonto in der Bilanz der Gesellschaft gekoppelt ist, daß Zu- bzw. Abbuchungen vom Kapitalkonto unmittelbar zu Erhöhungen bzw. Minderungen des Beteiligungsansatzes führen; vgl. *Schulze-Osterloh*, Beteiligungen 1979, S. 629 ff. Zur Diskussion und Kritik vgl. *Knobbe-Keuk*, Gesellschaftsanteile 1979, S. 293 ff.; m. w. N. *dies.*, Unternehmenssteuerrecht 1993, S. 225 f. Als Befürworteter der Spiegelbildtheorie in jüngster Zeit vgl. *Hebeler*, Beteiligung an Personengesellschaften 1998, S. 206 ff.

207 Vgl. Hauptfachausschuß des Instituts der Wirtschaftsprüfer, HFA 1/1991, S. 335. A. A. *Hebeler*, Beteiligung an Personengesellschaften 1998, S. 209 ff., der auch für Verluste aus der Beteiligung an einer Personengesellschaft die Anwendung der Spiegelbildtheorie bis hin zu negativen Beteiligungsansätzen vorschlägt.

208 *Groh*, Eigenkapitalersatz 1993, S. 1892.

Bei Kombinationen in Form der Aktivierung einer Forderung bzw. Ausleihung beim stillen Gesellschafter, aber eines Eigenkapitalausweises beim Geschäftsinhaber bzw. der Aktivierung einer Beteiligung beim stillen Gesellschafter und eines Fremdkapitalausweises beim Geschäftsinhaber, fallen die dem Bilanzausweis zugrundeliegenden Sachverhaltsbeurteilungen auseinander, so daß nach derzeitiger Rechtslage eine vom Bilanzierungsverhalten des jeweiligen Vertragspartners völlig losgelöste bilanzielle Handhabe verbleibt.

c) Abbildung des Ergebnisanteils des stillen Gesellschafters in der Gewinn- und Verlustrechnung

Für die Gewinn- und Verlustrechnung von **Einzelkaufleuten und Personenhandelsgesellschaften** besteht, soweit sie unterhalb der Größenmerkmale des Publizitätsgesetzes liegen,[209] kein verbindliches Gliederungsschema, so daß der Ausweis des Ergebnisanteils des stillen Gesellschafters in der Gewinn- und Verlustrechnung des Geschäftsinhabers sowie in der des einen Jahresabschluß erstellenden stillen Gesellschafters, falls sie in einer der oben genannten Rechtsformen betrieben werden, keinen gesetzlichen Regelungen unterliegt und von den Beteiligten frei wählbar ist.[210]

Für **Kapitalgesellschaften**[211] ist mit § 275 HGB die Gliederung der Gewinn- und Verlustrechnung vorgegeben. Die Frage, in welcher Position Vergütungen aus stillen Gesellschaften zu berücksichtigen sind, wird in der Literatur[212] nahezu einhellig beantwortet. Danach sollen Vergütungen an einen stillen Gesellschafter in der mit § 277 Abs. 3 Satz 2 HGB gesondert auszuweisenden Position „Aufwendungen aufgrund eines Gewinnabführungs- oder eines Teilgewinnabführungsvertrags" eingestellt werden. Zwar sind Gewinnabführungs- und Teilgewinnabführungsverträge in den §§ 291, 292 AktG und damit speziell für AG und KGaA geregelt, dennoch werden in der gesonderten GuV-Position des § 277 Abs. 3 Satz 2 HGB Aufwendungen aus Unternehmensverträgen unabhängig von der Rechtsform der beteiligten Unternehmen erfaßt; Voraussetzung ist, daß es sich um bilanzierende Kapitalgesellschaften bzw. dem Publizitätsgesetz unterliegende Personengesellschaften oder Einzel-

---

209 § 275 HGB gilt gem. § 5 PublG ausdrücklich für Einzelkaufleute und Personenhandelsgesellschaften, die die Größenkriterien des § 1 PublG überschreiten; vgl. *Borchert*, in: *Küting/Weber*, HdR 1995, § 275 HGB, Rdnr. 9.

210 *Hense* befürwortet in diesen Fällen den Ausweis innerhalb der Ergebnisverwendung, falls der stille Gesellschafter am unmodifizierten Handelsbilanzgewinn beteiligt ist, oder für den Fall, daß der stille Gesellschafter an einer anders definierten Gewinngröße teilnimmt, als Aufwand unmittelbar vor dem Ergebnis; vgl. *Hense*, Jahresabschluß 1990, S. 285 ff.

211 Die nachfolgenden Ausführungen gelten für publizitätspflichtige Personengesellschaften und Einzelkaufleute entsprechend.

212 Vgl. *Adler/Düring/Schmaltz*, in: ADS 1997, § 277 HGB, Rdnr. 58; *Förschle*, in: Beck Bil-Komm 1995, § 277 HGB, Rdnr. 23; *IDW*, WP-Handbuch 1992, F 330. Differenzierend *Hense*, Jahresabschluß 1990, S. 281 ff.; *Westerfelhaus*, Bilanzrecht 1988, S. 1178.

kaufleute handelt.[213] Gewinnabführungsverträge, in denen sich gem. § 291 Abs. 1 AktG ein Unternehmen verpflichtet, seinen gesamten Gewinn an ein anderes Unternehmen abzuführen, können – basierend auf dem Grundsatz der Vertragsfreiheit – auch im Rahmen einer stillen Gesellschaft vereinbart werden; i. d. R. wird es sich jedoch lediglich um einen Teilgewinnabführungsvertrag gem. § 292 AktG handeln.[214] Beim stillen Gesellschafter, der die Beteiligung im Betriebsvermögen seiner Kapitalgesellschaft hält, erfolgt der Ausweis der Gewinnanteile dementsprechend in der Position „Erträge aufgrund eines Gewinnabführungs- oder eines Teilgewinnabführungsvertrags" i. S. d. § 277 Abs. 3 Satz 2 HGB.

Sind am stillen Gesellschaftsverhältnis nicht bilanzierungspflichtige Kapitalgesellschaften oder Personengesellschaften bzw. Einzelkaufleute, die nicht die Größenkriterien des Publizitätsgesetzes erfüllen, beteiligt, so stehen die speziellen GuV-Positionen für Aufwendungen bzw. Erträge aus Gewinnabführungsverträgen für eine Abbildung der Vergütung aus der stillen Gesellschaft nicht zur Verfügung. Erfüllt **nur der stille Gesellschafter** die genannten Voraussetzungen, so richtet sich m. E. der Ausweis des Gewinnanteils in seiner GuV nach dem Ausweis der stillen Beteiligung in der Bilanz.[215] Erfüllt die stille Einlage die an Beteiligungen des Finanzanlagevermögens gem. § 271 Abs. 1 HGB gestellten Kriterien, so steht den Gewinnanteilen mit § 275 Abs. 2 Nr. 9 HGB die Position „Erträge aus Beteiligungen" offen.[216] Hat die stille Einlage zwar Daueranlagecharakter, doch fehlt es an der mitgliedschaftsrechtlichen Stellung des Stillen, kann der Gewinnanteil korrespondierend zum bilanziellen Ausweis der stillen Einlage in den sonstigen Ausleihungen des Finanzanlagevermögens in der GuV in die Position „Erträge aus Ausleihungen des Finanzanlagevermögens" gem. § 275 Abs. 2 Nr. 10 HGB aufgenommen werden. Gewinnanteile aus denjenigen stillen Einlagen, die sich im Umlaufvermögen in der Position „Forderungen" niederschlagen, führen zu sonstigen Zinsen und ähnlichen Erträgen gem. § 275 Abs. 2 Nr. 11 HGB.

Ist hingegen **nur der Geschäftsinhaber** eine bilanzierungspflichtige Kapitalgesellschaft oder eine publizitätspflichtige Personengesellschaft, so kann sich die Behandlung des Gewinnanteils des Stillen in der GuV des Geschäftsinhabers, wie die bilanzielle Behandlung der stillen Einlage an sich, an den für Genußrechtskapital entwickelten Grundsätzen orientieren.[217] Vergütungen für stille Beteiligungen mit Fremdkapitalcharakter werden daher von der Position „Zinsen und ähnliche Aufwendungen" gem. § 275 Abs. 2 Nr. 13 HGB erfaßt, während Gewinnanteile aus stillen Beteiligungen mit Eigenkapitalcharakter im Interesse der Klarheit der GuV in einen

213 Vgl. *Borchert*, in: *Küting/Weber*, HdR 1995, § 275 HGB, Rdnr. 101. Zur weiteren Diskussion der Frage der Anwendbarkeit der aktienrechtlichen Regelungen auf GmbH vgl. *Jebens*, Stille Beteiligung 1996, S. 701 ff.

214 Vgl. *Paulick/Blaurock*, Handbuch 1998, S. 118 ff.

215 Vgl. dazu Kapitel II.A.5.b)(2)(a).

216 Vgl. allgemein für Beteiligungen des Finanzanlagevermögens *Bieg*, in: *Küting/Weber*, HdR 1995, § 271 HGB, Rdnr. 5.

217 Vgl. Kapitel II.A.5.b)(1)(b).

Sonderposten gem. § 265 Abs. 5 Satz 2 HGB unmittelbar vor dem Jahresüberschuß einzustellen sind.[218]

Der Ausweis der Verlustanteile des Stillen erfolgt bei allen hier angesprochenen Fallgestaltungen, unabhängig vom Ausweisort der Gewinnanteile, in der GuV des Geschäftsinhabers bzw. in der des stillen Gesellschafters als Erträge bzw. Aufwendungen aus Verlustübernahmen und aufgrund von Gewinn- bzw. Teilgewinnabführungsverträgen gem. § 277 Abs. 3 Satz 2 HGB.[219]

6. Feststellung und Verteilung von Gewinn und Verlust

Kennzeichnend für das stille Gesellschaftsverhältnis ist die Beteiligung am Ergebnis des Geschäftsinhabers, wobei gem. § 231 Abs. 2 HGB eine Beteiligung am Verlust, nicht aber am Gewinn des Handelsgewerbes im Gesellschaftsvertrag ausgeschlossen werden kann. Die Ergebnisbeteiligung erfordert allgemein die Festlegung der Bemessungsgrundlage für die Berechnung des Gewinn- bzw. Verlustanteils des stillen Gesellschafters; darüber hinaus muß der Verteilungsschüssel, der auf diese Ergebnisgröße Anwendung findet, bestimmt werden.[220] Da das HGB über beide für das stille Gesellschaftsverhältnis notwendige Faktoren keine Regelung enthält, sondern in § 232 HGB lediglich von der Berechnung des Gewinns oder Verlusts der stillen Gesellschaft spricht, müssen sowohl der maßgebliche Ergebnisbegriff als auch der anzuwendende Schlüssel für die Ergebnisverteilung Gegenstand des Gesellschaftsvertrages sein.[221]

Im § 232 HGB wird ausdrücklich nicht auf eine Bilanz, deren Ergebnis Ausgangsgröße für die Anteilsberechnung des stillen Gesellschafters sein könnte, Bezug genommen, da die stille Gesellschaft als Innengesellschaft keiner Bilanzierungspflicht unterliegt.[222] Dennoch muß ein verteilungsfähiges Ergebnis festgestellt werden. Da eine Legaldefinition für die Bemessungsgrundlage fehlt, sollte im Gesellschaftsver-

---

218 Vgl. Stellungnahme des Hauptfachausschusses des Instituts der Wirtschaftsprüfer, HFA 1/1994, S. 422.

219 Vgl. allgemein zu den von § 277 Abs. 3 Satz 2 HGB erfaßten Erträgen und Aufwendungen *Adler/Düring/Schmaltz*, in: ADS 1997, § 277 HGB, Rdnr. 50 ff.; *Sigle*, in: *Küting/Weber*, HdR 1995, § 277 HGB, Rdnr. 21.

220 Vgl. *Schmidt*, in: *Schlegelberger*, HGB 1986, § 336 (§ 231 n.F.) HGB, Rdnr. 2.

221 Im folgenden wird ausschließlich der Gewinnbegriff und die Verteilung des Gewinns auf den stillen Gesellschafter und den Geschäftsinhaber behandelt; für den Verlust sowie die Verlustverteilung gilt das Gesagte analog. Regelt der Gesellschaftsvertrag ausschließlich die Gewinnverteilung, so gelten die Vereinbarungen im Zweifel auch für die Verteilung des Verlusts; vgl. *Böttcher/Zartmann/Faut*, Unterbeteiligung 1977, S. 72.

222 *Schmidt* erkennt zwar eine Bilanzierungspflicht, jedoch auf der Rechtsgrundlage einer Nebenpflicht aus dem stillen Gesellschaftsverhältnis, die deswegen nicht mit der sich aus den §§ 38 ff. HGB ergebenden gesetzlichen Pflicht zur Rechnungslegung identisch sei; vgl. *Schmidt*, in: *Schlegelberger*, HGB 1986, § 337 (§ 232 n.F.) HGB, Rdnr. 12.

trag eine genaue Bezeichnung der Gewinne bzw. Verluste, an denen der stille Gesellschafter partizipieren soll, erfolgen; als Ausgangsgröße wäre insbesondere das Ergebnis der Handels- oder Steuerbilanz des Geschäftsinhabers denkbar.

Ist dagegen die verteilungsfähige Größe im Gesellschaftsvertrag nicht geregelt, so stellt sich die Frage nach der Maßgeblichkeit der Handelsbilanz des Geschäftsinhabers für die Ergebnisberechnung der stillen Gesellschaft.[223] Dabei wird in der Literatur[224] zumeist zwischen den beiden Gestaltungsvarianten typisch und atypisch stille Gesellschaft unterschieden. Die Beteiligung des **typisch stillen Gesellschafters** erstreckt sich auf das Ergebnis des Geschäftsbetriebs, das allerdings nur einen Teil des gesamten Unternehmensergebnisses des Geschäftsinhabers ausmacht.[225] Die Differenzierung muß hinsichtlich der Gewinnverursachung und hinsichtlich des Entstehungszeitraums erfolgen. Da der typisch stille Gesellschafter nur am Handelsgewerbe des Geschäftsinhabers beteiligt ist, können ihm auch nur Gewinne aus solchen Geschäften zugerechnet werden, die der Betrieb des Handelsgewerbes mit sich bringt und die während der Dauer der stillen Gesellschaft entstanden sind; betriebsfremde Geschäfte sind für die Gewinnermittlung auszusondern.[226] Auch die Zurechnung etwaiger Wertveränderungen im Gesellschaftsvermögen des Geschäftsinhabers muß am Gegenstand des Handelsgewerbes festgemacht werden. Während der typisch stille Gesellschafter an Wertveränderungen des Umlaufvermögens regelmäßig teilnimmt,[227] ist beim Anlagevermögen hinsichtlich der Herkunft der Änderungen zu unterscheiden und nur jenen der Zugang in die Gewinnberechnung zu eröffnen, die durch den Unternehmensgegenstand ausgelöst wurden.[228] „Betriebsbedingt" sind bei einer solchen Betrachtungsweise insbesondere Wertminderungen durch Abnutzungen, wohingegen Wertänderungen im Anlagevermögen, die auf

---

[223] Dabei führt *Schmidt* zu Recht an, daß zwischen der Maßgeblichkeit der Handelsbilanz und der Übernahme der Wertansätze aus der Handelsbilanz des Geschäftsinhabers zu unterscheiden ist; vgl. *Schmidt*, in: *Schlegelberger*, HGB 1986, § 337 (§ 232 n.F.) HGB, Rdnr. 14. Undifferenziert *Klauss/Mittelbach*, die ausführen: „Genauso wie die Buchführung des Handelsgewerbes, an dem sich der stille Gesellschafter beteiligt hat, letztlich die Buchführung der stillen Gesellschaft darstellt, genauso ist der Jahresabschluß des Handelsgewerbes in der Regel zugleich auch der Jahresabschluß der stillen Gesellschaft."; *Klauss/Mittelbach*, Stille Gesellschaft 1980, S. 75.

[224] Vgl. *Bezzenberger*, in: Münchener Handbuch 1991, § 20 StG, Rdnr. 1 ff.; *Horn*, in: *Heymann*, HGB 1996, § 232 HGB, Rdnr. 2 ff.; *Paulick/Blaurock*, Handbuch 1998, S. 295 ff.; *Schmidt*, in: *Schlegelberger*, HGB 1986, § 337 (§ 232 n.F.) HGB, Rdnr. 14 ff.

[225] Vgl. *Bezzenberger*, in: Münchener Handbuch 1991, § 20 StG, Rdnr. 2. In der Literatur wird teilweise auch der Begriff „Betriebsgewinn" verwendet; vgl. *Horn*, in: *Heymann*, HGB 1996, § 232 HGB, Rdnr. 2.

[226] Vgl. *Bezzenberger*, in: Münchener Handbuch 1991, § 20 StG, Rdnr. 3; *Horn*, in: *Heymann*, HGB 1996, § 232 HGB, Rdnr. 3; *Paulick/Blaurock*, Handbuch 1998, S. 302; *Schmidt*, in: *Schlegelberger*, HGB 1986, § 337 (§ 232 n.F.) HGB, Rdnr. 6.

[227] Vgl. *Baumbach/Duden/Hopt*, HGB 1995, § 232 HGB, Rdnr. 1; *Horn*, in: *Heymann*, HGB 1996, § 232 HGB, Rdnr. 2; *Schmidt*, in: *Schlegelberger*, HGB 1986, § 337 (§ 232 n.F.) HGB, Rdnr. 8.

[228] Vgl. *Klauss/Mittelbach*, Stille Gesellschaft 1980, S. 78.

Preisänderungen zurückzuführen sind, oder auch Sonderabschreibungen z. B. aufgrund steuerlicher Vorschriften unbeachtlich bleiben.[229] Damit ist die Ermittlung des verteilbaren Gewinns auf zwei Arten möglich, indem erstens mittels einer direkten Methode eine originäre „Bilanz" der stillen Gesellschaft erstellt wird, die ausschließlich die für das Verhältnis des Geschäftsinhabers zum stillen Gesellschafter relevanten Sachverhalte erfaßt[230], oder zweitens mit Hilfe einer retrograden Methode, also der Berechnung des Gewinnanteils des Stillen aus der Handelsbilanz des Geschäftsinhabers[231], indem betriebsfremde Vorgänge aus dem zugrunde gelegten Jahresabschluß eliminiert werden.

Die beschriebenen Modifikationen des Jahresabschlusses des Geschäftsinhabers zu Zwecken der Gewinn- oder Verlustzurechnung zum stillen Gesellschafter greifen jedoch nur im Fall der typisch stillen Gesellschaft. Der **atypisch stille Gesellschafter**, der sich durch eine schuldrechtliche Beteiligung am Gesellschaftsvermögen des Inhabers auszeichnet, ist nach h. M.[232] am gesamten Gewinn und Verlust des Unternehmens beteiligt, so daß die Handelsbilanz der Geschäftsinhabers für die Ergebnisverteilung vollumfänglich maßgeblich ist. Auch die beim typisch Stillen vorzunehmende Unterscheidung hinsichtlich des Zeitraums der Ergebnisverursachung entfällt, so daß bei der Ergebnisverteilung im Fall der atypisch stillen Gesellschaft auch vorvertragliche Gewinn- und Verlustvorträge einbezogen werden.[233]

Für die Ergebnisverteilung und den sich daraus ergebenden **Ergebnisverteilungsschlüssel** schreibt das HGB lediglich eine allgemeine Regel in § 231 Abs. 1 HGB vor, die einen den Umständen nach angemessenen Anteil vorsieht. Damit herrscht auch in diesem Punkt Vertragsfreiheit und Regelungsnotwendigkeit, bedenkt man, daß die stille Gesellschaft grundsätzlich den Bestimmungen über die Gesellschaft des Bürgerlichen Rechts unterliegt und im Zweifel für die Festlegung des Gewinnverteilungsschlüssels auf § 722 BGB zurückgegriffen werden muß, wonach jedem Gesellschafter unabhängig von Art und Größe seines Beitrags ein gleicher Anteil am Gewinn und Verlust zusteht.[234] Grenzen für die Vertragsgestaltung setzt das Steuerrecht, das die Gewinnverteilung einer Angemessenheitsprüfung unterwirft.[235]

---

229 Vgl. *Paulick/Blaurock*, Handbuch 1998, S. 304; *Rasner*, Atypische stille Gesellschaft 1961, S. 63.

230 Diese Vorgehensweise favorisierend *Böttcher/Zartmann/Faut*, Unterbeteiligung 1977, S. 76; *Schmidt*, in: *Schlegelberger*, HGB 1986, § 337 (§ 232 n. F.) HGB, Rdnr. 15.

231 Sich dahingehend aussprechend *Horn*, in: *Heymann*, HGB 1996, § 232 HGB, Rdnr. 2; *Paulick/Blaurock*, Handbuch 1998, S. 305 f.

232 Vgl. *Bezzenberger*, in: Münchener Handbuch 1991, § 20 StG, Rdnr. 35; *Horn*, in: *Heymann*, HGB 1996, § 232 HGB, Rdnr. 5; *Schmidt*, in: *Schlegelberger*, HGB 1986, § 337 (§ 232 n. F.) HGB, Rdnr. 9.

233 Vgl. *Bezzenberger*, in: Münchener Handbuch 1991, § 20 StG, Rdnr. 36.

234 Vgl. *Klauss/Mittelbach*, Stille Gesellschaft 1980, S. 80.

235 Zur steuerlichen Angemessenheit der Gewinnverteilung vgl. Kapitel II.B.2.b)(4).

7. Zusammenfassende Beurteilung

Das **handelsrechtliche Kennzeichnungsprofil** der stillen Gesellschaft wird durch die Anforderungen bestimmt, die der Gesetzgeber in den §§ 230 ff. HGB an das stille Gesellschaftsverhältnis, den Geschäftsinhaber, den stillen Gesellschafter und die Vertragsgestaltung stellt. Deren Ausgestaltung markiert die Grenze zu vergleichbaren Rechtsinstituten, beispielsweise zu den Personenhandelsgesellschaften, zur Gesellschaft des bürgerlichen Rechts oder zum partiarischen Darlehen, die allerdings insbesondere im letzteren Fall auch fließend sein kann, so daß für eine Abgrenzung im Einzelfall unter Beachtung der Vertragsvereinbarungen und des Willens der Beteiligten häufig nur Indizien formuliert werden können. Die dispositiven Bestimmungen über stille Gesellschaften im HGB ermöglichen eine Typenvielfalt, die im Zivilrecht zu zwei Ausgestaltungsvarianten zusammengefaßt wird, die bezüglich der folgenden hier herausgearbeiteten **strukturbildenden Merkmale** charakterisiert werden können:

- Fehlende Beteiligung am Vermögen des Unternehmens;
- fehlendes Mitverwaltungsrecht;
- fehlende verbandsmäßige Organisation.

Je nach Ausprägung dieser Merkmale entspricht das Rechtsgebilde entweder dem gesetzlichen Normaltypus (typisch stille Gesellschaft) oder weicht davon ab (atypisch stille Gesellschaft). Die möglichen Ausgestaltungsarten bilden den unterschiedlichen wirtschaftlichen Gehalt des stillen Vertragsverhältnisses ab, wobei bei Abweichung vom gesetzlichen Normaltypus dem Stillen eine einem Gesellschafter vergleichbare Stellung zukommt.

Eine Differenzierung zwischen dem stillen Gesellschafter, dessen rechtliche Stellung eher der eines Fremdkapitalgebers gleicht, und demjenigen, dessen gesellschaftsvertragliche Vereinbarungen mit dem Inhaber des Handelsgewerbes mit denen eines Gesellschafters vergleichbar sind, bestimmt auch die Diskussion um den **bilanziellen Ausweis der stillen Einlage** beim Inhaber des Handelsgewerbes bzw. der stillen Beteiligung in der Bilanz des stillen Gesellschafters. Ausgehend von den drei in der Literatur angebotenen Lösungen für den Ausweisort der stillen Einlage auf der Passivseite der Bilanz des **Geschäftsinhabers** – dem obligatorischen Ansatz einer Verbindlichkeit, der Zurechnung zum Eigenkapital oder zum Fremdkapital je nach Ausgestaltung des Gesellschaftsvertrages bzw. dem Ansatz eines Sonderpostens zwischen Eigenkapital und Fremdkapital – wird hier die differenzierte Zuordnung zum Eigen- oder Fremdkapital befürwortet, wobei ein Eigenkapitalausweis nur dann in Frage kommt, wenn die an das Eigenkapital gestellten Anforderungen, insbesondere hinsichtlich der Dauer der Kapitalüberlassung, der Verlustpartizipation sowie der Haftung in der Insolvenz gegeben sind.

Auf seiten des **stillen Gesellschafters**, soweit es sich um einen bilanzierenden Kaufmann handelt und die stille Beteiligung zum Betriebsvermögen gehört, werden in der Literatur für die stille Beteiligung die Bilanzpositionen „Beteiligungen" im Finanzanlagevermögen bzw. „Forderungen" im Umlaufvermögen vorgeschlagen. Zu unterscheiden ist nach der hier vertretenen Ansicht zwischen der stillen Beteiligung, die lediglich auf einem Kapitalverwertungsinteresse beruht, und jener, die eine dem

Beteiligungsbegriff immanente Einflußnahme auf die Geschäftsführung ermöglicht. Obwohl ein Gleichklang bezüglich des Bilanzausweises wünschenswert wäre, orientiert sich die Wahl der Bilanzposition auf seiten des Stillen nicht am Ausweisort der stillen Einlage in der Bilanz des Geschäftsinhabers; vielmehr ist ein Ausweis als Beteiligung im Finanzanlagevermögen nur dann möglich, wenn es sich um eine stille Beteiligung an einem anderen Unternehmen handelt, die eine mitgliedschaftsrechtliche Stellung verbrieft und dazu bestimmt ist, dem eigenen Geschäftsbetrieb durch Herstellung einer dauernden Verbindung zu jenem Unternehmen zu dienen. Fehlt der stillen Beteiligung der Daueranlagecharakter, ist die Einlage im Umlaufvermögen unter den Forderungen im Sammelposten „Sonstige Vermögensgegenstände" einzustellen, während eine dauerhafte Beteiligung ohne Vereinbarung von Mitgliedschaftsrechten im Sammelposten „Sonstige Ausleihungen" im Finanzanlagevermögen auszuweisen ist.

Soweit es sich bei dem stillen Gesellschafter und dem Inhaber des Handelsgewerbes um bilanzierungspflichtige Kapitalgesellschaften oder Personengesellschaften bzw. Einzelkaufleute, die die Größenkriterien des Publizitätsgesetzes erfüllen, handelt, schlägt sich der Gewinnanteil des Stillen in der GuV auf seiten des Inhabers des Handelsgewerbes in der Position „Aufwendungen aufgrund eines Gewinnabführungs- oder eines Teilgewinnabführungsvertrags" bzw. auf seiten des stillen Gesellschafters in der Position „Erträge aufgrund eines Gewinnabführungs- oder eines Teilgewinnabführungsvertrags" i. S. v. § 277 Abs. 3 Satz 2 HGB nieder. Unterliegt nur der stille Gesellschafter dem GuV-Gliederungsschema, richtet sich die anzusprechende Position für den Gewinnanteil nach dem bilanziellen Ausweis der stillen Beteiligung, so daß die GuV-Posten „Erträge aus Beteiligungen", „Erträge aus Ausleihungen im Finanzanlagevermögen" und „Sonstige Zinsen und ähnliche Erträge" angesprochen sein können. Ist hingegen nur der Geschäftsinhaber bilanzierungspflichtig, können die für den Ausweis von Vergütungen aus Genußrechtskapital geltenden Grundsätze herangezogen werden, wonach die Gewinnanteile für stille Beteiligungen mit Fremdkapitalcharakter in die GuV-Position „Zinsen und ähnliche Aufwendungen" und für stille Beteiligungen mit Eigenkapitalcharakter in einen Sonderposten gem. § 265 Abs. 5 Satz 2 HGB einzustellen sind. Verlustanteile sind in der GuV des Geschäftsinhabers bzw. des stillen Gesellschafters als Erträge bzw. Aufwendungen aus Verlustübernahmen i. S. v. § 277 Abs. 3 Satz 2 HGB zu erfassen.

Die Festlegung der Bemessungsgrundlage für die Berechnung des **Anteils des Stillen am Ergebnis** des Handelsgewerbes sowie des dabei verwendeten Schlüssels ist mangels gesetzlicher Normierung Gegenstand des Gesellschaftsvertrags. Sind beide Größen gesellschaftsvertraglich nicht näher bestimmt, ermittelt sich der Gewinnanteil des zivilrechtlich typisch stillen Gesellschafters auf der Grundlage des Unternehmensgewinns des Geschäftsinhabers, der während der Dauer des stillen Gesellschaftsverhältnisses entstanden und betriebsbedingt ist, während eine atypisch stille Beteiligung, soweit eine gesellschaftsvertragliche Vereinbarung nichts anderes bestimmt, einen Anteil am Gewinn oder Verlust des Geschäftsinhabers unabhängig von der Erfolgsquelle oder dem Entstehungszeitpunkt verbrieft. Da § 231 Abs. 1 HGB bei der Verteilung des Ergebnisses für den stillen Gesellschafter lediglich einen den Umständen nach angemessenen Anteil und keinen konkreten Verteilungsschlüssel vorsieht, ist im Fall fehlender vertraglicher Präzisierung auf § 722 BGB zurückzugreifen, der einen gleichen Anteil für jeden Gesellschafter unabhängig von der Höhe der Einlage vorsieht.

B. Stille Gesellschaft im steuerrechtlichen Kontext

1. Steuerrechtliche Ausgestaltungsarten

Die originär steuerrechtlichen Begriffe der typisch und atypisch stillen Gesellschaft haben zwar Eingang in das Zivilrecht gefunden,[236] dennoch sind die für das Zivilrecht abgeleiteten Kriterien nicht mit denen des Steuerrechts identisch. Die Gründe hierfür liegen in der sich vom Zivilrecht unterscheidenden Zweckbestimmung des Steuerrechts,[237] das grundsätzlich auf eine wirtschaftliche Betrachtungsweise[238] abstellt und dem atypisch stillen Gesellschafter die Stellung eines Mitunternehmers einräumt.

Der **Begriff des Mitunternehmers** findet im Steuerrecht gleich dem der stillen Gesellschaft Erwähnung – so im § 15 Abs. 1 Nr. 2 EStG oder § 97 Abs. 1 Nr. 5 BewG –, jedoch keine Definition; aus § 15 Abs. 1 Nr. 2 EStG geht allerdings hervor, daß einer Mitunternehmerschaft die Gesellschafter von Personengesellschaften, namentlich einer OHG und einer KG sowie einer sog. anderen Gesellschaft, zugänglich sind.[239] Im einzelnen kann eine andere Gesellschaft vorliegen im Fall[240]

1. einer GbR i. S. d. §§ 705 ff. BGB,
2. einer Partenreederei i. S. v. § 489 HGB,
3. einer atypisch stillen Gesellschaft,
4. einer Personengesellschaft ausländischen Rechts oder
5. bestimmter Gemeinschaftsverhältnisse.

Bereits die Begriffe „Unternehmer" bzw. „Unternehmen" erfahren keine Legaldefinition. *Söffing* leitet aus § 2 Abs. 1 Satz 2 GewStG, in dem der Gewerbebetrieb als gewerbliches Unternehmen im Sinn des Einkommensteuergesetzes definiert wird, ab, daß die Begriffe „Betrieb" und „Unternehmen" deckungsgleich sind und darüber hinaus die Bezeichnung „Unternehmen" nicht auf den gewerblichen Bereich beschränkt ist, sondern daß auch land- und forstwirtschaftliche Unternehmen sowie

---

236 Vgl. Kapitel II.A.4.

237 Vgl. *Böttcher/Zartmann/Faut*, Unterbeteiligung 1977, S. 170.

238 Vgl. dazu ausführlich *Beisse*, Wirtschaftliche Betrachtungsweise 1981, S. 3 ff.

239 So auch die Finanzjudikatur; vgl. BFH vom 10.10.1985, BStBl. II 1986, S. 68; BFH vom 12.11.1985, BStBl. II 1986, S. 311. Vgl. für die Finanzverwaltung BMF vom 26.11.1987, BStBl. I 1987, S. 765.

240 Vgl. *Schmidt*, in: *Schmidt*, EStG 1998, § 15 EStG, Rdnr. 169.

Unternehmen der selbständigen Arbeit bestehen können.[241] Auch der BFH unterscheidet in seinem Urteil vom 2.12.1982[242] zwischen gewerblichen, land- und forstwirtschaftlichen sowie freiberuflichen Mitunternehmerschaften und postuliert das Bestehen eines Betriebs als Voraussetzung für das Vorliegen einer Mitunternehmerschaft.[243] Gleiches ergibt sich auch aus den Verweisungen auf § 15 Abs. 1 Satz 1 Nr. 2 EStG in den §§ 18 Abs. 4, 13 Abs. 5 EStG.

Der Begriff des Mitunternehmers wird als „offener Typusbegriff"[244] bezeichnet, unter den nicht subsumiert, sondern dem nur zugerechnet werden kann;[245] entsprechend der Ansicht der Steuerrechtsprechung bestimmt er sich nicht aus einer eindeutigen Definition, sondern aus „einer unbestimmten Zahl von Merkmalen"[246], die sich allerdings unter zwei Hauptmerkmale, dem Entfalten von Mitunternehmerinitiative und dem Tragen von Mitunternehmerrisiko, zusammenfassen lassen.[247] Die BFH-Rechtsprechung zu beiden Kriterien ist kaum zu überblicken;[248] wegweisend ist allerdings ein BFH-Beschluß aus dem Jahr 1984.[249] Darin macht der Große Senat in Übereinstimmung mit der früheren Rechtsprechung[250] deutlich, daß die beiden Hauptmerkmale im Einzelfall mehr oder weniger stark ausgeprägt sein können und folglich für eine Zuordnung zum Mitunternehmerbegriff das **Gesamtbild der tatsächlichen Verhältnisse** ausschlaggebend ist, so daß im Zuge dessen alle „die rechtliche und wirtschaftliche Stellung einer Person insgesamt bestimmenden Umstände"[251] heranzuziehen sind.

Die höchstrichterliche Rechtsprechung umschreibt den Begriff des Mitunternehmers sowie den der „anderen Gesellschaft" durch die Feststellung, daß Mitunternehmer nur derjenige sein kann, wer „zivilrechtlich Gesellschafter einer Personengesellschaft ist oder – in Ausnahmefällen – eine diesem wirtschaftlich vergleichbare Stellung in-

---

241 Vgl. *Söffing*, Mitunternehmer 1994, S. 48 f.

242 BStBl. II 1983, S. 215.

243 Vgl. *Söffing*, Mitunternehmer 1994, S. 49. Eine OHG oder KG, die vermögensverwaltend tätig ist, bezieht Einkünfte aus Kapitalvermögen und/oder Einkünfte aus Vermietung und Verpachtung; vgl. *Knobbe-Keuk*, Unternehmenssteuerrecht 1993, S. 372 f. Vgl. auch BFH vom 19.3.1981, BStBl. II 1981, S. 527; BFH vom 15.10.1996, BStBl. II 1997, S. 250.

244 Vgl. allgemein zum Typusbegriff *Lang*, in: *Tipke/Lang*, Steuerrecht 1998, § 5, Rdnr. 45.

245 Auch der BFH sieht im Begriff des Mitunternehmers einen Typusbegriff; vgl. BFH vom 21.2.1974, BStBl. II 1974, S. 404; BFH vom 25.6.1984, BStBl. II 1984, S. 769.

246 BFH vom 25.6.1984, BStBl. II 1984, S. 769.

247 Vgl. *Knobbe-Keuk*, Mitunternehmerschaft 1986, S. 112.

248 Vgl. mit einer umfassenden Untersuchung des einkommensteuerlichen Mitunternehmerbegriffs *Kneip*, Mitunternehmer 1994, S. 394.

249 Vgl. BFH vom 25.6.1984, BStBl. II 1984, S. 751.

250 Vgl. BFH vom 9.10.1969, BStBl. II 1970, S. 320; BFH vom 11.12.1980, BStBl. II 1981, S. 310; BFH vom 21.4.1988, BStBl. II 1989, S. 722.

251 BFH vom 25.6.1984, BStBl. II 1984, S. 769.

nehat."[252] Damit werden, um eine stille Gesellschaft als Mitunternehmerschaft zu kennzeichnen, an das stille Vertragsverhältnis dieselben Anforderungen gestellt, wie bei Vorliegen einer OHG oder KG, nämlich das Entfalten von Mitunternehmerinitiative und das Tragen von Mitunternehmerrisiko durch den stillen Gesellschafter.[253]

Mitunternehmerinitiative bedeutet die „Teilhabe an unternehmerischen Entscheidungen, wie sie z. B. Gesellschaftern oder diesen vergleichbaren Personen als Geschäftsführern, Prokuristen oder anderen leitenden Angestellten obliegen"[254]; darüber hinaus kann bereits die Möglichkeit zur Ausübung von Gesellschaftsrechten, die den Stimm-, Kontroll- und Widerspruchsrechten eines Kommanditisten vergleichbar sind oder den Kontrollrechten nach § 716 Abs. 1 BGB entsprechen, ausreichen.[255]

Im **Mitunternehmerrisiko** sieht der BFH die „gesellschaftsrechtliche oder eine dieser wirtschaftlich vergleichbaren Teilnahme am Erfolg oder Mißerfolg eines gewerblichen Unternehmens. Dieses Risiko wird regelmäßig durch Beteiligung am Gewinn und Verlust sowie an den stillen Reserven des Anlagevermögens einschließlich eines Geschäftswerts vermittelt".[256]

Für die steuerliche Qualifizierung als **atypisch stille Gesellschaft** werden zur Konkretisierung der Hauptmerkmale Mitunternehmerrisiko und Mitunternehmerinitiative in der Literatur[257] die folgenden beiden Abweichungen vom gesetzlichen Normaltypus[258] herangezogen:

1. vermögensrechtliche Stellung des stillen Gesellschafters;
2. gesellschaftsrechtliche Stellung des stillen Gesellschafters.

In der **vermögensrechtlichen Stellung des stillen Gesellschafters** schlägt sich das **Mitunternehmerrisiko** nieder, das sich im wesentlichen in der Beteiligung am Anlagevermögen einschließlich der stillen Reserven und des Firmenwerts sowie der

---

252 BFH vom 25.6.1984, BStBl. II 1984, S. 768. Der Große Senat hat mit diesem Urteil entgegen zuvor ergangener Urteile, vgl. z. B. BFH vom 11.12.1980, BStBl. II 1981, S. 310, auch die Notwendigkeit eines bestehenden zivilrechtlichen Gesellschaftsverhältnisses als Grundvoraussetzung für das Vorliegen einer Mitunternehmerschaft genannt; vgl. dazu *Knobbe-Keuk*, Mitunternehmerschaft 1986, S. 106. Der Einschätzung des Großen Senats folgte die ständige Rechtsprechung; vgl. BFH vom 13.7.1993, BStBl. II 1994, S. 282; BFH vom 1.8.1996, BStBl. II 1997, S. 272.

253 Ständige Rechtsprechung; vgl. insbesondere BFH vom 25.6.1984, BStBl. II 1984, S. 769.

254 BFH vom 25.6.1984, BStBl. II 1984, S. 769.

255 Vgl. BFH vom 25.6.1984, BStBl. II 1984, S. 769; BFH vom 21.4.1988, BStBl. II 1989, S. 722; BFH vom 13.7.1993, BStBl. II 1994, S. 282; BFH vom 24.1.1994, BStBl. II 1994, S. 635.

256 BFH vom 25.6.1984, BStBl. II 1984, S. 769.

257 Vgl. *Böttcher/Zartmann/Faut*, Unterbeteiligung 1977, S. 130 ff.; *Klauss/Mittelbach*, Stille Gesellschaft 1980, S. 108 ff.; *Paulick/Blaurock*, Handbuch 1998, S. 432 ff.; *Schmidt*, Gesellschaftsrecht 1998, S. 1846.

258 Vgl. zu den handelsrechtlichen Merkmalen des gesetzlichen Normaltypus ausführlich Kapitel II.A.2.

Beteiligung am Gewinn und Verlust manifestiert.[259] Der Stille ist nicht wie ein Gesellschafter des Unternehmens dinglich, sondern lediglich schuldrechtlich **am Betriebsvermögen** in der Weise **beteiligt**, daß seine Stellung sich der eines Kommanditisten annähert. M. E. bedeutet dies, daß der stille Gesellschafter, um als Mitunternehmer zu gelten, wie der Kommanditist stets am Verlust der Gesellschaft beteiligt sein muß;[260] dagegen hat der BFH wiederholt einem atypisch stillen Gesellschafter die Mitunternehmerschaft zugesprochen, ohne daß eine Beteiligung am Verlust vorlag.[261] Die Annäherung der Stellung des atypisch stillen Gesellschafters an die eines Kommanditisten begründet weder eigenes Gesellschaftsvermögen noch eine dem Fall des Kommanditisten vergleichbare Außenhaftung i. S. d. § 171 HGB.[262] Die Vermögensrechte des atypisch stillen Gesellschafters zeigen sich in einer Beteiligung am Gewinn und Verlust „und zwar über die Dauer der Gesellschaft, also auch am Schlußergebnis bei Auflösung und Liquidation, in dem sich die realisierten stillen Reserven und auch ein realisierter Geschäftswert niederschlagen. Dagegen braucht er bei vorzeitigem Ausscheiden nicht an den stillen Reserven und am Geschäftswert des Unternehmens teilzunehmen.“[263] Für das Tragen von Mitunternehmerrisiko im Einzelfall kann auf eine umfangreiche Rechtsprechung hingewiesen werden.[264]

Mitunternehmerinitiative kann der stille Gesellschafter insbesondere dann entfalten, wenn eine **Erweiterung seiner gesellschaftsrechtlichen Stellung** gegeben ist und er damit „z. B. die rechtliche und tatsächliche Möglichkeit (hat; d. Verf.), typische unternehmerische Entscheidungen, insbesondere im Bereich der Geschäftsführung, zu treffen“.[265] Problematisch ist in diesem Zusammenhang jedoch die Tatsache, daß es sich bei der stillen Gesellschaft – unbeachtlich ihrer Ausprägung als typisch oder atypisch – um eine reine Innengesellschaft handelt und sich damit die Stellung des stillen Gesellschafters als „Unternehmer ... ohne die Ausübung eigentlicher Unternehmerfunktionen“[266] darstellt. In der Literatur[267] wird auf dieser Grundlage gefordert, bei der Qualifizierung der atypisch stillen Gesellschaft als Mitunternehmerschaft gänzlich auf das Kriterium Mitunternehmerinitiative zu verzichten.

---

259 Vgl. BFH vom 27.5.1993, BStBl. II 1994, S. 700.

260 Gl. A. *Knobbe-Keuk*, Unternehmenssteuerrecht 1993, S. 402.

261 Vgl. z. B. BFH vom 11.12.1990, BFHE 163, S. 346.

262 Vgl. dazu bereits Kapitel II.A.4.

263 *Groh*, Mitunternehmerschaft 1982, S. 1230.

264 Vgl. unter Nennung zahlreicher Urteile *Kneip*, Mitunternehmer 1994, S. 218 ff. Vgl. auch *Jakob*, Mitunternehmerschaft 1986, S. 1615 ff.

265 BFH vom 22.1.1981, BStBl. II 1981, S. 426.

266 BFH von 22.1.1970, BStBl. II 1970, S. 417.

267 Vgl. *Jakob*, Mitunternehmerschaft 1986, S. 1618 f., der sich durch ein Urteil des BFH bestätigt sieht, in dem darauf hingewiesen wird, daß „ein stiller Gesellschafter nach den §§ 335 ff. HGB nicht an der Unternehmensführung beteiligt ist, grundsätzlich also keine Mitunternehmerinitiative entfalten kann...“; BFH vom 25.6.1981, BStBl. II 1982, S. 59.

Mitunternehmerinitiative kann der Stille nach Ansicht des BFH im Zuge einer Erweiterung der gesellschaftsrechtlichen Stellung über die ihm gesetzlich zustehenden Mitwirkungsrechte hinaus entfalten; ausreichend ist dabei die Vereinbarung von Stimm-, Kontroll- und Widerspruchsrechten, die denen der Kommanditisten i. S. d. HGB entsprechen.[268] Gem. § 166 Abs. 1 HGB ist der Kommanditist berechtigt, die abschriftliche Mitteilung des Jahresabschlusses zu verlangen und dessen Richtigkeit unter Einsicht der Bücher und Papiere zu prüfen; dieses Kontrollrecht stimmt exakt mit dem des stillen Gesellschafters gem. § 233 Abs. 1 HGB überein. Das in § 164 Satz 1 2. Halbsatz HGB kodifizierte Widerspruchsrecht des Kommanditisten greift nicht im Fall von Handlungen, die der gewöhnliche Betrieb eines Handelsgewerbes mit sich bringt (§ 116 Abs. 1 HGB), sondern lediglich bei außergewöhnlichen Geschäften, wie z. B. „die Erweiterung von Fabrikationsanlagen, die Neuaufnahme von Geschäftszweigen, die Ersteigerung größerer Grundstücke, der Verkauf von Aktien, die als Rücklage dienen sollten“[269]. Damit geht das Widerspruchsrecht des Kommanditisten über das Recht des stillen Gesellschafters, bei Maßnahmen des Geschäftsinhabers, die die Änderung der wesentlichen Grundlagen des Unternehmens zum Gegenstand haben,[270] zu widersprechen, hinaus.

Die Zuordnung zur einen oder anderen Gestaltungsform hat sowohl für den stillen Gesellschafter als auch für den Geschäftsinhaber tiefgreifende Folgen,[271] so daß eine eindeutige Regelung des Willens der Beteiligten geboten ist; in keiner Weise ausschlaggebend für eine Entscheidung ist die gewählte Bezeichnung der Vertragsparteien im Gesellschaftsvertrag.[272]

2. Steuerrechtliche Anerkennungsvoraussetzungen

a) Grundsätzliche Anwendung der handelsrechtlichen Kriterien

Eine unter Beachtung der handelsrechtlichen Voraussetzungen[273] entstandene stille Gesellschaft ist grundsätzlich auch steuerlich wirksam; dennoch erfolgt damit nicht zwingend die Anerkennung der im Gesellschaftsvertrag getroffenen Abreden, insbesondere hinsichtlich der Beteiligung am Gewinn und Verlust. Ein besonderes Augenmerk richtet sich in diesem Zusammenhang auf Vertragsgestaltungen, bei denen keine natürliche Interessendivergenz unterstellt werden kann; im speziellen sind da-

---

268 Vgl. BFH vom 25.6.1984, BStBl. II 1984, S. 769.

269 *Wirth*, in: Münchener Handbuch 1991, § 3 KG, Rdnr. 51.

270 Vgl. dazu bereits Kapitel II.A.2.b).

271 Vgl. zu den Einzelheiten ausführlich Kapitel II.B.3. und Kapitel II.B.4.

272 Vgl. *Groh*, Mitunternehmerschaft 1982, S. 1230. Vgl. auch BGH vom 10.6.1965, in: WM 1965, S. 1052; BFH vom 2.9.1985, BStBl. II 1986, S. 10.

273 Vgl. Kapitel II.A.2.

bei stille Beteiligungen von Familienangehörigen bzw. von Gesellschaftern am „eigenen" Unternehmen angesprochen.

b) Spezielle steuerrechtliche Anforderungen

(1) Verträge unter Angehörigen

Die Motive für die Beteiligung von Angehörigen am Unternehmen sind vielfältig;[274] allerdings sind sie für eine steuerliche Anerkennung der Gestaltung nicht entscheidend, selbst wenn ausschließlich die Steuerminimierung für den Vertrag ausschlaggebend ist.[275] Allerdings kann bei Familiengesellschaften weitgehende Interessenidentität unterstellt werden, die dem Unternehmer ein steuerliches Gestaltungspotential eröffnet, das aus Sicht der Finanzrechtsprechung und Finanzverwaltung zu „ungerechtfertigten Steuervorteilen im Vergleich zu Personengruppen mit natürlichen Interessendivergenzen führen"[276] kann. In solchen Fällen könnte ein Scheingeschäft gem. § 41 Abs. 2 AO bzw. der Tatbestand des Mißbrauchs von Gestaltungsmöglichkeiten gem. § 42 AO vorliegen.[277]

Die Entscheidung über die steuerliche Anerkennung einer stillen Beteiligung von Familienangehörigen erfolgt auf zwei Ebenen:[278]

1. Anerkennung der Gesellschaft als solche;
2. Angemessenheit der Gewinnverteilung[279].

Für die Anerkennung des stillen Gesellschaftsverhältnisses kommen die von der Rechtsprechung und Finanzverwaltung entwickelten Anerkennungsvoraussetzungen für Familiengesellschaften zur Anwendung:[280] Die dem Gesellschaftsverhältnis zugrundeliegenden Vereinbarungen müssen ernsthaft gewollt, tatsächlich durchgeführt und auch unter fremden Dritten üblich sein.[281] Bei der Beteiligung von minderjährigen Kindern sind darüber hinaus weitere Formvorschriften zu beachten; so bedarf es

---

274 Vgl. ausführlich *Kußmaul*, Unternehmerkinder 1983, S. 93 ff.

275 Vgl. BFH vom 22.8.1951, BStBl. III 1951, S. 181.

276 *Kußmaul/Wegener*, Steueroptimale Gestaltungen 1995, S. 416.

277 Vgl. *Fleischer/Thierfeld*, Stille Gesellschaft 1998, S. 63.

278 Vgl. *Paulick/Blaurock*, Handbuch 1998, S. 444.

279 Vgl. dazu Kapitel II.B.2.b)(4).

280 Vgl. BFH vom 12.4.1979, BStBl. II 1979, S. 622; BFH vom 30.1.1980, BStBl. II 1980, S. 449; BFH vom 24.3.1983, BStBl. II 1983, S. 663; BFH vom 14.4.1983, BStBl. II 1983, S. 555; BFH vom 22.5.1984, BStBl. II 1985, S. 243; BFH vom 28.1.1986, BStBl. II 1986, S. 348; BFH vom 9.7.1987, BStBl. II 1988, S. 247.

281 Vgl. mit einer umfassenden Auswertung der Rechtsprechung zur stillen Gesellschaft mit Familienangehörigen *Ritzrow*, Stille Gesellschaft mit Familienangehörigen 1996, S. 239 ff.

zum Vertragsabschluß der Bestellung eines Ergänzungspflegers gem. § 1909 BGB, soweit der Abschluß des Gesellschaftsvertrags nicht nur einen rechtlichen Vorteil, sondern auch eine Belastung mit sich bringt, wie sie auch bei Ausschluß der Verlustbeteiligung in der Leistung der Einlage in das Vermögen des Geschäftsinhabers besteht.[282] Ist eine Beteiligung am Verlust vereinbart, so ist eine Genehmigung des Beteiligungsvertrages durch das Vormundschaftsgericht erforderlich.[283]

Für das im Mittelpunkt dieser Arbeit stehende Untersuchungsobjekt der grenzüberschreitenden stillen Gesellschaft spielen steuerliche Gestaltungen mit Familienangehörigen allerdings nur eine untergeordnete Rolle, so daß für spezielle Fragestellungen auf die weiterführende Literatur verwiesen werden kann.[284]

(2) Personenidentität zwischen Anteilseigner und stillem Gesellschafter

Grundsätzlich kann sich auch ein Anteilseigner (Gesellschafter oder Aktionär) einer Kapitalgesellschaft neben der Beteiligung am Grund- bzw. Stammkapital zusätzlich als stiller Gesellschafter an „seiner" Kapitalgesellschaft beteiligen; das bei Kapitalgesellschaften zum Zuge kommende Trennungsprinzip zwischen der Gesellschaft als juristische und dem Anteilseigner als natürliche Person kommt hier zum Tragen, so daß auch die steuerliche Rechtsprechung[285] die **grundsätzliche Zulässigkeit von Rechtsbeziehungen zwischen Gesellschaft und Gesellschafter** nicht in Frage stellt.[286] Damit ist zivilrechtlich sowie steuerrechtlich sowohl die typisch als auch die atypisch stille Beteiligung eines Gesellschafters an „seiner" Kapitalgesellschaft denkbar; die konkrete Abgrenzung der Gestaltungsvarianten bereitet allerdings bei Personenidentität von Anteilseigner und stillem Gesellschafter Schwierigkeiten, insbesondere dann, wenn es sich bei dem Stillen zugleich um einen beherrschenden Gesellschafter oder gar den Alleingesellschafter handelt oder wenn sich alle Gesellschafter einer Kapitalgesellschaft still an dem betreffenden Unternehmen beteiligen. Nachfolgende Ausführungen beziehen sich im speziellen auf die gängige Rechtsformkombination GmbH & Still; die stille Beteiligung an anderen Kapitalgesellschaftsvarianten ist analog zu behandeln.

---

282 Vgl. BFH vom 28.11.1973, BStBl. II 1974, S. 289.

283 Vgl. BFH vom 4.7.1968, BStBl. II 1968, S. 671.

284 Zur ausführlichen Diskussion vgl. m.w.N. zur Literatur und Rechtsprechung *Fleischer/Thierfeld*, Stille Gesellschaft 1998, S. 61 ff.; *Kußmaul*, Unternehmerkinder 1983, S. 136 ff.; *Lange*, in: *Lange/Grützner/Kussmann/Reiß*, Personengesellschaften 1998, S. 123 ff.; *Paulick/Blaurock*, Handbuch 1998, S. 443 ff.

285 Vgl. BFH vom 6.2.1980, BStBl. II 1980, S. 477.

286 Die Beteiligung eines Gesellschafters einer Personengesellschaft an dieser Gesellschaft ist im Gegensatz zur zivilrechtlichen Einordnung aufgrund der im Steuerrecht angewandten Mitunternehmerkonzeption nicht möglich; vgl. RFH vom 20.1.1944, RStBl. 1944, S. 435.

In der Literatur[287] wird teilweise die Auffassung vertreten, daß vorstehende Fallgestaltungen – stille Beteiligung eines beherrschenden oder gar alleinigen Gesellschafters bzw. stille Beteiligung aller Gesellschafter an „ihrer" Kapitalgesellschaft – grundsätzlich eine Mitunternehmerschaft begründen, d. h. stets als atypisch stille Gesellschaft zu werten sind. Ausgangspunkt der hinter dieser Ansicht stehenden Überlegungen ist die Übernahme der dem Anteilseigner zustehenden Rechte in das stille Gesellschaftsverhältnis: „Alles was für die Annahme einer Mitunternehmerschaft erforderlich ist, hat der Alleingesellschafter oder haben – wenn sich alle Gesellschafter zugleich als Stille beteiligen – die Gesellschafter schon auf Grund ihrer Gesellschafterstellung."[288]

Die Vertreter dieser Meinung übersehen jedoch, daß es sich bei der GmbH und der stillen Gesellschaft **zivilrechtlich um zwei unterschiedliche Rechtsgebilde** handelt, deren Vermischung auch für das Steuerrecht abgelehnt werden muß.[289] In der Konsequenz bleiben die Rechte, die dem Gesellschafter aufgrund seiner Mitgliedschaft zustehen, für die Beurteilung einer Mitunternehmerschaft unberücksichtigt. Die Entscheidung orientiert sich an der mitunternehmerischen Stellung des stillen Gesellschafters, also insbesondere an der Entfaltung von Mitunternehmerinitiative in Form einer gewerblichen Tätigkeit. Diese wird jedoch auf der Grundlage des Einkommensteuergesetzes im Fall des Gesellschafters einer Kapitalgesellschaft grundsätzlich verneint;[290] weshalb also sollte durch Addition einer stillen Gesellschaft zum Gesellschafterverhältnis eine Umqualifizierung möglich sein? Für die Entscheidung hinsichtlich einer Mitunternehmerschaft sind die daran gestellten Anforderungen für das stille Gesellschaftsverhältnis differenziert zu beurteilen, d. h., im einzelnen gilt es zu prüfen, ob die Interessen und die Risikobeteiligung des Gesellschafters bezüglich

---

287 Vgl. für den Fall einer Einmann-GmbH *Paulick*, Einmann-GmbH Stille Gesellschaft 1982, S. 240; diesem folgend *Post/Hoffmann*, Stille Beteiligung 1984, S. 80. Für die Einmann-GmbH und den Fall, daß sich alle Gesellschafter als Stille beteiligen, vgl. *Knobbe-Keuk*, Fremdfinanzierung 1982, S. 221.

288 *Knobbe-Keuk*, Fremdfinanzierung 1982, S. 221.

289 Gl. A. *Blaurock*, GmbH & Still 1992, S. 1974 f.; *Costede*, GmbH & Still 1983, S. 309 f.; *Schulze zur Wiesche*, GmbH & Still 1997, S. 64 f. Die durch das Zivilrecht vorgegebene Differenzierung kollidiert mit dem von *Knobbe-Keuk* als Argument für die einheitliche Betrachtungsweise angeführten Hinweis auf die Prüfung der Mitunternehmerschaft auf der Grundlage des Gesamtbilds der Verhältnisse: „Im übrigen pflegt man auch sonst bei der Beurteilung der Frage, ob eine Person als Mitunternehmer anzusehen ist, nicht einzelne Vertragsbeziehungen herauszupicken, sondern schaut auf das Gesamtbild der Stellung dieser Person."; *Knobbe-Keuk*, Fremdfinanzierung 1982, S. 221. Allerdings muß dem entgegengehalten werden, daß die Differenzierung zwischen Gesellschafter und Kapitalgesellschaft keine Frage einer „einzelnen Vertragsgestaltung" ist. Ohne nähere Erläuterung auf die atypisch stille Beteiligung eines Gesellschafters einer Einmann-GmbH an „seiner" Gesellschaft als eine Möglichkeit der stillen Beteiligung hinweisend *Sudhoff/Sudhoff*, Umwandlung 1984, S. 78.

290 Vgl. *Costede*, GmbH & Still 1983, S. 309.

des stillen Gesellschaftsverhältnisses diejenigen der Position eines Anteilseigners übertreffen[291].

Diese Ansicht vertritt auch die **Finanzjudikatur** in einem Urteil des BFH aus dem Jahre 1983[292]; der erkennende Senat schließt darin im Fall der Beherrschung der Gesellschaft durch den betreffenden Gesellschafter eine stille Beteiligung in der typischen Variante explizit nicht aus. Die in den Folgejahren ergangenen BFH-Urteile[293] scheinen jedoch eine Abkehr von der ursprünglich vertretenen Ansicht einzuleiten, indem sie stille Beteiligungen von Gesellschaftern an ihrer Kapitalgesellschaft stets als atypisch werten. In den vorliegenden Fällen kam jedoch zur Mitgliedschaft die Geschäftsführertätigkeit hinzu. Die Personenidentität von stillem Gesellschafter und Geschäftsführer einer GmbH werfen für die Beurteilung hinsichtlich der typischen oder atypischen Ausgestaltungsvariante Probleme auf, die im nachfolgenden Kapitel diskutiert werden.

(3) Personenidentität zwischen Geschäftsführer und stillem Gesellschafter

Die im vorangegangenen Kapitel angesprochenen Urteile[294] werten die stille Beteiligung eines **Gesellschafters und zugleich Geschäftsführers** der Komplementär-GmbH einer GmbH & Co. KG als Mitunternehmerschaft – und damit als atypisch still – auch dann, wenn der Stille weder am Verlust noch an den stillen Reserven beteiligt werden soll, also folglich das Merkmal Mitunternehmerrisiko bezüglich des stillen Gesellschaftsverhältnisses in den Hintergrund tritt. Derselbe Senat hat in einem späteren Urteil[295] die für die GmbH & Co. KG & Still aufgestellten Grundsätze auf die GmbH & Still übertragen und für den Fall des Zusammenfallens von beherrschendem Gesellschafter und alleinigem Geschäftsführer sowie stillem Gesellschafter einer GmbH stets eine atypisch stille Gesellschaft und damit eine Mitunternehmerstellung proklamiert.[296] Die Beziehungen zwischen den Gesellschaftern und den jeweiligen Gesellschaften in beiden Fällen zeigt Abbildung 5.

---

291 Vgl. *Schulze zur Wiesche*, GmbH & Still 1997, S. 65.

292 Vgl. BFH vom 21.6.1983, BStBl. II 1983, S. 563.

293 Vgl. BFH vom 20.11.1990, BFHE 163, S. 336; BFH vom 11.12.1990, BFHE 163, S. 346.

294 Vgl. FN 293.

295 Vgl. BFH vom 15.12.1992, BStBl. II 1994, S. 702.

296 Gl.A. wie der BFH bereits *Paulick*, Einmann-GmbH Stille Gesellschaft 1982, S. 240.

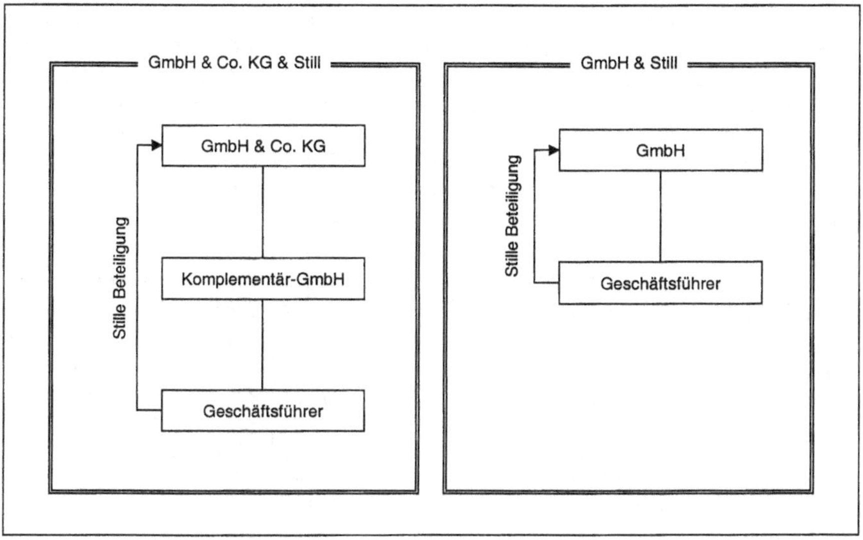

Abbildung 5: Atypisch stille Beteiligung an einer GmbH & Co. KG bzw. einer GmbH i. S. d. BFH

Für die Beurteilung einer **stillen Beteiligung an einer GmbH & Co. KG** muß m. E. zunächst unterschieden werden, ob der als Geschäftsführer der Komplementär-GmbH eingesetzte und sich still beteiligende Gesellschafter auch Kommanditist der GmbH & Co. KG ist oder nicht. Im ersten Fall ist eine stille Gesellschaft zwischen der KG und dem Gesellschafter steuerrechtlich erst gar nicht möglich, da der Gesellschafter bereits in seiner Funktion als Kommanditist Mitunternehmer der KG ist und sich folglich am eigenen Handelsgewerbe und nicht dem eines anderen beteiligt. Ist der Geschäftsführer der Komplementär-GmbH wie im seitens des BFH entschiedenen Fall nicht als Kommanditist an der KG beteiligt und folglich auf dieser Ebene keine Mitunternehmerschaft gegeben, ist die stille Beteiligung grundsätzlich möglich; es verbleibt lediglich die Frage nach der vorliegenden Ausgestaltungsart.

Im Gegensatz zur „reinen" GmbH wird ein eigener Geschäftsbetrieb der GmbH im Fall der GmbH & Co. KG abgelehnt;[297] es besteht folglich nur der Geschäftsbetrieb der KG. Konsequenterweise ist die Tätigkeit des Geschäftsführers der Komplementär-GmbH als „mittelbare Geschäftsführung" für die KG[298] als Personengesellschaft im gemeinsamen Interesse von KG und GmbH zu werten.[299] Aus dieser Tatsache

[297] Vgl. *Günkel*, in: JbFfSt 1996/97, S. 209.

[298] Der Komplementär ist gem. § 164 i. V. m. § 114 Abs. 1 HGB im Gegensatz zum Kommanditisten zur Geschäftsführung berechtigt und verpflichtet.

[299] Vgl. *Günkel*, in: JbFfSt 1996/97, S. 209 f.; *Schulze zur Wiesche*, Typische GmbH & Still 1991, S. 533 ff.

allein läßt sich jedoch m. E. auch bei Hinzutreten einer stillen Beteiligung keine Mitunternehmerschaft des Geschäftsführers der Komplementär-GmbH im Verhältnis zur GmbH & Co. KG und damit stets die Qualifikation als atypisch stille Gesellschaft ableiten; vielmehr müssen auch hier die Grundsätze der Trennung der zivilrechtlichen Rechtsverhältnisse zur Anwendung kommen.[300] Die Zusammenfassung der unterschiedlichen Vertragsverhältnisse für eine Gesamtbetrachtung zwecks Einordnung als Mitunternehmerschaft ist daher nur bei ungewöhnlichen Absprachen, die auf den ausdrücklichen Willen der Beteiligten hinsichtlich eines Zusammenwirkens der Einzelverträge hinweisen, möglich.[301]

Die mittelbare Geschäftsführung des Geschäftsführers der Komplementär-GmbH der GmbH & Co. KG wird in der Literatur[302] zu Recht als Argument für ein Verbot der umfassenden Gleichstellung der GmbH & Co. KG mit der **GmbH & Still** genannt. Der Geschäftsführer einer „reinen" GmbH, die als solche eine juristische Person mit eigenem Geschäftsbetrieb darstellt, ist – auch wenn es sich um einen Alleingesellschafter handelt – im Fremdinteresse tätig, das nicht durch Hinzutreten der stillen Gesellschaft zum gemeinsamen Interesse werden kann.[303] Nach dieser Ansicht verbietet sich – selbst bei Zustimmung zum BFH-Urteil im Fall der GmbH & Co. KG – eine Übertragung der für die GmbH & Co. KG & Still aufgestellten Grundsätze auf die GmbH & Still.

Für die steuerliche Beurteilung der stillen Gesellschaft hinsichtlich ihrer typischen oder atypischen Ausgestaltung ist folglich die GmbH-Geschäftsführertätigkeit nur dann einzubeziehen, „wenn die Stellung als Geschäftsführer nach dem übereinstimmenden Willen der Beteiligten gerade dazu dienen soll, dem Stillen in seiner Eigenschaft als stiller Gesellschafter Einfluß auf die Geschicke des Unternehmens zu geben."[304]

Im Ergebnis führt die Geschäftsführertätigkeit auch eines beherrschenden Gesellschafters im Fall einer „reinen" GmbH nicht per se zur Mitunternehmerschaft; vielmehr sind die Kriterien für eine Mitunternehmerstellung isoliert bezüglich der stillen Gesellschaft zu überprüfen.[305]

(4) Angemessenheit der Gewinnverteilung

Die Frage nach der Angemessenheit der Gewinnverteilung stellt sich immer dann, wenn ein Interessengegensatz der Beteiligten nicht zu erwarten ist und sich folglich

---

300 Gl. A. *Weber*, Ende der typisch stillen Beteiligung 1992, S. 547. Vgl. auch Kapitel II.B.2.b)(2).

301 Gl. A. *Weber*, Ende der typisch stillen Beteiligung 1992, S. 548.

302 Vgl. *Günkel*, in: JbFfSt 1996/97, S. 210; *Schulze zur Wiesche*, Typische GmbH & Still 1991, S. 534 f.

303 Vgl. *Günkel*, in: JbFfSt 1996/97, S. 210; *Schulze zur Wiesche*, Typische GmbH & Still 1991, S. 534 f.

304 *Günkel*, in: JbFfSt 1996/97, S. 210.

305 Gl. A. *Blaurock*, GmbH & Still 1992, S. 1975; *Schulze zur Wiesche*, Typische GmbH & Still 1991, S. 535; *Schwedhelm*, Geschäftsführer 1994, S. 447; *Weber*, Geschäftsführer-Tätigkeit 1994, S. 145 f.

keine Angemessenheit im Rahmen eines Interessenausgleichs herstellen kann; Interessenidentität kann insbesondere bei Beteiligungen von Familienangehörigen bzw. bei Personenidentität von Gesellschafter und stiller Gesellschafter einer Kapitalgesellschaft unterstellt werden.[306]

Die steuerliche Anerkennung einer **stillen Beteiligung von Familienangehörigen** führt nicht automatisch zur Anerkennung der getroffenen Gewinnverteilungsabreden; diese sind vielmehr isoliert auf ihre Angemessenheit hin zu überprüfen.[307] Für die Angemessenheitsprüfung sowohl im Fall typisch als auch im Fall atypisch stiller Gesellschaften sind die von der BFH-Rechtsprechung entwickelten Grundsätze für die Angemessenheit der Gewinnverteilung bei Personenhandelsgesellschaften, die im Wege der Typisierung[308] durch die Festlegung von Obergrenzen die abstrakte Vorstellung von einer nachhaltig erzielbaren Durchschnittsrendite als Maßstab konkretisieren,[309] sinngemäß anzuwenden.[310] Zur Festlegung der angemessenen Rendite ist insbesondere die Verlustabrede sowie die Herkunft des still eingelegten Kapitals von Bedeutung. Tabelle 2 zeigt die nach Ansicht des BFH angemessenen Renditen im Überblick.

Geschenkte Beteiligung		Entgeltlich erworbene Beteiligung	
Mit Verlust-partizipation[311]	ohne Verlust-partizipation[312]	mit Verlust-partizipation[313]	ohne Verlust-partizipation[314]
15 %	12 %	35 %	25 %

Tabelle 2: Durchschnittsrenditen laut BFH für die angemessene Gewinnverteilung bei Verträgen mit Familienangehörigen[315]

Bemessungsgrundlage für die Renditeberechnungen ist nach dem Willen der Steuerrechtsprechung der tatsächliche (gemeine) Wert des Kapitalanteils, der unter Be-

---

306 Vgl. dazu bereits Kapitel II.B.2.b).

307 Vgl. *Paulick/Blaurock*, Handbuch 1998, S. 461.

308 Vgl. *Bezzenberger*, in: Münchener Handbuch 1991, § 22 StG, Rdnr. 10.

309 Die schematischen Obergrenzen kritisierend vgl. *Curtius-Hartung*, in: StBKgR 1986, S. 234. Ebenfalls kritisch insbesondere hinsichtlich einer Ausgestaltung der Rendite-Obergrenze als Maximalverzinsung des eingesetzten Kapitals vgl. *Fleischer/Thierfeld*, Stille Gesellschaft 1998, S. 72 f.

310 Vgl. BFH vom 29.5.1972, BStBl. II 1973, S. 5; BFH vom 29.3.1973, BStBl. II 1973, S. 650.

311 Vgl. BFH vom 29.3.1973, BStBl. II 1973, S. 650; BFH vom 24.7.1986, BStBl. II 1987, S. 54.

312 Vgl. BFH vom 29.3.1973, BStBl. II 1973, S. 650.

313 Vgl. BFH vom 16.12.1981, BStBl. II 1982, S. 387.

314 Vgl. BFH vom 14.2.1973, BStBl. II 9173, S. 393; 29.3.1973, BStBl. II 1973, S. 650.

315 Modifiziert entnommen aus *Kußmaul*, Unternehmerkinder 1983, S. 289.

achtung der Regelungen des im Einzelfall geschlossenen Gesellschaftsvertrages zu bestimmen ist; dabei ist insbesondere eine Beteiligung an den stillen Reserven und am Geschäftswert zu berücksichtigen.[316]

Der BFH hat in einem Grundsatzurteil[317] klargestellt, daß die geltenden Rechtsgrundsätze für Familiengesellschaften, die insbesondere auf eine Differenzierung zwischen Einkommenserzielung und Einkommensverwendung unter Beachtung des Abzugsverbots freiwilliger Zuwendungen in § 12 Nr. 2 EStG abzielen, nicht auf die **GmbH & Still** übertragbar sind. Im Gegensatz zu Familiengesellschaften, wo die Angemessenheit der Gewinnverteilung auf eine problematische Überschneidung von betrieblicher und privater Sphäre hin untersucht werden muß, steht bei der GmbH & Still die Gewinnverteilungsabrede hinsichtlich möglicher Überschneidung von Gesellschafter- und Gesellschaftssphäre auf dem Prüfstein.[318] Für die Angemessenheit der Gewinnverteilung ist also zu prüfen, ob eine verdeckte Gewinnausschüttung vorliegt, dem Gesellschafter (oder einer ihm nahestehenden Person[319]) also ein Vermögensvorteil zugewendet wurde, der bei Anwendung der Sorgfalt eines ordentlichen und gewissenhaften Geschäftsleiters einem fremden Dritten, der nicht Gesellschafter ist, unter sonst gleichen Umständen nicht zugewendet worden wäre.[320] Für die Prüfung der Angemessenheit der Gewinnverteilung sind unter besonderer Beachtung der Gegebenheiten des jeweiligen Einzelfalls die erbrachten Kapitalleistungen und deren Verzinsung – wobei das Geldanlageinteresse auf seiten des Gesellschafters und das Geldbeschaffungsinteresse auf seiten der Gesellschaft abgewogen werden muß –, die eingegangenen Risiken, der Arbeitseinsatz des Gesellschafters und die Ertragsaussichten des Unternehmens zu berücksichtigen.[321] Angemessen i. S. d. BFH[322] ist dabei eine Vorgehensweise, die zunächst einen etwaigen Arbeitseinsatz des stillen Gesellschafters – denkbar ist ein Gesellschafter-Geschäftsführer-Gehalt – berücksichtigt und dann den verbleibenden Gewinn nach Kapitalanteilen verteilt. Bemes-

---

316 Vgl. BFH vom 29.5.1972, BStBl. II 1973, S. 5.

317 Vgl. BFH vom 6.2.1980, BStBl. II 1980, S. 477.

318 Vgl. *Kußmaul*, Unternehmerkinder 1983, S. 290.

319 Vgl. mit einem Beispiel hierzu *Schulze zur Wiesche*, GmbH & Still 1997, S. 90. Zur Definition des Begriffs „nahestehende Person" führt der BFH aus: „Da das ‚Nahestehen' lediglich ein Indiz für eine Veranlassung durch das Gesellschaftsverhältnis ist, reicht zur Begründung des ‚Nahestehens' jede Beziehung zwischen einem Gesellschafter und dem Dritten aus, die den Schluß zuläßt, sie habe die Vorteilszuwendung der Kapitalgesellschaft an den Dritten beeinflußt. Derartige Beziehungen können familienrechtlicher, gesellschaftsrechtlicher, schuldrechtlicher oder auch rein tatsächlicher Art sein."; BFH vom 18.12.1996, BStBl. II 1997, S. 301. Vgl. auch BFH vom 25.10.1963, BStBl. III 1964, S. 17; BFH vom 23.10.1985, BStBl. II 1986, S. 195; BFH vom 26.10.1987, BStBl. II 1988, S. 348. Zum Begriff der „nahestehenden Person" im AStG vgl. ausführlich Kapitel IV.E.2.

320 Vgl. BFH vom 2.7.1975, BFHE 116, S. 348.

321 Vgl. BFH vom 6.2.1980, BStBl. II 1980, S. 477. Zu den steuerlichen Wirkungen einer verdeckten Gewinnausschüttung vgl. Kapitel II.B.3.a)(2)(b).

322 Vgl. BFH vom 6.2.1980, BStBl. II 1980, S. 477.

sungsgrundlage für den Restgewinnanteil des Stillen ist dabei der Nominalwert der Einlage, während für den Anteil des Geschäftsinhabers der „wirkliche Wert des Gesamtunternehmens der GmbH“[323] nach Maßgabe der sog. indirekten Methode zur Geschäftswertermittlung[324] anzusetzen ist. Zur Berechnung legt der BFH in einem Urteil aus dem Jahr 1980[325] zunächst den Ertragswert des Unternehmens in Höhe des nachhaltig erzielbaren Jahresgewinns, multipliziert mit einem Faktor 10, zugrunde. Nach Abzug des Substanzwertes – repräsentiert durch die Summe der Teilwerte der vorhandenen Wirtschaftsgüter – ergibt sich der „innere Wert“ des Unternehmens, der durch Abzug eines Sicherheitsabschlags in Höhe von 50 % zum „stillen Mehrwert“ des Unternehmens wird.

3. Steuerwirkungen einer typisch stillen Gesellschaft

a) Steuerliche Behandlung des Geschäftsinhabers

(1) Einkommensteuer

Die Gewinnanteile des stillen Gesellschafters mindern als **Betriebsausgabe** i. S. v. § 4 Abs. 4 EStG im Fall von Personengesellschaften den nach den Vorschriften des Einkommensteuergesetzes ermittelten Gewinn des Geschäftsinhabers; folglich hat der Geschäftsinhaber nur den auf ihn entfallenden Gewinnanteil der Einkommensteuer zu unterwerfen. Der Gewinnanteil des stillen Gesellschafters wird für den Fall, daß es sich beim Geschäftsinhaber um einen bilanzierenden Kaufmann handelt, in dessen Bilanz in voller Höhe als Verbindlichkeit ausgewiesen.[326]

Sind allerdings die Voraussetzungen für die Anwendung des vom Gesetzgeber als Vereinfachungsvorschrift eingeführten § 4 Abs. 3 EStG als Grundlage der Gewinnermittlung gegeben, sind die Gewinnanteile erst zum Zeitpunkt der Zahlung an den stillen Gesellschafter erfolgsmindernd zu berücksichtigen, da in diesem Fall das Zu- und Abflußprinzip des § 11 EStG grundsätzlich zu beachten ist.[327] Nach Ansicht von *Fleischer/Thierfeld* kann der stille Gesellschafter durch das im § 233 Abs. 1 HGB kodifizierte (dispositive) Recht auf Vorlage des Jahresabschlusses auf das Wahlrecht

---

[323] BFH vom 6.2.1980, BStBl. II 1980, S. 480.

[324] Diese Methode präferiert der BFH in folgenden Urteilen: BFH vom 11.10.1960, BStBl. III 1960, S. 509; BFH vom 7.10.1970, BStBl. II 1971, S. 69; BFH vom 17.1.1973, BStBl. II 1973, S. 418, BFH vom 8.12.1976, BStBl. II 1977, S. 409; BFH vom 25.1.1979, BStBl. II 1979, S. 302.

[325] Vgl. BFH-Urteil vom 6.2.1980, BStBl. II 1980, S. 477.

[326] Vgl. *Fleischer/Thierfeld*, Stille Gesellschaft 1998, S. 84; *Harbich*, Typische stille Gesellschaft 1989, S. 36.

[327] Vgl. *Heinicke*, in: *Schmidt*, EStG 1998, § 4 EStG, Rdnr. 499.

des Inhabers des Handelsgewerbes, von der Gewinnermittlungsvereinfachung des § 4 Abs. 3 EStG Gebrauch zu machen, Einfluß nehmen.[328] Besteht der stille Gesellschafter auf seinem Recht und fordert die Aufstellung einer Bilanz, so läßt sich ein Auseinanderfallen von Buchführung und Bilanzierung für Rechenschaftslegungszwecke und Gewinnermittlung nicht rechtfertigen, mit der Folge, daß auch der Gewinnermittlung ein Vermögensvergleich zugrundezulegen ist.[329]

(2) Körperschaftsteuer

(a) Anteil des stillen Gesellschafters als Betriebsausgabe

Ist der Inhaber des Handelsgeschäfts eine Kapitalgesellschaft und folglich Subjekt der Körperschaftsteuer – damit wird im speziellen die kombinierte Rechtsform der GmbH & Still tangiert –, ermittelt sich das zu versteuernde Einkommen als Steuerbemessungsgrundlage[330] gem. § 8 Abs. 1 KStG nach den Vorschriften des Einkommensteuergesetzes und des Körperschaftsteuergesetzes. Die Gewinnanteile des stillen Gesellschafters mindern im Wirtschaftsjahr der Gewinnentstehung als **Betriebsausgaben** i. S. d. § 4 Abs. 4 EStG den Gewinn der Kapitalgesellschaft;[331] der verbleibende Gewinn unterliegt bei der Kapitalgesellschaft der Körperschaftsteuer. Ein etwaiger dem stillen Gesellschafter zurechenbarer Verlust mindert analog den Verlust des Geschäftsinhabers.

Die Auszahlung des Gewinnanteils an den stillen Gesellschafter erfolgt regelmäßig im folgenden Geschäftsjahr, allerdings muß der Gewinnanspruch in der Bilanz der Kapitalgesellschaft im Jahr seiner Entstehung als Verbindlichkeit passiviert werden.[332]

(b) Problematik verdeckter Gewinnausschüttungen

Der Begriff der verdeckten Gewinnausschüttung (vGA) wird in § 8 Abs. 3 Satz 2 KStG zwar explizit erwähnt, eine Legaldefinition besteht jedoch nicht. Der BFH[333] definiert eine vGA einer Kapitalgesellschaft als Vermögensminderung oder verhinderte Vermögensmehrung, die durch das Gesellschaftsverhältnis veranlaßt ist, sich auf die Höhe des Einkommens auswirkt und nicht im Zusammenhang mit einer offenen Gewinnausschüttung steht. Bei Beteiligungen in Form stiller Gesellschaften be-

---

328 Vgl. *Fleischer/Thierfeld*, Stille Gesellschaft 1998, S. 85.

329 So auch das Urteil des FG Hannover vom 12.11.1958, EFG 1959, S. 155.

330 Vgl. § 7 Abs. 1 KStG.

331 Vgl. *Post/Hoffmann*, Stille Beteiligung 1984, S. 91.

332 Vgl. *Blaurock*, GmbH & Still 1992, S. 1972; *Klauss/Mittelbach*, Stille Gesellschaft 1980, S. 190; *Schulze zur Wiesche*, GmbH & Still 1997, S. 69.

333 Vgl. BFH vom 23.5.1984, BStBl. II 1984, S. 673; BFH vom 22.2.1989, BStBl. II 1989, S. 475.

steht die Gefahr einer vGA immer dann, wenn Verträge zwischen der Kapitalgesellschaft und ihren Gesellschaftern bzw. diesen nahestehenden Personen geschlossen werden, in deren Folge der steuerpflichtige Gewinn der Kapitalgesellschaft gemindert wird.[334]

In der Literatur[335] werden im wesentlichen die in Abbildung 6 dargestellten Fälle einer vGA in Verbindung mit stillen Gesellschaften genannt.[336]

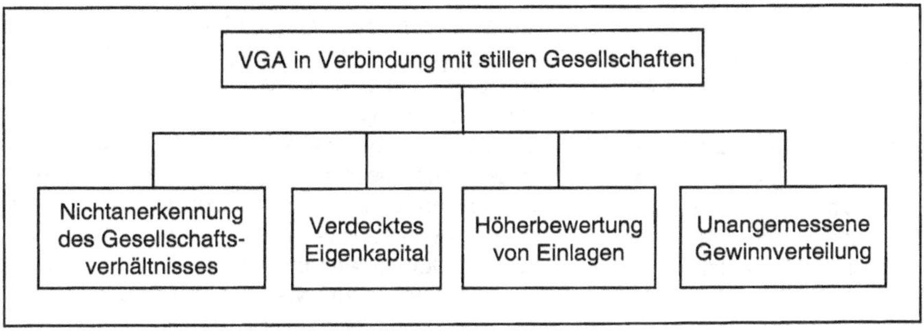

Abbildung 6: Fälle verdeckter Gewinnausschüttungen in Verbindung mit stillen Gesellschaften

Die erfolgsmindernde Berücksichtigung des Gewinnanteils stiller Gesellschafter setzt die **steuerliche Anerkennung des stillen Beteiligungsverhältnisses** zwischen der Kapitalgesellschaft und ihrem Gesellschafter voraus. Ist diese nicht erfolgt, darf der Gewinnanteil des stillen Gesellschafters als vGA gem. § 8 Abs. 3 Satz 2 KStG das Einkommen der Kapitalgesellschaft nicht mindern und ist diesem dementsprechend wieder hinzuzurechnen.[337]

Grundsätzlich steht es den Gesellschaftern einer Kapitalgesellschaft frei, ihr Unternehmen mit Eigen- oder Fremdkapital auszustatten,[338] dennoch könnte bei Vorliegen von **verdecktem Eigenkapital** eine vGA angenommen werden. Für die Beurteilung einer verdeckten Einlage durch Begründung einer stillen Beteiligung zieht die Finanz-

---

334 Vgl. *Post/Hoffmann*, Stille Beteiligung 1984, S. 148.

335 Vgl. ausführlich *Böttcher/Zartmann/Faut*, Unterbeteiligung 1977, S. 217 ff.; *Post/Hoffmann*, Stille Beteiligung 1984, S. 143 ff.; *Schulze zur Wiesche*, GmbH & Still 1997, S. 82 ff.

336 Zur Angemessenheit der Gewinnverteilung vgl. bereits Kapitel II.B.2.b)(4).

337 Gleiches gilt bei Verstößen gegen gesellschaftsrechtliche Formvorschriften. *Paulick* nennt hier als Beispiel das Selbstkontrahierungsverbot des § 181 BGB, das – soweit nicht abbedungen – insbesondere bei Einmann-GmbH & Still von Bedeutung ist; vgl. *Paulick*, Einmann-GmbH Stille Gesellschaft 1982, S. 240.

338 Vgl. BFH vom 5.2.1992, BStBl. II 1992, S. 532.

rechtsprechung[339] die Rechtsprechungsgrundsätze für Gesellschafterdarlehen heran und erlaubt die Annahme von verdecktem Eigenkapital nur für den Fall, in dem rechtlich und wirtschaftlich nur eine Eigenkapitalzuführung seitens der Gesellschafter möglich, also zwingend erforderlich war; die Finanzverwaltung[340] nennt als weiteres Kriterium für das Vorliegen von verdecktem Eigenkapital den Tatbestand eines Gestaltungsmißbrauchs i.S.d. § 42 AO. Den Nachweis hierfür wird die Finanzverwaltung nur in besonderen Ausnahmefällen führen können, schließlich sind nicht feste Richtlinien, sondern das Gesamtbild der Umstände des Einzelfalles zu prüfen.[341] Die Annahme von verdecktem Eigenkapital rechtfertigt insbesondere nicht der Tatbestand der Unterkapitalisierung[342], die außergewöhnliche Ausgestaltung der Verzinsung der Einlage[343] oder die Tatsache, daß das Stammkapital lediglich erst zu einem Viertel eingezahlt wurde[344]. Auch eine Übertragung der Voraussetzungen für die Anwendung von § 32a GmbHG wird in diesem Zusammenhang verneint,[345] schließlich handelt es sich dabei nicht um eine Steuerrechtsnorm, sondern um eine zivilrechtliche Vorschrift, deren (rückwirkende) Anwendung zudem auf den Insolvenzfall beschränkt ist. Die restriktive Einschränkung von Sachverhalten, die eine Umdeutung einer stillen Beteiligung in verdecktes Eigenkapital erlauben, führt dazu, daß hieraus resultierende vGA „in der Praxis de lege lata so gut wie gar nicht mehr vorkommen"[346].

Darüber hinaus sind vGA auch infolge einer **Überbewertung von Sacheinlagen** denkbar.[347] Im Zeitpunkt der Gründung verstößt ein solcher Sachverhalt gegen gesellschaftsrechtliche Formvorschriften[348] und den Grundsatz der Kapitalaufbringung[349]. Da die angesprochenen Normen allerdings Sacheinlagen zur Aufbringung von Nennkapital betreffen, werden typisch stille Beteiligungen von diesen nicht tangiert.[350] Durch eine handelsrechtliche Überbewertung einer Sacheinlage eines stillen Gesellschafters ist eine ungerechtfertigte Vorteilsgewährung an den stillen Gesellschafter gleich in doppelter Weise möglich, da die höherbewertete Sacheinlage ei-

---

339 Vgl. BFH vom 20.3.1956, BStBl. III 1956, S. 179; BFH vom 28.10.1964, BStBl. III 1965, S. 119.

340 Vgl. BMF vom 16.3.1987, BStBl. I 1987, S. 373.

341 Vgl. *Post/Hoffmann*, Stille Beteiligung 1984, S. 145 ff.

342 Vgl. *Schulze zur Wiesche*, GmbH & Still 1997, S. 86.

343 Vgl. im Zusammenhang mit einem „gewöhnlichen" Gesellschafterdarlehen BFH vom 28.10.1964, BStBl. III 1965, S. 119.

344 Vgl. BFH vom 18.3.1966, BStBl. III 1966, S.197.

345 Vgl. *Paulick*, Einmann-GmbH Stille Gesellschaft 1982, S. 239; *Paulick/Blaurock*, Handbuch 1998, S. 525; *Post/Hoffmann*, Stille Beteiligung 1984, S. 147; *Schulze zur Wiesche*, GmbH & Still 1997, S. 86.

346 *Post/Hoffmann*, Stille Beteiligung 1984, S. 147.

347 Vgl. *Paulick/Blaurock*, Handbuch 1998, S. 528; *Schulze zur Wiesche*, GmbH & Still 1997, S. 87.

348 Vgl. § 38 Abs. 2 Satz 2 AktG, § 9c GmbHG.

349 Vgl. § 27 Abs. 1 AktG und § 5 Abs. 4 GmbHG.

350 Vgl. bereits Kapitel II.A.5.b)(1)(c).

nerseits dem Stillen eine Höherdotierung des Einlagekontos und damit für den Fall, daß die prozentuale Gewinnbeteiligung am Verhältnis der stillen Einlage zum Gesellschaftsvermögen ansetzt, eine erhöhte Gewinnbeteiligung zukommen läßt und damit eine Minderung des Gewinnanteils des Geschäftsinhabers zur Folge hat und andererseits dem Stillen bei Rückzahlung der Einlage eine zusätzliche Vergütung beschert.[351]

In der Steuerbilanz sind gem. § 6 Abs. 1 Nr. 5 EStG Einlagen mit dem Teilwert im Zeitpunkt der Zuführung bzw., soweit das Wirtschaftsgut innerhalb der letzten drei Jahre vor Zuführung angeschafft oder hergestellt worden ist oder eine wesentliche Beteiligung an einer Kapitalgesellschaft i. S. v. § 17 Abs. 1 EStG darstellt, höchstens mit den Anschaffungs- oder Herstellungskosten – gegebenenfalls gemindert um Absetzungen für Abnutzungen – zu bewerten. Eine Überbewertung der Sacheinlage ist aufgrund dieser Steuerrechtsnorm nicht möglich.[352]

VGA erhöhen zunächst gem. § 8 Abs. 1 KStG das Einkommen der Kapitalgesellschaft und unterliegen folglich der Tarifbelastung in Höhe von 45 %. Sie mindern dann allerdings – nachdem die Ausschüttungsbelastung in Höhe von 30 % hergestellt wurde – das verwendbare Eigenkapital, wobei gem. § 28 Abs. 2 Satz 2 KStG das Eigenkapital zum Schluß des Wirtschaftsjahres, in dem die vGA erfolgte, als verwendet gilt.[353] In Zuge des Anrechnungsverfahrens kann der unbeschränkt steuerpflichtige stille Gesellschafter die auf der vGA lastende Körperschaftsteuer auf seine Steuerschuld anrechnen, so daß die Berichtigung auf seiten des stillen Gesellschafters keine Änderung der Einkommen- bzw. Körperschaftsteuerbelastung hervorruft.[354] Auch besteht das bei einer vGA einer Kapitalgesellschaft an ihren Gesellschafter vorrangige Problem der Erfassung der vGA von der Gewerbeertragsteuer[355] bei Gestaltungen im Zusammenhang mit stillen Gesellschaftsverhältnissen nicht, da die Gewinnanteile eines typisch stillen Gesellschafters gem. § 8 Nr. 3 GewStG bei der Ermittlung der Bemessungsgrundlage für die Gewerbeertragsteuer dem Gewinn aus dem Gewerbebetrieb hinzugerechnet werden.[356] Die steuerlichen Wirkungen der Annahme einer vGA im Zusammenhang mit typisch stillen Gesellschaften reduzieren sich daher auf eine Verschiebung der Steuerbelastung zuungunsten der Kapitalgesellschaft.

---

351 Mit einem dahingehenden Beispiel vgl. *Schulze zur Wiesche*, GmbH & Still 1997, S. 87.

352 Vgl. *Glanegger*, in: *Schmidt*, EStG 1998, § 6 EStG, Rdnr. 17 ff.

353 Vgl. *Kußmaul*, Steuerlehre 1998, S. 299 f.

354 Ist der stille Gesellschafter hingegen nicht anrechnungsberechtigt, wird die auf der vGA lastende Körperschaftsteuer definitiv; vgl. zur steuerlichen Behandlung beschränkt steuerpflichtiger stiller Gesellschafter Kapitel IV.B.3.a)(1).

355 Vgl. *Kußmaul*, Steuerlehre 1998, S. 300.

356 Zur gewerbesteuerlichen Behandlung der stillen Gesellschaft vgl. ausführlich *Fleischer/Thierfeld*, Stille Gesellschaft 1998, S. 132 ff.; *Paulick/Blaurock*, Handbuch 1998, S. 567 ff.; *Post/Hoffmann*, Stille Beteiligung 1984, S. 92 ff., 103.

b) Steuerliche Behandlung des typisch stillen Gesellschafters

(1) Einkommensteuer

(a) Anteil am Gewinn

Gewinnanteile typisch stiller Gesellschafter werden gem. § 20 Abs. 1 Nr. 4 EStG als **Einkünfte aus Kapitalvermögen** erfaßt, soweit sie nicht gem. § 20 Abs. 3 EStG aufgrund des subsidiären Charakters dieser Einkunftsart zu den Einkünften aus Land- und Forstwirtschaft, aus Gewerbebetrieb oder aus selbständiger Arbeit gehören. Aufgrund der ausdrücklichen Festlegung der Einkunftsart typisch stiller Gesellschafter[357] in § 20 Abs. 1 Nr. 4 EStG ist klargestellt, daß die Qualifikation der Einkünfte von der Art der Tätigkeit des Unternehmens, an dem eine stille Beteiligung besteht, nicht berührt wird. Die mit der stillen Beteiligung in Zusammenhang stehenden Aufwendungen sind bei Ermittlung der Einkünfte aus Kapitalvermögen als **Werbungskosten** abzugsfähig.[358]

Unabhängig davon, ob sich die stille Beteiligung in einem Privat- oder einem Betriebsvermögen befindet, ist gem. § 43 Abs. 4 EStG die **Besteuerung mittels Abzug von Kapitalertragsteuer** vorzunehmen.[359]

(b) Anteil am Verlust

Die Teilhabe am Verlust des Geschäftsinhabers ist ein wesentliches, wenn auch nicht unabdingbares Kennzeichen einer stillen Gesellschaft.[360] Streitig ist die Frage, ob die **dem stillen Gesellschafter** laut Gesellschaftsvertrag[361] **zuzurechnenden Verluste** mit der Folge der Minderung der Einlage als Werbungskosten[362] oder als

---

357 Vgl. BFH vom 10.8.1994, BStBl. II 1995, S. 173.

358 Vgl. *Harbich*, Typische stille Gesellschaft 1989, S. 37.

359 Die folgenden Ausführungen beziehen sich auf stille Beteiligungen im Privatvermögen. Wird die stille Beteiligung im Betriebsvermögen gehalten, gelten die dargestellten Grundsätze sinngemäß. Abweichende steuerliche Wirkungen werden gesondert dargestellt.

360 Vgl. Kapitel II.A.2.d).

361 Beim Verlust der Einlage selbst – beispielsweise mangels Aufstellung einer Bilanz infolge Auflösung der Gesellschaft – handelt es sich bei Halten der Beteiligung im Privatvermögen um eine einkommensteuerlich unbeachtliche private Vermögensminderung, gleich einem Forderungsverlust; vgl. dazu FG München vom 15.1.1992, EFG 1992, S. 463. Dagegen kann – falls die Beteiligung sich im Betriebsvermögen befindet – der Verlust der Einlage durch eine außerplanmäßige Abschreibung Eingang in die Gewinn- und Verlustrechnung des stillen Gesellschafters finden.

362 Vgl. *Dötsch*, in: *Kirchhof/Söhn*, EStG 1998, § 20 EStG, Rdnr. F 149; *Harenberg*, in: *Herrmann/Heuer/Raupach*, EStG/KStG 1998, § 20 EStG, S. 635; *Heinicke*, in: *Schmidt*, EStG 1998,

Fortsetzung ...

negative Einnahmen[363] zu qualifizieren sind. Letztere Ansicht wird m. E. zu Recht mit dem Hinweis darauf abgelehnt, daß negative Einnahmen die Verpflichtung zur Rückzahlung voraussetzen, welche durch § 232 Abs. 2 Satz 2 HGB für die stille Gesellschaft nicht gegeben ist.[364] Der Abzug von Werbungskosten ist nach geltender Rechtsprechung[365] nur dann möglich, wenn tatsächliche Vermögenswerte abfließen; für den stillen Gesellschafter, dessen Verlustbeteiligung mit der Minderung der Einlage einhergeht, hat dies zur Folge, daß Verluste, die über die Höhe der Einlage hinaus ein nicht ausgleichspflichtiges buchmäßiges Minuskapital bilden, mangels Vermögensabfluß steuerlich unberücksichtigt bleiben.[366]

In der Literatur[367] kontrovers diskutiert wird die Frage, wie die Verweisung in § 20 Abs. 1 Nr. 4 EStG auf den auf Gewinneinkünfte ausgerichteten § 15a EStG im Sinne einer „sinngemäßen Anwendung“ dieser Vorschrift zu werten ist. Z. T. wird die Ansicht vertreten, der Verweis ändere die Zurechnung von Verlustanteilen,[368] daneben wird darin eine systemwidrige Anerkennung von Sonderbetriebsvermögen im Zuge einer typisch stillen Beteiligung erkannt,[369] zu guter Letzt wird die Verweisung als für

---

§ 20 EStG, Rdnr. 143; *Paulick/Blaurock*, Handbuch 1998, S. 500; *Töben*, in: Münchener Handbuch 1991, § 23 StG, Rdnr. 19. Vgl. auch BFH-Urteil vom 10.11.1987, BStBl. II 1988, S. 186.

363 Vgl. *Conradi*, in: *Littmann/Bitz/Hellwig*, EStG 1998, § 20 EStG, Rdnr. 204; *Harbich*, Typische stille Gesellschaft 1989, S. 37; *Wolf-Knott*, Ertragsteuerliche Behandlung 1996, S. 117.

364 Vgl. *Heinicke*, in: *Schmidt*, EStG 1998, § 20 EStG, Rdnr. 143; *Lindberg*, Kapitaleinkünfte 1996, B 133; *Paulick/Blaurock*, Handbuch 1998, S. 500.

365 Vgl. BFH vom 5.5.1981, BStBl. II 1981, S. 574.

366 Vgl. *Dötsch*, in: *Kirchhof/Söhn*, EStG 1998, § 20 EStG, Rdnr. F 150; *Fleischer/Thierfeld*, Stille Gesellschaft 1998, S. 103; *Paulick/Blaurock*, Handbuch 1998, S. 504.

367 Vgl. *Bopp*, in: *Herrmann/Heuer/Raupach*, EStG/KStG 1997, Grüne Blätter zu § 20 Abs. 1 Nr. 4 EStG, S. 22 ff.; *Dötsch*, in: *Kirchhof/Söhn*, EStG 1998, § 20 EStG, Rdnr. F 154 ff.; *Fleischer/Thierfeld*, Stille Gesellschaft 1998, S. 103 ff.; *Harenberg*, in: *Herrmann/Heuer/Raupach*, EStG/KStG 1998, § 20 EStG, S. 630 ff.; *Heinicke*, in: *Schmidt*, EStG 1998, § 20 EStG, Rdnr. 144 f.; *Knobbe-Keuk*, § 15a EStG 1981, S. 104 f.; *Paulick/Blaurock*, Handbuch 1998, S. 504 ff.; *Schulze zur Wiesche*, GmbH & Still 1997, S. 69 f.

368 Vgl. *Dötsch*, in: *Kirchhof*/Söhn, EStG 1998, § 20 EStG, Rdnr. F 177; *Heinicke*, in: *Schmidt*, EStG 1998, § 20 EStG, Rdnr. 145.

369 Vgl. *Bordewin*, Sinngemäße Anwendung 1982, S. 270 ff., wobei sich der Autor auf das BMF-Schreiben vom 9.2.1981, BStBl. I 1981, S. 76, bezieht, nach dem zur Ermittlung des nach § 15a EStG geltend zu machenden Ausgleichsvolumens auch „Sonderbetriebsvermögen“ des stillen Gesellschafters zu berücksichtigen ist. Folglich würden vom stillen Gesellschafter gewährte Darlehen oder zur Nutzung überlassene Wirtschaftsgüter das Ausgleichsvolumen erhöhen, während im Fall der Fremdfinanzierung der stillen Beteiligung das Ausgleichsvolumen entsprechend zu mindern sei. Mittlerweile hat der BFH allerdings in einem Grundsatzurteil entschieden, daß für die Ermittlung des Kapitalkontos das Sonderbetriebsvermögen des Gesellschafters nicht berücksichtigt werden darf; vgl. BFH vom 14.5.1991, BStBl. II 1992, S. 167. Die Grundsätze der BFH-Entscheidung wurden durch das BMF-Schreiben vom 20.2.1992, BStBl. I 1992, S. 123, für die Finanzverwaltung verbindlich. Diskutiert wird in diesem Kontext auch, ob das Ausgleichsvolumen

Fortsetzung ...

stille Gesellschaften völlig bedeutungslos angesehen[370]. M. E. ist die Verweisung auf § 15a EStG tatsächlich in weiten Teilen überflüssig, dennoch kann eine für die Besteuerung bedeutsame Änderung der früheren Rechtslage festgemacht werden.

Die Vorschrift des § 15a Abs. 1 Satz 1 EStG, nach dem der dem stillen Gesellschafter zuzurechnende Verlustanteil weder mit anderen Einkünften ausgeglichen noch gem. § 10d EStG abgezogen werden darf, soweit ein negatives Kapitalkonto[371] entsteht oder sich erhöht, ist aufgrund des bei „Überschußrechnern" geltenden Abflußprinzips redundant. Für die Berücksichtigung der ein Minuskapital auslösenden Verluste als Werbungskosten fehlt es am notwendigen Vermögenswertabfluß.[372] Die Sätze 2 und 3 dieser Rechtsnorm sind aufgrund fehlender Außenhaftung und Handelsregistereintragung nicht auf die stille Gesellschaft übertragbar.[373]

M. E. liegt in der sinngemäßen Anwendung des § 15a Abs. 2 EStG, der die Verrechnung nicht berücksichtigter Verluste mit Gewinnen in Folgejahren vorsieht, eine Neuerung, die durch § 15a Abs. 4 EStG noch verstärkt wird.[374] Der „Überhangverlust" ist

---

die vereinbarte oder tatsächlich eingezahlte Einlage repräsentiert. Geht man von der oben dargestellten Voraussetzung des Vermögensabflusses für das Vorliegen von Betriebsausgaben aus, so ist diese bei Verlustverrechnung über die geleistete Einlage hinaus nicht gegeben. Gl. A. *Bordewin*, in: *Lademann*, EStG 1998, § 20 EStG, Rdnr. 409; *Dötsch*, in: *Kirchhof/Söhn*, EStG 1998, § 20 EStG, Rdnr. F 170; *Fleischer/Thierfeld*, Stille Gesellschaft 1998, S. 105; *Paulick/Blaurock*, Handbuch 1998, S. 504. Der für KG ergangene Beschluß des BFH vom 5.5.1981, BStBl. II 1981, S. 574, der eine Verlustzurechnung auch in Höhe der rückständigen Einlage vorsieht, wird in der Literatur entgegen der hier vertretenen Ansicht ebenfalls auf stille Gesellschaften übertragen; vgl. *Bopp*, in: *Herrmann/Heuer/Raupach*, EStG/KStG 1997, Grüne Blätter zu § 20 Abs. 1 Nr. 4 EStG, S. 22c. Zur ausführlichen Diskussion dieses Problems vgl. *Geuenich*, Steuerliche Verlustzuweisung 1998, S. 57 ff.

370 Vgl. *Knobbe-Keuk*, § 15a EStG 1981, S. 104 f.; *Paulick/Blaurock*, Handbuch 1998, S. 504 ff., die beide dafür plädieren, die Verweisung auf § 15a EStG zu ignorieren. Im Ergebnis ebenfalls vom fehlenden Anwendungsbereich des § 15a EStG überzeugt *Fleischer/Thierfeld*, Stille Gesellschaft 1998, S. 107.

371 An die Gegebenheiten der stillen Gesellschaft angepaßt, müßte an dieser Stelle vom Einlagekonto gesprochen werden; vgl. *Dötsch*, in: *Kirchhof/Söhn*, EStG 1998, § 20 EStG, Rdnr. F 150.

372 Gl. A. *Dötsch*, in: *Kirchhof/Söhn*, EStG 1998, § 20 EStG, Rdnr. F 165; *Fleischer/Thierfeld*, Stille Gesellschaft 1998, S. 103 f.; *Harenberg*, in: *Herrmann/Heuer/Raupach*, EStG/KStG 1998, § 20 EStG, S. 630; *Heinicke*, in: *Schmidt*, EStG 1998, § 20 EStG, Rdnr. 145.

373 Vgl. *Bopp*, in: *Herrmann/Heuer/Raupach*, EStG/KStG 1997, Grüne Blätter zu § 20 Abs. 1 Nr. 4 EStG, S. 22b; *Heinicke*, in: *Schmidt*, EStG 1998, § 20 EStG, Rdnr. 145.

374 A. A. *Fleischer/Thierfeld*, Stille Gesellschaft 1998, S. 104; *Paulick/Blaurock*, Handbuch 1998, S. 506, die der betreffenden Rechtsnorm jegliche Bedeutung für stille Gesellschaften absprechen. *Fleischer/Thierfeld* weisen darüber hinaus darauf hin, daß der Besonderheit der stillen Gesellschaft bezüglich des Verlustanteils Rechnung getragen werden muß, da dessen Berechnung durch Ermittlung des Überschusses der Einnahmen über die Werbungskosten erfolgt. M. E. ist dies an dieser Stelle systematisch unkorrekt. § 15a EStG betrifft ausschließlich den dem Gesellschafter zuzurechnenden Anteil am Verlust, wie er sich aus dem Gesellschaftsvertrag ergibt; da-

Fortsetzung ...

damit nicht mehr dem Geschäftsinhaber zuzurechnen, sondern mit zukünftigen Gewinnanteilen auszugleichen.[375] Dies belegt auch § 15a Abs. 4 EStG, der die gesonderte Feststellung des Verlusts, der weder ausgleichs- noch abzugsfähig, sondern nur verrechenbar ist, vorschreibt. Aus dieser auf den ersten Blick verfahrenstechnischen Rechtsnorm läßt sich m. E. die eindeutige Zuordnung der Verluste zum stillen Gesellschafter ablesen.[376]

Die Notwendigkeit einer Verweisung auf § 15a Abs. 3 EStG, der bei Entnahmen eines Gesellschafters eine Nachversteuerung von Verlustzuweisungen vorsieht, soweit ein negatives Einlagekonto entsteht bzw. sich erhöht, und damit ein Verlustausgleichsverbot bei nur vorübergehend höheren Einlagen gewährleistet, ist fraglich, da die Sachlage nach dem Wortlaut der Vorschrift – dem stillen Gesellschafter steht regelmäßig kein Entnahmerecht zu – nicht auftreten kann.[377] In einer sinngemäßen Auslegung für stille Gesellschaften kann Abs. 3 lediglich die Rückzahlung der stillen Einlage erfassen. Erhält der stille Gesellschafter einen Betrag, der über die eventuell durch Verlustverrechnung verminderte Vermögenseinlage hinausgeht, so stellt die Differenz ein besonderes Entgelt i. S. v. § 20 Abs. 2 Nr. 1 EStG und damit steuerpflichtige Einkünfte aus Kapitalvermögen dar; einer Verweisung auf § 15a Abs. 3 EStG hätte es nicht bedurft.[378]

---

mit ist nach der hier vertretenen Ansicht nicht die stille Gesellschaft, sondern der Betrieb des Geschäftsinhabers gemeint. Von der Verlustübernahme unabhängige Werbungskosten werden nicht in die Berechnung gem. § 15a EStG einbezogen. Gl. A. *Bopp*, in: *Herrmann/Heuer/Raupach*, EStG/KStG 1997, Grüne Blätter zu § 20 Abs. 1 Nr. 4 EStG, S. 22b; *Dötsch*, in: *Kirchhof/Söhn*, EStG 1998, § 20 EStG, Rdnr. F 172; *Schulze zur Wiesche*, GmbH & Still 1997, S. 78.

375 Gl. A. *Dötsch*, in: *Kirchhof/Söhn*, EStG 1998, § 20 EStG, Rdnr. F 177; *Harenberg*, in: *Herrmann/Heuer/Raupach*, EStG/KStG 1998, § 20 EStG, S. 641; *Heinicke*, in: *Schmidt*, EStG 1998, § 20 EStG, Rdnr. 145. A. A. *Fleischer/Thierfeld*, Stille Gesellschaft 1998, S. 104; *Paulick/Blaurock*, Handbuch 1998, S. 505. Die Zurechnung zum Geschäftsinhaber ist insofern problematisch, als sie zusätzliches Aufwandsverrechnungspotential konstruiert. Entfaltet der über die Einlage des stillen Gesellschafters hinausgehende Verlustanteil beim Geschäftsinhaber steuerliche Wirkung, so erhöht sich dessen Verlustanteil; eine Verrechnung des Verlusts mit späteren Gewinnanteilen des Stillen findet ebenfalls steuerliche Berücksichtigung. Eine Aufwandsverdopplung könnte nur dann vermieden werden, wenn der Geschäftsinhaber die Verluste solange trägt, bis eine Verrechnung mit Gewinnen auf seiten des stillen Gesellschafters erfolgen kann, in diesem Zeitpunkt aber die verrechenbaren Verluste den Gewinn des Geschäftsinhabers erhöhen; diese Ansicht vertretend *Schulze zur Wiesche*, GmbH & Still 1997, S. 70. Diese Überlegungen sind m. E. durch die Vorschrift in § 15a Abs. 4 EStG obsolet.

376 Gl. A. *Bopp*, in: *Herrmann/Heuer/Raupach*, EStG/KStG 1997, Grüne Blätter zu § 20 Abs. 1 Nr. 4 EStG, S. 22e.

377 Vgl. *Paulick/Blaurock*, Handbuch 1998, S. 506.

378 Gl. A. *Fleischer/Thierfeld*, Stille Gesellschaft 1998, S. 106; *Paulick/Blaurock*, Handbuch 1998, S. 506 f.

(c) Zeitliche Berücksichtigung der Gewinn- und Verlustanteile

Die zeitliche Berücksichtigung der Gewinnanteile beim typisch stillen Gesellschafter ist davon abhängig, ob die Beteiligung im Privat- oder im Betriebsvermögen gehalten wird. Im ersten Fall ist § 11 EStG einschlägig; folglich entfalten die **Gewinne** beim stillen Gesellschafter zu dem Zeitpunkt steuerliche Wirkung, zu dem er über die Einnahmen verfügen kann,[379] also bei Gutschrift des Gewinnanteils.[380]

Für die Berücksichtigung eines **Verlusts** ist die Feststellung in der Bilanz des Geschäftsinhabers nicht ausreichend; wegen des für das Vorliegen von Werbungskosten notwendigen Abflusses von Vermögenswerten muß die Abbuchung vom Einlagekonto des Stillen hinzukommen.[381]

Für den Gewinnanteil des bilanzierenden[382] stillen Gesellschafters, der seine Beteiligung im Betriebsvermögen hält, gilt im Zuge des Grundsatzes der periodenrichtigen Gewinnermittlung[383], daß Einkünfte in dem Geschäftsjahr einkommensteuerlich als Betriebseinnahmen berücksichtigt werden, in dem sie entstanden sind und sich in der Schlußbilanz des stillen Gesellschafters als Forderung niederschlagen.[384] Demgegenüber wirken sich die vom Stillen übernommenen Verluste nicht direkt als Betriebsausgaben aus; vielmehr kommen bei der Bewertung einer typisch stillen Beteiligung die Grundsätze über den Ansatz von Beteiligungen an Kapitalgesellschaften zur Anwendung. Damit sind unter Berücksichtigung zukünftiger Entwicklungen die Voraussetzungen für das Vorliegen einer Teilwertabschreibung zu prüfen.[385]

(2) Körperschaftsteuer

Wird der stille Gesellschafter zur Körperschaftsteuer veranlagt, ist der Gewinnanteil aus der stillen Beteiligung Teil des Einkommens, das gem. § 8 KStG zu ermitteln ist. Im Vergleich zur einkommensteuerlichen Behandlung einer stillen Beteiligung, die im

---

379 Vgl. BFH vom 30.1.1975, BStBl. II 1975, S. 776.

380 Vgl. *Blaurock*, GmbH & Still 1992, S. 1972; *Dötsch*, in: *Kirchhof/Söhn*, EStG 1998, § 20 EStG, Rdnr. F 201.

381 Vgl. *Lindberg*, Kapitaleinkünfte 1996, B 133. Vgl. auch BFH vom 10.11.1987, BStBl. II 1988, S. 186.

382 Für die Gewinnermittlung nach § 4 Abs. 3 EStG gelten die Grundsätze für die im Privatvermögen gehaltene Beteiligung entsprechend.

383 Vgl. *Bieg/Kußmaul*, Rechnungswesen 1998, S. 33 ff.

384 Dabei darf allerdings die Problematik, daß die Höhe der Forderung erst mit der Bilanzfeststellung des Geschäftsinhabers genau bekannt ist, nicht übersehen werden. Daher wird in der Literatur auch vorgeschlagen, den Gewinnanteil erst dann (steuerlich) zu berücksichtigen, wenn die genaue Höhe feststeht; vgl. m.w.N. *Fleischer/Thierfeld*, Stille Gesellschaft 1998, S. 108.

385 Vgl. *Heuer*, in: *Herrmann/Heuer/Raupach*, EStG/KStG 1998, § 6 EStG, Rdnr. 838; *Meincke*, in: *Littmann/Bitz/Hellwig*, EStG 1998, § 6 EStG, Rdnr. 265; *Söffing*, in: *Lademann*, EStG 1998, § 6 EStG, Rdnr. 610; *Werndl*, in: *Kirchhof/Söhn*, EStG 1998, § 6 EStG, Rdnr. B 524.

Betriebsvermögen gehalten wird, ergeben sich daher keine Besonderheiten. Auch für die Behandlung des dem Stillen zuzurechnenden Verlusts gilt das bereits im vorherigen Kapital Gesagte analog.

(3) Kapitalertragsteuer

Gem. § 43 Abs. 1 Nr. 3 EStG bzw. – soweit sich die stille Beteiligung in einem Betriebsvermögen befindet – gem. § 43 Abs. 4 EStG unterliegen Einnahmen aus der Beteiligung als typisch stiller Gesellschafter der Kapitalertragsteuer. Die Kapitalertragsteuer wird vom Schuldner der Kapitalerträge (hier dem Geschäftsinhaber) für Rechnung des Gläubigers (hier des stillen Gesellschafters) einbehalten und kann vom Gläubiger, falls dieser unbeschränkt steuerpflichtig ist, auf seine Einkommen- bzw. Körperschaftsteuerschuld angerechnet werden.[386] Bei beschränkt Steuerpflichtigen gilt mit dem Abzug von Kapitalertragsteuer gem. § 50 Abs. 5 EStG die Einkommensteuer für die entsprechenden Einkünfte als abgegolten; da keine Steuerveranlagung erfolgt, unterbleibt auch eine Anrechnung der Kapitalertragsteuer.[387]

Bemessungsgrundlage für die Kapitalertragsteuer sind die Einnahmen aus der stillen Beteiligung ohne Berücksichtigung etwaiger Werbungskosten. Sie unterliegen gem. § 43a Abs. 1 Nr. 1 EStG einem Steuersatz in Höhe von 25 % für den Normalfall, in dem die Steuer vom Gläubiger getragen wird, und in Höhe von 33,33 % für den Fall, daß der Schuldner die Steuer übernimmt.

4. Steuerwirkungen einer atypisch stillen Gesellschaft

a) Qualifizierung als Mitunternehmerschaft

(1) Atypisch stille Gesellschaft als Subjekt der Einkünfteermittlung, -qualifikation und -erzielung

(a) Vorbemerkung

Personengesellschaften beziehen – anders als Kapitalgesellschaften gem. § 8 Abs. 2 KStG – nicht kraft Rechtsform, sondern kraft gewerblicher Betätigung Einkünfte aus Gewerbebetrieb,[388] so daß bei nichtgewerblich tätigen Personengesellschaften – je

---

[386] Zum Steuerabzugsverfahren vgl. ausführlich *Lindberg*, Kapitaleinkünfte 1996, C 144 ff.

[387] Vgl. dazu ausführlich Kapitel IV.B.3.a)(1).

[388] Vgl. BFH vom 25.6.1984, BStBl. II 1984, S. 751; BFH vom 7.4.1987, BStBl. II 1987, S. 777. Vgl. auch BMF von 31.8.1990, BStBl. I 1990, S. 366.

nach Einzelfall – Einkünfte anderer Einkunftsarten des Einkommensteuergesetz vorliegen.

Personengesellschaften sind keine juristischen Personen, dennoch spricht man von einer „relativen Rechtsfähigkeit“, die sich im Handelsrecht in der Firma, dem Sitz der Gesellschaft und dem Gesamthandsprinzip niederschlägt, sowie sich im Steuerrecht in der Tatsache konstituiert, daß einzelne Steuern von der Gesellschaft, andere allerdings von den Gesellschaftern geschuldet werden.[389] Im Bereich der Einkommensteuer ist die Personengesellschaft nach Ansicht des BFH nur „insoweit Steuerrechtssubjekt, als sie in der Einheit ihrer Gesellschafter Merkmale eines Besteuerungstatbestandes verwirklicht, welche den Gesellschaftern zu deren Besteuerung zuzurechnen (sind; d. Verf.).“[390] Dies spiegelt sich auf seiten der Gesellschaft auf drei Ebenen des Einkünftetatbestandes wider:[391]

1. Auf der Stufe der Gewinn- bzw. Überschußermittlung kommt es zur einheitlichen Gewinnermittlung: Die Gesellschaft ist „Subjekt der Einkünfteermittlung“.
2. Auf der Stufe der Qualifikation der Tätigkeit wird die Art der Tätigkeit der Gesellschafter zu der der Gesellschaft: Die Gesellschaft ist „Subjekt der Einkünftequalifikation“.
3. Auf der Stufe der gemeinsamen Tätigkeit wird die Tätigkeit der Gesellschafter zur Tätigkeit der Gesellschaft: Die Gesellschaft ist „Subjekt der Einkünfteerzielung“.

(b) Stille Gesellschaft als Subjekt der Einkünfteermittlung

§ 15 Abs. 1 Nr. 2 EStG qualifiziert ausdrücklich die Gewinnanteile aus einer Beteiligung an einer OHG und einer KG sowie an einer „anderen Gesellschaft“, deren Gesellschafter als Mitunternehmer anzusehen sind, als Einkünfte aus Gewerbebetrieb unter der Voraussetzung, daß ein gewerbliches Unternehmen betrieben wird.[392] Die atypisch stille Gesellschaft ist mittlerweile – auch nach Ansicht des BFH[393] – unstreitig[394] zu den anderen Gesellschaften i. S. d. § 15 Abs. 1 Nr. 2 EStG zu rechnen.

---

389 Vgl. *Wöhe*, Steuerlehre II/1 1990, S. 13 f.

390 BFH vom 25.6.1984, BStBl. II 1984, S. 761 f. Der BFH hat mit diesem Beschluß die sog. Geprägerechtsprechung aufgegeben, die nur wenig später per Gesetz Eingang in das Steuerrecht gefunden hat. Vgl. dazu Kapitel II.B.4.a)(2).

391 Vgl. *Gschwendtner*, Beschränkt rechtsfähiges Steuerrechtssubjekt 1998, S. 335.

392 Zur Interpretation der Kriterien für das Vorliegen eines Gewerbebetriebes und zur Abgrenzung zu den anderen Einkunftsarten vgl. *Lang*, in: *Tipke/Lang*, Steuerrecht 1998, § 9, Rdnr. 488 ff.

393 Vgl. BFH vom 10.8.1994, BStBl. II 1995, S. 171.

394 Vgl. *Herzig/Kessler*, Tatbestandsmerkmale 1986, S. 452; *Kempermann*, Abfärbetheorie 1995, S. 22; *Paulick/Blaurock*, Handbuch 1998, S. 469; *Uelner*, in: StBJb 1985/86, S. 247; *Unvericht*, Gewerbeertrag und Gewerbekapital 1987, S. 414.

Die Gleichstellung der atypisch stillen Gesellschaft mit den Rechtsformen OHG und KG ist wegen der Ausrichtung des § 15 Abs. 1 EStG auf Außengesellschaften mit Gesamthandsvermögen nicht unproblematisch und führt in der Literatur zur kontroversen Diskussion über die Art und Weise der Gewinnermittlung, insbesondere angesichts der Tatsache, daß die stille Gesellschaft über kein Betriebsvermögen, das einem steuerlichen Vermögensvergleich zugänglich wäre, verfügt, da die Einlage des Stillen – sei er nun typisch oder atypisch beteiligt – gem. § 335 Abs. 1 HGB in das Vermögen des Geschäftsinhabers übergeht.[395]

Die Meinung, das Betriebsvermögen der atypisch stillen Gesellschaft – als Summe des Betriebsvermögens des Geschäftsinhabers und dem des stillen Gesellschafters – könne aufgrund des Charakteristikums „Innengesellschaft" ausschließlich Sonderbetriebsvermögen der beiden Gesellschafter sein,[396] hat der BFH abgelehnt.[397] Eine Wertung des Betriebsvermögens des Geschäftsinhabers als Sonderbetriebsvermögen ist schon deshalb systematisch unkorrekt, da damit im Fall der Veräußerung von Wirtschaftsgütern, die zum Betriebsvermögen des Geschäftsinhabers gehören, der stille Gesellschafter von der Partizipation am Veräußerungsgewinn ausgeschlossen wäre, was im Fall der atypisch stillen Gesellschaft und der dabei i. d. R. vereinbarten Teilhabe des Stillen an den stillen Reserven gerade nicht gewollt sein kann.[398]

Allgemein setzt sich das Betriebsvermögen einer Mitunternehmerschaft aus dem Gesamthandsvermögen und den Vermögensgegenständen, die im Eigentum eines Mitunternehmers stehen und der Mitunternehmerschaft zur Nutzung überlassen werden – sog. **Sonderbetriebsvermögen** –, zusammen.[399] Dabei bestehen zwei Varianten des Sonderbetriebsvermögens, für die die Begriffe Sonderbetriebsvermögen I und Sonderbetriebsvermögen II geläufig sind, wobei zum Sonderbetriebsvermögen I alle Wirtschaftsgüter zählen, die im Eigentum eines Mitunternehmers stehen und unmittelbar für betriebliche Zwecke der Personengesellschaft genutzt werden, während Sonderbetriebsvermögen II Wirtschaftsgüter umfaßt, die nicht unmittelbar betrieblichen Zwecken, sondern der Beteiligung des Gesellschafters dienen.[400]

---

395 Abzulehnen ist die mit dem Hinweis auf § 39 Abs. 2 Ziffer 1 AO 1977 vertretene Ansicht, die atypisch stille Gesellschaft sei wirtschaftliche Eigentümerin des Betriebsvermögens des Geschäftsinhabers; so jedoch *Schön*, Steuerbilanz 1985, S. 314. *Döllerer* ist dieser Meinung zu Recht entgegengetreten: „Diese Auffassung verkennt, daß § 39 AO 1977 Vorschriften über die Zurechnung bestimmter Wirtschaftsgüter an bestimmte Rechtssubjekte enthält, aber nicht neue Rechtssubjekte ins Leben ruft."; *Döllerer*, in: StBJb 1987/88, S. 297.

396 Vgl. *Schulze zur Wiesche*, Gewinnermittlung 1982, S. 115.

397 Vgl. BFH vom 2.5.1984, BStBl. II 1984, S. 820.

398 Vgl. *Döllerer*, in: StBJb 1987/88, S. 292 f.

399 Vgl. BFH vom 2.12.1982, BStBl. II 1983, S. 215.

400 Vgl. *Kußmaul*, Steuerlehre 1998, S. 87 ff.; *Wöhe*, Steuerlehre II/1 1990, S. 88 f.

Der BFH hat die Existenz von Sonderbetriebsvermögen auf seiten des stillen Gesellschafters ausdrücklich bejaht.[401] Dazu war beim Sonderbetriebsvermögen I eine Abstraktion der gängigen Definition – ein Mitunternehmer überläßt der Gesellschaft Vermögensgegenstände zur Nutzung – nötig, da die Überlassung nicht zugunsten der Mitunternehmerschaft – der atypisch stillen Gesellschaft –, sondern zugunsten des Geschäftsinhabers und damit eines weiteren Mitunternehmers erfolgt. Darüber hinaus kann der Stille auch über Sonderbetriebsvermögen II – beispielsweise in Form eines Darlehens zur Finanzierung der stillen Beteiligung – verfügen.[402]

Im Gegensatz zu den Sonderbilanzen bilden **Ergänzungsbilanzen** kein Vermögen ab, das im Eigentum eines Mitunternehmers steht, sondern enthalten Korrekturen zum Gesamthandsvermögen, die bei der Veräußerung oder dem Erwerb eines Gesellschaftsanteils an Bedeutung gewinnen, da mit ihrer Hilfe die ursprünglichen Anschaffungskosten der Gesellschaftsanteile fortgeschrieben werden können.[403] Aufgrund dieses Anwendungsbereichs sind Ergänzungsbilanzen im Rahmen der atypisch stillen Gesellschaft ausschließlich für den Stillen, nicht dagegen für den Inhaber des Handelsgeschäfts denkbar.[404]

Im Ergebnis werden nach geltender oben genannter Finanzrechtsprechung sowie zutreffender Literaturmeinungen[405] hinsichtlich der Mitunternehmerschaft Sonderbilanzen und Ergänzungsbilanzen auf seiten des stillen Gesellschafters bejaht, beim Geschäftsinhaber verneint.

Diese Feststellung löst allerdings nicht vollends die Frage, ob es sich bei der atypisch stillen Gesellschaft um ein **Subjekt der Einkünfteermittlung** handelt. Zur sich daraus implizit ableitenden Frage nach der Notwendigkeit einer eigenen Steuerbilanz für die atypisch stille Gesellschaft werden zwei Meinungen vertreten:

1. Die atypisch stille Gesellschaft verfügt über kein Betriebsvermögen, das als Grundlage eines Vermögensvergleichs dienen kann. Folglich gibt es steuer-

---

[401] Vgl. BFH vom 12.11.1985, BStBl. II 1986, S. 311; BFH vom 28.11.1989, BStBl. II 1990, S. 561; BFH vom 22.5.1990, BFHE 161, S. 456; BFH vom 11.12.1990, BFHE 163, S. 346; BFH vom 13.7.1993, BStBl. II 1994, S. 243; BFH vom 3.2.1994, BStBl. II 1994, S. 243.

[402] Zur Frage, ob ein GmbH-Anteil eines atypisch stillen Gesellschafters einer GmbH stets zum Sonderbetriebsvermögen II rechnet, vgl. Kapitel II.B.4.a)(1)(d).

[403] Vgl. zur Abgrenzung der Begriffe „Sonderbilanzen“ und „Ergänzungsbilanzen“ *Kußmaul*, Steuerlehre 1998, S. 87 ff.

[404] Vgl. *Döllerer*, Probleme 1985, S. 299 f.

[405] Vgl. *Döllerer*, Probleme 1985, S. 298 f.; *ders.*, in: StBJb 1987/88, S. 292 f.; *Fleischer/Thierfeld*, Stille Gesellschaft 1998, S. 110; *Horn/Maertins*, Atypische stille Beteiligung an der GmbH 1994, S. 149 f.; *Knobbe-Keuk*, Unternehmenssteuerrecht 1993, S. 407 f.; *Paulick/Blaurock*, Handbuch 1998, S. 472; *Ruban*, Ertragsteuerrecht 1995, S. 642; *Schulze zur Wiesche*, GmbH & Still 1997, S. 103; *Zacharias/Hebig/Rinnewitz*, Stille Gesellschaft 1996, S. 155.

rechtlich nur einen Vermögensvergleich und auch einen Gewinn bzw. Verlust, nämlich den des Geschäftsinhabers, an dem der Stille partizipiert.[406]

2. In der Konsequenz aus der in § 15 Abs. 1 Nr. 2 EStG festgeschriebenen steuerlichen Gleichbehandlung der atypisch stillen Gesellschaft mit den Personenhandelsgesellschaften muß das Vermögen des Geschäftsinhabers wie Gesellschaftsvermögen und die stille Gesellschaft steuerlich wie eine Außengesellschaft behandelt werden.[407]

Vertreter der ersten Ansicht plädieren für einen Verzicht auf eine Steuerbilanz der atypisch stillen Gesellschaft: „U. E. bedarf es des Denkmodells einer eigenen Steuerbilanz der atypischen stillen Gesellschaft – die im übrigen ohne handelsrechtliche Grundlage wäre – nicht, um § 15 Abs. 1 Nr. 2 EStG gerecht zu werden. Der Behandlung einer atypisch stillen Gesellschaft als Mitunternehmerschaft steht nicht entgegen, allein von der Bilanz des Geschäftsinhabers auszugehen und diesen Gewinn auf die Gesellschafter zu verteilen."[408] Nach Ansicht von *Döllerer* besteht für eine solche Bilanz nicht nur kein Bedürfnis, sie ist auch unbrauchbar, wenn „nämlich dem atypisch stillen Gesellschafter im Gesellschaftsvertrag ein Anteil am Handelsbilanzgewinn des Inhabers des Handelsgeschäfts eingeräumt wird, ist die Grundlage für die Ermittlung des steuerrechtlichen Gewinnanteils des atypisch stillen Gesellschafters die Handelsbilanz des Inhabers des Handelsgeschäfts; Grundlage für die Ermittlung des Gewinns des Inhabers des Handelsgeschäfts ist dagegen seine Steuerbilanz."[409] Im Ergebnis wären damit die für die steuerliche Gewinnermittlung maßgebenden Bilanzen bei beiden Beteiligten der atypisch stillen Gesellschaft unterschiedlich. Dem ist entgegenzuhalten, daß es einer eigenen Steuerbilanz für die atypisch stille Gesellschaft nicht widerspricht, in diesem Instrument den im Gesellschaftsvertrag vereinbarten Anteil des atypisch stillen Gesellschafters am Handelsbilanzgewinn als Anteil am Gewinn der Mitunternehmerschaft zu berücksichtigen.

Für *Knobbe-Keuk* – als Hauptvertreterin der gegenteiligen Meinung – stellt die Ablehnung einer Steuerbilanz der atypisch stillen Gesellschaft eine Abkehr von der Idee der Unterstellung dieses Rechtsgebildes unter das Regime des § 15 Abs. 1 Nr. 2 EStG dar, die gerade den Sinn habe, steuerrechtlich den atypisch stillen Gesellschafter dem Kommanditisten gleichzustellen. Bei der Besteuerung könne es keinen Unterschied machen, „ob Gesellschaftsvermögen vorhandenen ist oder das Gesellschaftsvermögen eines der Beteiligten im Innenverhältnis für die Beteiligung am Ge-

---

406 Vgl. *Costede*, in: StBKgR 1986, S. 252 f.; *Döllerer*, Probleme 1985, S. 295; *ders.*, in: StBJb 1987/88, S. 299; *Fleischer/Thierfeld*, Stille Gesellschaft 1998, S. 109 f.; *Horn/Maertins*, Atypische stille Beteiligung an der GmbH 1994, S. 149; *Töben*, in: Münchener Handbuch 1991, § 23 StG, Rdnr. 41; *Winkeljohann/Halfar*, Gewerbesteuerliche Vorzüge 1994, S. 2472.

407 Vgl. *Knobbe-Keuk*, Unternehmenssteuerrecht 1993, S. 405; zustimmend *Paulick/Blaurock*, Handbuch 1998, S. 471 f.; *Ruban*, Ertragsteuerrecht 1995, S. 641 f.; *Schmidt*, in: *Schmidt*, EStG 1998, § 15 EStG, Rdnr. 347; *Söffing*, Mitunternehmer 1994, S. 93; *Zacharias/Hebig/Rinnewitz*, Stille Gesellschaft 1996, S. 154.

408 *Fleischer/Thierfeld*, Stille Gesellschaft 1998, S. 109 f.

409 *Döllerer*, Probleme 1985, S. 297.

winn und Verlust und für die Auseinandersetzung wie ein Vermögen zur gesamten Hand zu behandeln ist".[410] Dem ist zuzustimmen, da für Zwecke der Besteuerung Unterschiede in der zivilrechtlichen Ausgestaltung unbeachtlich bleiben, soweit wirtschaftlich derselbe Zustand eintritt.[411] Daher muß es auch für die Besteuerung unerheblich sein, ob die Beteiligung des Gesellschafters am Gesellschaftsvermögen dinglicher oder schuldrechtlicher Art ist. Im Ergebnis ist mit *Knobbe-Keuk* die aus der Handelsbilanz abgeleitete Steuerbilanz des Geschäftsinhabers wie die Steuerbilanz der atypisch stillen Gesellschaft zu behandeln; die Buchführungs- und Bilanzierungspflicht trifft wegen der besonderen Charakteristik der atypisch stillen Gesellschaft als Innengesellschaft allerdings den Geschäftsinhaber.[412]

Die von *Knobbe-Keuk* vertretene Ansicht ist in der Literatur[413] auf weitgehende Zustimmung gestoßen, insbesondere aufgrund der Einschätzung, daß „ein steuerrechtliches Bedürfnis für eine Steuerbilanz der atypischen stillen Gesellschaft besteht"[414]. Die Anerkennung einer eigenen Steuerbilanz der atypisch stillen Gesellschaft löst darüber hinaus weitere speziell dieses Rechtsinstitut betreffende Probleme; so wird durch die Aufstellung einer Steuerbilanz der Stand des Einlagekontos des Stillen ersichtlich und somit systematisch integriert, was die Ermittlung eines etwaigen Veräußerungsgewinns und eine korrekte Anwendung des § 15a Abs. 5 EStG ermöglicht.[415]

Die Charakteristik als „Subjekt der Einkünfteermittlung" spiegelt sich nach Ansicht der Finanzjudikatur im „Subjekt pflichtgebundener Bilanzierung im Innenverhältnis"[416] wider, so daß eine eigenständige Steuerbilanz für die atypisch stille Gesellschaft auch von seiten des BFH bejaht wird.[417]

(c) Stille Gesellschaft als Subjekt der Einkünftequalifikation

Konsequenzen hat die hier abgelehnte Meinung, bei der atypisch stillen Gesellschaft handele es sich nicht um ein Subjekt der Einkünfteermittlung[418], auch für die **Qualifikation der Einkünfte** des atypisch Stillen. Eine reine Teilhabe am Ergebnis des Geschäftsinhabers bedeutet, daß auch die Qualifikation der Einkünfte mit der Ein-

---

410 *Knobbe-Keuk*, Unternehmenssteuerrecht 1993, S. 406. A.A. ausdrücklich *Schulze zur Wiesche*, GmbH & Still 1997, S. 97.

411 Vgl. *Beisse*, Wirtschaftliche Betrachtungsweise 1981, S. 2. Vgl. auch RFH vom 12.2.1930, RFHE 27, S. 78.

412 Vgl. *Knobbe-Keuk*, Unternehmenssteuerrecht 1993, S. 406.

413 Vgl. die Nachweise in FN 407.

414 *Ruban*, Ertragsteuerrecht 1995, S. 642.

415 Vgl. *Ruban*, Ertragsteuerrecht 1995, S. 642. Zur Zurechnung eines Verlusts vgl. Kapitel II.B.4.a)(3)(b).

416 *Gschwendtner*, Beschränkt rechtsfähiges Steuerrechtssubjekt 1998, S. 340.

417 Vgl. *Gschwendtner*, Beschränkt rechtsfähiges Steuerrechtssubjekt 1998, S. 340 ff.

418 Vgl. zu dieser Meinung FN 406.

kunftsart des Geschäftsinhabers korreliert.[419] Dies ist beispielsweise bei einer atypisch stillen Beteiligung an einer GmbH von Bedeutung, wo nach der vorstehend dargestellten Ansicht unabhängig von der Art der ausgeübten Tätigkeit stets gewerbliche Einkünfte auf seiten des Stillen anzunehmen wären.[420]

Die hier vertretene Anerkennung der atypisch stillen Gesellschaft als Subjekt der Einkünfteermittlung hat dagegen für die Einkünftequalifikation eine Steuerrechtssubjektivität i. S. d. BFH-Judikatur[421] zur Folge, so daß den Gesellschaftern – wie bei anderen Personengesellschaften auch – grundsätzlich die Einkunftsart zugerechnet wird, deren Besteuerungstatbestand die Gesellschaft in Gestalt ihrer Gesellschafter verwirklicht;[422] die atypisch stille Gesellschaft wird somit zum Subjekt der Einkünftequalifikation.[423]

(d) Stille Gesellschaft als Subjekt der Einkünfteerzielung

Die **BFH-Rechtsprechung** votiert mittlerweile für eine Anerkennung der atypisch stillen Gesellschaft als ein selbständiges Subjekt der Einkünftequalifikation, Einkünfteermittlung und darüber hinaus auch der Einkünfteerzielung.[424] Dies äußerte sich bereits 1994 in einem Urteil des I. Senats, der feststellte: „Die atypisch stille Gesellschaft kann auch eine Tätigkeit i.S. des § 15 Abs. 1 Nr. 1 EStG ausüben."[425] Damit löst sich die BFH-Rechtsprechung ausdrücklich vom Urteil des VIII. Senats aus dem

---

419 Vgl. *Paulick/Blaurock*, Handbuch 1998, S. 533 f., die im Fall der GmbH & atypisch Still die Ansicht vertreten, daß ein Anteil am Gewinn einer GmbH, die gem. § 8 Abs. 2 KStG kraft Rechtsform nur Einkünfte aus Gewerbebetrieb beziehe, nur als gewerblich qualifiziert werden kann. Vgl. zu dieser Fragestellung die Diskussion im Zusammenhang mit der Anwendbarkeit der sog. Gepräge-Theorie in Kapitel II.B.4.a)(2).

420 Diese Ansicht vertretend *Bordewin*, Gepräge-Rechtsprechung 1985, S. 98; *Paulick/Blaurock*, Handbuch 1998, S. 534; *Uelner*, in: StBJb 1985/86, S. 247.

421 Vgl. BFH vom 25.6.1984, BStBl. II 1984, S. 751.

422 Diese Feststellung gilt nur, soweit dem nicht andere steuerrechtliche Bestimmungen wie beispielsweise die Abfärbe- bzw. Gepräge-Theorie in § 15 Abs. 3 Nr. 1 und 2 EStG entgegenstehen; vgl. dazu ausführlich Kapitel II.B.4.a)(2).

423 Vgl. *Gschwendtner*, Beschränkt rechtsfähiges Steuerrechtssubjekt 1998, S. 339, der allerdings in diesem Zusammenhang allein aufgrund der Tatsache, daß sich ein Gesellschafter an einer Gesellschaft beteiligt, die alle Merkmale eines Unternehmens i.S.d. § 15 EStG erfüllt, den Gesellschafter als Mitunternehmer qualifiziert. Diese Argumentationskette trifft m.E. nicht zu, da das Vorliegen einer Mitunternehmerschaft anhand der dazu erforderlichen Kriterien – Mitunternehmerinitiative und Mitunternehmerrisiko – zu prüfen ist, so daß durchaus die Beteiligung an einer Personengesellschaft ohne Qualifikation als Mitunternehmer möglich ist; vgl. *Dautzenberg/Heyeres*, Steuerliche Behandlung des nicht-unternehmerischen Gesellschafters 1994, S. 903 ff.; *Söffing*, Mitunternehmer 1994, S. 70 f.

424 BFH vom 26.11.1996, BStBl. II 1998, S. 328. Vgl. ausführlich zur Entwicklung der Rechtsprechung *Gschwendtner*, Beschränkt rechtsfähiges Steuerrechtssubjekt 1998, S. 335 ff.

425 BFH vom 10.8.1994, BStBl. II 1995, S. 173.

Jahr 1985, der zur Feststellung kam: „Die atypisch stille Gesellschaft als solche betreibt – anders als die Personenhandelsgesellschaft – kein gewerbliches Unternehmen. Eine Tätigkeit der atypisch stillen Gesellschaft gibt es nicht."[426]

Die Entfaltung von Mitunternehmerinitiative – so der I. Senat weiter – bedeutet, daß der atypisch stille Gesellschafter unternehmerisch tätig wird; daß diese unternehmerische Tätigkeit nicht nach außen wirkt, sei für die Annahme einer Mitunternehmerschaft irrelevant.[427] Für die Annahme des Einkünfteerzielungssubjekts ist es notwendig, daß die Einkünfte vom Inhaber des Handelsgewerbes in einer – so *Gschwendtner* treffend – „Zurechnungskette" weitergereicht werden, nämlich vom „Inhaber des Handelsgeschäfts an die atypisch stille Gesellschaft und von dieser an ihre Gesellschafter, also nur entsprechend seiner Beteiligung auch an den Inhaber des Handelsgeschäfts."[428]

Diese umfassende Gleichstellung der atypisch stillen Gesellschaft mit den Personenhandelsgesellschaften und hier insbesondere mit der KG erlaubt nun auch die Beantwortung der in der Literatur umstrittenen Frage, ob die GmbH-Anteile eines atypisch stillen Gesellschafters einer GmbH, wie die Anteile eines Kommanditisten einer GmbH & Co. KG an der Komplementär-GmbH, stets Sonderbetriebsvermögen II darstellen. Eine Zurechnung des GmbH-Anteils zum Sonderbetriebsvermögen II des Kommanditisten setzt nach Ansicht des BFH voraus, daß die Wirtschaftsgüter unmittelbar zur Begründung oder Stärkung der Beteiligung des Gesellschafters an der Gesellschaft eingesetzt werden;[429] dies sieht die Finanzrechtsprechung bei dem Anteil eines Kommanditisten einer GmbH & Co. KG an der Komplementär-GmbH gegeben.[430]

Die Übertragung dieser Rechtsauffassung auf stille Gesellschaften wird teilweise in der Literatur[431] mit dem Hinweis auf die zivilrechtlichen Unterschiede, insbesondere mit dem Argument, daß die atypisch stille Gesellschaft im Außenverhältnis vom Inhaber des Handelsgewerbes geführt wird, abgelehnt. Zum Teil findet sich in der Lite-

---

426 BFH vom 12.11.1985, BStBl. II 1986, S. 311.

427 Der I. Senat sieht darin die ständige BFH-Rechtsprechung bestätigt und verweist dabei auf das BFH-Urteil vom 26.5.1993, BStBl. II 1994, S. 96. Darin heißt es: „Teilhaber einer Innengesellschaft haben als Mitunternehmer auch dann Einkünfte aus Gewerbebetrieb, wenn die gemeinsame Betätigung, die nach außen hin nur durch einen Gesellschafter ausgeübt zu werden braucht, ein Gewerbebetrieb ist. Denn die Qualifikation des gemeinsamen Betriebs bestimmt auch die Qualifikation der Innengesellschaft."; BFH vom 26.5.1993, BStBl. II 1994, S. 96.

428 *Gschwendtner*, Beschränkt rechtsfähiges Steuerrechtssubjekt 1998, S. 338.

429 Vgl. BFH vom 15.10.1975, BStBl. II 1976, S. 188; BFH vom 11.10.1979, BStBl. II 1980, S. 40; BFH vom 6.10.1987, BStBl. II 1988, S. 679.

430 Vgl. BFH vom 15.10.1975, BStBl. II 1976, S. 188; BFH vom 13.5.1976, BStBl. II 1976, S. 617; BFH vom 5.12.1979, BStBl. II 1980, S. 119; BFH vom 12.11.1985, BStBl. II 1986, S. 55; BFH vom 6.7.1989, BStBl. II 1989, S. 890.

431 Vgl. *Costede*, GmbH & Still 1983, S. 310; *Stüttgen*, Gewerbliche Familien-GmbH 1988, S. 394 ff.; *Walter*, GmbH & Atypisch Still 1994, S. 115.

ratur[432] auch die Ansicht, die Gleichbehandlung der GmbH & atypisch Still mit der GmbH & Co. KG sei vom Umfang der kapitalmäßigen Beteiligung, insbesondere vom Verhältnis des Eigenkapitals der GmbH zur stillen Einlage, abhängig. Zahlreiche Literaturstimmen[433] erkennen dagegen im Anteil des stillen Gesellschafters an der Komplementär-GmbH stets Sonderbetriebsvermögen II. Die nunmehr gewandelte steuerliche Rechtsprechung, die der atypisch stillen Gesellschaft die Eignung zum selbständigen Subjekt der Einkünftequalifikation, Einkünfteermittlung und Einkünfteerzielung zuspricht, hat m. E. der Argumentation hinsichtlich einer Ungleichbehandlung des GmbH-Anteils des stillen Gesellschafters im Vergleich zu dem des Kommanditisten den Boden entzogen. Dieser Auffassung ist mittlerweile auch der BFH, der in einem lang erwarteten Urteil den Anteil des atypisch stillen Gesellschafters an der GmbH zum Sonderbetriebsvermögen II rechnet, „sofern nicht die GmbH noch einer anderen Geschäftstätigkeit von nicht ganz untergeordneter Bedeutung nachgeht."[434]

(2) Erweiterung der gewerblichen Einkünfte infolge der Anwendung der Abfärbe- bzw. Gepräge-Theorie

Die im vorangegangenen Kapitel dargestellten Meinungen zur grundsätzlichen Behandlung der atypisch stillen Gesellschaft als eigenständiges Subjekt der Einkünfteermittlung, -qualifikation und -erzielung spielen auch bei der Einkünftequalifizierung im Zusammenhang mit dem durch das sog. Gepräge-Gesetz[435] eingeführten Abs. 3 des § 15 EStG eine gewichtige Rolle. Die im Gesetz verankerten Voraussetzungen für die Anwendung des § 15 Abs. 3 Nr. 1 EStG (sog. Abfärbe-Theorie) bzw. des § 15 Abs. 3 Nr. 2 EStG (sog. Gepräge-Theorie) zeigt Abbildung 7.

---

432 Vgl. *Döllerer*, Probleme 1985, S. 299; *Gassner/Pöllath*, in: JbFfSt 1985/86, S. 369; *Paulick/Blaurock*, Handbuch 1998, S. 562 f.

433 Vgl. *Bormann*, Steuern einer GmbH & Still (atypisch) 1984, S. 27; *Neubert/Weinläder*, Steuerpraxis 1983, S. 633; *Post/Hoffmann*, Stille Beteiligung 1984, S. 121; *Wassermeyer*, in: JbFfSt 1985/86, S. 370;

434 BFH vom 15.10.1998, in: BB 1999, S. 94.

435 Vgl. Steuerbereinigungsgesetz 1986 vom 19.12.1985, BGBl. I 1985, S. 2436.

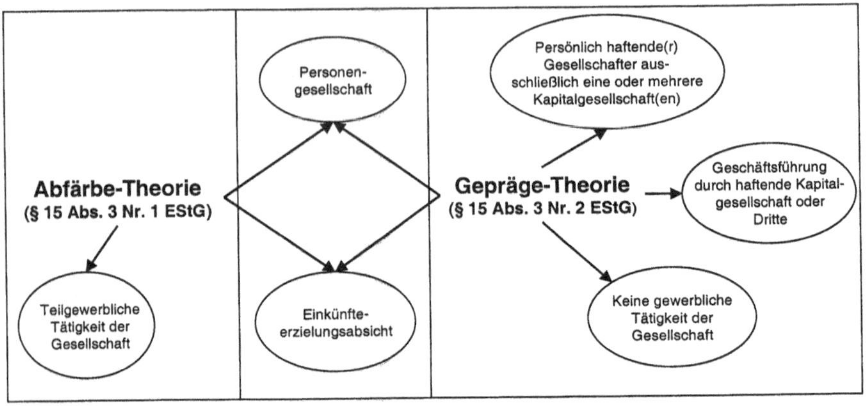

Abbildung 7: Voraussetzungen für die Anwendung von § 15 Abs. 3 Nr. 1 und Nr. 2 EStG

Im Zuge der in § 15 Abs. 3 Nr. 1 EStG kodifizierten sog. **Abfärbe- bzw. Infektions-Theorie**[436] gilt eine mit Einkünfteerzielungsabsicht unternommene Tätigkeit einer OHG, einer KG oder einer anderen Personengesellschaft in vollem Umfang als Gewerbebetrieb, wenn die Gesellschaft lediglich teilweise eine Tätigkeit im Sinne des Abs. 1 Satz 1 Nr. 1 der Vorschrift ausübt.[437] Damit erfolgt eine Umqualifizierung freiberuflicher sowie land- und forstwirtschaftlicher Einkünfte einer Personengesellschaft in Einkünfte aus Gewerbebetrieb, falls eine (auch geringfügige) teilgewerbliche Tätigkeit mit Einkünfteerzielungsabsicht vorliegt.[438] Die Abfärbe-Theorie wird in der Literatur[439] nahezu einhellig als auf atypisch stille Gesellschaften anwendbar erklärt. Die

---

436 Die ebenfalls geläufige Bezeichnung „Obstkarrentheorie" ist auf folgenden Sachverhalt zurückzuführen: Eine GbR mit den Gesellschaftern A und B vermietet ein zu ihrem Vermögen gehörendes Mietshaus, betreibt aber gleichzeitig mit einem Obstkarren einen kleinen Handel vor dem Haus. Die damit erzielten Einkünfte sind im Vergleich zu den Mieteinnahmen verschwindend gering. Dennoch sind die Einkünfte insgesamt wegen des gewerblichen Obsthandels Einkünfte aus Gewerbebetrieb; vgl. *Söffing*, Mitunternehmer 1994, S. 77 f.

437 Vgl. *Herzig/Kessler*, Tatbestandsmerkmale 1986, S. 454; *Schulze zur Wiesche*, Gemischte Tätigkeiten 1986, S. 198; *Söffing*, Nicht gewerblich tätige Personengesellschaft 1994, S. 805. Zur kritischen Diskussion vgl. auch *Neu*, Einkünfteinfektion 1995, S. 1893 ff.

438 Vgl. BFH vom 25.5.1977, BStBl. II 1977, S. 660; BFH vom 10.11.1983, BStBl. II 1984, S. 152; BFH vom 10.8.1994, BStBl. II 1995, S. 171.

439 Vgl. *Binger*, Einkommen- und Gewerbesteuer 1988, S. 414; *Herzig/Kessler*, Tatbestandsmerkmale 1986, S. 452 f.; *Kempermann*, Abfärbetheorie 1995, S. 22; *Paulick/Blaurock*, Handbuch 1998, S. 469 f.; *Ruban*, Ertragsteuerrecht 1995, S. 640. A.A. *Stuhrmann*, in: *Blümich*, EStG 1998, § 15 EStG, Rdnr. 226a. *Fu* vertritt die Ansicht, die explizite Einbeziehung der atypisch stillen Gesellschaft in § 15 Abs. 3 Nr. 1 EStG sei entbehrlich, da Voraussetzung für das Vorliegen einer

Fortsetzung ...

Problematik der Übertragung des auf Außengesellschaften zugeschnittenen § 15 Abs. 3 Nr. 1 EStG auf Innengesellschaften findet durch die Anerkennung der atypisch stillen Gesellschaft als Subjekt der Einkünfteerzielung eine Lösung, indem die Tätigkeit des Inhabers des Handelsgewerbes an die atypisch stille Gesellschaft und von dieser an die Gesellschafter weitergereicht wird.[440] Dies bedeutet im Ergebnis auch, daß bei einem gemischt tätigen Unternehmen eine Abfärbung der gewerblichen Tätigkeit des Inhabers des Handelsgewerbes auf den atypisch stillen Gesellschafter dann nicht erfolgen kann, wenn er ausschließlich an den nichtgewerblichen Einkünften des Geschäftsinhabers beteiligt ist.[441]

§ 15 Abs. 3 Nr. 1 EStG ist allerdings nur auf die atypisch stille Gesellschaft anwendbar,[442] „da der typisch stille Gesellschafter aufgrund der ausdrücklichen Regelung in § 20 Abs. 1 Nr. 4 EStG Einkünfte aus Kapitalvermögen bezieht und demgemäß die typisch stille Gesellschaft keinen Einfluß auf die steuerrechtliche Qualifikation der vom Inhaber des Geschäfts erzielten Einkünfte hat“[443].

Die in § 15 Abs. 3 Nr. 2 EStG gesetzlich verankerte frühere **Gepräge-Theorie** des BFH[444] kreiert eine gesetzliche Fiktion gewerblicher Einkünfte für nicht gewerblich tätige Personengesellschaften, deren persönlich haftende(r) Gesellschafter ausschließlich eine oder mehrere Kapitalgesellschaft(en) und nur diese oder Dritte zur Geschäftsführung befugt sind.[445] Die Übertragung der unter dem Leitbild der GmbH & Co. KG entwickelten **Gepräge-Fiktion** auf die GmbH & atypisch Still ist in direkter Weise nicht möglich; es stellt sich dabei insbesondere das Problem der Auslegung der Termini „Haftung“ und „Geschäftsführung“ im Fall einer Innengesellschaft.[446] Bei atypisch stillen Gesellschaften verbleibt als Lösung lediglich eine sinngemäße Anwendung auf der Grundlage des Zwecks der Vorschrift, derzufolge gewerbliche Ein-

---

stillen Gesellschaft die Beteiligung an einem Handelsgewerbe sei und damit die gewerblichen Einkünfte des Stillen bereits über § 15 Abs. 1 Nr. 2 EStG erfaßt würden; vgl. *Fu*, Stille Gesellschaft 1997, S. 79 f. Diese Feststellung löst allerdings nicht das Problem der atypisch stillen Beteiligung an einer nur teilweise gewerblich tätigen Personengesellschaft, insbesondere angesichts der Rechtsprechung des BFH, der Mitunternehmern einer Personengesellschaft die Einkunftsart zurechnet, die die Gesellschaft in Gestalt ihrer Gesellschafter verwirklicht; vgl. BFH-Beschluß vom 25.6.1984, BStBl. II 1984, S. 751. Auf die personelle Aufteilung der Tätigkeiten kommt es dabei m.E. nicht an.

440 Vgl. bereits Kapitel II.B.4.a)(1).

441 Vgl. *Paulick/Blaurock*, Handbuch 1998, S. 470. Vgl. auch BFH vom 10.8.1994, BStBl. II 1995, S. 171.

442 A.A. *Herzig/Kessler*, Tatbestandsmerkmale 1986, S. 452.

443 BFH vom 10.8.1994, BStBl. II 1995, S. 173.

444 Vgl. insbesondere BFH vom 17.3.1966, BStBl. III 1966, S. 171; BFH vom 3.8.1972, BStBl. II 1972, S. 799. Die Gepräge-Theorie wurde mit dem BFH-Beschluß vom 25.6.1984, BStBl. II 1984, S. 751, aufgegeben und durch das Steuerbereinigungsgesetz 1986 vom 19.12.1985, BGBl. I 1985, S. 2436, in § 15 Abs. 3 Nr. 2 EStG verankert.

445 Vgl. *Groh*, Aufgabe der Geprägetheorie 1984, S. 2373.

446 Vgl. *Herzig/Kessler*, Tatbestandsmerkmale 1986, S. 455; *Ruban*, Ertragsteuerrecht 1995, S. 640.

künfte für den Fall anzunehmen sind, in dem eine Kapitalgesellschaft, die kraft Rechtsform gewerbliche Einkünfte erzielt, einer Personengesellschaft durch persönliche Haftung und Geschäftsführung ihr wirtschaftliches Gepräge verleiht.[447] Damit steht einer Gleichbehandlung der atypisch stillen Gesellschaft mit der KG nichts entgegen; denn die alleinige persönliche Haftung liegt auch im Fall der GmbH & atypisch Still bei der GmbH und auch der maßgebende Einfluß der GmbH auf die Geschäftsführung ist gegeben, so daß die Voraussetzungen für die Fiktion des § 15 Abs. 3 Nr. 2 EStG vorliegen.[448] Im Ergebnis bezieht ein atypisch still Beteiligter einer rein vermögensverwaltenden GmbH aufgrund der Anwendung der Gepräge-Theorie gewerbliche Einkünfte.[449]

Zum gleichen Ergebnis kommen auch *Paulick/Blaurock*, allerdings auf der Grundlage völlig anderer Überlegungen. Im Fall der Gepräge-Theorie weichen sie im Gegensatz zur zuvor – insbesondere bei der stillen Beteiligung an einer Personengesellschaft – vertretenen Ansicht[450] hinsichtlich der Vergleichbarkeit der atypisch stillen Gesellschaften mit den Personenhandelsgesellschaften ab und beharren auf den grundlegenden Unterschieden zur GmbH & Co. KG. In der Folge, so argumentieren sie, werde die GmbH & atypisch Still von § 15 Abs. 3 Nr. 2 EStG nicht erfaßt, eine analoge Anwendung sei abzulehnen. Aufgrund der Tatsache, daß eine GmbH gem. § 8 Abs. 2 KStG kraft Rechtsform nur Einkünfte aus Gewerbebetrieb beziehe und dem Stillen ein Anteil am gewerblichen Gewinn zugerechnet werde, könne konsequenterweise nur eine Qualifizierung des Gewinnanteils als gewerblich erfolgen.[451] *Knobbe-Keuk* tritt dieser Ansicht zu Recht mit dem Argument entgegen, daß § 8 Abs. 2 KStG lediglich die Einkünfte, nicht aber die zugrundeliegende Tätigkeit qualifiziert; daher ergibt sich aus § 8 Abs. 2 KStG lediglich, daß die der GmbH zuzurechnenden Einkünfte ohne Rücksicht auf die Art der Tätigkeit Einkünfte aus Gewerbebetrieb sind.[452]

Auch der **BFH** votiert mittlerweile für die direkte Anwendung des § 15 Abs. 3 Nr. 2 EStG aufgrund der Anerkennung eines unmittelbaren Tätigwerdens der atypisch stillen Gesellschaft selbst i. S. d. § 15 Abs. 1 Nr. 2, Abs. 3 Nr. 2 EStG, indem er aus-

---

447 Vgl. *Herzig/Kessler*, Tatbestandsmerkmale 1986, S. 455.

448 Gl.A. *Binger*, Einkommen- und Gewerbesteuer 1988, S. 414; *Herzig/Kessler*, Tatbestandsmerkmale 1986, S. 455; *Ruban*, Ertragsteuerrecht 1995, S. 640. A.A. *Christoffel/Dankmeyer*, Steuerbereinigungsgesetz 1986, S. 351; *Knobbe-Keuk*, Unternehmenssteuerrecht 1993, S. 409; *Stuhrmann*, in: *Blümich*, EStG 1998, § 15 EStG, Rdnr. 226a, alle mit dem Hinweis darauf, daß § 15 Abs. 3 Nr. 2 EStG auf Innengesellschaften keine Anwendung finden könne.

449 Gl.A. *Binger*, Einkommen- und Gewerbesteuer 1988, S. 416; *Ruban*, Ertragsteuerrecht 1995, S. 640; *Schulze zur Wiesche*, Atypisch stille Gesellschaft 1997, S. 405.

450 Vgl. *Paulick/Blaurock*, Handbuch 1998, S. 469 ff.

451 Vgl. *Paulick/Blaurock*, Handbuch 1998, S. 533 f. Gl.A. *Bordewin*, Gepräge-Rechtsprechung 1985, S. 98; *Ehlers*, Realisation stiller Reserven 1987, S. 563; *Neubert/Weinläder*, Steuerpraxis 1983, S. 631; *Uelner*, in: StBJb 1985/86, S. 247.

452 Vgl. *Knobbe-Keuk*, Unternehmenssteuerrecht 1993, S. 409. A.A. ausdrücklich *Blaurock*, GmbH & Still 1992, S. 1973.

führt: „Im Innenverhältnis zu den atypisch stillen Gesellschaftern führt der tätige Gesellschafter die Geschäfte jedoch für alle Gesellschafter entsprechend der für sie geltenden Gemeinschaftsordnung; sie sind deshalb entsprechend dieser Gemeinschaftsordnung auch allen Gesellschaftern einheitlich zuzuordnen. Auf das Innenverhältnis stellt das Einkommensteuerrecht in § 15 Abs. 1 Nr. 2 und Abs. 3 EStG ab. So betrachtet wird auch eine atypisch stille Gesellschaft im Sinne dieser Regelungen gewerblich tätig."[453]

Ebenfalls als Einkünfte aus Gewerbebetrieb – allerdings ohne Begründung – qualifiziert die **Finanzverwaltung**[454] die Einkünfte atypisch stiller Gesellschafter einer GmbH, unabhängig von der Art der Einkünfte.

(3) Steuerliche Erfolgsermittlung

(a) Ermittlung des Gewinns der Mitunternehmerschaft

Erkennt man wie hier[455] die Notwendigkeit einer Steuerbilanz der atypisch stillen Gesellschaft an, ist die Gewinnermittlung der einer KG vergleichbar; dies gilt auch hinsichtlich des gesonderten und einheitlichen Gewinnfeststellungsverfahrens gem. § 179 Abs. 1 i.V.m. § 180 Abs. 1 Nr. 2a AO,[456] das immer dann zur Anwendung kommt, wenn „mehrere Personen (Mitunternehmer) an den Erträgen der Personengesellschaft beteiligt sind und diese Erträge den Personen als Einkünfte aus Gewerbebetrieb steuerlich zuzurechnen sind"[457]. Dementsprechend wird auf einer **ersten Stufe** zur Ermittlung des Steuerbilanzgewinns das Gesellschaftsvermögen des Geschäftsinhabers als steuerliches Betriebsvermögen der Mitunternehmerschaft geführt; dazu ist die Konvertierung der Einlage des Stillen in Eigenkapital notwendig.[458] Die Ermittlung des Gewinns der atypisch stillen Gesellschaft erfolgt nach Maßgabe der §§ 4 ff. EStG auf der Grundlage einer aus der Handelsbilanz abgeleiteten Steuerbilanz des Geschäftsinhabers. Da schuldrechtliche Beziehungen auf dieser Stufe wie die unter fremden Dritten zu behandeln sind,[459] mindern die Gewinnanteile atypisch stiller Gesellschafter, da auch sie auf schuldrechtlichem Vertrag beruhen, den Steuerbilanzgewinn der atypisch stillen Gesellschaft. Dabei sind nicht nur die steuer-

---

[453] BFH vom 26.11.1996, BStBl. II 1998, S. 328. Vgl. auch BFH vom 15.10.1998, in: BB 1999, S. 94.

[454] Vgl. BMF vom 26.11.1987, BStBl. I 1987, S. 765.

[455] Vgl. dazu ausführlich Kapitel II.B.4.a)(1)(b).

[456] Vgl. BFH vom 22.1.1981, BStBl. II 1981, S. 424.

[457] *Wöhe*, Steuerlehre II/1 1990, S. 81.

[458] Vgl. *Knobbe-Keuk*, Unternehmenssteuerrecht 1993, S. 407. Dies setzt voraus, daß die atypisch stille Beteiligung in der Handelsbilanz des Geschäftsinhabers als Verbindlichkeit ausgewiesen wurde. Zur Diskussion der handelsrechtlichen Bilanzierung einer stillen Beteiligung vgl. Kapitel II.A.5.b)(1)(b).

[459] Vgl. *Knobbe-Keuk*, Unternehmenssteuerrecht 1993, S. 366.

lichen Verhältnisse des Geschäftsinhabers maßgebend, sondern auch anteilig die des stillen Gesellschafters.[460] In der Folge besteht der Gewinnanteil des Mitunternehmers auf der ersten Stufe „aus dem Anteil an dem in der Gesellschaftsbilanz ausgewiesenen Gewinn oder Verlust, der nach Satzung, gesetzlichen Vorschriften und Gewinnverteilungsbeschluß den einzelnen Gesellschaftern zugewiesen wird, sowie dem Ergebnis einer etwaigen Ergänzungsbilanz"[461].

Pfeiler der **zweiten Gewinnermittlungsstufe** ist die Mitunternehmerkonzeption bei Personengesellschaften, die dazu führt, daß im Gegensatz zu dem bei Kapitalgesellschaften zur Anwendung kommenden Trennungsprinzip schuldrechtliche Verträge zwischen der Gesellschaft und den Gesellschaftern nicht anerkannt werden und zu Mitunternehmereinkünften führen, die den gesamthänderisch erwirtschafteten Gewinn erhöhen.[462] Gegenstand der zweiten Stufe ist somit das in der Sonderbilanz ausgewiesene Sonderbetriebsvermögen des atypisch stillen Gesellschafters, das in Form der Sonderbetriebseinnahmen und -ausgaben Zugang zur Gewinnermittlung findet. Die Terminologie steht in der Tradition der kausalrechtlichen Zuordnung von Aufwendungen und Erträgen zur betrieblichen Sphäre, die auf die betriebliche Veranlassung abstellt, wonach Sonderbetriebsausgaben bzw. -einnahmen persönliche Aufwendungen bzw. Erträge eines Mitunternehmers erfassen, die wirtschaftlich durch seinen Mitunternehmeranteil bedingt sind[463]. Die Sonderbetriebseinnahmen umfassen in erster Linie die Sondervergütungen i.S.d. § 15 Abs. 1 Satz 1 Nr. 2 EStG[464]; folgerichtig kommt es dabei zu einer Berücksichtigung des Gewinnanteils des atypisch Stillen und der Erträge aus dem Sonderbetriebsvermögen I und II. Korrespondierend werden die Aufwendungen aus den beiden Sonderbetriebsvermögensvarianten als Sonderbetriebsausgaben erfaßt und dem Gesellschafter einkünftemindernd zugerechnet.[465] Zu den Sondervergütungen zählt auch ein im Gesell-

---

[460] Vgl. *Knobbe-Keuk*, Unternehmenssteuerrecht 1993, S. 407; zustimmend *Ruban*, Ertragsteuerrecht 1995, S. 642. Der BFH hat im Fall einer atypisch stillen Gesellschaft im Urteil vom 13.7.1993, BStBl. II 1994, S. 243, entschieden, daß erhöhte Absetzungen nach § 7a Abs. 7 Satz 1 EStG nur den Beteiligten zustehen, die während des gesamten Vergünstigungszeitraums beteiligt waren; bei Nichtvorliegen der entsprechenden Voraussetzungen sind die steuerlichen Vergünstigungen anteilig rückgängig zu machen.

[461] *Lang*, in: *Tipke/Lang*, Steuerrecht 1998, § 9, Rdnr. 528.

[462] Vgl. *Lang*, in: *Tipke/Lang*, Steuerrecht 1998, § 9, Rdnr. 529.

[463] Vgl. BFH vom 9.11.1988, BStBl. II 1989, S. 343; BFH vom 9.2.1993, BStBl. II 1993, S. 747.

[464] Vgl. *Lang*, in: *Tipke/Lang*, Steuerrecht 1998, § 9, Rdnr. 529. *Heigl* unterscheidet hingegen zwischen Sondervergütungen als Entgelt für Arbeitsleistung sowie für die Überlassung von Kapital oder anderen Wirtschaftsgütern des Sonderbetriebsvermögens und Sonderbetriebseinnahmen bzw. -ausgaben als sonstige Erträge bzw. Aufwendungen im Zusammenhang mit Wirtschaftsgütern des Sonderbetriebsvermögens; vgl. *Heigl*, Unternehmensbesteuerung 1996, S. 178.

[465] Vgl. *Knobbe-Keuk*, Unternehmenssteuerrecht 1993, S. 452 ff.

schaftsvertrag mit einer GmbH vereinbartes Geschäftsführergehalt, das ein atypisch stiller Gesellschafter bezieht.[466]

Nach Ansicht des BFH[467] sind der gesamthänderisch erwirtschaftete Gewinnanteil und das Sonderbilanzergebnis zu addieren (sog. additive Gewinnermittlung). Abbildung 8 zeigt schematisch das Verfahren der additiven Gewinnermittlung bei atypisch stillen Gesellschaften.

---

466 Vgl. *Bormann*, Steuern einer GmbH & Still (atypisch) 1984, S. 26; *Schmidt*, in: *Schmidt*, EStG 1998, § 15 EStG, Rdnr. 561. Differenzierend dagegen *Zacharias/Hebig/Rinnewitz*, die eine Unterscheidung dahingehend treffen, ob es sich „um Gehalt im Rahmen eines Angestelltenverhältnisses zwischen dem stillen Gesellschafter als Privatperson und dem Geschäftsinhaber" handelt oder nicht; vgl. *Zacharias/Hebig/Rinnewitz*, Stille Gesellschaft 1996, S. 158; wörtliches Zitat ebenda. Weitergehend *Schulze zur Wiesche*, der generell in Frage stellt, ob im Geschäftsführergehalt eine Vergütung im Rahmen der Mitunternehmerschaft zu sehen ist: „Bei der GmbH & Still ist in der Regel jedoch davon auszugehen, daß der gesamte Geschäftsbetrieb bei der GmbH und nicht bei der durch das stille Gesellschaftsverhältnis begründeten Sonderrechtsbeziehung liegt"; *Schulze zur Wiesche*, GmbH & Still 1997, S. 110. M.E. soll jedoch – wie bereits im Kapitel II.B.4.a)(1) ausgeführt – mit der Aufnahme der atypisch stillen Gesellschaft in § 15 Abs. 1 Nr. 2 EStG eine Gleichstellung dieser Form der Innengesellschaft mit der GmbH & Co. KG erreicht werden. Die Tätigkeitsvergütung an einen Geschäftsführer der Komplementär-GmbH, der gleichzeitig Kommanditist der GmbH & Co. KG ist, hat der BFH stets als Vergütung im Rahmen des Gesellschaftsverhältnisses angesehen und folglich im Zuge der zweiten Gewinnermittlungsstufe hinzugerechnet; vgl. BFH vom 2.8.1960, BStBl. III 1960, S. 408; BFH vom 15.11.1967, BStBl. II 1968, S. 152; BFH vom 21.3.1968, BStBl. II 1968, S. 579.

467 Vgl. BFH vom 25.2.1991, BStBl. II 1991, S. 697. Eine a.A. vertritt *Döllerer* in der von ihm konstruierten Theorie der konsolidierten Gesamtbilanz, die auf der Grundlage des Gedankens der wirtschaftlichen Einheit eine Konsolidierung von Gesellschafts- und Sonderbilanzen befürwortet; vgl. *Döllerer*, Steuerbilanz der Personenhandelsgesellschaft 1974, S. 211 ff.; *ders.*, Neuere Entwicklungen 1976, S. 435 ff. Zur kritischen Diskussion vgl. *Knobbe-Keuk*, Unternehmenssteuerrecht 1993, S. 479 f.

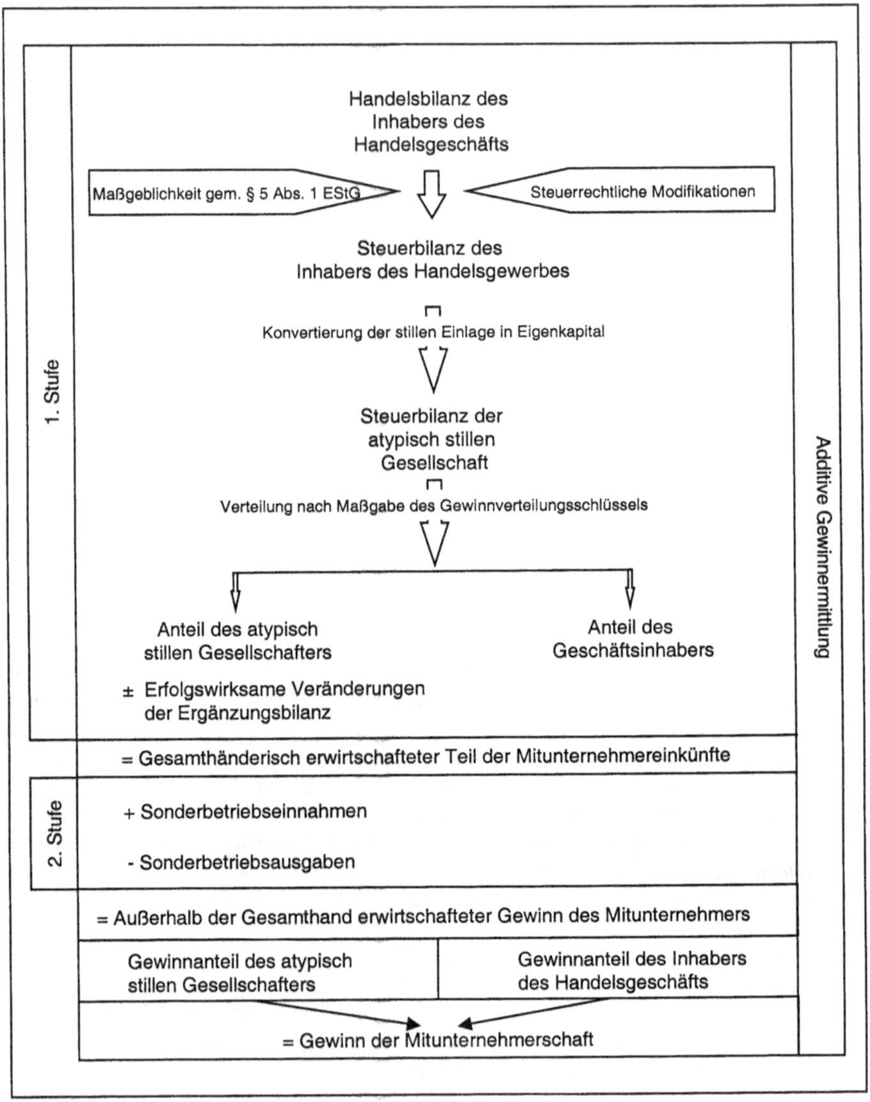

Abbildung 8: Additive Gewinnermittlung der atypisch stillen Gesellschaft

Das Mitunternehmerkonzept schlägt sich auch im **Zeitpunkt der Zurechnung** des Gewinnanteils beim atypisch stillen Gesellschafter nieder, für den – im Gegensatz zum typisch stillen Gesellschafter – das Zuflußprinzip nicht zur Anwendung kommt. Entscheidend ist für die Einkünfteberücksichtigung, unabhängig davon, ob der atypisch Stille Privatmann oder bilanzierender Kaufmann ist oder nicht, das Jahr, in dem der Gewinn erzielt wurde, nicht dagegen der Zeitpunkt der Gutschrift auf dem Einlagekonto.[468] Der Gewinnanteil des stillen Gesellschafters gilt in dem Kalenderjahr als bezogen, in dem das entsprechende Wirtschaftsjahr des Geschäftsinhabers endet.[469]

(b) Verlustübernahme durch den atypisch stillen Gesellschafter

Die Ermittlung eines laufenden Verlustanteils des atypisch stillen Gesellschafters erfolgt wie die Gewinnermittlung gem. § 15 Abs. 1 Nr. 2 EStG und führt entsprechend der Behandlung beim Einzelunternehmer oder bei Gesellschaftern einer Personengesellschaft zu Verlusten aus Gewerbebetrieb, die mit positiven Einkünften anderer Einkunftsarten ausgeglichen bzw. gem. § 10d EStG vor- bzw. rückgetragen werden können.[470] Eine Einschränkung erfährt die Verlustberücksichtigung durch die in § 15a Abs. 5 Nr. 1 EStG konstituierte sinngemäße Anwendung des § 15a Abs. 1 Satz 1, Abs. 2, Abs. 3 Satz 1, 2 und 4 sowie Abs. 4 EStG, wonach in der Kernaussage der Verlustausgleich oder -abzug nicht möglich ist, soweit ein **negatives Einlagekonto entsteht bzw. sich erhöht**. Nicht berücksichtigungsfähige Verluste sind nach § 15a Abs. 2 EStG gesondert festzustellen und können lediglich mit Gewinnen späterer Jahre aus derselben atypisch stillen Beteiligung ausgeglichen werden.

Die sinngemäße Anwendung für atypisch stille Gesellschaften wirft nicht die gleichen Probleme auf wie die Verweisung in § 20 Abs. 1 Nr. 4 EStG,[471] da der mitunternehmerisch stille Gesellschafter Einkünfte aus Gewerbebetrieb bezieht und folglich die bei Überschußrechnern durch die Verweisung gegebene Redundanz der Nichtberücksichtigung eines „negativen Einlagekontos" hier nicht zum Tragen kommt.[472] Bei der Verlustverrechnung zeigen sich die positiven Impulse der hier vertretenen Anerkennung einer Steuerbilanz der atypisch stillen Gesellschaft und der damit ver-

---

468 Vgl. *Costede*, in: StBKgR 1986, S. 254; *Döllerer*, Probleme 1985, S. 297; *Paulick/Blaurock*, Handbuch 1998, S. 512; *Wolf-Knott*, Ertragsteuerliche Behandlung 1996, S. 116; *Zacharias/Hebig/Rinnewitz*, Stille Gesellschaft 1996, S. 153.

469 Vgl. *Wassermeyer*, in: JbFfSt 1985/86, S. 362 f. Der Ansicht *Gassners*, der an gleicher Stelle für die Zurechnung des Ergebnisanteils eines atypisch stillen Gesellschafters einer GmbH auf den Zeitpunkt der Ergebnisfeststellung durch die Gesellschafterversammlung abstellt (vgl. *Gassner/ Pöllath*, in: JbFfSt 1985/86, S. 361), hält *Wassermeyer* entgegen: „Der einzelne Gesellschafter einer Personengesellschaft wird nicht deswegen besteuert, weil er den Tatbestand des Bezuges eines Gewinnanteils verwirklicht.... Vielmehr wird er besteuert, weil die Personengesellschaft eine gewerbliche Tätigkeit ausübt, die der Gesellschafter sich wie eine eigene deshalb zurechnen lassen muß, weil er als Mitunternehmer eine besonders enge Position zu der ausgeübten Tätigkeit einnimmt."; *Wassermeyer*, in: JbFfSt 1985/86, S. 362.

470 Vgl. *Zacharias/Hebig/Rinnewitz*, Stille Gesellschaft 1996, S. 161.

471 Vgl. dazu Kapitel II.B.3.b)(1)(b).

472 Zur allgemeinen Kritik an der Formulierung des ersten Absatzes des § 15a EStG vgl. *Knobbe-Keuk*, § 15a EStG 1981, S. 102.

bundenen Umwidmung der stillen Einlage in (steuerliches) Eigenkapital,[473] die eine Fortschreibung eines Einlagekontos ermöglicht; eine Ablehnung macht hingegen für die Ermittlung der steuerpflichtigen Einnahmen aus der stillen Beteiligung eine Nebenrechnung notwendig.

Vergleichbar mit der Situation der typisch stillen Gesellschaft stellt sich dagegen auch bei der atypischen Variante die Frage nach dem durch § 15a EStG erfaßten **Verlustausgleichspotential**; dieses erhöht bzw. mindert sich auch im Fall atypisch stiller Gesellschaften nicht durch positives bzw. negatives Sonderbetriebsvermögen.[474] Für das von § 15a EStG erfaßte Verlustausgleichspotential ist auf die Steuerbilanz der Gesellschaft, d. h. in diesem Fall die der atypisch stillen Gesellschaft, unter Berücksichtigung etwaiger Ergänzungsbilanzen, nicht aber der Sonderbilanzen abzustellen;[475] in der Konsequenz können Sonderbetriebsausgaben in voller Höhe ausgeglichen und abgezogen werden.

Von der Berücksichtigung von Verlusten unterscheidet sich die Einlageminderung gem. § 15a Abs. 3 EStG, bei der es sich um „die gewollte und auch durchgeführte Herabsetzung der tatsächlich geleisteten Einlage“[476] handelt. Entsprechend der Intention des Gesetzgebers soll eine Nachversteuerung im Fall der Entnahme „verhindern, daß Verluste ausgleichsfähig bleiben, obwohl durch Rücknahme der Einlage oder des Haftungsbetrags die Rechtfertigung für den früheren Verlustausgleich entfällt“[477]. Dabei sind die in § 15a Abs. 3 EStG genannten Grenzen zu beachten:[478]

1. Eine Nachversteuerung erfolgt nur, soweit ein negatives Einlagekonto entsteht bzw. sich erhöht.
2. Gem. § 15a Abs. 3 Satz 2 EStG ist die Nachversteuerung begrenzt auf die im Jahr der Einlageminderung und in den zehn vorangegangenen Wirtschaftsjahren ausgleichs- oder abzugsfähigen Verluste.

Nach dem Prinzip des § 15a Abs. 3 EStG wird ein bislang ausgleichsfähiger Verlust in einen verrechenbaren Verlust umgewandelt, indem mit § 15a Abs. 3 Satz 4 EStG der gem. der Sätze 1 und 2 ermittelte Betrag der Einlageminderung die Gewinne reduziert, die dem Gesellschafter im betreffenden oder einem folgenden Wirtschaftsjahr zuzurechnen sind. Die dargestellten Grundsätze gelten für den atypisch stillen

473 Falls diese nicht bereits schon in der Handelsbilanz im Eigenkapital ausgewiesen ist; vgl. Kapitel II.A.5.b)(1)(b).

474 Vgl. bereits Kapitel II.B.3.b)(1)(b) sowie BFH vom 1.6.1989, BStBl. II 1989, S. 1018; BFH vom 14.5.1991, BStBl. II 1992, S. 167.

475 Vgl. *Paulick/Blaurock*, Handbuch 1998, S. 482.

476 *Helmreich*, Verluste 1998, S. 106, der als Beispiele für offene Einlageminderungen u. a. die Herabsetzung der geleisteten Einlage durch Rückzahlung eines Geldbetrages und die Überführung von Wirtschaftsgütern des Gesellschaftsvermögens in das Privatvermögen oder in ein anderes Betriebsvermögen (einschließlich Sonderbetriebsvermögen) nennt.

477 BFH vom 14.12.1995, BStBl. II 1996, S. 230.

478 Vgl. *Helmreich*, Verluste 1998, S. 112 ff.

Gesellschafter entsprechend[479] und werden anhand des folgenden Beispiels veranschaulicht.

Beispiel:

A beteiligt sich als atypisch stiller Gesellschafter an der X GmbH im Jahr 01 mit einer Einlage in Höhe von 200.000 GE. Sein Verlustanteil im selben Jahr beträgt 100.000 GE. Im Jahr 02 werden ihm Verluste in Höhe von 150.000 GE zugewiesen. Darüber hinaus wird seine Einlage um 30.000 GE heruntergesetzt; dieser Betrag wird A ausgezahlt. Im Jahr 03 wird A ein Gewinn in Höhe von 100.000 GE zugerechnet.

Der in 03 verrechenbare Verlust des A errechnet sich wie folgt:

Einlage in 01	200.000 GE
Verlustanteil in 01	–100.000 GE
Verlustanteil in 02	–150.000 GE
Entnahme	–30.000 GE
⇨ verrechenbarer Verlust	80.000 GE

Letztendlich betrug die Einlage des A lediglich 170.000 GE, so daß auch nur dieser Betrag ausgleichsfähig ist. Die verbleibenden 80.000 GE sind verrechenbarer Verlust. Von dem im Jahr 03 in Höhe von 100.000 GE zugerechneten Gewinn versteuert A demnach 20.000 GE.

b) Besteuerung der Mitunternehmer der atypisch stillen Gesellschaft

(1) Steuerliche Behandlung des Geschäftsinhabers

Der im Zuge der einheitlichen und gesonderten Gewinnfeststellung ermittelte Anteil am Gewinn der Mitunternehmerschaft unterliegt beim Geschäftsinhaber je nach Rechtsform der Einkommen- oder Körperschaftsteuer. Da der Anteil des atypisch stillen Gesellschafters am Gewinn erst in der zweiten Gewinnermittlungsstufe dessen Anteil am Gesamthandsgewinn erhöht, wirkt der Gewinnanteil des Stillen einkünftemindernd auf den Anteil des Geschäftsinhabers.[480] Eine Berücksichtigung einkom-

479 Vgl. BFH vom 14.12.1995, BStBl. II 1996, S. 226.

480 Insofern ergeben sich – falls der Umfang der Geschäfte, an denen der stille Gesellschafter partizipiert, nicht differiert – trotz der Tatsache, daß im Fall der atypisch stillen Gesellschaft der Gewinnanteil des Stillen keine Betriebsausgabe darstellt, für den Geschäftsinhaber im Ergebnis keine Unterschiede zur typisch stillen Gesellschaft; vgl. Kapitel II.B.3.a)(1).

mensbeachtlicher Vorgänge der zweiten Gewinnermittlungsstufe der atypisch stillen Gesellschaft – namentlich Sonderbetriebseinnahmen und -ausgaben – ist auf seiten des Geschäftsinhabers ausgeschlossen.[481]

Unterliegt der Geschäftsinhaber der Einkommensteuer, erfolgt die Besteuerung entsprechend der für die betreffende Einkunftsart geltenden Grundsätze; im Fall einer Kapitalgesellschaft als Geschäftsinhaberin ist der Gewinnanteil stets als Einkünfte aus Gewerbebetrieb gem. § 8 Abs. 2 KStG der Körperschaftsteuer zu unterwerfen.[482]

(2) Steuerliche Behandlung des atypisch stillen Gesellschafters

Wie oben abgeleitet, stellen Gewinnanteile des atypisch stillen Gesellschafters infolge der Mitunternehmerschaft gem. § 15 Abs. 1 Nr. 2 EStG Einkünfte aus Gewerbebetrieb dar; sie unterliegen je nachdem, ob es sich bei dem Stillen um eine natürliche Person oder eine Körperschaft handelt, der Einkommen- oder Körperschaftsteuer.[483] Da nach der hier vertretenen Auffassung im Zuge der atypisch stillen Gesellschaft ausschließlich Einkünfte aus Gewerbebetrieb realisiert werden, können die folgenden Fallgestaltungen unterschieden werden:

1. Einkünfte aus Gewerbebetrieb aus einer atypisch stillen Beteiligung an einem gewerblichen Unternehmen bzw. einer gewerblichen Mitunternehmerschaft i. S. v. § 15 Abs. 1 Nr. 1 bzw. Nr. 2 EStG;
2. Einkünfte aus Gewerbebetrieb aus einer atypisch stillen Beteiligung an einem teilgewerblichen Unternehmen gem. § 15 Abs. 3 Nr. 1 EStG;
3. Einkünfte aus Gewerbebetrieb aus einer atypisch stillen Beteiligung an einer nichtgewerblichen GmbH gem. § 15 Abs. 3 Nr. 2 EStG.

Dieser gesamthänderisch erwirtschaftete Gewinnanteil ist entsprechend dem in Abbildung 8 dargestellten Schema um die Sonderbetriebseinnahmen und -ausgaben zu erhöhen.[484]

Da dem **Abzug von Kapitalertragsteuer** gem. § 43 Abs. 1 Nr. 3 EStG ausschließlich die Gewinnanteile der den Tatbestand der Einkunftsart Einkünfte aus Kapitalvermögen verwirklichenden typisch stillen Gesellschafter unterliegen, ist diese Form der

---

481 Vgl. Kapitel II.B.4.a)(3)(a).

482 Vgl. *Blaurock*, GmbH & Still 1992, S. 1973.

483 Vgl. *Blaurock*, GmbH & Still 1992, S. 1973.

484 Diese Vorgehensweise gilt selbstverständlich unabhängig von der Rechtsform des Geschäftsinhabers und führt insbesondere auch dazu, daß im Fall einer GmbH & atypisch Still ein im Gesellschaftsvertrag vereinbartes Geschäftsführergehalt des atypisch stillen Gesellschafters als Sonderbetriebseinnahme zur Ermittlung des Gewinns aus der Mitunternehmerschaft hinzugerechnet wird. Die Tatsache, daß es sich bei der GmbH & atypisch Still um eine Mitunternehmerschaft handelt, macht die Anwendung der Vorschriften über vGA im Fall der GmbH & atypisch Still überflüssig. A.A. *Schulze zur Wiesche*, GmbH & Still 1997, S. 121 f.

Besteuerung „an der Quelle“ bei atypisch stillen Gesellschaften nicht vorzunehmen.[485]

Durch die Qualifikation als gewerbliche Mitunternehmerschaft gilt für den atypisch stillen Gesellschafter – soweit es sich um eine natürliche Person handelt – die **Tarifbegrenzung für gewerbliche Einkünfte** gem. § 32c EStG auf 47 %.[486]

5. Zusammenfassende Beurteilung

Die auch im Handelsrecht geläufige Differenzierung zwischen typisch und atypisch stillen Gesellschaften stammt originär aus dem steuerrechtlichen Kontext und basiert dort auf der Zurechnung der atypisch stillen Gesellschaft zu den Mitunternehmerschaften i.S.d. § 15 Abs. 1 Nr. 2 EStG. Damit bindet die steuerrechtliche Betrachtungsweise die **Qualifikation des stillen Vertragsverhältnisses** als vom gesetzlichen Normaltypus abweichend an das Vorliegen der geltenden Kriterien für die Annahme einer Mitunternehmerschaft und verzichtet auf das im Zivilrecht zusätzlich geforderte Merkmal verbandsmäßiger Organisation.

Der **Begriff des Mitunternehmers** wird als offener Typusbegriff bezeichnet, der sich nach Ansicht der Finanzjudikatur aus einer unbestimmten Zahl von Merkmalen ergibt, die unter die beiden Hauptmerkmale – das Entfalten von Mitunternehmerinitiative und das Tragen von Mitunternehmerrisiko – subsumiert werden können, wobei eine abschließende Beurteilung stets unter Berücksichtigung des Gesamtbildes der tatsächlichen Verhältnisse zu treffen ist. Die Grenze, die zwischen der typischen und der atypischen Vertragsvariante verläuft, wird an der Ausgestaltung des Mitunternehmerrisikos in Gestalt der Beteiligung am Verlust und den stillen Reserven des Handelsgewerbes und der Mitunternehmerinitiative als Teilhabe an den unternehmerischen Entscheidungen festgemacht; dabei können die beiden Hauptmerkmale im Einzelfall mehr oder weniger stark ausgeprägt sein.

Das Vorliegen der handelsrechtlichen Voraussetzungen für eine stille Gesellschaft macht das Vertragsverhältnis grundsätzlich auch steuerlich wirksam, allerdings werden hier besondere Fragestellungen aufgeworfen, insbesondere wenn eine **Interessendivergenz zwischen den Beteiligten nicht zu erwarten** ist. Ansatzpunkte für eine Analyse sind die Beteiligung von Gesellschaftern (und womöglich auch Geschäftsführern) einer Kapitalgesellschaft an „ihrer“ Kapitalgesellschaft sowie Vertragsgestaltungen zwischen Familienangehörigen. Bei der zusätzlichen stillen Beteiligung eines Gesellschafters an einer Kapitalgesellschaft stellt sich die Frage, ob eine typisch stille Gesellschaft überhaupt möglich ist. Nach der hier vertretenen An-

---

485 Den Abzug von Kapitalertragsteuer bindet § 43 Abs. 1 Nr. 3 EStG ausdrücklich an das Vorliegen von Einnahmen aus stillen Gesellschaften i.S.d. § 20 Abs. 1 Nr. 4 EStG, also lediglich typisch stillen Gesellschaften.

486 Vgl. zum Anwendungsbereich des § 32c EStG ausführlich *Glanegger*, in: *Schmidt*, EStG 1998, § 32c EStG, Rdnr. 4 ff. Vgl. ausführlich zur Rechentechnik *Kußmaul*, in: StBKgR 1995, S. 225 ff.; *Kußmaul/Wegener*, Steueroptimale Gestaltungen 1995, S. 421 ff.

sicht führt die stille Beteiligung eines Gesellschafters einer Kapitalgesellschaft an „seiner" Gesellschaft nicht unmittelbar zum Vorliegen einer atypisch stillen Gesellschaft; vielmehr handelt es sich bei der Kapitalgesellschaft und der stillen Gesellschaft um zwei verschiedene Rechtsgebilde, deren Vermischung im Steuerrecht abgelehnt wird. Dagegen wird eine isolierte Überprüfung der an eine Mitunternehmerschaft gestellten Kriterien für das stille Vertragsverhältnis befürwortet.

Tritt neben das Gesellschaftsverhältnis eine Geschäftsführertätigkeit, wird eine seitens des BFH vertretene Übertragung der für die stille Beteiligung des Geschäftsführers der Komplementär-GmbH einer GmbH & Co. KG an der KG geltenden Grundsätze, die im Ergebnis nur eine atypisch stille Beteiligung zulassen, auf die stille Beteiligung an einer „reinen" GmbH (GmbH & atypisch Still) mit dem Argument abgelehnt, daß im Gegensatz zum Geschäftsführer der Komplementär-GmbH einer GmbH & Co. KG der Geschäftsführer einer „reinen" GmbH nicht im eigenen Interesse tätig wird. Daher ist auch hier eine differenzierte Betrachtungsweise angezeigt, d. h., die Einbeziehung der Geschäftsführertätigkeit in die Entscheidung über eine Zurechnung der stillen Beteiligung zur atypischen Vertragsvariante kann nur dann vorgenommen werden, wenn die Tätigkeit dazu dient, dem Geschäftsführer in seiner Funktion als stiller Gesellschafter einen Einfluß auf die Unternehmensleitung zu sichern.

Fehlt es wie im Fall der Vertragsgestaltungen zwischen Familienangehörigen sowie zwischen Gesellschaftern bzw. Gesellschaftergeschäftsführern einer Kapitalgesellschaft und der Gesellschaft selbst an einer Interessendivergenz, stellt sich auch die Frage nach der Angemessenheit der Gewinnverteilungsabreden. Während bei Familienangehörigen die von der Rechtsprechung entwickelten Durchschnittsrenditen zugrunde gelegt werden können, wird hier mit dem BFH als Maßgröße für eine Angemessenheit der Gewinnverteilung bei der stillen Beteiligung eines Gesellschafters an „seiner" Kapitalgesellschaft das Verhältnis der Kapitalanteile, die sich auf seiten des stillen Gesellschafters aus dem Wert der Einlage und auf seiten des Inhabers des Handelsgewerbes aus dem Geschäftswert ergeben, herangezogen.

Bei der Berücksichtigung der Gewinnanteile typisch stiller Gesellschafter als Betriebsausgaben auf seiten eines körperschaftsteuerpflichtigen **Geschäftsinhabers** kann es infolge der Nichtanerkennung des Gesellschaftsverhältnisses sowie infolge von verdecktem Eigenkapital, höherbewerteten Sacheinlagen oder einer unangemessenen Gewinnverteilung zu **vGA** kommen, die allerdings im Ergebnis lediglich zu einer Verschiebung der Steuerbelastung zuungunsten der Kapitalgesellschaft führen.

Auf seiten des **typisch stillen Gesellschafters** unterliegen die Gewinne aus seiner Beteiligung den Einkünften aus Kapitalvermögen; die Verluste sind als Werbungskosten zu berücksichtigen, soweit die Verweisung in § 20 Abs. 1 Nr. 4 EStG auf § 15a EStG dem nicht entgegensteht. Entgegen der teilweise in der Literatur vertretenen Ansicht, die Verweisung wäre für stille Gesellschaften, da Verlustanteile, die zu einer Entstehung oder Erhöhung eines negativen Einlagekontos des Stillen führen, bereits mangels Vermögensabfluß nicht als Werbungskosten berücksichtigt werden können, insgesamt bedeutungslos und folglich zu ignorieren, wird hier die Auffassung vertreten, daß zumindest die sinngemäße Anwendung von § 15a Abs. 2 EStG keine redundante Bestimmung enthält. Aufgrund dieser Rechtsnorm sind nicht ausgleichsfähige Verlustanteile nicht – wie es ohne Bestehen der Vorschrift der Fall wäre – dem Geschäftsinhaber, sondern nunmehr dem stillen Gesellschafter zuzurechnen, der den gesondert festzustellenden Verlust mit zukünftigen Gewinnen aus der Beteiligung ausgleichen kann.

Die **atypisch stille Gesellschaft** ist nach der hier im Einklang mit der Finanzjudikatur vertretenen Ansicht Subjekt der Einkünfteerzielung, Einkünftequalifikation und Einkünfteermittlung. Im Ergebnis wird die Tätigkeit des Geschäftsinhabers der atypisch stillen Gesellschaft zugerechnet (Subjekt der Einkünfteerzielung); sie hat darüber hinaus Einfluß auf die Einkunftsart, die aus der Tätigkeit der atypisch stillen Gesellschaft erwächst (Subjekt der Einkünftequalifikation). Die Anerkennung der atypisch stillen Gesellschaft als Subjekt der Einkünfteermittlung zeigt sich in einer eigenen Steuerbilanz als Grundlage für die additive Ermittlung der jeweiligen Erfolgsanteile der Beteiligten aus dem atypisch stillen Vertragsverhältnis unter Einbeziehung etwaiger Ergebnisse aus Sonderbilanzen bzw. Ergänzungsbilanzen auf seiten des stillen Gesellschafters.

Die Anerkennung der atypisch stillen Gesellschaft als **Subjekt der Einkünfteerzielung** ermöglicht eine direkte Anwendung der in § 15 Abs. 3 Nr. 1 EStG kodifizierten sog. Abfärbe- bzw. Infektionstheorie, indem im Zuge der Zurechnung der Tätigkeit des Inhabers des Handelsgewerbes zur stillen Gesellschaft eine Teilhabe des Stillen sowohl an den gewerblichen als auch an den nichtgewerblichen Einkünften auf der Ebene der atypisch stillen Gesellschaft originär zur Abfärbung führt und dem stillen Gesellschafter ausschließlich gewerbliche Einkünfte vermittelt; keine Abfärbung erfolgt dann, wenn der Stille ausschließlich an den nichtgewerblichen Einkünften beteiligt ist. Hingegen ist eine direkte Anwendung der Gepräge-Theorie in § 15 Abs. 3 Nr. 2 EStG bei atypisch stillen Gesellschaften wegen ihrer Charakteristik als Innengesellschaft nicht möglich. Die auf die Rechtsformkombination GmbH & Co. KG zugeschnittenen Termini „Haftung“ und „Geschäftsführung“ in der Rechtsnorm sind nach der in der Arbeit vertretenen Ansicht sinngemäß auf die GmbH & Still in der Weise zu übertragen, daß die GmbH als Geschäftsführerin und Alleinhafterin der GmbH & Still ihr wirtschaftliches Gepräge verleiht und der atypisch stille Gesellschafter daher aus dem Vertragsverhältnis unabhängig von der Art der Tätigkeit der GmbH stets Einkünfte aus Gewerbebetrieb bezieht.

Die Ermittlung des Gewinns aus der Mitunternehmerschaft vollzieht sich auf Basis der für Personengesellschaften vorgesehenen **additiven Gewinnermittlung**, wobei auf der ersten Stufe der gesamthänderisch erwirtschaftete Teil der Mitunternehmereinkünfte bestimmt wird, der dann zusammen mit dem auf der zweiten Stufe errechneten außerhalb der Gesamthand erwirtschafteten Gewinn, der sich als Saldo der Sonderbetriebseinnahmen und Sonderbetriebsausgaben ergibt, den gesamten Gewinn aus der Mitunternehmerschaft darstellt. Negative Einkünfte können gem. § 10d EStG unter Beachtung der Restriktionen des § 15a EStG vor- oder rückgetragen werden.

III. Stille Gesellschaft im ausländischen Zivil- und Steuerrecht

A. Vorbemerkung

Im grenzüberschreitenden Geschäftsverkehr wird der stillen Gesellschaft als einer Möglichkeit der Direktinvestition trotz des Mankos, daß wegen ihrer Rechtsstruktur gesicherte Daten über Art und Umfang stiller Engagements nicht vorliegen, eine große Bedeutung zugesprochen.[487] Im Ausland trifft der stille Gesellschafter deutscher Wertung auf ein im folgenden näher erläutertes vielfältiges Rechtsumfeld:

1. Teilweise bestehen dem deutschen Recht vergleichbare Regelungen, die zwischen denselben alternativen Ausgestaltungsarten[488] der stillen Gesellschaft unterscheiden.[489]
2. Daneben kennen einige Länder zwar ebenfalls gesetzlich fixiert eine der stillen Gesellschaft vergleichbare Gesellschaftsform, die allerdings nicht in allen wesentlichen zivil- und steuerrechtlichen Regelungen mit der deutschen stillen Gesellschaft übereinstimmt.[490]
3. Dem Recht der meisten Staaten ist jedoch eine der stillen Gesellschaft ähnliche zivil- und steuerrechtliche Struktur unbekannt.[491]

Eine umfassende Analyse der zahlreichen zivil- und steuerrechtlichen Ausgestaltungen stiller Gesellschaften im ausländischen Recht ist im Rahmen dieser Arbeit nicht möglich und im Hinblick auf den Untersuchungsgegenstand, die einkommen- und körperschaftsteuerlichen Wirkungen aus deutscher Sicht, auch nicht erforderlich. „Unstimmigkeiten“ bei der Besteuerung transnationaler stiller Gesellschaften sind jedoch zumeist auf unterschiedliche Wertungen in den beteiligten Staaten zurückzuführen, so daß die divergierenden Qualifikationen und die dadurch verursachten Doppelbesteuerungen oder doppelte Steuerfreistellungen bzw. Minderbesteuerungen wesentliche Problemkreise dieser Arbeit darstellen. Als Basis dazu geben die nachfolgenden Ausführungen beispielhaft einen Überblick über die im Ausland realisierten zivil- und steuerrechtlichen Regelungen über stille Gesellschaften bzw. – soweit keine der stillen Gesellschaft vergleichbare Rechtsform besteht – über die gewählten alternativen „Ersatzlösungen“.

---

[487] Vgl. *Burmester*, Probleme der stillen Gesellschaft 1996, S. 123; *Müller*, Stille Gesellschaft im Abkommensrecht 1996, S. 266; *Strobl/Schäfer*, Berücksichtigung von Auslandsverlusten 1993, S. 206.

[488] Vgl. dazu Kapitel II.A.4.

[489] So z. B. in Belgien, Luxemburg und Österreich.

[490] So z. B. in Frankreich, Italien und Spanien.

[491] So z. B. in Dänemark, Großbritannien, Schweden, der Schweiz und den USA.

B. Stille Gesellschaften im Zivil- und Steuerrecht einzelner Staaten

1. Dem deutsche Steuerrecht vergleichbare rechtliche Regelungen

Eine der deutschen Betrachtungsweise grundsätzlich entsprechende Qualifikation des Rechtsgebildes kann insbesondere in Österreich, Belgien und Luxemburg festgestellt werden. Die weitestgehenden Übereinstimmungen mit den deutschen zivilrechtlichen und steuerrechtlichen Regelungen über stille Gesellschaften finden sich in **Österreich.**[492] Die stille Gesellschaft ist dort ebenfalls eine nichtrechtsfähige Personengesellschaft, die als Innengesellschaft über kein Gesellschaftsvermögen verfügt. Die Einlage des stillen Gesellschafters geht in das Vermögen des Inhabers des Handelsgewerbes über. Steuerlich kennt auch das österreichische Recht die Differenzierung zwischen dem typisch und dem atypisch stillen Gesellschafter, wobei dem typisch stillen Gesellschafter Einkünfte aus Kapitalvermögen[493], dem atypisch stillen Gesellschafter in seiner Funktion als Mitunternehmer Einkünfte aus Gewerbebetrieb[494] zuzurechnen sind.

Das Gesetz über die Handelsgesellschaften in **Belgien** versteht unter einer stillen Gesellschaft („Association en participation") gem. Art. 176 eine Gesellschaft, in der sich eine oder mehrere Personen an Gesellschaften beteiligen, die andere Personen im eigenen Namen führen.[495] Im belgischen Handelsrecht zählt die stille Gesellschaft neben der Gelegenheitsgesellschaft („Association momentanée"), die zum Zweck der Durchführung eines oder mehrerer bestimmter Geschäfte begründet werden kann, zu den sog. Handelsvereinigungen („Associations commerciales"). Die Bezeichnung „Association" kennzeichnet die stille Gesellschaft in Belgien als nicht rechtsfähig, so daß sie auch nicht den Vorschriften über die rechtsfähigen Handelsgesellschaften unterliegt. Wie in der Bundesrepublik Deutschland ist in Belgien die stille Gesellschaft eine Personengesellschaft, die formlos durch Vertrag entsteht und für Dritte nicht erkennbar ist. Der Geschäftsinhaber führt die Geschäfte im eigenen Namen, allerdings auf gemeinsame Rechnung. Im Unterschied zur deutschen stillen

---

492 Vgl. *Doralt*, in: EStG (Österreich) 1997, § 26 EStG, Rdnr. 50 ff.; *Szep*, in: EU-Handbuch Gesellschaftsrecht 1997, Österreich, Rdnr. 195 ff.

493 Vgl. *Doralt*, in: EStG (Österreich) 1997, § 27 EStG, Rdnr. 53. Wie in der Bundesrepublik Deutschland wird bei Einnahmen aus der typisch stillen Gesellschaft ein Steuerabzug an der Quelle in Form von Kapitalertragsteuer erhoben; vgl. dazu *Hebig/Heuer*, Grenzüberschreitende stille Beteiligung 1985, S. 797.

494 Vgl. *Doralt*, in: EStG (Österreich) 1997, § 34 Rdnr. 233 ff.

495 Vgl. hierzu sowie zu den folgenden zivilrechtlichen Ausführungen ausführlich *Dabin/Benoit-Moury*, in: Jura Europae, Gesellschaftsrecht 1995, Belgien, Beitrag-Nr. 20.50, S. 1 ff. Vgl. auch *Paulick/Blaurock*, Handbuch 1998, S. 42 ff.

Gesellschaft geht die Einlage des Stillen, soweit keine dahingehende ausdrückliche Vereinbarung besteht, nicht direkt in das Vermögen des Geschäftsinhabers über; vielmehr bleibt jeder Gesellschafter Eigentümer seiner Einlage. Steuerlich erzielt der typisch stille Gesellschafter Beteiligungserträge;[496] ist das Gesellschaftsverhältnis allerdings als Mitunternehmerschaft ausgestaltet, werden dem stillen Gesellschafter wie in der Bundesrepublik Deutschland gewerbliche Einkünfte vermittelt.[497]

Wie in Belgien zählt die stille Gesellschaft („Association en participation") auch in **Luxemburg** zu den sog. Handelsvereinigungen („Associations commerciales"), also zu den nichtrechtsfähigen Personengesellschaften. Die zivilrechtliche Struktur entspricht im wesentlichen der in Belgien und unterscheidet sich von der in der Bundesrepublik Deutschland insbesondere durch die Existenz von Gesellschaftskapital, das in den einzelnen Beiträgen der Gesellschafter („Interêts") besteht.[498] Darüber hinaus ist der stille Gesellschafter an allen den Betrieb betreffenden Entscheidungen beteiligt, so daß Überwachungs- und Kontrollvorschriften, wie sie in Deutschland und Belgien bestehen, entbehrlich sind. Steuerlich kann die stille Gesellschaft wie in Deutschland typisch oder atypisch ausgestaltet werden; der Gesellschafter erzielt dann Einkünfte aus Kapitalvermögen oder aus Gewerbebetrieb.[499]

2. Vom deutschen Recht abweichende rechtliche Regelungen

Neben diesen, der deutschen stillen Gesellschaft ähnlichen Gesellschaftsformen bestehen im Ausland weitere ausdrückliche Regelungen über stille Gesellschaften, die allerdings in wesentlichen Punkten von den deutschen Bestimmungen abweichen. In **Frankreich** ist die stille Gesellschaft („Société en participation") ebenfalls ausdrücklich geregelt.[500] Sie kann entweder als Handelsgesellschaft oder als bürgerlich rechtliche Gesellschaft begründet werden, ist jedoch stets neben den sog. faktischen Gesellschaften, worunter jene Gesellschaften zu fassen sind, „die die gesetzlich vorgeschriebenen Gründungsvorschriften nicht beachtet haben, die aber im Geschäftsverkehr faktisch die wichtigsten Merkmale einer Gesellschaft aufweisen"[501], die einzige französische Gesellschaftsform, die keine eigene Rechtspersönlichkeit besitzt und damit keine juristische Person darstellt. Wie in Belgien verbleibt, falls keine andere Regelung dem entgegensteht, das Eigentum an der Einlage beim stillen Gesell-

---

496 Vgl. *Fort*, in: *Mennel/Förster*, Steuern in Europa, Amerika und Asien 1998, Belgien, Rdnr. 126.

497 Vgl. *Haas*, Mitunternehmerschaften 1978, S. 94.

498 Vgl. zu den weiteren zivilrechtlichen Ausführungen ausführlich *Delvaux*, in: Jura Europae, Gesellschaftsrecht 1995, Luxemburg, Beitrag-Nr. 50.50, S. 1 ff.

499 Vgl. *Faber*, in: Jura Europae, Steuerrecht 1972, Luxemburg, Beitrag-Nr. 50.50, S. 3; *Fort*, in: *Mennel/Förster*, Steuern in Europa, Amerika und Asien 1998, Luxemburg, Rdnr. 150.

500 Vgl. zu den zivilrechtlichen Ausführungen *Bastian/Germain*, in: Jura Europae, Gesellschaftsrecht 1995, Frankreich, Beitrag-Nr. 30.50, S. 1 ff.; *Tillmanns*, in: EU-Handbuch Gesellschaftsrecht 1997, Frankreich, Rdnr. 176 ff.

501 *Bastian/Germain*, in: Jura Europae, Gesellschaftsrecht 1995, Frankreich, Beitrag-Nr. 30.50, S. 2.

schafter. Als Besonderheit kann eine stille Gesellschaft in Frankreich nicht nur als Innengesellschaft, sondern, wenn das stille Gesellschaftsverhältnis Dritten gegenüber als solches bekannt ist, auch als Außengesellschaft geführt werden. Dies hat zivilrechtlich insbesondere Auswirkungen auf die Haftung des stillen Gesellschafters, da bei einer Innengesellschaft lediglich der Geschäftsinhaber, im Fall der Außengesellschaft auch der stille Gesellschafter haftet und zwar bei Handelsgesellschaften gesamtschuldnerisch und bei bürgerlich rechtlichen stillen Gesellschaften als Teilschuldner.[502] Im französischen Steuerrecht zählt die stille Gesellschaft grundsätzlich zu den Mitunternehmerschaften, so daß die Einkünfte aus der Beteiligung als Einkünfte aus Industrie und Handel („Bénéfices industriels et commerciaux") – vergleichbar den deutschen Einkünften aus Gewerbebetrieb – der französischen Einkommensteuer unterliegen.[503] Allerdings gilt die für französische Personengesellschaften – mit Ausnahme der Wirtschaftlichen Interessengruppierung französischen Rechts „Groupement d'Intérêt Économique (GIE)" – die unwiderrufliche Option zur Besteuerung nach Körperschaftsteuergrundsätzen auch für die stille Gesellschaft, jedoch nur, soweit sie nicht bereits zwingend der Körperschaftsteuer unterliegt, weil die Identität der Gesellschafter der Société en participation der Finanzverwaltung nicht bekannt gemacht wurde.[504] Die an den stillen Gesellschafter ausgeschütteten Gewinne werden dann wie Dividenden behandelt und unterliegen folglich erst im Jahr der Ausschüttung der Besteuerung.[505]

Stille Gesellschaften („Cuenta en participación") werden im Handelsrecht **Spaniens** in Art. 239 wie folgt definiert: „Kaufleute können sich an den Geschäften anderer Kaufleute beteiligen, indem sie zu diesen Geschäften einen von ihnen vereinbarten Kapitalanteil beitragen und Teilhaber an den günstigen und ungünstigen Ergebnissen in dem von ihnen festgesetzten Verhältnis werden."[506] Mit dieser Definition wird die stille Gesellschaft als Unternehmerverbindung charakterisiert.[507] Die Cuenta en participación ist eine reine Innengesellschaft ohne eigene Rechtspersönlichkeit; der stille Gesellschafter leistet eine im (formfreien) Gesellschaftsvertrag vereinbarte Einlage, die ins Eigentum des Geschäftsinhabers übergeht. Im Unterschied zu Deutschland werden in Spanien Personengesellschaften der Körperschaftsteuer unterworfen, mit Ausnahme jener Gesellschaften, die wie die Cuenta en participación Innengesellschaften darstellen.[508] Zwar ist auch in Spanien die Ausgestaltung

---

502 Vgl. *Bastian/Germain*, in: Jura Europae, Gesellschaftsrecht 1995, Frankreich, Beitrag-Nr. 30.50, S. 5.

503 Vgl. *Rohrlack-Soth/Kaufmann*, Besteuerung französischer Gesellschaften 1992, S. 98.

504 Vgl. *Kramer*, in: *Debatin/Wassermeyer*, DBA 1998, Art. 4 DBA-Frankreich, Rdnr. 57 f.; *Rohrlack-Soth/Kaufmann*, Besteuerung französischer Gesellschaften 1992, S. 98; *Tillmanns*, in: *Mennel/Förster*, Steuern in Europa, Amerika und Asien 1998, Frankreich, Rdnr. 200. Vgl. auch *Baconnier*, Unternehmensbesteuerung in Frankreich 1994, S. 77 ff.

505 Vgl. *Rohrlack-Soth/Kaufmann*, Besteuerung französischer Gesellschaften 1992, S. 98.

506 *Martinez*, in: EU-Handbuch Gesellschaftsrecht 1997, Spanien, Rdnr. 134.

507 Vgl. *Martinez*, in: EU-Handbuch Gesellschaftsrecht 1997, Spanien, Rdnr. 134.

508 Vgl. *Selling*, in: *Debatin/Wassermeyer*, DBA 1998, Anh. DBA-Spanien, Rdnr. 69.

einer stillen Gesellschaft als atypisch möglich, die daraus bezogenen Einkünfte werden jedoch unabhängig von der Ausgestaltung des Vertragsverhältnisses stets den Dividenden gleichgestellt, so daß sie auch bei typisch stillen Gesellschaften auf seiten des Geschäftsinhabers nicht als Betriebsausgabe abzugsfähig sind.[509]

In **Italien** stammt die stille Gesellschaft („Associazione in partecipazione“) historisch von der Kommanditgesellschaft ab; im italienischen Handelsgesetzbuch ist sie jedoch in Art. 2549 als Vertrag definiert, durch den „der Unternehmer dem stillen Gesellschafter einen Anteil am Gewinn seines Unternehmens oder eines oder mehrerer Geschäfte gegen einen bestimmten Beitrag gewährt“.[510] Im Zuge dieses formlos abgeschlossenen Vertrages tritt nur der Unternehmer nach außen in Erscheinung. Dem stillen Gesellschafter können im Innenverhältnis neben dem gesetzlichen Recht auf einen jährlichen Rechenschaftsbericht vertraglich weitergehende Aufsichtsrechte zugesprochen werden, die „aber niemals so weit ausgedehnt werden (können; d. Verf.), daß der stille Gesellschafter sich mit Entscheidungsbefugnissen in die Geschäftsführung einmischen kann; in diesem Fall würde keine stille, sondern eine echte Gesellschaft vorliegen.“[511] Ist die Associazione in partecipazione steuerrechtlich der deutschen atypisch stillen Gesellschaft vergleichbar, gilt der Stille in Italien als Mitunternehmer, die Associazione in partecipazione als Betriebstätte.[512] Ist der Vertrag hingegen in typischer Weise ausgestaltet, erzielt der stille Gesellschafter Einkünfte aus Kapitalvermögen.[513] Unabhängig davon, ob eine atypische oder typische Vertragsgestaltung vorliegt, ist die Besteuerung der Einkünfte aus einer stillen Beteiligung, anders als im Fall einer italienischen Personengesellschaft, deren Ergebnis unabhängig von einer Ausschüttung den einzelnen Gesellschaftern zugerechnet wird, von einer Ausschüttung des Geschäftsinhabers abhängig.[514]

3. Ersatzlösungen

Im den meisten Staaten ist eine der deutschen stillen Gesellschaft vergleichbare Rechtsform unbekannt, dies bedeutet jedoch nicht, daß mit Hilfe besonderer Vertragsgestaltungen kein Wirtschaftsgebilde entstehen kann, das aus deutscher Sicht als stille Gesellschaft zu werten wäre; einige länderspezifische Möglichkeiten werden im folgenden vorgestellt. So ist die stille Gesellschaft („Stille selskab“) im Zivilrecht

---

[509] Vgl. *Burmester*, Probleme der stillen Gesellschaft 1996, S. 128; *Haas*, Mitunternehmerschaften 1978, S. 129. Vgl. auch *Friese*, Spanisches Steuerrecht 1989, S. 29; *Selling*, Handbuch 1985, S. 57 f.

[510] *Colombo*, in: Jura Europae, Gesellschaftsrecht 1995, Italien, Beitrag-Nr. 40.50, S. 1. Vgl. auch *Fantozzi*, Unternehmensbesteuerung in Italien 1994, S. 162 f.

[511] *Colombo*, in: Jura Europae, Gesellschaftsrecht 1995, Italien, Beitrag-Nr. 40.50, S. 2.

[512] Vgl. *Haas*, Mitunternehmerschaften 1978, S. 106.

[513] Vgl. *Lobis*, in: *Mennel/Förster*, Steuern in Europa, Amerika und Asien 1998, Italien, Rdnr. 84.

[514] Vgl. *Burmester*, Probleme der stillen Gesellschaft 1996, S. 128 f.; *Haas*, Mitunternehmerschaften 1978, S. 106.

Dänemarks nicht geregelt, dennoch bestehen „nach den Rechtsgrundsätzen des dänischen Rechtes ... keine Hindernisse, eine natürliche Person oder eine Gesellschaft als ‚stillen' Gesellschafter einer anderen Gesellschaft (Gewerbebetrieb) aufzunehmen, wenn diese eine entsprechende Einlage leisten."[515] Die Gründung einer stillen Gesellschaft unterliegt in Dänemark keinen besonderen Gesetzen, sondern erfolgt ausschließlich durch einen (formlosen) Vertrag zwischen den beiden Partnern.[516] Steuerlich werden die Einkünfte aus einer stillen Gesellschaft dem Jahreseinkommen des Stillen hinzugerechnet und dort als Einkünfte aus Kapitalvermögen besteuert.[517]

Auch im Zivilrecht der **Schweiz** gibt es keine der deutschen stillen Gesellschaft direkt vergleichbare Rechtsform, so daß dort ebenfalls, um ein entsprechendes Rechtsgebilde zu schaffen, auf „Ersatzlösungen" zurückgegriffen werden muß. So kann eine typisch stille Gesellschaft über ein partiarisches Darlehen erreicht werden, während zur Verwirklichung der atypischen Variante die sog. einfache Gesellschaft des bürgerlichen Rechts[518] herangezogen werden muß.[519] Unabhängig von der Art der Gestaltungen stellen die Einkünfte aus der stillen Gesellschaft steuerrechtlich Dividenden dar.[520]

Über denselben Vertragsweg kann auch in den **USA** ein der deutschen stillen Gesellschaft ähnliches Rechtsgebilde geschaffen werden. Während Einkünfte aus der typisch stillen Gesellschaft steuerlich wie Zinseinkünfte gewertet werden, kann die atypische Ausgestaltungsvariante lediglich annähernd über eine Personengesellschaft mit der Möglichkeit zur beschränkten Haftung („Limited partnership") erreicht werden.[521] Diese ist wiederum mit der atypisch stillen Gesellschaft schon allein deshalb nicht deckungsgleich, weil sie als Außengesellschaft in Erscheinung tritt.[522]

---

515 *Steiniger*, in: Jura Europae, Gesellschaftsrecht 1995, Dänemark, Beitrag-Nr. 70.50, S. 1.

516 Vgl. *Alsted/Hansen*, Dänemark, in: EU-Handbuch Gesellschaftsrecht 1997, Rdnr. 55 ff.

517 Vgl. *Winther-Sørensen*, Unternehmensbesteuerung in Dänemark 1994, S. 126.

518 Vgl. dazu *Wagner*, Gesellschaftsrecht 1995, S. 15 ff.

519 Vgl. *Burmester*, Probleme der stillen Gesellschaft 1996, S. 129; *Zwosta*, in: *Debatin/Wassermeyer*, DBA 1998, Art. 10 DBA-Schweiz, Rdnr. 83. *Haas* weist jedoch darauf hin, daß die „Gestaltungsform der ‚atypisch stillen Gesellschaft' ... so ungewöhnlich (ist; d. Verf.), daß Schwierigkeiten mit der Steuerverwaltung nicht ausgeschlossen sind. Eine Mitunternehmerschaft mit beschränkter Haftung durch Haftungsausschluß im Innenverhältnis ist einfach zu realisieren"; *Haas*, Mitunternehmerschaften 1978, S. 124. Vgl. zur Wertung der deutschen Finanzverwaltung bei atypisch stiller Beteiligung an einem schweizerischen Unternehmen Kapitel IV.C.4.a)(3).

520 Vgl. *Burmester*, Probleme der stillen Gesellschaft 1996, S. 129.

521 Vgl. *Burmester*, Probleme der stillen Gesellschaft 1996, S. 129.

522 Vgl. *Haas*, Mitunternehmerschaften 1978, S. 132.

4. Zusammenfassende Beurteilung

Im Ergebnis ist das zivilrechtliche Fundament der stillen Gesellschaft, insbesondere was die Verwendung der Einlage des Stillen und dessen Haftung betrifft, in anderen Ländern unterschiedlich gestaltet; in den meisten Staaten wird völlig auf diese Gesellschaftsform verzichtet. Vielfältig sind auch die steuerlichen Konsequenzen, die sich aus den divergierenden Gestaltungen ergeben. In Abhängigkeit vom jeweiligen Staat kann sowohl die typische als auch die atypische Form der stillen Gesellschaft zu Einkünften aus Gewerbebetrieb oder Zins- bzw. Dividendeneinkünften führen. Die von der Wertung in Deutschland divergierende Qualifikation der Einkünfte im ausländischen Staat führt zu Konflikten, die u. U. Doppelbesteuerungen bzw. doppelte Steuerfreistellungen bzw. Minderbesteuerungen zur Folge haben.[523]

[523] Vgl. Kapitel IV.B.1.b)(2)(b).

IV. Stille Gesellschaft im Internationalen Steuerrecht

A. Einführende Grundlagen

1. Begriff und Rechtsquellen des Internationalen Steuerrechts

Aus den zahlreichen Ansätzen in der Literatur zur Definition des Begriffs des Internationalen Steuerrechts[524] läßt sich vor allem in neuerer Zeit eine Tendenz dahingehend erkennen, die der Bestimmung zugrundeliegenden Kriterien relativ weit zu fassen. Auch in der vorliegenden Arbeit soll der Begriff des Internationalen Steuerrechts **„alle nationalen, völkerrechtlichen und europarechtlichen Normen mit Steuerfolgen für den internationalen, d. h. grenzüberschreitenden Wirtschaftsverkehr"**[525] umfassen. Rechtsvorschriften, die transnationale Sachverhalte betreffen, benötigen allerdings den Bezug zu einer konkreten Rechtsordnung, so daß stets lediglich das Internationale Steuerrecht eines bestimmten Staates – in dieser Arbeit das der Bundesrepublik Deutschland – gemeint sein kann.[526]

Aus der oben dargestellten Definition lassen sich die folgenden drei Rechtsquellen des deutschen Internationalen Steuerrechts ableiten:

1. Das deutsche **nationale Außensteuerrecht** ist nicht in einem bestimmten Gesetz kodifiziert, sondern findet sich fragmentartig als sog. Allgemeines Außensteuerrecht in den jeweiligen Einzelsteuergesetzen (EStG, KStG, BewG, ErbStG) und als sog. Besonderes (oder Spezielles) Außensteuerrecht in eigens die grenzüberschreitenden Sachverhalte regelnden Steuer-

---

[524] Je nach Auslegung werden unterschiedliche Anforderungen an den Begriff gestellt: Eine relativ enge Auslegung subsumiert unter das Internationale Steuerrecht ausschließlich Kollisionsnormen zur Abgrenzung von Steuerhoheiten; vgl. *Bühler*, Prinzipien des Internationalen Steuerrechts 1964, S. 1 ff. Darüber hinaus wird auch die Meinung vertreten, daß die Bezeichnung „International" auf die Herkunft des Rechts hindeute und folglich lediglich völkerrechtliche Normen gemeint sein könnten; vgl. *Debatin*, in: *Debatin/Wassermeyer*, DBA 1998, Systematik I, Rdnr. 2. Die unterschiedlichen Ansätze zur Begriffsdefinition ausführlich darstellend *Kluge*, Deutsches Internationales Steuerrecht 1992, S. 1 f.; *Schaumburg*, Internationales Steuerrecht 1998, S. 1 ff.

[525] *Lang*, in: *Tipke/Lang*, Steuerrecht 1998, § 2, Rdnr. 32. Vgl. im Ergebnis ebenso *Schaumburg*, Internationales Steuerrecht 1998, S. 2 f.; *Wilke*, Internationales Steuerrecht 1997, S. 22. *Saß* grenzt den Begriff ausschließlich auf das nationale Außensteuerrecht und die Doppelbesteuerungsabkommen ein und verzichtet folglich auf rein europäische Normen (vgl. *Saß*, Grundzüge 1997, S. 17), während *Rose* die „Entscheidungen internationaler Gerichte mit steuerlicher Relevanz" als zusätzliche Komponente in die Definition des Internationalen Steuerrechts aufnimmt; vgl. *Rose*, Grundzüge 1995, S. 21.

[526] Vgl. *Schaumburg*, Internationales Steuerrecht 1998, S. 3.

gesetzen, namentlich im Außensteuergesetz (AStG), im Auslandsinvestitionsgesetz (AIG)[527], im Entwicklungsländer-Steuergesetz (EntwLStG)[528] und im Auslandsinvestmentgesetz (AuslInvG)[529], wobei allerdings für Zwecke dieser Arbeit ausschließlich das Außensteuergesetz von Interesse ist.[530]

2. **Doppelbesteuerungsabkommen** (DBA) sind völkerrechtliche Verträge, die durch Erklärung und Zustimmung beider vertragsschließenden Staaten zustande kommen.[531] Die abkommensrechtlichen Normen führen nicht dazu, daß ein Staat auf einen Sachverhalt ausländisches Recht anwendet, sondern sie beschränken das Besteuerungsrecht der Vertragsstaaten inhaltlich, um eine Doppelbesteuerung zu vermeiden.[532]

3. Das **Europäische Steuerrecht** läßt sich auf primäres (Gründungsverträge, insbesondere der Vertrag zur Gründung der Europäischen Gemeinschaft vom 25.3.1957 (EGV)[533]) und sekundäres (Verordnungen und Richtlinien) Gemeinschaftsrecht sowie auf sonstige europarechtliche Rechtsquellen (Vereinbarungen, Entscheidungen, Empfehlungen, Stellungnahmen) zurückführen.[534]

Der zwar nicht ausdrücklich kodifizierte, allerdings auf die allgemeine Vorschrift zur Rechtsangleichung in Art. 100 des EG-Vertrages gestützte Harmonisierungsauftrag der EU für die direkten Steuern[535] hatte bislang die Verabschiedung nur weniger EG-Richtlinien zur Folge,[536] die für die hier behandelte Thematik einkommen- und kör-

---

527 Mit Art. 8 des Steuerreformgesetzes 1990 ist das AIG mit Wirkung zum 1.1.1990 faktisch aufgehoben, da ihm lediglich Bedeutung für die Überwachung der im Zuge dieses Gesetzes gebildeten Rücklagen und deren Auflösung zukommt.

528 Mit Art. 34 des Zweiten Haushaltsstrukturgesetzes vom 22.12.1981, BGBl. I 1981, S. 1523, ist das Gesetz nur noch auf Kapitalanlagen anwendbar, die vor dem 1.1.1982 vorgenommen wurden, daher kommt ihm lediglich Bedeutung für die Überwachung der im Zuge dieses Gesetzes gebildeten Rücklagen und deren Auflösung zu.

529 Vgl. *Wilke*, Internationales Steuerrecht 1997, S. 31.

530 Vgl. dazu ausführlich Kapitel IV.E.

531 Vgl. Art. 9 Abs. 1 des Wiener Übereinkommens über das Recht der Verträge (WÜRV) vom 23.5.1969; vgl. BGBl. II 1985, S. 927.

532 Vgl. *Vogel*, in: *Vogel*, DBA 1996, Einl., Rdnr. 26. Vgl. dazu ausführlich Kapitel IV.C.1.

533 Vgl. BGBl. II 1957, S. 766, überarbeitet durch den am 2.7.1992 in Maastricht unterzeichneten Vertrag über die Europäische Union (EU-Vertrag); vgl. Gesetz vom 28.12.1992, BGBl. II 1992, S. 1251.

534 Vgl. *Schaumburg*, Internationales Steuerrecht 1998, S. 3 f.; *Weber-Grellet*, Europäisiertes Steuerrecht 1995, S. 336 ff.

535 Vgl. *Kluge*, Deutsches Internationales Steuerrecht 1992, S. 31. Vgl. im Überblick *Lutter*, Europäisches Unternehmensrecht 1996, S. 782 ff.

536 Vgl. insbesondere die Richtlinie Nr. 90/434/EWG des Rates über das gemeinsame Steuersystem für Fusionen, Spaltungen, die Einbringung von Unternehmensteilen und den Austausch von Anteilen, die Gesellschaften verschiedener Mitgliedstaaten betreffen, vom 23.6.1990 (sog. Fusions-

Fortsetzung ...

perschaftsteuerlicher Wirkungen grenzüberschreitender stiller Gesellschaften jedoch nur von untergeordneter Bedeutung sind, so daß im folgenden ausschließlich die Rechtsquellen nationales deutsches Außensteuerrecht und Doppelbesteuerungsabkommen im Vordergrund stehen.

2. Grundsätzliche Problematik grenzüberschreitender stiller Gesellschaften

Grenzüberschreitende stille Gesellschaften konstruieren Sachverhalte mit Auslandsberührung, die **unterschiedliche Gestaltungen** widerspiegeln können: Zum einen kann sich eine steuerpflichtige inländische natürliche oder juristische Person an einem ausländischen Unternehmen beteiligen; zum anderen ist eine Beteiligung einer ausländischen natürlichen oder juristischen Person an einem inländischen Unternehmen denkbar. Darüber hinaus ist die typische sowie die atypische Variante der stillen Gesellschaft auch bei Vertragsgestaltungen mit Auslandsberührung möglich. Die angesprochenen Kombinationsmöglichkeiten grenzüberschreitender Engagements in Form der stillen Gesellschaft zeigt Abbildung 9.

Richtlinie), ABl. EG Nr. L 225, S. 1; Richtlinie Nr. 90/435/EWG des Rates über das gemeinsame Steuersystem der Mutter- und Tochtergesellschaften verschiedener Mitgliedstaaten vom 23.6.1990 (sog. Mutter/Tochter-Richtlinie), ABl. EG Nr. L 225, S. 6.

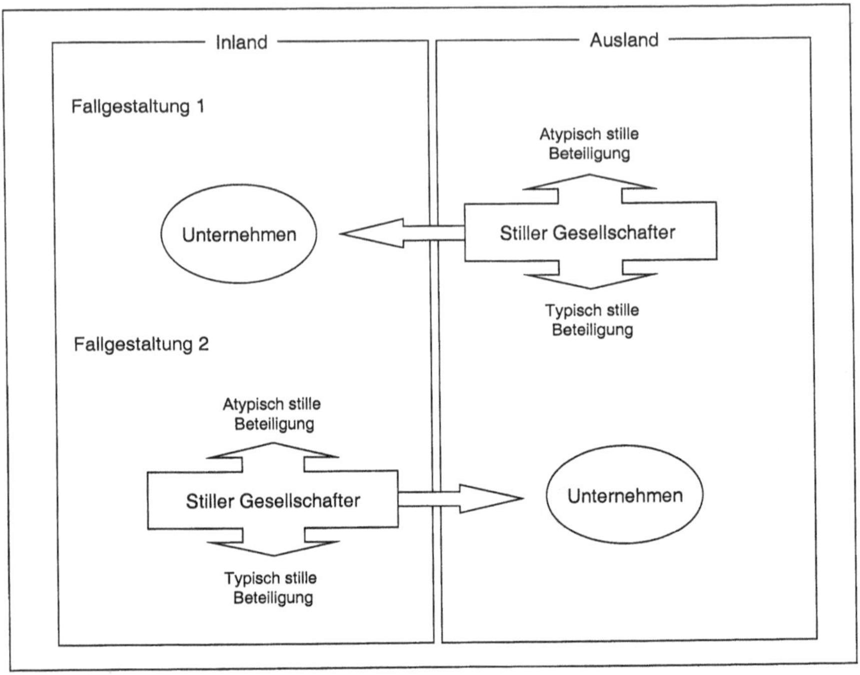

Abbildung 9: Kombinationsmöglichkeiten grenzüberschreitender stiller Gesellschaften

Die dargestellten Ausgestaltungsarten grenzüberschreitender stiller Gesellschaften beinhalten zwei wesentliche Probleme:

1. **Qualifikationsproblem:** Ein Rechtsinstitut wie das der stillen Gesellschaft kann im Ausland unterschiedliche Wertungen erfahren.[537] So ist es z. B. denkbar, daß ein vergleichbares rechtliches Gebilde im Ausland nicht existiert oder die im deutschen Recht angewandte Trennung zwischen der Stellung des typisch stillen Gesellschafters als Fremdkapitalgeber und der des atypisch stillen Gesellschafters als Mitunternehmer im ausländischen Recht entweder gar nicht oder anders kodifiziert ist. Auch die Einordnung eines im Ausland ansässigen Geschäftsinhabers in das nationale Rechtsformensystem ist für die inländische Wertung der rechtlichen Konstruktion von Interesse. Darüber hinaus ist die Art der Einkünfte, die dem stillen Gesellschafter zuzurechnen sind, zu klären. Bei all diesen Problemkreisen stellt

[537] Vgl. mit der beispielhaften Darstellung der Regelungen über stille Gesellschaften im ausländischen Recht Kapitel III.

sich vorrangig die Frage, inwieweit die Qualifikation der stillen Gesellschaft im Ausland für die Besteuerung aus deutscher Sicht relevant ist.

2. **Doppelbesteuerungsproblem:** Bei transnationalen Sachverhaltsgestaltungen kann es bezüglich der Besteuerung immer dann zu Kollisionen kommen, wenn sich die Steueransprüche der beteiligten Länder überschneiden. Grundlage hierfür ist die Verwirklichung eines elementaren Bestandteils staatlicher Souveränität in Gestalt der Steuerhoheit „als das Recht, Steuern zu erheben und über die Art und Weise ihrer Erhebung zu verfügen".[538]

Das Qualifikationsproblem stellt sich bei der steuerlichen Behandlung grenzüberschreitender stiller Gesellschaften bei Bestehen eines DBA ebenso wie bei der Anwendung rein nationaler Bestimmungen; allerdings ist die Vorgehensweise bei der Beurteilung ausländischer Sachverhalte den unterschiedlichen Rechtsgrundlagen anzupassen, so daß die Qualifikationsproblematik bei der gewählten Systematik dieser Arbeit im entsprechenden Themenbereich angesprochen wird.[539]

Der Doppelbesteuerung wird unilateral und bi- (bzw. multi-)lateral auf unterschiedliche Weise begegnet: Während im rein nationalen Rechtssystem der inländische Fiskus partiell auf die Besteuerung bestimmter Sachverhalte verzichtet,[540] werden im Abkommensrecht Besteuerungstatbestände zwischen den beteiligten Staaten aufgeteilt.[541] Der Begriff der Doppelbesteuerung ist im nationalen Recht erwähnt, jedoch nicht definiert; im nachfolgenden Kapitel erfolgt daher eine nähere Begriffsbestimmung.

3. Internationale Doppelbesteuerung

Die autonome Steuerhoheit souveräner Staaten kann bei zwischenstaatlichen Sachverhalten zu einer **Konfliktsituation** und letztendlich zur Doppelbesteuerung führen, wenn zwei verschiedene Staaten berechtigt sind, auf denselben Steuerpflichtigen aufgrund desselben Steuergegenstands im selben Zeitraum mit einer gleichen oder gleichartigen Steuer zuzugreifen.[542] Damit erfordert die sog. **juristische Doppelbesteuerung** (oder Doppelbesteuerung im Rechtssinn):

1. **Identität des Steuersubjekts:** Anknüpfungspunkt ist die Person, die der Besteuerung in beiden Staaten unterliegt, unabhängig davon, ob es sich um eine natürliche oder juristische Person handelt. Praktische Bedeutung erlangt das

---

538 *Mössner*, in: *Mössner* u. a., Steuerrecht 1998, S. 51.

539 Vgl. dazu Kapitel IV.B.1.b) und Kapitel IV.C.4.

540 Vgl. dazu Kapitel IV.B.2.c).

541 Vgl. dazu Kapitel IV.C.2.

542 Vgl. *Jacobs*, Internationale Unternehmensbesteuerung 1999, S. 5 ff.; *Kluge*, Deutsches Internationales Steuerrecht 1992, S. 9 ff.; *Mössner*, Doppelbesteuerung 1985, S. 139 ff.; *Schaumburg*, Internationales Steuerrecht 1998, S. 585 f.; *Tillmanns*, in: *Mössner* u.a., Steuerrecht 1998, S. 158 ff.; *Wilke*, Internationales Steuerrecht 1997, S. 27 f.

Kriterium der Personenidentität insbesondere bei der Trennung von Gesellschafts- und Gesellschafterebene im Fall von Kapitalgesellschaften.[543]

2. **Identität des Steuerobjekts:** In der Objektidentität manifestiert sich die Gleichheit des Steuertatbestands, an den die Besteuerung in den beteiligten Staaten anknüpft.[544]

3. **Identität des Besteuerungszeitraums:** Die Identität der Steuerperiode ist unabhängig vom Zeitpunkt der Einziehung der Steuern oder der Erhebungsform; das Vorliegen einer internationalen Doppelbesteuerung im Rechtssinn erfordert lediglich bei periodisch anfallenden Steuern den Bezug auf den gleichen Besteuerungszeitraum.[545]

4. **Vergleichbarkeit der erhobenen Steuer:** Bei der Beurteilung der Steuerart wird auf die Gleichheit verzichtet und dieses Kriterium mangels Übereinstimmung der Steuergesetze durch die Forderung nach der Gleichartigkeit entschärft.[546]

5. **Vorhandensein mehrerer originärer Steuergewalten:** Die Doppelbesteuerung verlangt die Kollision zwischen zwei Normen unterschiedlicher Staaten; damit unterscheidet sich die Doppelbesteuerung von der Doppelbelastung, die einen nationalen Sachverhalt beschreibt und folglich dann gegeben ist, wenn „derselbe wirtschaftliche Vorgang innerhalb einer nationalen Steuerordnung mit mehr als einer Steuer belastet wird."[547]

Wird auf die Steuersubjektidentität als Kriterium verzichtet, so spricht man von einer **wirtschaftlichen Doppelbesteuerung**, die durch die Besteuerung desselben wirtschaftlichen Vorgangs (bzw. Vermögenswerts) innerhalb desselben Besteuerungszeitraums in zwei Staaten entsteht.[548]

---

543 Vgl. *Mössner*, Doppelbesteuerung 1985, S. 139 ff.

544 Vgl. *Kluge*, Deutsches Internationales Steuerrecht 1992, S. 10.

545 Vgl. *Kluge*, Deutsches Internationales Steuerrecht 1992, S. 11.

546 Vgl. *Schaumburg*, Internationales Steuerrecht 1998, S. 590.

547 *Kluge*, Deutsches Internationales Steuerrecht 1992, S. 9. *Vogel* spricht dagegen von der Doppelbelastung im Fall der wirtschaftlichen Doppelbesteuerung; vgl. *Vogel*, in: *Vogel*, DBA 1996, Einl., Rdnr. 3.

548 Vgl. *Jacobs*, Internationale Unternehmensbesteuerung 1999, S. 6; *Tillmanns*, in: *Mössner* u.a., Steuerrecht 1998, S. 160.

B. Steuerliche Behandlung ohne Berücksichtigung des Abkommensrechts

1. Anwendung unilateraler Bestimmungen

a) Anknüpfungspunkte der Besteuerung

Die Ausgestaltung des sog. Souveränitätsprinzips[549] wird in der Literatur[550] mit einem Grundmuster umschrieben, das sich durch drei Anknüpfungspunkte auszeichnet:

1. In einer Differenzierung nach der rechtlichen oder räumlichen Zugehörigkeit der Person des Steuerpflichtigen zum Hoheitsgebiet konstituiert sich der **Kreis der unbeschränkt steuerpflichtigen Steuersubjekte**. Ist die Staatsangehörigkeit ausschlaggebend, so folgt die persönliche Anknüpfung dem Nationalitätsprinzip;[551] setzt die Besteuerung hingegen – wie in der Bundesrepublik Deutschland – für natürliche Personen am Wohnsitz oder gewöhnlichen Aufenthaltsort bzw. für juristische Personen am Sitz oder Ort der Geschäftsleitung an, kommt das Wohnsitzstaatsprinzip zur Anwendung.
2. Den Umfang der Steuerpflicht und damit die **Steuerbemessungsgrundlage** grenzen das Territorialitätsprinzip oder das Universalitätsprinzip (auch Totalitäts- oder Mondialprinzip) ab. Während im Fall des Territorialitätsprinzip ein Besteuerungsanspruch lediglich auf die auf dem Territorium des Inlandes erwirtschafteten Einkünfte erhoben wird, geht im Fall des Universalitätsprinzips das Welteinkommen in die Bemessungsgrundlage des Steuerpflichtigen ein.
3. Der **Abgrenzung des Steuergegenstands** dienen das Wohnsitzprinzip und das Quellenprinzip (auch Ursprungs- oder Belegenheitsprinzip), wobei bei ersterem der Wohnsitz bzw. gewöhnliche Aufenthalt oder der Sitz bzw. Ort der Geschäftsleitung des Steuerpflichtigen den Besteuerungsanspruch bedingt, während bei Anwendung des Quellenprinzips derjenige Staat die Einkünfte besteuert, in dem sie entstanden sind.

---

549 Vgl. bereits Kapitel IV.A.2.

550 Vgl. insbesondere *Fischer/Warneke*, Betriebswirtschaftliche Steuerlehre 1998, S. 45. Etwas abgewandelt vgl. auch *Jacobs*, Internationale Unternehmensbesteuerung 1999, S. 8 f.; *Mössner*, in: *Mössner* u. a., Steuerrecht 1998, S. 55; *Rose*, Grundzüge 1995, S. 25 f.; *Schaumburg*, Internationales Steuerrecht 1998, S. 108 f.; *Wilke*, Internationales Steuerrecht 1997, S. 24 f.

551 Dieses kommt beispielsweise in den USA zur Anwendung; vgl. *Lambrecht*, Beschränkte und unbeschränkte Steuerpflicht 1986, S. 274 ff.

Zwei bestimmte Kombinationen haben sich weltweit als führender Standard durchgesetzt; sie finden sich auch im deutschen Steuerrecht wieder:[552]

1. Wohnsitzstaatsprinzip und Universalitätsprinzip begründen eine **unbeschränkte Steuerpflicht** für das Welteinkommen;
2. Quellenprinzip und Territorialitätsprinzip begründen eine **beschränkte Steuerpflicht** für Personen ohne Wohnsitz und gewöhnlichem Aufenthalt bzw. Sitz und Ort der Geschäftsleitung im Inland für die im Inland verwurzelten Einkünfte.

Das deutsche Einkommensteuergesetz unterwirft mit § 1 Abs. 1 EStG alle natürlichen Personen, die im Inland ihren Wohnsitz oder gewöhnlichen Aufenthalt haben (Steuerinländer), unabhängig von ihrer Staatsangehörigkeit der **unbeschränkten Einkommensteuerpflicht**, die das Welteinkommen umfaßt. Analog dazu ist die Regelung im Körperschaftsteuergesetz ausgestaltet, wo in § 1 Abs. 1 KStG für Körperschaften mit Geschäftsleitung oder Sitz im Inland die **unbeschränkte Körperschaftsteuerpflicht** ebenfalls auf das Welteinkommen ausgerichtet ist.[553]

Die **beschränkte Einkommensteuerpflicht** betrifft gem. § 1 Abs. 4 EStG natürliche Personen, die nicht dem Wohnsitzstaatsprinzip genügen, aber dennoch Einkünfte i. S. v. § 49 EStG erzielen, die im Inland ihre Quelle haben (Steuerausländer). Korrespondierend dazu manifestiert § 2 KStG die **beschränkte Körperschaftsteuerpflicht** für juristische Personen ohne Sitz oder Geschäftsleitung im Inland hinsichtlich ihrer im Inland verwurzelten Einkünfte.

Der durch das Schumacker-Urteil des EuGH[554] deutlich gewordenen Notwendigkeit einer Neuregelung im Bereich der unbeschränkten und beschränkten Steuerpflicht

---

[552] Vgl. *Wilke*, Internationales Steuerrecht 1997, S. 24.

[553] Die genannten steuerrechtlichen Begriffe sind wie folgt definiert: Der Wohnsitz eines Steuerpflichtigen ist gem. § 8 AO „dort, wo er eine Wohnung unter Umständen innehat, die darauf schließen lassen, daß er die Wohnung beibehalten und benutzen wird". Der gewöhnliche Aufenthalt eines Steuerpflichtigen läßt sich gem. § 9 AO aus dem Ort ableiten, „wo er sich unter Umständen aufhält, die erkennen lassen, daß er an diesem Ort oder in diesem Gebiet nicht nur vorübergehend verweilt." Die Geschäftsleitung ist gem. § 10 AO „der Mittelpunkt der geschäftlichen Oberleitung"; während sich der Sitz eines Unternehmens gem. § 11 AO an dem Ort befindet, „der durch Gesetz, Gesellschaftsvertrag, Satzung, Stiftungsgeschäft oder dergleichen bestimmt ist". Vgl. dazu ausführlich *Birk*, in: *Hübschmann/Hepp/Spitaler*, AO/FGO 1998, § 10 AO, Rdnr. 13 ff.; *Hellwig*, in: *Hübschmann/Hepp/Spitaler*, AO/FGO 1998, § 8 AO, Rdnr. 13 ff.; *ders.*, in: *Hübschmann/Hepp/Spitaler*, AO/FGO 1998, § 9 AO, Rdnr. 4 ff.; *Kruse*, in: *Tipke/Kruse*, AO/FGO 1998, §§ 8-11 AO, Rdnr. 1 ff.

[554] Vgl. EuGH vom 14.2.1995, in: DB 1995, S. 407. Im vorliegenden Urteil hatte der EuGH im Fall eines in Deutschland tätigen belgischen Arbeitnehmers, der in seinem Wohnsitzstaat Belgien über keine weiteren Einkünfte verfügte, in der Versagung der für Inländer vorgesehenen Minderungen der Einkommensteuerbemessungsgrundlage in Form von Sonderausgaben, außergewöhnlichen Belastungen und Freibeträgen und der Versagung des Ehegatten-Splittings einen Verstoß gegen das in Art. 6 Abs. 1 EGV festgeschriebene Diskriminierungsverbot gesehen.

ist mit der im Zuge des Jahressteuergesetzes 1996[555] eingefügten Kategorie der „**unbeschränkten Einkommensteuerpflicht auf Antrag**" Rechnung getragen worden. Die Regelung in § 1 Abs. 3 EStG löste die sog. Grenzpendler-Regelung in § 50 Abs. 4 EStG ab und gewährt beschränkt Steuerpflichtigen, deren Einkünfte ausschließlich oder fast ausschließlich aus Deutschland stammen, ab dem Veranlagungszeitraum 1996 die Möglichkeit, zur unbeschränkten Steuerpflicht zu optieren. Die Einkunftsgrenzen für diese antragsgebundene unbeschränkte Einkommensteuerpflicht wurden auf einen Anteil der deutschen Einkünfte in Höhe von mindestens 90 % der weltweiten Einkünfte des Steuerpflichtigen bzw. auf eine absolute Grenze, derzufolge die nicht der deutschen Einkommensteuer unterliegenden Einkünfte maximal 12.000 DM betragen dürfen, festgelegt.[556] Zur Ermittlung der Unschädlichkeitsgrenze kommen nicht nur inländische Einkünfte aus nichtselbständiger und selbständiger Arbeit, sondern alle in § 49 Abs. 1 EStG aufgeführten Einkunftsarten in Betracht. Die Einkünfte müssen allerdings in Deutschland steuerbar und steuerpflichtig sein; eine Steuerbefreiung im Ausland steht der Einbeziehung in die Steuerpflicht gem. § 1 Abs. 3 EStG nicht entgegen.[557] Eine Sonderregelung besteht gem. § 1 Abs. 3 Satz 3 EStG für nach DBA in Deutschland freigestellte Einkünfte, auch wenn sie einem beschränkten (Quellen-)Steuerabzug unterliegen, wie dies bei Dividenden und Zinsen, folglich also insbesondere bei Gewinnanteilen aus stillen Gesellschaften, der Fall sein kann;[558] diese werden für den 90 %-Test den ausländischen Einkünften zugerechnet und – gleich den anderen ausländischen Einkünften – bei der Anwendung des Progressionsvorbehalts gem. § 32b Abs. 1 Nr. 3 EStG berücksichtigt.[559]

Einen Schritt weiter ging der Gesetzgeber mit § 1a EStG für den Personenkreis der EU- und EWR-Angehörigen, die entweder nach § 1 Abs. 1 EStG oder nach § 1 Abs. 3 EStG unbeschränkt einkommensteuerpflichtig sind. Die Rechtsnorm gewährt personen- und familienbezogene Vergünstigungen, wie insbesondere das Ehegatten-Splitting gem. § 26 EStG, das begrenzte Realsplitting gem. § 10 Abs. 1 Nr. 1 EStG, den Haushaltsfreibetrag gem. § 32 Abs. 7 EStG und die Abzugsmöglichkeit von Kinderbetreuungskosten gem. § 33c Abs. 1 EStG.[560] § 1a Abs. 1 EStG spricht

---

555 Jahressteuergesetz 1996 vom 11.10.1995, BGBl. I 1995, S. 1250.

556 Das BMF hat eine Ländergruppeneinteilung vorgenommen, nach der die absolute Grenze auch auf 8.000 DM bzw. 4.000 DM absinken kann; vgl. BMF vom 27.2.1996, BStBl. I 1996, S. 115.

557 Vgl. *Heinicke*, in: *Schmidt*, EStG 1998, § 1 EStG, Rdnr. 57.

558 Vgl. zur Behandlung der stillen Gesellschaft bei Bestehen eines DBA Kapitel IV.C.

559 Vgl. *Benz*, in: *Lademann*, EStG 1998, § 1 EStG, Rdnr. 96; *Heinicke*, in: *Schmidt*, EStG 1998, § 1 EStG, Rdnr. 59 f.

560 Vgl. zu den Änderungen im Bereich der beschränkten Steuerpflicht durch das Jahressteuergesetz 1996 (BGBl. I 1995, S. 1250) ausführlich *Lüdicke*, in: StBKgR 1996, S. 399 ff.; *Menck*, Grenzüberschreitende Geschäftsaktivitäten 1997, S. 118 f.; *Müller*, Beschränkte Einkommensteuerpflicht 1995, S. 585 ff.; *Saß*, Regelungen für Ausländer 1996, S. 295 ff.; *Schulze zur Wiesche*, Jahressteuergesetz 1996, S. 105 ff.; *Thömmes*, in: JbFfSt 1996/97, S. 95 ff. Kritisch vgl. *Lüdicke*, Merkwürdigkeiten 1996, S. 111 ff.

Staatsangehörige von EU- bzw. EWR-Mitgliedstaaten an, deren Einkünfte im Kalenderjahr zu mindestens 90 % der deutschen Einkommensteuer unterliegen oder deren nicht von der deutschen Einkommensteuer erfaßten Einkünfte 12.000 DM (bei Antrag auf Ehegatten-Splitting 24.000 DM) nicht überschreiten. Dabei ist es einerseits unerheblich, ob der Steuerpflichtige in einem der betreffenden Staaten ansässig ist, da § 1a EStG lediglich auf die Staatsangehörigkeit abstellt; andererseits spielt beim Ehegatten nur die Ansässigkeit in einem EU- bzw. EWR-Mitgliedstaat und nicht die Staatsangehörigkeit eine Rolle.[561]

b) Qualifikation von Steuersubjekt bzw. Steuerobjekt

(1) Vorbemerkung

Bei transnationalen Gestaltungen und der Anwendung rein unilateraler Bestimmungen in Form des Außensteuerrechts ist die Frage nach den der Beurteilung der dem rechtlichen Gebilde zugrundeliegenden Rechtsnormen und der sich daran anknüpfenden steuerlichen Wirkungen vor allem dann von immanenter Bedeutung, wenn es zu konträren Einschätzungen des steuerlichen Sachverhalts durch die beteiligten Staaten kommt. Zunächst ist daher zu analysieren, welche Rolle das ausländische Zivil- oder Steuerrecht und auch das Internationale Privatrecht bei der Wertung eines Sachverhalts durch das deutsche Außensteuerrecht spielen.

Qualifikationskonflikte können in beiden in Abbildung 9 dargestellten Fallgestaltungen – inländisches Unternehmen und ausländischer stiller Gesellschafter et vice versa – in Erscheinung treten. **Qualifikationsfragen bei unbeschränkter Steuerpflicht** betreffen den Fall eines im Inland unbeschränkt Steuerpflichtigen (Steuerinländer) mit stiller Beteiligung an einem ausländischen Unternehmen. Unterschiedliche Beurteilungen in den beteiligten Staaten hinsichtlich der rechtlichen Einordnung des ausländischen Geschäftsinhabers, der stillen Gesellschaft an sich und der daraus bezogenen Einkünfte könnten bei dieser Sachverhaltsgestaltung nationalsteuerrechtliche Relevanz entfalten. Ein erster Schritt verlangt die kurze Darstellung des Meinungsstands über eine Einflußnahme des ausländischen Zivilrechts, auch in Gestalt des Internationalen Privatrechts, auf das nationale Steuerrecht, bevor in einem weiteren Schritt die erarbeitete Lösung eines Qualifikationskonflikts an der stillen Gesellschaft erprobt wird.

Im Rahmen der zweiten Fallgestaltung, die die stille Beteiligung einer im Ausland ansässigen natürlichen oder juristischen Person (Steuerausländer) an einer inländischen Gesellschaft betrifft, wird ein Bereich tangiert, der unter der Überschrift „**Qualifikationsfragen bei beschränkter Steuerpflicht**" zusammengefaßt werden kann. Hier stellt sich insbesondere das Problem der Einordnung des ausländischen stillen Gesellschafters in das nationale Konzept der Einkommen- bzw. Körperschaftsteuer.

---

561 Vgl. *Benz*, in: *Lademann*, EStG 1998, § 1a EStG, Rdnr. 7 ff.; *Heinicke*, in: *Schmidt*, EStG 1998, § 1a EStG, Rdnr. 11 ff.; *Krabbe*, in: *Blümich*, EStG 1998, § 1a EStG, Rdnr. 4 ff.

Darüber hinaus muß eine Entscheidung hinsichtlich der Art der bezogenen Einkünfte getroffen werden, wobei auch der Einfluß der nationalen Abfärbe- bzw. Gepräge-Theorie zu analysieren ist.

(2) Qualifikationsfragen bei unbeschränkter Steuerpflicht

(a) Einfluß des Internationalen Privatrechts

Ein im Inland ansässiger **stiller Gesellschafter** mit einer Beteiligung an einem im Ausland ansässigen Unternehmen unterliegt, je nachdem, ob es sich um eine natürliche Person, einen Einzelunternehmer, eine Personengesellschaft oder um eine Körperschaft handelt, mit § 1 Abs. 1 EStG der unbeschränkten Einkommensteuerpflicht bzw. mit § 1 Abs. 1 KStG der unbeschränkten Körperschaftsteuerpflicht.[562] Das deutsche Zivilrecht wertet die stille Gesellschaft insgesamt als Personengesellschaft.[563] Im deutschen Steuerrecht werden die Einnahmen aus typisch stillen Gesellschaften den Einkünften aus Kapitalvermögen zugerechnet, soweit nicht das Subsidiaritätsprinzip eine Umqualifizierung in Einkünfte aus Land- und Forstwirtschaft, aus Gewerbebetrieb oder aus selbständiger Arbeit anordnet; dagegen erfolgt bei der atypischen Ausgestaltungsvariante steuerrechtlich eine Gleichbehandlung mit den in Form einer Außengesellschaft geführten Personengesellschaften in der Weise, daß eine Mitunternehmerschaft mit allen sich daraus ableitenden steuerlichen Folgen vorliegt.[564]

Befindet sich der Geschäftsinhaber im Ausland, so sind insbesondere zwei Fragestellungen für die deutsche Besteuerung relevant:

1. Ist die Rechtsform (Personen- oder Kapitalgesellschaft) des ausländischen Unternehmens nach inländischem oder ausländischem Zivil- oder Steuerrecht oder gar nach Internationalem Privatrecht zu beurteilen?
2. Ist für die Bestimmung der Einkünfte hinsichtlich Art und Höhe das in- oder ausländische Steuerrecht anzuwenden?

Fraglich ist folglich, mit Hilfe welcher Faktoren die Qualifikation des im Ausland ansässigen rechtlichen Gebildes und – sich daran anschließend – die Einordnung der im Zuge der Auslandsengagements erzielten Einkünfte erfolgen soll.

Der **Begriff der Qualifikation** entstammt dem international-privatrechtlichen Sprachgebrauch[565] und wurde erstmals 1932 von *Herzfeld*[566] in den steuerrechtlichen Kon-

---

562 Vgl. bereits Kapitel IV.B.1.a).

563 Vgl. ausführlich Kapitel II.A.2.a).

564 Vgl. ausführlich Kapitel II.B.4.

565 Augenscheinlich wurde der französische Ausdruck „qualification" erstmalig von *Bartin* (vgl. *Bartin*, Conflits de lois 1897, S. 227) im Sinne einer „Subsumtion von Sachnormen unter Gattungsbegriffe

Fortsetzung ...

text transferiert.[567] Die Normen des Internationalen Privatrechts werden zumeist als Kollisionsnormen bezeichnet, die im wesentlichen dadurch gekennzeichnet sind, „daß sie zur Lösung grenzüberschreitender Sachverhalte eine allein anwendbare Rechtsordnung suchen, dazu die des einen oder die des anderen Staates für anwendbar erklären und die jeweils andere Rechtsordnung gänzlich dahinter zurücktreten lassen".[568] Die Einordnung eines bestimmten Rechtsverhältnisses in das System der Rechtsformen und die Entscheidung über die Rechtsfähigkeit einer Gesellschaft (und damit insbesondere ihrer Anerkennung als juristische Person) bestimmt sich nach den Regeln des Internationalen Privatrechts mit Hilfe des sog. Personalstatuts (Gesellschaftsstatuts)[569], dessen Bestimmung bei in beiden Staaten divergierender Rechtsauffassung allerdings umstritten ist.[570] Wesentliche Pfeiler der Argumentation sind die sog. Gründungstheorie sowie die sog. Sitztheorie.

Nach der **Gründungstheorie** ist das Recht des Staates entscheidend, in dem die Gesellschaft gegründet wurde; wo sich der Verwaltungssitz befindet, ist für die Anerkennung der Rechtsfähigkeit der Gesellschaft unerheblich.[571] Eine an den Gründungsort anknüpfende Bestimmung birgt jedoch die Gefahr in sich, daß „strengere Vorschriften des Staates B dadurch umgangen werden können, daß die Gesellschaft unter dem großzügigeren Recht von A gegründet wird."[572]

Die – auch in der Bundesrepublik Deutschland vorherrschende – **Sitztheorie** umgeht diese Problematik, indem sie die Rechtsordnung desjenigen Staates für anwendbar erklärt, in dem die Gesellschaft ihren Sitz hat.[573] Ausschlaggebend ist dabei nicht der statuarische Sitz der Gesellschaft, sondern der tatsächliche Sitz der Hauptverwaltung, der vom BGH als der Ort charakterisiert wird, an dem die „grundlegenden Entscheidungen der Unternehmensleitung effektiv in laufende Geschäftsführungsakte umgesetzt werden".[574] Allerdings muß in diesem Staat auch eine Gründung erfolgen,

---

in Kollisionsnormen mittels deren Auslegung" gebraucht; vgl. *Hannes*, Qualifikationskonflikte 1992, S. 24; wörtliches Zitat ebenda.

566 Vgl. *Herzfeld*, Probleme des Internationalen Steuerrechts 1932, S. 422 ff.

567 Vgl. *Schlütter*, Personengesellschaft 1985, S. 217.

568 *Hannes*, Qualifikationskonflikte 1992, S. 29.

569 Vgl. *Großfeld*, in: *Staudinger*s Kommentar zum BGB 1984, Internationales Gesellschaftsrecht, Rdnr. 11.

570 Vgl. *Schaumburg*, Internationales Steuerrecht 1998, S. 302.

571 Die Gründungstheorie ist vorwiegend im angloamerikanischen Raum verbreitet. Zu weiteren Einzelheiten vgl. *Großfeld/König*, Internationales Gesellschaftsrecht 1992, S. 433 f.

572 *Mössner*, in: *Mössner* u. a., Steuerrecht 1998, S. 73.

573 Vgl. dazu *Schaumburg*, Internationales Steuerrecht 1998, S. 303, sowie die dort angegebene Literatur.

574 BGH vom 21.3.1986, BGHZ 97, S. 272. Vertreter der Sitztheorie konkretisieren diese Umschreibung des BGH mit dem originär steuerrechtlichen Begriff des Orts der geschäftlichen Oberleitung i.S.d. § 10 AO; vgl. *Ebenroth/Auer*, Ausländische Gesellschaften 1992, S. 1001; *Großfeld*, in: *Staudinger*s Kommentar zum BGB 1984, Internationales Gesellschaftsrecht, Rdnr. 169. Vgl. auch

Fortsetzung ...

so daß eine Gesellschaft, deren Gründungssitz im Ausland und Verwaltungssitz im Inland liegt, nicht vor der Eintragung ins inländische Handelsregister rechtsfähig ist.[575] Identitätswahrende Sitzverlegungen über die Grenzen sind nach der Sitztheorie daher nicht möglich.[576]

Ob die dargestellten Grundsätze des Internationalen Privatrechts auch für die nationale Besteuerung einschlägig sind, wird in Literatur und Rechtsprechung unterschiedlich beantwortet. Bejaht man die Übertragung der Grundsätze des Internationalen Privatrechts auf steuerrechtliche Sachverhalte, so bedingt dies die Auswahl einer der konkurrierenden Rechtsnormen als einzig geltende; dagegen bleiben unter dem Regime des nationalen Außensteuerrechts in bestimmten Bereichen beide Rechtsordnungen anwendbar, während in anderen Fällen einseitig auf die Anwendung des innerstaatlichen Rechts verzichtet wird.[577]

Insbesondere Gründe der steuerlichen Gleichbehandlung wirtschaftlich gleicher Verhältnisse[578] haben den RFH bereits 1930 im sog. Venezuela-Urteil[579] zur Nichtanwendung des ausländischen Zivilrechts – und damit auch des Internationalen Privatrechts – auf steuerliche Sachverhalte aus deutscher Sicht veranlaßt; auch die ganz

BFH vom 23.6.1992, BStBl. II 1992, S. 973. A.A. *Mössner*, in: *Mössner* u. a., Steuerrecht 1998, S. 84; *Schaumburg*, Internationales Steuerrecht 1998, S. 304 f., die den Ort der geschäftlichen Oberleitung dort sehen, „wo der für die Geschäftsführung maßgebende Wille gebildet wird" (*Schaumburg*, Internationales Steuerrecht 1998, S. 304), der nicht mit dem Ort übereinstimmen muß, in dem die abgegebenen Willenserklärungen wirksam werden oder die angeordneten Maßnahmen auszuführen sind.

575 In der Zwischenzeit ist sie nach geltender Rechtsprechung aus Sicht des Sitzstaates eine Quasi-OHG bzw. im Fall einer Ein-Mann-Gesellschaft ein Einzelunternehmen; vgl. OLG Oldenburg vom 4.4.1989, in: RIW 1990, S. 1019.

576 Vgl. *Dötsch*, Körperschaftsteuerliche Behandlung der Verlegung des Sitzes 1988, S. 2296.

577 Vgl. *Hannes*, Qualifikationskonflikte 1992, S. 30 f., der dies als einen wesentlichen Unterschied zwischen dem Internationalen Privatrecht und dem nationalen Außensteuerrecht herausstellt.

578 Der RFH führt hierzu aus: Der Gesetzgeber habe „keinen Anlaß, eine besondere Bestimmung über die Behandlung der ausländischen juristischen Personen zu treffen und sie etwa ohne weiteres ausdrücklich den deutschen juristischen Personen gleichzustellen. ... Insbesondere hätte sich daraus eine Rechtslage ergeben können, die der Verwirklichung des Grundsatzes, wirtschaftlich gleiche Verhältnisse nach Möglichkeit auch steuerlich gleichzubehandeln, entgegengestanden wäre."; RFH vom 12.2.1930, RFHE 27, S. 78.

579 Vgl. RFH vom 12.2.1930, RFHE 27, S. 73. In diesem Urteil ordnet der erkennende Senat die Behandlung der Gesellschafter einer venezolanischen OHG oder KG als Mitunternehmer an, obwohl beide Gesellschaften nach venezolanischem Recht juristische Gesellschaften darstellen. Auch in Folgeurteilen hat der BFH die Beurteilungsmaßstäbe des Internationalen Privatrechts außer acht gelassen; vgl. BFH vom 17.7.1968, BStBl. II 1968, S. 695; BFH vom 6.11.1980, BStBl. II 1981, S. 220; BFH vom 3.2.1988, BStBl. II 1988, S. 588.

h. M.[580] geht von einer vom ausländischen Zivilrecht bzw. Internationalen Privatrecht unabhängigen Beurteilung durch das deutsche Außensteuerrecht aus.

Diese Autonomie der national steuerrechtlichen Beurteilung hat zur Folge, daß für die Einordnung eines ausländischen wirtschaftlichen Gebildes in den Dualismus von Einkommensteuer und Körperschaftsteuer die Frage der zivilrechtlichen Rechtsfähigkeit nicht entscheidend ist;[581] vielmehr kommt es „darauf an, mit welcher Gesellschaft des deutschen Rechts die ausländische Gesellschaft entsprechend ihrer rechtstechnischen Ausgestaltung und ihrer wirtschaftlichen Funktion zu vergleichen ist."[582] Der hierbei zur Anwendung kommende **Rechtstypenvergleich** erfolgt zweistufig:[583] Auf einer ersten Stufe ist das Gesamtbild der wirtschaftlichen Stellung und des rechtlichen Aufbaus der ausländischen Unternehmung zu untersuchen; wesentliche Kriterien sind die Rechtsfähigkeit, die Haftung für Schulden und die Übertragbarkeit der Anteile sowie im Innenverhältnis die Geschäftsführung, die Vertretung, die Mitwirkung, die Gewinnverteilung und die Teilnahme am Verlust und an den stillen Reserven.[584] Die gewonnenen Erkenntnisse über die strukturellen Merkmale der ausländischen Gesellschaft sind die Basis für die zweite Stufe, auf der die Einordnung in die nationale steuerrechtliche Systematik erfolgt. Zur Qualifikation als Kapital- bzw. Personengesellschaft sind dann die §§ 1 Abs. 1, 3 KStG sowie § 15 Abs. 2 EStG einschlägig. Liegen nicht alle Strukturmerkmale einer inländischen Rechtsform vor, so ist unter Beachtung des Gesamtbildes der Verhältnisse zu entscheiden, ob die ausländische Gesellschaft eher dem Typ „Personengesellschaft" oder eher dem Typ „Kapitalgesellschaft" entspricht.[585] Daran schließt sich die Beantwortung der Frage an, ob das so ermittelte Steuersubjekt auch den Tatbestand der Einkünfteer-

---

580 Vgl. *Arendt*, Qualifikationsproblem 1959, S. 388; *Bühler*, Prinzipien 1964, S. 77 ff.; *Debatin*, Subjektfähigkeit ausländischer Wirtschaftsgebilde 1988, S. 1158; *ders.*, Steuerstatus ausländischer Kapitalgesellschaften 1990, S. 1457; *Dötsch*, Körperschaftsteuerliche Behandlung der Verlegung des Sitzes 1988, S. 2299; *Ebling*, Steuerliche Rechtsfähigkeit ausländischer Unternehmungen 1988, S. 230; *Greif*, International tätige Personengesellschaft 1996, S. 94; *Großfeld/Luttermann*, Qualifikation ausländischer Gesellschaften 1993, S. 230; *Henkel*, Grenzüberschreitende Kapitalgesellschaften 1991, S. 565 ff.; *Jacobs*, Internationale Unternehmensbesteuerung 1999, S. 420; *Kluge*, Anerkennung ausländischer Gesellschaften 1976, S. 365; *Manke*, in: JbFfSt 1978/79, S. 335; *Piltz*, Unbeschränkte Körperschaftsteuerpflicht 1990, S. 608; *Storck/Selent*, Besteuerung inländischer Beteiligungen 1980, S. 333. A.A. *Hintzen*, Anerkennung ausländischer Gesellschaften 1971, S. 331 f.; *ders.*, Ausländische körperschaftsteuerpflichtige Personengesellschaften 1974, S. 327 ff. Differenzierend *Schaumburg*, Internationales Steuerrecht 1998, S. 299 ff.; zu der von *Schaumburg* vertreten Ansicht vgl. ausführlich S. 119 ff. dieser Arbeit.

581 Vgl. *Manke*, in: JbFfSt 1978/79, S. 333.

582 *Ebling*, Steuerliche Rechtsfähigkeit ausländischer Unternehmungen 1988, S. 230.

583 Vgl. zur Vorgehensweise *Henkel*, Grenzüberschreitende Kapitalgesellschaften 1991, S. 567; *Storck/Selent*, Besteuerung inländischer Beteiligungen 1980, S. 333.

584 Vgl. *Mössner*, in: *Mössner* u. a., Steuerrecht 1998, S. 76.

585 Vgl. *Henkel*, Grenzüberschreitende Kapitalgesellschaften 1991, S. 567.

zielung nach nationalem Einkommensteuergesetz bzw. Körperschaftsteuergesetz erfüllt.[586]

Jacobs[587] hat den **Rechtstypenvergleich für Personengesellschaften** noch um einen zusätzlichen Schritt erweitert, der für die Einordnung stiller Gesellschaften ebenfalls notwendig erscheint: Ist ein ausländisches Wirtschaftsgebilde als Personengesellschaft qualifiziert worden, so ist für die nationale Besteuerung wesentlich, ob die Gesellschaft in Gestalt ihrer Gesellschafter eine gewerbliche (§ 15 Abs. 1 Nr. 2 EStG) oder nichtgewerbliche (§§ 13 Abs. 5, 18 Abs. 5, 21 EStG) Tätigkeit ausübt. Abgrenzungsmerkmale sind die in § 15 Abs. 2 EStG kodifizierten positiven (Selbständigkeit, Nachhaltigkeit, Gewinnerzielungsabsicht, Beteiligung am allgemeinen wirtschaftlichen Verkehr) und negativen (keine Ausübung von Land- und Forstwirtschaft oder selbständiger Arbeit) Voraussetzungen für das Vorliegen eines Gewerbebetriebs.

Die vorgestellte herrschende Ansicht hinsichtlich der Unbeachtlichkeit der (zivilrechtlichen) Rechtsfähigkeit für die steuerliche Einordnung einer ausländischen Gesellschaft geriet durch ein Urteil des BFH[588] aus dem Jahr 1992 ins Wanken. Der IX. Senat hatte darin eine unbeschränkte Steuerpflicht gem. § 1 Abs. 1 Nr. 1 oder Nr. 4 KStG einer liechtensteinischen AG mit Geschäftsleitung in der Bundesrepublik mit dem Hinweis auf die Sitztheorie des Internationalen Privatrechts verneint, dann allerdings eine unbeschränkte Steuerpflicht als nichtrechtsfähiger Verein gem. §§ 1 Abs. 1 Nr. 5, 3 Abs. 1 KStG festgeschrieben. Im einzelnen folgte der BFH dabei folgender Argumentationslinie:[589]

1. Die Rechtsfähigkeit ist Voraussetzung für die Körperschaftsteuer-Subjektivität einer Kapitalgesellschaft.
2. Im Fall einer AG mit statuarischem Sitz im Ausland und Geschäftsleitung im Inland ist zur Beurteilung der Rechtsfähigkeit die Sitztheorie anzuwenden.
3. Ergebnis der Anwendung der Sitztheorie ist die Verneinung der Rechtsfähigkeit infolge fehlender Handelsregistereintragung.
4. Nichtrechtsfähige Personenvereinigungen können körperschaftsteuerpflichtig sein, wenn sie wie eine Kapitalgesellschaft oder ein Verein konstruiert sind.
5. Aufgrund dieses Typenvergleichs unterliegt die liechtensteinische AG als nichtrechtsfähiger Verein der unbeschränkten Körperschaftsteuerpflicht gem. §§ 1 Abs. 1 Nr. 5, 3 Abs. 1 KStG.

Diese Argumentation wird z. T. in der Literatur aufgriffen und schematisiert. *Schaumburg* erkennt ebenfalls in der (zivilrechtlichen) Rechtsfähigkeit den Ausgangspunkt für die Unterscheidung zwischen Personen- und Kapitalgesellschaft; die Entscheidung hinsichtlich der Einkommen- bzw. Körperschaftsteuersubjektivität trifft der da-

---

586 Vgl. *Knobbe-Keuk*, Körperschaftsteuerpflicht 1992, S. 2069.

587 Vgl. *Jacobs*, Internationale Unternehmensbesteuerung 1999, S. 481 ff.

588 Vgl. BFH vom 23.6.1992, BStBl. II 1992, S. 972.

589 Vgl. *Großfeld/Luttermann*, Qualifikation ausländischer Gesellschaften 1993, S. 230.

her – wie der IX. Senat – mit Hilfe eines kombinierten Verfahrens, das in Abbildung 10 übersichtsartig dargestellt ist.[590]

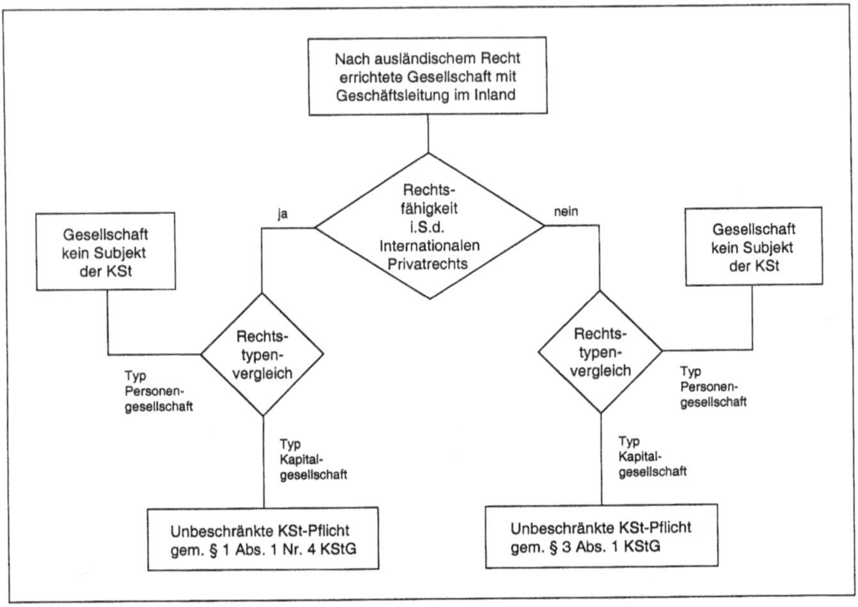

Abbildung 10: Steuersubjektqualifikation unter Anerkennung der Maßgeblichkeit des Internationalen Privatrechts für das nationale Steuerrecht

Das dargestellte Prüfungsschema ist unmittelbar nach Ergehen des BFH-Urteils 1992 in der Literatur[591] auf heftige Kritik gestoßen, wobei insbesondere die in diesem Urteil konstituierte Maßgeblichkeit der Rechtsfähigkeit i. S. d. Internationalen Privatrechts für die nationale Besteuerung und der sich im zweiten Schritt anschließende Rechtstypenvergleich m. E. zu Recht in der Schußlinie standen. Bereits bezüglich des Ausgangspunkts für die Begründung der Abhängigkeit der Anwendung des § 1 Abs. 1 KStG von der Rechtsform i. S. d. Zivilrechts, die der IX. Senat aus der geltenden Rechtsprechung, im besonderen dem Beschluß des Großen Senats aus dem Jahr 1984,[592] ableitet, kann kritisiert werden, daß der damalige Beschluß rein natio-

[590] Vgl. *Schaumburg*, Internationales Steuerrecht 1998, S. 299 ff.

[591] Vgl. *Ebenroth/Auer*, Ausländische Gesellschaften 1992, S. 1004 ff.; *Großfeld/Luttermann*, Qualifikation ausländischer Gesellschaften 1993, S. 230 f.; *Kießling/Pelikan/Jäger*, Körperschaftsteuer 1995, S. 43; *Knobbe-Keuk*, Körperschaftsteuerpflicht 1992, S. 2070 f.

[592] Vgl. BFH vom 25.6.1984, BStBl. II 1984, S. 751, in dem der Große Senat auf S. 757 feststellt: „Nach der Rechtsprechung des BFH ist der Begriff Kapitalgesellschaften für den Bereich der Körperschaftsteuer in § 1 Abs. 1 Nr. 1 KStG nach der zivilrechtlichen Rechtsform zu bestimmen."

naler Natur war und im vorliegenden Urteil die internationale Komponente die besondere Problematik darstellt.[593] Hätte der BFH – wie nach dem Venezuela-Urteil[594] zu erwarten gewesen wäre – nicht die Frage nach der zivilrechtlichen Rechtsfähigkeit dem Rechtstypenvergleich vorangestellt, wäre das Ergebnis ebenfalls die unbeschränkte Steuerpflicht gewesen, allerdings nach § 1 Abs. 1 KStG, der einer Kapitalgesellschaft mit Sitz oder Geschäftsleitung im Inland zugänglich ist; tatsächlich aber hat der BFH den „merkwürdig verschlungen Weg“[595] über die fehlende zivilrechtliche Rechtsfähigkeit gewählt.

Die unbeschränkte Steuerpflicht gem. §§ 1 Abs. 1 Nr. 5, 3 Abs. 1 KStG birgt durch die explizite Anwendungsvoraussetzung, die eine Besteuerung des Einkommens nichtrechtsfähiger Personenvereinigungen nur dann vorsieht, „wenn ihr Einkommen weder nach diesem Gesetz (dem Körperschaftsteuergesetz; d. Verf.) noch nach dem Einkommensteuergesetz unmittelbar bei einem anderen Steuerpflichtigen zu versteuern ist“, ein Problem, das nicht nur auf nichtrechtsfähige ausländische Gesellschaften beschränkt ist. Qualifiziert man nämlich das vorliegende rechtliche Gebilde nicht als nichtrechtsfähigen Verein, sondern als nichtrechtsfähige Personenvereinigung ähnlich der GbR, so ist gemäß den Bestimmungen des deutschen Steuerrechts das Einkommen nicht der Gesellschaft, sondern den Gesellschaftern zuzurechnen; § 3 Abs. 1 KStG liefe daher ins Leere.[596]

Neben der noch im Venezuela-Urteil proklamierten steuerlichen Gleichbehandlung gleicher wirtschaftlicher Tatbestände spricht gegen die Übertragung der Grundsätze des Internationalen Privatrechts auf das nationale Steuerrecht die Gefahr, daß trotz beachtlicher Wertungsunterschiede im Steuerrecht verschiedener Staaten „über das Internationale Privatrecht dem ausländischen Recht Einfluß auf den Bereich zwingender Normen des deutschen öffentlichen (Steuer-)Rechts“[597] gewährt werden würde.

Zudem ist der sich an die Analyse der Rechtsfähigkeit anschließende Rechtstypenvergleich in der Literatur zu Recht als fragwürdig und sogar überflüssig bezeichnet worden, da es bei der unbeschränkten Körperschaftsteuerpflicht einer nichtrechtsfähigen Personenvereinigung gem. §§ 1 Abs. 1 Nr. 5, 3 Abs. 1 KStG nicht darauf an-

---

[593] So zu Recht bereits *Großfeld/Luttermann*, Qualifikation ausländischer Gesellschaften 1993, S. 230.

[594] Vgl. RFH vom 12.2.1930, RFHE 27, S. 73.

[595] *Knobbe-Keuk*, Körperschaftsteuerpflicht 1992, S. 2070.

[596] Vgl. mit dahingehender Kritik *Ebenroth/Auer*, Ausländische Gesellschaften 1992, S. 1006 ff. *Ebenroth/Auer* führen als Argument für das Vorliegen einer GbR an, daß es bei der liechtensteinischen AG für die Qualifikation als Verein an einer von einem eventuellen Mitgliederwechsel unberührt bleibenden Dauerhaftigkeit und Unabhängigkeit des Gesellschaftszwecks mangelt.

[597] *Großfeld/Luttermann*, Qualifikation ausländischer Gesellschaften 1993, S. 230.

kommt, ob die vorliegenden Strukturmerkmale denen einer Kapitalgesellschaft oder einer sonstigen juristischen Person des privaten Rechts entsprechen.[598]

Im Ergebnis erfolgt nach der hier vertreten Ansicht in Übereinstimmung mit der h. M. die Bestimmung des Steuersubjekts unabhängig von ausländischen Zivilrecht und auch vom Internationalen Privatrecht anhand eines mehrstufigen Rechtstypenvergleichs.

Unstreitig ist hingegen die **Bestimmung von Art und Höhe der Einkünfte**, die der unbeschränkt Steuerpflichtige aus dem Auslandsengagement bezieht; sie erfolgt ausschließlich auf der Grundlage deutscher Rechtsvorschriften.[599] Damit gelten grundsätzlich auch für ausländische Einkünfte die in § 2 Abs. 2 EStG festgelegten beiden Methoden zur Ermittlung der Einkünfte.[600] Daher erfolgt im Fall von Einkünften aus Land- und Forstwirtschaft, Gewerbebetrieb und selbständiger Arbeit eine Gewinnermittlung und im Fall von Einkünften aus nichtselbständiger Arbeit, Kapitalvermögen und Vermietung und Verpachtung sowie sonstigen Einkünften eine Ermittlung des Überschusses der Einnahmen über die Werbungskosten.

(b) Qualifikationsproblematik im Rahmen einer stillen Beteiligung

Wegen der komplexen Struktur der stillen Gesellschaft müssen für die Ableitung der steuerlichen Behandlung **drei Qualifikationsebenen** unterschieden werden, die getrennt voneinander zu analysieren sind:

1. Qualifikation des ausländischen rechtlichen Gebildes;
2. Qualifikation der stillen Beteiligung;
3. Qualifikation der Einkunftsart.

Der **Einordnung des ausländischen rechtlichen Gebildes**, an dem eine stille Beteiligung besteht, wird in der Literatur[601] augenscheinlich keine Beachtung geschenkt, obwohl eine Unterscheidung zwischen einer stillen Beteiligung an einer Personengesellschaft bzw. einem Einzelunternehmen und einer Kapitalgesellschaft durchaus von steuerlicher Relevanz ist. So steht einer stillen Beteiligung eines Gesellschafters an der „eigenen“ Kapitalgesellschaft sowohl zivil- als auch steuer-

---

598 Vgl. *Ebenroth/Auer*, Ausländische Gesellschaften 1992, S. 1005; *Graffe*, in: *Dötsch/Eversberg/Jost/Witt*, KStG 1998, § 1 KStG, Rdnr. 87; *Kießling/Pelikan/Jäger*, Körperschaftsteuer 1995, S. 43; *Knobbe-Keuk*, Körperschaftsteuerpflicht 1992, S. 2070.

599 Vgl. *Debatin*, Mitunternehmerschaften im Ausland 1978, S. 670; *Greif/Fischer*, Internationale Einkommensteuerprobleme 1995, S. 1376; *Heinicke*, in: *Schmidt*, EStG 1998, § 34d EStG, Rdnr. 4; *Prinz/Breuninger*, Ausländische Personengesellschaften 1997, S. 1299.

600 Vgl. zur Systematik der Ermittlung ausländischer Einkünfte ausführlich *Amann*, Ermittlung ausländischer Einkünfte 1997, S. 796 ff.

601 Vgl. zu transnationalen stillen Gesellschaften insbesondere *Fu*, Stille Gesellschaft 1997, S. 35 ff., der sich zwar ausführlich mit der Qualifikation der stillen Gesellschaft befaßt, die Qualifikation des Geschäftsinhabers jedoch nicht anspricht.

rechtlich nichts entgegen;[602] eine stille Gesellschaft zwischen dem Gesellschafter einer Personengesellschaft und der Personengesellschaft selbst ist dagegen zwar zivilrechtlich, wegen der Mitunternehmerkonzeption mangels Beteiligung am Handelsgewerbe eines anderen jedoch nicht steuerrechtlich möglich.[603] Darüber hinaus ist die Begründung einer stillen Gesellschaft des Handelsrechts ausschließlich an einem gewerblich tätigen Unternehmen möglich,[604] so daß auch aus diesem Grund eine Qualifizierung des ausländischen Unternehmens notwendig wird. Nach der auf der Basis des Venezuela-Urteils herausgearbeiteten Vorgehensweise, die ausschließlich auf eine nationale steuerliche Beurteilung der ausländischen Gesellschaft abstellt, ist die Einordnung in das nationale Rechtsformensystem m. E. ausschließlich mit Hilfe des Rechtstypenvergleichs vorzunehmen.[605] In den beteiligten Staaten kann es zu übereinstimmenden und zu divergierenden Qualifikationen bezüglich der Steuersubjekteigenschaft kommen, wobei die in Abbildung 11 dargestellten Fallgestaltungen im Zuge der Einordnung des Unternehmens des Geschäftsinhabers für die daran begründete stille Beteiligung eines Steuerinländers aus nationaler Sicht weniger für das eigentliche Besteuerungsverfahren als für die zivilrechtliche und steuerliche Anerkennung Relevanz entfalten.

---

602 Vgl. dazu insbesondere die Kapitel II.B.2.b)(2) und Kapitel II.B.2.b)(3).

603 Vgl. bereits Kapitel II.B.2.b)(2).

604 Vgl. Kapitel II.A.2.b).

605 Vgl. bereits Kapitel IV.B.1.b)(2)(a).

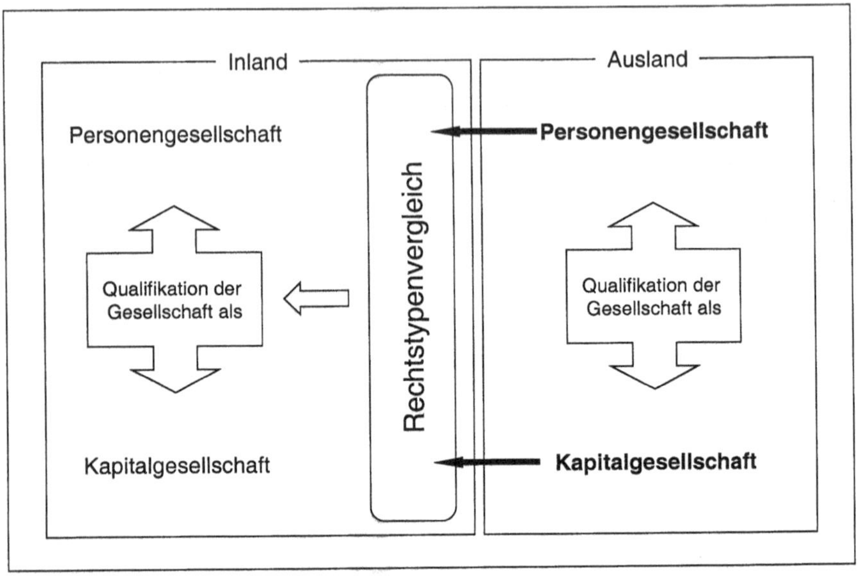

Abbildung 11: Kombinationsmöglichkeiten der Qualifikation des Geschäftsinhabers

Zivilrechtlich zählt die stille Gesellschaft in Deutschland trotz ihrer Eigenschaft als Innengesellschaft zu den Personengesellschaften; das Steuerrecht nimmt darüber hinausgehend eine Differenzierung zwischen typischer und atypischer Variante vor, wobei die Annahme der Mitunternehmerschaft zur Begründung von Einkünften aus Gewerbebetrieb auf seiten des stillen Gesellschafters führt und die typische Ausgestaltung Einkünfte aus Kapitalvermögen zur Folge hat, soweit die stille Beteiligung nicht in einem Betriebsvermögen gehalten wird und die Einnahmen aufgrund des Subsidiaritätsprinzips der daraus bezogenen Einkunftsart zuzurechnen sind.[606] Zur Entscheidung, ob diese nationalen rechtlichen Bestimmungen auch für **im Ausland begründete stille Gesellschaften** heranzuziehen sind oder ob die dort geltenden Rechtsnormen in Gestalt des Internationalen Privatrechts auf das deutsche Steuerrecht wirken, werden im folgenden die Grundsätze der Qualifikation der Gesellschaften im Internationalen Steuerrecht in Literatur und Rechtsprechung herangezogen und auf das Rechtsinstitut der stillen Gesellschaft übertragen.

Wie im vorangegangenen Kapitel ausführlich diskutiert, geht die ganz h. M.[607] sowie die BFH-Judikatur[608] von der Autonomie des deutschen Steuerrechts aus,[609] so daß

606 Vgl. dazu ausführlich Kapitel II.

607 Vgl. FN 580. Die Unbeachtlichkeit des ausländischen Rechts für die Einordnung im nationalen Besteuerungskontext verkennt speziell im Zusammenhang mit stillen Gesellschaften *Grützner*, indem er ausführt: „Als weitere ausländische Einkünfte aus Kapitalvermögen kommen nach § 34d Nr. 6 EStG Einnahmen aus der Beteiligung als typisch stiller Gesellschafter ... in Betracht. In der

Fortsetzung ...

die Einordnung im ausländischen Zivil- und Steuerrecht unbeachtlich bleibt und vielmehr ein Rechtstypenvergleich eine Zuordnung zum nationalen Besteuerungskonzept der Personen- bzw. Kapitalgesellschaften erlaubt. Zur **Zuordnung des ausländischen rechtlichen Gebildes zum Typus der stillen Gesellschaft** kann im Rahmen eines Rechtstypenvergleichs auf die dargestellten strukturbildenden Merkmale[610] (im wesentlichen: Innengesellschaft; Beteiligung am Handelsgewerbe eines anderen; Leistung einer Einlage, die in das Vermögen des Geschäftsinhabers übergeht; Gewinnbeteiligung) zurückgegriffen werden.

Die **neuere Rechtsprechung des IX. Senats des BFH**[611], die bei nationalem Auseinanderfallen von statuarischem Sitz und Ort der Geschäftsleitung die Maßgeblichkeit der zivilrechtlichen Rechtsfähigkeit, festgestellt durch die Anwendung der Sitztheorie, für die Entscheidung hinsichtlich der Steuersubjektfähigkeit einer Gesellschaft herangezogen hat, ist auf stille Gesellschaften – zumindest unmittelbar – nicht anwendbar; die Charakteristik als Innengesellschaft macht mangels Handelsregistereintragung die Existenz eines Sitzes im dargelegten Sinn unmöglich. Dennoch überträgt *Fu* die Entscheidung des BFH auf stille Gesellschaften, indem er einen Sachverhalt konstruiert, in dem eine stille Gesellschaft an einem im Ausland ansässigen Unternehmen begründet wird, dessen Geschäftsinhaber den Sitz oder die Geschäftsleitung ins Inland verlegt.[612] Unter der Annahme, daß die Analyse im Rahmen des ersten Schritts des vom BFH dargelegten und in Abbildung 10 wiedergegebenen Prüfungsschemas eine auch im ausländischen Recht fehlende Privatrechtsfähigkeit des der deutschen stillen Gesellschaft vergleichbaren Wirtschaftsgebildes zum Ergebnis hat, sei das Vorliegen einer Körperschaftsteuerpflicht gem. §§ 1 Abs. 1 Nr. 5, 3 Abs. 1 KStG abzulehnen, da der sich anschließende Rechtstypenvergleich eine Ähnlichkeit mit den deutschen Personengesellschaften ergeben müsse. Nach Ansicht von *Fu* kann die stille Gesellschaft bei Anwendung des Urteils des IX. Senats jedoch dann Körperschaftsteuersubjekt sein, wenn eine Rechtsfähigkeit der stillen Gesellschaft im ausländischen Privatrecht gegeben ist. M. E. kommt es bei der von *Fu* konstruierten Fallgestaltung zu einer unsachgemäßen Vermischung der Ebene des Rechtsinstituts der stillen Gesellschaft mit der des Geschäftsinhabers. Das vom BFH zu bewertende Szenario des Auseinanderfallens von statuarischem Sitz und Geschäftsleitung ist bei der stillen Gesellschaft nicht denkbar und kann m. E. auch

---

Praxis kommt dieser Regelung jedoch keine wesentliche Bedeutung zu, weil das Institut der stillen Gesellschaft dem ausländischen Recht weitgehend fremd ist."; vgl. *Grützner*, Auslandsbeziehungen 1997, S. 135.

608 Vgl. FN 579.

609 Diese nationale Beurteilung gilt selbstverständlich nicht nur für die Bundesrepublik Deutschland, auch andere Staaten beurteilen ausländische rechtliche Gebilde nach national geltendem Recht; vgl. z. B. speziell zur steuerlichen Qualifikation einer deutschen GmbH & Still in US-amerikanischem Recht als „Partnership" *Ullmann-Czubak*, GmbH & Still in den USA 1980, S. 634 f.

610 Vgl. Kapitel II.A.2.

611 Vgl. BFH vom 23.6.1992, BStBl. II 1992, S. 972.

612 Vgl. *Fu*, Stille Gesellschaft 1997, S. 59 f.

nicht durch eine Projektion auf den Geschäftsinhaber in dem Sinne ersetzt werden, daß der Sitz seines Unternehmens anstelle des der stillen Gesellschaft verlegt wird.

Im übrigen bleibt abzuwarten, ob der BFH angesichts der mannigfaltigen und m. E. zu Recht geübten Kritik[613] an der im angesprochenen Urteil festgestellten Maßgeblichkeit der Sitztheorie für die nationale Besteuerung festhält. Eine Übertragung der vom IX. Senat vertretenen Grundsätze auf Personengesellschaften hat darüber hinaus bislang nicht stattgefunden.

Hat der Rechtstypenvergleich ergeben, daß das ausländische Wirtschaftsgebilde der deutschen stillen Gesellschaft ähnlich ist, so schließt sich – ebenfalls ausschließlich unter Beachtung der rein nationalen Grundsätze – die Differenzierung nach den originär steuerrechtlichen Ausgestaltungsarten zur **Bestimmung der Einkunftsart** an, wobei als Unterscheidungskriterium der Tatbestand der Mitunternehmerschaft (Mitunternehmerrisiko, Mitunternehmerinitiative) im Vordergrund steht.[614]

(3) Qualifikationsfragen bei beschränkter Steuerpflicht

(a) Beschränkte Einkommen- und Körperschaftsteuerpflicht

Eine Personengesellschaft als solche ist im nationalen Recht kein Steuersubjekt; steuerpflichtig sind vielmehr die dahinter stehenden Gesellschafter. Dieser Grundsatz gilt auch für jene Gesellschafter einer inländischen stillen Gesellschaft, die mangels Wohnsitz und gewöhnlichem Aufenthalt bzw. Sitz und Geschäftsleitung im Inland zu den sog. Steuerausländern zählen,[615] unabhängig davon, ob es sich um natürliche Personen, Kapitalgesellschaften oder sonstige Personenvereinigungen handelt.[616] In Deutschland nicht ansässige Gesellschafter unterliegen als Folge der Anwendung des Territorialitätsprinzips mit ihren **inländischen Einkünften**, die in § 49 Abs. 1 EStG abschließend genannt sind, der beschränkten Steuerpflicht.[617] Der Inlandsbezug der Einkünfte ergibt sich bei den einzelnen Steuerarten durch besondere – im Vergleich zur unbeschränkten Steuerpflicht einengende – Anknüpfungs-

---

613 Vgl. hierzu bereits ausführlich Kapitel IV.B.1.b)(2)(a).

614 Zu den Kriterien für die Unterscheidung zwischen typisch und atypisch stiller Gesellschaft im deutschen Steuerrecht vgl. bereits ausführlich Kapitel II.B.1.

615 Vgl. *Piltz*, in: *Mössner* u. a., Steuerrecht 1998, S. 793.

616 Vgl. Kapitel II.A.2.c). Darin unterscheiden sich stille Gesellschaften von den Personenhandelsgesellschaften, an denen sich nach nationalem Recht zwar natürliche Personen, Kapitalgesellschaften und Personenhandelsgesellschaften, nicht dagegen Personenvereinigungen in Form einer GbR beteiligen können. Aufgrund des Prinzips der Gleichmäßigkeit der Besteuerung ist daher auch ausländischen Wirtschaftsgebilden, die der deutschen GbR vergleichbar sind, eine Beteiligung an einer deutschen Personengesellschaft versagt; vgl. *Piltz*, in: *Mössner* u. a., Steuerrecht 1998, S. 793.

617 Vgl. ausführlich *Wassermeyer*, Beschränkte Steuerpflicht 1985, S. 49 ff.

merkmale: Das Vorliegen einer inländischen Betriebstätte bzw. eines ständigen Vertreters im Inland bei Einkünften aus Gewerbebetrieb; die Belegenheit der Steuerquelle im Inland bei Einkünften aus Land- und Forstwirtschaft, aus Vermietung und Verpachtung und aus Spekulationsgeschäften; die Ausübung oder Verwertung im Inland bei selbständiger und nichtselbständiger Arbeit sowie das Vorliegen eines inländischen Schuldners bei Einkünften aus Kapitalvermögen.[618]

Eine Entscheidung, ob eine beschränkte Einkommensteuerpflicht gem. § 1 Abs. 4 EStG oder eine beschränkte Körperschaftsteuerpflicht gem. § 2 KStG vorliegt, ist anhand des **Rechtstypenvergleichs** und damit der Einordnung des ausländischen Rechtsgebildes mit Inlandsbezug in das nationale Rechtsformensystem und in das dahinter stehende Besteuerungskonzept zu treffen.[619]

Kennzeichen der beschränkten Steuerpflicht ist ihr objektsteuerähnlicher Charakter, der die persönlichen Verhältnisse des beschränkt Steuerpflichtigen im wesentlichen unberücksichtigt läßt;[620] vielmehr sind die Einkünfte auf der Basis des Einkünftekatalogs in § 49 Abs. 1 EStG zu ermitteln, der grundsätzlich an die Einkunftsarten des § 2 Abs. 1 EStG anknüpft.[621] Die Verweisung auf die §§ 13 ff. EStG bestimmt das Verhältnis der Tatbestände des § 49 Abs. 1 EStG, so daß auch bei Sachverhalten mit Auslandsbezug für die Ermittlung der inländischen Einkünfte einzelne Einkunftsarten in Konkurrenz, andere in Subsidiarität stehen.[622] Allerdings gelten die Subsidiaritätsregeln ausschließlich für die Erfüllung inlandsbezogener Qualifikationsmerkmale, unbeachtlich sind sie dagegen, soweit ein auslandsbezogenes Tatbestandsmerkmal vorliegt. So sind infolge dieser in § 49 Abs. 2 EStG kodifizierten sog. **isolierenden Betrachtungsweise** einem ausländischen Gewerbetreibenden, der im Inland ein zum ausländischen Betriebsvermögen zählendes Grundstück vermietet, Einkünfte aus Vermietung und Verpachtung gem. § 49 Abs. 1 Nr. 6 EStG zuzurechnen.[623]

---

618 Vgl. *Kluge*, Deutsches Internationales Steuerrecht 1992, S. 201.

619 Vgl. dazu bereits Kapitel IV.B.1.b)(2)(b).

620 Vgl. *Berkes*, Beschränkte Steuerpflicht 1991, S. 16 ff.; *Debatin*, Einkommen- und Körperschaftsteuer 1960, S. 1015 f.; *Schaumburg*, Internationales Steuerrecht 1998, S. 164 ff., mit einer beispielhaften Aufzählung; kritisch *Wassermeyer*, Beschränkte Steuerpflicht 1985, S. 76. Unter bestimmten Voraussetzungen erlauben die §§ 1 Abs. 3, 1a EStG eine Gleichbehandlung von beschränkt und unbeschränkt Steuerpflichtigen; vgl. ausführlich Kapitel IV.B.1.a).

621 Vgl. *Schaumburg*, Internationales Steuerrecht 1998, S. 176.

622 Vgl. *Fischer/Warneke*, Betriebswirtschaftliche Steuerlehre 1998, S. 182.

623 Vgl. *Schaumburg*, Internationales Steuerrecht 1998, S. 179. Die gesetzliche Kodifizierung der isolierenden Betrachtungsweise durch das Zweite Steueränderungsgesetz 1973 (Gesetz vom 18.7.1974, BGBl. I 1974, S. 1489) behob einen Mißstand bei der Besteuerung ausländischer gewerblicher Unternehmen. Deren inländische Einkünfte, die zwar den Tatbestand einer bestimmten nichtgewerblichen Einkunftsart erfüllten, wurden aufgrund der Subsidiaritätsregeln den Einkünften aus Gewerbebetrieb zugerechnet, die wiederum mangels Inlandsbezug in Form einer Betriebstätte oder eines ständigen Vertreters nicht steuerbar waren; vgl. *Kluge*, Deutsches Internationales Steuerrecht 1992, S. 207.

Die vorstehenden Ausführungen zum Katalog der inländischen Einkünfte gelten zunächst für natürliche Personen und Personengesellschaften, die der Einkommensteuer unterliegen, über § 8 Abs. 1 KStG sind sie auch für die **beschränkte Körperschaftsteuerpflicht** juristischer Personen gem. § 2 Nr. 1 KStG sowohl hinsichtlich des Umfangs der Steuerpflicht als auch der Durchführung der Besteuerung relevant. Die Umqualifizierungsvorschrift des § 8 Abs. 2 KStG, die einer Kapitalgesellschaft ausschließlich Einkünfte aus Gewerbebetrieb zuweist, kommt bei grenzüberschreitenden Sachverhalten mangels Buchführungspflicht i. S. d. HGB nicht zum Einsatz, es sei denn, die Gesellschaft betreibt im Inland eine Betriebstätte.[624] Folglich erzielen im Ausland ansässige Kapitalgesellschaften ungeachtet der deutschen Einordnung als Gewerbebetrieb kraft Rechtsform mit ihrem Engagement im Inland nicht zwingend Einkünfte aus Gewerbebetrieb, auch die Realisation des Tatbestandes einer anderen Einkunftsart – beispielsweise Einkünfte aus Kapitalvermögen oder aus Vermietung und Verpachtung – ist möglich; ausgeschlossen sind wegen des tatbestandsbestimmenden Zuschnitts auf natürliche Personen allerdings Einkünfte aus selbständiger[625] und nichtselbständiger[626] Arbeit.

Soweit sich keine Abweichungen aus DBA ergeben,[627] ist für die steuerrechtliche Würdigung des ausländischen Rechtsgebildes und damit die Entscheidung, ob eine beschränkte Einkommen- oder Körperschaftsteuerpflicht vorliegt, bzw. für die Bestimmung der Einkunftsart im Ergebnis ausschließlich das deutsche Steuerrecht maßgeblich.

(b) Qualifikationsproblematik im Rahmen einer stillen Beteiligung

Beteiligt sich ein im Ausland ansässiger Gesellschafter still an einem inländischen Unternehmen, so ist mit Hilfe eines **Rechtstypenvergleichs** erst einmal zu prüfen, ob eine beschränkte Einkommensteuerpflicht gem. § 1 Abs. 4 EStG oder eine beschränkte Körperschaftsteuerpflicht gem. § 2 KStG vorliegt.[628]

Eine **Wertung der Einkunftsart** nach Maßgabe des nationalen Steuerrechts kann auch unter Berücksichtigung der in § 49 Abs. 2 EStG festgeschriebenen isolierenden Betrachtungsweise ausschließlich Einkünfte aus Kapitalvermögen und Einkünfte aus Gewerbebetrieb ergeben. Eine **typisch stille Beteiligung** führt auf der Grundlage der ausdrücklichen Verweisung in § 49 Abs. 1 Nr. 5 EStG auf § 49 Abs. 1 Nr. 5 Lit. a) EStG zu Einkünften aus Kapitalvermögen, unabhängig davon, ob der stille Gesellschafter eine natürliche Person – einschließlich der hinter einer Personengesellschaft stehenden Gesellschafter – oder eine juristische Person ist; wesentliche Voraussetzung ist dabei, daß der Schuldner (hier der Geschäftsinhaber) im Fall eines

---

624 Vgl. *Kruse*, in: *Tipke/Kruse*, AO/FGO 1998, § 140 AO, Rdnr. 6.

625 Vgl. BFH vom 20.2.1974, BStBl. II 1974, S. 511; BFH vom 1.12.1982, BStBl. II 1983, S. 213.

626 Vgl. BFH vom 30.11.1966, BStBl. III 1967, S. 400.

627 Zur Berücksichtigung des Abkommensrechts vgl. Kapitel IV.B.4.

628 Vgl. *Kluge*, Deutsches Internationales Steuerrecht 1992, S. 199; *Krabbe*, in: *Blümich*, EStG 1998, § 49 EStG, Rdnr. 10. Zur Abfolge des Rechtstypenvergleichs vgl. bereits Kapitel IV.B.1.b)(2)(a).

Einzelunternehmens seinen Wohnsitz, im Fall von Personengesellschaften oder Kapitalgesellschaften die Geschäftsleitung oder den Sitz im Inland hat.[629] Wird eine stille Gesellschaft an einer inländischen Betriebstätte eines ausländischen Unternehmens begründet, sind mangels inländischem Schuldner keine inländischen Einkünfte i. S. v. § 49 Abs. 1 Nr. 5 Lit. a) EStG gegeben.[630] Eine andere Wertung erfährt dieser Sachverhalt, falls der Gewinnanteil aus der stillen Gesellschaft in der inländischen Betriebstätte des beschränkt Steuerpflichtigen erzielt wurde, so daß die Subsidiarität der Einkünfte aus Kapitalvermögen eine Subsumtion unter § 49 Abs. 1 Nr. 2 Lit. a) EStG erfordert und damit Einkünfte aus Gewerbebetrieb vorliegen.

Ergibt sich aufgrund der Mitunternehmerschaft des stillen Gesellschafters eine Zuordnung zur **atypischen Ausgestaltungsvariante**, liegen bei rein nationalem Sachverhalt Einkünfte aus Gewerbebetrieb gem. § 15 Abs. 1 Nr. 2 EStG vor; bei dem durch die Beteiligung eines ausländischen stillen Gesellschafters gegebenen Auslandsbezug ist § 49 Abs. 1 Nr. 2 EStG einschlägig, der zwar auf die §§ 15 bis 17 EStG verweist, allerdings zusätzlich zu den nationalen Voraussetzungen für das Vorliegen gewerblicher Einkünfte (Selbständigkeit, Nachhaltigkeit, Gewinnerzielungsabsicht, Beteiligung am allgemeinen wirtschaftlichen Verkehr und keine Ausübung von Land- und Forstwirtschaft oder selbständiger Arbeit) weitere, die Einkünfte als inländisch kennzeichnende Tatbestandsmerkmale enthält. Der Inlandsbezug für Einkünfte aus Gewerbebetrieb kann durch eine im Inland gelegene Betriebstätte (sachlicher Bezugspunkt) oder die Entsendung eines ständigen Vertreters (persönlicher Bezugspunkt) hergestellt werden.[631] Der hier anzuwendende Betriebstättenbegriff, der sicherstellt, daß nicht die bloße gewerbliche Betätigung im Inland vom deutschen Steuerrecht als ausreichende Inlandsbeziehung angesehen wird, indem er eine örtliche Einrichtung als Anknüpfungspunkt fordert, folgt der nationalen Regelung in § 12 AO, der in Satz 1 ausführt:[632] „Betriebstätte ist jede feste Geschäftseinrichtung oder Anlage, die der Tätigkeit eines Unternehmens dient." Im Satz 2 des § 12 AO sind darüber hinaus Beispiele für Betriebstätten angegeben; so sind als Betriebstätte insbesondere die Stätte der Geschäftsleitung, Zweigniederlassungen, Geschäftsstellen, Fabrikations- oder Werkstätten, Warenlager sowie Ein- oder Verkaufsstellen anzusehen.[633] Die im deutschen Steuerrecht realisierte Mitunternehmerkonzeption für Personengesellschaften erlaubt die Zuordnung einer bestehenden gewerblichen Betriebstätte zum jeweils beteiligten Gesellschafter, so daß unter der Voraussetzung, daß die in § 12 AO festgelegten Kriterien vorliegen, bei Beteiligung eines ausländi-

---

629 Vgl. *Mössner*, in: *Mössner* u. a., Steuerrecht 1998, S. 132 f.

630 Vgl. *Lüdicke*, in: *Lademann*, EStG 1998, § 49 EStG, Rdnr. 667.

631 Vgl. *Eicher*, in: *Littmann/Bitz/Hellwig*, EStG 1998, § 49 EStG, Rdnr. 18.

632 Vgl. *Fischer/Warneke*, Betriebswirtschaftliche Steuerlehre 1998, S. 187 ff.; *Lüdicke*, in: *Lademann*, EStG 1998, § 49 EStG, Rdnr. 285; *Schaumburg*, Internationales Steuerrecht 1998, S. 184 ff.

633 Vgl. zum Begriff der Betriebstätte gem. § 12 AO ausführlich *Eicher*, in: *Littmann/Bitz/Hellwig*, EStG 1998, § 49 EStG, Rdnr. 20 ff.; *Krabbe*, in: *Blümich*, EStG 1998, § 49 EStG, Rdnr. 49 ff.; *Lüdicke*, in: *Lademann*, EStG 1998, § 49 EStG, Rdnr. 285 ff.; *Mössner*, in: *Mössner* u. a., Steuerrecht 1998, S. 95 ff.; *Schaumburg*, Internationales Steuerrecht 1998, S. 184 ff.

schen Gesellschafters an einer (gewerblichen) Personengesellschaft im Inland stets eine Betriebstätte und damit Einkünfte aus Gewerbebetrieb gem. § 49 Abs. 1 Nr. 2 EStG anzunehmen sind.[634]

Die Geschäftsleitung obliegt bei einer stillen Gesellschaft dem Geschäftsinhaber, der zur Führung des Handelsgewerbes im eigenen Namen, aber auf gemeinsame Rechnung verpflichtet ist,[635] so daß das Unternehmen des Geschäftsinhabers als Betriebstätte des mitunternehmerisch stillen Gesellschafters fungiert und damit die Voraussetzungen für das Vorliegen von gewerblichen Einkünften gem. § 49 Abs. 1 Nr. 2 EStG erfüllt sind.[636] Der atypisch stille Gesellschafter nimmt nach Maßgabe des im Gesellschaftsvertrag vereinbarten Gewinnanteils grundsätzlich am Gewinn des Handelsgewerbes teil; betreibt jedoch der inländische Geschäftsinhaber eine Betriebstätte im Ausland, so ist der Anteil des beschränkt steuerpflichtigen atypisch stillen Gesellschafters am Gewinn dieser ausländischen Betriebstätte mangels Inlandsbezugs in Deutschland nicht steuerbar.[637]

Steuerliche Relevanz entfaltet dieser Sachverhalt auch im Zusammenhang mit der Anwendung der sog. **Abfärbe-Theorie** gem. § 15 Abs. 3 Nr. 1 EStG, die nach der in dieser Arbeit vertretenen Ansicht sinngemäß auf atypisch stille Gesellschaften zu übertragen ist.[638] Ohne Bestehen einer ausländischen Betriebstätte einer als Geschäftsinhaber fungierenden inländischen Personengesellschaft ist die Sachlage eindeutig: Die Einkünfte des Geschäftsinhabers sind insgesamt Einkünfte aus Gewerbebetrieb, sobald er eine auch nur geringfügige gewerbliche Tätigkeit ausübt; die Infektion schlägt auch auf den beschränkt steuerpflichtigen atypisch stillen Gesellschafter durch, solange die Personengesellschaft im Inland über eine Betriebstätte bzw. einen ständigen Vertreter verfügt und der nichtgewerbliche Teil der Einkünfte diesen zuzurechnen ist.[639]

Verfügt der Geschäftsinhaber dagegen über eine ausländische Betriebstätte und bezieht ausschließlich diese Betriebstätte den gewerblichen Teil der Einkünfte, wäh-

---

634 Vgl. BFH vom 29.1.1964, BStBl. III 1964, S. 165; BFH vom 17.10.1990, BStBl. II 1991, S. 211; BFH vom 26.2.1992, BStBl. II 1992, S. 937.

635 Vgl. Kapitel II.A.2.b).

636 Vgl. OFD Düsseldorf vom 5.7.1989, in: DB 1989, S. 1700. Vgl. auch *Lüdicke*, in: *Lademann*, EStG 1998, § 49 EStG, Rdnr. 362. Die Ansicht grundsätzlich anzweifelnd vgl. *Wassermeyer*, Auslegung von DBA 1995, S. 51. Zu *Wassermeyers* Kritik vgl. ausführlich Kapitel IV.C.5.c)(1).

637 So auch *Fu*, Stille Gesellschaft 1997, S. 115. Allgemein im Zusammenhang mit Personengesellschaften vgl. *Piltz*, in: *Mössner* u. a., Steuerrecht 1998, S. 799 f. Im Fall eines schweizerischen Gesellschafters einer deutschen KG mit Betriebstätte in Borneo vgl. BFH vom 24.2.1988, BStBl. II 1988, S. 663.

638 Vgl. zur Anwendung der Abfärbe-Theorie auf atypisch stille Gesellschaften ausführlich Kapitel II.B.4.a)(2).

639 Vgl. allgemein für den Fall von Personengesellschaften RFH vom 28.11.1933, RStBl. 1934, S. 620; BFH vom 20.1.1959, BStBl. III 1959, S. 133. Zur Problematik der Abfärbe-Theorie bei beschränkt steuerpflichtigen Gesellschaftern einer Personengesellschaft vgl. *Lüdicke*, in: *Lademann*, EStG 1998, § 49 EStG, Rdnr. 271.

rend die Tätigkeit des inländischen Stammhauses ausschließlich nichtgewerblich ist, besteht für die gewerblichen Einkünfte der Betriebstätte kein Inlandsbezug gem. § 49 Abs. 1 Nr. 2 Lit. a) EStG, der eine Besteuerung des Anteils des atypisch stillen Gesellschafters an den Einkünften aus dieser ausländischen Betriebstätte rechtfertigen könnte. Da der Gewinn der Betriebstätte dem inländischen Stammhaus auf der Grundlage des Welteinkommensprinzips direkt als Einkünfte aus Gewerbebetrieb gem. § 15 Abs. 1 Satz 1 Nr. 2 EStG zugerechnet wird, greift m. E. für die Bestimmung der Einkunftsart unbeschränkt steuerpflichtiger atypisch stiller Gesellschafter einer Personengesellschaft die Abfärbe-Theorie, so daß die Einkünfte insgesamt als Einkünfte aus Gewerbebetrieb zu besteuern sind. Handelt es sich dagegen wie hier um einen beschränkt steuerpflichtigen atypisch stillen Gesellschafter, ist der Anteil am Gewinn der ausländischen Betriebstätte im Inland nicht steuerbar; für die verbleibenden nichtgewerblichen inländischen Einkünfte greift, da der Besteuerungstatbestand der gewerblichen Einkünfte im Ausland verwirklicht wurde, die isolierende Betrachtungsweise gem. § 49 Abs. 2 EStG.[640]

Eine Abfärbung der ihrer Art nach gewerblichen ausländischen Einkünfte auf inländische nichtgewerbliche Einkünfte ist nach Ansicht von *Lüdicke*[641] für Zwecke der Besteuerung beschränkt Steuerpflichtiger immer dann problematisch, wenn sie – wie in den nachfolgenden beiden Konstruktionen – mit den einengenden Voraussetzungen für das Vorliegen von Einkünften aus Gewerbebetrieb gem. § 49 Abs. 1 Nr. 2 EStG kollidiert:

1. Neben den nichtgewerblichen Einkünften bezieht die Personengesellschaft im Inland auch gewerbliche Einkünfte, verfügt allerdings weder über eine inländische Betriebstätte noch über einen ständigen Vertreter im Inland.
2. Die Personengesellschaft verfügt zwar über eine inländische Betriebstätte oder einen ständigen Vertreter im Inland, diesen lassen sich jedoch die inländischen nichtgewerblichen Einkünfte nicht zuordnen.

Beteiligt sich ein im Ausland ansässiger Gesellschafter atypisch still an den betreffenden Personengesellschaften, so fallen in beiden Fällen die nichtgewerblichen Einkünfte im Zuge der Abfärbung gem. § 15 Abs. 3 Nr. 1 EStG und mangels Inlandsbezugs der gewerblichen Einkünfte aus dem Raster der beschränkten Steuerpflicht; die isolierende Betrachtungsweise gem. § 49 Abs. 2 EStG ist nicht anwendbar, „weil der zur Annahme insgesamt gewerblicher Einkünfte führende Sachverhalt nicht im Ausland, sondern im Inland verwirklicht wird."[642] Bei der Personengesellschaft ohne Betriebstätte im Inland muß es sich regelmäßig um eine ausländische Gesellschaft handeln, die im Inland gewerblich tätig wird. Zum Beispiel begründet die gewerbliche Tätigkeit eines Angestellten einer ausländischen Personengesellschaft, der von seiner im Inland privat gemieteten Wohnung aus Geschäfte für das Unternehmen tätigt,

---

640 Ebenso *Lüdicke*, in: *Lademann*, EStG 1998, § 49 EStG, Rdnr. 271.

641 Vgl. *Lüdicke*, in: *Lademann*, EStG 1998, § 49 EStG, Rdnr. 271.

642 *Lüdicke*, in: *Lademann*, EStG 1998, § 49 EStG, Rdnr. 271, der den Fall für Personengesellschaften im allgemeinen behandelt.

keine Betriebstätte.[643] Vermietet die Personengesellschaft im Inland zusätzlich ein zum ausländischen Betriebsvermögen gehörendes Grundstück, so sind infolge der Abfärbe-Theorie die inländischen Einkünfte insgesamt als gewerblich einzuschätzen; der Anteil eines beschränkt steuerpflichtigen atypisch stillen Gesellschafters der ausländischen Personengesellschaft an den im Inland realisierten nichtgewerblichen Einkünften aus Vermietung und Verpachtung geht für die nationale Besteuerung verloren.[644]

Auch die in § 15 Abs. 3 Nr. 2 EStG kodifizierte **Gepräge-Theorie** kann nicht ohne weiteres auf transnationale Sachverhalte übertragen werden.[645] Im Zusammenhang mit der atypisch stillen Beteiligung eines beschränkt Steuerpflichtigen können die Auswirkungen der Gepräge-Theorie auf der Grundlage zweier Fragestellungen analysiert werden:

1. Ist eine im Ausland ansässige Person atypisch stiller Gesellschafter einer nichtgewerblichen inländischen Personengesellschaft, so entsteht keine stille Gesellschaft des HGB;[646] fraglich ist, ob eine Umqualifizierung erfolgen kann, wenn eine ausländische Gesellschaft als Kapitalgesellschaft i. S. v. § 15 Abs. 3 Nr. 2 EStG beteiligt ist, d. h. wenn die ausländische Kapitalgesellschaft persönlich haftende Gesellschafterin und nur sie (oder fremde Dritte) zur Geschäftsführung befugt ist.
2. Wie ist die atypisch stille Beteiligung eines Steuerausländers an einer inländischen GmbH bezüglich § 15 Abs. 3 Nr. 2 EStG zu werten?

Die beiden Fallgestaltungen zeigt Abbildung 12.

---

643 Vgl. *Mössner*, in: *Mössner* u. a., Steuerrecht 1998, S. 97.

644 Eine teleologische Auslegung des § 15 Abs. 3 Nr. 1 EStG, die eine Umqualifizierung bei beschränkter Steuerpflicht von dem Vorliegen einer Betriebstätte oder eines ständigen Vertreters abhängig macht, wird von *Lüdicke* zu Recht mit dem Hinweis auf die Intention des Gesetzgebers bei der Einfügung der Vorschrift in das EStG abgelehnt: Die beabsichtigte einheitliche Beurteilung der Tätigkeit von (wenn auch nur teilweise) gewerblichen Personengesellschaften müsse für unbeschränkt und beschränkt Steuerpflichtige gleichermaßen gelten; vgl. *Lüdicke*, in: *Lademann*, EStG 1998, § 49 EStG, Rdnr. 271.

645 Vgl. zur Anwendung der Gepräge-Theorie im nationalen Umfeld Kapitel II.B.4.a)(2).

646 Zur Unterscheidung zwischen einer stillen Gesellschaft des Handelsrechts und einer stillen Gesellschaft des bürgerlichen Rechts vgl. Kapitel II.A.1.

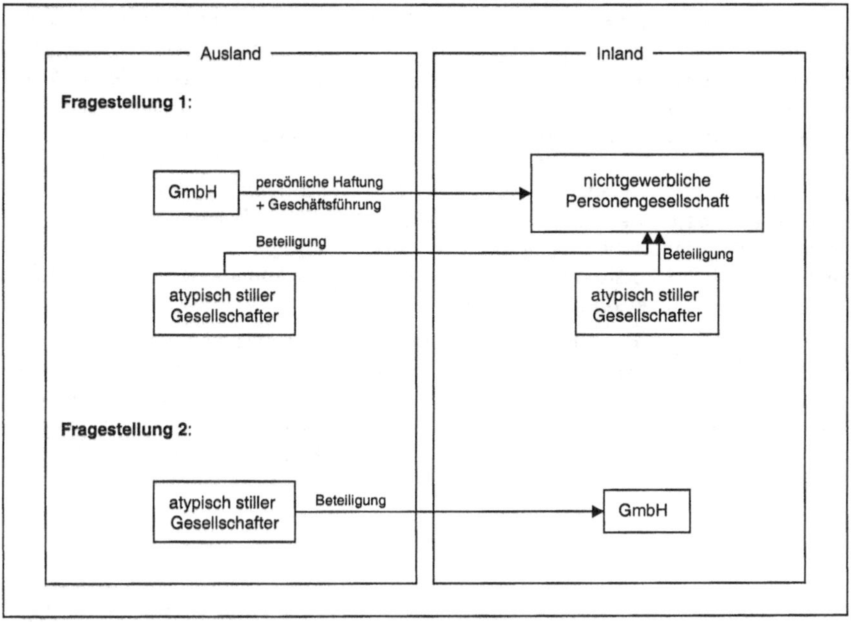

Abbildung 12: Übertragung der Gepräge-Theorie auf transnationale Sachverhalte

Die Problematik aus **Fragestellung 1** beschränkt sich nicht nur auf grenzüberschreitende atypisch stille Gesellschaften, sondern kann sich auch bei Vorliegen unbeschränkt steuerpflichtiger atypisch stiller Gesellschafter stellen; der transnationale Bezug ergibt sich aus der Beteiligung einer ausländischen Kapitalgesellschaft, die einzige persönlich haftende Gesellschafterin und darüber hinaus – falls keine Drittorganschaft vorliegt – geschäftsführungsbefugt ist. Streitig ist, ob die ausländische Kapitalgesellschaft stets prägend für die inländische Personengesellschaft ist.

Die Befürworter[647] der gewerblichen Prägung bejahen dies ohne weitere Begründung; *Lüdicke*[648] als Vertreter der Gegenmeinung unterscheidet m. E. zu Recht, ob die ausländische Kapitalgesellschaft, aufgrund deren Beteiligung die nichtgewerblichen Einkünfte der inländischen Personengesellschaft umqualifiziert werden sollen, auch Einkünfte aus Gewerbebetrieb bezieht. Gewerbliche Einkünfte auf seiten der ausländischen Kapitalgesellschaft können nur bejaht werden, wenn die Gesellschaft entweder kraft Rechtsform gem. § 8 Abs. 2 KStG oder tatsächlich gewerblich tätig ist. Die erste Möglichkeit entfällt nach Ansicht von *Lüdicke* mangels Buchführungs-

647 Vgl. *Piltz*, in: *Mössner* u. a., Steuerrecht 1998, S. 795; *Schmidt*, in: *Schmidt*, EStG 1998, § 15 EStG, Rdnr. 216.

648 Vgl. *Lüdicke*, in: *Lademann*, EStG 1998, § 49 EStG, Rdnr. 272; *ders.*, in: JbFfSt 1996/97, S. 336 f.

pflicht der ausländischen Gesellschaft im Inland. Daraus ist m. E. jedoch nicht zu folgern, eine gewerbliche Prägung könne nur durch inländische Kapitalgesellschaften vermittelt werden;[649] vielmehr ist auch die zweite Möglichkeit zu prüfen und eine Entscheidung über die Art der Tätigkeit der Gesellschaft im Ausland zu treffen. Dabei ist es m. E. unerheblich, ob die einengenden Kriterien für das Vorliegen gewerblicher Einkünfte gem. § 49 Abs. 1 Nr. 2 Lit. a) EStG, insbesondere das Vorhandensein einer Betriebstätte im Inland, gegeben sind; erforderlich ist lediglich das Erfüllen der Merkmale gewerblicher Tätigkeit gem. § 15 Abs. 2 EStG. Folglich führt die Beteiligung einer ausländischen nichtgewerblich tätigen Kapitalgesellschaft in der in § 15 Abs. 3 Nr. 2 EStG kodifizierten Weise an einer nichtgewerblichen inländischen Personengesellschaft nie zur gewerblichen Prägung.[650]

In **Fragestellung 2** entsteht durch die atypisch stille Beteiligung eines beschränkt Steuerpflichtigen an einer inländischen GmbH eine GmbH & atypisch Still. Die Beurteilung der dabei auf seiten des Stillen erzielten Einkünfte ergibt nach der im nationalen Kontext vertretenen analogen Anwendung des § 15 Abs. 3 Nr. 2 EStG auch bei transnationalen stillen Gesellschaften stets Einkünfte aus Gewerbebetrieb; die Art der Tätigkeit, die von der GmbH ausgeübt wird, ist wie im rein nationalen Fall unerheblich.

2. Beteiligung eines Steuerinländers an einem ausländischen Unternehmen

a) Typisch stille Gesellschaft

(1) Besteuerung im Gewinnfall

Aufgrund des Mondialprinzips unterliegt ein in der Bundesrepublik Deutschland ansässiger stiller Gesellschafter je nachdem, ob es sich um eine natürliche Person oder eine Körperschaft handelt, gem. § 1 Abs. 1 EStG der unbeschränkten Einkom-

---

649 So jedoch *Lüdicke*, in: *Lademann*, EStG 1998, § 49 EStG, Rdnr. 272.

650 A.A. *Brandenberg*, in: JbFfSt 1996/97, S. 331 ff., der für den Fall einer Beteiligung einer deutschen GbR in Form einer limited partnership an einem US-Immobilienfonds mit einer Corporation als General Partner zunächst die gewerbliche Prägung des der deutschen GmbH & Co. KG vergleichbaren ausländischen Rechtsgebildes feststellt und dann eine „Infizierung" der GbR zur Diskussion stellt und letztendlich bejaht. Im dargestellten Sachverhalt wäre nach der hier vertretenen Meinung eine Infizierung abzulehnen, da die ausländische Gesellschaft weder kraft Rechtsform noch kraft Tätigkeit als gewerblich einzustufen ist und folglich eine gewerbliche Prägung der nichtgewerblichen ausländischen Personengesellschaft entfallen muß. Eine Infektion der inländischen GbR muß daraufhin erst gar nicht mehr geprüft werden; ebenso *Lüdicke*, in: JbFfSt 1996/97, S. 336 f.

mensteuerpflicht bzw. gem. § 1 Abs. 1 KStG der unbeschränkten Körperschaftsteuerpflicht. Die aus dem Engagement als typisch stiller Gesellschafter im Ausland erzielten Einkünfte sind bei Halten der stillen Beteiligung im Privatvermögen gem. § 20 Abs. 1 Nr. 4 EStG **Bestandteil der Gesamteinkünfte aus Kapitalvermögen**; ist die stille Beteiligung hingegen Teil des Betriebsvermögens, liegen aufgrund der Subsidiaritätsregel in § 20 Abs. 3 EStG **Einkünfte aus Gewerbebetrieb** vor. In beiden Fällen werden die ausländischen Einkünfte für Zwecke der Steueranrechnung gem. § 34c EStG bzw. § 26 Abs. 1 KStG getrennt ermittelt.[651] Die Einkünfte aus der stillen Beteiligung errechnen sich aus den Einnahmen abzüglich der durch sie veranlaßten Werbungskosten bzw. Betriebsausgaben gem. §§ 4 Abs. 4, 9 Abs. 1 EStG,[652] wobei im privaten Bereich der Sparer-Freibetrag[653] gem. § 20 Abs. 4 EStG i. H. v. 6.000 DM (bei Einzelveranlagung) bzw.12.000 DM (bei Zusammenveranlagung) und der Werbungskosten-Pauschbetrag gem. § 9a Satz 1 Nr. 1 Lit. b) EStG i. H. v. 100 DM (bei Einzelveranlagung) bzw. 200 DM (bei Zusammenveranlagung) in Anspruch genommen werden können. Zur Bestimmung der zeitlichen Berücksichtigung der Einkünfte kann auf die bei inländischen Einkünften geltenden Regelungen verwiesen werden.[654]

(2) Besteuerung im Verlustfall

(a) Anwendbare unilaterale Regelungen

Für positive und negative Einkünfte eines Steuerpflichtigen erfolgt grundsätzlich ein horizontaler bzw. vertikaler Ausgleich im selben Jahr; verbleibende Verluste können interperiodisch im Rahmen von § 10d EStG berücksichtigt werden.[655] Ist dem typisch stillen Gesellschafter mit Beteiligung an einem ausländischen Unternehmen ein Verlust zuzurechnen, entwickeln mit § 15a EStG und § 2a EStG gleich **zwei Regelungen** des Einkommensteuergesetzes verlustbeschränkende Wirkungen, die gegeneinander abzugrenzen sind.

Wegen der unbeschränkten Steuerpflicht des in Deutschland ansässigen stillen Gesellschafters wirkt **§ 15a EStG** über die Verweisung in § 20 Abs. 1 Nr. 4 Satz 2 EStG auch auf stille Beteiligungen an ausländischen Unternehmen. Folglich darf der stille Gesellschafter die ihm zugewiesenen Verluste weder mit den Einkünften aus Kapitalvermögen noch mit Einkünften aus anderen Einkunftsarten ausgleichen, soweit ein negatives Einlagekonto entsteht bzw. sich erhöht; vielmehr ist der Verlust gesondert

---

651 Vgl. *Amann*, Ermittlung ausländischer Einkünfte 1997, S. 796.

652 Vgl. zum Veranlassungsprinzip im Ertragsteuerrecht allgemein und zu Sonderproblemen im Rahmen des Internationalen Steuerrechts *Prinz*, Veranlassungsprinzip 1996, S. 267 ff.

653 Vgl. zur Berücksichtigung ausländischer Steuern bei der Bestimmung der Höhe des zu gewährenden Sparer-Freibetrags gem. § 20 Abs. 4 Satz 4 EStG Kapitel IV.B.2.c)(3)(a).

654 Vgl. Kapitel II.B.3.b)(1)(a).

655 Vgl. *Heinicke*, in: *Schmidt*, EStG 1998, § 2 EStG, Rdnr. 52.

festzustellen und zwecks Verrechnung mit positiven Einkünften aus derselben Beteiligung vorzutragen.[656] Auch **§ 2a Abs. 1 EStG** enthält einschränkende Bestimmungen über den Ausgleich von Verlusten[657] und damit eine Durchbrechung des Welteinkommensprinzips explizit in Nr. 5 der Vorschrift für Verluste aus Beteiligungen als stiller Gesellschafter an einem Handelsgewerbe.

(b) Geltungsbereich des § 2a Abs. 1 und 2 EStG

§ 2a Abs. 1 EStG grenzt die vom **Verlustausgleichs- und -abzugsverbot** betroffenen Einkünfte ein und beschreibt die verbleibenden Möglichkeiten zur Verlustverrechnung, während Abs. 2 der Vorschrift die Ausnahmen vom Verlustberücksichtigungsverbot enthält. Über § 8 Abs. 1 KStG gilt § 2a EStG auch für unbeschränkt **steuerpflichtige Körperschaften**.[658]

Negative Einkünfte aus dem in § 2a Abs. 1 EStG genannten Katalog dürfen nur mit positiven Einkünften der jeweils selben Art aus demselben Staat ausgeglichen werden; ist ein Ausgleich im betreffenden Veranlagungszeitraum nicht möglich, so sind die am Schluß des Veranlagungszeitraums verbleibenden negativen Einkünfte gesondert festzustellen und in nachfolgende Jahre vorzutragen, wo sie ausschließlich dem Ausgleich mit artgleichen positiven Einkünften aus demselben Staat zugänglich sind.[659] Der **räumliche Geltungsbereich** des § 2a Abs. 1 und 2 EStG beschränkt sich auf Staaten, mit denen die Bundesrepublik Deutschland entweder kein DBA oder ein DBA abgeschlossen hat, das zur Vermeidung der Doppelbesteuerung die Anrechnungsmethode vorsieht.[660]

Die vom Gesetzgeber beabsichtigte Beschränkung der Steuerersparnis infolge von Verlusten aus Investitionen, die für die deutsche Volkswirtschaft wenig sinnvoll

---

656 Zur kontroversen Diskussion der Verweisung in § 20 Abs. 1 Nr. 4 Satz 2 EStG auf § 15a EStG und der Anwendbarkeit bei typisch stillen Gesellschaften vgl. Kapitel II.B.3.b)(1)(b).

657 Der Gesetzgeber spricht nicht von Verlusten, sondern von negativen Einkünften, allerdings sind beide Bezeichnungen synonym zu verwenden; vgl. *Portner*, in: *Lademann*, EStG 1998, § 2a EStG, Rdnr. 33, mit dem Hinweis auf die BFH-Judikatur (vgl. BFH vom 5.6.1986, BStBl. II 1986, S. 659).

658 Vgl. *Bopp*, in: *Herrmann/Heuer/Raupach*, EStG/KStG 1998, § 2a EStG, Rdnr. 7; *Hellwig*, in: *Littmann/Bitz/Hellwig*, EStG 1998, § 2a EStG, Rdnr. 5; *Krabbe*, in: *Blümich*, EStG 1998, § 2a EStG, Rdnr. 12; *Mössner*, in: *Kirchhof/Söhn*, EStG 1998, § 2a EStG, Rdnr. A 5; *Portner*, in: *Lademann*, EStG 1998, § 2a EStG, Rdnr. 21.

659 Bis einschließlich Veranlagungszeitraum 1991 war ein Vortrag auf sieben Jahre beschränkt; diese Einschränkung wurde durch das Gesetz zur Entlastung der Familien und zur Verbesserung der Rahmenbedingungen für Investitionen und Arbeitsplätze vom 25.2.1992 (StÄndG 1992), BStBl. I 1992, S. 146, aufgehoben.

660 Besteht mit dem betreffenden Staat ein DBA, das eine Doppelbesteuerung durch Freistellung der Einkünfte verhindert, so entfällt für die negativen Einkünfte i.S.v. § 2a EStG die Anwendung des sog. negativen Progressionsvorbehalts; vgl. Begründung zum Regierungsentwurf BT-Drs. 9/2074, S. 62.

sind,[661] ist Hintergrund auch für die Einbeziehung der Einkünfte aus einer stillen Gesellschaft in den Katalog des § 2a Abs. 1 EStG. In Nr. 5 der Vorschrift steht die stille Beteiligung in gleicher Linie mit dem partiarischen Darlehen, um – so die von *Krabbe*[662] vertretene Argumentationslinie – zum einen den Verlustzuweisungsmöglichkeiten an stille Gesellschafter und zum anderen den Abgrenzungsschwierigkeiten zwischen beiden Rechtsgebilden Rechnung zu tragen.[663]

(c) Anwendungsvoraussetzungen des § 2a Abs. 1 und 2 EStG

Die Anwendung der Verlustbeschränkung des § 2a EStG jetzt voraus, daß der Geschäftsinhaber[664] Wohnsitz, Sitz oder Geschäftsleitung in einem ausländischen Staat hat. Damit wird die stille Beteiligung an einer ausländischen Betriebstätte eines anderen inländischen Steuerpflichtigen von der Vorschrift nicht erfaßt; hingegen unterliegt die stille Beteiligung an einer inländischen Betriebstätte eines ausländischen Unternehmens sehr wohl dem Regime des § 2a EStG.[665] Der Gesetzgeber legt den Auslandsbezug stiller Gesellschaften durch die Aufzählung der **Anknüpfungsmerkmale „Wohnsitz, Sitz oder Geschäftsleitung"** in § 2a Abs. 1 Nr. 5 EStG fest, ohne die Kriterien eindeutig den rechtlichen Ausgestaltungsformen des Geschäftsinhabers zuzuordnen. Ist ein **Einzelunternehmer** Geschäftsinhaber der stillen Gesellschaft, so ist der Wohnsitz einziges Anknüpfungsmerkmal; auf den gewöhnlichen Aufenthalt als Kriterium wird verzichtet, so daß eine stille Beteiligung an einem im Ausland betriebenen Gewerbe nicht von § 2a EStG erfaßt wird, wenn der Geschäftsinhaber seinen Wohnsitz im Inland, den gewöhnlichen Aufenthalt allerdings im Ausland hat.[666]

Umstritten sind die Anknüpfungsmerkmale des § 2a Abs. 1 EStG im Fall von Körperschaften und Personengesellschaften.[667] In Nr. 3 Lit. a) der Vorschrift wird der **Auslandsbezug von Körperschaften** durch das Fehlen einer Geschäftsleitung und ei-

---

661 Vgl. BT-Drs. 9/2074, S. 62.

662 Vgl. *Krabbe*, in: *Blümich*, EStG 1998, § 2a EStG, Rdnr. 42. Dazu kritisch vgl. *Mössner*, in: *Kirchhof/Söhn*, EStG 1998, § 2a EStG, Rdnr. B 50 f.

663 Vgl. zur Abgrenzung der stillen Beteiligung vom partiarischen Darlehen ausführlich Kapitel II.A.3.

664 Im Gesetzestext ist eine – zumindest für die stille Gesellschaft – ungenaue Umschreibung gewählt worden; demnach ist die Vorschrift anwendbar, „wenn der Schuldner Wohnsitz, Sitz oder Geschäftsleitung in einem ausländischen Staat hat". Bei stillen Gesellschaften ist der Begriff „Schuldner" gedanklich durch den Begriff „Geschäftsinhaber" zu ersetzen.

665 Vgl. *Bopp*, in: *Herrmann/Heuer/Raupach*, EStG/KStG 1998, § 2a EStG, Rdnr. 40; *Krabbe*, in: *Blümich*, EStG 1998, § 2a EStG, Rdnr. 44; *Portner*, in: *Lademann*, EStG 1998, § 2a EStG, Rdnr. 61. A.A. *Probst*, in: *Flick/Wassermeyer/Becker*, Außensteuerrecht 1998, § 2a EStG, Rdnr. 86; *Schaumburg*, Internationales Steuerrecht 1998, S. 151, nach deren Meinung § 2a Abs. 1 Nr. 5 EStG auch bei Beteiligungen an ausländischen Betriebstätten zur Anwendung kommt.

666 Vgl. *Mössner*, in: *Kirchhof/Söhn*, EStG 1998, § 2a EStG, Rdnr. B 56.

667 Vgl. *Krabbe*, in: *Blümich*, EStG 1998, § 2a EStG, Rdnr. 44; *Mössner*, in: *Kirchhof/Söhn*, EStG 1998, § 2a EStG, Rdnr. B 57 ff.; *Portner*, in: *Lademann*, EStG 1998, § 2a EStG, Rdnr. 36, 61.

nes Sitzes im Inland hergestellt; anders sind die Kriterien allerdings in Nr. 5. Ist eine ausländische Körperschaft Geschäftsinhaber der stillen Gesellschaft, stellt sich die Frage, weshalb der Gesetzgeber den Anknüpfungstatbestand durch die „oder-Formulierung“ zum Nachteil des Steuerpflichtigen erweitert hat.[668] Nach diesem Wortlaut greift das Verlustverrechnungsverbot auch, wenn eine Körperschaft aufgrund von Sitz oder Geschäftsleitung im Inland unbeschränkt steuerpflichtig ist.[669]

Mössner stellt dagegen zu Recht fest, daß eine stille Beteiligung an einer Kapitalgesellschaft, die aufgrund ihres Sitzes oder ihrer Geschäftsleitung im Inland unbeschränkt der Körperschaftsteuer unterliegt, inlandsbelegen ist und folglich negative Einkünfte aus diesem Vertragsverhältnis – da es sich nicht um ausländische Einkünfte handelt – nicht von § 2a EStG erfaßt werden können.[670] Zu beantworten bleibt die Frage, ob die Ansicht *Mössners* angesichts der Änderung des Gesetzestextes, der im Abs. 1 bis zum Steueränderungsgesetz 1992[671] ausdrücklich auf **negative ausländische Einkünfte** abstellte und folglich nur Einkünfte aus stillen Beteiligungen an Unternehmen mit Sitz und Geschäftsleitung im Ausland erfaßte, weiterhin Bestand hat. Nunmehr bezieht sich § 2a EStG lediglich auf **negative Einkünfte**; nur in der Überschrift ist noch von negativen ausländischen Einkünften die Rede. In der Vorschrift selbst wurde der Tatsache Rechnung getragen, daß die durch die Gesetzesänderung neu hinzugefügten Tatbestände des niedrigeren Teilwerts, der Entnahme und der Auflösung oder Herabsetzung des Kapitals einer Körperschaft eine Abkoppelung von § 34d EStG bewirkten, unter dessen Umschreibung ausländischer Einkünfte bis dahin alle in § 2a EStG angesprochenen Einkünfte zu subsumieren waren. Nach Ansicht von *Probst* erfolgt die Belassung der Überschrift mit Rücksicht auf den Umstand, daß in den Nr. 1 bis 7 der Vorschrift – wenn auch in Nr. 7 nur mittelbar – Sachverhalte mit Auslandsbezug angesprochen sind.[672] *Krabbe* hält dagegen die unveränderte Überschrift schlichtweg für einen Redaktionsfehler.[673] Es gibt m. E. jedoch keine Hinweise darauf, daß im Zuge der Erweiterung des § 2a EStG auch eine Änderung des § 2a Abs. 1 Nr. 5 EStG gewollt war und nunmehr inländi-

---

668 Vgl. *Mössner*, in: *Kirchhof/Söhn*, EStG 1998, § 2a EStG, Rdnr. B 57; *Portner*, in: *Lademann*, EStG 1998, § 2a EStG, Rdnr. 36.

669 Vgl. *Portner*, in: *Lademann*, EStG 1998, § 2a EStG, Rdnr. 36. Nach § 1 Abs. 1 KStG sind Körperschaften dann unbeschränkt steuerpflichtig, wenn sie im Inland ihre Geschäftsleitung oder ihren Sitz haben. Trotz dieser klaren Regelung der unbeschränkten Körperschaftsteuerpflicht gem. § 1 Abs. 1 KStG kam der BFH im Urteil vom 23.6.1992 (BStBl. II 1992, S. 972) zu der Entscheidung, eine Körperschaft mit Sitz im Ausland könne lediglich als nichtrechtsfähiger Verein unbeschränkt steuerpflichtig gem. §§ 1 Abs. 1 Nr. 5, 3 Abs. 1 KStG sein. Vgl. dazu ausführlich Kapitel IV.B.1.b)(2)(a).

670 Vgl. *Mössner*, in: *Kirchhof/Söhn*, EStG 1998, § 2a EStG, Rdnr. B 57.

671 Vgl. Gesetz zur Entlastung der Familien und zur Verbesserung der Rahmenbedingungen für Investitionen und Arbeitsplätze vom 25.2.1992 (StÄndG 1992), BStBl. I 1992, S. 146.

672 Vgl. *Probst*, in: *Flick/Wassermeyer/Becker*, Außensteuerrecht 1998, § 2a EStG, Rdnr. 44. Gl. A. *Portner*, in: *Lademann*, EStG 1998, § 2a EStG, Rdnr. 33.

673 Vgl. *Krabbe*, Verlustausgleichsbeschränkungen 1992, S. 57.

sche Einkünfte aus einer stillen Beteiligung dem Verlustverrechnungsverbot unterstellt werden sollten.

Die Diskussion um die inländischen Anknüpfungsmerkmale von **Personengesellschaften** ist allerdings nicht nur auf die vom Gesetzgeber gewählte Formulierung in § 2a Abs. 1 Nr. 5 EStG zurückzuführen, sondern auch eine grundsätzliche Frage des Ortes der Ansässigkeit. In der Literatur[674] wird vereinzelt die Ansicht vertreten, die Entscheidung hinsichtlich der Ansässigkeit von Personengesellschaften sei anhand des Wohnsitzes der Gesellschafter zu treffen. Nach der im Schrifttum[675] vorherrschenden Meinung bestimmt sich die Ansässigkeit jedoch nach dem Sitz oder dem Ort der Geschäftsleitung; danach wären die beiden Kriterien auch für die Anwendung des § 2a Abs. 1 Nr. 5 EStG einschlägig.

Im Ergebnis werden ausschließlich negative Einkünfte aus stillen Beteiligungen an Unternehmen mit **Sitz und Geschäftsleitung** im Ausland dem Regime des § 2a EStG unterstellt.

---

674 Vgl. *Mössner*, in: *Kirchhof/Söhn*, EStG 1998, § 2a EStG, Rdnr. B 58; *ders.* in: *Mössner* u. a., Steuerrecht 1998, S. 55 f.

675 Vgl. *Greif/Fischer*, Internationale Einkommensteuerprobleme 1995, S. 1379; *Krabbe*, in: *Blümich*, EStG 1998, § 2a EStG, Rdnr. 44; *Piltz*, Personengesellschaften 1981, S. 27; *Probst*, in: *Flick/Wassermeyer/Becker*, Außensteuerrecht 1998, § 2a EStG, Rdnr. 89a.

(d) Qualifikation der Einkünfte

Die **Art der ausländischen Einkünfte** bestimmt sich nach den Tätigkeitskategorien des § 2a Abs. 1 EStG, unabhängig von den Einkunftsarten i. S. d. §§ 2, 49 EStG. In diesem Zusammenhang soll der in der Literatur[676] verwandte Begriff der „umgekehrt isolierenden Betrachtungsweise“ den Willen des Gesetzgebers wiedergeben, den Einfluß der in den §§ 20 Abs. 3, 21 Abs. 3 EStG sowie in § 8 Abs. 2 KStG kodifizierten Subsidiaritätsregeln zu versagen.[677] Letztendlich wird die in § 49 Abs. 2 EStG verankerte isolierende Betrachtungsweise, die für die Bestimmung inländischer Einkünfte im Ausland verwirklichte Tatbestände außer acht läßt,[678] in der Weise umgekehrt, daß für die Einordnung des Auslandsengagements in den Katalog des § 2a Abs. 1 EStG inländische Besteuerungsmerkmale keine Rolle spielen.[679] Danach wären z. B. Einkünfte aus der Vermietung eines im Ausland belegenen Grundstücks einer inländischen GmbH Einkünfte aus Vermietung und Verpachtung; negative Einkünfte aus diesem Auslandsengagement sind daher unter § 2a Abs. 1 Nr. 6 Lit. a) EStG zu subsumieren und können folglich nur mit positiven Einkünften aus der Vermietung und Verpachtung im selben ausländischen Staat kompensiert werden.

Im vorstehenden Beispiel wird lediglich eine Nummer des § 2a EStG erfüllt, allerdings ist auch die Erfüllung mehrerer Nummern in Konkurrenz denkbar, beispielsweise bei der Vermietung eines zum Betriebsvermögen einer ausländischen Betriebstätte eines inländischen Unternehmens gehörenden Grundstücks. In der Literatur ist umstritten, ob in diesem Fall die **Subsidiaritätsregeln** zum Zuge kommen. Während einige Autoren[680] der Meinung sind, Einkünfte, die im Rahmen einer Betriebstätte i. S. d. § 2a Abs. 1 Nr. 1 oder 2 EStG erzielt werden, aber einer anderen Kategorie als der in § 2a Abs. 1 Nr. 1 oder 2 EStG zuzuordnen sind, seien aus dem Betriebsergebnis der Betriebstätte auszugliedern, wird teilweise[681] auch die Ansicht vertreten, daß Einkünfte i. S. d. § 2a Abs. 1 Nr. 3, 5, 6, 7 EStG, die zu den Einkünften

---

676 Vgl. *Fu*, Stille Gesellschaft 1997, S. 68 ff.; *Krabbe*, in: *Blümich*, EStG 1998, § 2a EStG, Rdnr. 29; *Mössner*, in: *Kirchhof/Söhn*, EStG 1998, § 2a EStG, Rdnr. B 4, 50. Kritisch zu diesem Begriff *Vogel*, Umgekehrt isolierende Betrachtungsweise 1985, S. 397 ff.

677 Vgl. *Mössner*, in: *Kirchhof/Söhn*, EStG 1998, § 2a EStG, Rdnr. B 4.

678 Vgl. Kapitel IV.B.1.b)(3)(a).

679 Vgl. *Bopp*, in: *Herrmann/Heuer/Raupach*, EStG/KStG 1998, § 2a EStG, Rdnr. 36; *Probst*, in: *Flick/Wassermeyer/Becker*, Außensteuerrecht 1998, § 2a EStG, Rdnr. 49. A.A. *Vogel*, der die Auffassung vertritt, § 2a EStG knüpfe an die Einkunftsarten des § 2 EStG an und damit die Umqualifizierung von Einkunftsarten beispielsweise auf der Grundlage von § 8 Abs. 2 KStG für möglich hält; vgl. *Vogel*, Verbot des Verlustausgleichs 1983, S. 183.

680 Vgl. *Manke*, Angeklagt 1984, S. 241; *Mössner*, in: *Kirchhof/Söhn*, EStG 1998, § 2a EStG, Rdnr. B 7.

681 Vgl. *Biergans*, Verlustausgleichsbeschränkungen 1992, S. 990; *Bopp*, in: *Herrmann/Heuer/Raupach*, EStG/KStG 1998, § 2a EStG, Rdnr. 36; *Krabbe*, in: *Blümich*, EStG 1998, § 2a EStG, Rdnr. 32; *Portner*, in: *Lademann*, EStG 1998, § 2a EStG, Rdnr. 50 f.

einer ausländischen Betriebstätte gehören, auch den Einkünften i. S. d. § 2a Abs. 1 Nr. 1 oder 2 EStG zuzurechnen seien.

Mössner[682] ist der Ansicht, das Subsidiaritätsprinzip komme lediglich im Fall einer Normkonkurrenz zur Anwendung, wenn durch die gleichzeitige Erfüllung unterschiedlicher Nummern des § 2a Abs. 1 EStG widersprüchliche Rechtsfolgen eintreten. Für den Fall, daß – wie im oben beschrieben Beispiel der Vermietung eines zum Betriebsvermögen der Betriebstätte gehörenden Grundstücks – unterschiedliche Tatbestände des Katalogs in § 2a Abs. 1 EStG erfüllt sind, erkennt *Mössner* keine widersprüchlichen Rechtsfolgen, da es für das Verlustausgleichsverbot nicht darauf ankäme, welcher Nummer der Tatbestand zuzuordnen ist. Dieser Auffassung ist m. E. nicht zu folgen, da die Rechtsfolge des § 2a Abs. 1 EStG im Ausgleich der negativen Einkünfte mit positiven Einkünften derselben Art aus demselben Staat besteht und daher definitionsgemäß für jede Kategorie differiert. Ob die im obigen Beispiel erzielten ausländischen Einkünfte ausschließlich durch positive Einkünfte aus Vermietung und Verpachtung oder durch andere positive Einkünfte aus der gewerblichen Betriebstätte kompensiert werden können, ist für die verlustverrechnende inländische Gesellschaft von grundlegender Bedeutung.

Die Geltung der Subsidiaritätsvorschriften bei Vorliegen mehrerer Tatbestände des § 2a Abs. 1 EStG leitet *Portner*[683] aus dem vom Gesetzgeber gewählten Wortlaut der Abs. 1 und 3 des § 2a EStG ab, der im Abs. 1 Nr. 2 an negative Einkünfte „aus einer in einem ausländischen Staat belegenen gewerblichen Betriebsstätte" anknüpft, in Abs. 3 der Vorschrift dagegen auf „aus einer in einem ausländischen Staat belegenen Betriebsstätte stammende Einkünfte aus gewerblicher Tätigkeit" abstellt; sie kommt m. E. zu Recht zu dem Schluß, daß damit „nach Abs. 1 Nr. 2 nicht die betriebliche Tätigkeit maßgeblich (ist; d. Verf.), sondern der Umstand, daß Einkünfte einer Auslandsbetriebsstätte zuzurechnen sind."[684] Zum gleichen Ergebnis kommt *Bopp*, allerdings unter direkter Bezugnahme auf die Einschätzung, für § 2a EStG gelte „eine Art umgekehrte ‚isolierende Betrachtungsweise'", so daß für die Qualifizierung nur die im Inland vorliegenden Tatbestände außer acht blieben, während die im Ausland gegebenen Besteuerungsmerkmale zu berücksichtigen seien.[685]

Negative Einkünfte, die einem typisch stillen Gesellschafter von einem im Ausland ansässigen Geschäftsinhaber zugerechnet werden, können, wenn nicht gleichzeitig ein anderer Tatbestand des § 2a Abs. 1 EStG vorliegt, gem. § 2a Abs. 1 Nr. 5 EStG ausschließlich mit positiven Einkünften derselben Art aus demselben Staat verrechnet werden. Damit verbleibt für negative Einkünfte aus einer typisch stillen Beteiligung lediglich die Verrechnung mit positiven Einkünften aus demselben Staat entweder aus einer anderen Beteiligung als typisch stiller Gesellschafter oder mit positi-

---

682 Vgl. *Mössner*, in: *Kirchhof/Söhn*, EStG 1998, § 2a EStG, Rdnr. B 7.

683 Vgl. *Portner*, in: *Lademann*, EStG 1998, § 2a EStG, Rdnr. 50.

684 *Portner*, in: *Lademann*, EStG 1998, § 2a EStG, Rdnr. 50. Gl.A. *Biergans*, Verlustausgleichsbeschränkungen 1992, S. 990.

685 Vgl. *Bopp*, in: *Herrmann/Heuer/Raupach*, EStG/KStG 1998, § 2a EStG, Rdnr. 36; wörtliches Zitat ebenda.

ven Einkünften aus der Gewährung eines partiarischen Darlehens.[686] Auf die durch die Aktivitätsklausel in § 2a Abs. 2 EStG für Betriebstättenverluste installierte Ausnahmeregelung[687] vom Verlustverrechnungsverbot hat der Gesetzgeber im Fall der typisch stillen Gesellschaft verzichtet und damit dieses Rechtsinstitut pauschal als für die deutsche Volkswirtschaft schädlich charakterisiert und in der Konsequenz eine Beeinträchtigung gängiger internationaler Geschäftsbeziehungen in Kauf genommen.[688] Der Gesetzesbegründung ist nicht zu entnehmen, warum im Fall typisch stiller Gesellschaften nicht – wie bei Vorliegen einer ausländischen Betriebstätte z.B. auch im Zuge einer atypisch stillen Gesellschaft – ebenfalls auf die aktive Tätigkeit des Geschäftsinhabers abgestellt wurde.[689]

Erkennt man – wie hier – bei Erfüllung zweier Kriterien des § 2a Abs. 1 EStG die Geltung der Subsidiaritätsvorschriften an, so können Verluste aus der **typisch stillen Beteiligung an einem ausländischen Unternehmen**, die nach allgemeinen Abgrenzungskriterien[690] zur ausländischen Betriebstätte gehören, durch darüber hinaus erzielte positive Betriebstätteneinkünfte kompensiert werden, unabhängig davon, ob die Betriebstätte eine aktive oder passive Tätigkeit i. S. v. § 2a Abs. 2 EStG ausübt. Erwirtschaftet auch die ausländische Betriebstätte Verluste, so kommt es auf die Erfüllung der Aktivitätsklausel an: Betreibt die ausländische Betriebstätte eine aktive Tätigkeit, so sind die daraus entstandenen Verluste einschließlich der dem inländischen Unternehmen aus der typisch stillen Beteiligung zuzurechnenden Verluste

686 Mit § 2a Abs. 1 Nr. 5 EStG steht die Gewährung eines partiarischen Darlehens einer stillen Beteiligung artmäßig gleich; vgl. hierzu bereits Kapitel IV.B.2.a)(2)(b).

687 Vgl. dazu ausführlich Kapitel IV.B.2.b)(1).

688 So auch *Bopp*, in: *Herrmann/Heuer/Raupach*, EStG/KStG 1998, § 2a EStG, Rdnr. 36. U.a. diese Ungleichbehandlung der Einkunftsquellen im Katalog des § 2a Abs. 1 EStG hat in der Literatur zur Diskussion der Verfassungsmäßigkeit des § 2a EStG geführt; vgl. im Überblick *Fu*, Stille Gesellschaft 1997, S. 66 f. Insgesamt wurden gleich mehrere Bedenken gegen die Verfassungsmäßigkeit des § 2a EStG laut, die sich auf folgende drei Aspekte konzentrieren (vgl. *Mössner*, in: *Kirchhof/Söhn*, EStG 1998, § 2a EStG, Rdnr. A 55): Ist § 2a EStG mit dem aus dem Gleichheitsgrundsatz des Art. 3 GG abgeleiteten Leistungsfähigkeitsprinzip vereinbar? Entspricht § 2a EStG insbesondere hinsichtlich der Typisierung im Einkunftsquellenkatalog dem Grundsatz der Verhältnismäßigkeit? Verstoßen die fehlenden Übergangsregelungen für Altinvestitionen gegen das Rückwirkungsverbot? Der BFH hat dagegen in zahlreichen Urteilen (vgl. z.B. BFH vom 17.10.1990, BStBl. II 1991, S. 136; BFH vom 5.9.1991, BStBl. II 1992, S. 192; BFH vom 16.12.1992, BStBl. II 1993, S. 395; BFH vom 26.3.1996, BStBl. II 1996, S. 606) die Verfassungsmäßigkeit des § 2a EStG betont.

689 Vgl. mit dahingehender Kritik auch *Schaumburg*, Internationales Steuerrecht 1998, S. 151 f., der darüber hinaus die Einbeziehung des partiarischen Darlehens in § 2a Abs. 1 Nr. 5 EStG als ungerechtfertigt bezeichnet, da es bei diesem Gestaltungsinstrument nur zu Verlusten kommen kann, wenn die Werbungskosten die Einnahmen übersteigen und das Verrechnungsverbot damit die Grundsätze der Besteuerung nach dem objektiven Nettoprinzip verletzt.

690 Zum Abgrenzungsproblem zwischen dem Gewinn der Betriebstätte und dem des Stammhauses vgl. *Lüdicke*, in: StBKgR 1994, S. 233 ff.; *Schröder*, in: *Mössner* u. a., Steuerrecht 1998, S. 248 ff.

gem. § 2a Abs. 2 EStG unbeschränkt abzugs- und ausgleichsfähig.[691] Bei der Zuordnung des als passiv charakterisierten Engagements in Form einer stillen Beteiligung zum Ergebnis der ausländischen Betriebstätte besteht allerdings die Gefahr, daß eine bislang aktiv tätige Betriebstätte infolge der Aktivitätsklausel in Abs. 2 als nicht aktiv gewerblich tätig eingestuft wird;[692] damit wäre der Verlust der Betriebstätte insgesamt weder horizontal noch vertikal kompensationsfähig.[693] Handelt es sich um eine passiv tätige Betriebstätte, so erhöht nach der hier vertreten Ansicht der Verlust aus der stillen Beteiligung den Betriebstättenverlust; der Gesamtbetrag der negativen Einkünfte kann gem. § 2a Abs. 1 Nr. 2 EStG ausschließlich mit positiven Einkünften aus einer gewerblichen Betriebstätte im selben Staat ausgeglichen werden.

(e) Ermittlung der negativen Einkünfte

Die Ermittlung der negativen Einkünfte aus dem Auslandsengagement bestimmt sich allein **nach deutschem Recht**, d.h. bei den durch Betriebsvermögensvergleich zu ermittelnden Einkünften unterliegt der Verlust, bei den Überschußeinkünften der Überschuß der Werbungskosten über die Einnahmen den Ausgleichsbeschränkungen i.S.d. § 2a EStG.[694] Für den betragsmäßigen Umfang des von § 2a EStG sanktionierten Engagements gilt die eindeutige Formulierung in § 2a Abs. 1 EStG. Erfaßt werden die negativen Einkünfte aus einem Auslandsengagement i.S.d. Einzeltatbestände des Katalogs. Die Einkünfte aus den Quellen der Nr. 5 der Vorschrift – Einkünfte aus einer Beteiligung am Handelsgewerbe als stiller Gesellschafter sowie aus partiarischem Darlehen – ermitteln sich als Überschuß der Einnahmen über die Werbungskosten. Folglich werden vom Verlustausgleichsverbot des § 2a EStG nicht nur die Verlustanteile des stillen Gesellschafters, sondern auch die der Beteiligung zurechenbaren Werbungskosten erfaßt.[695] Wäre das Verlustverrechnungsverbot auf den dem typisch Stillen vertraglich zuzurechnenden Verlustanteil beschränkt, hätte der Gesetzgeber auf die Aufnahme des partiarischen Darlehens als weitere Einkunftsquelle in Nr. 5 verzichten können, da bei dieser Art der wirtschaftlichen Betätigung bei Außerachtlassung der Werbungskosten negative Einkünfte nicht entstehen können.[696] Dennoch wird in der Literatur[697] z.T. für eine teleologische Auslegung des § 2a Abs. 1 Nr. 5 EStG plädiert und die Beschränkung des Verlustausgleichsverbots

---

691 Vgl. *Bopp*, in: *Herrmann/Heuer/Raupach*, EStG/KStG 1998, § 2a EStG, Rdnr. 36; *Krabbe*, in: *Blümich*, EStG 1998, § 49 EStG, Rdnr. 42.

692 Vgl. ausführlich zur Aktivitätsklausel und zur 90 %-Grenze Kapitel IV.B.2.b)(2).

693 So auch *Bopp*, in: *Herrmann/Heuer/Raupach*, EStG/KStG 1998, § 2a EStG, Rdnr. 36.

694 Vgl. *Bopp*, in: *Herrmann/Heuer/Raupach*, EStG/KStG 1998, § 2a EStG, Rdnr. 30; *Krabbe*, in: *Blümich*, EStG 1998, § 2a EStG, Rdnr. 31.

695 Vgl. *Krabbe*, in: *Blümich*, EStG 1998, § 49 EStG, Rdnr. 43; *Portner*, in: *Lademann*, EStG 1998, § 2a EStG, Rdnr. 50.

696 Vgl. *Fu*, Stille Gesellschaft 1997, S. 73 f. Vgl. auch bereits Kapitel II.A.3.

697 Vgl. *Bopp*, in: *Herrmann/Heuer/Raupach*, EStG/KStG 1998, § 2a EStG, Rdnr. 40; *Mössner*, in: *Kirchhof/Söhn*, EStG 1998, § 2a EStG, Rdnr. B 75.

auf den Verlustanteil des typisch stillen Gesellschafters gefordert. Ausgehend vom Sinn des § 2a EStG als Instrument zur Verhinderung nicht förderungswürdiger Auslandsinvestitionen will *Mössner* den Regelungsbereich des § 2a Abs. 1 Nr. 5 EStG auf die Beteiligung an ausländischen „Verlustgeschäften" beschränkt wissen, so daß er die unbeschränkte Abzugsfähigkeit der übrigen Werbungskosten von § 2a EStG unberührt als zulässig erachtet.[698] M. E. trifft die von *Mössner* vertretene Auslegung des § 2a Abs. 1 Nr. 5 EStG zwar die Intention des Gesetzgebers[699], allerdings steht ihr die eindeutige Formulierung in § 2a Abs. 1 EStG entgegen.[700]

Wird die stille Beteiligung in einem inländischen Betriebsvermögen gehalten, kann die Verlustbeteiligung durch eine **Teilwertabschreibung** gewinnmindernd berücksichtigt werden,[701] die dann ebenfalls in den Anwendungsbereich von § 2a EStG fällt.[702]

(f) Verhältnis zwischen § 15a EStG und § 2a EStG

Mit § 2a EStG und § 15a EStG hat der Gesetzgeber gleich zwei Regelungen in das nationale Einkommensteuerrecht aufgenommen, die dem Ziel dienen, Verlustzuweisungen, die als für die deutsche Volkswirtschaft nicht sinnvoll angesehen werden, zu verhindern.[703] Durch die Verweisung in § 20 Abs. 1 Nr. 4 EStG bzw. die ausdrückliche Aufnahme in § 2a Abs. 1 Nr. 5 EStG gelten beide Regelungen auch für typisch

---

[698] Vgl. *Mössner*, in: *Kirchhof/Söhn*, EStG 1998, § 2a EStG, Rdnr. B 73.

[699] In der Begründung zum Regierungsentwurf heißt es: „Insbesondere Initiatoren von Verlustzuweisungsmodellen machen sich diese Situation (die Möglichkeit, ausländische Verluste mit inländischen positiven Einkünften auszugleichen; d. Verf.) zu nutze. ... Die Verluste aus diesen Tätigkeiten führen zu einer erheblichen Steuerersparnis, ohne daß die Investition für die deutsche Volkswirtschaft einen erkennbaren Nutzen bringt."; BT-Drs. 9/2074, S. 62.

[700] Zur Bedeutung des Wortlauts bei der Auslegung von Gesetzen vgl. Kapitel I.A.

[701] Vgl. Kapitel II.B.3.b)(1)(b).

[702] Vgl. *Bopp*, in: *Herrmann/Heuer/Raupach*, EStG/KStG 1998, § 2a EStG, Rdnr. 40; *Portner*, in: *Lademann*, EStG 1998, § 2a EStG, Rdnr. 59. A.A. *Mössner*, der – für den Fall, daß die stille Beteiligung im Betriebsvermögen gehalten wird – Teilwertabschreibungen gleich den über den Verlustanteil hinausgehenden Werbungskosten eines privat Beteiligten nicht unter das Regime von § 2a EStG stellen will; vgl. *Mössner*, in: *Kirchhof/Söhn*, EStG 1998, § 2a EStG, Rdnr. B 73. Diese Ansicht paßt allerdings nicht in die von *Mössner* vertretene Argumentationslinie, § 2a EStG sei teleologisch auszulegen und folglich das Verlustverrechnungsverbot auf den Verlustanteil des Stillen beschränkt. In der Teilwertabschreibung manifestiert sich gerade die Verlustbeteiligung eines (typisch) stillen Gesellschafters, der seine Beteiligung im Betriebsvermögen hält. Zur Zulässigkeit von Teilwertabschreibungen bei der Ermittlung ausländischer Einkünfte gem. § 34d EStG für Zwecke der unilateralen Maßnahmen zur Vermeidung bzw. Minderung der Doppelbesteuerung i.S.v. § 34c EStG vgl. Kapitel IV.B.2.c)(1).

[703] Vgl. die Begründung zum Gesetzesentwurf zur Änderung von § 2a EStG BT-Drs. 9/2074, S. 62, sowie die Begründung zum Gesetzesentwurf zur Einfügung des § 15a EStG BT-Drs. 8/3648, S. 16.

stille Gesellschaften, wobei allerdings die persönlichen und sachlichen Anwendungsbereiche sowie die Rechtsfolgen Unterschiede aufweisen:[704]

1. Durch seinen Zuschnitt auf beschränkt haftende Gesellschafter ist der **persönliche Anwendungsbereich** des § 15a EStG im Vergleich zu dem des § 2a EStG, der unabhängig von der Beteiligungsform alle inländischen Steuerpflichtigen erfaßt, eingeschränkt.
2. Der **sachliche Anwendungsbereich** beider Vorschriften differiert: § 2a EStG unterliegen negative, unmittelbar oder mittelbar ausländische Einkünfte aus dem Einkunftsquellenkatalog in Abs. 1 der Vorschrift.[705] Da der Gesetzgeber im Fall typisch stiller Beteiligungen auf eine Ausnahme vom Verlustverrechnungsverbot verzichtet hat, liegen bei dieser Art des Auslandsengagements stets „schädliche" Einkünfte i. S. d. § 2a EStG vor.[706] Das Verrechnungsverbot in § 15a EStG erfaßt hingegen Verlustzuweisungen an den typisch stillen Gesellschafter, soweit ein negatives Einlagekonto entsteht bzw. sich erhöht. Der Verweis in § 20 Abs. 1 Nr. 4 EStG ordnet die Anwendung von § 15a EStG lediglich auf den Verlustanteil des stillen Gesellschafters an, folglich werden darüber hinausgehende, der Beteiligung direkt zurechenbare Werbungskosten vom Ausgleichsverbot nicht berührt.[707] Hingegen unterliegen dem Regime des § 2a EStG auch die Werbungskosten aus der stillen Beteiligung.
3. Bezüglich seiner **Rechtsfolgen** ist § 15a EStG enger gefaßt als § 2a EStG: Während § 15a EStG ausschließlich die Verrechnung mit zukünftigen Gewinnen aus derselben Beteiligung zuläßt, ist durch § 2a EStG eine Verlustverrechnung mit positiven Einkünften derselben Art aus demselben Land möglich. Damit beschränkt sich die Verlustkompensation nicht auf positive Einkünfte aus derselben Beteiligung, sondern wird auf positive Einkünfte der entsprechenden Einkunftsgruppe des § 2a Abs. 1 EStG im selben Land ausgeweitet, wobei allerdings der nicht ausgleichsfähige Verlust bei Verlustzuweisung in gleicher Höhe im Fall von § 2a EStG durch die Einbeziehung der dem Auslandsengagement zurechenbaren Werbungskosten größer sein wird als im Fall von § 15a EStG.

Abbildung 13 zeigt die Anwendungsbereiche und Rechtsfolgen der beiden Vorschriften zum Verlustverrechnungsverbot im Überblick.

---

704 Vgl. *Probst*, in: *Flick/Wassermeyer/Becker*, Außensteuerrecht 1998, § 2a EStG, Rdnr. 28.

705 Vgl. Kapitel IV.B.2.a)(2)(e).

706 Im Gegensatz dazu wird bei der atypisch stillen Gesellschaft eine Ausnahmeregelung zugelassen; vgl. dazu Kapitel IV.B.2.b)(2).

707 Vgl. Kapitel II.B.3.b)(1)(b).

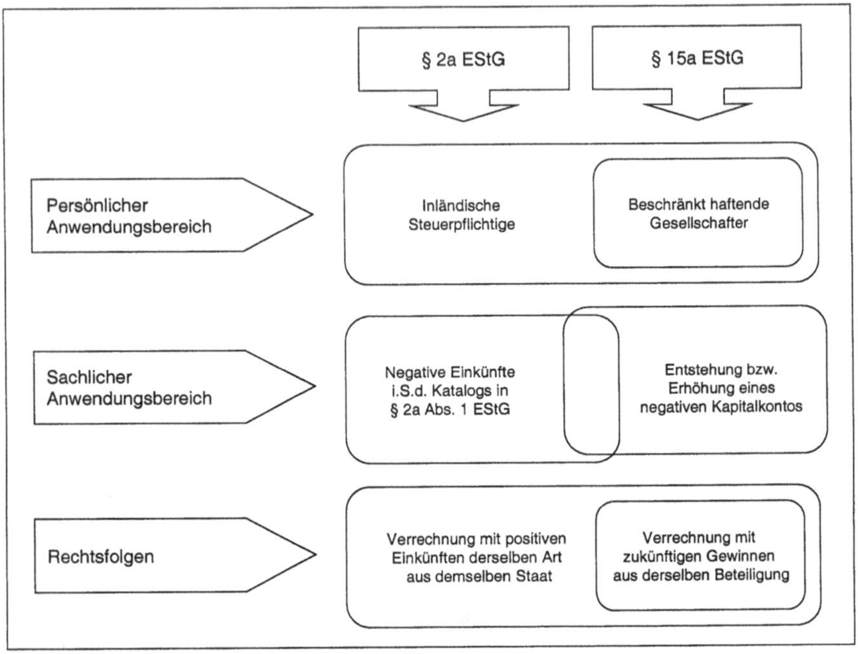

Abbildung 13: Anwendungsbereiche und Rechtsfolgen von § 2a EStG bzw. § 15a EStG

Besteht eine typisch stille Beteiligung an einem im Ausland ansässigen Unternehmen, so sind bei Verlustzuweisungen an den stillen Gesellschafter die persönlichen Anwendungsvoraussetzungen sowohl des § 2a Abs. 1 Nr. 5 EStG als auch des § 15a EStG gegeben. Eine **Normkonkurrenz**, also eine Situation, in der die persönlichen und sachlichen Voraussetzungen für die Anwendung von § 2a EStG und von § 15a EStG gegeben sind, könnte immer dann gesehen werden, wenn durch die Verlustzuweisung ein negatives Einlagekonto entsteht oder sich erhöht. Wegen der unterschiedlichen Rechtsfolgen ist in diesen Fällen eine Entscheidung hinsichtlich des Verhältnisses der beiden Verlustverrechnungsvorschriften zueinander zu treffen. Die dazu in der Literatur diskutierten Vorschläge reichen vom Vorrang der jeweils einen Vorschrift vor der anderen[708] bis zur kumulativen oder kombinierten Anwendung beider Regelungen zu Lasten des Steuerpflichtigen.[709]

Auffällig ist dabei, daß das Konkurrenzproblem auch nach der Streichung der Sieben-Jahres-Frist für die Verlustverrechnung in § 2a EStG[710] weiterhin Thema der wissenschaftlichen Diskussion ist,[711] obwohl m. E. damit die wechselnde „Enger-weiter-Beziehung" zwischen beiden Regelungen aufgehoben und das Problem der Normkonkurrenz gelöst wurde.[712] Bis zum Veranlagungszeitraum 1991 konnten negative Einkünfte gem. § 2a Abs. 1 EStG nur innerhalb eines Zeitraums von sieben Jahren mit positiven Einkünften derselben Art aus demselben Land ausgeglichen werden; durch diese zeitliche Begrenzung war § 2a EStG enger gefaßt als § 15a EStG, der – damals wie heute – eine Verlustverrechnung auf unbeschränkte Zeit vorsieht. Andererseits ist die Verlustverrechnungsmöglichkeit in § 15a EStG auf Gewinne aus derselben Beteiligung beschränkt und damit enger als der verbleibende Verlustausgleich gem. § 2a EStG mit Einkünften derselben Art aus demselben Land.

Nach Aufgabe der Verlustverrechnungsfrist sind nunmehr die Rechtsfolgen des § 15a EStG enger gefaßt als die des § 2a EStG. Da davon auszugehen ist, daß die Intention des Gesetzgebers bei Einführung des § 2a EStG nicht die partielle Aushebelung der Wirkungen des § 15a EStG war,[713] dürfen Verlustzuweisungen aus einer stillen Gesellschaft in einem ausländischen Staat lediglich mit Gewinnanteilen aus derselben Beteiligung ausgeglichen werden, soweit ein negatives Einlagekonto entsteht bzw. sich erhöht, so daß letztlich die speziellere Vorschrift zum Tragen kommt. Negative Einkünfte, die nach § 15a EStG ausgleichsfähig sind, können hingegen durch positive Einkünfte aus typisch stillen Gesellschaften oder aus partiarischen Darlehen aus demselben Staat kompensiert werden.[714]

---

708 Zum Vorrang von § 2a EStG vor § 15a EStG vgl. *Kieschke*, Haushaltsbegleitgesetz 1983, S. 6. Zum Vorrang von § 15a EStG vor § 2a EStG vgl. *Henning*, § 15a EStG und § 2a EStG 1985, S. 1552.

709 Vgl. *Bopp*, in: *Herrmann/Heuer/Raupach*, EStG/KStG 1998, § 2a EStG, Rdnr. 15. Im Ergebnis ebenso die Forderung nach der Anwendung der jeweils strengeren Regel erhebend *Krabbe*, in: *Blümich*, EStG 1998, § 2a EStG, Rdnr. 18.

710 Die Änderung erfolgte im Zuge des Gesetzes zur Entlastung der Familien und zur Verbesserung der Rahmenbedingungen für Investitionen und Arbeitsplätze vom 25.2.1992 (StÄndG 1992), BStBl. I 1992, S. 146.

711 Vgl. *Krabbe*, in: *Blümich*, EStG 1998, § 2a EStG, Rdnr. 17 ff.; *Portner*, in: *Lademann*, EStG 1998, § 2a EStG, Rdnr. 22 f.

712 Gl. A. *Probst*, in: *Flick/Wassermeyer/Becker*, Außensteuerrecht 1998, § 2a EStG, Rdnr. 30, sowie *Hellwig*, in: *Littmann/Bitz/Hellwig*, EStG 1998, § 2a EStG, Rdnr. 11, der allerdings die Frage der Reihenfolge der Verlustverrechnung in den auf das Jahr der Zuweisung folgenden Jahren nicht anspricht.

713 So auch *Mössner*, in: *Kirchhof/Söhn*, EStG 1998, § 2a EStG, Rdnr. A 23.

714 Wie hier *Hellwig*, in: *Littmann/Bitz/Hellwig*, EStG 1998, § 2a EStG, Rdnr. 11.

Ungeklärt ist allerdings weiterhin, wie der Verlustausgleich in den der Verlustzuweisung folgenden Jahren vorgenommen werden soll; insbesondere ist auch die Frage nach der Reihenfolge, in der die einzelnen Verlustverrechnungsvorschriften zur Anwendung kommen sollen, nicht beantwortet. Da in dieser Frage ein Vorrang einer der Vorschriften vor der anderen nicht zu erkennen ist,[715] muß ein Nebeneinander beider Möglichkeiten der Verlustverrechnung anerkannt und somit einem Wahlrecht des Steuerpflichtigen hinsichtlich der Reihenfolge der Verlustverrechnung zugestimmt werden.[716] Nachfolgendes Beispiel erläutert die Verlustverrechnung bei typisch stillen Beteiligungen an einem ausländischen Unternehmen.

Beispiel:

Der im Inland unbeschränkt steuerpflichtige A beteiligt sich als typisch stiller Gesellschafter an der im Staat Z ansässigen X GmbH; sein Einlagekonto beträgt 100 GE. Im Jahr 01 wird ihm ein Verlust i. H. v. 150 GE zugewiesen. Darüber hinaus sind A der Beteiligung zurechenbare Werbungskosten i. H. v. 40 GE entstanden.

Gem. § 2a Abs. 1 Nr. 5 EStG sind 190 GE nur mit positiven Einkünften derselben Art aus demselben Staat ausgleichbar; allerdings gilt für den Teil der Verlustzuweisung, durch die ein negatives Einlagekonto entsteht, § 15a Abs. 5 Nr. 1 EStG, so daß ein Verlust i. H. v. 50 GE ausschließlich mit Gewinnen aus derselben Beteiligung kompensiert werden kann. Im Ergebnis wird ein nach § 15a EStG ausgleichsfähiger Verlust i. H. v. 100 GE zuzüglich der ausgleichsfähigen Werbungskosten i. H. v. 40 GE gem. § 2a EStG sowie der gem. § 15a EStG verrechenbare Verlust i. H. v. 50 GE vorgetragen.

Fortsetzung (Fall 1):

Im Jahr 02 erhält A aus der stillen Beteiligung einen Gewinnanteil i. H. v. 50 GE; Werbungskosten sind nicht entstanden (**Fall 1**). Darüber hinaus erzielt A aus der Gewährung eines partiarischen Darlehens an die im Staat Z ansässige Y GmbH Einkünfte i. H. v. 100 GE.

[715] Vgl. *Mössner*, in: *Kirchhof/Söhn*, EStG 1998, § 2a EStG, Rdnr. A 22.

[716] Vgl. zu dieser Problematik *Mössner*, in: *Kirchhof/Söhn*, EStG 1998, § 2a EStG, Rdnr. A 23 ff.

Die Reihenfolge der Kompensation der verrechenbaren Verluste ist nach der hier vertretenen Ansicht frei wählbar; so kann A beispielsweise den nach § 15a EStG verrechenbaren Verlust mit dem Gewinnanteil aus der typisch stillen Beteiligung ausgleichen und die positiven Einkünfte aus dem partiarischen Darlehen zum Ausgleich der negativen Einkünfte gem. § 2a Abs. 1 Nr. 5 EStG verwenden. Danach verblieben negative Einkünfte i. H. v. 40 GE zum Ausgleich mit zukünftigen positiven Einkünften derselben Art aus demselben Land. Alternativ dazu könnte A die positiven Einkünfte aus dem partiarischen Darlehen und der stillen Beteiligung zum Ausgleich der negativen Einkünfte gem. § 2a Abs. 1 Nr. 5 EStG einsetzen; damit verblieben insgesamt positive Einkünfte i. H. v. 10 GE sowie ein Verlust i. H. v. 40 GE zur Verrechnung mit zukünftigen Gewinnanteilen aus der stillen Beteiligung an der X GmbH im Land Z.

Fortsetzung (Fall 2):

Wie Fall 1, allerdings sind A durch die stille Beteiligung Werbungskosten i. H. v. 30 GE entstanden (**Fall 2**).

Auch in diesem Fall besteht für A ein Wahlrecht bezüglich der Reihenfolge der Verlustkompensation: A kann den gem. § 15a EStG verrechenbaren Verlust mit dem Gewinnanteil aus der stillen Gesellschaft ausgleichen. Die Werbungskosten werden von § 15a EStG nicht erfaßt, sie gehen ausschließlich in das Verrechnungspotential gem. § 2a EStG ein. So verbleibt zur Verrechnung ein Betrag i. H. v. 70 GE. Die verbleibenden 70 GE können mit zukünftigen Gewinnen i. S. v. § 2a Abs. 1 Nr. 5 EStG aus dem Staat Z ausgeglichen werden. Alternativ dazu könnte A die positiven Einkünfte aus dem Staat Z i. H. v. 120 GE zum Ausgleich der negativen Einkünfte gem. § 2a EStG heranziehen; danach verblieben zur Verrechnung mit Gewinnanteilen aus der stillen Beteiligung 50 GE und zur Verrechnung mit positiven Einkünften aus (typisch) stillen Gesellschaften oder partiarischen Darlehen im Staat Z 20 GE.

b) Atypisch stille Gesellschaft

(1) Besteuerung im Gewinnfall

Die stille Beteiligung eines im Inland ansässigen Steuerpflichtigen an einem ausländischen Unternehmen begründet in ihrer atypischen Ausgestaltung eine **Mitunternehmerschaft** i. S. v. § 15 Abs. 1 Nr. 2 EStG,[717] so daß im wesentlichen auf die Bestimmungen über die Gewinnermittlung und Besteuerung von Beteiligungen an ausländischen Personengesellschaften im deutschen Außensteuerrecht zurückgegriffen

[717] Vgl. zur Abgrenzung zwischen typisch und atypisch stiller Gesellschaft ausführlich Kapitel II.B.1.

werden kann. Diese originär nationale Beurteilung greift unabhängig von der Bewertung des rechtlichen Konstrukts im Ausland, insbesondere auch unabhängig von der Tatsache, ob derjenige Staat, in dem der Geschäftsinhaber ansässig ist, eine Gestaltung wie die einer Mitunternehmerschaft in Form der atypisch stillen Gesellschaft überhaupt kennt.[718] Zwar kann es im Zuge dessen zu unterschiedlichen Qualifikationen der Einkunftsart des atypisch stillen Gesellschafters kommen, hingegen sind Differenzen hinsichtlich der Einordnung der atypisch stillen Gesellschaft an sich in das Rechtsformensystem nicht zu erwarten. Das in der steuerlichen Praxis bestehende Problem der unterschiedlichen Qualifikation rechtlicher Gebilde – beispielsweise im Inland als Personengesellschaft, im Ausland dagegen als Kapitalgesellschaft – ist bei atypisch stillen Gesellschaften mangels Charakteristik als Außengesellschaft ausgeschlossen.[719] Ein in Deutschland ansässiger atypisch stiller Gesellschafter einer ausländischen Personen- oder Kapitalgesellschaft ist daher grundsätzlich gewerblicher Mitunternehmer; seine ausländischen Einkünfte sind Teil der Gesamteinkünfte aus Gewerbebetrieb, die gem. § 15 Abs. 1 Nr. 2 EStG der unbeschränkten Steuerpflicht unterliegen.[720] Das Engagement in Form einer atypisch stillen Gesellschaft führt im Ausland zur Errichtung einer Betriebstätte i. S. v. § 12 AO.[721] Dabei wird das Handelsgewerbe des Geschäftsinhabers dem atypisch stillen Gesellschafter als eigene ausländische Betriebstätte zugerechnet.[722]

Ausländische Personengesellschaften ermitteln ihren Gewinn nach den jeweils geltenden nationalen Vorschriften; dagegen wird der dem deutschen Gesellschafter zuzurechnende Gewinnanteil auf der Grundlage deutscher handels- und steuerrechtlicher Regelungen festgestellt.[723] Bei der so manifestierten **Maßgeblichkeit der deutschen Gewinnermittlungsvorschriften** für die Gewinnermittlung ausländischer Personengesellschaften kann jedoch nicht auf eine bestehende Buchführung der ausländischen Personengesellschaft abgestellt werden, da dies zu einer Übernahme des dortigen innerstaatlichen Rechts in die deutsche Gewinnermittlung führen würde,

---

718 Vgl. *Strobl/Schäfer*, Berücksichtigung von Auslandsverlusten 1993, S. 207, und ausführlich Kapitel IV.B.1.b)(2)(b).

719 Vgl. zur rein nationalen Besteuerung von in einem der beteiligten Staaten als Personengesellschaft, im anderen als Kapitalgesellschaft qualifizierten Unternehmen ausführlich *Greif*, in: *Mössner* u. a., Steuerrecht 1998, S. 552 ff.; *Greif/Fischer*, Internationale Einkommensteuerprobleme 1995, S. 1376 ff.; *Manke*, in: JbFfSt 1978/79, S. 337 f.

720 Vgl. *Debatin*, Mitunternehmerschaften im Ausland 1978, S. 669; *Greif*, in: *Mössner* u. a., Steuerrecht 1998, S. 553; *Jacobs*, Internationale Unternehmensbesteuerung 1999, S. 484; *Peusquens*, Mitunternehmerschaft im Ausland 1980, S. 255.

721 Vgl. BFH vom 29.1.1964, BStBl. III 1964, S. 165, im Fall einer US-amerikanischen KG; BFH vom 4.12.1991, BStBl. II 1992, S. 750, im Fall einer österreichischen Mitunternehmerschaft.

722 Vgl. *Strobl/Schäfer*, Berücksichtigung von Auslandsverlusten 1993, S. 207. Vgl. auch FG Niedersachsen vom 8.11.1990, in: RIW 1991, S. 79.

723 Vgl. BFH vom 18.2.1966, BStBl. III 1966, S. 496; BFH vom 8.11.1979, BStBl. II 1980, S. 146; BFH vom 13.9.1989, BStBl. II 1990, S. 57; BFH vom 22.5.1991, BStBl. II 1992, S. 94.

die durch die nationale Gesetzgebung nicht gedeckt ist.[724] Es fehlt daher an einer Maßgeblichkeit der ausländischen Handelsbilanz für die inländische Steuerbilanz, so daß eine originär steuerliche Gewinnermittlung bei bilanzierenden Steuerpflichtigen anhand der nationalen Vorschriften sich nicht auf § 5 Abs. 1 EStG, sondern vielmehr unter Beachtung insbesondere der materiellen Grundsätze ordnungsmäßiger Bilanzierung auf § 4 Abs. 1 EStG stützt.[725] § 146 Abs. 2 AO sieht die Übernahme der Ergebnisse der ausländischen Buchführung in die inländische Buchführung vor, fordert allerdings Korrekturen auf der Grundlage der innerstaatlichen steuerrechtlichen Vorschriften.[726]

Ob die bei Personengesellschaften geltenden Grundsätze der Einkünfteermittlung zwecks inländischer Besteuerung auch auf atypisch stille Gesellschaften zu übertragen sind, hängt von der grundsätzlichen Entscheidung über die **Notwendigkeit einer eigenen Steuerbilanz** für die stille Gesellschaft ab. Daran anknüpfend sind zwei alternative Vorgehensweisen zur Gewinnermittlung im Zuge einer atypisch stillen Beteiligung an einem ausländischen Unternehmen denkbar:

1. Die atypisch stille Gesellschaft erstellt nach nationalen Regelungen auf der Basis der Buchführung des ausländischen Geschäftsinhabers eine eigene Steuerbilanz.
2. Der dem atypisch stillen Gesellschafter zugerechnete Erfolgsanteil wird in die nationale Währung umgerechnet; die sich daran anschließende Ermittlung der Einkünfte erfolgt anhand der innerstaatlichen Vorschriften.

Nach der in dieser Arbeit im Einklang mit dem BFH vertretenen Ansicht[727], bei der atypisch stillen Gesellschaft handele es sich um ein „selbständiges Subjekt der Gewinnerzielung, Gewinnermittlung und Einkünftequalifikation“[728], wurde die Erstellung einer eigenständigen Steuerbilanz befürwortet.[729] Damit ist die **additive zweistufige Gewinnermittlung** bei Mitunternehmerschaften auch schematische Grundlage für

---

724 Vgl. *Jacobs*, Internationale Unternehmensbesteuerung 1999, S. 493.

725 Vgl. BFH vom 13.9.1989, BStBl. II 1990, S. 57; BFH vom 22.5.1991, BStBl. II 1992, S. 94; BFH vom 31.5.1995, BStBl. II 1995, S. 683; BFH vom 16.2.1996, BStBl. II 1996, S. 588.

726 Korrekturen sind insbesondere bei „groben Abweichungen“, wie sie beispielsweise bei der Behandlung von Sondervergütungen entstehen können, erforderlich. Vgl. *Jacobs*, Internationale Unternehmensbesteuerung 1999, S. 493. Speziell für den Fall der Beurteilung von Sondervergütungen bei grenzüberschreitenden Beteiligungen Deutschland/USA vgl. *Kappe*, US-Personengesellschaften 1987, S. 479 ff.; *Knobbe-Keuk*, Qualifikationskonflikte 1991, S. 306 f.; *Küspert*, Sondervergütungen 1988, S. 461 ff.

727 Vgl. dazu ausführlich Kapitel II.B.4.a)(1).

728 BFH vom 26.11.1996, BStBl. II 1998, S. 328.

729 *Strobl/Schäfer* sprechen dieses Problem auch speziell im Zusammenhang mit atypisch stillen Beteiligungen an ausländischen Unternehmen an, treffen allerdings hinsichtlich der Vorgehensweise bei der Gewinnermittlung keine Entscheidung, obwohl sie die Zulässigkeit einer Steuerbilanz für die atypisch stille Gesellschaft verneinen; vgl. *Strobl/Schäfer*, Berücksichtigung von Auslandsverlusten 1993, S. 209.

ausländische atypisch stille Gesellschaften, für die in der Folge zunächst der jeweilige mitunternehmerisch erwirtschaftete Gewinnanteil aus einer den nationalen Vorschriften entsprechenden Steuerbilanz abgeleitet wird, bevor auf der zweiten Stufe der außerhalb der Gesamthand ermittelte Anteil – im Fall der atypisch stillen Gesellschaft sind die in dieser Gewinnermittlungsstufe angesprochenen Sondereinnahmen und -ausgaben nur auf seiten des stillen Gesellschafters denkbar – hinzugerechnet wird.[730] Die Sondereinnahmen erhöhen damit den Gewinnanteil des atypisch stillen Gesellschafters nach Maßgabe der rein nationalen Beurteilung gem. § 15 Abs. 1 Nr. 2 EStG. Diese Einordnung der Vergütungen der Leistungsbeziehungen zwischen der Gesellschaft und dem Mitunternehmer stimmt häufig mit der Wertung in der ausländischen Rechtsordnung nicht überein, so daß es hier zu Qualifikationskonflikten kommen kann, die zwar die nationale Einschätzung nicht beeinflussen, allerdings im Bereich der unilateralen Maßnahmen zur Minderung oder Vermeidung der Doppelbesteuerung zu Problemen führen können.[731]

(2) Besteuerung im Verlustfall

Bei atypisch stillen Gesellschaften greifen wie bei der typischen Variante zwei Verlustverrechnungsverbote in Gestalt der §§ 2a und 15a EStG. Rechtsgrundlage für die Erfassung negativer mitunternehmerischer Einkünfte ist § 15a Abs. 5 Nr. 1 EStG und außensteuerrechtlich nicht wie bei der typisch stillen Beteiligung Abs. 1 Nr. 5 des § 2a EStG, sondern mit Abs. 1 Nr. 2 EStG die Regelung über die **steuerliche Behandlung von Verlusten aus ausländischen Betriebstätten**.[732] Derartige Verluste können zunächst nur mit Gewinnen derselben Einkunftsart aus demselben Staat ausgeglichen werden. Anders als im Fall der typisch stillen Beteiligung läßt der Gesetzgeber durch die Aktivitätsklausel in Nr. 2 der Vorschrift bei der atypischen Gestaltung allerdings auch ein für die deutsche Volkswirtschaft unschädliches Engagement zu. Entgegen der Regelung in Abs. 1 ist die Verlustkompensation dann erlaubt, wenn die negativen Einkünfte nachweislich einer sog. aktiv tätigen ausländischen Betriebstätte zuzurechnen sind, deren „Einkünfte aus einer gewerblichen Betriebstätte im Ausland ..., die ausschließlich oder fast ausschließlich die Herstellung oder Lieferung von Waren, außer Waffen, die Gewinnung von Bodenschätzen sowie die Bewirkung gewerblicher Leistungen zum Gegenstand hat, soweit diese nicht in der Errichtung oder dem Betrieb von Anlagen, die dem Fremdenverkehr dienen, oder in der Vermietung oder der Verpachtung von Wirtschaftsgütern einschließlich der Überlassung von Rechten, Plänen, Mustern, Verfahren, Erfahrungen und Kenntnis-

---

[730] Vgl. dazu bereits ausführlich Kapitel II.B.4.a)(3) und insbesondere die in Abbildung 8 wiedergegebene schematische Übersicht über die additive Gewinnermittlung bei atypisch stillen Gesellschaften.

[731] Vgl. Kapitel IV.B.2.c).

[732] Vgl. dazu bereits Kapitel IV.B.2.a)(2)(b).

sen" resultieren.[733] Das Tatbestandsmerkmal „ausschließlich" setzt eine 100 %ige aktive Tätigkeit voraus, die durch den Zusatz „fast ausschließlich" nach gängiger Rechtspraxis auf 90 % abgemildert wird.[734]

Die Lösung der **Problematik aus dem Nebeneinander von § 2a EStG und § 15a EStG** gestaltet sich vergleichbar der im Fall der typisch stillen Gesellschaft,[735] zudem besteht im Fall der atypisch stillen Beteiligung die Besonderheit, daß durch die Charakterisierung der Tätigkeit des Geschäftsinhabers als aktiv bzw. passiv die Bandbreite möglicher Überschneidungsfälle voll ausgeschöpft wird. Von Interesse sind in diesem Zusammenhang insbesondere die folgenden vier Fallgestaltungen:

1. Eine Verlustzuweisung eines aktiv tätigen Geschäftsinhabers führt auf seiten des Stillen zu keinem negativen Einlagekonto.
2. Durch die Verlustzuweisung eines aktiv tätigen Geschäftsinhabers entsteht bzw. erhöht sich ein negatives Einlagekonto des Stillen.
3. Eine Verlustzuweisung eines passiv tätigen Geschäftsinhabers führt zu keinem negativen Einlagekonto des Stillen.
4. Durch die Verlustzuweisung eines passiv tätigen Geschäftsinhabers entsteht bzw. erhöht sich ein negatives Einlagekonto des Stillen.

Die ersten drei Fallgestaltungen führen nicht zur Normenüberschneidungen, da hier lediglich die Voraussetzungen einer der beiden Vorschriften erfüllt sind;[736] eine Konfliktsituation entsteht damit nur im Fall 4, die allerdings m. E. angesichts der eindeutigen „Weiter-enger-Beziehung" zwischen den beiden Einkommensteuerrechtsnormen eine einvernehmliche Lösung findet. Folglich sind Verlustzuweisungen wie im Fall 1 einem horizontalen und vertikalen Verlustausgleich zugänglich, während im Fall 3 ein mit Einkünften derselben Art aus demselben Staat verrechenbarer Verlust verbleibt. Entsteht hingegen ein negatives Einlagekonto (Fall 2 und 4), so ist es für die sich daran anschließende Rechtsfolge unerheblich, ob es sich um einen aktiv oder passiv tätigen Geschäftsinhaber handelt. Die Verlustzuweisungen sind regelmäßig nur mit zukünftigen Gewinnen aus der betreffenden Beteiligung ausgleichbar.[737]

---

733 Zur Qualifikation einer aktiven Tätigkeit vgl. ausführlich *Bopp*, in: *Herrmann/Heuer/Raupach*, EStG/KStG 1998, § 2a EStG, Rdnr. 73 ff.; *Krabbe*, in: *Blümich*, EStG 1998, § 2a EStG, Rdnr. 61 ff.; *Mössner*, in: *Kirchhof/Söhn*, EStG 1998, § 2a EStG, Rdnr. C 5 ff.

734 Vgl. *Bopp*, in: *Herrmann/Heuer/Raupach*, EStG/KStG 1998, § 2a EStG, Rdnr. 75; *Heinicke*, in: *Schmidt*, EStG 1998, § 2a EStG, Rdnr. 13; *Krabbe*, in: *Blümich*, EStG 1998, § 2a EStG, Rdnr. 64; *Mössner*, in: *Kirchhof/Söhn*, EStG 1998, § 2a EStG, Rdnr. C 7.

735 Vgl. Kapitel IV.B.2.a)(2)(f).

736 Vgl. *Mössner*, in: *Kirchhof/Söhn*, EStG 1998, § 2a EStG, Rdnr. A 17.

737 Für den verrechenbaren Verlust nach § 15a Abs. 4 EStG erfolgt eine gesonderte Feststellung, die auch in die gesonderte und einheitliche Feststellung der Einkünfte im Fall der Beteiligung mehrerer Personen einbezogen werden kann; vgl. *Grützner*, Einkünfte aus ausländischen Betriebsstätten 1993, S. 1062.

Auch bei atypisch stillen Gesellschaften kommt es bei den einzelnen Rechtsnormen im Zeitpunkt der Zurechnung zu einer differierenden Bemessung der Höhe des Verlustverrechnungspotentials. Während § 15a EStG auf die Verlustzuweisungen aus der stillen Beteiligung abstellt und damit nach h. M. nicht das Ergebnis der Sonderbilanzen erfaßt,[738] betrifft § 2a Abs. 1 Nr. 2 EStG negative Einkünfte und erweitert das Verlustverrechnungsverbot auf den Überschuß der Sonderausgaben über die Sondereinnahmen. Die Folgen entsprechen den im Beispiel für die typisch stille Gesellschaft durchgeführten Berechnungen.[739]

c) Unilaterale Vermeidung der Doppelbesteuerung

(1) Vorbemerkung

Auslandssachverhalte wie die stille Beteiligung eines unbeschränkt Steuerpflichtigen an einem ausländischen Unternehmen werden im Zuge des Welteinkommensprinzips gem. § 1 EStG bzw. § 1 KStG in Deutschland als Wohnsitzstaat auf der Grundlage des deutschen Steuerrechts besteuert; daneben erfaßt der Quellenstaat regelmäßig die innerstaatlichen Einkünfte des stillen Gesellschafters unter Rückgriff auf das Territorialitätsprinzip, so daß die Einkünfte im Ergebnis einer doppelten Besteuerung unterliegen, der durch uni- und bi- bzw. multilaterale Maßnahmen begegnet werden kann.[740]

Den außensteuerrechtlichen Begriff „ausländische Einkünfte" definiert § 34d EStG für die Anwendung der Steuermäßigungen gem. § 34c Abs. 1 bis 5 EStG bzw. § 26 KStG,[741] nicht aber den Begriff der ausländischen Einkünfte i. S. d. DBA, obwohl in Abs. 6 der Vorschrift ausdrücklich auf abkommensrechtliche Regelungen Bezug genommen wird.[742] Die unilateralen Maßnahmen zielen auf eine einseitige Vermeidung der Doppelbesteuerung, soweit dies nicht bereits durch DBA geschehen ist. Die völkerrechtlichen Verträge genießen gegenüber den nationalen Regelungen gem. § 2 AO Anwendungsvorrang, so daß die in § 34c EStG geregelten Sachver-

---

738 Vgl. Kapitel II.B.4.a)(3)(b).

739 Vgl. das Beispiel in Kapitel IV.B.2.a)(2)(f).

740 Vgl. zu den Prinzipien des Internationalen Steuerrechts Kapitel IV.A.1. Zum Problem der internationalen Doppelbesteuerung vgl. Kapitel IV.A.3.

741 § 34d EStG gilt gem. § 8 Abs. 1 KStG auch für die Ermittlung der Einkünfte von Körperschaften i. S. d. KStG; vgl. *Streck*, KStG 1997, § 26 KStG, Rdnr. 5.

742 Vgl. *Flick/Wassermeyer/Lüdicke*, in: *Flick/Wassermeyer/Becker*, Außensteuerrecht 1998, § 34c EStG, Rdnr. 6. § 34c Abs. 6 Satz 2 EStG ordnet die entsprechende Anwendung der Vorschriften über die Anrechnung und den Abzug gem. § 34c Abs. 1 Satz 2 und 3 sowie Abs. 2 EStG an, soweit in einem Abkommen zur Vermeidung der Doppelbesteuerung die Anrechnung einer ausländischen Steuer auf die deutsche Einkommensteuer vorgesehen ist. Vgl. zu den bilateralen Maßnahmen zur Vermeidung der Doppelbesteuerung Kapitel IV.C.2.a).

halte bei Vorliegen eines DBA – soweit nicht ausdrücklich auf das nationale Recht verwiesen wird – grundsätzlich nicht anwendbar sind.[743]

(2) Ermittlung ausländischer Einkünfte gem. § 34d EStG

Die im Katalog des § 34d EStG abschließend aufgezählten Arten ausländischer Einkünfte knüpfen direkt an die Einkunftsarten des § 2 Abs. 1 EStG an und leiten sich aus dem fast spiegelbildlich aufgebauten § 49 EStG ab.[744] Verzichtet wurde allerdings auf die ausdrückliche Kodifizierung einer isolierenden Betrachtungsweise in § 34d EStG; dennoch gilt für die Ermittlung der ausländischen Einkünfte die **Unbeachtlichkeit inländischer Besteuerungsmerkmale**, so daß beispielsweise ein inländisches gewerbliches Unternehmen ausländische Einkünfte aus Vermietung und Verpachtung i. S. v. § 34d Nr. 7 EStG beziehen kann, ohne daß es zu einer Umqualifizierung in Einkünfte aus Gewerbebetrieb im Inland kommt.[745] Eine Subsidiarität der Einkunftsarten besteht nur bezüglich der im Ausland verwirklichten Besteuerungskriterien, die im oben angesprochenen Fall eine Umqualifizierung der Einkünfte aus Vermietung und Verpachtung in solche aus Gewerbebetrieb zur Folge hat, falls die Einkünfte im Rahmen einer ausländischen gewerblichen Betriebstätte erzielt werden. Für die Einkunftsarten des § 34d Nr. 4 bis 8c EStG, namentlich Einkünfte aus der Veräußerung von Wirtschaftsgütern sowie von Anteilen an Kapitalgesellschaften, Einkünfte aus nichtselbständiger Arbeit, Einkünfte aus Kapitalvermögen, Einkünfte aus Vermietung und Verpachtung sowie sonstige Einkünfte, stehen ausdrücklich in Subsidiarität zu den Gewinneinkunftsarten Einkünfte aus Land- und Forstwirtschaft, aus Gewerbebetrieb bzw. aus selbständiger Arbeit.[746] Anders als im für rein nationale Gestaltungen geltenden Recht unterliegen durch die explizite Verweisung in den Nr. 1 und 2 der Vorschrift auch die Einkünfte aus selbständiger Arbeit den Subsidiaritätsregeln; sie werden den ausländischen Einkünften aus Land- und Forstwirtschaft bzw. aus Gewerbebetrieb zugerechnet, soweit sie zu diesen gehören.

Im **Fall stiller Gesellschaften** kommen ausländische Einkünfte i. S. d. § 34d Nr. 2 Lit. a) und Nr. 6 EStG in Frage, wobei Einkünfte aus einer typisch stillen Beteiligung,

---

[743] Zur Besteuerung stiller Gesellschaften unter Berücksichtigung des Abkommensrechts vgl. ausführlich Kapitel IV.C.

[744] *Flick/Wassermeyer/Lüdicke* halten die Ableitung des § 34d EStG aus § 49 EStG aufgrund des unterschiedlichen Regelungsinhalts beider Vorschriften für methodisch bedenklich: „Während § 34d EStG dazu dient, ausländische Einkünfte zu definieren, soll § 49 EStG lediglich festlegen, welche inländischen Einkünfte der beschränkten Steuerpflicht unterliegen. Dabei erfaßt § 49 EStG nicht alle inländischen Einkünfte."; *Flick/Wassermeyer/Lüdicke*, in: *Flick/Wassermeyer/Becker*, Außensteuerrecht 1998, § 34d EStG, Rdnr. 11.

[745] Vgl. *Flick/Wassermeyer/Lüdicke*, in: *Flick/Wassermeyer/Becker*, Außensteuerrecht 1998, § 34d EStG, Rdnr. 14. *Krabbe* spricht in diesem Fall von der „umgekehrt isolierenden Betrachtungsweise"; vgl. *Krabbe*, in: *Blümich*, EStG 1998, § 34d EStG, Rdnr. 12. Dieser Bezeichnung kritisch gegenüberstehend vgl. *Amann*, Ermittlung ausländischer Einkünfte 1997, S. 798.

[746] Vgl. *Amann*, Ermittlung ausländischer Einkünfte 1997, S. 798.

die nach allgemeinen Abgrenzungskriterien zum Betriebsvermögen einer ausländischen Betriebstätte gehört, unter § 34d Nr. 2 Lit. a) EStG zu subsumieren sind.[747]

Die Kombination von isolierender Betrachtungsweise hinsichtlich der Einkunftsart und ausschließlicher Anwendung innerstaatlichen Rechts in Bezug auf den Umfang der Einkünfte führt zur Übernahme der speziell für die Art der ausländischen Einkünfte vorgesehenen Einkünfteermittlungsmethode, unabhängig davon, wie die übrigen Einkünfte des inländischen Unternehmens ermittelt werden.[748] So entschied der I. Senat des BFH[749] im Jahr 1994, daß ausländische Einkünfte i. S. d. § 34d Nr. 6 bis 8c EStG, die zum Betriebsvermögen eines inländischen Unternehmens gehören, so zu ermitteln sind, als wären sie von einer inländischen Privatperson erzielt worden; folglich könnten nur die Aufwendungen angesetzt werden, die auch als Werbungskosten der Einkünfte aus Kapitalvermögen gem. § 20 EStG, Vermietung und Verpachtung gem. § 21 EStG oder sonstiger Einkünfte gem. § 22 EStG gelten und die im „direkten wirtschaftlichen Zusammenhang zu der Einnahmenerzielung stehen"[750].

Einem **Wertverlust einer typisch stillen Beteiligung** im Betriebsvermögen kann nach Auffassung des BFH daher wegen der Gewinnermittlung wie bei Halten der stillen Beteiligung im Privatvermögen nicht mit einer Teilwertabschreibung Rechnung getragen werden.[751] Die Ermittlung der ausländischen Einkünfte gem. § 34d EStG für Zwecke der Vermeidung bzw. Minderung der Doppelbesteuerung löst sich in diesem Punkt augenscheinlich von der Ermittlung der negativen ausländischen Einkünfte gem. § 2a EStG, wo Teilwertabschreibungen auf Beteiligungen im Betriebs-

---

747 Vgl. dazu bereits Kapitel IV.B.2.a)(2)(b).

748 Vgl. *Baranowski*, Auslandsbeziehungen 1996, S. 515.

749 Vgl. BFH vom 16.3.1994, BStBl. II 1994, S. 799.

750 BFH vom 16.3.1994, BStBl. II 1994, S. 801 f. Der Begriff der Werbungskosten wird in § 9 Abs. 1 EStG näher bestimmt; § 9a EStG enthält die Pauschbeträge für bestimmte Einkunftsarten. Da sich der BFH im vorliegenden Urteil explizit für die Überschußermittlung ausländischer Einkünfte aus Kapitalvermögen auf Aufwendungen, die „bei einer Person, die die Einnahmen im Privatvermögen erzielt, als Werbungskosten angesetzt werden könnten", bezieht, müßten m.E. konsequenterweise auch die Pauschbeträge Berücksichtigung finden. A.A. *Thurmayr*, Vorgehensweise der Finanzverwaltung 1996, S. 1699. Unbeachtlich für die Überschußermittlung der ausländischen Einkünfte aus Kapitalvermögen einer im inländischen Betriebsvermögen befindlichen stillen Beteiligung ist dagegen der Sparer-Freibetrag, weil es sich dabei nicht um Werbungskosten i. S. d. Gesetzes handelt, wie aus der Formulierung des § 20 Abs. 4 Satz 1 EStG hervorgeht: „Bei der Ermittlung der Einkünfte aus Kapitalvermögen ist nach Abzug der Werbungskosten ein Betrag von 6.000 Deutsche Mark abzuziehen (Sparer-Freibetrag)." Zur Vorgehensweise bei der Aufteilung des Werbungskosten-Pauschbetrags und des Sparer-Freibetrags bei Privatpersonen zur Ermittlung der ausländischen Einkünfte gem. § 34d EStG bei zusätzlichem Vorliegen inländischer Einkünfte aus Kapitalvermögen vgl. *Thurmayr*, Vorgehensweise der Finanzverwaltung 1996, S. 1696 f.

751 Vgl. BFH vom 16.3.1994, BStBl. II 1994, S. 799. Anders ist die Sachlage bei rein nationaler Gestaltung; vgl. dazu Kapitel II.B.3.b)(2).

vermögen nach h.M. zugelassen sind.[752] Der Ansicht *Amanns*[753], daß für solche Aufwendungen die Verrechnung mit den übrigen inländischen Einkünften verbleibt, kann für typisch stille Gesellschaften nur für den Fall zugestimmt werden, daß die Einkünfte insgesamt, d.h. auch unter Berücksichtigung der Teilwertabschreibung, positiv sind. Ergeben sich hingegen negative Einkünfte, so ist gem. § 2a Abs. 1 Nr. 5 EStG nur der Ausgleich mit positiven Einkünften derselben Art aus demselben Staat, bei Entstehung bzw. Erhöhung eines negativen Einlagekontos sogar gem. § 20 Abs. 1 Nr. 4 Satz 2 EStG nur mit zukünftigen Gewinnen aus derselben Beteiligung möglich.[754]

(3) Für stille Gesellschaften maßgebliche Methoden gem. § 34c EStG

(a) Anrechnung und Abzug gem. § 34c Abs. 1 bzw. 2 EStG

Zur einseitigen Vermeidung der internationalen Doppelbesteuerung sehen die unilateralen Regelungen des § 34c EStG[755] mit der Anrechnung, dem Abzug, der Pauschalierung und dem Erlaß **vier Methoden** vor, die auch bei unbeschränkt Steuerpflichtigen[756] mit stillen Beteiligungen im Ausland zur Anwendung kommen können.

§ 34c Abs. 1 EStG ordnet die **Anrechnung** der auf die ausländischen Einkünfte entfallenden ausländischen Steuer auf die inländische Einkommensteuer an, falls die ausländische Steuer der deutschen Steuer entspricht[757] und diese auch festgesetzt

---

[752] Vgl. Kapitel IV.B.2.a)(2)(e).

[753] Vgl. *Amann*, Ermittlung ausländischer Einkünfte 1997, S. 798.

[754] Vgl. zur Lösung der Problematik des Nebeneinanders der beiden Einkommensteuernormen § 15a und § 2a EStG Kapitel IV.B.2.a)(2)(f).

[755] Die Methoden, mit denen das Einkommensteuerrecht der internationalen Doppelbesteuerung begegnet, finden gem. § 26 Abs. 6 KStG auf unbeschränkt steuerpflichtige Körperschaften entsprechende Anwendung.

[756] Für beschränkt Steuerpflichtige sind § 50 Abs. 5 und 6 EStG bzw. § 26 Abs. 1 und 6 KStG einschlägig; vgl. dazu Kapitel IV.B.3.b). Beteiligt sich eine Personengesellschaft still an einem ausländischen Unternehmen, so zählt die Gesellschaft an sich zwar nicht zu den unbeschränkt Steuerpflichtigen i.S.d. § 34c Abs. 1 EStG, dennoch könnte sie im Ausland aufgrund einer anders lautenden Qualifikation selbst Steuersubjekt einer der deutschen Einkommen- bzw. Körperschaftsteuer vergleichbaren ausländischen Steuer sein. In diesem Fall ist die im Ausland entrichtete Steuer aufzuteilen und den Gesellschaftern zuzurechnen, denen dann die Anrechnung nach Maßgabe des § 34c Abs. 1 EStG offensteht; vgl. *Flick/Wassermeyer/Lüdicke*, in: *Flick/Wassermeyer/Becker*, Außensteuerrecht 1998, § 34c EStG, Rdnr. 36.

[757] Das BMF nennt in einem Verzeichnis in Anlage 8 zu R 212a EStR diejenigen ausländischen Steuern, die der deutschen Einkommen- bzw. Körperschaftsteuer entsprechen. Die Aufzählung ist jedoch nicht erschöpfend und auch nicht bindend; vgl. *Krabbe*, in: *Blümich*, EStG 1998, § 34c EStG, Rdnr. 16.

sowie gezahlt wurde und keinem Ermäßigungsanspruch mehr unterliegt. Da § 34c Abs. 1 EStG zwingend eine Identität des Abgabensubjekts voraussetzt,[758] stellt sich die Frage, wie sich Qualifikationskonflikte zwischen den beteiligten Staaten auf die Inanspruchnahme der unilateralen Begünstigungsvorschrift des § 34c EStG auswirken.[759] Dabei sind insbesondere Sachverhalte einer Lösung zuzuführen, in denen das ausländische Rechtsgebilde

1. im Inland und Ausland als Mitunternehmerschaft behandelt wird, das Ausland allerdings Sonderbetriebseinnahmen zum Abzug zuläßt;
2. im Inland als atypisch stille Gesellschaft, im Ausland dagegen als typisch stille Gesellschaft oder reines Darlehensverhältnis qualifiziert wird;
3. im Inland als typisch stille Gesellschaft, im Ausland dagegen als atypisch stille Gesellschaft eingeordnet wird.

Im ersten und zweiten Fall begründen die Sonderbetriebseinnahmen aus Sicht des ausländischen Steuerrechts eine beschränkte Steuerpflicht des atypisch stillen Gesellschafters.[760] Die im Ausland der entsprechenden Steuer unterliegenden Einnahmen, beispielsweise aus der Überlassung eines Darlehens oder eines Gebäudes im Sonderbetriebsvermögen des Gesellschafters an den ausländischen Geschäftsinhaber oder aus einem Arbeitsvertrag, sind im Inland Teil der gewerblichen Einkünfte des atypisch Stillen gem. § 34d Nr. 2 Lit. a) EStG. Einer Anrechnung der auf diese Einkunftsarten gezahlten Steuer gem. § 34c Abs. 1 EStG steht die unterschiedliche Qualifikation der Einkunftsart nicht entgegen, da auch die genannten Einkunftsarten ausländische Einkünfte i. S. d. § 34d EStG (hier namentlich die Nr. 6, Nr. 7 bzw. Nr. 5 der Vorschrift) darstellen.[761] Die Identität des Steuersubjekts als Grundvoraussetzung der Begünstigungsvorschrift ist hier gewahrt. Gleiches gilt auch im dritten Fall für die Anrechnung der ausländischen (Quellen-)Steuer auf die deutsche Einkommensteuer.[762]

---

[758] Vgl. *Flick/Wassermeyer/Lüdicke*, in: *Flick/Wassermeyer/Becker*, Außensteuerrecht 1998, § 34c EStG, Rdnr. 40 ff.; *Greif*, in: *Mössner* u. a., Steuerrecht 1998, S. 555 ff.; *Krabbe*, in: *Blümich*, EStG 1998, § 34c EStG, Rdnr. 19 ff.

[759] Vgl. zu den Qualifikationskonflikten im Fall der unbeschränkten Steuerpflicht des stillen Gesellschafters Kapitel IV.B.1.b)(2)(b).

[760] Vgl. für Mitunternehmerschaften im allgemeinen *Piltz*, Personengesellschaften 1981, S. 113.

[761] Vgl. *Krabbe*, in: *Blümich*, EStG 1998, § 34c EStG, Rdnr. 21; *Piltz*, Personengesellschaften 1981, S. 113.

[762] Die deutsche Wertung einer ausländischen Körperschaft als stille Gesellschaft ist m. E. bei Anwendung des Rechtstypenvergleichs wegen des Strukturmerkmals Innnengesellschaft im Fall stiller Gesellschaften nicht möglich, daher muß die in der Literatur umstrittene Besteuerung einer im Inland als Mitunternehmerschaft, im Ausland dagegen als Körperschaft qualifizierten Unternehmung an dieser Stelle nicht diskutiert werden. Vgl. dazu *Greif*, in: *Mössner* u. a., Steuerrecht 1998, S. 552 ff.; *Piltz*, Personengesellschaften 1981, S. 115 ff.

Die Auslandssteuer darf allerdings nur auf den Teil der deutschen Einkommensteuer[763] angerechnet werden, der auf die ausländischen Einkünfte entfällt. Die Berechnung dieser sog. anteiligen deutschen Steuer als Höchstbetrag der Anrechnung wird im Satz 2 der Vorschrift erläutert; sie läßt sich mit folgender Formel darstellen:

$$\text{Höchstbetrag} = \frac{\text{deutsche Einkommensteuer} \times \text{ausländische Einkünfte}}{\text{Summe der Einkünfte}}$$

Die **Summe der Einkünfte** im Nenner der Formel bestimmt sich allein nach deutschem Recht gem. § 2 EStG als Summe der Einkünfte aus den sieben Einkunftsarten einschließlich der ausländischen Einkünfte i. S. v. § 34d EStG. Der Verlustabzug gem. § 10d EStG ist ebenso wie Abzüge, die der Realisierung des subjektiven Nettoprinzips[764] dienen, wie sie insbesondere die Sonderausgaben, außergewöhnlichen Belastungen und persönlichen Freibeträge darstellen, in dieser Größe nicht enthalten. Dies führt zu dem Ergebnis, daß diese Komponenten der Ermittlung des zu versteuernden Einkommens anteilig auch den ausländischen Einkommensteilen zugerechnet werden, da in die Ermittlung der **deutschen Einkommensteuer** gem. § 34c Abs. 1 Nr. 2 EStG als Ergebnis einer Veranlagung nach den §§ 32a, 32b, 32c, 34 und 34b EStG diese Bestandteile mit eingehen.[765] Für die Feststellung der **ausländischen Einkünfte** ist auf der Grundlage des § 34d EStG allein das deutsche Steuerrecht einschlägig.[766] Bezieht ein Steuerpflichtiger Einkünfte aus verschiedenen Staaten, ist für jedes Land eine gesonderte Berechnung des Höchstbetrags der Anrechnung vorzunehmen (sog. **per-country-limitation**), so daß kein Ausgleich zwischen niedrig und hoch besteuerten ausländischen Einkünften erfolgen kann.

Der Grundgedanke der Sicherstellung der Gleichheit der Besteuerung anknüpfend an die persönliche Leistungsfähigkeit des Steuerpflichtigen führt dazu, daß die Anrechnung der ausländischen Steuer auf die deutsche Einkommensteuer auf den sich aus der Formel ergebenden Höchstbetrag beschränkt ist. Übersteigt die ausländische Steuer den Höchstbetrag, ist eine Vermeidung der Doppelbesteuerung, insbesondere ein Vor- oder Rücktrag des Anrechnungsüberhangs, nicht möglich.[767] Ursache für Anrechnungsüberhänge sind zumeist Divergenzen in den Bemessungsgrundlagen für die Besteuerung in den beteiligten Staaten, so daß beispielsweise eine im Inland errechnete Bemessungsgrundlage deutlich unter dem im Ausland festgestellten Ergebnis liegen kann.[768] Für solche Sachverhalte hat der BFH in einem

---

763 Eine Anrechnung auf die deutsche Kirchensteuer oder den Solidaritätszuschlag ist nicht möglich; vgl. *Schaumburg*, Internationales Steuerrecht 1998, S. 650. Dennoch sind die beiden Annexsteuern durch die nach Anrechnung der ausländischen Steuer geringere Bemessungsgrundlage mittelbar betroffen; vgl. *Krabbe*, in: *Blümich*, EStG 1998, § 34c EStG, Rdnr. 38.

764 Vgl. *Kußmaul*, Steuerlehre 1998, S. 257.

765 Vgl. mit dahingehender Kritik *Schaumburg*, Internationales Steuerrecht 1998, S. 654 f.

766 Vgl. dazu ausführlich Kapitel IV.B.2.c)(2).

767 Vgl. *Krabbe*, in: *Blümich*, EStG 1998, § 34c EStG, Rdnr. 37.

768 Trotz aller Differenzen in den Gewinnermittlungsschemata einzelner Staaten beruhen solche Unterschiede häufig auf intertemporalen Gewinnverschiebungen und sind folglich nur vorübergehen-

Fortsetzung ...

Grundsatzurteil aus dem Jahr 1991[769] eine weitere Höchstbetragsrechnung angewandt, die der erkennende Senat in der Formulierung des § 34c Abs. 1 Satz 3 EStG, wonach die ausländischen Steuern nur insoweit anzurechnen sind, als sie auf die im Veranlagungszeitraum bezogenen Einkünfte entfallen, gerechtfertigt sieht. Der erkennende X. Senat hat für den Fall, daß die inländische Bemessungsgrundlage niedriger ist als die im Ausland zugrunde gelegte, diesen Satz dahingehend ausgelegt, die ausländische Steuer sei im Verhältnis der beiden Bemessungsgrundlagen herabzusetzen und der so geminderte Betrag anzurechnen. Diese Ansicht ist in der Literatur teilweise[770] auf Zustimmung, überwiegend[771] jedoch auf Ablehnung gestossen. Darüber hinaus reagierte die Finanzverwaltung mit einem Nicht-Anwendungserlaß[772]; auch der I. Senat des BFH ist in einem späterem Urteil[773] der Einschätzung des X. Senats nicht gefolgt. In der nach h. M. engen Auslegung besagt der dritte Satz des § 34c Abs. 1 EStG lediglich, „daß die ausländische Steuer im Einzelfall aufzuteilen ist in die, die auf die ausländischen und auf die nicht-ausländischen Einkünfte entfällt. Die entsprechende Aufteilung ist auf der Bemessungsgrundlage des ausländischen Steuerrechts vorzunehmen, wie sie der ausländischen Steuerfestsetzung zugrunde liegt.“[774]

Im Ergebnis entspricht die Gesamtsteuerlast bei der Anwendung der Anrechnungsmethode mindestens der in Deutschland zu entrichtenden Steuer, da, falls die Besteuerung im Ausland im Vergleich zum Inland zu einer geringeren Belastung führt, der geringere Steuersatz auf das deutsche Steuerniveau hochgeschraubt wird, mit der Folge, daß ausländische Steuerermäßigungen und Steuererleichterungen nicht dem Steuerpflichtigen, sondern dem deutschen Fiskus zugute kommen.[775]

Unter gleichen Voraussetzungen wie die Steueranrechnung gem. § 34 Abs. 1 EStG kann der Steuerpflichtige gem. § 34 Abs. 2 EStG auch den **Abzug der ausländi-**

---

der Art. Der Forderung, diesem Problem mit der Möglichkeit eines Anrechnungsrück- oder -vortrags zu begegnen, ist der Gesetzgeber nicht gefolgt; vgl. *Schaumburg*, Internationales Steuerrecht 1998, S. 658. M.E. löst die Berücksichtigung von Anrechnungsüberhängen in Folgejahren das Problem temporär unterschiedlicher Bemessungsgrundlagen, andererseits ist durch die Berücksichtigung betragsmäßig höherer Steuern aus dem Ausland das Prinzip der Gleichheit der Besteuerung unabhängig davon, ob die zugrundeliegenden Einkünfte aus dem Inland oder dem Ausland stammen, nicht mehr gewährleistet.

769 Vgl. BFH vom 4.6.1991, BStBl. II 1992, S. 187.

770 Vgl. *Köhler*, Anrechnung und Abzug 1993, S. 489; *Mathiak*, Anrechnung ausländischer Steuern 1991, S. 735.

771 Vgl. *Flick/Wassermeyer/Lüdicke*, in: *Flick/Wassermeyer/Becker*, Außensteuerrecht 1998, § 34c EStG, Rdnr. 129a ff.; *Kaufmann*, Sonderprobleme 1994, S. 421; *Schaumburg*, Internationales Steuerrecht 1998, S. 658 f.; *Wassermeyer*, Anmerkungen zu einem Grundsatzurteil 1991, S. 680.

772 Vgl. BMF vom 18.2.1992, BStBl. I 1992, S. 123.

773 Vgl. BFH vom 2.2.1994, BStBl. II 1994, S. 727.

774 *Wassermeyer*, Anmerkungen zu einem Grundsatzurteil 1991, S. 682.

775 Vgl. *Flick/Wassermeyer/Lüdicke*, in: *Flick/Wassermeyer/Becker*, Außensteuerrecht 1998, § 34c EStG, Rdnr. 101.

schen Steuer bei der Ermittlung der Einkünfte beantragen, was insbesondere bei Bestehen inländischer Verluste eine Berücksichtigung der ausländischen Steuer in Form einer Erhöhung des Verlustrück- oder -vortrags gem. § 10d EStG möglich macht und bei betragsmäßig großen Anrechnungsüberhängen von Vorteil sein kann.[776] Die Kritik *Lickteigs*[777], durch die im Zuge des Mißbrauchsbekämpfungs- und Steuerbereinigungsgesetz (StMBG) 1994[778] vorgenommene Änderung des § 20 Abs. 4 Satz 4 EStG ginge die Begünstigungsvorschrift des § 34c Abs. 2 EStG für Kleinanleger ins Leere, betrifft auch typisch stille Beteiligungen an ausländischen Unternehmen. Nach dem Willen der Finanzverwaltung[779] ist der Abzug der Werbungskosten bei der Ermittlung der Einkünfte aus Kapitalvermögen stets vor Berücksichtigung des Sparer-Freibetrags vorzunehmen, daher kürzen sie – wird der Freibetrag nicht völlig ausgeschöpft – letztendlich nur dessen Höhe. Die ausländischen Steuern waren bis dahin anschließend abzuziehen, so daß sie einem Ausgleich mit anderen Einkunftsarten, zumindest aber einem Vor- bzw. Rücktrag gem. § 10d EStG zugänglich waren.[780] Mit der direkten **Gleichstellung der ausländischen Steuern mit den Werbungskosten** trat eine Änderung in der Rangfolge der zu berücksichtigenden Beträge für die Ermittlung der Einkünfte aus Kapitalvermögen ein, die die im Ausland entrichtete Steuer bei Kleinanlegern mit stillen Beteiligungen im Privatvermögen definitiv werden läßt[781] und damit zu einer Benachteiligung dieser Anlegergruppe gegenüber denjenigen führt, die die stille Beteiligung im Betriebsvermögen halten oder insgesamt negative Einkünfte aus Kapitalvermögen beziehen oder die den Sparer-Freibetrag bereits ausgeschöpft haben.

Diese Einschätzung setzt allerdings voraus, daß die Abzugsmethode in diesem Fall auch zulässig ist, obwohl nach Berücksichtigung des Sparer-Freibetrags nach nationaler Lesart Einkünfte in Höhe von null DM entstehen, eine Besteuerung in Deutschland folglich unterbleibt. In diesem Zusammenhang ist auch der Extremfall zu klären, in dem der stille Gesellschafter infolge der inländischen Einkünfteermittlung einen Verlust erwirtschaftet, die ausländische Bemessungsgrundlage hingegen einen Gewinn verzeichnet. Die h. M.[782] hält den Abzug gem. § 34c Abs. 2 EStG für zulässig,

---

[776] Vgl. *Schaumburg*, Internationales Steuerrecht 1998, S. 658. Zur eingehenden Analyse der optimalen Wahlrechtsausübung zwischen Anrechnung und Abzug vgl. *Reichert*, Anrechnung 1997, S. 131; *Scheffler*, Betriebswirtschaftliche Analyse 1993, S. 845 ff.

[777] Vgl. *Lickteig*, Abzug ausländischer Quellensteuern 1995, S. 792 ff., sowie *dies.*, Duplik auf Horlemann 1995, S. 1536 ff. Kritisch *Horlemann*, Erwiderung und Ergänzung 1995, S. 1535 ff.

[778] Vgl. Gesetz zur Bekämpfung des Mißbrauchs und zur Bereinigung des Steuerrechts (StMBG) vom 21.12.1993, BGBl. I 1993, S. 2310.

[779] Vgl. R 156 Abs. 2 EStR.

[780] Vgl. *Lickteig*, Abzug ausländischer Quellensteuern 1995, S. 794.

[781] Eine Anrechnung kommt, da die Einkünfte i.S.d. § 34c Abs. 1 EStG Null betragen, nicht in Betracht; vgl. *Lickteig*, Abzug ausländischer Quellensteuern 1995, S. 792.

[782] Vgl. *Beckermann/Jarosch*, Bedeutung des § 2a EStG 1984, S. 115 f.; *Flick/Wassermeyer/Lüdicke*, in: *Flick/Wassermeyer/Becker*, Außensteuerrecht 1998, § 34c EStG, Rdnr. 141; *Hellwig*, Anrechnung ausländischer Steuern 1984, S. 2264; *Mössner*, in: *Kirchhof/Söhn*, EStG 1998, § 2a EStG,

Fortsetzung ...

wenn die Voraussetzungen des § 34c Abs. 1 EStG vorliegen, ob die Anrechnung jedoch tatsächlich zu einer anrechenbaren Steuer führt, sei unerheblich.[783] In den hier behandelten Fällen, in denen die ausländische Einkünfteermittlung einen positiven, die inländische hingegen einen negativen Betrag ergibt, wird die Anwendung der Formel für die Berechnung des Anrechnungshöchstbetrags stets keine anrechenbare ausländische Steuer ergeben. *Beckermann/Jarosch*[784] erklären den Steuerabzug gerade in diesen Fällen für anwendbar. Ihrer zutreffenden Ansicht nach ist es unerheblich, ob die ausländischen Einkünfte tatsächlich der deutschen Steuer unterliegen, da die Tatbestandsvoraussetzungen des § 34c Abs. 1 Satz 1 EStG lediglich auf eine gezahlte ausländische Steuer abstellen und die auf die ausländischen Einkünfte entfallende deutsche Steuer hingegen bereits bei der Anrechnungsmethode nicht bei den Tatbestandsvoraussetzungen, sondern erst bei den Rechtsfolgen erwähnt ist.

Die grundsätzliche Möglichkeit der Anrechnung wird auch dann bejaht, wenn die Einkünfteermittlung nach innerstaatlichem Recht negative Einkünfte ergibt, die dem **Verlustverrechnungsverbot des § 2a Abs. 1 EStG** unterliegen, wie dies bei negativen Einkünften aus typisch stillen Gesellschaften gem. § 2a Abs. 1 Nr. 5 EStG stets und solchen aus atypisch stillen Gesellschaften gem. § 2a Abs. 1 Nr. 2 EStG im Fall der Beteiligung an einem passiv tätigen Unternehmen der Fall ist.[785] Bezieht der stille Gesellschafter aus demselben Staat allerdings keine anderen Einkünfte, bleibt, da die Formel für die Berechnung des Anrechnungshöchstbetrages nicht anwendbar ist, als Begünstigungsvorschrift lediglich der Abzug der ausländischen Steuer gem. § 34c Abs. 2 EStG bei der Ermittlung der Einkünfte.

Davon zu trennen ist die Frage nach den **Auswirkungen des § 2a Abs. 1 EStG auf den Anrechnungshöchstbetrag** gem. § 34c Abs. 1 EStG. Grundsätzlich bestehen dabei zwei Möglichkeiten: Entweder gehen die gem. § 2a Abs. 1 EStG nicht aus-

---

Rdnr. A 40. Zunächst a.A. *Krabbe*, Ausländische Verluste 1983, S. 46; später jedoch ebenfalls der h.M. folgend vgl. *Krabbe*, in: *Blümich*, EStG 1998, § 2a EStG, Rdnr. 21.

783 Grundvoraussetzung ist, daß überhaupt ausländische Einkünfte i.S.v. § 34d EStG angefallen sind; dies ist insbesondere dann nicht der Fall, wenn die Einkünfte in Deutschland nicht steuerbar oder steuerfrei sind; vgl. *Krabbe*, in: *Blümich*, EStG 1998, § 2a EStG, Rdnr. 21. Diesen Sachverhalten steht lediglich die Vornahme eines Abzug gem. § 34c Abs. 3 EStG offen; vgl. dazu Kapitel IV.B.2.c)(3)(b).

784 Vgl. *Beckermann/Jarosch*, Bedeutung des § 2a EStG 1984, S. 114 f. Vgl. ebenso *Hellwig*, Anrechnung ausländischer Steuern 1984, S. 2264; *Mössner*, in: *Kirchhof/Söhn*, EStG 1998, § 2a EStG, Rdnr. A 40.

785 Vgl. *Beckermann/Jarosch*, Bedeutung des § 2a EStG 1984, S. 114 f.; *Krabbe*, in: *Blümich*, EStG 1998, § 2a EStG, Rdnr. 24. Vgl. zur Anwendung des § 2a EStG bei grenzüberschreitenden stillen Gesellschaften Kapitel IV.B.2.a)(2)(b) und Kapitel IV.B.2.b)(2). A.A. *Haas*, der eine Anrechnung ausländischer Steuern bei Verlusten i.S.d.§ 2a EStG ausdrücklich mit dem Hinweis ablehnt, eine Besteuerung von Verlusten gäbe es nicht; vgl. *Haas*, Beschränkung des Verlustausgleichs 1985, S. 908. Er verkennt allerdings, daß es durchaus möglich ist, daß aufgrund inländischer Einkünfteermittlungsvorschriften ein Verlust entsteht, während im Ausland ein Gewinn ermittelt wird, der entsprechend besteuert wird.

gleichsfähigen Einkünfte im Jahr der Entstehung oder in den Jahren der Verlustverrechnung in die Berechnung des Anrechnungshöchstbetrages ein. Verneint man eine Berücksichtigung der nach § 2a Abs. 1 EStG nicht ausgleichsfähigen negativen Einkünfte, so ist das Anrechnungsvolumen im Jahr der Verlustzuweisung im Vergleich zur Situation der Einbeziehung größer; dieser Vorteil ist allerdings nur temporär, da das Anrechnungsvolumen in der Folgezeit bei Inanspruchnahme der Verlustverrechnung gem. § 2a EStG entsprechend geringer wird.[786] Für die Unbeachtlichkeit nicht ausgleichsfähiger Verluste spricht, daß die Anrechnungsmethode lediglich dann zum Einsatz kommen kann, wenn es sich bei den ausländischen Einkünften um steuerbare bzw. nicht steuerbefreite Einkünfte handelt.[787] Eine Nichtberücksichtigung nicht ausgleichsfähiger ausländischer Verluste i.S.v. § 2a Abs. 1 EStG bei der Einkünfteermittlung im Jahr der Verlustzuweisung muß sich daher auch in einer Nichtberücksichtigung der entsprechenden Verluste bei der Durchführung der Anrechnungsmethode widerspiegeln.[788]

Die Anwendung der Anrechnungs- bzw. Abzugsmethode insbesondere unter Berücksichtigung von § 2a EStG verdeutlicht nachfolgendes Beispiel.

---

[786] Vgl. *Biergans*, Verlustausgleichsbeschränkungen 1992, S. 993.

[787] *Vgl. Flick/Wassermeyer/Lüdicke*, in: *Flick/Wassermeyer/Becker*, Außensteuerrecht 1998, § 34c EStG, Rdnr. 112. Dies bedingt m.E., daß auch durch DBA freigestellte ausländische Einkünfte in der Berechnung des Anrechnungshöchstbetrags keine Rolle spielen. Es ist nicht einzusehen, weshalb zwischenstaatlich freigestellte Einkünfte den Anrechnungshöchstbetrag für anrechenbare Steuern desselben Staates erhöhen sollten. Gl.A. *Mathiak*, Anrechnung ausländischer Steuern 1991, S. 736; *Kaufmann*, Sonderprobleme 1994, S. 420. A.A. *Wassermeyer*, Anmerkungen zu einem Grundsatzurteil 1991, S. 682.

[788] Vgl. *Bopp*, in: *Herrmann/Heuer/Raupach*, EStG/KStG 1998, § 2a EStG, Rdnr. 18.

Beispiel:

Der im Inland unbeschränkt steuerpflichtige A bezieht ausländische Einkünfte aus einer im Staat Z belegenen, aktiv tätigen Betriebstätte i. H. v. 1.000 GE. Der Staat Z setzt für diese Einkünfte 400 GE Ertragsteuer an, die von A auch gezahlt werden. Aus einer atypisch stillen Beteiligung an einem ebenfalls in Z befindlichen passiv tätigen Unternehmen werden nach deutschen Einkünfteermittlungsvorschriften negative Einkünfte i. H. v. 200 GE ermittelt. Die Vorschriften im Land Z ergeben allerdings positive Einkünfte i. H. v. 100 GE, für die A Ertragsteuern i. H. v. 50 GE gezahlt hat.

Darüber hinaus erzielt A inländische Einkünfte i. H. v. 4.000 GE. Der Gesamtbetrag der Einkünfte soll vereinfachend mit dem zu versteuernden Einkommen übereinstimmen; der inländische Steuersatz beträgt 50 %. Der Stand des Einlagekontos des A betrug vor der Verlustzuweisung 0 GE.

Berechnung der inländischen Steuerpflicht ohne Einbeziehung der gem. § 2a Abs. 1 EStG nicht ausgleichsfähigen Verluste in die Höchstbetragsrechnung:

ausländische Einkünfte	1.000 GE
inländische Einkünfte	4.000 GE
Gesamtbetrag der Einkünfte = zu versteuerndes Einkommen	5.000 GE
inländische Steuer	2.500 GE

$$\text{Anrechnungshöchstbetrag} = \frac{1.000 \text{ GE}}{5.000 \text{ GE}} \times 2.500 \text{ GE} = 500 \text{ GE}$$

anrechenbare ausländische Steuer	450 GE
inländische Steuerschuld	2.050 GE

Bemerkung: Der nicht ausgleichsfähige Verlust aus der atypisch stillen Gesellschaft i. H. v. 200 GE kann in den Folgejahren gem. § 2a i. V. m. § 15a EStG ausschließlich mit Gewinnen aus derselben Beteiligung, also insbesondere nicht mit den positiven Einkünften aus der aktiven Betriebstätte im Staat Z verrechnet werden.

Fortsetzung (Fall 1):

Im Folgejahr erzielt A mit der aktiv tätigen Betriebstätte in Z einen Verlust i. H. v. 400 GE (Fall 1); die atypisch stille Beteiligung hingegen bringt ihm nach übereinstimmender in- und ausländischer Gewinnermittlung Einkünfte i. H. v. 600 GE, auf die A im Staat Z Ertragsteuer i. H. v. 300 GE entrichtet. Die inländischen Einkünfte betragen erneut 4.000 GE.

Berechnung der inländischen Steuerpflicht mit Einbeziehung der verrechenbaren Verluste in die Höchstbetragsrechnung:

1. Anrechnungsmethode gem. § 34c Abs. 1 EStG:

Betriebstättenverlust	-400 GE	
Einkünfte aus atypisch stiller Gesellschaft	600 GE	
verrechenbarer Verlust	-200 GE	
ausländische Einkünfte		0 GE
inländische Einkünfte		4.000 GE
Gesamtbetrag der Einkünfte		
= zu versteuerndes Einkommen		4.000 GE
inländische Steuer		2.000 GE
Anrechnungshöchstbetrag = 0 GE		
inländische Steuerschuld		2.000 GE

2. Abzugsmethode gem. § 34c Abs. 2 EStG:

ausländische Einkünfte	-300 GE
inländische Einkünfte	4.000 GE
Gesamtbetrag der Einkünfte	
= zu versteuerndes Einkommen	3.700 GE
inländische Steuerschuld	1.850 GE

Fazit: A sollte den Antrag auf Abzug der ausländischen Steuer stellen, da die im Ausland gezahlte Steuer auf den Anteil aus der atypisch stillen Beteiligung sonst definitiv wird.

Fortsetzung (Fall 2):

Wie Fall 1, allerdings bezieht A aus der aktiv tätigen Betriebstätte einen Gewinn i. H. v. 1.000 GE, für den er 400 GE Ertragsteuern zahlt (Fall 2).

1. Anrechnungsmethode gem. § 34c Abs. 1 EStG:

Betriebstättengewinn	1.000 GE	
Einkünfte aus atypisch stiller Gesellschaft	600 GE	
verrechenbarer Verlust	-200 GE	
ausländische Einkünfte		1.400 GE
inländische Einkünfte		4.000 GE
Gesamtbetrag der Einkünfte		
= zu versteuerndes Einkommen		5.400 GE
inländische Steuer		2.700 GE

$$\text{Anrechnungshöchstbetrag} = \frac{1.400\ \text{GE}}{5.400\ \text{GE}} \times 2.700\ \text{GE} = 700\ \text{GE}$$

anrechenbare ausländische Steuer	700 GE
inländische Steuerschuld	2.000 GE

2. Abzugsmethode gem. § 34c Abs. 2 EStG:

Betriebstättengewinn	1.000 GE	
Einkünfte aus atypisch stiller Gesellschaft	600 GE	
verrechenbarer Verlust	-200 GE	
ausländische Steuern gem. § 34c Abs. 2 EStG	-700 GE	
ausländische Einkünfte		700 GE
inländische Einkünfte		4.000 GE
Gesamtbetrag der Einkünfte		
= zu versteuerndes Einkommen		4.700 GE
inländische Steuerschuld		2.350 GE

Fazit: Erzielt A positive ausländische Einkünfte, ist die Anrechnung der ausländischen Steuer vorteilhafter als der Abzug.

(b) Abzug, Erlaß und Pauschalierung gem. § 34c Abs. 3 bzw. 5 EStG

Liegen die Voraussetzungen für eine Anrechnung gem. § 34c Abs. 1 EStG nicht vor, kann die Begünstigungsvorschrift in § 34c Abs. 3 EStG greifen, die den **Abzug der ausländischen Steuer bei der Ermittlung der Einkünfte** in den Fällen vorsieht, in denen die ausländische Steuer

1. nicht der deutschen Einkommensteuer entspricht,
2. nicht in dem Staat erhoben wird, aus dem die Einkünfte stammen, oder
3. durch Einkünfte hervorgerufen wird, die keine ausländischen Einkünfte darstellen.

Während der ersten Fallgruppe wegen des expliziten Abstellens des § 34c EStG auf Steuern vom Einkommen kaum praktische Relevanz zukommt und sie daher lediglich eine Auffangfunktion erfüllt, hat der Gesetzgeber bei der zweiten Fallgruppe Sachverhalte, bei denen zwei verschiedene Staaten Steuern erheben, und damit vor allem Steuern sog. Drittstaaten sowie die doppelte unbeschränkte Steuerpflicht im Blick.[789] Insbesondere auch bei atypisch stillen Gesellschaften ist ein dem in der Gesetzesbegründung[790] genannten Beispiel für die Besteuerung von Drittstaateneinkünften vergleichbarer Sachverhalt möglich, indem Steuern eines Drittstaates auf Einkünfte – beispielsweise Liefergewinne – erhoben werden, die über eine ausländische Betriebstätte bezogen werden. Sachgerecht wäre hier m. E. eine Berücksichtigung der im Drittstaat erhobenen Steuer nur insoweit, als sie im Ansässigkeitsstaat

---

[789] Vgl. BT-Drs. 8/3648, S. 21. Vgl. auch *Krabbe*, in: *Blümich*, EStG 1998, § 34c EStG, Rdnr. 71 f.; *Tillmanns*, in: *Mössner* u. a., Steuerrecht 1998, S. 178.

[790] Vgl. BT-Drs. 8/3648, S. 21.

der Betriebstätte nicht angerechnet wurde.[791] Letztere Fallgruppe spricht Steuern auf Einkünfte an, die nicht den ausländischen Einkünften i. S. v. § 34d EStG zugerechnet werden können.[792]

Die in § 34c Abs. 5 EStG kodifizierten Begünstigungen haben in erster Linie eine „gruppen- oder einzelfallbezogene, als sachgerecht empfundene Steuerfestsetzung"[793] zum Ziel. Die obersten Finanzbehörden der Länder oder die von ihnen beauftragten Finanzbehörden werden bei Zustimmung des Bundesministeriums der Finanzen ermächtigt, eine abweichende Steuerfestsetzung in Form eines Erlasses bzw. Teilerlasses oder der Festsetzung eines Pauschbetrags vorzunehmen, falls es aus volkswirtschaftlichen Gründen zweckmäßig oder die Steueranrechnung nach § 34c Abs. 1 EStG besonders schwierig ist.[794]

3. Beteiligung eines Steuerausländers an einem inländischen Unternehmen

a) Typisch stille Gesellschaft

(1) Besteuerung im Rahmen der beschränkten Einkommen- bzw. Körperschaftsteuerpflicht

Die Einkünfte des typisch stillen Gesellschafters werden – je nachdem, ob es sich um eine natürliche Person oder eine juristische Person handelt – im Inland von der dem Territorialitätsprinzip folgenden beschränkten Einkommensteuerpflicht gem. § 1 Abs. 4 EStG bzw. beschränkten Körperschaftsteuerpflicht gem. § 2 Nr. 1 KStG als inländische Einkünfte i. S. v. § 49 Abs. 1 Nr. 5 Lit. a) EStG erfaßt.[796] Bei der Ermittlung der Einkünfte gilt die in § 49 Abs. 2 EStG kodifizierte isolierende Betrachtungsweise, die bei der Einordnung der Einkunftsart im Ausland verwirklichte Besteue-

---

[791] Gl. A. *Krabbe*, in: *Blümich*, EStG 1998, § 34c EStG, Rdnr. 72.

[792] Vgl. dazu *Flick/Wassermeyer/Lüdicke*, in: *Flick/Wassermeyer/Becker*, Außensteuerrecht 1998, § 34c EStG, Rdnr. 66 ff.

[793] *Flick/Wassermeyer/Lüdicke*, in: *Flick/Wassermeyer/Becker*, Außensteuerrecht 1998, § 34c EStG, Rdnr. 232.

[794] Vgl. zu den Voraussetzungen des § 34c Abs. 5 EStG ausführlich *Flick/Wassermeyer/Lüdicke*, in: *Flick/Wassermeyer/Becker*, Außensteuerrecht 1998, § 34c EStG, Rdnr. 282 ff.; *Hellwig*, in: *Littmann/Bitz/Hellwig*, EStG 1998, § 34c EStG, Rdnr. 33 ff.; *Krabbe*, in: *Blümich*, EStG 1998, § 34c EStG, Rdnr. 86 ff.

[795] Vgl. *Amann*, Ermittlung ausländischer Einkünfte 1997, S. 797 f.

[796] Vgl. zur Lösung des Qualifikationskonflikts bei beschränkter Steuerpflicht des stillen Gesellschafters Kapitel IV.B.1.b)(3).

rungsmerkmale verdrängt und die innerstaatliche Ermittlungsmethode der betroffenen Einkunftsart zur Anwendung kommen läßt; im Ergebnis sind auch die Gewinnzuweisungen aus einer typisch stillen Gesellschaft an eine beschränkt steuerpflichtige ausländische Kapitalgesellschaft Einkünfte aus Kapitalvermögen i. S. v. § 49 Abs. 1 Nr. 5 EStG.[797]

Die Einnahmen aus der typisch stillen Gesellschaft unterliegen dem vollen **Kapitalertragsteuerabzug an der Quelle** gem. § 43 Abs. 1 Nr. 3 EStG, der gem. § 50 Abs. 5 EStG bzw. § 50 Abs. 1 Nr. 2 KStG Abgeltungswirkung entfaltet, da keine Veranlagung erfolgt.[798] Folglich können bei typisch stillen Beteiligungen eines Steuerausländers keine Werbungskosten ertragsteuermindernd berücksichtigt werden; insbesondere ist bei beschränkt Steuerpflichtigen gem. § 50 Abs. 1 Satz 5 EStG kein Sparer-Freibetrag und keine Werbungskostenpauschale zu gewähren.[799] Ein Ausgleich der Einkünfte mit Verlusten aus anderen Einkunftsarten i. S. v. § 2 Abs. 2 EStG sowie ein Verlustabzug gem. § 10d EStG ist bei Einkünften, die dem Steuerabzug unterliegen, infolge der Abgeltungswirkung gem. § 50 Abs. 2 EStG explizit ausgeschlossen. Damit ist es dem beschränkt steuerpflichtigen stillen Gesellschafter weder möglich, Verluste aus anderen inländischen Einkunftsarten mit den positiven Einkünften aus der stillen Beteiligung auszugleichen, noch kann er umkehrt einen Verlust aus der stillen Beteiligung mit anderen positiven inländischen Einkünften ausgleichen oder zu Zwecken der Verrechnung mit späteren positiven Einkünften aus der Beteiligung vortragen.[800]

Die Abgeltungswirkung der Kapitalertragsteuer auf Einnahmen aus der typisch stillen Beteiligung eines Steuerausländers entfällt gem. § 50 Abs. 5 Satz 2 EStG, sofern die stille Beteiligung zu einem inländischen Betriebsvermögen des beschränkt Steuerpflichtigen gehört.[801] In diesem Fall kommt es gem. § 50 Abs. 3 EStG zu einer **Veranlagung** des Steuerpflichtigen auf der Basis der Einkommensteuergrundtabelle gem. § 32a Abs. 1 EStG, wobei Satz 2 der Vorschrift einen Mindeststeuersatz auf die inländischen Einkünfte in Höhe von 25 % (zuzüglich Solidaritätszuschlag) anordnet. Wird ein **beschränkt körperschaftsteuerpflichtiger stiller Gesellschafter** veranlagt, weil er seine stille Beteiligung in einem inländischen Betrieb hält, ist der Steuersatz gem. § 23 Abs. 3 KStG auf 42 % (zuzüglich Solidaritätszuschlag) beschränkt; mangels Anrechnungsfähigkeit wird die Körperschaftsteuer definitiv.[802]

Da sich der Einfluß der isolierenden Betrachtungsweise in § 49 Abs. 2 EStG auch auf die anzuwendende Einkünfteermittlungsmethode erstreckt, kommt es bei der

---

797 Vgl. dazu Kapitel IV.B.1.b)(3)(b). Ebenfalls zu den Einkünften aus Kapitalvermögen zählen vGA an den typisch stillen Gesellschafter. Die verfahrensmäßige Vorgehensweise entspricht der im Fall eines unbeschränkt Steuerpflichtigen; vgl. dazu Kapitel II.B.3.a)(2)(b).

798 Vgl. *Heinicke*, in: *Schmidt*, EStG 1998, § 50 EStG, Rdnr. 7.

799 Vgl. BFH vom 10.4.1975, BStBl. II 1975, S. 586.

800 Vgl. *Fleischer/Thierfeld*, Stille Gesellschaft 1998, S. 175 f.

801 Ein inländischer Betrieb liegt vor, wenn im Inland eine Betriebstätte gem. § 12 AO betrieben wird oder im Inland ein ständiger Vertreter gem. § 13 AO bestellt wurde.

802 Vgl. *Schaumburg*, Internationales Steuerrecht 1998, S. 316.

zeitlichen Zurechnung des Gewinnanteils auf den Zuflußzeitpunkt und nicht etwa auf den Zeitpunkt der Bilanzierung einer Forderung auf seiten des stillen Gesellschafters an.[803] Den Zufluß des Gewinnanteils aus einer stillen Gesellschaft erkennt der BFH[804] auch dann, wenn der Gewinn zur Wiederauffüllung eines durch Verluste geminderten Einlagekontos verwendet wird[805] und es somit nicht zu einer Auszahlung kommt.

(2) Sonderfall des § 8a KStG

(a) Voraussetzungen und Anwendungsbereich der Vorschrift

Seit der Einführung des § 8a KStG[806] wird die Fremdfinanzierung durch nicht anrechnungsberechtigte Gesellschafter unter bestimmten Voraussetzungen in Deutschland[807] steuerlich sanktioniert und somit einer drohenden Unterkapitalisierung inländischer Kapitalgesellschaften einerseits und der Minderung des Steueraufkommens andererseits entgegengesteuert. § 8a KStG ordnet die Umqualifizierung von Vergütungen für die Bereitstellung von Fremdkapital durch einen nicht anrechnungsberechtigen Anteilseigner an eine inländische unbeschränkt steuerpflichtige Kapitalgesellschaft in eine vGA[808] an, falls sich der anteilseignerbezogene Betrag des gewährten Fremdkapitals außerhalb nachfolgender Größenordnungen (sog. safe haven) bewegt:

- Bei gewinn- oder umsatzabhängigen Vergütungen darf das Verhältnis zwischen Fremdkapital und Eigenkapital 0,5:1 nicht übersteigen.
- Bei gewinn- oder umsatzunabhängigen Vergütungen liegt die Grenze bei einem Verhältnis zwischen Fremdkapital und Eigenkapital von 3:1.

---

803 Vgl. *Vesely/Kumpf*, Ausländische Gesellschafter 1977, S. 312.

804 Vgl. BFH vom 24.1.1990, BStBl. II 1991, S. 147. Der I. Senat betont in dieser Entscheidung, es komme nicht darauf an, ob der stille Gesellschafter den gutgeschriebenen Betrag abrufen kann; vielmehr sei entscheidend, daß die Gutschrift bestimmungsgemäß zur Auffüllung der Einlage dient. Statt den gutgeschriebenen Betrag zuerst auszuzahlen und dann zur Wiederauffüllung des Einlagekontos zu verwenden, stelle die direkte Gutschrift lediglich einen abgekürzten Weg dar.

805 § 232 Abs. 2 HGB enthält die ausdrückliche Verpflichtung des stillen Gesellschafters zum Ausgleich seiner durch Verluste geminderten Einlage mit späteren Gewinnen aus der Beteiligung; vgl. Kapitel II.A.2.d).

806 Vgl. Standortsicherungsgesetz (StandOG) vom 13.9.1993, BGBl. I 1993, S. 1569.

807 Auch anderen Staaten kennen dem § 8a KStG vergleichbare gesetzliche Regelungen; vgl. mit einem Überblick *Grotherr*, Unterkapitalisierungsregelungen 1995, S. 49 ff.

808 Vgl. zur vGA im Zusammenhang mit stillen Gesellschaften Kapitel II.B.3.a)(2)(b).

Auch nach der Einführung des § 8a KStG und einem umfangreichen Anwendungserlaß des BMF[809] bleiben die Voraussetzungen für die Anwendbarkeit und die Rechtsfolgen der Sanktionsvorschrift in der Literatur umstritten. Unter Berücksichtigung der relevanten Literaturmeinungen werden im folgenden die Konsequenzen der Sachverhaltsgestaltungen mittels transnationaler stiller Gesellschaften im Hinblick auf § 8a KStG diskutiert. Damit ist zunächst der Umfang zu klären, mit dem die komplexen Regelungen der Vorschrift im Bereich stiller Gesellschaften zur Anwendung kommen können.[810]

Der Begriff des Fremdkapitals ist in der gesetzlichen Regelung im Gegensatz zu dem des Eigenkapitals[811] nicht ausdrücklich definiert; dennoch ist zweifelsfrei anzunehmen, daß darunter keine kurzfristigen Kredite – wie beispielsweise Lieferanten- oder Warenkredite – zu subsumieren sind.[812] Auch daß das Engagement in Form einer **typisch stillen Gesellschaft als Fremdfinanzierungsform** i. S. d. § 8a KStG zu werten ist, ist unbestritten.[813] Anders verhält es sich im Fall der atypisch stillen Beteiligung: Für eine direkte Übertragung der handelsrechtlichen Sichtweise – wie bei der Definition des Eigenkapitals in § 8a Abs. 2 KStG geschehen – besteht kein Anlaß,[814] so daß zumeist auf steuerrechtlicher Grundlage argumentiert und auf die wirtschaftliche Einschätzung der atypisch stillen Beteiligung als mitunternehmerische Einlage

---

809 Vgl. BMF vom 15.12.1994, BStBl. I 1995, S. 25.

810 Dargestellt werden im folgenden ausschließlich die für stille Gesellschaften unmittelbar relevanten Bestimmungen; die Sonderregelungen bezüglich Holdinggesellschaften in § 8a Abs. 4 KStG werden nicht diskutiert; vgl. dazu ausführlich Altheim, Gestaltungsspielräume 1995, S. 214 f.; *Frotscher*, Gesellschafter-Fremdfinanzierung 1994, S. 208 f.; *Hey*, Gesellschafterfremdfinanzierung 1995, S. 312 f.; *Janssen*, § 8a KStG 1997, S. 180 ff.; *ders.*, Gesellschafterfremdfinanzierung 1997, S. 671 ff.; *Mattausch*, Konzernfinanzierung 1994, S. 88; *Pyszka*, Gefährdung des Holdingprivilegs 1997, S. 298.

811 Das Eigenkapital ist in § 8a Abs. 2 Satz 2 KStG über einen Rückgriff auf die handelsrechtlichen Regelungen der §§ 266, 272 HGB definiert als das gezeichnete Kapital abzüglich der ausstehenden Einlagen zuzüglich der Kapitalrücklage, der Gewinnrücklagen, eines Gewinnvortrags und eines Jahresüberschusses sowie abzüglich eines Verlustvortrags und eines Jahresfehlbetrags. Kritisch zur Berücksichtigung von Verlusten vgl. *Frotscher*, Gesellschafter-Fremdfinanzierung 1994, S. 205.

812 Vgl. *Herzig*, Standortsicherungsgesetz 1994, S. 170; *Janssen*, Fremdkapital 1997, S. 1592; *Korn*, Kapitalgesellschafter-Fremdfinanzierungen 1993, S. 738; *Mattausch*, Konzernfinanzierung 1994, S. 96. Vgl. auch BMF vom 15.12.1994, BStBl. I 1995, S. 31, Tz. 47.

813 Vgl. *Fu*, Stille Gesellschaft 1997, S. 87; *Janssen*, Fremdkapital 1997, S. 1592; *Korn*, Kapitalgesellschafter-Fremdfinanzierungen 1993, S. 738; *Prinz*, Beratungspraxis 1995, S. 52. Vgl. auch BMF vom 15.12.1994, BStBl. I 1995, S. 31, Tz. 44.

814 A. A. *Janssen*, der „korrespondierend zur Definition des Eigenkapitals gem. § 8a Abs. 2 KStG" die handelsrechtliche Abgrenzung zugrunde legen will und daher atypisch stille Beteiligungen als Eigenkapital wertet; *Janssen*, Fremdkapital 1997, S. 1591 f. Die atypisch stille Beteiligung als Eigenkapital i. S. d. § 8a KStG ablehnend vgl. *Herzig*, Standortsicherungsgesetz 1994, S. 169.

und nicht als Fremdkapital abgestellt wird.[815] Dies korreliert m. E. auch mit dem Sinn und Zweck der Vorschrift, die in erster Linie nicht anrechnungsberechtigte Gesellschafter, die zwecks Vermeidung der Definitiv-Körperschaftsteuer den Umweg über eine Fremdkapitalhingabe suchen und somit i. d. R. im Inland einer geringeren (Abzugs-)Steuer unterliegen, sanktioniert.[816] Da beim mitunternehmerischen stillen Gesellschafter – wenn sich aus dem entsprechenden DBA nichts anderes ergibt – eine Veranlagung erfolgt, sind die im Zuge der Beteiligung gewährten Gewinnanteile der Besteuerung durch den nationalen Fiskus nicht entzogen; eine Einmalbesteuerung der Vergütungen ist folglich sichergestellt.[817]

In den Tatbestandsvoraussetzungen des § 8a KStG ist die Fremdkapitalhingabe durch eine dem Anteilseigner nahestehende Person i. S. d. § 1 Abs. 2 AStG[818] sowie einen Dritten, der auf den Anteilseigner oder die nahestehende Person zurückgreifen kann, der Darlehensgewährung durch den Anteilseigner selbst gleichgestellt, so daß die Rechtsfolgen des § 8a KStG bei einer Beteiligung in Form der typisch stillen Gesellschaft durch alle drei genannten Personenkreise ausgelöst werden können. Der Fall des Dritten, der über einen einklagbaren Anspruch, beispielsweise aufgrund einer Bürgschaft oder einer Patronatserklärung, eine Rückgriffsmöglichkeit auf den Anteilseigner oder die nahestehende Person hat, betrifft im wesentlichen die Darlehensgewährung einer Bank mit entsprechender Sicherung und ist daher für die hier behandelten Gestaltungen mittels grenzüberschreitender stiller Gesellschaften von untergeordneter Bedeutung.[819]

Maßgeblichen Einfluß auf die steuerlichen Konsequenzen entfaltet allerdings die Diskussion um die Definition des Anteilseigners i. S. d. § 8a KStG, die in der Literatur[820] kontrovers geführt wird. Im Mittelpunkt steht dabei die Auslegung des § 8a Abs. 3 KStG, der die in Abs. 1 kodifizierte notwendige Voraussetzung einer schädlichen Gesellschafter-Fremdfinanzierung – das Vorliegen einer wesentlichen Beteiligung – konkretisiert. Eine wesentliche Beteiligung liegt demnach vor, wenn der Anteilseigner am Grund- oder Stammkapital der Kapitalgesellschaft zu mehr als einem Viertel unmittelbar oder mittelbar – auch über eine Personengesellschaft – beteiligt ist. Dieser

---

815 Vgl. *Korn*, Kapitalgesellschafter-Fremdfinanzierungen 1993, S. 738; *Oho/Schneider/Behrens*, Atypisch stille Beteiligung 1996, S. 2519; *Prinz*, Beratungspraxis 1995, S. 53; *Walter*, GmbH & Atypisch Still 1994, S. 113.

816 Vgl. die Begründung des Gesetzesentwurfs zur Einfügung des § 8a KStG BT-Drs. 12/4158, S. 36.

817 Vgl. zur Besteuerung einer atypisch stillen Beteiligung eines Steuerausländers an einem inländischen Unternehmen Kapitel IV.B.3.b).

818 Vgl. dazu ausführlich Kapitel IV.E.

819 Vgl. zu dieser Problemstellung ausführlich *Herzig*, Standortsicherungsgesetz 1994, S. 115; *Hey*, Gesellschafterfremdfinanzierung 1995, S. 306 f.; *Janssen*, § 8a KStG 1997, S. 88 ff.

820 Vgl. insbesondere *Baranowski*, Auslandsbeziehungen 1996, S. 539 ff.; *Prinz*, Gegenthesen 1995, S. 378; *Schneck/Hirsch*, Rechtsfolgen der Fremdfinanzierung 1998, S. 225 ff.; *Wassermeyer*, Anteilseignerbegriff 1995, S. 105; *ders.*, Replik 1995, S. 380 ff.; *ders.*, Zweifelsfragen 1995, S. 1.

Rechtsnorm wird teilweise in der Literatur[821] und durch die Finanzverwaltung[822] eine grundlegende Bedeutung für die Definition des Anteilseignerbegriffs für Zwecke des § 8a KStG beigemessen; das entsprechende Schreiben des BMF führt hierzu aus: „Anteilseigner ist, wer unmittelbar oder mittelbar, z. B. über eine vorgeschaltete Gesellschaft, an der Kapitalgesellschaft beteiligt ist."[823]

Wassermeyer[824] widerlegt diese Einschätzung letztlich in schlüssiger Weise, indem er gleich mehrere Argumentationslinien gegen die Umqualifizierung eines nur mittelbar Beteiligten zum Anteilseigner i. S. d. Vorschrift verfolgt: Zunächst definiere § 8a Abs. 3 KStG augenscheinlich nur den Begriff der „wesentlichen Beteiligung" und die Vorgehensweise bei der Ermittlung der 25 %-Grenze, indem er das Zusammenrechnen der unmittelbaren und mittelbaren Beteiligung anordnet. Aus dem Wortlaut der Vorschrift lasse sich keine Definition des Anteilseignerbegriffs ableiten; vielmehr sei die Regelung dem § 17 Abs. 1 Satz 4 EStG nachgebildet,[825] wobei allerdings in der Literatur keine Forderung dahingehend zu finden sei, den Veräußerungsgewinn aus einer mittelbaren Beteiligung an einer Kapitalgesellschaft einer Besteuerung gem. § 17 EStG zu unterwerfen. Andererseits wurde im selben Gesetz[826], mit dem die Einführung des § 8a KStG verabschiedet wurde, in § 20 EStG ein Abs. 2a eingefügt, der den Anteilseigner als denjenigen kennzeichnet, dem nach § 39 AO die Anteile an dem Kapitalvermögen im Zeitpunkt des Gewinnverteilungsbeschlusses zuzurechnen sind. Der Argumentation *Wassermeyers*, einheitlich verwendete Begriffe auch einheitlich auszulegen, soweit das Gesetz nichts anderes besagt, ist nichts entgegenzusetzen.[827] Allerdings ergibt sich m. E. aus § 8a Abs. 3 KStG, daß das für die jeweilige Fremdkapitalhingabe festzustellende anteilige Eigenkapital aus der Addition

---

821 Vgl. *Frotscher*, Gesellschafter-Fremdfinanzierung 1994, S. 94; *Henkel*, in: *Mössner* u.a., Steuerrecht 1998, S. 854; *Hey*, Gesellschafterfremdfinanzierung 1995, S. 305; *Korn*, Kapitalgesellschafter-Fremdfinanzierungen 1993, S. 738 f.; *Prinz*, Gegenthesen 1995, S. 378 ff.

822 Vgl. BMF vom 15.12.1994, BStBl. I 1995, S. 25.

823 BMF vom 15.12.1994, BStBl. I 1995, S. 26, Tz. 7.

824 Vgl. zum nachfolgenden *Wassermeyer*, Anteilseigner 1995, S. 105 ff.; *ders.*, Zweifelsfragen 1995, S. 1 ff. Dieser Auffassung grundsätzlich zustimmend *Baranowski*, Auslandsbeziehungen 1996, S. 539 ff.; *Schneck/Hirsch*, Rechtsfolgen der Fremdfinanzierung 1998, S. 223 ff.

825 Die Nachbildung des § 8a KStG auf der Basis des § 17 EStG ist unstreitig; vgl. dazu *Herzig*, Standortsicherungsgesetz 1994, S. 115, der als Vorsitzender einer vom Finanzausschuß des Bundestages eingesetzten Arbeitsgruppe wesentlich an der Ausarbeitung des § 8a KStG beteiligt war.

826 Vgl. Standortsicherungsgesetz (StandOG) vom 13.9.1993, BGBl. I 1993, S. 1569.

827 Auch das Argument von *Prinz* (vgl. *Prinz*, Gegenthesen 1995, S. 379), bei § 20 Abs. 2a EStG ginge es primär um die Zurechnung von Kapitalvermögenseinkünften auf Empfängerseite, während es sich bei § 8a KStG um eine allgemeine körperschaftsteuerliche Gewinnermittlungsvorschrift handele, kann m. E. eine vom EStG abweichende Definition des Anteilseignerbegriffs für Zwecke der Gesellschafterfremdfinanzierung nicht begründen. Darüber hinaus ist die Empfängerseite eine der wesentlichen im Rahmen des § 8a KStG zu klärenden Fragen. Vgl. dazu Kapitel IV.B.3.a)(2)(b).

der unmittelbaren und der mittelbaren Beteiligung zu ermitteln ist. Ist eine ausländische Muttergesellschaft M zu 100 % an einer Tochtergesellschaft T und zu 1 % an einer inländischen Enkelgesellschaft E beteiligt und hält T die restlichen 99 % an E, so beträgt das anteilige Eigenkapital der M an E 100 %. In dieser Frage ist folglich *Wassermeyer* zu widersprechen, der zwecks Ermittlung des anteiligen Eigenkapitals ausschließlich auf die unmittelbare Beteiligung abstellen will, da der mittelbar Beteiligte keinen Anteil am gezeichneten Kapital halte.[828]

In der steuersystematischen Konzeption ergänzt § 8a KStG den allgemeinen Grundtatbestand einer vGA gem. § 8 Abs. 3 Satz 2 KStG, ohne jedoch ausdrücklich von den Grundsätzen der Zurechnung abzuweichen, die eine vGA ausschließlich unmittelbar beteiligten Gesellschaftern zukommen läßt, so daß *Schneck/Hirsch* zu Recht feststellen: „Ein mittelbar Beteiligter kann mangels Beteiligung keinen Beteiligungsertrag i. S. v. § 20 Abs. 1 Nr. 1 EStG erzielen und damit nicht als Anteilseigner gelten."[829]

Im Gesetz ist ausdrücklich die Fremdkapitalhingabe durch eine nahestehende Person bzw. einen Dritten der Darlehensgewährung durch den Anteilseigner gleichgestellt. Eine mittelbare Beteiligung trifft den Fall der nahestehenden Person; es stellt sich also die Frage, warum der Gesetzgeber in § 8a KStG hinsichtlich der betroffenen Personen zwei überschneidende Kreise konstruieren sollte.[830] Die explizite Gleichstellung der nahestehenden Person mit dem Dritten in § 8a Abs. 1 Satz 2 KStG spricht ebenfalls gegen deren unterschiedliche Behandlung.

Auf den ersten Blick erscheint es unerheblich, ob es sich bei dem Fremdkapitalgeber um einen Anteilseigner des Fremdkapitalnehmers oder eine nahestehende Person handelt; die Rechtsfolge der Umqualifizierung einer Betriebsausgabe in eine Gewinnausschüttung auf Ebene in der inländischen Kapitalgesellschaft ist in beiden Fällen dieselbe. Die Unterscheidung erhält allerdings eine besondere Brisanz, wenn die Frage nach dem Empfänger der vGA bzw. der Einkunftsart aller an der Transaktion Beteiligten gestellt wird und mit den Staaten, in denen der Anteilseigner bzw. die na-

---

828 Vgl. *Wassermeyer*, Anteilseigner 1995, S. 106.

829 *Schneck/Hirsch*, Rechtsfolgen der Fremdfinanzierung 1998, S. 226. Im Ergebnis ebenso *Regnery/Scherer*, Konzernfinanzierung 1994, S. 528.

830 Die Verfechter der Ansicht, auch eine mittelbare Beteiligung vermittele eine Anteilseignereigenschaft, lösen das Konkurrenzverhältnis zwischen den beiden Bestimmungen auf, indem „die Definition des Anteilseigners bei unmittelbarer oder mittelbarer Beteiligung in § 8a Abs. 3 KStG die Regelung über die nahestehenden Personen, § 8a Abs. 1 Satz 2 KStG, verdrängt"; *Frotscher*, Gesellschafter-Fremdfinanzierung 1994, S. 207. Damit kämen bei Beteiligungen in gerader Linie (Muttergesellschaft – Tochtergesellschaft – Enkelgesellschaft) die Regelungen über Anteilseigner, in „Seitenlinien" (Schwestergesellschaften) die Regelungen über nahestehende Personen in Betracht. Gl. A. *Prinz*, Gegenthesen 1995, S. 378 f. Die Finanzverwaltung stellt hingegen im BMF-Schreiben eindeutig klar, daß nahestehende Personen i. S. d. § 8a KStG „insbesondere Mutter- und Tochtergesellschaften des Anteilseigners" sein können; BMF vom 15.12.1994, BStBl. I 1995, S. 27, Tz. 18.

hestehende Person ansässig sind, unterschiedliche DBA abgeschlossen wurden.[831] Im Zuge der persönlichen Zurechnung der vGA wird auch eine Entscheidung bezüglich der Einkunftsart des Fremdkapitalgebers getroffen, die für die hier behandelten transnationalen stillen Gesellschaften von grundlegender Bedeutung sein kann.

(b) Stille Beteiligungen von unmittelbar bzw. mittelbar Beteiligten

Die Problematik der Einkünftezurechnung und Besteuerung wird im folgenden für transnationale stille Beteiligungen anhand verschiedener Fallgestaltungen aufgezeigt. Ausgangspunkt ist der in Abbildung 14 dargestellte Grundfall, in dem sich ein ausländischer Anteilseigner M typisch still an einer inländischen Kapitalgesellschaft T beteiligt, an der er bereits eine 100 %-Beteiligung hält.

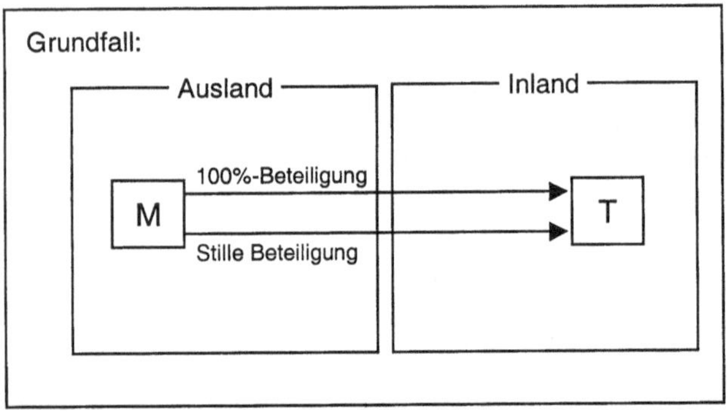

Abbildung 14: Gesellschafterfremdfinanzierung (Grundfall)

Der Grundfall beschreibt eine stille Beteiligung der ausländischen Muttergesellschaft M an der inländischen Tochter(kapital-)gesellschaft T. Die Vergütungen von T an M unterliegen – unter der Voraussetzung, daß der „safe haven" der M ausgeschöpft wird[832] – § 8a KStG, da es sich um die Fremdfinanzierung eines wesentlich beteiligten nicht anrechnungsberechtigten Gesellschafters handelt. Die Fremdkapitalvergütungen sind gegebenenfalls in den Teilbetrag, der Vergütungen aus der stillen Beteiligung i. S. v. § 20 Abs. 1 Nr. 4 EStG enthält, und den Teilbetrag, der eine vGA

---

[831] So zu Recht *Wassermeyer*, Anteilseigner 1995, S. 105 f. Diese Problematik insgesamt verkennend *Fu*, Stille Gesellschaften 1997, S. 89.

[832] Der „safe haven" bestimmt sich nach der Vorschrift über gewinnabhängige Vergütungen gem. § 8a Abs. 1 Nr. 1 KStG selbst dann, wenn im Rahmen des Gesellschaftsvertrags über die stille Gesellschaft eine Mindestverzinsung des eingesetzten Kapitals vereinbart wird, weil hier im Ergebnis nicht die im § 8a Abs. 1 Nr. 2 KStG geforderte, in einem Bruchteil des Kapitals bestehende Vergütung erfolgt; vgl. *Janssen*, Gewinnabhängig und gewinnunabhängig verzinste Darlehen 1997, S. 334. Ebenso BMF vom 15.12.1994, BStBl. I 1995, S. 31, Tz. 55.

i. S. v. § 20 Abs. 1 Nr. 1 EStG darstellt, aufzuteilen.[833] Nach den allgemeinen Vorschriften über vGA sind die Vergütungen für die Fremdkapitalhingabe steuerlich nicht als Betriebsausgabe abzugsfähig und müssen dem zu versteuernden Einkommen der T außerbilanziell hinzugerechnet werden.[834] Dort unterliegen sie der Tarifbelastung und erhöhen zugleich das verwendbare Eigenkapital, bevor im der Ausschüttung folgenden Geschäftsjahr die Ausschüttungsbelastung hergestellt und das verwendbare Eigenkapital entsprechend gemindert wird.[835] Der Kapitalertrag, der dem Anteilseigner in Form der vGA zukommt, unterliegt, soweit sich aus dem DBA nichts anderes ergibt, der Kapitalertragsteuer i. H. v. 25 %, mit der die beschränkte Steuerpflicht gem. § 50 Abs. 5 EStG als abgegolten gilt.[836]

Das Qualifikationsproblem Anteilseigner/nahestehende Person stellt sich erst bei Dreiecksgestaltungen, in denen – wie in Abbildung 15 dargestellt – eine ausländische Muttergesellschaft M, die an einer Tochtergesellschaft T beteiligt ist, die wiederum Anteile an der im Inland ansässigen Enkel(kapital-)gesellschaft E hält, Fremdkapital in Form einer typisch stillen Beteiligung in E einbringt. Dabei ist grundsätzlich zu unterscheiden, ob T im Ausland oder im Inland ansässig ist.

---

833 Vgl. *Schneck/Hirsch*, Rechtsfolgen der Fremdfinanzierung 1998, S. 225.

834 Vgl. BFH vom 23.6.1993, BStBl. II 1993, S. 801; BFH vom 29.6.1994, BFHE 175, S. 350.

835 Vgl. *Pezzer*, in: *Tipke/Lang*, Steuerrecht 1998, § 11, Rdnr. 66.

836 Vgl. m.w.N. *Schneck/Hirsch*, Rechtsfolgen der Fremdfinanzierung 1998, S. 224. Ebenso BMF vom 15.12.1994, BStBl. I 1995, S. 35, Tz. 76.

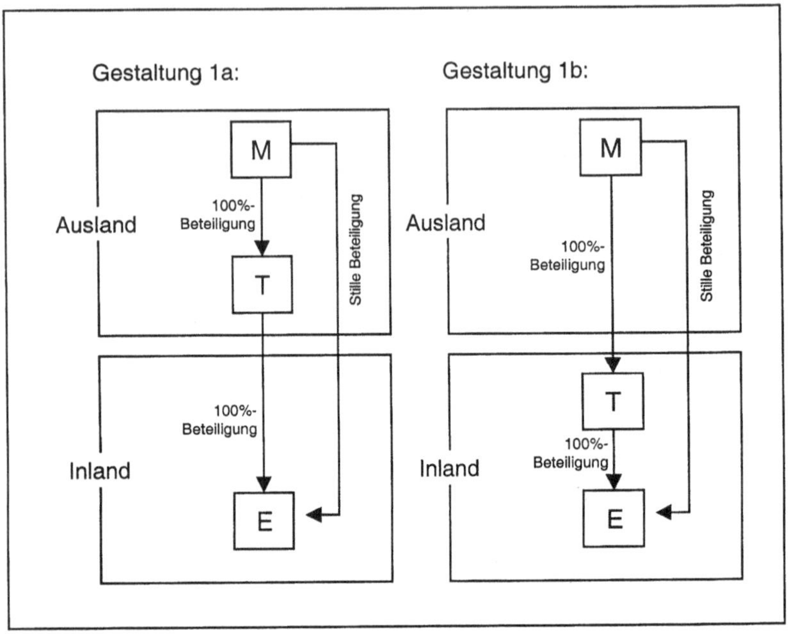

Abbildung 15: Gesellschafterfremdfinanzierung (Gestaltung 1a und 1b)

In der **Fallgestaltung 1a** erhält E Fremdkapital in Form einer typisch stillen Beteiligung von der nicht anrechnungsberechtigten M; die Vergütungen hieraus sind nach Ansicht der Finanzverwaltung[837] nach § 8a KStG zu beurteilen und folglich, soweit der „safe haven" ausgeschöpft ist, direkt M als vGA zuzurechnen, da M als wesentlich mittelbar Beteiligte i. S. v. § 8a KStG Anteilseignerin der E ist.

Geht man jedoch – so wie hier – davon aus, daß einen Beteiligungsertrag nur derjenige erzielen kann, der auch eine (gesellschaftsrechtliche) Beteiligung am Unternehmen hält, ist M eine nahestehende Person i. S. v. § 8a Abs. 1 Satz 2 KStG i. V. m. § 1 Abs. 2 AStG, die durch die Gewährung der stillen Beteiligung an E der T als ausländischer Anteilseignerin eine vGA i. S. v. § 8a KStG vermittelt;[838] die Zinsen, die E an M zahlt, sind Beteiligungserträge i. S. v. § 20 Abs. 1 Nr. 1 Satz 2 EStG der T, während es auf seiten von M an den Tatbestandsvoraussetzungen für die Annahme

837 Vgl. BMF vom 15.12.1994, BStBl. I 1995, S. 25.

838 Die Zurechnung der Vergütungen aus der Fremdkapitalhingabe durch eine nahestehende Person erfolgt direkt zum Anteilseigner; vgl. *Herzig*, Standortsicherungsgesetz 1994, S. 115; *Schwebel*, in: *Dötsch/Eversberg/Jost/Witt*, KStG 1998, § 8a KStG, Rdnr. 9.

eines Beteiligungsertrages fehlt.[839] Die im Ausland ansässige T unterliegt mit dem als vGA qualifizierten Teil der Vergütung aus der stillen Gesellschaft gem. § 2 Nr. 1 KStG bzw. § 1 Abs. 4 EStG i.V.m. § 49 Abs. 1 Nr. 5 Lit. a) EStG im Inland der beschränkten Steuerpflicht, wobei die Steuer gem. § 50 Abs. 5 EStG durch den Abzug der Kapitalertragsteuer als abgegolten gilt. Die Körperschaftsteuer auf die vGA wird für T mangels Anrechnungsberechtigung definitiv, allerdings stehen auf seiten der T aus deutscher Sicht dem Beteiligungsertrag fiktive Zinszahlungen an M in gleicher Höhe gegenüber; diese können jedoch, da T nicht veranlagt wird, sondern vielmehr die Kapitalertragsteuer Abgeltungswirkung entfaltet, im Rahmen der beschränkten Steuerpflicht nicht einnahmenmindernd angesetzt werden.[840] Die nahestehende Person M unterliegt in Deutschland mit dem „unschädlichen" Teil der Vergütungen aus der stillen Beteiligung gem. § 2 Nr. 1 KStG bzw. § 1 Abs. 4 EStG i.V.m. § 49 Abs. 1 Nr. 5 Lit. a) EStG ebenfalls der beschränkten Steuerpflicht.[841]

Verfügt in Fallgestaltung 1a E über ein Eigenkapital gem. § 8a Abs. 2 KStG i.H.v. 50.000 DM und beteiligt sich die ausländische Muttergesellschaft M mit einer stillen Einlage in Höhe von 100.000 DM an E und erhält dafür eine (übliche) Vergütung in Höhe von 20.000 DM, so ist das Fremdkapital mit einem Betrag von 75.000 DM § 8a KStG zu unterwerfen; darauf entfallende Vergütungen i.H.v. 15.000 DM sind als vGA von E an T zu werten. Die restlichen 5.000 DM sind nicht zu beanstandende Vergütungen aus einer stillen Beteiligung, mit denen M der beschränkten Steuerpflicht unterliegt.

Die hier dargestellte Lösung implementiert auch bei **Zwischenschaltung weiterer Gesellschaften** ein Beziehungsdreieck zwischen der inländischen Kapitalgesellschaft, dem ausländischen Anteilseigner und der fremdkapitalgewährenden nahestehenden Person, ohne daß eine vGA auf jeder Stufe der Beteiligungskette angenommen wird. Die Frage, ob eine automatische Durchschüttung über alle Beteiligungsstufen „vGA-typisch" ist und folglich eine Ablehnung der Durchschüttungsfiktion im Fall des § 8a KStG den vGA-Grundsätzen[842] widerspricht, wird in der Literatur z.T. bejaht. Die von *Schneck/Hirsch* als Beleg für die Wertung der Durchschüttung als vGA-typisch zitierte Rechtsprechung[843] und Literatur[844] betreffen vGA in Form von un- oder teilentgeltlichen Vorteilszuwendungen von Enkelgesellschaften an Muttergesellschaften. Die Vorteilszuwendung an die Muttergesellschaft erfolgt dabei im Hinblick auf das Gesellschaftsverhältnis zwischen Tochtergesellschaft und Enkelgesellschaft, so daß zunächst eine vGA der Enkelgesellschaft an die Tochtergesellschaft angenommen werden kann. Diese steht wiederum in einem Kausalzusammenhang zum Gesellschaftsverhältnis zwischen Tochtergesellschaft und Mut-

---

839 Vgl. *Schneck/Hirsch*, Rechtsfolgen der Fremdfinanzierung 1998, S. 226 f.; *Wassermeyer*, Anteilseignerbegriff 1995, S. 107.

840 Vgl. *Schneck/Hirsch*, Rechtsfolgen der Fremdfinanzierung 1998, S. 226.

841 Vgl. *Schneck/Hirsch*, Rechtsfolgen der Fremdfinanzierung 1998, S. 226.

842 Vgl. zur vGA ausführlich Kapitel II.B.3.a)(2)(b).

843 Vgl. BFH vom 23.10.1985, BStBl. II 1986, S. 199.

844 Vgl. insbesondere *Lang*, in: JbFfSt 1984/85, S. 525.

tergesellschaft und begründet folglich eine vGA der Tochtergesellschaft an die Muttergesellschaft.[845] Bei der Durchschüttung nach oben kann implizit unterstellt werden, daß es sich bei der Vorteilszuwendung auf allen Stufen der Beteiligungskette um eine vGA handelt. Hier besteht m. E. der Unterschied zur vGA in § 8a KStG: Die Sanktionsvorschrift konstruiert aus einer Gesellschafter-Fremdfinanzierung unter bestimmten Voraussetzungen eine (fiktive) vGA, die nach der hier vertretenen Ansicht ausschließlich der Tochtergesellschaft und nicht der nahestehenden Person zukommen kann, da nur die Tochtergesellschaft Anteilseignerin der Enkelgesellschaft ist. Dem Vorliegen einer weiteren vGA der Tochtergesellschaft an die Muttergesellschaft kann nur zugestimmt werden, wenn hierfür die allgemein geltenden Voraussetzung für vGA bzw. die der Spezialnorm des § 8a KStG gegeben sind. Da es sich im vorliegenden Fall um die Gewährung einer stillen Beteiligung der Muttergesellschaft an der Enkelgesellschaft mit üblicher Vergütung handelt, könnte eine vGA nur aus § 8a KStG abgeleitet werden; allerdings steht dem die Tatsache entgegen, daß § 8a KStG auf ausländische Gesellschaften als Fremdkapitalnehmer nicht anwendbar ist. Selbst wenn – wie in der noch zu besprechenden Fallgestaltung 1b – die Tochtergesellschaft im Inland ansässig ist, fehlt es an der für das Vorliegen von § 8a KStG notwendigen tatsächlichen Zuführung des Fremdkapitals. Im Ergebnis besteht eine vGA ausschließlich zwischen der Enkelgesellschaft und Tochtergesellschaft; für die Umqualifizierung der Zinszahlung an die Muttergesellschaft in Beteiligungserträge besteht keine Rechtsgrundlage.[846]

Den Unterschied in der vGA-Zurechnung zwischen der vGA durch Vorteilszuwendung der Enkelgesellschaft (in der Abbildung als E bezeichnet) an die Muttergesellschaft (in der Abbildung als M bezeichnet) und der vGA infolge einer dem § 8a KStG unterliegenden stillen Beteiligung der Muttergesellschaft an der Enkelgesellschaft bei Zwischenschaltung mehrerer Gesellschaften (in der Abbildung als G 1, G 2 und G 3 bezeichnet) zeigt Abbildung 16.

---

845 Der BFH führt zur Begründung aus: „Wendet die Enkelgesellschaft einen Vorteil unmittelbar der Muttergesellschaft zu, ist der normale Weg der Gewinnausschüttung der Enkelgesellschaft an die ihr übergeordnete Tochtergesellschaft und der weiteren Gewinnausschüttung der Tochtergesellschaft an die Muttergesellschaft abgekürzt. Die Tochtergesellschaft bedient sich der Enkelgesellschaft, um Gewinne an die Muttergesellschaft verdeckt auszuschütten.“; BFH vom 23.10.1985, BStBl. II 1986, S. 199.

846 Im Ergebnis ebenso *Wassermeyer*, Anteilseignerbegriff 1995, S. 107 f. Gl.A. *Schneck/Hirsch*, Rechtsfolgen der Fremdfinanzierung 1998, S. 226 f. Im Gegensatz zu *Schneck/Hirsch* vertritt d.Verf. allerdings die Meinung, daß dieses Ergebnis aus den dargelegten Gründen nicht mit den geltenden vGA-Grundsätzen kollidiert.

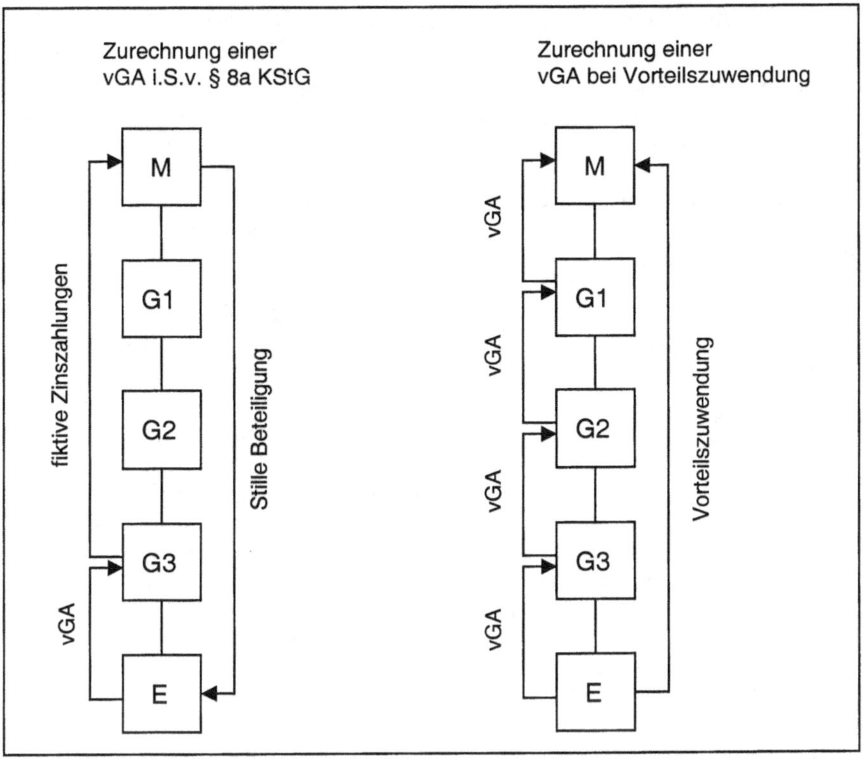

Abbildung 16: Zurechnung einer vGA i. S. v. § 8a KStG sowie bei Vorteilszuwendung

Die Auslegung des Gesetzestextes zur Definition des Anteilseigners hat weitreichende Konsequenzen, falls – wie in **Fallgestaltung 1b** – die Tochtergesellschaft im Inland ansässig ist. Ist M Anteilseigner der E i. S. v. § 8a KStG, so kommt bei Vorliegen der entsprechenden Voraussetzungen eine Umqualifizierung der Vergütungen aus der stillen Gesellschaft in Beteiligungserträge in Betracht. Ist hingegen lediglich T Anteilseigner, scheitert die Anwendung von § 8a KStG an der Inlandsbelegenheit des Fremdkapitalgebers; auch die „Anti-Umgehungsvorschrift“ in § 8a Abs. 5 Nr. 1

bzw. Nr. 2 KStG[847] kann bei dieser Gesetzesauslegung mangels Gesellschafterstellung der M nicht greifen.[848]

Die von *Wassermeyer* vertretene und hier befürwortete Auslegung des § 8a KStG nach seinem Wortlaut wird auch von Kritikern dieser Ansicht als „rechtlich beeindruckend und in sich schlüssig"[849] bezeichnet, allerdings ist davon auszugehen, daß dieses Ergebnis vom Gesetzgeber bei Einfügung des § 8a KStG nicht gewünscht war. Die von der Finanzverwaltung und auch in der Literatur teilweise geforderte Auslegung i. S. d. Intention des Gesetzgebers ist m. E. problematisch, schafft sie doch für Zwecke des § 8a KStG ein Sonderrecht, das die Verweistechnik des Körperschaftsteuergesetzes auf das Einkommensteuergesetz ignoriert und damit das deutsche Steuerrecht unnötig verkompliziert. Die einzige Lösung stellt m. E. eine Überarbeitung des § 8a KStG in eine Richtung dar, die den Vorstellungen des Gesetzgebers gerecht wird.[850]

(c) Stille Beteiligungen anderer nahestehender Personen

Eindeutig der Gruppe nahestehender Personen zuzurechnen sind Gesellschaften, deren Verbindung zur inländischen Kapitalgesellschaft sich quasi in einer Seitenlinie vollzieht.[851] Angesprochen sind dabei insbesondere die Fälle, in denen eine ausländische Muttergesellschaft M Anteile an zwei Tochtergesellschaften (T1 und T2) hält; beide Schwestergesellschaften sind im Verhältnis zur Muttergesellschaft M nahestehende Personen i. S. v. § 8a Abs. 1 Satz 2 i. V. m. § 1 Abs. 2 AStG. Beteiligt sich die im Ausland ansässige[852] T1 typisch still an ihrer Schwestergesellschaft T2, können die Voraussetzungen für eine Umqualifizierung der gewinnabhängigen Vergütungen in eine vGA vorliegen. Das Verhältnis zwischen den beteiligten Gesellschaften ist in Abbildung 17 dargestellt.

---

847 Ohne auf den ausdrücklichen Geltungsbereich für Anteilseigner einzugehen, will dagegen *Baranowski*, der im Grundsatz *Wassermeyer* in bezug auf die Anteilseignerdefinition zustimmt, Nr. 2 der Vorschrift anwenden; vgl. *Baranowski*, Auslandsbeziehungen 1996, S. 542.

848 Zum gleichen Ergebnis kommt *Wassermeyer*: „Damit wirkt § 8a KStG immer als ‚kalter Schlag', wenn es gelingt, zwischen den ausländischen Fremdkapitalgeber und die inländische steuerpflichtige Kapitalgesellschaft eine inländische Kapital- oder Personengesellschaft zwischenzuschalten, die weder als Kapitalgeber noch als Kapitalnehmer fungiert."; *Wassermeyer*, Anteilseignerbegriff 1995, S. 108.

849 *Prinz*, Gegenthesen 1995, S. 380.

850 Gl. A. *Baranowski*, Auslandsbeziehungen 1996, S. 542; *Schneck/Hirsch*, Rechtsfolgen der Fremdfinanzierung 1998, S. 229; *Wassermeyer*, Anteilseignerbegriff 1995, S. 108.

851 Vgl. *Frotscher*, Gesellschafter-Fremdfinanzierung 1994, S. 207; *Hey*, Gesellschafterfremdfinanzierung 1995, S. 306; *Prinz*, Gegenthesen 1995, S. 379; *Schneck/Hirsch*, Rechtsfolgen der Fremdfinanzierung 1998, S. 226.

852 § 8a Abs. 1 Satz 2 KStG fordert ausdrücklich, daß die nahestehende Person zugleich nicht anrechnungsberechtigt sein darf, damit die Rechtsfolgen der Vorschrift greifen.

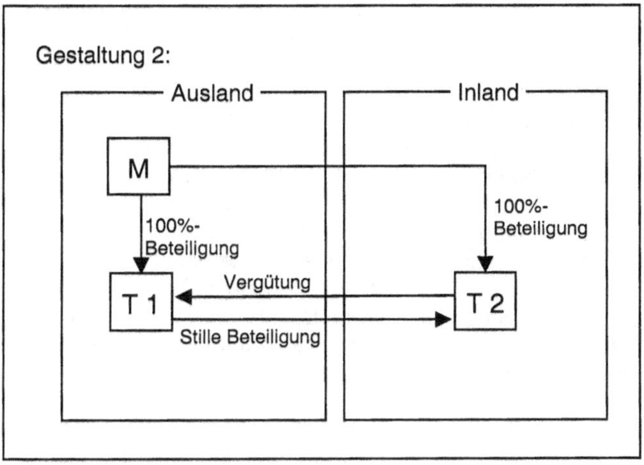

Abbildung 17: Gesellschafterfremdfinanzierung (Gestaltung 2)

Für die in Abbildung 17 dargestellte Sachverhaltsgestaltung kann auf die BFH-Judikatur[853] zu vGA infolge von Nutzungsüberlassungen zwischen Schwestergesellschaften verwiesen werden, die die Beziehungen zwischen den Schwestergesellschaften – soweit eine vGA vorliegt – auf die Rechtsbeziehungen zum gemeinsamen Gesellschafter zurückführt. Übertragen auf die vGA-Fiktion des § 8a KStG ist der von der inländischen Tochterkapitalgesellschaft T2 an T1 gezahlte, sich außerhalb des „safe haven"-Bereichs bewegende Teil der Vergütungen für die Gewährung der stillen Beteiligung als vGA von T2 an M zu werten, die wiederum als Zinszahlungen an T1 weitergeleitet wurden; die Zahlung von T2 direkt an T1 kürzt insoweit den Zahlungsweg lediglich ab.[854] Für nicht sanktionierte Vergütungen aus der stillen Gesell-

853 Vgl. insbesondere BFH vom 26.10.1987, BStBl. II 1988, S. 348. Vgl. dazu auch *Bordewin*, Einlage von Nutzungen 1988, S. 227; *Döllerer*, Verdeckte Einlage 1988, S. 1789; *ders.*, Verdeckte Einlagen 1990, S. 236 ff.; *Groh*, Nutzungseinlage 1988, S. 571, *Kußmaul*, in: HdB 1998, Nutzungen/Nutzungsrechte, Rdnr. 66 ff.

854 Vgl. für den Fall der Nutzungsüberlassung zwischen Schwestergesellschaften *Groh*, Nutzungseinlage 1988, S. 571. Vgl. auch *Schneck/Hirsch*, Rechtsfolgen der Fremdfinanzierung 1998, S. 226, die allerdings in diesem Zusammenhang zusätzlich prüfen, ob eine verdeckte Einlage beim Nahestehenden (hier: T1) vorliegt und zum Ergebnis kommen, daß die Überlassung von Kapital zur Nutzung ein nicht einlagefähiges Wirtschaftsgut und folglich keine verdeckte Einlage darstellt. Diese Vorgehensweise knüpft zwar direkt an den im vorliegenden BFH-Beschluß (vgl. BFH vom 26.10.1987, BStBl. II 1988, S. 348) vom Großen Senat zu lösenden Sachverhalt an, ist allerdings in bezug auf die Anwendung von § 8a KStG unsachgemäß: In § 8a KStG geht es lediglich um die Umqualifizierung der für die stille Beteiligung gewährten Vergütungen in vGA, die von *Schneck/Hirsch* angesprochene Überlassung von Kapital zur Nutzung (hier: die stille Beteiligung) erfolgt von T1 an T2; insofern unterscheiden sich die im Beispiel angesprochenen Gestaltungen

Fortsetzung ...

schaft ist keine Umqualifizierung vorzunehmen. Die Besteuerung erfolgt analog zur Gestaltung 1a bzw. 1b.[855]

§ 8a KStG sanktioniert jedoch nicht jedwede Form der Finanzierung über ausländische Gesellschaften, sondern deckt nur typisierend bestimmte stigmatisierte Gestaltungen ab. Die Finanzierung zwischen zwei Schwestergesellschaften muß daher nicht zwingend entsprechend der in Gestaltung 2 dargestellten, dem § 8a Abs. 1 Satz 2 KStG zugrundeliegenden gesetzlichen Umgehungsprophylaxe erfolgen; vielmehr ist eine in der Praxis häufig anzutreffende Gestaltungsvariante denkbar, in der eine inländische Muttergesellschaft M eine ausländische Tochtergesellschaft T2 mit der Finanzierung der inländischen Tochtergesellschaft T1 beauftragt.[856] In Abbildung 18 ist die Hingabe einer stillen Beteiligung durch die ausländische Tochtergesellschaft der inländischen Muttergesellschaft an die ebenfalls im Inland ansässige Tochtergesellschaft dargestellt.

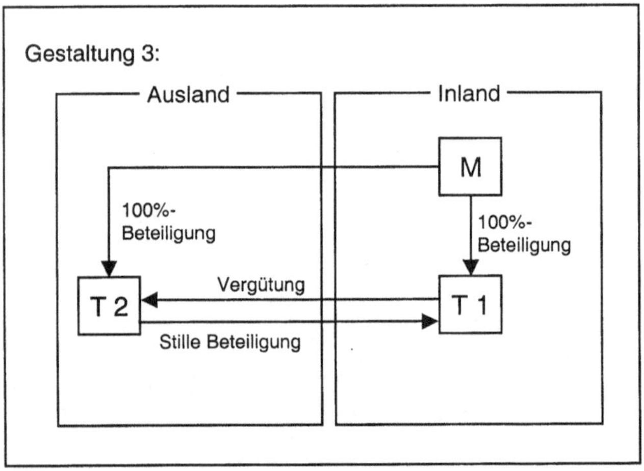

Abbildung 18: Gesellschafterfremdfinanzierung (Gestaltung 3)

Die dem Anteilseigner nahestehende Person gem. § 8a Abs. 1 Satz 2 KStG ist bei dieser Gestaltungsoption zwar – wie gefordert – nicht anrechnungsberechtigt, allerdings ist die Anteilseignerin M eine in Deutschland unbeschränkt steuerpflichtige Ge-

von der „klassischen" Nutzungsüberlassung zwischen Schwestergesellschaften. Die stille Beteiligung ist keine Nutzungsüberlassung i.S.d. BFH-Beschlusses, da sie gegen Entgelt gewährt wurde und folglich keinen „Vorteil" im angesprochenen Sinne verschafft. Die Sanktionsvorschrift des § 8a KStG betrifft ausschließlich die Qualifikation der Einkunftsart der an der Transaktion Beteiligten, sie greift hingegen nicht in die (steuerrechtlichen) Beteiligungsverhältnisse ein.

855 Vgl. Kapitel IV.B.3.a)(2)(b).

856 Vgl. *Regnery/Scherer*, Konzernfinanzierung 1994, S. 528.

sellschaft, so daß die Gestaltung nicht der Sanktion durch § 8a KStG unterliegt. Die Finanzierungskette „nicht anrechnungsberechtigte nahestehende Person – anrechnungsberechtigter Anteilseigner – anrechnungsberechtigte Kapitalgesellschaft“ wird von § 8a KStG nicht erfaßt.[857]

b) Atypisch stille Gesellschaft

Eine Personengesellschaft wie die atypisch stille Gesellschaft ist als solche mangels Steuersubjekteigenschaft nicht steuerpflichtig; vielmehr unterliegen die beteiligten Gesellschafter der inländischen Besteuerung und erzielen, unter der Voraussetzung, daß es sich um Mitunternehmer i. S. v. § 15 Abs. 1 Nr. 2 EStG handelt, Einkünfte aus Gewerbebetrieb.[858] Die nationale Beurteilung greift grundsätzlich bei transnationalen Gestaltungen, insbesondere auch bei stillen Beteiligungen von Steuerausländern an inländischen Unternehmen[859], nicht nur in bezug auf die Einkunftsart, sondern auch hinsichtlich der rechtssystematischen Einordnung des ausländischen Gesellschafters.[860] Ein Steuerausländer kann aufgrund seiner Inlandsaktivitäten in Form einer Mitunternehmerschaft mit seinen inländischen Einkünften je nach Ergebnis des Rechtstypenvergleichs in Deutschland entweder beschränkt einkommensteuerpflichtig gem. § 1 Abs. 4 EStG oder beschränkt körperschaftsteuerpflichtig gem. § 2 Nr. 1 KStG sein, wenn Einkünfte i. S. v. § 49 Abs. 1 EStG vorliegen. Für die aus atypisch stillen Beteiligungen resultierenden Einkünfte aus Gewerbebetrieb wird gem. § 49 Abs. 1 Nr. 2 Lit. a) EStG der Inlandsbezug durch eine im Inland belegene Betriebstätte hergestellt, die i. d. R. immer gegeben sein wird, da das inländische Handelsgewerbe des Geschäftsinhabers für die atypisch stille Gesellschaft – wie in § 12 AO gefordert – als feste Geschäftseinrichtung, die der Tätigkeit des Unternehmens dient, zu werten ist.[861]

Die **Ermittlung der inländischen Einkünfte** aus Gewerbebetrieb eines beschränkt Steuerpflichtigen gem. § 49 Abs. 1 Nr. 2 Lit. a) EStG folgt dem in § 15 Abs. 1 Nr. 2 EStG vorgegebenen Ermittlungsschema,[862] so daß mittels der additiven Gewinnermittlung zunächst der Anteil am gesamthänderisch erwirtschafteten Gewinn bestimmt wird, bevor auf einer zweiten Stufe auf seiten des atypisch Stillen Sonderbetriebseinnahmen und -ausgaben berücksichtigt werden. In die beschränkte Steuerpflicht des stillen Gesellschafters sind alle Einkünfte aus seinem Inlandsengagement einzubeziehen, soweit es sich nicht um Einkünfte handelt, die in einer Auslandsbe-

---

[857] Vgl. *Regnery/Scherer*, Konzernfinanzierung 1994, S. 529.

[858] Vgl. Kapitel II.B.4.a).

[859] Als inländisches Unternehmen kommen die bei rein nationaler Gestaltung zulässigen Geschäftsinhaber in Frage; vgl. Kapitel II.A.2.b).

[860] Vgl. zur Qualifikation im Zuge der beschränkten Steuerpflicht Kapitel IV.B.1.b)(3).

[861] Vgl. *Bopp*, in: JbFfSt 1986/87, S. 240 f., 293 f. Vgl. auch OFD Düsseldorf vom 5.7.1989, in: DB 1989, S. 1700; FG Niedersachsen vom 8.11.1990, in: RIW 1991, S. 79.

[862] Vgl. Kapitel II.B.4.a)(3)(a).

triebstätte des Geschäftsinhabers entstanden sind. In diesem Fall ist der in § 49 Abs. 1 Nr. 2 Lit. a) EStG proklamierte Inlandsbezug aufgehoben, so daß die Einkünfte in Deutschland nicht steuerbar sind.[863]

Eine steuerrechtlich gleichartige Qualifikation des Rechtsgebildes einschließlich der Behandlung der Sondervergütungen im Ansässigkeitsstaat ist für den stillen Gesellschafter auch bei Fehlen eines DBA unproblematisch, soweit dem Ausland zur Vermeidung bzw. Minderung der Doppelbesteuerung den deutschen Vorschriften vergleichbare unilaterale Instrumente zur Verfügung stehen.[864] Weitaus häufiger wird es jedoch im Verhältnis zum Ansässigkeitsstaat des beschränkt Steuerpflichtigen zu Qualifikationskonflikten kommen, insbesondere, wenn der ausländische Staat entweder ebenfalls das Mitunternehmerkonzept zugrunde legt, die vom Gesellschafter empfangenen Sondervergütungen und Sonderbetriebseinnahmen allerdings zum Abzug zuläßt, oder wenn das Rechtsinstrument der atypisch stillen Gesellschaft im Ausland unbekannt ist und die daraus bezogenen Anteile am Gewinn als Zinsen qualifiziert werden.[865] Besteht kein DBA, kann die daraus resultierende Doppelbesteuerung des stillen Gesellschafters regelmäßig nur durch unilaterale Maßnahmen des Ansässigkeitsstaates vermieden bzw. gemildert werden.[866]

Dennoch können bei bestimmten Sachverhaltsgestaltungen auch beschränkt Steuerpflichtige vom **nationalen Instrumentarium zur Vermeidung der Doppelbesteuerung** profitieren: § 50 Abs. 6 EStG[867] ordnet die entsprechende Anwendung des § 34c Abs. 1 bis 3 EStG bei Einkünften aus Land- und Forstwirtschaft, Gewerbebetrieb oder selbständiger Arbeit an, sofern für die Tätigkeit im Inland ein Betrieb unterhalten wird.[868] Auf dieser rechtlichen Grundlage können nach den für unbeschränkt Steuerpflichtige geltenden Modalitäten[869] Steuern auf ausländische Einkünfte eines beschränkt steuerpflichtigen atypisch stillen Gesellschafters eines inländischen Handelsgewerbes entweder gem. § 34c Abs. 1 EStG auf die deutsche Einkommensteuer angerechnet bzw. gem. § 34c Abs. 2 oder Abs. 3 EStG bei der Ermittlung der Einkünfte abgezogen werden.[870] Daß es dabei zur doppelten Berücksichtigung ausländi-

---

863 Vgl. *Krabbe*, in: *Blümich*, EStG 1998, § 49 EStG, Rdnr. 43; *Piltz*, in: *Mössner* u. a., Steuerrecht 1998, S. 799 f.

864 Vgl. *Krabbe*, Besteuerung von Sondervergütungen 1981, S. 393.

865 Eine Qualifikation der atypisch stillen Gesellschaft als Körperschaft ist dagegen wegen der ihr immanenten Charakteristik als Innengesellschaft nicht wahrscheinlich; vgl. bereits Kapitel IV.B.1.b)(3)(b).

866 Vgl. *Krabbe*, Besteuerung von Sondervergütungen 1981, S. 393.

867 Über die Verweisung in § 26 Abs. 6 KStG gilt § 50 Abs. 6 EStG auch für Körperschaften.

868 Das Vorliegen eines Betriebs bestimmt sich nach der Definition der Betriebstätte in § 12 AO; vgl. *Krabbe*, Berücksichtigung ausländischer Steuern 1980, S. 1149.

869 Vgl. Kapitel IV.B.2.c)(3)(a) und IV.B.2.c)(3)(b).

870 Aus der fehlenden Verweisung des § 50 Abs. 6 EStG auf § 34c Abs. 6 EStG wird geschlossen, daß die Berücksichtigung ausländischer Steuern unabhängig vom Bestehen eines DBA erfolgt; vgl. *Krabbe*, Berücksichtigung ausländischer Steuern 1980, S. 1149. Vgl. dazu ausführlich Kapitel IV.C.7.b). Die Anwendung unilateraler Maßnahmen zur Vermeidung der Doppelbesteuerung ist

Fortsetzung ...

scher Steuern – in Deutschland als Belegenheitsstaat des Betriebs und im Wohnsitzstaat des beschränkt Steuerpflichtigen – kommen kann, ist für die Anwendung des § 50 Abs. 6 EStG unschädlich.[871]

Die Inanspruchnahme dieser unilateralen Maßnahme ist jedoch dann nicht möglich, wenn die Einkünfte aus dem Staat stammen, in dem der Steuerpflichtige in einem der unbeschränkten Steuerpflicht ähnlichen Umfang zu einer Steuer vom Einkommen herangezogen wird (Wohnsitzstaat). Die Vermeidung der Doppelbesteuerung solcher Einkünfte soll allein Aufgabe des Wohnsitzstaates sein; Steuern hierauf bleiben im Inland unberücksichtigt.[872] Diesen Sachverhalt verdeutlichen die nachfolgenden Beispiele.

Beispiele:[873]

1. A ist im ausländischen Staat X ansässig und dort unbeschränkt steuerpflichtig; im Inland ist A atypisch still an einer OHG beteiligt, die wiederum Einnahmen aus dem Staat X bezieht, die dem dortigen Steuerabzug unterliegen. Die anteilige Abzugssteuer des A bleibt im Inland unberücksichtigt.
2. Wie 1., allerdings besteuert Staat X auf der Grundlage des Territorialitätsprinzips, so daß ausländische Einkünfte unberücksichtigt bleiben. Der auf A entfallende Teil der Abzugssteuer kann gem. § 50 Abs. 6 EStG berücksichtigt werden.

---

m.E. ausgeschlossen, wenn die ausländischen Einkünfte in Deutschland nicht steuerbar sind. Damit wäre die anteilige Steuer des atypisch stillen Gesellschafters auf Einnahmen aus einer ausländischen Betriebstätte des deutschen Geschäftsinhabers gem. § 50 Abs. 6 EStG auf die deutsche Steuer nicht anrechnungs- bzw. abzugsfähig. Vgl. dazu auch Kapitel IV.B.1.b)(3)(b).

871 Vgl. FG Düsseldorf vom 15.12.1992, EFG 1993, S. 447. Im vorliegenden Urteil war eine japanische Bank mit ihren Einkünfte aus einer Zweigniederlassung in Deutschland beschränkt steuerpflichtig; die Anrechnung der Quellensteuern auf Zinserträge der deutschen Zweigniederlassung aus Mexiko und Venezuela hatte das Finanzamt mit dem Hinweis abgelehnt, eine Anrechnung im Inland wäre nach dem Willen des Gesetzgebers ausgeschlossen, wenn die ausländische Steuer bereits im Sitzstaat des beschränkt Steuerpflichtigen zur Anrechnung komme. Dieser Auslegung hat das zuständige Finanzgericht mit der Begründung widersprochen, sie lasse sich weder aus dem Wortlaut noch aus dem Sinn und Zweck der Vorschrift entnehmen. Vielmehr sei es Anliegen des Gesetzgebers, unter den gegebenen Voraussetzungen beschränkt Steuerpflichtige den unbeschränkt Steuerpflichtigen gleichzustellen.

872 Vgl. *Krabbe*, Berücksichtigung ausländischer Steuern 1980, S. 1149; *Söffing/Wrede*, Gesetz zur Änderung des EStG 1980, S. 383. Vgl. auch FG Düsseldorf vom 15.12.1992, EFG 1993, S. 447; FG Rheinland-Pfalz vom 21.3.1988, EFG 1988, S. 574.

873 Vgl. ähnlich, wenngleich nicht auf stille Gesellschaften abstellend, *Krabbe*, in: *Blümich*, EStG 1998, § 50 EStG, Rdnr. 65.

Die **Berücksichtigung von Verlusten** aus der atypisch stillen Beteiligung am inländischen Unternehmen unterliegt beim beschränkt Steuerpflichtigen mit § 15a EStG denselben Restriktionen wie bei rein nationalen Gestaltungen.[874] Wie der unbeschränkt Steuerpflichtige kann der Steuerausländer gem. § 50 Abs. 2 EStG Verluste aus der Beteiligung mit anderen inländischen Einkünften ausgleichen bzw. gem. § 10d EStG vor- oder zurücktragen.

4. Zusammenfassende Beurteilung

Zur Analyse der Steuerwirkungen grenzüberschreitender stiller Gesellschaften ohne Berücksichtigung des Abkommensrechts sind folgende Kernbereiche zu untersuchen:

- Qualifikation ausländischer Rechtsgebilde;
- Qualifikation der im Rahmen der Beteiligung erzielten Einkunftsart, zuzüglich der Ermittlung der Höhe der Einkünfte;
- Ableiten der konkreten Besteuerungsfolgen.

Dabei ist in den genannten Bereichen jeweils zwischen der Beteiligung eines Steuerinländers an einem ausländischen Unternehmen und der Beteiligung eines Steuerausländers an einem inländischen Unternehmen zu unterscheiden, letztlich also die „transnationale Beteiligungsrichtung" in die Betrachtung einzubeziehen.

Beteiligt sich ein **unbeschränkt Steuerpflichtiger** still an einem ausländischen Unternehmen, ist zur Entscheidung über die steuerliche Behandlung des Sachverhalts die **Qualifikation des ausländischen Rechtsgebildes** auf zwei Ebenen zu klären: Die Qualifikation der ausländischen Gesellschaft, an der die Beteiligung besteht, sowie die Qualifikation der stillen Gesellschaft selbst. Entgegen dem in der Literatur heftig kritisierten Urteil des BFH vom 23.6.1992[875], in dem der IX. Senat seiner Entscheidung über die Beurteilung der Steuersubjekteigenschaft eines ausländischen Unternehmens zunächst eine Prüfung der zivilrechtlichen Rechtsfähigkeit i. S. d. Internationalen Privatrechts voranstellt, wird im Einklang mit der h. M. die Auffassung vertreten, daß die Einordnung des ausländischen rechtlichen Gebildes in das nationale Rechtsformensystem für Zwecke der inländischen Besteuerung ausschließlich anhand des im sog. Venezuela-Urteil des RFH vom 12.2.1930[876] angesprochenen Rechtstypenvergleichs vorzunehmen ist. Gleiches gilt für die Beurteilung einer im Ausland begründeten Beteiligung, die bei Vorliegen der nationalen Strukturmerkmale aus deutscher Sicht eine Wertung als stille Beteiligung erfahren kann; die Übertragbarkeit des oben angesprochenen BFH-Urteils zur Anwendung der Grundsätze des Internationalen Privatrechts auf die ausländische stille Gesellschaft braucht mangels statuarischem Sitz der Innengesellschaft nicht geprüft zu werden. Die **Qualifikation**

---

874 Vgl. dazu Kapitel II.B.4.a)(3)(b).

875 Vgl. BStBl. II 1992, S. 972.

876 Vgl. RFHE 27, S. 73.

der Einkunftsart und der Höhe der ausländischen Einkünfte bestimmt sich allein nach deutschem Recht.

Für **Steuerausländer** gewinnt der Rechtstypenvergleich im Zuge der **Qualifikation ausländischer Rechtsgebilde** für die Frage an Bedeutung, ob eine beschränkte Einkommen- oder beschränkte Körperschaftsteuerpflicht vorliegt. Die **Einordnung der Einkünfte** des Steuerausländers in den Katalog der inländischen Einkünfte gem. § 49 Abs. 1 EStG berücksichtigt allein die Grundsätze des deutschen Steuerrechts und führt je nach Ausgestaltung entweder zu Einkünften aus typisch stillen Gesellschaften i.S.v. § 49 Abs. 1 Nr. 5 EStG oder zu Einkünften aus atypisch stillen Gesellschaften i.S.v. § 49 Abs. 1 Nr. 2 Lit. a) EStG, wobei als Anknüpfungspunkt für die deutsche Besteuerung im ersten Fall ein Inlandsbezug durch den Wohnsitz, die Geschäftsleitung oder den Sitz des Geschäftsinhabers im Inland und im zweiten Fall durch das im Inland belegene Unternehmen des Geschäftsinhabers, das dem atypisch stillen ausländischen Gesellschafter eine inländische Betriebstätte vermittelt, hergestellt wird. Aufgrund der in § 49 Abs. 2 EStG kodifizierten isolierenden Betrachtungsweise bleiben im Ausland verwirklichte Tatbestände für die Einordnung der Einkünfte in den Katalog des Abs. 1 der Vorschrift unberücksichtigt.

Im Zuge der **Qualifikation der Einkunftsart** der aus der **atypisch stillen Beteiligung** bezogenen Einkünfte des beschränkt Steuerpflichtigen stellt sich auch die Frage nach der Bedeutung der Abfärbe- sowie der Gepräge-Theorie für transnationale Sachverhalte. Für die Übertragung der Abfärbe-Theorie auf stille Gesellschaften unter Beteiligung beschränkt steuerpflichtiger atypisch stiller Gesellschafter ist zu unterscheiden, ob die gewerblichen Einkünfte im Inland oder ausschließlich im Ausland – beispielsweise in einer ausländischen Betriebstätte des inländischen Geschäftsinhabers – erwirtschaftet werden. Im Ergebnis vermitteln auch lediglich geringfügige inländische gewerbliche Tätigkeiten des Geschäftsinhabers dem Steuerausländer wie im rein nationalen Fall infolge der Anwendung der Abfärbe-Theorie ausschließlich gewerbliche Einkünfte. Wird dagegen der gewerbliche Teil der Einkünfte ausschließlich in einer ausländischen Betriebstätte des inländischen Geschäftsinhabers erwirtschaftet, so fehlt es für den beschränkt Steuerpflichtigen für diesen Teil der Einkünfte an einem Inlandsbezug i.S.v. § 49 Abs. 1 Nr. 2 Lit. a) EStG. Eine Infektion der nichtgewerblichen inländischen Einkünfte durch die im Inland nicht steuerbaren ausländischen gewerblichen Einkünfte ist unter Anwendung der isolierenden Betrachtungsweise, die im Ausland verwirklichte Sachverhalte ausser acht läßt, nicht möglich.

Eine atypisch stille Beteiligung eines Steuerausländers an einer inländischen GmbH führt wie im rein nationalen Kontext auf der Grundlage einer analogen Anwendung der Gepräge-Theorie in § 15 Abs. 3 Nr. 2 EStG stets zu Einkünften aus Gewerbebetrieb.

Die **Besteuerungsfolgen** positiver Einkünfte aus einer **typisch stillen Beteiligung** eines **Steuerinländers** an einem ausländischen Unternehmen werden von dem im Steuerrecht der Bundesrepublik Deutschland geltenden Mondialprinzip bestimmt, auf dessen Grundlage die ausländischen Einkünfte, soweit die nationalen Subsidiaritätsregeln nicht berührt werden, den Einkünften aus Kapitalvermögen zuzurechnen sind. Für negative Einkünfte existieren mit § 15a EStG und § 2a EStG gleich zwei nationale Normen, die ein Verlustausgleichsverbot regeln. Eine Analyse der Voraussetzungen

zungen und Rechtsfolgen beider Normen ergibt, daß die Vorschriften in keinem Konkurrenzverhältnis stehen, da § 15a EStG zugleich die Rechtsnorm mit den engeren Voraussetzungen und den weitreichenderen Rechtsfolgen darstellt und damit im Verhältnis zu § 2a EStG bei Vorliegen der entsprechenden Voraussetzungen als speziellere Vorschrift Vorrang genießt. Damit können Verluste aus typisch stillen Gesellschaften gem. § 2a Abs. 1 Nr. 5 EStG lediglich mit Gewinnen aus anderen typisch stillen Gesellschaften oder partiarischen Darlehen aus demselben Staat ausgeglichen werden; soweit allerdings durch die Verlustzuweisung ein negatives Einlagekonto entsteht oder sich erhöht, stehen über die Verweisung in § 20 Abs. 1 Nr. 4 EStG auf § 15a EStG lediglich zukünftige Gewinne aus derselben Beteiligung zur Verrechnung mit den Verlusten zur Verfügung. Zu beachten ist dabei der von der jeweiligen Vorschrift angesprochene Umfang der nicht verrechenbaren Beträge, der im Fall des § 15a EStG auf die Verlustzuweisung beschränkt, in § 2a Abs. 1 Nr. 5 EStG darüber hinaus auf die Werbungskosten, die im Zusammenhang mit der stillen Beteiligung angefallen sind, ausgedehnt ist.

Bezieht ein Steuerinländer aus einer **atypisch stillen Beteiligung** an einem ausländischen Unternehmen positive Einkünfte, unterliegen diese nach dem Mondialprinzip der Besteuerung gem. § 15 Abs. 1 Nr. 2 EStG. Aus deutscher Sicht entspricht die Vorgehensweise bei der Gewinnermittlung dem additiven Schema im Fall einer rein nationalen Gestaltung, deren Basis allerdings mangels inländischer handelsrechtlicher Buchführungspflicht der ausländischen Gesellschaft stets § 4 Abs. 1 EStG darstellt. Wird dem atypisch stillen Gesellschafter ein Verlust zugewiesen, gelten die Ausführungen über die Anwendung der §§ 2a, 15a EStG für den Fall einer typisch stillen Beteiligung eines Steuerinländers an einem ausländischen Unternehmen entsprechend, allerdings mit der Besonderheit, daß bei mitunternehmerischem Engagement mittels stiller Gesellschaften im Ausland, anders als bei typisch stillen Beteiligungen, bei Erfüllen der Aktivitätsklausel in § 2a Abs. 2 EStG unschädliche aktive Einkünfte bezogen werden können. Im Ergebnis können Verlustzuweisungen eines aktiv tätigen ausländischen Geschäftsinhabers an einen inländischen atypisch stillen Gesellschafter horizontal und vertikal unbeschränkt ausgeglichen werden, soweit kein negatives Einlagekonto des Stillen entsteht bzw. sich erhöht. Unabhängig von der Art der Tätigkeit des ausländischen Geschäftsinhabers können hingegen bei negativem Einlagekonto Verluste nur mit zukünftigen Gewinnen aus derselben Beteiligung verrechnet werden. Ist der Geschäftsinhaber passiv tätig und entsteht kein negatives Einlagekonto, verbleibt für den atypisch stillen Gesellschafter die Verrechnung mit positiven Einkünften aus anderen Betriebstätten im selben Staat.

In § 34c EStG sind mit der Anrechnung, dem Abzug, der Pauschalierung und dem Erlaß vier Maßnahmen vorgesehen, die einer **Doppelbesteuerung** ausländischer Einkünfte von Steuerinländern **unilateral entgegenwirken**. Für die Einordnung der ausländischen Einkünfte aus stillen Beteiligungen in den Katalog des § 34d EStG zwecks Vermeidung bzw. Minderung der Doppelbesteuerung bleiben im Inland verwirklichte Besteuerungsmerkmale außer acht, während für im Ausland verwirklichte Besteuerungskriterien die Subsidiaritätsregeln zu beachten sind. So führt eine atypisch stille Beteiligung an einem ausländischen Unternehmen stets zu Einkünften i.S.v. § 34d Nr. 2 Lit. a) EStG, während Einkünfte aus einer typisch stillen Beteiligung unter i.S.v. § 34d Nr. 6 EStG zu subsumieren sind, es sei denn, die typisch stille Beteiligung gehört zum Betriebsvermögen einer ausländischen Betriebstätte und löst damit Einkünfte i. S. v. § 34d Nr. 2 Lit. a) EStG aus.

Liegen die Voraussetzungen gem. § 34c Abs. 1 EStG für die **Anrechnung** der ausländischen Steuer auf die Einkünfte aus der stillen Beteiligung vor, erfolgt diese maximal in Höhe der sich aus der Höchstbetragsrechnung ergebenden anteiligen deutschen Steuer, so daß im Ergebnis der ausländische Steuersatz auf das inländische Steuerniveau hochgeschraubt wird und ausländische Steuerermäßigungen auf die gesamte Steuerbelastung des Steuerinländers nicht durchschlagen. Der Steuerinländer kann jedoch gem. § 34c Abs. 2 EStG auch den **Abzug** der ausländischen Steuer bei der Ermittlung der Einkünfte beantragen; zu empfehlen ist dies insbesondere, wenn der stille Gesellschafter im Inland über keine positiven Einkünfte verfügt oder infolge der Begrenzung der Anrechnung auf den Höchstbetrag betragsmäßig hohe Anrechnungsüberhänge entstehen. Darüber hinaus ist ein Abzug bei der Ermittlung der Einkünfte auch dann vorteilhaft, wenn die Einkünfte aus der stillen Beteiligung aufgrund divergierender Gewinnermittlungsvorschriften in den beteiligten Ländern im Inland negativ, im Ausland hingegen positiv sind und der Stille im Sitzstaat des Geschäftsinhabers über keine weiteren positiven Einkünfte verfügt.

Weniger bedeutsame Methoden zur Vermeidung bzw. Minderung der Doppelbesteuerung im Zusammenhang mit transnationalen stillen Gesellschaften sind der Abzug gem. § 34c Abs. 3 EStG sowie der Erlaß und die Pauschalierung gem. § 34c Abs. 5 EStG.

Ein **Steuerausländer** ist mit seinen Einkünften aus einer **typisch stillen Beteiligung** an einem inländischen Unternehmen beschränkt einkommen- oder körperschaftsteuerpflichtig und unterliegt somit dem Quellensteuerabzug, der abgeltende Wirkung entfaltet, soweit die typisch stille Beteiligung nicht zu einem inländischen Betriebsvermögen gehört und somit eine Veranlagung erfolgt. Die steuerliche Behandlung des beschränkt steuerpflichtigen typisch stillen Gesellschafters steht unter dem **Einfluß des § 8a KStG**, der unter bestimmten Voraussetzungen die Umqualifizierung von Vergütungen aus der Hingabe von Fremdkapital durch nichtanrechnungsberechtigte Anteilseigner oder diesen nahestehende Personen in vGA anordnet. Der typisch stille Gesellschafter kann dabei entweder die Position des Anteilseigners oder die der nahestehenden Person einnehmen. Anteilseigner kann nach der hier vertretenen Ansicht nur derjenige sein, der gesellschaftsrechtlich Anteile an einem Unternehmen hält; § 8a Abs. 3 KStG dient lediglich dazu, den Begriff der „wesentlichen Beteiligung" zu definieren, indem das Zusammenrechnen von mittelbarer und unmittelbarer Beteiligung angeordnet wird. Die Rechtsnorm definiert daher entgegen zahlreicher Stimmen in der Literatur nicht den Begriff des „Anteilseigners" für Zwecke der Anwendung des § 8a KStG neu. Dies hat zur Folge, daß ein typisch stiller Gesellschafter, der neben seiner stillen Beteiligung nur mittelbar an der inländischen Kapitalgesellschaft beteiligt ist, bei Vorliegen der Voraussetzungen des § 8a KStG lediglich als nahestehende Person dem eigentlichen Anteilseigner eine vGA i. S. v. § 8a KStG vermitteln kann. Dieser unterliegt – soweit es sich um einen nichtanrechnungsberechtigten Anteilseigner handelt – mit dem als vGA qualifizierten Teil der Vergütungen im Inland der beschränkten Steuerpflicht gem. § 2 Nr. 1 KStG bzw. § 1 Abs. 4 EStG i. V. m. § 49 Abs. 1 Nr. 5 Lit. a) EStG.

Werden weitere Gesellschaften zwischengeschaltet und bleibt die Position des stillen Gesellschafters als nahestehende Person des Anteilseigners erhalten, reduziert sich der Sachverhalt für Zwecke des § 8a KStG dennoch auf ein Beziehungsdreieck zwischen dem still Beteiligten, dem Geschäftsinhaber und dem Anteilseigner. Anders als im Fall der üblichen vGA in Form von Vorteilszuwendungen über mehrere Beteiligungsstufen hinweg kommt es nach der hier vertretenen Ansicht bei einer vGA i. S. v. § 8a KStG nicht zu einer Durchschüttung auf jeder Stufe der Beteiligungskette. § 8a KStG ordnet lediglich die Fiktion einer vGA unter bestimmten Voraussetzungen an; diese sind allerdings bei einer stillen Beteiligung über mehrere Beteiligungsstufen hinweg nicht auf allen Stufen gegeben, so daß, soweit eine übliche Verzinsung der stillen Beteiligung vereinbart wurde und daher auch eine vGA gem. § 8 Abs. 3 KStG nicht angenommen werden kann, hier eine Durchschüttung mangels Rechtsgrundlage abgelehnt wird.

Ist hingegen der eigentliche Anteilseigner im Inland ansässig, werden Einkünfte aus der stillen Beteiligung einer ihm nahestehenden nichtanrechnungsberechtigten Person an der inländischen Kapitalgesellschaft wegen der engen Auslegung des Anteilseignerbegriffs in § 8a KStG von dieser Vorschrift nicht erfaßt. Die teilweise in der Literatur und von der Finanzverwaltung befürwortete und von d. Verf. abgelehnte Subsumtion des mittelbar Beteiligten unter den Anteilseignerbegriff macht hingegen die direkte Zurechnung einer vGA i. S. v. § 8a KStG zur nahestehenden Person möglich. Dieses Ergebnis wird nur durch die m. E. vom Gesetzestext nicht gedeckte Abkoppelung des Anteilseignerbegriffs i. S. d. § 8a KStG von dem des Einkommensteuergesetzes erreicht. Die bestehenden Unsicherheiten bei der Anwendung des § 8a KStG können m. E. lediglich durch eine Überarbeitung des Textes in Hinblick auf die vom Gesetzgeber zugrunde gelegte Intention gelöst werden.

Unstreitig ist hingegen, daß Verbindungen zwischen Schwestergesellschaften keine Anteilseignerposition vermitteln und folglich bei Vorliegen der Voraussetzungen des § 8a KStG die stille Beteiligung einer nichtanrechnungsberechtigten ausländischen Gesellschaft an ihrer inländischen Schwestergesellschaft auf den gemeinsamen Gesellschafter zurückzuführen ist und damit die Einkünfte aus der Beteiligung eine vGA der inländischen Gesellschaft an die ausländische Muttergesellschaft auslösen. Nicht sanktioniert werden weiterhin Gestaltungen, in denen die Muttergesellschaft im Inland ansässig ist und die Finanzierung einer inländischen Tochtergesellschaft über eine stille Beteiligung einer ausländischen Schwestergesellschaft erreicht wird.

Das dem beschränkt steuerpflichtigen **atypisch stillen Gesellschafter** als Betriebstätte zuzurechnende Handelsgewerbe des inländischen Geschäftsinhabers stellt den für das Vorliegen inländischer Einkünfte gem. § 49 Abs. 1 Nr. 2 Lit. a) EStG notwendigen Inlandsbezug her. Die Ermittlung der Einkünfte erfolgt im Veranlagungsweg analog zum rein nationalen Fall. Die Beseitigung der Doppelbesteuerung der im Inland verwurzelten Einkünfte ist – mit Ausnahme der Sonderregelung in § 50 Abs. 6 EStG, der unter bestimmten Voraussetzungen die entsprechende Anwendung der Anrechnung ausländischer Steuern gem. § 34c Abs. 1 EStG auf die inländische Steuerschuld bzw. den Abzug ausländischer Steuern gem. § 34c Abs. 2 und 3 EStG bei der Ermittlung der Einkünfte zuläßt – Sache des Wohnsitzstaats des stillen Gesellschafters.

C. Steuerliche Behandlung unter Berücksichtigung des OECD-MA

1. Rechtsgrundlagen und Geltungsbereich

a) Rechtliche Einordnung der DBA

DBA sind völkerrechtliche Verträge, die formell nach dem Wiener Übereinkommen über das Recht der Verträge (WÜRV) vom 23.5.1969[877] zu beurteilen sind und deren Abschluß ein mehrphasiges Verfahren vorausgeht.[878] Am Ende der Vertragsverhandlungen zwischen den beteiligten Staaten steht die Paraphierung des Abkommenstextes sowie der Protokolle und des Briefwechsels. Innerstaatliche Geltung entfalten völkerrechtliche Verträge in Deutschland auf der Grundlage von Art. 59 Abs. 2 GG durch ein Zustimmungsgesetz, das nach Verabschiedung im Bundestag und Zustimmung durch den Bundesrat vom Bundespräsidenten ausgefertigt, ratifiziert und im Bundesgesetzblatt veröffentlicht wird.[879] Ergebnis ist „ein eigenständiges Regelsystem, welches für den Bereich, in dem Überschneidungen zu erwarten sind, die – theoretisch möglichen – Steuertatbestände durch Zurücknahme des innerstaatlichen materiellen Steuerrechts unter den Vertragsstaaten aufteilt."[880] Multilaterale Regelungssysteme, beispielsweise in Form eines multilateralen DBA, spielen in der Praxis des Internationalen Steuerrechts bislang nur eine untergeordnete Rolle[881], während dagegen die bilateralen Abkommen im Vordergrund stehen und zwischen den Staaten ein dicht gewebtes, aber bei weitem nicht lückenloses Netz spannen.[882] Die Abkommen basieren weitgehend auf dem Musterabkommen „Einkommen und Vermögen"[883] der Organization for Economic Cooperation and Development

---

877 Vgl. BGBl. II 1985, S. 926.

878 Vgl. dazu ausführlich *Seidl-Hohenveldern*, Völkerrecht 1997, Rz. 252 ff.

879 Vgl. statt vieler *Kluge*, Deutsches Internationales Steuerrecht 1992, S. 210 f.

880 *Vogel*, in: *Vogel*, DBA 1996, Einl., Rdnr. 45c.

881 Derzeit besteht lediglich ein Abkommen zwischen Dänemark, Norwegen, Schweden, Finnland und Island. Obsolet sind weitere Verträge, so zwischen den 14 Staaten der – inzwischen aufgelösten – „Organisation Commune Africaine et Magache" (OCAM) und im Rahmen des – inzwischen auseinandergefallenen – Rates für gegenseitige Wirtschaftshilfe „Comecon"; vgl. *Vogel*, in: *Vogel*, DBA 1996, Einl., Rdnr. 22.

882 Zum Stand der deutschen DBA zum 1.1.1999 vgl. BStBl. I 1999, S. 122.

883 Darüber hinaus besteht auch ein OECD-MA „Nachlässe, Erbschaften und Schenkungen".

(OECD), das erstmals 1963 als Empfehlung an die Mitgliedstaaten erstellt und in den Jahren 1977 und 1992 überarbeitet wurde.[884, 885]

Ihr Charakter als lex specialis erlaubt den DBA eine Beschränkung der Besteuerungsansprüche aus dem innerstaatlichen Recht der beteiligten Staaten,[886] indem ein gegenseitiger Steuerverzicht verankert wird, der – wie im OECD-Musterabkommen (OECD-MA) – einerseits die Besteuerung im Herkunftsland der Einkünfte („Quellenstaat")[887] beschränkt und andererseits im Ansässigkeitsstaat des Steuerbürgers („Wohnsitzstaat")[888] die Anwendung einer Methode zur Vermeidung der Doppelbesteuerung anordnet.[889] Der Regelungskreis eines DBA setzt der innerstaatlichen Steuerberechtigung Schranken,[890] regelt allerdings nicht das „ob" und „wie" der Besteuerung; dies ist weiterhin Aufgabe des jeweiligen Staates.[891]

Die Verbindlichkeit völkerrechtlicher Verträge bedingt allerdings nicht, daß alle im DBA konstituierten Vorschriften ohne Konkretisierung durch einen Ausführungsakt des Gesetzgebers unmittelbar Anwendung finden (sog. self-executing-Charakter); vielmehr können auch Vorschriften gegeben sein, die Ermächtigungsnormen darstellen und einer Umsetzung in nationales Recht bedürfen.[892] Innerstaatliche Rechtsnormqualität im Rang von Bundesgesetzen entfalten die DBA durch ein Zustimmungsgesetz gem. Art. 59 Abs. 1 Satz 1 GG.[893]

---

884 Daneben bestehen andere DBA-Musterabkommen wie beispielsweise das Modell der sog. Anden-Gruppe, einem Zusammenschluß der Staaten Bolivien, Chile, Ecuador, Kolumbien, Peru und Venezuela, das UNO-Modell, welches in erster Linie auf Vertragsverhandlungen zwischen Industrie- und Entwicklungsländern ausgerichtet ist, sowie das Modell der Vereinigten Staaten; vgl. *Vogel*, in: *Vogel*, DBA 1996, Einl., Rdnr. 2 f., m.w.N.

885 Gegenstand der nachfolgenden Ausführungen ist – soweit nichts anders gesagt wird – das OECD-MA 1992.

886 Aufgehoben wird diese Derogationswirkung der DBA in bezug auf die innerstaatlichen Vorschriften durch das sog. treaty overriding, also eine Gesetzgebungspraxis, die durch innerstaatliche Steuergesetze zwischenstaatliche Verträge abändert, einschränkt oder aufhebt; vgl. speziell zur US-Gesetzgebung *Schwarz/Fischer-Zernin*, Treaty Overriding 1992, S. 49. Vgl. ausführlich *Mössner*, Treaty Overriding 1993, S. 113 ff.

887 Bei der Besteuerung von Vermögen tritt an diese Stelle der Staat, in dem das Vermögen belegen ist („Belegenheitsstaat").

888 Handelt es sich bei dem Steuersubjekt um eine juristische Person, so tritt an diese Stelle der Staat, in dem die juristische Person ansässig ist („Ansässigkeitsstaat").

889 Vgl. *Gloria*, Steuerliches Verständigungsverfahren 1988, S. 59 f.; *Saß*, Grundzüge 1997, S. 69.

890 In der Literatur wird häufig der Begriff „Schrankenrecht" verwendet; vgl. hierzu kritisch *Wassermeyer*, in: *Debatin/Wassermeyer*, DBA 1998, Art. 1 OECD-MA, Rdnr. 9.

891 Vgl. *Kluge*, Deutsches Internationales Steuerrecht 1992, S. 212.

892 Vgl. *Gloria*, Steuerliches Verständigungsverfahren 1988, S. 45 f.; *Schaumburg*, Internationales Steuerrecht 1998, S. 769 f.

893 Vgl. *Lang*, in: *Tipke/Lang*, Steuerrecht 1998, § 5, Rdnr. 14.

Ob eine self-executing-Wirkung vorliegt oder nicht, entscheidet sich nach dem Wortlaut und dem Sinngehalt der Abkommensvorschrift: Formulierungen wie „dürfen" oder „können" sprechen für eine Ermächtigungsnorm, während Formulierungen wie „sind" auf einen self-executing-Charakter hinweisen.[894]

b) Persönlicher Geltungsbereich

Der persönliche Geltungsbereich des OECD-MA umschreibt den Kreis derjenigen, die im Schutz des Abkommens stehen und damit durch die Existenz des Abkommens unmittelbar als Träger von Rechten und Pflichten in Betracht kommen.[895] Er bestimmt sich direkt aus Art. 1 OECD-MA: „Dieses Abkommen gilt für Personen, die in einem Vertragsstaat bzw. in beiden Vertragsstaaten ansässig sind." Damit sind die Anknüpfungskriterien für die Abkommensberechtigung das Vorliegen einer Person und das Merkmal der Ansässigkeit.

Aus Art. 1 Abs. 1 Lit. a) OECD-MA ergibt sich, daß unter dem Begriff „**Person**" natürliche Personen, Gesellschaften und alle anderen Personenvereinigungen zu verstehen sind, wobei nach Lit. b) der Vorschrift „Gesellschaften" ausschließlich juristische Personen oder für die Besteuerung diesen vergleichbare Rechtsträger darstellen; somit leitet sich die Schutzberechtigung nicht aus der zivilrechtlichen Rechtsfähigkeit, sondern aus der steuerlichen Subjekteigenschaft, also der eigenständigen Steuerpflicht ab.[896] Nichtrechtsfähige Personengesellschaften werden vom OECD-MA durch den Begriff „andere Personenvereinigungen" erfaßt;[897] allerdings wird der Begriff nicht näher definiert.

Das Kriterium der **Ansässigkeit**, die gem. Art. 4 OECD-MA aus dem Wohnsitz, dem ständigen Aufenthalt bzw. dem Ort der Geschäftsleitung abgeleitet wird, spiegelt sich im nationalen Recht in der unbeschränkten Steuerpflicht wider, so daß i. d. R. die unbeschränkte Steuerpflicht in einem Vertragsstaat die abkommensrechtliche Ansässigkeit im betreffenden Staat begründet.[898]

---

894 Vgl. *Schaumburg*, Internationales Steuerrecht 1998, S. 770.

895 Vgl. *Kluge*, Deutsches Internationales Steuerrecht 1992, S. 244; *Schaumburg*, Internationales Steuerrecht 1998, S. 847.

896 Vgl. *Debatin*, in: *Debatin/Wassermeyer*, DBA 1998, Systematik III, Rdnr. 17.

897 Vgl. *Vogel*, in: *Vogel*, DBA 1996, Art. 3 OECD-MA, Rdnr. 17; *Wassermeyer*, in: *Debatin/Wassermeyer*, DBA 1998, Art. 3 OECD-MA, Rdnr. 14; *Wilke*, in: *Becker/Höppner/Grotherr/Kroppen*, DBA 1998, Art. 3 OECD-MA, Rdnr. 8.

898 Vgl. *Debatin*, in: *Debatin/Wassermeyer*, DBA 1998, Systematik III, Rdnr. 22. Besondere abkommensrechtliche Bestimmungen gelten allerdings, wenn der Steuerpflichtige in beiden Staaten unbeschränkt steuerpflichtig ist, da die abkommensrechtliche Ansässigkeit nur in einem Vertragsstaat vorliegen kann. Das OECD-MA stellt bei natürlichen Personen gem. Art. 4 Abs. 2 OECD-MA auf die Stufenrangfolge der Lit. a) bis d) bzw. bei juristischen Personen auf den Ort der tatsächlichen Geschäftsleitung ab. Vgl. zum Problem der doppelten Ansässigkeit ausführlich *Raupach*, Doppelansässigkeit 1996, S. 28 ff.; *Saß*, Grundzüge 1997, S. 71 f.

c) Sachlicher Geltungsbereich

Der sachliche Geltungsbereich wird durch Art. 2 OECD-MA abgegrenzt, der die Anwendung des Abkommens auf Steuern vom Einkommen und Vermögen anordnet, unabhängig von der Art der Erhebung; unbeachtlich ist ebenfalls, ob die Steuer dem Vertragsstaat selbst oder einer Gebietskörperschaft zusteht.[899] Da das OECD-MA keine eigene Definition des Begriffs „Steuer" enthält, ist die innerstaatliche Begriffswelt ins Abkommensrecht zu übernehmen.[900]

2. Grundsätzliche Funktionsweise der Vermeidung bzw. Minderung der Doppelbesteuerung

a) Zusammenspiel von Verteilungs- und Vermeidungsnormen

Die Vermeidung der Doppelbesteuerung als Hauptaufgabe der DBA vollzieht sich standardmäßig in einem Zweistufensystem:[901] Die Doppelbesteuerung bestimmter Einkünfte wird in einem ersten Schritt im Rahmen der Verteilungsnormen der Art. 6 bis 22 OECD-MA entweder durch den Quellen- bzw. Belegenheitsstaat (kurz: Quellenstaat) oder den Wohnsitz- bzw. Ansässigkeitsstaat (kurz: Wohnsitzstaat) vermieden; der Doppelbesteuerung anderer Einkünfte wird erst in einem zweiten Schritt durch Anwendung der Vermeidungsnormen in Art. 23A und 23B OECD-MA[902] begegnet.[903]

Die **Verteilungsnormen** der Art. 6 bis 22 OECD-MA wirken gegen den Quellenstaat und den Wohnsitzstaat gleichermaßen, indem sie eine Steuerfreistellung im Quellenstaat (wie beispielsweise für Lizenzgebühren gem. Art. 12 OECD-MA) bzw. im Wohnsitzstaat (wie beispielsweise für Unternehmensgewinne aus Betriebstätten im Quellenstaat gem. Art. 7 OECD-MA) proklamieren oder ausschließlich gegen den

---

899 Damit ist die Kirchensteuer, da sie weder vom Staat selbst noch von einer Gebietskörperschaft erhoben wird, keine Steuerart i.S.d. OECD-MA. Eine Doppelbesteuerung wird jedoch durch ihre Charakteristik als Annexsteuer vermieden; vgl. *Schaumburg*, Internationales Steuerrecht 1998, S. 859.

900 Vgl. *Rupp*, Auslandsbesteuerung 1994, S. 33. Zum Steuerbegriff nach nationalem Verständnis vgl. ausführlich *Lang*, in: *Tipke/Lang*, Steuerrecht 1998, § 3, Rdnr. 9 ff.

901 Vgl. *Schaumburg*, Internationales Steuerrecht 1998, S. 1033.

902 Gemeinsam bilden diese beiden Artikel den sog. Methodenartikel, der in den von der Bundesrepublik Deutschland abgeschlossenen DBA zumeist in einem einzigen Artikel abgefaßt ist; vgl. *Wassermeyer*, in: *Debatin/Wassermeyer*, DBA 1998, Art. 23A OECD-MA, Rdnr. 1.

903 Die Vermeidung der Doppelbesteuerung erfolgt damit primär nach den Verteilungsnormen und sekundär nach den Vermeidungsnormen; vgl. *Grotherr*, in: *Becker/Höppner/Grotherr/Kroppen*, DBA 1998, Art. 23A/23B OECD-MA, Rdnr. 9.

Quellenstaat, indem sie die Höhe der Steuer durch Begrenzung des Quellensteuerabzugs (wie bei Zinsen gem. Art. 11 Abs. 2 OECD-MA oder Dividenden gem. Art. 10 Abs. 2 OECD-MA) beeinflussen. Aus den Verteilungsnormen ergibt sich also, ob bestimmte Einkünfte im Quellenstaat voll oder eingeschränkt besteuert werden dürfen oder von der Besteuerung freizustellen sind.[904]

Dagegen richten sich die **Vermeidungsnormen** der Art. 23A und 23B OECD-MA ausschließlich an den Wohnsitzstaat, der durch Steuerermäßigungen eine Doppelbesteuerung der Einkünfte ausgleicht, indem er eine der beiden Entlastungsmethoden – Freistellungsmethode oder Anrechnungsmethode – anwendet.[905] Art. 23A OECD-MA bietet die Freistellung der Einkünfte von der Besteuerung als Regelmethode an, postuliert allerdings in Abs. 2 für Zinsen und Dividenden die Anrechnungsmethode als Ausnahme. Alternativ dazu sieht Art. 23B OECD-MA die Anrechnung ausländischer Steuern als Regelmethode zur Vermeidung der Doppelbesteuerung vor.[906]

Konstituieren bereits die Verteilungsnormen der Art. 6 bis 22 OECD-MA ein ausschließliches Besteuerungsrecht im Quellen- bzw. Wohnsitzstaat, entfalten diese im Verhältnis zum Methodenartikel des OECD-MA lex-specialis-Charakter,[907] so daß als sachlicher Geltungsbereich der Normen des Art. 23A und 23B OECD-MA diejenigen Sachverhalte verbleiben, in denen die Art. 6 bis 22 OECD-MA sowohl dem Quellenstaat als auch dem Wohnsitzstaat das Besteuerungsrecht eröffnen.[908]

Die Entlastungsmethoden des OECD-MA stehen gleichwertig nebeneinander, dennoch können bedeutsame Unterschiede ausgemacht werden, die – je nach Einzelfall – für eine steuermindernde Unternehmensplanung auch im Bereich stiller Gesellschaften genutzt werden können:[909]

1. Während die Freistellungsmethode – ist sie vom Wohnsitzstaat anzuwenden – das **ausländische Steuerniveau ins Inland importiert**, wird mit Einsatz der

---

904 Vgl. *Grotherr*, in: *Becker/Höppner/Grotherr/Kroppen*, DBA 1998, Art. 23A/23B OECD-MA, Rdnr. 81.

905 Die im OECD-MA vorgesehenen Maßnahmen zur Vermeidung der Doppelbesteuerung betreffen ausschließlich die internationale juristische Doppelbesteuerung, also die gleichzeitige Besteuerung desselben Steuerguts bei demselben Steuersubjekt; vgl. dazu Kapitel IV.A.3. Die wirtschaftliche Doppelbesteuerung wird von den Vermeidungsnormen der Art. 23A und 23B OECD-MA nicht berührt; vgl. *Grotherr*, in: *Becker/Höppner/Grotherr/Kroppen*, DBA 1998, Art. 23A/23B OECD-MA, Rdnr. 6.

906 Die deutschen Abkommen folgen dabei am ehesten dem Art. 23A OECD-MA (vgl. *Grotherr*, in: *Becker/Höppner/Grotherr/Kroppen*, DBA 1998, Art. 23A/23B OECD-MA, Rdnr. 5), so daß die darin vorgesehenen Maßnahmen des Wohnsitzstaates zur Vermeidung der Doppelbesteuerung im Mittelpunkt der nachfolgenden Analyse stehen.

907 Vgl. *Wassermeyer*, in: *Debatin/Wassermeyer*, DBA 1998, Art. 23A OECD-MA, Rdnr. 4.

908 Vgl. *Grotherr*, in: *Becker/Höppner/Grotherr/Kroppen*, DBA 1998, Art. 23A/23B OECD-MA, Rdnr. 19.

909 Vgl. mit einem Überblick *Grotherr*, in: *Becker/Höppner/Grotherr/Kroppen*, DBA 1998, Art. 23A/23B OECD-MA, Rdnr. 38 ff.

Anrechnungsmethode das ausländische Steuerniveau – für den Fall, daß die Steuerbelastung im Ausland geringer ist als im Inland – **auf den inländischen Steuersatz hochgeschleust**; ist das ausländische Steuerniveau höher als das inländische, bleibt es bei der Steuerbelastung durch den Quellenstaat.[910]

2. Divergenzen zeigen sich auch bei der **Behandlung von Verlusten**, wobei diese bei Einsatz der Anrechnungsmethode stets einkommensmindernde Wirkung entfalten und bei Anwendung der Freistellungsmethode lediglich über einen negativen Progressionsvorbehalt berücksichtigt werden können.[911]

3. Das in § 3c EStG proklamierte **Abzugsverbot für Betriebsausgaben bzw. Werbungskosten**, die im unmittelbaren Zusammenhang mit steuerfreien Einnahmen stehen, gilt ausschließlich für freigestellte Einkünfte; ebengleiche Ausgaben im Zusammenhang mit Einkünften, deren Doppelbesteuerung mit Hilfe der Anrechnungsmethode vermieden wird, sind hingegen unbeschränkt abzugsfähig.[912]

4. Die antragsgebundene **Abzugsmethode gem. § 34c Abs. 2 EStG** – beispielsweise mangels inländischer Einkünfte – ist ausschließlich als Alternative zur

---

[910] Vgl. *Vogel*, in: *Vogel*, DBA 1996, Art. 23 OECD-MA, Rdnr. 39a. Vgl. zur Anrechnungsmethode nach innerstaatlichem Recht Kapitel IV.B.2.c)(3)(a). Zu den Einzelheiten abkommensrechtlicher Methoden zur Vermeidung der Doppelbesteuerung vgl. ausführlich Kapitel IV.C.2.b) und Kapitel IV.C.2.c).

[911] Vgl. zur Verlustbehandlung im Zusammenhang mit Einkünften aus typisch stillen Gesellschaften ausführlich Kapitel IV.C.6.a)(1) sowie aus atypisch stillen Gesellschaften ausführlich Kapitel IV.C.6.b)(1).

[912] Nach Ansicht des BFH ist der Umfang der nicht abzugsfähigen Betriebsausgaben auf die Höhe der der Muttergesellschaft im selben Veranlagungszeitraum zufließenden steuerfreien Einnahmen beschränkt, ein Kostenüberhang hingegen unbeschränkt mit den sonstigen Einkünften der Muttergesellschaft verrechenbar; vgl. BFH vom 21.4.1971, BStBl. II 1971, S. 694; BFH vom 16.3.1994, BStBl. II 1994, S. 799. Verrechenbar sind die Betriebsausgaben in voller Höhe, wenn im entsprechenden Veranlagungszeitraum keine steuerfreien Einnahmen aus der Beteiligung zufließen; vgl. BFH vom 29.5.1996, BStBl. II 1997, S. 57; BFH vom 29.5.1996, BStBl. II 1997, S. 60; BFH vom 29.5.1996, BStBl. II 1997, S. 63. Verschiedene Länderfinanzverwaltungen hatten in der Vergangenheit die Ansicht vertreten, die den steuerfreien Schachtelbeteiligungen zuzurechnenden Aufwendungen wären in vollem Umfang nicht abzugsfähig; vgl. OFD Freiburg vom 24.2.1995, in: IStR 1995, S. 190; OFD Karlsruhe vom 24.2.1995, in: IStR 1995, S. 190; OFD Stuttgart vom 24.2.1995, in: IStR 1995, S. 190; OFD Bremen vom 21.3.1995, in: FR 1995, S. 521. Vgl. dazu ausführlich *Bader*, Ausländische Schachtelbeteiligungen 1996, S. 652 ff.; *Kessler*, DBA-Schachtelprivileg 1994, S. 299 ff.; *Krabbe*, Betriebsausgaben 1994, S. 242 ff.; *Vesely/Schneider/Behrens*, DBA-Schachtelprivileg 1996, S. 99 ff.; *Wassermeyer*, Aufwandsabzug 1996, S. 21 ff. Mittlerweile hat das BMF die BFH-Rechtsprechung grundsätzlich übernommen; vgl. BMF vom 20.1.1997, BStBl. I 1997, S. 99. Die DBA-Regelungen zu Schachteldividenden finden auf Einkünfte aus stillen Gesellschaften allerdings keine Anwendung; vgl. dazu Kapitel IV.C.6.a)(2).

Anrechnungsmethode, nicht dagegen statt der Freistellung der Einkünfte möglich.[913]

Die Frage, welche der beiden Ermäßigungsverfahren dem Ziel der Steuerminimierung am ehesten gerecht wird, kann nicht allgemeingültig beantwortet werden, sondern ist anhand des Einzelfalls zu entscheiden.[914]

b) Methoden des Wohnsitzstaates

(1) Vorbemerkung

Die Methoden zur Vermeidung bzw. Minderung der Doppelbesteuerung in den Vermeidungsnormen der Art. 23A und 23B OECD-MA richten sich ausschließlich an den Wohnsitzstaat;[915] Ausgangspunkte der Regelungsmöglichkeiten sind die Freistellungs- und die Anrechnungsmethode, die zum einen an der Bemessungsgrundlage für die innerstaatliche Besteuerung, zum anderen an der inländischen Steuerlast ansetzen. Darüber hinaus kann der Wohnsitzstaat auch im Rahmen der Verteilungsnormen in den Art. 6 bis 22 OECD-MA zur Freistellung der Einkünfte bei der innerstaatlichen Besteuerung verpflichtet werden.

(2) Freistellungsmethode

Durch die **Freistellungsmethode**[916] werden mit Art. 23A OECD-MA Einkünfte einer in einem Vertragsstaat ansässigen Person, die in einem anderen Vertragsstaat be-

---

913 Vgl. dazu Kapitel IV.B.2.c)(3)(a).

914 Vgl. zur Diskussion über den Einsatz der Freistellungsmethode und der Anrechnungsmethode *Grotherr*, in: *Becker/Höppner/Grotherr/Kroppen*, DBA 1998, Art. 23A/23B OECD-MA, Rdnr. 34; *Hauser*, Freistellung oder Anrechnung 1996, S. 47 ff.; *Jacobs*, Internationale Unternehmensbesteuerung 1999, S. 25 ff.; *Mössner*, Doppelbesteuerung 1985, S. 135 ff.; *Wassermeyer*, in: *Debatin/Wassermeyer*, DBA 1998, Art. 23A OECD-MA, Rdnr. 3.

915 Vgl. MK zu Art. 23A OECD-MA, Rdnr. 12. Vgl. auch *Grotherr*, in: *Becker/Höppner/Grotherr/Kroppen*, DBA 1998, Art. 23A/23B OECD-MA, Rdnr. 19; *Schaumburg*, Internationales Steuerrecht 1998, S. 1033; *Vogel*, in: *Vogel*, DBA 1996, Art. 23 OECD-MA, Rdnr. 36; *Wassermeyer*, in: *Debatin/Wassermeyer*, DBA 1998, Art. 23A OECD-MA, Rdnr. 4.

916 Die Freistellungsmethode ist ein typisch kontinentaleuropäisches Instrument zur Vermeidung der Doppelbesteuerung; vgl. *Grotherr*, in: *Becker/Höppner/Grotherr/Kroppen*, DBA 1998, Art. 23A/23B OECD-MA, Rdnr. 12; *Mössner*, Doppelbesteuerung 1985, S. 146 f.; *Vogel*, in: *Vogel*, DBA 1996, Art. 23 OECD-MA, Rdnr. 36; *ders.*, Wesen und Wirkungen 1996, S. 1 f. Mit dieser Steuerermäßigungsart begegnet sowohl der Wohnsitz- als auch der Quellenstaat einer Doppelbesteuerung, so daß in diesem Kapitel das Verfahren behandelt und in Kapitel IV.C.2.c) lediglich für den Quellenstaat charakteristische Besonderheiten angesprochen werden. Die Freistellungsmethode wird aufgrund der Themenstellung dieser Arbeit ausschließlich für den Bereich der Besteuerung

Fortsetzung ...

steuert werden können, durch den Wohnsitzstaat von der Besteuerung ausgenommen. Die ausländischen Einkünfte[917] gehen – unabhängig davon, ob die Einkünfte im anderen Vertragsstaat tatsächlich einer Besteuerung unterliegen[918] bzw. ob die im anderen Vertragsstaat festgesetzte Steuer auch tatsächlich gezahlt wurde[919] – nicht in die Bemessungsgrundlage für die Besteuerung im Wohnsitzstaat ein.

Einfluß auf die inländische Besteuerung nehmen die freigestellten Einkünfte gem. Art. 23A Abs. 3 OECD-MA durch den sog. **Progressionsvorbehalt**, indem sie zur Ermittlung des Steuersatzes für die verbliebenen Einkünfte herangezogen werden. Die ausländischen Einkünfte sind dabei für die Berechnung des Steuersatzeinkommens so hinzuzurechnen, als ob sie der deutschen Besteuerung unterliegen würden.[920] Im deutschen Recht ist der Progressionsvorbehalt ebenfalls verankert: § 32b Abs. 1 Nr. 3 EStG sieht einen Progressionsvorbehalt vor, der allerdings nach Ansicht des BFH[921] von einer abkommensrechtlichen Vorschrift ohne Progressionsvorbehalt verdrängt wird. Soweit abkommensrechtliche Vorschriften Nettoeinkünfte betreffen,[922] umfassen die freizustellenden Einkünfte auch Verluste, so daß sich der Effekt des Progressionsvorbehalts umdrehen kann (sog. negativer Progressionsvorbehalt) und die verbleibenden, im Inland zu versteuernden Einkünfte infolge dessen einem im Vergleich zur Situation ohne Berücksichtigung der Verluste geringeren Steuersatz unterliegen. Der negative Progressionsvorbehalt kann eine doppelte Berücksichtigung von Verlusten bewirken, indem im Quellenstaat die Möglichkeit eines Verlustvor- bzw. -rücktrags besteht und im Wohnsitzstaat ein negativer Progressionsvorbehalt ausgelöst wird.[923]

---

mit Körperschaft- bzw. Einkommensteuer behandelt; vgl. zum Untersuchungsgegenstand Kapitel I.A.

917 Zur Einkünfteermittlung vgl. ausführlich Kapitel IV.C.4.

918 Vgl. *Schaumburg*, Internationales Steuerrecht 1998, S. 1037; *Vogel*, in: *Vogel*, DBA 1996, Art. 23 OECD-MA, Rdnr. 68. Die Freistellungsmethode begegnet somit grundsätzlich auch der sog. virtuellen Doppelbesteuerung, also einem Tatbestand, in dem bereits die abstrakte Möglichkeit der doppelten Besteuerung ausreicht, um entsprechende Rechtsfolgen auszulösen, und kann folglich zu einer fiskalisch nicht erwünschten doppelten Steuerfreistellung führen. In neueren DBA (z.B. Art. 23 Abs. 3 der DBA-Kanada, Neuseeland, Norwegen) versucht die Bundesrepublik Deutschland diese „Fehlentwicklung" mit einer sog. Rückfallklausel („subject-to-tax"-Klausel) zu verhindern; vgl. *Grotherr*, in: *Becker/Höppner/Grotherr/Kroppen*, DBA 1998, Grundlagen: Doppelbesteuerung, Rdnr. 31. Die „subject-to-tax"-Klausel macht die Freistellung von Einkünften in einem Vertragsstaat davon abhängig, daß die Einkünfte im anderen Vertragsstaat der Besteuerung unterliegen; vgl. dazu auch Kapitel IV.C.4.a)(3).

919 Vgl. *Vogel*, in: *Vogel*, DBA 1996, Art. 23 OECD-MA, Rdnr. 68.

920 Vgl. BFH vom 13.11.1991, BStBl. II 1992, S. 345.

921 Vgl. BFH vom 20.10.1982, BStBl. II 1983, S. 402; BFH vom 12.1.1983, BStBl. II 1983, S. 382. A.A. *Vogel*, in: *Vogel*, DBA 1996, Art. 23 OECD-MA, Rdnr. 69.

922 Zum Umfang der freizustellenden Einkünfte vgl. Kapitel IV.C.4.b).

923 Vgl. *Schaumburg*, Internationales Steuerrecht 1998, S. 1045. Vgl. auch *Hellwig*, Verlustvermehrung 1989, S. 1364.

In diesem Zusammenhang stellt sich die Frage nach der Rolle negativer ausländischer Einkünfte gem. § 2a EStG[924] im Freistellungsverfahren nach DBA. Negative Einkünfte i. S. d. Katalogs in § 2a Abs. 1 Nr. 1 bis 7 EStG könnten im Fall ihrer Freistellung lediglich über den **negativen Progressionsvorbehalt** auf die inländische Besteuerung Einfluß nehmen; dies ist in der Literatur umstritten.[925] Sowohl die h. M.[926] als auch die Finanzjudikatur[927] vertreten die Ansicht, daß den nach § 2a EStG nicht ausgleichbaren Verlusten ein Zugang zur Berechnung des Progressionsvorbehalts verwehrt ist. Die Argumentation gegen eine Einbeziehung sanktionierter ausländischer Verluste beruht auf der Intention des Progressionsvorbehalts, der für die Berechnung des Steuersatzeinkommens eine Situation herstellen soll, wie sie auch ohne DBA bestehen würde; da die nicht ausgleichbaren negativen Einkünfte nach nationalem Recht nicht in die Besteuerung einbezogen werden, besteht für eine Berücksichtigung im Rahmen des negativen Progressionsvorbehalts kein Anlaß.[928] Auch solche Verluste, deren Ausgleichsverbot gem. § 15a EStG auf der Entstehung bzw. Erhöhung eines negativen Einlagekontos beruht,[929] bleiben bei der Ermittlung des Steuersatzeinkommens außer Ansatz.[930]

(3) Anrechnungsmethode

Neben der Freistellungsmethode sieht der DBA-Methodenartikel als weitere Möglichkeit der Vermeidung der Doppelbesteuerung in Art. 23A Abs. 2 OECD-MA sowie in

---

924 Negative ausländische Einkünfte dürfen gem. § 2a Abs. 1 EStG regelmäßig nur mit Einkünften derselben Art aus demselben Staat ausgeglichen werden. Eine Ausnahme besteht gem. § 2a Abs. 2 EStG lediglich bei Verlusten aus ausländischen Betriebstätten, die nachweislich aktiv tätig sind; vgl. zur Bedeutung des § 2a EStG für stille Gesellschaften Kapitel IV.B.2.a)(2)(f) und Kapitel IV.B.2.b)(2).

925 Vgl. mit zahlreichen Nennungen *Mössner*, in: *Kirchhof/Söhn*, EStG 1998, § 2a EStG, Rdnr. A 27.

926 Vgl. *Bopp*, in: *Herrmann/Heuer/Raupach*, EStG/KStG 1998, § 2a EStG, Rdnr. 17; *Grotherr*, in: *Becker/Höppner/Grotherr/Kroppen*, DBA 1998, Art. 23A/23B OECD-MA, Rdnr. 189; *Hellwig*, in: *Littmann/Bitz/Hellwig*, EStG 1998, § 2a EStG, Rdnr. 8; *Kieschke*, Haushaltsbegleitgesetz 1983, S. 5; *Krabbe*, in: *Blümich*, EStG 1998, § 2a EStG, Rdnr. 26; *Manke*, Angeklagt 1984, S. 235; *Mössner*, in: *Kirchhof/Söhn*, EStG 1998, § 2a EStG, Rdnr. A 35; *Portner*, in: *Lademann*, EStG 1998, § 2a EStG, Rdnr. 28; *Schaumburg*, Internationales Steuerrecht 1998, S. 1045 f. Vgl. für die Finanzverwaltung H 185 EStR.

927 Vgl. BFH vom 17.10.1990, BStBl. II 1991, S. 136.

928 So m. E. zu Recht *Krabbe*, in: *Blümich*, EStG 1998, § 2a EStG, Rdnr. 26.

929 Vgl. Kapitel II.B.3.b)(1)(b).

930 Vgl. *Grotherr*, in: *Becker/Höppner/Grotherr/Kroppen*, DBA 1998, Art. 23A/23B OECD-MA, Rdnr. 192; *Wassermeyer*, in: *Debatin/Wassermeyer*, DBA 1998, Vor Art. 6-22 OECD-MA, Rdnr. 61.

Art. 23B OECD-MA die Anrechnung ausländischer Steuern vor.[931] Ist Deutschland Wohnsitzstaat, gehen grundsätzlich gem. § 34c Abs. 1 Satz 1 EStG die abkommensrechtlichen Regelungen zur Vermeidung der Doppelbesteuerung den innerstaatlichen Vorschriften vor, allerdings ordnen §§ 34c Abs. 6 Satz 2 EStG, 26 Abs. 6 Satz 1 KStG die entsprechende Anwendung der Bestimmungen über die Ermittlung der auf die ausländischen Einkünfte entfallenden deutschen Steuer in § 34c Abs. 1 Satz 2 EStG, über die Ermittlung des Höchstbetrags der anrechenbaren Steuer in § 34c Abs. 1 Satz 3 EStG sowie über die Möglichkeit eines Wechsels von der Anrechnungs- zur Abzugsmethode in § 34c Abs. 2 EStG auch in den Fällen an, in denen ein DBA besteht, so daß auf die Ausführungen zur unilateralen Anrechnung verwiesen werden kann.[932]

c) Methoden des Quellenstaates

Zwecks Vermeidung bzw. Minderung der Doppelbesteuerung kann der Quellenstaat entweder auf der Ebene der Bemessungsgrundlage ansetzen und die Einkünfte von der Besteuerung freistellen oder eine Steuerermäßigung in Gestalt der Begrenzung der Höhe der Quellensteuer vornehmen.[933] Abkommensrechtliche Grundlage für die Steuerbefreiungs- bzw. Steuerermäßigungsmaßnahmen des Quellenstaates sind ausschließlich entsprechende Vorschriften in den Verteilungsnormen der Art. 6 bis 22 OECD-MA.[934]

In Einzelfällen[935] spricht das OECD-MA dem Wohnsitzstaat das alleinige Besteuerungsrecht zu, während der Quellenstaat die Einkünfte freizustellen hat. Fraglich ist, ob der Progressionsvorbehalt auch in diesen Fällen angewendet werden kann. Die h. M.[936] geht m. E. zu Recht davon aus, daß dem Quellenstaat abkommensrechtlich

---

931 Die Anrechnungsmethode wird aufgrund der Themenstellung dieser Arbeit ausschließlich für den Bereich der Besteuerung mit Körperschaft- bzw. Einkommensteuer behandelt; vgl. zur Problemstellung Kapitel I.A.

932 Vgl. Kapitel IV.B.2.c)(3)(a).

933 Vgl. *Debatin*, in: *Debatin/Wassermeyer*, DBA 1998, Systematik III, Rdnr. 62.

934 Der Methodenartikel wendet sich ausschließlich an den Wohnsitzstaat; vgl. Kapitel IV.C.2.b)(1).

935 Laut Art. 12 OECD-MA können Lizenzgebühren ausschließlich im Wohnsitzstaat des Steuerpflichtigen besteuert werden; der Quellenstaat hat die Einkünfte entsprechend freizustellen. Allerdings gilt für diese Einkünfte gem. Art. 12 Abs. 3 OECD-MA der Betriebstättenvorbehalt, so daß die Lizenzerträge, sollten sie im Rahmen einer im Quellenstaat belegenen Betriebstätte erzielt worden sein, ausschließlich vom Quellenstaat besteuert werden dürfen; vgl. *Portner*, in: *Becker/ Höppner/Grotherr/Kroppen*, DBA 1998, Art. 12 OECD-MA, Rdnr. 120.

936 Vgl. *Grotherr*, in: *Becker/Höppner/Grotherr/Kroppen*, DBA 1998, Art. 23A/23B OECD-MA, Rdnr. 136; *Vogel*, in: *Vogel*, DBA 1996, Art. 23 OECD-MA, Rdnr. 209. A. A. *Schaumburg*, der den Vermeidungsnormen im Verhältnis zu den Verteilungsnormen eine Ergänzungsfunktion zukommen läßt und folglich den Progressionsvorbehalt auch auf der ersten Stufe des DBA-Systems zur Vermeidung der Doppelbesteuerung (vgl. dazu Kapitel IV.C.2.a)) anwenden will; vgl. *Schaumburg*,

Fortsetzung ...

kein Progressionsvorbehalt zusteht, da der Methodenartikel ausschließlich Wirkung gegen den Wohnsitzstaat entfaltet.

3. Auslegung der DBA

DBA und innerstaatliches Recht beschreiben zwei unterschiedliche Regelungskreise, in denen – verkürzt gesagt – das innerstaatliche Recht die Steuerpflicht bestimmt und die internationalen Abkommen diese eingrenzen.[937] Als lex specialis wirken die DBA unmittelbar auf Steuerrechtsverhältnisse ein, indem sie innerstaatliches Recht teilweise außer Kraft setzen (sog. Derogationswirkung) und in der ihnen immanenten Regelungssouveränität eine eigene Begriffswelt schaffen, die sich aufgrund des unterschiedlichen Funktionsgehaltes beider Rechtsebenen von der des innerstaatlichen Rechts unterscheidet.[938] Das vorrangige Ziel bilateraler völkerrechtlicher Verträge, nämlich die gleichmäßige Verteilung der Besteuerungsansprüche unter den Vertragsstaaten, kann jedoch nur erreicht werden, wenn sich die Vertragsstaaten auf eine einheitliche, gleichermaßen verbindliche Normenanwendung und gemeinsame Rechtsfolgen einigen und somit eine auf Entscheidungsharmonie gerichtete Auslegung der Verträge bejahen.[939]

Den Rahmen für die Auslegung eines DBA setzen in Abgrenzung zu den allgemeinen völkerrechtlichen Auslegungsregeln[940] die Auslegungsrichtlinien, die als allgemeine Auslegungsregel[941] in Art. 3 Abs. 2 OECD-MA (sog. **lex-fori-Klausel**) enthalten sind: „Bei der Anwendung des Abkommens durch einen Vertragsstaat hat, wenn der Zusammenhang nichts anderes erfordert, jeder im Abkommen nicht definierte Ausdruck die Bedeutung, die ihm im Anwendungszeitraum nach dem Recht dieses Staates über die Steuern zukommt, für die das Abkommen gilt, wobei die Bedeutung nach dem in diesem Staat anzuwendenden Steuerrecht den Vorrang vor einer Be-

---

Internationales Steuerrecht 1998, S. 1042. Ebenso der MK, der in Rdnr. 56 zu Art. 23 OECD-MA ausführt: „Die Fassung des Artikels schließt nicht aus, daß der Quellenstaat sein innerstaatliches Recht bezüglich der Progression anwendet."

937 Vgl. *Debatin*, in: *Debatin/Wassermeyer*, DBA 1998, Systematik III, Rdnr. 121.

938 Vgl. bereits Kapitel IV.C.1.a).

939 Vgl. *Vogel*, in: *Vogel*, DBA 1996, Einl., Rdnr. 73 ff.

940 Die völkerrechtlichen Auslegungsregeln gehen auf das Wiener Übereinkommen über das Recht der völkerrechtlichen Verträge (WÜRV) zurück (vgl. BGBl. II 1985, S. 927), dessen völkerrechtliche Grundnorm in Art. 31 Abs. 1 WÜRV bestimmt: „Ein Vertrag ist nach Treu und Glauben mit der gewöhnlichen, seinen Bestimmungen in diesem Zusammenhang zukommenden Bedeutungen und im Lichte seines Zieles und Zwecks auszulegen." Die DBA-Auslegungsregeln gehen allerdings dieser allgemeinen Auslegungsregel für völkerrechtliche Verträge als speziellere Rechtsnormen vor; vgl. *Schaumburg*, Internationales Steuerrecht 1998, S. 793.

941 Vgl. *Vogel*, in: *Vogel*, DBA 1996, Art. 3 OECD-MA, Rdnr. 61.

deutung hat, die der Ausdruck nach anderem Recht dieses Staates hat.“ Nach h. M.[942] wird hierin eine **dreiphasige Auslegungspraxis** gesehen:

1. Begriffsdefinition des Abkommens;
2. Sinnzusammenhang des Abkommens;
3. Begriffsdefinition des innerstaatlichen Rechts.

Die der Regelungssouveränität der Abkommen entspringende **Begriffsautonomie** zeigt sich im OECD-MA im Definitionenkatalog des Art. 3 Abs. 1. Neben diesen eigenständigen Begriffsdefinitionen befinden sich auf derselben Auslegungsstufe auch die Verweisungen des DBA auf innerstaatliches Recht, die der „Begriffsschöpfung“ dienen.[943] Das Abkommen greift dabei auf die Begriffswelt desjenigen Staates zurück, der das Besteuerungsrecht erhalten soll, und macht dieses zum Abkommensgegenstand.[944]

Die **Auslegung nach dem Sinnzusammenhang** trägt bei Fehlen ausdrücklicher Begriffsdefinitionen der Regelungssouveränität der Abkommen und deren Anerkennung als eigenständige Regelungskreise Rechnung, indem bei bestehender Auslegungsdisharmonie zwischen den Vertragsstaaten nicht vordergründig das innerstaatliche Recht maßgeblich ist, sondern eine Auslegungspraxis geübt wird, die sich soweit irgendwie möglich aus dem Abkommen selbst ergibt.[945]

Der **Rückgriff auf die Begriffsdefinitionen des innerstaatlichen Rechts** stellt das letzte Hilfsmittel zur Abkommensauslegung dar, da er die größte Gefahr einer divergierenden Auslegung derselben Abkommensaussage durch die beiden Vertragsstaaten in sich birgt.[946] Solche Auslegungsdivergenzen lösen Qualifikationskonflikte aus, die das Ziel des Abkommens, nämlich die Vermeidung der Doppelbesteuerung, vereiteln bzw. zu Steuerverzerrungen oder doppelten Steuerfreistellungen führen

---

942 Vgl. *Baranowski*, Auslandsbeziehungen 1996, S. 64; *Debatin*, in: *Debatin/Wassermeyer*, DBA 1998, Systematik III, Rdnr. 122; *Henkel*, in: *Becker/Höppner/Grotherr/Kroppen*, DBA 1998, Grundlagen: Auslegung der DBA, Rdnr. 56. Vgl. mit zahlreichen Nennungen zustimmender und kritischer Stimmen in der Literatur sowie mit weiteren Hinweisen zur Rechtsprechung *Schaumburg*, Internationales Steuerrecht 1998, S. 785.

943 Vgl. *Debatin*, in: *Debatin/Wassermeyer*, DBA 1998, Systematik III, Rdnr. 124; *Schaumburg*, Internationales Steuerrecht 1998, S. 788 f.

944 In wenigen Fällen – wie z. B. zwecks Definition der Ansässigkeit in Art. 4 Abs. 1 OECD-MA – wird auf das Recht des Wohnsitzstaates verwiesen.

945 Vgl. *Debatin*, in: *Debatin/Wassermeyer*, DBA 1998, Systematik III, Rdnr. 125. Da die Auslegungsklausel in Art. 3 Abs. 2 OECD-MA keine bestimmte Auslegungsmethode anordnet, kommen insbesondere die grammatische, systematische, historische und teleologische Auslegung in Betracht. Zu den verschiedenen Auslegungsmethoden vgl. Kapitel I.A. Vgl. auch BFH vom 15.6.1973, BStBl. II 1973, S. 810; BFH vom 24.4.1975, BStBl. II 1975, S. 604; BFH vom 20.2.1979, BStBl. II 1979, S. 274.

946 Vgl. *Debatin*, in: *Debatin/Wassermeyer*, DBA 1998, Systematik III, Rdnr. 126; *Schaumburg*, Internationales Steuerrecht 1998, S. 791 f.

können.[947] Andererseits nehmen die Vertragsstaaten im Verfahren unterschiedliche Stellungen ein – die Besteuerung des Quellenstaates soll begrenzt werden, während der Ansässigkeitsstaat die angeordnete Maßnahme zur Vermeidung bzw. Minderung der Doppelbesteuerung ergreifen muß –, so daß auf den ersten Blick eine einheitliche Auslegung der DBA entbehrlich scheint; dennoch ist eine übereinstimmende DBA-Auslegung nicht nur wünschenswert, sondern auch geboten, da die vom Ansässigkeitsstaat anzuwendende Methode direkt an die Wertung der Einkunfts- oder Vermögensart nach dem Abkommen anknüpft.[948]

Grundsätzlich können in allen drei Phasen der Abkommensauslegung **Auslegungskonflikte** auftreten. Bei den jeweiligen Konfliktarten handelt es sich um unstreitige Sachverhalte[949], die sich jedoch nach der betroffenen Rechtsnorm unterscheiden:

1. Bestehen Divergenzen in der Auslegung der im DBA autonom definierten Begriffe, so handelt es sich um sog. **Subsumtionskonflikte**; diese haben zur Folge, daß derselbe Sachverhalt von den Vertragsstaaten nicht unter dieselbe Abkommensvorschrift eingeordnet wird.[950]
2. Divergierende Abkommensauslegungen bei Begriffsdefinitionen, die aus der Verweisung des DBA auf innerstaatliches Recht bzw. aus dem Rückgriff auf die nationalen Rechtsnormen als letzte Möglichkeit der DBA-Auslegung erwachsen, werden allgemein als **Qualifikationskonflikte** bezeichnet.[951] Geht es um Fragen der persönlichen Abkommensberechtigung, so liegt ein subjektiver Qualifikationskonflikt vor;[952] bei Fragen der Zurechnung von Einkommen und Vermögen handelt es sich um einen objektiven Qualifikationskonflikt.[953]

Die **Steuersubjektqualifikation** stellt die grundsätzliche Frage, wer abkommensberechtigt i.S.d. DBA sein soll. Während ein solcher subjektiver Qualifikationskonflikt bei natürlichen und juristischen Personen i.d.R. nicht auftritt, sind Personengesellschaften häufig von diesem Sachverhalt betroffen, da die Auffassungen darüber,

---

947 Vgl. *Kluge*, Deutsches Internationales Steuerrecht 1992, S. 229; *v. Poser und Groß-Noedlitz*, Qualifikationskonflikt 1972, S. 111 ff.

948 Vgl. *Debatin*, in: *Debatin/Wassermeyer*, DBA 1998, Systematik III, Rdnr. 145.

949 Handelt es sich dagegen bereits um eine streitige Tatsachenwürdigung, so liegt im Unterschied zu den hier angesprochenen Qualifikationskonflikten eine divergierende Sachverhaltsqualifikation vor; vgl. dazu *Debatin*, in: *Debatin/Wassermeyer*, DBA 1998, Systematik III, Rdnr. 148.

950 Vgl. *Debatin*, in: *Debatin/Wassermeyer*, DBA 1998, Systematik III, Rdnr. 147.

951 Vgl. *v. Poser und Groß-Noedlitz*, Qualifikationskonflikt 1972, S. 111; *Schaumburg*, Internationales Steuerrecht 1998, S. 801 f. Kritisch *Debatin*, System und Auslegung 1985, S. 7 f.

952 Vgl. *Debatin*, Mitunternehmerschaften im Ausland 1978, S. 669; *ders.*, Beteiligungen an Personengesellschaften 1992, S. 1182; *Greif/Fischer*, Internationale Einkommensteuerprobleme 1995, S. 1381; *Hemmelrath*, Personengesellschaften in DBA-Staaten 1995, S. 571; *Knobbe-Keuk*, Qualifikationskonflikte 1991, S. 313.

953 Vgl. *Debatin*, in: *Debatin/Wassermeyer*, DBA 1998, Systematik III, Rdnr. 149 f.; *Schaumburg*, Internationales Steuerrecht 1998, S. 801 f.

ob es sich bei dem rechtlichen Gebilde um eine Person i. S. d. Abkommens handelt, in den Vertragsstaaten deutlich differieren können.

Basierend auf dem OECD-MA wird eine Entscheidung darüber, wer abkommensberechtigt i. S. d. DBA ist, anhand folgender Überlegungen getroffen: Gilt in beiden Staaten eine gleichartige Einordnung hinsichtlich der Steuersubjekteigenschaft, tritt eine einheitliche Rechtsfolge ein. Bei übereinstimmender Qualifikation ist die Personengesellschaft abkommensberechtigt, sofern beide Vertragsstaaten die Steuersubjekteigenschaft bejahen; im anderen Fall steht der Abkommensschutz ausschließlich den Gesellschaftern zu.[954] Erst eine divergierende Auffassung hinsichtlich der Steuersubjekteigenschaft führt zum Auslegungskonflikt, dessen Lösung maßgeblich durch die Einschätzung im Sitzstaat der Personengesellschaft bestimmt wird: Ist die Gesellschaft an dem Ort, an dem sich ihre Geschäftsleitung befindet (Sitzstaat), unbeschränkt steuerpflichtig, im Ansässigkeitsstaat der Gesellschafter jedoch ein steuerlich transparentes Rechtsgebilde, so ist sie gem. Art. 4 Abs. 1 OECD-MA als eine im Sitzstaat ansässige Person zu qualifizieren und folglich abkommensberechtigt.[955] Damit jedoch mangels Steuersubjekteigenschaft der Gesellschaft im Ansässigkeitsstaat der Gesellschafter und der damit einhergehenden Divergenz zwischen dem Steuersubjekt, das dem Sitzstaat die Besteuerungsoption eröffnet, und dem Steuersubjekt, für dessen Einkünfte im Ansässigkeitsstaat eine bestimmte Methode zur Vermeidung der Doppelbesteuerung laut DBA angeordnet wird, das Abkommensziel nicht vereitelt wird, schlägt die Abkommensberechtigung der Gesellschaft im Sitzstaat auf die Gesellschafter im Ansässigkeitsstaat in der Weise durch, daß diese anstelle der Personengesellschaft durch das Abkommen geschützt werden.[956] Bei umgekehrtem Tatbestand, also der Steuersubjekteigenschaft im Ansässigkeitsstaat der Gesellschafter, nicht jedoch im Sitzstaat der Personengesellschaft, entfällt hingegen die Abkommensberechtigung der Gesellschaft; vielmehr stehen in diesem Fall die Gesellschafter selbst im Schutz des Abkommens.[957]

---

954 Vgl. *Greif/Fischer*, Internationale Einkommensteuerprobleme 1995, S. 1381; *Schaumburg*, Internationales Steuerrecht 1998, S. 851; *Vogel*, in: *Vogel*, DBA 1996, Art. 1 OECD-MA, Rdnr. 20 f.

955 Vgl. *Debatin*, in: *Debatin/Wassermeyer*, DBA 1998, Systematik III, Rdnr. 29 f.; *Piltz*, Personengesellschaften 1981, S. 134 f.; *Wilke*, in: *Becker/Höppner/Grotherr/Kroppen*, DBA 1998, Art. 1 OECD-MA, Rdnr. 33.

956 Vgl. *Debatin*, in: *Debatin/Wassermeyer*, DBA 1998, Systematik III, Rdnr. 29 f.; *Schaumburg*, Internationales Steuerrecht 1998, S. 852; *Vogel*, in: *Vogel*, DBA 1996, Art. 1 OECD-MA, Rdnr. 24a f.; *Wilke*, in: *Becker/Höppner/Grotherr/Kroppen*, DBA 1998, Art. 1 OECD-MA, Rdnr. 33 f.

957 Gl. A. *Debatin*, in: *Debatin/Wassermeyer*, DBA 1998, Systematik III, Rdnr. 30 f.; *Greif*, in: *Mössner* u.a., Steuerrecht 1998, S. 555; *Schaumburg*, Internationales Steuerrecht 1998, S. 853. A.A. *Vogel*, in: *Vogel*, DBA 1996, Art. 1 OECD-MA, Rdnr. 25a. Seine Argumentation basiert auf einer Auslegung des Art. 4 OECD-MA als Zuordnungsvorschrift räumlicher Art: „Dagegen ist es nicht Sinn des Art. 4, gewissermaßen ‚durch die Hintertür' die Abkommensberechtigung zu versagen, wenn eine Person i.S. des Abkommens nicht zugleich auch Person – d.h. Steuersubjekt – nach Maßgabe des internen Steuerrechts ist"; *Vogel*, in: *Vogel*, DBA 1996, Art. 1 OECD-MA, Rdnr. 25a. Im Ergebnis ebenso *Wassermeyer*, Auslegung von DBA 1995, S. 50.

4. Ermittlung von Art und Höhe der Einkünfte

a) Bestimmung der Art der Einkünfte

(1) Grundsätze der Qualifikation der Einkunftsart

Die **im Katalog des OECD-MA genannten Einkunftsarten** stimmen nicht mit den innerstaatlichen Einkünftekategorien überein, so daß i.d.R. die Begriffsdefinitionen des innerstaatlichen Rechts nicht unmittelbar auf die DBA-Bezeichnungen übertragen werden können, selbst dann nicht, wenn der Wortlaut in beiden Regelungskreisen gleich ist.[958] Insbesondere greift im Abkommensrecht nicht der Subsidiaritätsgrundsatz, der in Deutschland Einkünfte aus Kapitalvermögen, Einkünfte aus Vermietung und Verpachtung sowie sonstige Einkünfte anderen Einkunftsarten zurechnet, soweit sie zu diesen gehören;[959] vielmehr gilt hier ein sog. Spezialitätsgrundsatz, der die Abkommensvorschriften spezieller Einkunftsarten für anwendbar erklärt, selbst wenn die Einkünfte im Rahmen eines gewerblichen Unternehmens erzielt werden.[960] Von diesem Grundsatz postuliert das OECD-MA in den Art. 10 Abs. 4, Art. 11 Abs. 4, Art. 12 Abs. 3 OECD-MA jedoch eine Ausnahme: Dividenden, Zinsen und Lizenzgebühren, die im Rahmen einer im anderen Vertragsstaat belegenen Betriebstätte erwirtschaftet werden, sind den Betriebstätteneinkünften zuzurechnen (sog. Betriebstättenvorbehalt).

Die Anwendung eines DBA erfordert von beiden Vertragsstaaten die Zuordnung der Einkünfte auf der Grundlage des oben beschriebenen dreiphasigen Auslegungsprozesses[961], wobei es jedoch zu abweichenden Einschätzungen kommen kann.[962] Divergiert die Auslegung der **Objekttatbestände der Einkünfte** in den Art. 6 bis 22 OECD-MA durch die Vertragsstaaten, können unterschiedliche Auffassungen über die Frage der Besteuerungskompetenz für den entsprechenden Sachverhalt die Folge sein.[963]

Gehen beide Staaten davon aus, daß die Besteuerung der Einkünfte laut DBA ihnen zukommt, spricht man vom sog. **positiven Qualifikationskonflikt**, dem eine volle Doppelbesteuerung folgen kann, indem der Quellenstaat die Einkünfte besteuert und

---

958 Vgl. *Henkel*, in: *Becker/Höppner/Grotherr/Kroppen*, DBA 1998, Grundlagen: Auslegung der DBA, Rdnr. 83.

959 Vgl. §§ 20 Abs. 3, 21 Abs. 3, 22 Nr. 1 EStG.

960 Vgl. *Henkel*, in: *Becker/Höppner/Grotherr/Kroppen*, DBA 1998, Grundlagen: Auslegung der DBA, Rdnr. 84.

961 Vgl. Kapitel IV.C.3.

962 Vgl. *Kluge*, Deutsches Internationales Steuerrecht 1992, S. 261.

963 Vgl. *Menck*, in: *Becker/Höppner/Grotherr/Kroppen*, DBA 1998, Grundlagen: Qualifikationskonflikte, Rdnr. 9 ff.

der Wohnsitzstaat die Steuerentlastung (Anrechnung, Freistellung)[964] verweigert.[965] Diesem Schutzversagen des DBA kann gem. Art. 25 Abs. 3 OECD-MA mit dem bilateralen Instrument des Verständigungsverfahrens begegnet werden.[966] Gestehen allerdings beide Vertragsstaaten dem jeweils anderen das Besteuerungsrecht für denselben Tatbestand zu, entsteht ein sog. **negativer Qualifikationskonflikt**, der zu einer doppelten Nichtbesteuerung (dann spricht man von „weißen Einkünften") bzw. Minderbesteuerung führen kann, wenn der Wohnsitzstaat zwecks Vermeidung der Doppelbesteuerung die Freistellungsmethode anwendet; im Fall der Anrechnungsmethode bleibt es hingegen bei der Besteuerung im Wohnsitzstaat.[967] Im Gegensatz zum positiven Qualifikationskonflikt stellt der negative Qualifikationskonflikt keinen Verstoß gegen das DBA-Recht dar, so daß ein Verständigungsverfahren nicht vorgesehen ist.[968]

Ein plastisches Beispiel für eine durch einen negativen Qualifikationskonflikt ausgelöste Minderbesteuerung bieten Sondervergütungen, die von einer ausländischen Personengesellschaft einem inländischen Gesellschafter gewährt werden. Zur Verdeutlichung wird im folgenden der Fall betrachtet, in dem ein in Deutschland ansässiger Gesellschafter einer ausländischen Personengesellschaft eben dieser Gesellschaft ein Darlehen zur Verfügung stellt, für welches ihm die Gesellschaft Zinsen zahlt: Basierend auf dem Mitunternehmerprinzip bezieht der Gesellschafter aus deutscher Sicht sowohl mit seinem Gewinnanteil als auch mit den Sondervergütungen Unternehmensgewinne i. S. d. Art. 7 OECD-MA, die im Wohnsitzstaat des Gesellschafters freizustellen sind.[969] Ist das Mitunternehmerprinzip im Ausland unbekannt, könnte dort eine Qualifikation der Sondervergütungen der Gesellschaft an den Gesellschafter als Zinsen vorgenommen werden, deren Besteuerung im Quellenstaat gem. Art. 11 Abs. 2 OECD-MA auf 10 % der Bruttoeinnahmen beschränkt ist. Die sich an diese Wertung anschließende Anrechnung der Steuer im Wohnsitz-

---

964 Vgl. zu den Methoden der bilateralen Vermeidung der Doppelbesteuerung Kapitel IV.C.2.b) und Kapitel IV.C.2.c).

965 Vgl. *Menck*, in: *Becker/Höppner/Grotherr/Kroppen*, DBA 1998, Grundlagen: Qualifikationskonflikte, Rdnr. 10.

966 Vgl. zur Durchführung eines Verständigungsverfahrens ausführlich *Debatin*, in: *Debatin/Wassermeyer*, DBA 1998, Systematik III, Rdnr. 155 ff.; *Kluge*, Deutsches Internationales Steuerrecht 1992, S. 234 ff.; *Menck*, in: *Becker Höppner/Grotherr/Kroppen*, DBA 1998, Grundlagen: Qualifikationskonflikte, Rdnr. 52; *Schaumburg*, Internationales Steuerrecht 1998, S. 802 ff.

967 Vgl. *Menck*, in: *Becker/Höppner/Grotherr/Kroppen*, DBA 1998, Grundlagen: Qualifikationskonflikte, Rdnr. 13.

968 Vgl. *Schaumburg*, Internationales Steuerrecht 1998, S. 802; *Vogel*, in: *Vogel*, DBA 1996, Einl., Rdnr. 97; *Wassermeyer*, Auslegung 1990, S. 406. Negative Qualifikationskonflikte sind daher häufig Gegenstand der Steuerplanung eines Unternehmens; vgl. dazu ausführlich *Jacobs*, Internationale Unternehmensbesteuerung 1999, S. 951 ff.; *Piltz*, Qualifikationskonflikte 1993, S. 29 ff. In der Abkommenspraxis wird versucht, dem Problem doppelter Freistellungen mit Hilfe unterschiedlicher Maßnahmen zu begegnen; vgl. auch Kapitel IV.C.4.a)(3).

969 Vgl. dazu ausführlich Kapitel IV.C.5.c).

staat gem. Art. 23A Abs. 2 OECD-MA unterbleibt; das Ergebnis ist eine Minderbesteuerung der ausländischen Einkünfte im Vergleich zum deutschen Steuerniveau.

Der aufgezeigten Konfliktsituation könnte mit einer abkommensrechtlichen Auslegungspraxis begegnet werden, die sich unter bestimmten Voraussetzungen an der Rechtsauffassung in einem der beiden Vertragsstaaten orientiert und diese für den anderen verbindlich macht. Daneben ist in jüngster Vergangenheit speziell im Fall von Sondervergütungen an Gesellschafter ausländischer Personengesellschaften in der Finanzjudikatur eine Trendwende zu beobachten, die die Abkommensauslegung in neue Bahnen lenkt. Beide Lösungsansätze werden in den nachfolgenden Kapiteln diskutiert.

(2) Theorie der Qualifikationsverkettung

Die unter bestimmten Voraussetzungen vorliegende Bindung der steuerlichen Wertung in einem Vertragsstaat an die des anderen Vertragspartners geht auf *Debatin*[970] zurück und findet sich in der Literatur unter dem Schlagwort „**Qualifikationsverkettung**". Danach ist die im Abkommen vorgenommene Qualifikation der Einkunftsart durch den Quellenstaat unter bestimmten Voraussetzungen für die Einordnung des Wohnsitzstaates maßgeblich. Nach *Debatins* Meinung besteht eine Anwendungsverquickung bei den Abkommensvorschriften über Dividenden, Zinsen und Lizenzgebühren, da „der jeweilige Abkommensartikel über die Vermeidung der Doppelbesteuerung ausdrücklich festlegt, daß die für ‚Dividenden', ‚Zinsen' und ggf. ‚Lizenzgebühren' vorgesehene Steuererleichterung die gleichnamigen Einkunftskategorien meint, die vom Abkommen der Quellenstaatsberechtigung des anderen Vertragsstaates überlassen sind."[971]

In der Literatur ist diese Auffassung umstritten.[972] **Voraussetzung für die Bindung** der Wertung im Wohnsitzstaat an die des Quellenstaates ist nach Ansicht der Befürworter die ausdrückliche Bezugnahme der Abkommensnorm zur Vermeidung der Doppelbesteuerung auf den vom Quellenstaat angewandten Abkommensartikel.[973]

---

970 Vgl. *Debatin*, Qualifikationsprobleme 1979, S. 495; *ders.*, System und Auslegung 1985, S. 4 f.

971 *Debatin*, System und Auslegung 1985, S. 5.

972 Wenn auch mit unterschiedlichen Argumenten und unterschiedlichen Anwendungsvoraussetzungen grundsätzlich das Bestehen einer Qualifikationsverkettung bejahend *Burmester*, Internationale Minderbesteuerung 1997, S. 61 f.; *Hemmelrath*, Personengesellschaften in DBA-Staaten 1995, S. 572; *Kappe*, US-Personengesellschaften 1987, S. 481 f.; *Knobbe-Keuk*, Qualifikationskonflikte 1991, S. 307 f.; *Küspert*, Sondervergütungen 1988, S. 462 f.; *Manke*, in: JbFfSt 1978/79, S. 337 f., S. 344 ff.; *Piltz*, Personengesellschaften 1981, S. 137 ff.; *Schaumburg*, Internationales Steuerrecht 1998, S. 1190 ff.; *Schlütter*, Personengesellschaft 1985, S. 233; *Schröder*, Qualifikationskonflikte nach DBA 1989, S. 25 ff. Dagegen *Diehl*, Qualifikationskonflikte 1978, S. 517 ff.; *Vogel*, in: *Vogel*, DBA 1996, Art. 23 OECD-MA, Rndr. 159.

973 Vgl. *Burmester*, Probleme der stillen Gesellschaft 1996, S. 133; *Debatin*, Beteiligungen an Personengesellschaften 1992, S. 1186; *Kappe*, US-Personengesellschaften 1987, S. 481 f.; *Küspert*,

Fortsetzung ...

Daraus ergibt sich eine Regelungsverkettung: Wird in der Vermeidungsvorschrift explizit auf die Norm der Verteilungsvorschrift verwiesen, so setzt dies einen „wechselseitigen Abkommensmechanismus“[974] in Bewegung, der vom Wohnsitzstaat einen Rückblick auf die Qualifikation im Quellenstaat erfordert. Dies spiegelt sich im Wortlaut der betreffenden Abkommensvorschrift wider, denn die Vermeidungsnorm in Art. 23A Abs. 2 OECD-MA verlangt vom Wohnsitzstaat die Anrechnung der Steuern des Quellenstaates auf „Einkünfte, die nach den Artikeln 10 und 11 im anderen Vertragsstaat besteuert werden können.“

Im Art. 10 Abs. 3 OECD-MA wird darüber hinaus zur **Definition des Dividendenbegriffs** auf das Recht des Quellenstaates abgestellt, so daß nach h. M.[975] ein im DBA autonom definierter Ausdruck vorliegt, dessen Umschreibung auch für den Wohnsitzstaat verbindlich ist. Eine verbindliche Abkommensdefinition gibt es für die **Einkünftekategorie Zinsen** i. S. v. Art. 11 OECD-MA nicht. Im OECD-MA 1963 wurde zur Zinsdefinition noch auf das innerstaatliche Recht des Quellenstaates verwiesen und somit dessen Definition zur abkommensrechtlichen Begriffsabgrenzung herangezogen. Im MA 1977 ist diese Verweisung allerdings nicht mehr enthalten.[976]

Der sich an den Wohnsitzstaat richtende Art. 23A OECD-MA enthält Verweise auf Verteilungsnormen und damit Verbindungen zwischen der Qualifikation des Wohnsitzstaates und der Wertung des Quellenstaates für Abkommenszwecke jedoch lediglich in Abs. 2 für Dividendeneinkünfte i. S. v. Art. 10 OECD-MA bzw. Zinseinkünfte i. S. v. Art. 11 OECD-MA; für alle anderen Einkunftsarten besteht eine solche Regelungsverkettung nicht.[977] Kommt abweichend vom OECD-MA ausschließlich einem der beiden Vertragsstaaten das Besteuerungsrecht für entsprechende Ein-

---

Sondervergütungen 1988, S. 462 f.; *Manke*, in: JbFfSt 1978/79, S. 337 f., S. 344 ff. *Knobbe-Keuk* nennt zusätzlich eine ausdrückliche Formulierung in der Verteilungsnorm, aus der hervorgeht, daß dem Quellenstaat die „Qualifikation“ überlassen wurde, als Kriterium für die mögliche Anwendung einer Qualifikationsverkettung; vgl. *Knobbe-Keuk*, Qualifikationskonflikte 1991, S. 307. Ebenso *Hemmelrath*, Personengesellschaften in DBA-Staaten 1995, S. 572.

974 *Burmester*, Probleme der stillen Gesellschaft 1996, S. 133.

975 Vgl. *Portner*, in: *Becker/Höppner/Grotherr/Kroppen*, DBA 1998, Art. 11 OECD-MA, Rdnr. 149; *Schaumburg*, Internationales Steuerrecht 1998, S. 943; *Tischbirek*, in: *Vogel*, DBA 1996, Art. 10 OECD-MA, Rdnr. 184; *Wassermeyer*, Auslegung 1990, S. 405.

976 Im MK wird ausdrücklich darauf hingewiesen, daß es den Vertragspartnern freisteht, die vorliegende – als abschließend charakterisierte – Definition in der Abkommenspraxis zu erweitern. Darüber hinaus sind drei Gründe für die Aufgabe der Verweistechnik auf das innerstaatliche Recht des Quellenstaates angegeben: Die Definition umfasse praktisch alle Einkunftsarten, die nach dem innerstaatlichen Recht der verschiedenen Staaten als Zinsen gelten. Die verwendete Formel biete eine größere Rechtssicherheit und mache das Abkommen von späteren Änderungen des innerstaatlichen Rechts unabhängig. In einem MA sollten Verweisungen auf das innerstaatliche Recht möglichst vermieden werden; vgl. MK zu Art. 11 OECD-MA, Rdnr. 21.

977 Ebenso *Burmester*, Probleme der stillen Gesellschaft 1996, S. 133.

kunftskategorien zu,[978] ist die Bindung der Wertung des Quellenstaates an die des Wohnsitzstaates nach der hier vertretenen Ansicht mangels Verweisung in der Vermeidungsnorm aufgehoben; eine Qualifikationsverkettung besteht nicht.[979] Gleiches gilt bei fehlendem Abkommenszusammenhang zwischen Wohnsitz- und Quellenstaat durch Verknüpfung von Vermeidungs- und Verteilungsnorm,[980] wie dies insbesondere auch in Art. 23B OECD-MA der Fall ist. In diesem Teil des Methodenartikels wird die Anrechnung ausländischer Steuern als Regelmethode zur Vermeidung der Doppelbesteuerung festgelegt, ohne daß es beispielsweise wie im Art. 23A OECD-MA infolge einer Ausnahmeregelung für bestimmte Einkunftsarten zu einer expliziten Bezugnahme auf Verteilungsnormen kommt.

Die Frage, ob und wann eine Maßgeblichkeit zwischen der Qualifikation des Quellenstaates und der des Wohnsitzstaates besteht, entfaltet insbesondere auch bei der Einordnung von **Sondervergütungen an Gesellschafter von Personengesellschaften** Relevanz. Nach der hier vertretenen Auffassung kommt die Übernahme der Wertung des Quellenstaates durch den Wohnsitzstaat lediglich dann in Frage, wenn das Besteuerungsrecht für die betreffende Einkunftsart beiden Vertragsstaaten belassen wird und im DBA – wie im OECD-MA für Dividenden und Zinsen geschehen – ausdrücklich eine Qualifikationsverkettung vereinbart wurde.[981]

(3) Neuere Auffassungen von Finanzrechtsprechung und -verwaltung

Bei der Lösung von Qualifikationskonflikten erkennen zuweilen **Finanzjudikatur und Finanzverwaltung** ebenfalls eine Maßgeblichkeit der Wertung im Quellenstaat für die Qualifikation im Wohnsitzstaat, allerdings beruht die Argumentation nicht auf einer Qualifikationsverkettung der oben dargestellten Art. In einem Erlaß des Finanzministeriums Nordrhein Westfalen[982], dem der Fall eines Gesellschafterdarlehens eines inländischen Gesellschafters einer US-Personengesellschaft (partnership) zugrunde liegt, wird ohne nähere Begründung ausdrücklich die Übernahme der Qualifikation des Quellenstaates für die Wertung im Wohnsitzstaat angeordnet. Die dem Gesellschafter seitens der Gesellschaft ausgezahlten Zinsen, die im Zuge des Mitunternehmerkonzepts in Deutschland als Einkünfte aus Gewerbebetrieb gem. § 15 Abs. 1 Nr. 2 EStG zu werten wären, erfahren danach für die Anwendung des Abkommens eine Qualifikation als Zinseinkünfte i. S. d. Art. 7 Abs. 1 DBA-USA; für die Besteuerung in Deutschland, so das Finanzministerium, verbleibt es hingegen bei der Wertung als Einkünfte aus Gewerbebetrieb. Der Ansicht der Finanzverwaltung liegt

---

[978] Die deutschen DBA mit anderen Industriestaaten sehen beispielsweise bei abkommensrechtlichen Zinsen regelmäßig eine Befreiung von der Quellensteuer vor; vgl. *Pöllath*, in: *Vogel*, DBA 1996, Art. 11 OECD-MA, Rdnr. 47.

[979] Gl.A. *Burmester*, Probleme der stillen Gesellschaft 1996, S. 133.

[980] Gl.A. *Burmester*, Probleme der stillen Gesellschaft 1996, S. 133; *Hemmelrath*, Personengesellschaften in DBA-Staaten 1995, S. 572.

[981] Vgl. dazu speziell im Zusammenhang mit stillen Gesellschaften Kapitel IV.C.5.c)(2).

[982] Erlaß des FinMin NRW vom 1.12.1986, in: DB 1987, S. 24.

die Auffassung zugrunde, daß das Ergebnis der doppelten Steuerfreistellung infolge der Anwendung des jeweiligen innerstaatlichen Rechts dem Sinn und Zweck des Doppelbesteuerungsabkommens widerspricht und daher eine einheitliche Qualifikation in beiden Staaten angestrebt werden muß. Eine solche Auslegungspraxis, die zwecks Vermeidung doppelter Steuerfreistellungen grundsätzlich eine Maßgeblichkeit der Qualifikation im Quellenstaat für den Wohnsitzstaat proklamiert, wird allerdings von der h. M.[983] abgelehnt.

Auch nach der hier vertretenen Auffassung ist – abgesehen von einer für eine allgemeingültige Abkommensauslegung m. E. irrelevanten fiskalischen Motivation der Vertragsstaaten – kein abkommensrechtliches Argument für eine grundsätzliche Übernahme der Wertung des Quellenstaates durch den Wohnsitzstaat gegeben; aus dem DBA kann nicht geschlossen werden, daß doppelte Steuerfreistellungen abkommenswidrig sind[984]. Eine solche Maßgeblichkeit könnte lediglich durch eine autonome Zinsdefinition oder durch eine Qualifikationsverkettung begründet werden; beides liegt im DBA-USA[985] nicht vor.

Zu zwei unterschiedlichen Ergebnissen kommt die OFD Düsseldorf in der Frage der Lösung eines Qualifikationskonflikts speziell im Fall der atypisch stillen Gesellschaft. In der Verfügung vom 5.7.1989[986] wertet sie die atypisch stille Beteiligung eines Inländers an einem US-amerikanischen Unternehmen unabhängig von der Behandlung im Quellenstaat als Betriebstätte des Steuerinländers sowohl für Abkommenszwecke als auch für Zwecke des nationalen deutschen Steuerrechts.[987] Bei der atypisch stillen Beteiligung an einer schweizerischen Kapitalgesellschaft ordnet die OFD Düsseldorf[988] hingegen die Übernahme der Wertung nach schweizerischem Recht an und behandelt Vergütungen aus der Beteiligung als Dividenden. Eine Freistellung der Einkünfte gem. Art. 7 DBA-Schweiz[989], die sich bei eigenständiger Wertung nach innerstaatlichem Recht als Mitunternehmerschaft gem. § 15 Abs. 1 Nr. 2 EStG ergeben müßte und eine Minderbesteuerung der Einkünfte lediglich mit schweizerischer Quellensteuer auf Dividenden zur Folge hätte, wird ausdrücklich abgelehnt. Im Ergebnis kommt es nach Ansicht der OFD zur Anrechnung der ausländischen Quellensteuer, wobei die Einkünfte zur Durchführung der deutschen Besteuerung als solche aus Gewerbebetrieb zu erfassen sind.

Beiden Fällen ist gemeinsam, daß eine autonome Begriffsdefinition für die jeweilige Einkunftsart im DBA selbst nicht vorliegt; eine Übernahme der Wertung im Quellen-

---

983 Vgl. *Burmester*, Probleme der stillen Gesellschaft 1996, S. 134; *Debatin*, Beteiligungen an Personengesellschaften 1992, S. 1185 ff.; *Hemmelrath*, Personengesellschaften in DBA-Staaten 1995, S. 572; *Küspert*, Sondervergütungen 1988, S. 463 ff.; *Piltz*, Qualifikationskonflikte 1993, S. 36.

984 Vgl. *Wassermeyer*, Auslegung 1990, S. 406.

985 Dem Erlaß lag das DBA-USA 1954 (vgl. BGBl. II 1954, S. 1117) zugrunde.

986 Vgl. OFD Düsseldorf vom 5.7.1989, in: DB 1989, S. 1700.

987 Dem Urteil lag das DBA-USA 1954 (vgl. BGBl. II 1954, S. 1117) zugrunde.

988 Vgl. OFD Düsseldorf vom 8.1.1991, in: DB 1991, S. 308.

989 Dem Urteil lag das DBA-Schweiz 1972 (vgl. BStBl. II 1972, S. 519) zugrunde.

staat könnte nach der hier vertretenen Ansicht[990] ausschließlich aus einer ausdrücklichen Vereinbarung einer Qualifikationsverkettung im jeweiligen DBA abgeleitet werden. Im DBA-Schweiz 1972 findet sich eine Qualifikationsverkettung lediglich in Art. 24 Abs. 1 Nr. 1 Lit. a) für Unternehmensgewinne, nicht dagegen für sonstige Einkunftsarten.[991] Auch im DBA-USA 1954[992] wurde im Methodenartikel 15 auf einen Rückgriff auf die Verteilungsnormen verzichtet, so daß eine Qualifikationsverkettung nicht vorliegt.

Unabhängig von der Qualifikation im Ausland hat die **Finanzjudikatur** in der Vergangenheit stets die Auffassung vertreten, das in § 15 Abs. 1 Nr. 2 EStG kodifizierte Mitunternehmerprinzip gelte auch für Beteiligungen an ausländischen Personengesellschaften und daraus geschlossen, Sondervergütungen seien – wie bei rein nationaler Sicht – als gewerbliche Einkünfte des Gesellschafters zu qualifizieren.[993] Neuerdings greift jedoch der BFH[994] ebenso wie die Finanzverwaltung – wenn auch mit völlig anderen Argumenten – auf die Wertung im ausländischen Staat zurück; eine Qualifikationsverkettung der hier[995] definierten Art liegt jedoch nicht vor. Der I. Senat hatte in seinem Urteil über die Einordnung von Darlehenszinsen zu entscheiden, die einem in Deutschland unbeschränkt steuerpflichtigen Gesellschafter einer der deutschen KG vergleichbaren US-Personengesellschaft (limited partnership) gezahlt wurden. Zunächst stellt der Senat mit dem Hinweis auf die frühere Rechtsprechung fest, daß § 15 Abs. 1 Nr. 2 EStG auch auf ausländische Mitunternehmerschaften anzuwenden sei, wendet dann aber für die Zinseinkünfte des Mitunternehmers eine bislang in diesem Zusammenhang nicht vertretene **„isolierende Betrachtungsweise“** an: Der abkommensrechtliche Begriff des „gewerblichen Gewinns“ umfasse laut der ausdrücklichen Begriffsbestimmung in Art. 3 Abs. 5 DBA-USA 1954 keine Zinseinkünfte. Diese seien in Art. 7 DBA-USA zwar ebenfalls nicht ausdrücklich definiert, dennoch könne auf die Umschreibung als Überlassung von Kapital im Rahmen eines „Gläubiger-Schuldner-Verhältnisses“ abgestellt werden, und infolgedessen wären Vergütungen aus einer Schuldverpflichtung der US-amerikanischen Personengesellschaft an einen Steuerinländer als Zinsen i. S. d. Abkommens zu verstehen. Für die Zinseinkünfte sei im Ergebnis in Deutschland keine Steuerfreistellung zu ge-

---

990 Vgl. Kapitel IV.C.4.a)(2).

991 Im überarbeiteten DBA-Schweiz 1992 (vgl. BStBl. I 1994, S. 422) werden in Art. 24 Abs. 1 Nr. 1 Lit. a) Einkünfte aus einer atypisch stillen Gesellschaft ausdrücklich von der Freistellung von Betriebstättengewinnen ausgenommen, „soweit die Schweiz diese Einkünfte nicht nach Artikel 7 besteuert“.

992 Vgl. DBA-USA vom 22.7.1954, BStBl. I 1955, S. 69.

993 Vgl. BFH vom 29.1.1964, BStBl. II 1964, S. 165; BFH vom 7.2.1968, BStBl. II 1968, S. 454; BFH vom 18.5.1983, BStBl. II 1983, S. 771; BFH vom 10.11.1983, BStBl. II 1984, S. 605; BFH vom 19.5.1987, BStBl. II 1988, S. 5.

994 Vgl. BFH vom 27.2.1991, BStBl. II 1991, S. 444. Durch die fast wortgleiche Übernahme der Argumentation wurde die diesem Urteil zugrundeliegende Rechtsauffassung in einem Urteil desselben Senats bestätigt; vgl. BFH vom 31.5.1995, BStBl. II 1995, S. 683.

995 Vgl. Kapitel IV.C.4.a)(2).

währen; sie seien unabhängig davon, daß sie nach deutschem Steuerrecht einen Teil des gewerblichen Gewinns aus der amerikanischen Personengesellschaft darstellen, zu Abkommenszwecken aus den Unternehmensgewinnen herauszulösen.

Eine Umqualifizierung der Zinseinkünfte in Unternehmensgewinne ist für den I. Senat nur bei Geltung des **Betriebstättenvorbehalts** denkbar; dieser wird im vorliegenden Urteil mit dem Hinweis darauf verneint, daß das Stammrecht, für das die Zinsen gezahlt würden, nicht zum Vermögen der Betriebstätte (hier der limited partnership) gehöre, sondern ihr vielmehr als Fremdkapital überlassen wurde. Grundlage für die Zurechnung eines Wirtschaftsguts zu einer Betriebstätte sei die tatsächliche Zugehörigkeit zum Vermögen, eine rechtliche Zugehörigkeit, wie sie nach nationalem Recht durch das Instrument des Sonderbetriebsvermögens ausgelöst werde, reiche hingegen nicht aus.

Die Trendwende des BFH hat, obwohl sich das Urteil auf das mittlerweile überarbeitete DBA-USA[996] bezieht, für die zukünftige Behandlung von Sondervergütungen weitreichende praktische Konsequenzen. Das OECD-MA enthält in Art. 7 Abs. 7 eine Vorschrift in Zusammenhang mit Unternehmensgewinnen, deren Auslegungen von nun an ebenfalls in die vom I. Senat anvisierte Richtung erfolgen könnte: „Gehören zu den Gewinnen Einkünfte, die in anderen Artikeln dieses Abkommens behandelt werden, so werden die Bestimmungen jener Artikel durch die Bestimmungen dieses Artikels nicht berührt." Zwar sind in dieser Formulierung nicht wie im DBA-USA 1954[997] ausdrücklich Zinsen von den Unternehmensgewinnen ausgenommen, dennoch könnte – wie dies in der Literatur[998] bereits teilweise praktiziert wird – der zum Ausdruck kommende Spezialitätsgrundsatz auch für die Qualifikation von Sondervergütungen an Gesellschafter einer Personengesellschaft herangezogen werden. Demnach wären generell Sondervergütungen der „spezielleren" abkommensrechtlichen Norm zuzurechnen, soweit – wie dies i.d.R. der Fall sein wird – der Betriebstättenvorbehalt nicht greift.

Die Argumentation des BFH ist in der Literatur[999] m.E. zu Recht auf heftigen Widerstand gestoßen. Die **beiden wesentlichen Kritikpunkte** stellen zugleich das gesamte „Argumentationsgerüst" des BFH in Frage. Der I. Senat geht zwar zutreffend davon aus, daß die Beteiligung an der ausländischen Personengesellschaft eine Betriebstätte begründet, aus der der Gesellschafter nach nationalem Recht ausschließlich Einkünfte gem. § 15 Abs. 1 Nr. 2 EStG bezieht, gibt diese Sichtweise jedoch mit dem Hinweis darauf auf, daß Zinsen gem. Art. 3 Abs. 5 DBA-USA 1954 ausdrücklich nicht zum Betriebstättengewinn gehören. Die betreffende DBA-Vor-

---

996 Vgl. DBA-USA vom 29.8.1989, BStBl. I 1991, S. 94.

997 Vgl. DBA-USA vom 22.7.1954, BStBl. I 1955, S. 69.

998 Vgl. *Piltz*, in: *Mössner* u. a., Steuerrecht 1998, S. 806 ff.; *Schaumburg*, Internationales Steuerrecht 1998, S. 900.

999 Vgl. *Burmester*, Probleme der stillen Gesellschaft 1996, S. 136 ff.; *Debatin*, Beteiligungen an Personengesellschaften 1992, S. 1185 ff.; *Küspert*, Sondervergütungen 1988, S. 468; *Piltz*, Qualifikationskonflikte 1993, S. 42 ff.; *Vogel*, in: *Vogel*, DBA 1996, Art. 1 OECD-MA, Rdnr. 27 f. Positive Reaktionen dagegen von *Busl*, Zinszahlungen einer US-limited partnership 1991, S. 847 ff.

schrift richtet sich allerdings nicht darauf, „aus dem in Art. 3 angesprochenen Erfassungskreis ‚gewerbliche Gewinne' gewisse Elemente herauszulösen"[1000], vielmehr wird nur im Verhältnis des Art. 3 über gewerbliche Gewinne zum Zinsartikel festgestellt, daß letztere Vorschrift unberührt bleibt. Dies kann m. E. allgemein auch auf Art. 7 Abs. 7 OECD-MA übertragen werden, der daher ebenfalls nicht zur Auslagerung von nach innerstaatlichem Recht als Unternehmensgewinne qualifizierter Einkünfte in andere Einkunftsarten geeignet ist. Die Anwendung des Art. 3 Abs. 5 DBA-USA 1954 setzt voraus, daß überhaupt Zinsen im Sinne des Abkommens vorliegen;[1001] gleiches gilt m. E. auch für Art. 7 Abs. 7 OECD-MA. Das Vorliegen von Zinsen ist bei den Sondervergütungen beispielsweise in Form eines Entgelts für die Gewährung eines Gesellschafterdarlehens nicht gegeben; vielmehr handelt es sich hier um Vorabgewinne eines einheitlichen Unternehmensgewinns und nicht um das Entgelt aus einem unternehmensinternen Gläubiger-Schuldner-Verhältnis. Die DBA-Anwendung erfordert, soweit keine autonome Begriffsdefinition vorliegt und sich aus dem Abkommenszusammenhang nichts anderes ergibt,[1002] eine Wertung nach nationalem Recht. Angesprochen ist damit nicht – wie der BFH im vorliegenden Urteil unterstellt – das Zivilrecht der Vertragspartner, sondern das innerstaatliche Steuerrecht; dies ordnet Art. 3 Abs. 2 OECD-MA ausdrücklich an.[1003]

Wären die Sondervergütungen ein Fall der begriffsautonomen Abkommensauslegung, stellte sich darüber hinaus die Frage, weshalb beispielsweise im DBA-Schweiz diese Gewinnanteile eine ausdrückliche Regelung erfahren haben: Gem. Art. 7 Abs. 7 DBA-Schweiz zählen Sondervergütungen zu den Unternehmensgewinnen, wenn sie „nach dem Steuerrecht des Vertragsstaates, in dem die Betriebstätte gelegen ist, den Einkünften des Gesellschafters aus dieser Betriebstätte zugerechnet werden."

Des weiteren passen die **Ausführungen des BFH zum Betriebstättenvorbehalt** systematisch nicht zur bisherigen Sichtweise.[1004] Der Betriebstättenvorbehalt „regelt nur, wann einer Betriebstätte zufließende Einkünfte ihrem Gewinn zuzurechnen sind, er regelt jedoch nicht die Behandlung der Zinsen, die von der Betriebstätte an den

---

1000 *Debatin*, Beteiligungen an Personengesellschaften 1992, S. 1187.

1001 Ebenso *Burmester*, Probleme der stillen Gesellschaft 1996, S. 137.

1002 Vgl. zur Auslegung von DBA bereits ausführlich Kapitel IV.C.3.

1003 In Art. 3 Abs. 2 OECD-MA heißt es wörtlich: „Bei der Anwendung des Abkommens durch einen Vertragsstaat hat, wenn der Zusammenhang nichts anderes erfordert, jeder im Abkommen nicht definierte Ausdruck die Bedeutung, die ihm im Anwendungszeitraum nach dem Recht dieses Staates für die Steuern zukommt". Daß zur Auslegung, soweit die Formulierung dem OECD-MA entspricht, lediglich das Steuerrecht herangezogen werden soll, ist ganz h. M.; vgl. *Schaumburg*, Internationales Steuerrecht 1998, S. 792; *Vogel*, in: *Vogel*, DBA 1996, Art. 3 OECD-MA, Rdnr. 62; *Wassermeyer*, in: *Debatin/Wassermeyer*, DBA 1998, Art. 3 OECD-MA, Rdnr. 92.

1004 Die Argumentation des BFH bezüglich des Betriebstättenvorbehalts ebenfalls kritisierend *Debatin*, Beteiligungen an Personengesellschaften 1992, S. 1187; *Fischer-Zernin*, Sondervergütungen 1991, S. 493; *Köhler*, Betriebstättenprinzip 1991, S. 1032; *Vogel*, in: *Vogel*, DBA 1996, Art. 1 OECD-MA, Rdnr. 27 f.

Unternehmer abfließen."[1005] Der Versuch einer Übertragung des Betriebstättenvorbehalts auf ein Gesellschafterdarlehen muß daher zwangsläufig äußerst konstruiert anmuten; folgerichtig stößt sich der BFH auch an der Tatsache, daß es sich bei dem Darlehen nicht um eine aktive Vermögensposition der Betriebstätte handelt, aus der ihr Erträge zufließen könnten, sondern um einen sich auf der Passivseite niederschlagenden Fremdkapitalposten.

Neben den bereits dargestellten Problemen eröffnet die Trendwende des BFH in der Abkommensauslegung neue **Optionen für eine Steuergestaltung bei Personengesellschaften**. Da sie das national nur bei Kapitalgesellschaften geltende Trennungsprinzip für Abkommenszwecke auf Personengesellschaften transferiert, sind interstaatliche Steuerverschiebungen zwischen den Vertragspartnern denkbar. Ein bislang einheitlich als Mitunternehmeranteil behandelter Gewinn kann nunmehr in Unternehmensgewinne i. S. v. Art. 7 OECD-MA, für die das Betriebstättenprinzip gilt, und beispielsweise in durch ein Gesellschafterdarlehen begründete Zinseinkünfte i. S. v. Art. 11 OECD-MA, deren Besteuerung dem Wohnsitzprinzip unter Anrechnung der ausländischen Quellensteuer folgt, aufgespalten werden. Durch entsprechende Gestaltung der zivilrechtlichen Verträge kann das divergierende Steuerzugriffsrecht in beiden Staaten steuerminimierend genutzt werden.

Eines Rückgriffs auf das Zivilrecht zur DBA-Auslegung für Zwecke der Einordnung von Sondervergütungen hätte es m. E. nicht bedurft, da in deutschen Abkommen bereits andere Wege aus der „fiskalischen Misere" der doppelten Steuerfreistellungen praktiziert werden. Art. 7 Abs. 7 DBA-Schweiz knüpft beispielsweise die Einkunftsart von Sondervergütungen der Gesellschafter von Personengesellschaften an die Qualifikation im Betriebstättenstaat. Deutschland kommt durch diese Abkommensvorschrift unabhängig davon, ob sich ein schweizerischer Steuerinländer an einer deutschen Personengesellschaft oder ein deutscher Steuerinländer an einem schweizerischen Unternehmen beteiligt, i. d. R. das Besteuerungsrecht zu. Eine Beteiligung des Steuerausländers im Inland beurteilt sich nach dem Betriebstättenprinzip, so daß gem. Art. 7 Abs. 7 DBA-Schweiz die Gewinnanteile zuzüglich Sondervergütungen in Deutschland besteuert werden können; in der Schweiz belegene Betriebstätten kann auf der Grundlage der speziellen DBA-Artikel zumeist[1006] ebenfalls der deutsche Fiskus als Wohnsitzstaat besteuern.

Neben diesen ausdrücklich auf Sondervergütungen zugeschnittenen Regelungen werden in neueren DBA „weiße Einkünfte" durch besondere Abkommens- oder Protokollvorschriften, wie die „subject-to-tax"-Klausel[1007] oder die „switch-over"-Klau-

---

[1005] *Debatin*, Beteiligungen an Personengesellschaften 1992, S. 1187.

[1006] Ein schweizerisches Besteuerungsrecht besteht hingegen bei Einkünften aus in der Schweiz belegenem unbeweglichen Vermögen gem. Art. 6 DBA-Schweiz oder wenn bei Einkünften aus unselbständiger Arbeit statt dem Wohnsitzprinzip gem. Art. 15 Abs. 2 DBA-Schweiz das Arbeitsortprinzip greift.

[1007] Die „subject-to-tax"-Klausel wurde z. B. in Art. 23 Abs. 2 DBA-USA mit folgendem Wortlaut aufgenommen: „Im Sinne dieses Absatzes gelten Gewinne oder Einkünfte einer in der Bundesrepublik Deutschland ansässigen Person als aus Quellen in den Vereinigten Staaten stammend, wenn sie

Fortsetzung ...

sel[1008], vermieden. Die **„subject-to-tax"-Klausel**, die seit einiger Zeit regelmäßig in den von Deutschland abgeschlossenen DBA vereinbart wird und auch Bestandteil des deutschen Musterabkommens ist, das allen Vertragsverhandlungen zugrunde liegt,[1009] macht die Steuerfreistellung von der tatsächlichen Besteuerung im anderen Vertragsstaat abhängig.[1010] Speziell auf Qualifikations- und Zurechnungskonflikte ist die **„switch-over"-Klausel** ausgerichtet; sie erlaubt dem Wohnsitzstaat zur Vermeidung der Doppel- bzw. Minder- oder Nichtbesteuerung den Wechsel von der Freistellungs- zur Anrechnungsmethode, falls Einkünfte in den Vertragsstaaten unterschiedlich qualifiziert werden und der Konflikt nicht durch ein Verständigungsverfahren beseitigt werden kann.[1011] Beide Vorschriften zielen auf die Vermeidung doppelt freigestellter Einkünfte, lösen allerdings nicht das im Zusammenhang mit stillen Gesellschaften bestehende Qualifikationsproblem an sich.

Im Ergebnis ist m. E. die Ansicht des BFH, Sondervergütungen seien aufgrund speziellerer Abkommensvorschriften aus den Unternehmensgewinnen herauszulösen, abzulehnen. Die Wertung des Quellenstaates ist nach der hier vertretenen Ansicht nur bei ausdrücklicher Vereinbarung einer Qualifikationsverkettung im DBA für den Wohnsitzstaat verbindlich; auf diese wurde jedoch im betreffenden DBA verzichtet. Der Gesellschafter bezieht abkommensrechtlich aus deutscher Sicht sowohl mit den Einkünften aus der Personengesellschaft als auch mit den Zinseinnahmen aus dem Gesellschafterdarlehen Unternehmensgewinne, die gem. dem dem Urteil zugrundeliegenden DBA-USA 1954 in Deutschland freizustellen sind.[1012]

---

in Übereinstimmung mit diesem Abkommen in den Vereinigten Staaten besteuert werden." Vgl. auch Art. 23 Abs. 3 DBA-Kanada sowie Art. 23 Abs. 1 DBA-Schweden.

1008 In Nr. 18 des Protokolls zu Art. 24 und 25 DBA-Italien wird beispielsweise die „switch-over"-Klausel wie folgt formuliert: „Werden Einkünfte in der Italienischen Republik und in der Bundesrepublik Deutschland unterschiedlich qualifiziert oder unterschiedlich zugerechnet und kann dieser Unterschied nicht durch ein Verständigungsverfahren nach Artikel 26 beseitigt werden, so gilt folgendes: ... b) würden die betreffenden Einkünfte in der Italienischen Republik nicht oder nur ermäßigt besteuert und gleichzeitig von der deutschen Steuer befreit, so gewährt die Bundesrepublik Deutschland nicht eine Steuerbefreiung ..., sondern eine Steueranrechnung". Vgl. auch Nr. 21 des Protokolls zu Art. 23 und Art. 25 DBA-USA sowie Nr. 13 des Protokolls zu Art. 23 DBA-Kanada.

1009 Vgl. *Krabbe*, Freistellung 1996, S. 70.

1010 Vgl. *Grotherr*, Rückfallklausel 1997, S. 689 ff.; *Vogel*, in: *Vogel*, DBA 1996, Vor Art. 6-22 OECD-MA, Rdnr. 19.

1011 Vgl. zu den Details *Grotherr*, Rückfallklausel 1997, S. 696 ff.

1012 Ebenso *Debatin*, Beteiligungen an Personengesellschaften 1992, S. 1188.

b) Bestimmung der Höhe der Einkünfte

Da die Verteilungsnormen der Art. 6 bis 22 OECD-MA zur Ermittlung des Umfangs der Einkünfte teilweise auf Bruttobeträge[1013] und teilweise auf Nettobeträge[1014] abstellen, ist eine Entscheidung dahingehend zu treffen, inwieweit diese Vorschriften für die innerstaatliche Einkünfteermittlung zwecks Vermeidung der Doppelbesteuerung maßgeblich sind. Der lange Zeit in der Literatur vorherrschenden Ansicht[1015], die Ermittlung der Einkünfte richte sich ausschließlich nach innerstaatlichem Recht, der Umfang der ausländischen Einkünfte umfasse nach deutschen Vorschriften also lediglich Nettobeträge, wird neuerdings[1016] – auch von seiten des BFH[1017] – die Auffassung entgegengesetzt, der Einkünftebegriff des Methodenartikels sei ein Ausdruck des Abkommensrechts und somit gem. Art. 3 Abs. 2 OECD-MA nach dem abkommensrechtlichen Sinnzusammenhang auszulegen.[1018] Der Einkünftebegriff des MA ist daher als Oberbegriff für die Einkunftsarten der Art. 6 bis 22 OECD-MA zu werten und folglich wegen der dualen Definition in den Verteilungsnormen zwangsläufig entweder als Bruttobetrag oder als Nettobetrag aufzufassen.[1019]

Dagegen ist die **Höhe des Netto- bzw. Bruttobetrags** der freizustellenden ausländische Einkünfte – unabhängig von der steuerlichen Behandlung im Ausland – allein nach den deutschen steuerrechtlichen Vorschriften zu ermitteln[1020] und für die Berechnung des Steuersatzeinkommens bei Progressionsvorbehalt so hinzuzurechnen, als ob sie der deutschen Besteuerung unterliegen würden.[1021]

Der Dualismus der nationalen Einkünfteermittlung, der sich in der **Unterscheidung zwischen Gewinneinkunftsarten und Überschußeinkunftsarten** manifestiert, schlägt unmittelbar auch auf die abkommensrechtlichen Einkunftsarten durch, so

---

[1013] Art. 10, 11, 12, 15, 16, 18, 19, 20 OECD-MA.

[1014] Art. 6, 7, 8, 13, 14, 17 OECD-MA.

[1015] Vgl. m.w.N. *Wassermeyer*, in: *Debatin/Wassermeyer*, DBA 1998, Art. 23A OECD-MA, Rdnr. 21.

[1016] Vgl. *Schaumburg*, Internationales Steuerrecht 1998, S. 1038; *Vogel*, in: *Vogel*, DBA 1996, Art. 23 OECD-MA, Rdnr. 1985; *Wassermeyer*, in: *Debatin/Wassermeyer*, DBA 1998, Art. 23A OECD-MA, Rdnr. 21.

[1017] Vgl. BFH vom 29.5.1996, BStBl. II 1997, S. 57.

[1018] Zur Auslegung von DBA vgl. Kapitel IV.C.3.

[1019] Vgl. *Wassermeyer*, in: *Debatin/Wassermeyer*, DBA 1998, Art. 23A OECD-MA, Rdnr. 21. Vgl. auch BFH vom 29.5.1996, BStBl. II 1997, S. 57.

[1020] Die Regelungskreise des DBA und des innerstaatlichen Rechts sind insoweit überschneidungsfrei: Während das innerstaatliche Recht die Steuerpflicht nach Gegenstand und Umfang festlegt, bestimmen die DBA „in welchem gegenständlichen Umfang und in welchem Ausmaß nicht mehr besteuert werden darf."; *Debatin*, in: *Debatin/Wassermeyer*, DBA 1998, Systematik III, Rdnr. 41. Vgl. zur Rechtsprechung BFH vom 11.7.1979, BFHE 128, S. 248; BFH vom 13.9.1989, BStBl. II 1990, S. 57; BFH vom 29.4.1992, BStBl. II 1993, S. 149.

[1021] Vgl. BFH vom 13.11.1991, BStBl. II 1992, S. 345.

daß für die Feststellung unternehmerischer Einkünfte die §§ 4 Abs. 1, 5 Abs. 1, 4 Abs. 3 EStG und für nichtunternehmerische Einkünfte die §§ 8, 9 EStG einschlägig sind.[1022] Bezüglich der Berücksichtigung von Betriebsausgaben bzw. Werbungskosten steht im Ergebnis die Einkünfteermittlung bei Vorliegen eines DBA derjenigen bei Fehlen eines solchen gleich;[1023] nach übereinstimmender h. M. in Literatur[1024] und Rechtsprechung[1025] können lediglich die bei der entsprechenden Einkunftsermittlungsart abzugsfähigen Aufwendungen berücksichtigt werden, so daß für die Ermittlung ausländischer Einkünfte im Inland verwirklichte Besteuerungsmerkmale außer acht bleiben und folglich beispielsweise eine inländische Kapitalgesellschaft bei der Ermittlung ausländischer Einkünfte aus Kapitalvermögen ausschließlich diejenigen Aufwendungen als Betriebsausgaben ansetzen kann, die auch von einer Privatperson als Werbungskosten abzugsfähig wären.

Die Problematik der Einkünftedefinition anhand abkommensrechtlicher Auslegung als Brutto- bzw. Nettobetrag einerseits und der Einkünfteermittlung allein anhand innerstaatlicher Vorschriften andererseits zeigt sich bei den Einkünften, deren Doppelbesteuerung durch Anrechnung ausländischer Steuern im Wohnsitzstaat vermieden werden soll. Die abkommensrechtliche Vermeidungstechnik sieht einen Rückgriff auf die innerstaatliche Vorschrift zur Anrechnung – im deutschen Recht § 34c Abs. 1 EStG – vor, die für die Höhe der anrechenbaren Steuer einen Höchstbetrag festlegt, in dessen Berechnung als wesentliche Komponente die ausländischen Einkünfte – ermittelt auf der Grundlage innerstaatlicher Normen – eingehen.[1026] Der Ansatz der Nettoeinkünfte zwecks Ermittlung des Höchstbetrags der Anrechnung und der Bruttoeinkünfte bei der Ermittlung der Steuern im Ausland kann zu beträchtlichen Anrechnungsüberhängen führen, denen in Deutschland, da ein Vor- oder Rücktrag nicht möglich ist, ausschließlich mit dem Wechsel zur Abzugsmethode begegnet werden kann.[1027]

[1022] Vgl. BFH vom 2.3.1989, BStBl. II 1989, S. 543; BFH vom 21.8.1990, BStBl. II 1991, S. 126.

[1023] Vgl. dazu Kapitel IV.B.2.c)(2).

[1024] Vgl. *Krabbe*, Betriebsausgaben 1994, S. 242; *Wassermeyer*, in: *Debatin/Wassermeyer*, DBA 1998, Vor Art. 6-22 OECD-MA, Rdnr. 58.

[1025] Vgl. BFH vom 16.3.1994, BStBl. II 1994, S. 799.

[1026] Vgl. zur Ermittlung des Anrechnungshöchstbetrags Kapitel IV.B.2.c)(3)(a).

[1027] Vgl. bereits Kapitel IV.B.2.c)(3)(a).

5. Stille Gesellschaften im OECD-MA

a) Keine Abkommensberechtigung stiller Gesellschaften

Stille Gesellschaften sind im OECD-MA nicht explizit erwähnt, so daß eine Abkommensberechtigung anhand der allgemeinen Definitionen in den Art. 1, 3 und 4 OECD-MA zu prüfen ist. Die **abkommensrechtliche Personeneigenschaft** als erstes Kriterium für das Vorliegen der Abkommensberechtigung kann sich bei stillen Gesellschaften aus deutscher Sicht allenfalls durch eine Qualifikation als „andere Personenvereinigung“[1028] ergeben. Die Qualifikation als Personenvereinigung führt jedoch dann nicht zum Abkommensschutz, wenn nicht zugleich das zweite Kriterium der Abkommensberechtigung, nämlich die **Ansässigkeit**, erfüllt ist.[1029] Da letzteres Kriterium allerdings nach h. M. die uneingeschränkte Steuersubjekteigenschaft des rechtlichen Gebildes impliziert,[1030] ist aus deutscher Sicht eine Abkommensberechtigung der stillen Gesellschaft – unabhängig von ihrer Ausgestaltungsart – an sich zu versagen.[1031] Im Schutz des Abkommens stehen im Ergebnis lediglich der stille Gesellschafter und der Geschäftsinhaber.

Stille Gesellschaftsverhältnisse sind teilweise auch im Ausland – wenn auch in abgewandelter Form – bekannt;[1032] allerdings wird der Rechtstypenvergleich für ein ausländisches eigenständiges Steuersubjekt kein der deutschen stillen Gesellschaft vergleichbares Rechtsgebilde ergeben, so daß die in der Literatur kontrovers geführte Diskussion um die Abkommensberechtigung von Personengesellschaften[1033], deren Steuerrechtsfähigkeit in den Vertragsstaaten unterschiedlich beurteilt wird, für die abkommensrechtliche Einschätzung stiller Gesellschaften nicht aufgegriffen werden muß.

b) Wertungsmöglichkeiten bezüglich der DBA-Objekttatbestände bei typisch stillen Gesellschaften

Die Besteuerung von Einkünften aus grenzüberschreitenden Sachverhalten erfordert eine abkommensrechtliche Einordnung der vorliegenden Tatbestände in die Ein-

---

1028 In zahlreichen DBA der Bundesrepublik Deutschland ist die „andere Personenvereinigung“ als abkommensrechtliche Person nicht genannt; vgl. die Übersicht bei *Vogel*, in: *Vogel*, DBA 1996, Art. 3 OECD-MA, Rdnr. 18.

1029 Vgl. Kapitel IV.C.1.b).

1030 Vgl. Kapitel IV.C.1.b).

1031 Ebenso *Fu*, Stille Gesellschaft 1997, S. 156; *Vogel*, in: *Vogel*, DBA 1996, Art. 3 OECD-MA, Rdnr. 29; *Wassermeyer*, in: *Debatin/Wassermeyer*, DBA 1998, Art. 10 OECD-MA, Rdnr. 115.

1032 Gesetzliche Regelungen über stille Gesellschaften finden sich z. B. in Belgien, Italien, Luxemburg und Österreich; vgl. Kapitel III.

1033 Vgl. hierzu ausführlich m. w. N. *Piltz*, Personengesellschaften 1981, S. 221 ff.

kunftskategorien des DBA.[1034] Da die typisch stille Gesellschaft im OECD-MA nicht explizit erwähnt ist, nehmen die Vertragsstaaten, sofern keine Qualifikationsverkettung vorliegt,[1035] eine eigenständige Wertung der Sachlage und anschließend eine Einordnung in den vom DBA vorgegebenen Einkünftekatalog vor.

Aus **deutscher Sicht** werden die Gewinnanteile eines **typisch stillen Gesellschafters** als Einkünfte aus Kapitalvermögen besteuert und folglich wie Zinsen behandelt; der Versuch der Subsumtion dieser Einkünfte unter den Zinsbegriff des Abkommens liegt daher nahe. Art. 11 Abs. 3 OECD-MA definiert Zinsen als „Einkünfte aus Forderungen jeder Art, auch wenn die Forderungen durch Pfandrechte an Grundstücken gesichert oder mit einer Beteiligung am Gewinn des Schuldners ausgestattet sind ...". Nach h. M.[1036] sind die Einkünfte typisch stiller Gesellschafter aus deutscher Sicht diesem abkommensrechtlichen Zinsbegriff zuzurechnen.[1037] Art. 11 OECD-MA ist im Verhältnis zu Art. 7 OECD-MA als **Spezialvorschrift** zu verstehen, die eine Wertung als Zinsen i. S. d. OECD-MA auch dann anordnet, wenn die Einnahmen Teil eines gewerblichen Gewinns sind.[1038] Beteiligt sich eine deutsche Kapitalgesellschaft typisch still an einem ausländischen Unternehmen, sind die Einkünfte daher entsprechend Art. 11 OECD-MA zu behandeln und nicht unter den Begriff der Unternehmensgewinne zu subsumieren. Eine Ausnahme hiervon stellt der in Art. 11 Abs. 4 OECD-MA kodifizierte **Betriebstättenvorbehalt** dar, der Zinsen aus Forderungen, die tatsächlich zu einer im Quellenstaat belegenen Betriebstätte des deutschen Steuerpflichtigen gehören,[1039] den Unternehmensgewinnen i. S. d. Art. 7 OECD-MA zurechnet. Übertragen auf stille Gesellschaften sind demnach Einkünfte aus einer stillen Beteiligung, die nach den allgemeinen Abgrenzungskriterien[1040] zum Vermö-

---

1034 Vgl. Kapitel IV.C.4.

1035 Vgl. Kapitel IV.C.4.a)(2).

1036 Vgl. *Burmester*, Probleme der stillen Gesellschaft 1996, S. 144; *Mössner*, in: *Mössner* u.a., Steuerrecht 1998, S. 132; *Pöllath*, in: *Vogel*, DBA 1996, Art. 11 OECD-MA, Rdnr. 61; *Schaumburg*, Internationales Steuerrecht 1998, S. 963; *Wassermeyer*, in: *Debatin/Wassermeyer*, DBA 1998, Art. 11 OECD-MA, Rdnr. 88.

1037 Die deutschen DBA weichen i. d. R. von dieser Einschätzung ab; vgl. dazu Kapitel IV.D.

1038 Der Vorrang der spezielleren Vorschrift über Zinsen ist in Art. 7 Abs. 7 OECD-MA ausdrücklich festgelegt: „Gehören zu den Gewinnen Einkünfte, die in anderen Artikeln dieses Abkommens behandelt werden, so werden die Bestimmungen jener Artikel durch die Bestimmungen dieses Artikels nicht berührt." Zur abkommensrechtlichen Auslegung dieser Vorschrift durch den BFH und der daran geübten Kritik vgl. Kapitel IV.C.4.a)(3).

1039 In der Praxis stellt sich dabei vorrangig das Problem der Abgrenzung zwischen Vermögen und Schulden der Betriebstätte und der Obergesellschaft; vgl. hierzu *Pöllath*, in: *Vogel*, DBA 1996, Art. 11 OECD-MA, Rdnr. 88 ff.; *Portner*, in: *Becker/Höppner/Grotherr/Kroppen*, DBA 1998, Art. 11 OECD-MA, Rdnr. 136 ff.; *Wassermeyer*, in: *Debatin/Wassermeyer*, DBA 1998, Art. 11 OECD-MA, Rdnr. 108 ff.

1040 Vgl. zur Abgrenzung von Einkünften und Vermögen der Betriebstätte ausführlich z. B. *Jacobs*, Internationale Unternehmensbesteuerung 1999, S. 543 ff.; *Lüdicke*, in: StBKgR 1994, S. 233 ff.

gen einer ausländischen Betriebstätte zählt, Teil der Unternehmensgewinne gem. Art. 7 OECD-MA, die das inländische Stammhaus aus dieser Betriebstätte bezieht.

Ein nach deutschem Recht als typisch stille Gesellschaft gewertetes Rechtsgebilde kann in einem **ausländischen Rechtssystem** allerdings eine andere Wertung erfahren. I. d. R. werden die der deutschen Einkunftsart „Einkünfte aus Kapitalvermögen" vergleichbaren Einkünfte vorliegen; abkommensrechtlich ergeben sich daraus jedoch mit den Dividendeneinkünften[1041] i. S. v. Art. 10 OECD-MA und den Zinseinkünften[1042] i. S. v. Art. 11 OECD-MA zwei mögliche Einkunftskategorien. Darüber hinaus ist für den Fall, daß beide Vertragspartner fremdkapitalähnliche und mitunternehmerische Ausgestaltungsvarianten kennen, bei unterschiedlicher Würdigung der Tatbestände im Ausland eine Qualifikation der Einkünfte aus typisch stillen Gesellschaften als Unternehmensgewinne i. S. v. Art. 7 OECD-MA denkbar. Nachfolgende Abbildung 19 zeigt die Wertungsmöglichkeiten typisch stiller Gesellschaften bezüglich der DBA-Objekttatbestände im In- und Ausland unter Berücksichtigung der Qualifikationsverkettung für Zins- und Dividendeneinkünfte.[1043]

1041 Beispielsweise nimmt Spanien sowohl bei der typischen als auch der atypischen Ausgestaltung der stillen Gesellschaft Dividendeneinkünfte an; vgl. Kapitel III.

1042 Eine der deutschen Betrachtungsweise entsprechende Wertung kann i. d. R. in Belgien, Luxemburg und Österreich unterstellt werden; vgl. Kapitel III.

1043 Vgl. ausführlich zur Bestimmung der Einkunftsart und zur Theorie der Qualifikationsverkettung Kapitel IV.C.4.a)(2).

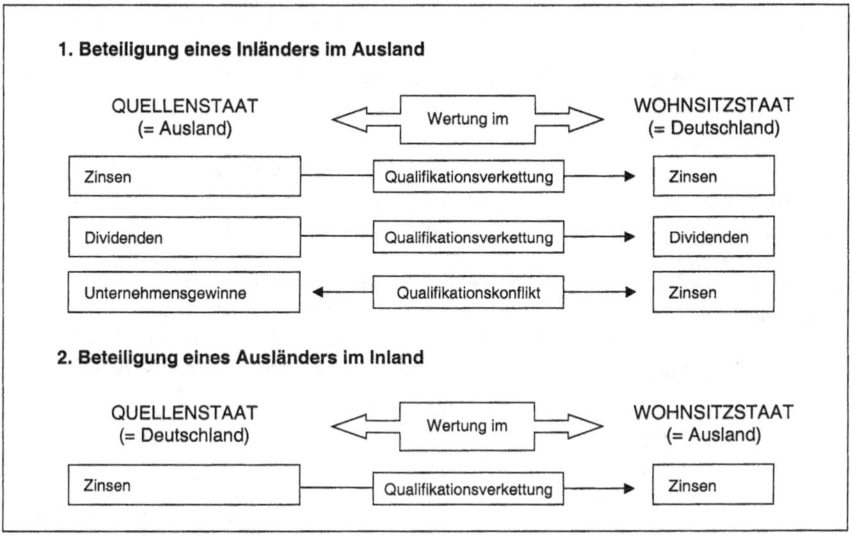

Abbildung 19: Wertungsmöglichkeiten der Vertragspartner hinsichtlich der DBA-Objekttatbestände bei typisch stillen Gesellschaften auf der Grundlage des OECD-MA

c) Wertungsmöglichkeiten bezüglich der DBA-Objekttatbestände bei atypisch stillen Gesellschaften

(1) Abkommensrechtliche Einordnung der Gewinnanteile

Die **atypisch stille Gesellschaft** wird in Deutschland als Mitunternehmerschaft behandelt; Gewinnanteile aus dem Gesellschaftsverhältnis unterliegen gem. § 15 Abs. 2 EStG zuzüglich etwaiger Sondervergütungen als Einkünfte aus Gewerbebetrieb der nationalen Besteuerung.[1044] Die Einkünfte aus atypisch stillen Beteiligungen sind aus deutscher Sicht auf Abkommensebene unabhängig von ihrer Beurteilung im Ausland als Unternehmensgewinne i. S. v. Art. 7 OECD-MA zu qualifizieren.[1045] Da-

[1044] Vgl. Kapitel II.B.4.

[1045] Vgl. *Fu*, Stille Gesellschaft 1997, S. 161 ff.; *Hemmelrath*, in: *Vogel*, DBA 1996, Art. 7 OECD-MA, Rdnr. 40; *Piltz*, in: *Debatin/Wassermeyer*, DBA 1998, Art. 7 OECD-MA, Rdnr. 99; *Schaumburg*, Internationales Steuerrecht 1998, S. 881; *Schmidt*, Atypisch stille Gesellschaft 1996, S. 216; *Strobl/Schäfer*, Berücksichtigung von Auslandsverlusten 1993, S. 210; *Wassermeyer*, in: *Debatin/Wassermeyer*, DBA 1998, Art. 10 OECD-MA, Rdnr. 115.

bei kommen die bei Beteiligungen von Inländern an ausländischen Mitunternehmerschaften geltenden Grundsätze zum Zuge: Das Besteuerungsrecht für die Unternehmensgewinne steht dem Quellenstaat zu, da das ausländische Unternehmen jedem Gesellschafter als Betriebstätte zuzurechnen ist.[1046]

Diese bisher ganz h. M. wird neuerdings von *Wassermeyer*[1047] in Frage gestellt, der das Vorliegen von Unternehmensgewinnen und – in der Folge – auch die Existenz einer Betriebstätte des atypisch stillen Gesellschafters im Ausland verneint. Was auf den ersten Blick als Einzelmeinung anmutet, ist, zieht man die der Ansicht *Wassermeyers* beipflichtende Meinung von *Piltz*[1048] und auch eine Äußerung im BFH-Urteil vom 31.5.1995[1049], in dem expressis verbis offen gelassen wird, ob eine atypisch stille Beteiligung eines Steuerinländers an einem ausländischen Unternehmen (hier: an einer US-amerikanische Kapitalgesellschaft) überhaupt eine Betriebstätte begründet, hinzu, durchaus geeignet, in Zukunft weitere Diskussionen hervorzubringen.

Ausgangspunkt von *Wassermeyers* Überlegungen ist die Verfügung der OFD Düsseldorf vom 5.7.1989[1050], die dem atypisch stillen Gesellschafter eines US-amerikanischen Unternehmens Unternehmensgewinne zuerkennt und sowohl für Abkommenszwecke als auch für Zwecke des deutschen Steuerrechts das Vorliegen einer ausländischen Betriebstätte des Stillen bestätigt.[1051] *Wassermeyer* argumentiert dagegen auf der Grundlage des Art. 7 Abs. 7 OECD-MA: Die Qualifikation bestimmter Einkünfte als Unternehmensgewinne schließe es nicht aus, daß die Einkünfte gleichzeitig unter eine andere DBA-Vorschrift fallen, deren Rechtsfolge vorrangig anzuwenden sei. Da der stille Gesellschafter lediglich schuldrechtliche Ansprüche gegen den Geschäftsinhaber habe, spricht *Wassermeyer* der atypisch stillen Beteiligung Darlehenscharakter zu und unterstellt sie den „Forderungen jeder Art" i. S. d. Art. 11 Abs. 3 OECD-MA; damit erziele der atypisch stille Gesellschafter auch aus deutscher abkommensrechtlicher Sicht keine Unternehmensgewinne, sondern Zinsen. Die nun greifende abkommensrechtliche Spezialnorm verbiete es zudem, dem stillen Gesellschafter eine ausländische Betriebstätte zuzurechnen.

1046 Vgl. *Burmester*, Probleme der stillen Gesellschaft 1996, S. 130; *Hebig/Heuer*, Grenzüberschreitende stille Beteiligung 1985, S. 798; *Strobl/Schäfer*, Berücksichtigung von Auslandsverlusten 1993, S. 208.

1047 Vgl. *Wassermeyer*, Auslegung von DBA 1995, S. 51.

1048 Vgl. *Piltz*, Hybride Finanzierungen 1995, S. 139 ff., der auf S. 142 ausdrücklich betont: „Die Diskussion hierzu steht erst am Anfang."

1049 BStBl. II 1995, S. 683.

1050 Vgl. OFD Düsseldorf vom 5.7.1989, in: DB 1989, S. 1700. Vgl. bereits Kapitel IV.C.4.a)(3).

1051 *Wassermeyer* ist zuzustimmen, daß es bei der Beurteilung, ob eine Betriebstätte vorliegt, nicht – wie von der OFD irrtümlich angenommen – auf den Betriebstättenbegriff in § 12 AO ankommt, sondern die abkommensrechtliche Begriffsdefinition zugrunde zu legen ist; vgl. *Wassermeyer*, Auslegung von DBA 1995, S. 51.

Die von *Wassermeyer* vertretene Auffassung kann als Fortsetzung der neueren BFH-Rechtsprechung verstanden werden.[1052] Im Urteil vom 27.2.1991[1053] hat der BFH zur Wertung von Sondervergütungen, die einem Gesellschafter einer US-Personengesellschaft gezahlt wurden, ebenfalls entgegen den bis dahin anerkannten Grundsätzen der Abkommensauslegung eine zivilrechtliche Betrachtungsweise in den Vordergrund gestellt und Sondervergütungen i. S. d. deutschen Steuerrechts als Vergütungen aus einem zivilrechtlichen Schuldverhältnis gewertet.[1054] In der Folge wären damit nicht nur Darlehensverträge zwischen dem Gesellschafter und der Personengesellschaft steuerlich anzuerkennen, auch Entgelte aus anderen vertraglichen Verpflichtungen könnten in Deutschland auf der Grundlage dieser Auslegung des Art. 7 Abs. 7 OECD-MA einer anderen Abkommensvorschrift unterstellt werden. Der Gesellschafter einer Personengesellschaft würde dann abkommensrechtlich neben den angesprochen Zinsen i.S.v. Art. 11 OECD-MA auch Einkünfte aus unbeweglichem Vermögen i.S.v. Art. 6 OECD-MA, Lizenzen i.S.v. Art. 12 OECD-MA, selbständiger Arbeit i.S.v. Art. 14 OECD-MA sowie unselbständiger Arbeit i.S.v. Art. 15 OECD-MA beziehen.

Dieser Ansicht und deren Übertragung auf atypisch stille Gesellschaften ist deutlich zu widersprechen. Die atypisch stille Gesellschaft ist im OECD-MA nicht ausdrücklich erwähnt; Einkünfte, die ein Gesellschafter aus der Beteiligung bezieht, lassen sich nur nach den Grundsätzen abkommensrechtlicher Auslegung, insbesondere mit Hilfe der lex-fori-Klausel in Art. 3 Abs. 2 OECD-MA, einordnen, die als letztes Auslegungshilfsmittel einen Rückgriff auf das nationale Steuerrecht anordnet. Aus dem Abkommenszusammenhang ergibt sich m. E. kein Vorrang der Abkommensvorschrift über Zinsen gem. Art. 11 OECD-MA, da Abs. 3 der Vorschrift lediglich auf „Forderungen jeder Art" abstellt, diese allerdings nicht näher spezifiziert. Für eine zivilrechtliche Betrachtungsweise, die dem stillen Gesellschafter laut *Wassermeyer* und *Piltz* ein Schuldverhältnis vermitteln soll, besteht nicht nur kein Anlaß, sie ist sogar durch das ausdrückliche Abstellen der lex-fori-Klausel auf das Steuerrecht ausgeschlossen.[1055] Darüber hinaus kennt auch das nationale Zivilrecht das Institut der stillen Gesellschaft und regelt sie ausdrücklich in den §§ 230 ff. HGB unter der Überschrift „Gesellschaften" und nicht etwa im „Recht der Schuldverhältnisse" im BGB. Im Ergebnis stellt m. E. der abkommensrechtliche Zinsartikel keine speziellere, sondern lediglich eine andere Vorschrift dar, deren Anwendung sich nach den geltenden Auslegungsgrundsätzen im Zusammenhang mit Einkünften aus atypisch stillen Gesellschaften verbietet. Der atypisch stille Gesellschafter bezieht folglich aus deutscher Sicht Unternehmensgewinne i. S. d. Art. 7 OECD-MA.

1052 Ebenso *Schmidt*, Atypisch stille Gesellschaft 1996, S. 213 ff.

1053 BStBl. II 1991, S. 444. Zur Kritik vgl. ausführlich Kapitel IV.C.4.a)(3).

1054 Dies erkennt auch *Piltz*, Hybride Finanzierungen 1995, S. 141.

1055 Der Hinweis *Wassermeyers* (vgl. *Wassermeyer*, Auslegung von DBA 1995, S. 51), daß der stille Gesellschafter nur schuldrechtlich am Handelsgewerbe des Geschäftsinhabers beteiligt ist, ist für die steuerliche Behandlung unerheblich. Der BFH stellt in diesem Zusammenhang auf eine wirtschaftliche Betrachtungsweise ab, für die die Unterscheidung zwischen dinglicher und schuldrechtlicher Beteiligung an Bedeutung verliert; vgl. bereits Kapitel II.B.4.a)(1).

Die **Wertung der Gewinnanteile im ausländischen Staat** wird von der Frage bestimmt, ob das ausländische Rechtssystem eine Gestaltung wie die der atypisch stillen Gesellschaft überhaupt kennt oder ob im Ausland gewählte „Ersatzlösungen" zum innerstaatlichen Qualifikationsergebnis geführt haben;[1056] das Ausland könnte abkommensrechtlich bei den Gewinnanteilen des Stillen dann Dividenden i. S. d. Art. 10 OECD-MA, Zinseinkünfte i. S. d. Art. 11 OECD-MA oder Unternehmensgewinne i. S. d. Art. 7 OECD-MA annehmen.[1057]

Selbst wenn der ausländische Staat stille Gesellschaften gesellschaftsrechtlich regelt, können die ausländische und die deutsche steuerrechtliche Behandlung divergieren, so daß die ausländische Wertung bei atypisch stillen Gesellschaften das Vorliegen von Dividenden[1058] i. S. d. Art. 10 OECD-MA ergeben kann. Darüber hinaus können die Vertragsstaaten das der Gestaltung zugrundeliegende Vertragsverhältnis unterschiedlich beurteilen, so daß im Ausland bei der inländischen Wertung als atypisch, eine typisch stille Gesellschaft erkannt und die Einkünfte damit unter den Zinsbegriff i. S. d. Art. 11 OECD-MA subsumiert werden. Abbildung 20 zeigt die Wertungsmöglichkeiten der Gewinnanteile aus atypisch stillen Gesellschaften bezüglich der DBA-Objekttatbestände im In- und Ausland unter Berücksichtigung der Qualifikationsverkettung für Zins- und Dividendeneinkünfte auf Abkommensebene.[1059]

1056 Zur stillen Gesellschaft im ausländischen Zivil- und Steuerrecht vgl. Kapitel III.

1057 Beispielsweise wertet das schweizerische Recht die typisch stille Beteiligung als partiarisches Darlehen und die atypische Ausgestaltung als einfache Gesellschaft i. S. d. Art. 530 OR ff.; vgl. *Zwosta*, in: *Debatin/Wassermeyer*, DBA 1998, Art. 10 DBA-Schweiz, Rdnr. 83. Das tschechische Steuerrecht hingegen behandelt Gewinnanteile aus stillen Beteiligungen wie Ausschüttungen auf Aktien; vgl. *Safarik*, in: *Debatin/Wassermeyer*, DBA 1998, Art. 10 DBA-Tschechien, Rdnr. 44. Zur stillen Gesellschaft im ausländischen Zivil- und Steuerrecht vgl. Kapitel III.

1058 Beispielsweise führen in Spanien sowohl typisch als auch atypisch stille Beteiligungen zu Dividendeneinkünften; vgl. Kapitel III.

1059 Vgl. ausführlich zur Bestimmung der Einkunftsart und zur Anwendung der Theorie der Qualifikationsverkettung Kapitel IV.C.4.a).

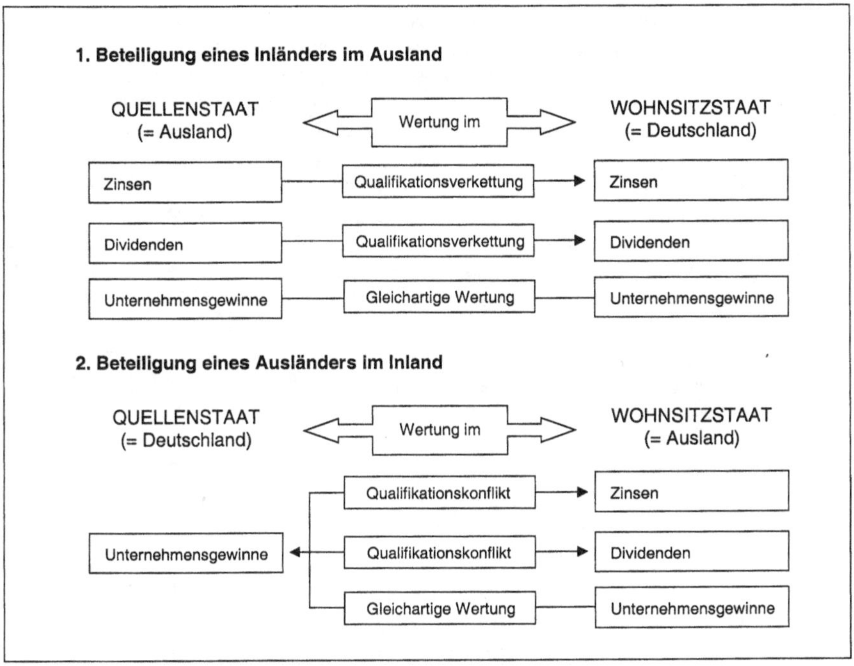

Abbildung 20: Wertungsmöglichkeiten der Vertragspartner hinsichtlich der DBA-Objekttatbestände bei atypisch stillen Gesellschaften auf der Grundlage des OECD-MA

(2) Abkommensrechtliche Einordnung der Sondervergütungen

Ist die Gesellschaftsform der stillen Gesellschaft und/oder deren Ausgestaltungsform als Mitunternehmerschaft im Ausland unbekannt, so kommt es stets auch bezüglich der an den Gesellschafter gezahlten **Sondervergütungen** zu unterschiedlichen Wertungen; selbst die Anerkennung des Rechtsinstituts der stillen Gesellschaft und deren Wertung als Mitunternehmerschaft setzt nicht unbedingt die Gleichbehandlung der Sondervergütungen voraus. Erkennt der DBA-Vertragspartner schuldrechtliche Verträge zwischen der Gesellschaft und dem atypisch stillen Gesellschafter auch steuerlich an, werden dem an einem ausländischen Unternehmen still beteiligten Steuerinländer – je nach zugrundeliegendem Rechtsgeschäft – im Ausland Einkünfte aus unbeweglichem Vermögen i. S. v. Art. 6 OECD-MA, Zinsen i. S. v. Art. 11 OECD-MA, Lizenzen i. S. v. Art. 12 OECD-MA, selbständiger Arbeit i. S. v. Art. 14 OECD-MA sowie unselbständiger Arbeit i. S. v. Art. 15 OECD-MA zugerechnet.

Deutschland ist an die Qualifikation im Ausland grundsätzlich nicht gebunden, sofern keine ausdrücklich vereinbarte Qualifikationsverkettung dies verlangt.[1060] Das OECD-MA enthält eine Qualifikationsverkettung bei den hier angesprochenen Sondervergütungen ausschließlich für Einkünfte aus Zinsen, nicht dagegen für Einkünfte aus Lizenzen sowie aus selbständiger und unselbständiger Arbeit; da kein abkommensrechtlicher Rückgriff der Vermeidungsnorm auf die entsprechende Verteilungsnorm besteht, bleibt es bei der jeweiligen innerstaatlichen Einschätzung. Ein ausdrücklicher Rückgriff auf das innerstaatliche Recht des Quellenstaates ist im OECD-MA in Art. 6 für Einkünfte aus unbeweglichem Vermögen vorgesehen, indem Abs. 2 der Vorschrift den Begriff des „unbeweglichen Vermögens" an die Qualifikation im Belegenheitsstaat bindet und somit dessen Begriffsdefinition zum Abkommensinhalt erhebt.[1061] Damit ist zwar der Begriff des „unbeweglichen Vermögens" im OECD-MA autonom definiert, aber nicht, was unter den „Einkünften aus unbeweglichem Vermögen" zu verstehen ist.[1062] Für die Einordnung der Sondervergütungen beispielsweise aus der Vermietung eines der Personengesellschaft vom Gesellschafter zur Nutzung überlassenen Grundstücks hinsichtlich ihrer abkommensrechtlichen Einkunftskategorie löst die Tatsache, daß das OECD-MA definiert, was unter „unbeweglichem Vermögen" zu verstehen ist, m. E. keine Verkettung der Qualifikation der Einkunftsart aus; vielmehr hat auch in diesem Fall eine eigenständige Wertung durch die Vertragspartner zu erfolgen.

Im Ergebnis besteht eine Verkettung der Qualifikation der Einkunftsart von Sondervergütungen im Quellenstaat mit der im Wohnsitzstaat ausschließlich bei Zinseinkünften; soweit Sondervergütungen im ausländischen Vertragsstaat eine von der deutschen Sichtweise abweichende Einordnung erfahren, sind Qualifikationskonflikte zu erwarten[1063]. Abbildung 21 zeigt die Wertungsmöglichkeiten der Vertragspartner hinsichtlich der DBA-Objekttatbestände bei Sondervergütungen auf der Grundlage des OECD-MA.

1060 Vgl. Kapitel IV.C.4.a)(2).

1061 Vgl. bereits Kapitel IV.C.4.a)(2).

1062 Ebenso *Wassermeyer*, in: *Debatin/Wassermeyer*, DBA 1998, Art. 6 OECD-MA, Rdnr. 15.

1063 Ebenso *Schieber*, in: *Debatin/Wassermeyer*, DBA 1998, Art. 15 OECD-MA, Rdnr. 69.

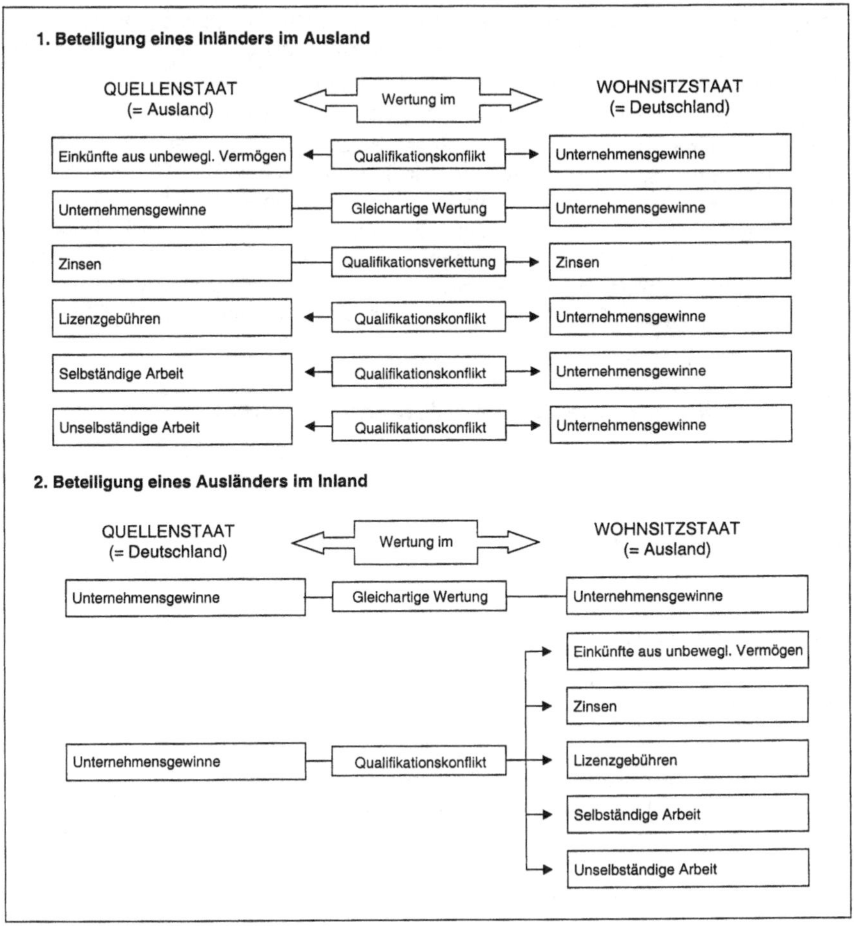

Abbildung 21: Wertungsmöglichkeiten der Vertragspartner hinsichtlich der DBA-Objekttatbestände bei Sondervergütungen auf der Grundlage des OECD-MA

Bei konsequenter Anwendung der **neueren BFH-Rechtsprechung**[1064] sind Sondervergütungen an Gesellschafter von Personengesellschaften – unabhängig davon, ob sie nach oder aus Deutschland fließen – abkommensrechtlich auf der Basis ihres zugrundeliegenden zivilrechtlichen Rechtsgeschäfts zu beurteilen; d. h., je nach Art der Vergütung liegen aus deutscher Sicht Einkünfte aus unbeweglichem Vermögen

---

1064 Vgl. BFH-Urteil vom 27.2.1991, BStBl. II 1991, S. 444; BFH vom 31.5.1995, BStBl. II 1995, S. 683. Vgl. dazu kritisch Kapitel IV.C.4.a)(3).

i. S. v. Art. 6 OECD-MA, Zinsen i. S. v. Art. 11 OECD-MA, Lizenzgebühren i. S. v. Art. 12 OECD-MA, Einkünfte aus selbständiger Arbeit i. S. v. Art. 14 OECD-MA oder Einkünfte aus unselbständiger Arbeit i. S. v. Art. 15 OECD-MA vor.[1065]

Die aus Abbildung 21 hervorgehenden Qualifikationskonflikte lösen sich bei dieser Sichtweise allerdings nur dann auf, wenn es hinsichtlich der Sondervergütungen zwischen den Vertragspartnern zu Wertungsdivergenzen in der Weise kommt, daß nur Deutschland das Mitunternehmerkonzept anwendet. Fraglich ist, ob die neue Argumentationslinie des BFH auch dann zum Zuge kommt, wenn der ausländische Vertragspartner ebenfalls das Mitunternehmerkonzept einschließlich der steuerlichen Behandlung von Sondervergütungen als Vorabgewinne kennt und abkommensrechtlich umsetzt. In diesem Fall käme es dann weiterhin zu Qualifikationskonflikten.[1066]

6. Beteiligung eines Steuerinländers an einem ausländischen Unternehmen

a) Typisch stille Gesellschaft

(1) Steuerliche Behandlung bei übereinstimmender Wertung

Aus **deutscher Sicht** stellen Gewinnanteile eines typisch stillen Gesellschafters Einkünfte aus Kapitalvermögen i. S. d. § 20 Abs. 1 Nr. 4 EStG dar, die ohne Berücksichtigung des Abkommensrechts bei einer Beteiligung eines Steuerinländers an einem ausländischen Handelsgewerbe im Zuge des Welteinkommensprinzips, je nachdem, ob es sich beim Stillen um eine natürliche Person bzw. Personengesellschaft oder eine juristische Person handelt, der unbeschränkten Einkommen- bzw. Körperschaftsteuerpflicht unterliegen.[1067]

Abkommensrechtlich liegen hingegen Zinsen i. S. v. Art. 11 OECD-MA vor.[1068] Art. 11 Abs. 1 und 2 OECD-MA manifestieren eine **unvollständige Verteilungsnorm**, indem sie sowohl dem Quellenstaat als auch dem Wohnsitzstaat ein Besteuerungsrecht eröffnen: Abs. 1 erlaubt dem Wohnsitzstaat des stillen Gesellschafters die Besteuerung der Einkünfte; Abs. 2 der Vorschrift läßt dem Quellenstaat[1069] ein Besteuerungsrecht, schränkt dieses aber gleichzeitig auf maximal 10 % der Bruttoeinnah-

---

1065 So auch *Piltz*, in: *Mössner* u. a., Steuerrecht 1998, S. 808 ff.

1066 Vgl. mit kritischer Würdigung Kapitel IV.C.8.

1067 Vgl. dazu Kapitel IV.B.2.a).

1068 Vgl. Kapitel IV.C.5.b).

1069 Der Quellenstaat ist im Fall stiller Gesellschaften der Ansässigkeitsstaat des Geschäftsinhabers; die Formulierung „Schuldner“ in Art. 11 Abs. 5 OECD-MA ist bei stillen Gesellschaften durch die Bezeichnung „Geschäftsinhaber“ zu ersetzen.

men ein.[1070] Der Wohnsitzstaat des stillen Gesellschafters erhält hingegen ein uneingeschränktes Besteuerungsrecht. In Deutschland sind den Bruttoeinnahmen – insbesondere also die Einnahmen vor Abzug der ausländischen Steuern – jene Werbungskosten bzw. Betriebsausgaben entgegenzusetzen, die als Werbungskosten der Einnahmen aus stillen Beteiligungen i. S. d. § 20 Abs. 1 Nr. 4 EStG berücksichtigt werden könnten.[1071] Eine Vermeidung der Doppelbesteuerung erfolgt auf der Grundlage der DBA-Vermeidungsnorm in Art. 23A Abs. 2 OECD-MA durch Anrechnung der im Ausland gezahlten Quellensteuer auf die Steuerschuld im Wohnsitzstaat.[1072]

Verluste aus der stillen Beteiligung an einem ausländischen Unternehmen gehen grundsätzlich in die Bemessungsgrundlage für die inländische Besteuerung ein, allerdings sind die innerstaatlichen Restriktionen in Gestalt der §§ 15a, 2a EStG zu beachten.[1073] Nach § 2a Abs. 1 Nr. 5 EStG können negative Einkünfte aus einer typisch stillen Beteiligung an einem ausländischen Unternehmen lediglich mit positiven Einkünften derselben Art aus demselben Staat ausgeglichen werden; entsteht bzw. erhöht sich dazu noch ein negatives Einlagekonto des Stillen, ordnet § 20 Abs. 1 Nr. 4 EStG die sinngemäße Anwendung des § 15a EStG an, so daß lediglich eine künftige Verrechenbarkeit der negativen Einkünfte mit positiven Einkünften aus derselben Beteiligung verbleibt.[1074]

(2) Steuerliche Behandlung bei abweichender Wertung

Deutschland wertet Einkünfte aus typisch stillen Gesellschaften auf der Grundlage des OECD-MA grundsätzlich als Zinsen i. S. d. Art. 11 OECD-MA; stimmt diese innerstaatliche Qualifikation mit der Wertung des ausländischen Vertragspartners überein, ergeben sich die oben genannten Konsequenzen.[1075] Erfährt die typisch stille Gesellschaft im anderen Vertragsstaat jedoch eine von der deutschen Sichtweise abweichende Wertung – in Frage kommt die Subsumtion der Einkünfte aus der stillen Gesellschaft unter den abkommensrechtlichen Dividendenbegriff oder unter die Unternehmensgewinne[1076] –, ist nach der hier vertretenen Ansicht[1077] zunächst das Vor-

[1070] Bemessungsgrundlage für die Besteuerung ist der Bruttobetrag selbst dann, wenn der Quellenstaat die Besteuerung der Einkünfte im Veranlagungsweg vom Nettobetrag vornimmt; vgl. *Portner*, in: *Becker/Höppner/Grotherr/Kroppen*, DBA 1998, Art. 11 OECD-MA, Rdnr. 45.

[1071] Vgl. BFH vom 16.3.1994, BStBl. II 1994, S. 799.

[1072] Zur Durchführung der Anrechnungsmethode vgl. Kapitel IV.B.2.c)(3)(a).

[1073] Vgl. Kapitel IV.B.2.a)(2).

[1074] Zum Zusammenspiel zwischen den Verlustverrechnungsverboten in § 2a EStG und § 15a EStG vgl. bereits ausführlich Kapitel IV.B.2.a)(2)(f).

[1075] Vgl. Kapitel IV.C.6.a)(1).

[1076] Vgl. Kapitel IV.C.5.b).

[1077] Vgl. ausführlich zur Bestimmung der Einkunftsart und zur Anwendung der Theorie der Qualifikationsverkettung Kapitel IV.C.4.a).

liegen einer Qualifikationsverkettung zu prüfen, die die Wertung des Quellenstaates für den Wohnsitzstaat verbindlich macht.[1078] Im OECD-MA ist eine Maßgeblichkeit der Qualifikation im Quellenstaat in Art. 23A OECD-MA nur für Zins- und Dividendeneinkünfte i. S. d. Abkommens vorgesehen, so daß bei abweichender Wertung im Quellenstaat eine Regelungsverquickung lediglich durch Zuordnung des Sachverhalts zu den Dividenden i. S. d. Art. 10 OECD-MA ausgelöst wird.

Wertet der ausländische Staat die **Einnahmen aus der typisch stillen Gesellschaft als Dividenden** i. S. d. Abkommens, ist Deutschland nach der hier vertretenen Ansicht an diese Qualifikation wegen der ausdrücklichen Verweisung in Art. 23A Abs. 2 OECD-MA gebunden. Gem. Art. 10 Abs. 2 OECD-MA darf der Ansässigkeitsstaat des Geschäftsinhabers die Einnahmen mit einer Quellensteuer i. H. v. 15 % des Bruttobetrags besteuern; mit Lit. a) der Vorschrift ist der Quellensteuersatz sog. Schachteldividenden auf 5 % des Bruttobetrags beschränkt. Dem geringeren Quellensteuersatz unterliegen Dividenden, die von einer Gesellschaft ausgeschüttet werden, an der die empfangende Gesellschaft mindestens 25 % des Kapitals hält. Der Begriff des „Kapitals" wird im MK zu Art. 10 OECD-MA[1079] grundsätzlich als das Kapital im gesellschaftsrechtlichen Sinn[1080] definiert, allerdings wird darüber hinaus auf die steuerliche Behandlung in den Vertragsstaaten abgestellt; daher sind – wie der MK betont – finanzielle Mittel, die der Gesellschaft zur Verfügung gestellt werden und gesellschaftsrechtlich kein Eigenkapital darstellen, im Fall einer Umqualifizierung der Erträge in Dividenden nach innerstaatlichem Recht beispielsweise infolge von Unterkapitalisierungsregelungen ebenfalls unter dem Kapitalbegriff zu fassen.[1081] Die Voraussetzungen für das Vorliegen von **Schachteldividenden** lassen sich auf stille Gesellschaften nicht übertragen.[1082] Etwas anderes gilt, wenn sich ein Gesellschafter, dessen Beteiligung an der ausländischen Gesellschaft die notwendige Mindestbeteiligungsquote übersteigt, zusätzlich still an der ausländischen Gesellschaft beteiligt; neben den Erträgen aus der wesentlichen Beteiligung an der Gesellschaft unterliegen dann nach h. M.[1083] auch die Einnahmen aus der stillen Gesellschaft dem Quellensteuerhöchstsatz von 5 %.

Der Bruttobetrag der Einnahmen aus der stillen Gesellschaft unterliegt folglich – je nachdem, ob der Stille zusätzlich wesentlich an der ausländischen Gesellschaft beteiligt ist oder nicht – dem Quellensteuersatz i. H. v. 5 % bzw. 15 %; Deutschland als

---

1078 Vgl. Kapitel IV.C.4.a)(2).

1079 Vgl. MK zu Art. 10 OECD-MA, Rdnr. 15.

1080 Gemeint ist damit das gezeichnete Kapital nach dem innerstaatlichen Gesellschaftsrecht des Sitzstaates der ausschüttenden Gesellschaft zum Zeitpunkt der Ausschüttung; vgl. *Wassermeyer*, in: *Debatin/Wassermeyer*, DBA 1998, Art. 10 OECD-MA, Rdnr. 73.

1081 Zur Behandlung der Gesellschafterfremdfinanzierung bei Vorliegen der Voraussetzungen für die Anwendung von § 8a KStG vgl. Kapitel IV.C.7.a).

1082 Gl.A. *Mössner*, in: *Mössner* u.a., Steuerrecht 1998, S. 134; *Tischbirek*, in: *Vogel*, DBA 1996, Art. 10 OECD-MA, Rdnr. 167.

1083 Vgl. *Mössner*, in: *Mössner* u.a., Steuerrecht 1998, S. 134; *Tischbirek*, in: *Vogel*, DBA 1996, Art. 10 OECD-MA, Rdnr. 168. A.A. *Vesely/Kumpf*, Ausländische Gesellschafter 1977, S. 313.

Wohnsitzstaat wird durch die Vermeidungsnorm in Art. 23A Abs. 2 OECD-MA verpflichtet, die ausländische Quellensteuer nach Maßgabe der innerstaatlichen Vorschriften einschließlich der Höchstbetragsrechnung gem. §§ 34c Abs. 6 EStG, 26 Abs. 6 KStG auf die deutsche Einkommen- bzw. Körperschaftsteuerschuld anzurechnen.[1084] Auf Antrag kann auch bei Vorliegen eines DBA gem. § 34c Abs. 2 EStG von der Abzugsmethode als Alternative zur Anrechnungsmethode Gebrauch gemacht werden.[1085]

Keine Maßgeblichkeit der Wertung im Quellenstaat für die Qualifikation im Wohnsitzstaat infolge einer Qualifikationsverkettung besteht, wenn der ausländische Staat die Einnahmen aus der typisch stillen Gesellschaft als **Unternehmensgewinne** i. S. v. Art. 7 OECD-MA einordnet.[1086] Da die für den Wohnsitzstaat Deutschland maßgebliche Vermeidungsnorm keine ausdrückliche Verweisung auf Art. 7 OECD-MA enthält, die eine Bindung an die Qualifikation des Quellenstaates anordnet, entsteht ein Qualifikationskonflikt; die Vertragsstaaten nehmen daher die Besteuerung nach der jeweiligen innerstaatlichen Wertung vor. Liegt nach Einschätzung des Quellenstaates eine Betriebstätte des stillen Gesellschafters vor, so wird er das ihm in Art. 7 Abs. 1 OECD-MA gewährte Besteuerungsrecht in Anspruch nehmen.

Da Deutschland hingegen eine Wertung der Einnahmen aus typisch stillen Beteiligungen als Zinsen vornimmt, können diese grundsätzlich gem. Art. 11 Abs. 1 OECD-MA im Wohnsitzstaat besteuert werden; damit gehen die Einkünfte aus der stillen Gesellschaft als ausländische Einkünfte aus Kapitalvermögen gem. § 20 Abs. 1 Nr. 4 EStG bzw. als Teil des körperschaftsteuerpflichtigen Einkommens in das Welteinkommen des Steuerinländers ein. Fraglich ist, ob Deutschland auch angesichts der abweichenden Qualifikation im Ausland für die Vermeidung der Doppelbesteuerung eine Anrechnung der im Ausland auf die Unternehmensgewinne gezahlten ausländischen Steuer gem. Art. 23A Abs. 2 OECD-MA auf die deutsche Steuer vornehmen muß. Art. 23A Abs. 2 OECD-MA ordnet eine Anrechnung der ausländischen Steuer im Wohnsitzstaat dann an, wenn die Einkünfte „nach den Artikeln 10 und 11 im anderen Vertragsstaat besteuert werden können". Dies ist bei der Qualifikation der Einkünfte im anderen Vertragsstaat als Unternehmensgewinne i. S. v. Art. 7 OECD-MA nicht der Fall, so daß es m. E. nicht zur Anrechnung der ausländischen Steuer und damit zur Doppelbesteuerung der Einkünfte aus der typisch stillen Beteiligung kommt, die nur durch ein Verständigungsverfahren[1087] zwischen beiden Vertragsstaaten beseitigt werden kann.

[1084] Vgl. Kapitel IV.B.2.c)(3)(a).

[1085] Vgl. Kapitel IV.C.2.b)(3).

[1086] Vgl. Kapitel IV.C.5.b).

[1087] Vgl. zur Durchführung eines Verständigungsverfahrens ausführlich *Debatin*, in: *Debatin/Wassermeyer*, DBA 1998, Systematik III, Rdnr. 155 ff.; *Kluge*, Deutsches Internationales Steuerrecht 1992, S. 234 ff.; *Menck*, in: *Becker/Höppner/Grotherr/Kroppen*, DBA 1998, Grundlagen: Qualifikationskonflikte, Rdnr. 52; *Schaumburg*, Internationales Steuerrecht 1998, S. 802 ff.

b) Atypisch stille Gesellschaft

(1) Steuerliche Behandlung bei übereinstimmender Wertung

Stimmt die Qualifikation der Einnahmen aus einer atypisch stillen Gesellschaft (einschließlich der Sondervergütungen) in beiden Vertragsstaaten überein, bezieht der stille Gesellschafter **Unternehmensgewinne** i. S. d. Art. 7 OECD-MA, deren Besteuerung laut OECD-MA ausschließlich dem Quellenstaat zusteht, indem dem Stillen das Handelsgewerbe des Geschäftsinhabers als ausländische Betriebstätte zugerechnet wird. Die Vermeidungsnorm sieht gem. Art. 23A Abs. 1 und 3 OECD-MA für den Wohnsitzstaat die Freistellung der nach den innerstaatlichen Vorschriften ermittelten Betriebstätteneinkünfte unter Progressionsvorbehalt vor.[1088] Unproblematisch gestaltet sich bei beiderseitiger Anwendung des Mitunternehmerkonzepts auch die Behandlung der Sondervergütungen, falls beide Vertragsstaaten deren Einbeziehung in die Unternehmensgewinne vornehmen.[1089] Das Besteuerungsrecht für die Sondervergütungen erhält dann ebenfalls der Ansässigkeitsstaat des Geschäftsinhabers, während die Einkünfte im Wohnsitzstaat des Stillen freizustellen sind.

Fraglich ist allerdings, wie sich die vom **BFH**[1090] neuerdings angewandte Abkommensauslegungspraxis hinsichtlich einer „isolierenden Betrachtungsweise" der Sondervergütungen auf zivilrechtlicher Basis bei übereinstimmender Wertung der beiden Vertragspartner auswirken soll. Erkennt der ausländische Wohnsitzstaat in den Sondervergütungen ebenfalls Unternehmensgewinne i. S. v. Art. 7 OECD-MA, löst die nunmehr vom I. Senat vertretene Auffassung einen Qualifikationskonflikt aus, indem dem deutschen Steuerinländer abkommensrechtlich Einkünfte aus den nach Ansicht des BFH „spezielleren Abkommensvorschriften" zugewiesen werden. Eine Beschränkung der neuen Abkommensauslegung auf Fälle divergierender Wertungen der Sondervergütungen ist m. E. jedoch wegen der durch den BFH geführten Grundsatzargumentation schwerlich denkbar.

Die Problematik der neuen DBA-Auslegungspraxis des BFH erläutert folgendes Beispiel:

1088 Vgl. zu den Grundsätzen ausführlich Kapitel IV.C.2.b)(2) sowie Kapitel IV.C.4.

1089 Vgl. dazu bereits ausführlich Kapitel IV.C.4.

1090 Vgl. BFH-Urteil vom 27.2.1991, BStBl. II 1991, S. 444; BFH vom 31.5.1995, BStBl. II 1995, S. 683. Vgl. dazu kritisch Kapitel IV.C.4.a)(3).

Beispiel:

Der in Deutschland unbeschränkt steuerpflichtige A beteiligt sich als atypisch stiller Gesellschafter an der im Staat Z ansässigen, aktiv tätigen X GmbH; das mit Z bestehende DBA entspricht dem OECD-MA. Gewinne und Sondervergütungen aus atypisch stillen Gesellschaften werden in Z steuerlich wie in Deutschland behandelt. Aus der stillen Beteiligung erhält A einen Gewinnanteil sowie Sondervergütungen in Form von Gebühren für die entgeltliche Hingabe einer Lizenz.

Der Staat Z erkennt in dem Gewinnanteil und den Sondervergütungen Unternehmensgewinne gem. Art. 7 OECD-MA, die im Betriebstättenstaat Z besteuert werden dürfen und von Deutschland freizustellen sind. Auf der Grundlage der Rechtsprechung des BFH sind die Sondervergütungen auf deutscher Seite als Lizenzgebühren i. S. v. Art. 12 OECD-MA des atypisch stillen Gesellschafters zu qualifizieren, deren Besteuerung im OECD-MA dem Wohnsitzstaat zugewiesen wird. Lediglich der Gewinnanteil ist somit von der Besteuerung in Deutschland freizustellen. Obwohl die Besteuerung der Sondervergütungen aus Personengesellschaften nach nationalem Recht der beteiligten Staaten übereinstimmt, kommt es zum Qualifikationskonflikt und zur Doppelbesteuerung.

Verlustzuweisungen des Geschäftsinhabers an den atypisch stillen Gesellschafter sind ebenfalls von der Besteuerung im Wohnsitzstaat auszunehmen, dennoch vermindern sie die Steuerlast des Inländers, da sie durch die Einbeziehung in die Ermittlung des Steuersatzeinkommens einen negativen Progressionsvorbehalt auslösen.[1091] Darüber hinaus können sich negative Einkünfte aus ausländischen Betriebstätten noch auf andere Weise im Inland auswirken: Auf Antrag kann der unbeschränkt Steuerpflichtige[1092] gem. § 2a Abs. 3 EStG bei Bestehen eines DBA,[1093] das zur Vermeidung der Doppelbesteuerung die Freistellungsmethode anordnet, Verluste[1094] aus einer in einem ausländischen Staat belegenen Betriebstätte[1095], die sich nach den Vorschriften des deutschen Steuerrechts ergeben,[1096] bei der Ermittlung des Gesamtbetrags der Einkünfte abziehen, soweit die Einkünfte – wären sie

[1091] Vgl. Kapitel IV.C.2.b)(2).

[1092] Vgl. *Krabbe*, in: *Blümich*, EStG 1998, § 2a EStG, Rdnr. 86.

[1093] Verluste, die nicht nach DBA steuerbefreit sind, können – soweit keine besonderen Verrechnungsverbote bestehen – im Rahmen von § 10d EStG berücksichtigt werden.

[1094] Der BFH faßt unter die berücksichtigungsfähigen Verluste auch solche aus gescheiterten Betriebstättengründungen; vgl. BFH vom 28.4.1984, BStBl. II 1983, S. 566.

[1095] Maßgeblich ist nicht der abkommensrechtliche Betriebstättenbegriff, sondern der in § 12 AO; vgl. *Hellwig*, in: *Littmann/Bitz/Hellwig*, EStG 1998, § 2a EStG, Rdnr. 47; *Krabbe*, in: *Blümich*, EStG 1998, § 2a EStG, Rdnr. 92; *Probst*, in: *Flick/Wassermeyer/Becker*, Außensteuerrecht 1998, § 2a EStG, Rdnr. 263.

[1096] Die Gewinnermittlung folgt damit den Vorschriften für Zwecke der Steueranrechnung nach § 34c EStG gem. § 34d EStG; vgl. *Krabbe*, in: *Blümich*, EStG 1998, § 2a EStG, Rdnr. 96.

von der deutschen Besteuerung nicht freigestellt – gem. § 10d EStG ausgleichs- bzw. abzugsfähig wären und andere aus diesem Vertragsstaat stammende[1097], von Deutschland ebenfalls freizustellende[1098] positive Einkünfte übersteigen.[1099] Da § 2a Abs. 1 i.V.m. Abs. 2 EStG die steuerliche Berücksichtigung von Verlusten aus passiv tätigen Betriebstätten grundsätzlich ausschließt, ist die aktive Tätigkeit[1100] auch Voraussetzung für die Inanspruchnahme des Wahlrechts in § 2a Abs. 3 EStG.[1101] Soweit der Verlustsaldo nicht oder nicht vollständig im Verlustentstehungsjahr ausgeglichen werden kann, ist gem. § 2a Abs. 3 Satz 2 EStG der verbleibende Betrag dem Verlustvor- bzw. -rücktrag in andere Veranlagungszeiträume zugänglich. Nach h.M.[1102] gelten diese Grundsätze auch für atypisch stille Gesellschaften.

In der Literatur ist allerdings umstritten, ob auch Sondervergütungen bzw. Einkünfte aus dem Sonderbetriebsvermögen des Gesellschafters einer ausländischen Personengesellschaft in die Berechnung des abzugsfähigen Verlusts gem. § 2a Abs. 3 EStG eingehen oder ausschließlich der Verlustanteil des Gesellschafters begünstigt wird.[1103] M. E. spricht der Wortlaut der Vorschrift für eine Einbeziehung der Sondervergütungen bzw. der Einkünfte aus dem Sonderbetriebsvermögen und zwar unabhängig von der Frage, welche Qualifikation die Entgelte im Ausland erfahren. § 2a Abs. 3 EStG spricht expressis verbis den Verlust an, „der sich nach den Vorschriften des inländischen Steuerrechts bei diesen Einkünften ergibt"; für eine pauschale Bindung an die Wertung des ausländischen Staates besteht zunächst kein Anlaß. Da die Begünstigungsvorschrift sich auf Einkünfte beschränkt, die nach dem jeweiligen DBA im Inland freigestellt sind, ist, um die Frage zu beantworten, inwieweit ein Sachverhalt, der nach rein nationaler Wertung unter gewerbliche Einkünfte i.S.v. § 15 Abs. 1 Nr. 2 EStG zu fassen wäre, durch eine Qualifikationsverkettung abkommensrechtlich eine Umdeutung erfährt, auf den konkreten Abkommenswortlaut abzustellen.[1104]

1097 Die Vorschrift erfordert damit die Saldierung sämtlicher aus dem Vertragsstaat stammender Einkünfte; vgl. *Stobbe*, Berücksichtigung von Verlusten 1990, S. 420.

1098 Damit scheidet die Verrechnung mit positiven Einkünften aus passiv tätigen Betriebstätten aus, falls die Anwendung der Freistellungsmethode in Deutschland an eine Aktivitätsklausel geknüpft ist; ebenso *Hellwig*, in: *Littmann/Bitz/Hellwig*, EStG 1998, § 2a EStG, Rdnr. 66.

1099 Die Anwendung der Vorschrift erstreckt sich auch auf die Körperschaftsteuer; vgl. *Jacobs*, Internationale Unternehmensbesteuerung 1999, S. 408; *Krabbe*, in: *Blümich*, EStG 1998, § 2a EStG, Rdnr. 85.

1100 Die aktive Tätigkeit wird durch die Aufzählung in § 2a Abs. 2 EStG positiv umrissen; vgl. Kapitel IV.B.2.b)(2).

1101 Vgl. *Probst*, in: *Flick/Wassermeyer/Becker*, Außensteuerrecht 1998, § 2a EStG, Rdnr. 264.

1102 Vgl. bereits allgemein zur Anwendung des § 2a EStG sowie m.w.N. zur h.M. Kapitel IV.B.2.b)(2).

1103 Für eine Einbeziehung der Sondervergütungen *Hellwig*, in: *Littmann/Bitz/Hellwig*, EStG 1998, § 2a EStG, Rdnr. 57; *Strobl/Schäfer*, Berücksichtigung von Auslandsverlusten 1993, S. 212. Dagegen *Probst*, in: *Flick/Wassermeyer/Becker*, Außensteuerrecht 1998, § 2a EStG, Rdnr. 278.

1104 Vgl. zur Behandlung der Sondervergütungen laut OECD-MA bei abweichender Wertung in den Vertragsstaaten Kapitel IV.C.6.b)(2).

Die durch den alternativen Verlustabzug gem. § 2a Abs. 3 EStG ausgelöste Steuerminderung ist gem. Satz 3 der Vorschrift allerdings nur temporär (Steuerstundungseffekt), da der abgezogene bzw. ausgeglichene Betrag, soweit sich in den nachfolgenden Veranlagungszeiträumen bei der Ermittlung der Betriebstättenergebnisse aus dem betreffenden Staat[1105] ein positiver Betrag ergibt,[1106] bei der Ermittlung des Gesamtbetrags der Einkünfte wieder hinzuzurechnen ist, so daß die zunächst gewinnmindernden Verluste nachversteuert werden. Durch die Hinzurechnung wird eine doppelte Verlustberücksichtigung – durch die Minderung der Einkünfte im Inland einerseits und einen eventuellen Verlustabzug in den Folgejahren im Ausland andererseits – verhindert.[1107] Daher entfällt die Nachversteuerung gem. Satz 4 der Vorschrift auch dann, wenn der Steuerpflichtige nachweist, daß nach den für ihn geltenden Vorschriften des ausländischen Staates ein Abzug von Verlusten in einem anderen als dem Verlustentstehungsjahr nicht beansprucht werden kann.[1108]

Für den alternativen Abzug ausländischer Betriebstättenverluste sind insbesondere auch die nationalen **Verlustausgleichsbeschränkungen** von Bedeutung. Entsteht bzw. erhöht sich nämlich durch die Verlustzuweisung ein negatives Einlagekonto, greift unmittelbar das Verlustausgleichsverbot in § 15a Abs. 1 EStG[1109], so daß die ausländischen Verluste nicht zum innerstaatlichen Verlustausgleich zur Verfügung stehen.[1110] Zukünftige Gewinne aus derselben Beteiligung dienen zunächst der Verrechnung des Verlusts gem. § 15a EStG, bis das negative Einlagekonto ausgeglichen ist; erst dann können sie für die Hinzurechnung verwendet werden.[1111] Die steuerlichen Wirkungen werden anhand des nachfolgenden Beispiels verdeutlicht.

1105 Der Gewinn muß lediglich aus dem demselben Staat, nicht jedoch aus derselben Betriebstätte stammen; vgl. *Krüger*, Nachversteuerung von Auslandsverlusten 1997, S. 269.

1106 Der Hinzurechnungsvorschrift unterliegen auch Betriebstättengewinne aus passiver Tätigkeit, da es für die Anwendung von § 2a Abs. 3 Satz 3 EStG nicht auf die aktive Tätigkeit der Betriebstätte ankommt; vgl. *Krabbe*, in: *Blümich*, EStG 1998, § 2a EStG, Rdnr. 117; *Portner*, in: *Lademann*, EStG 1998, § 2a EStG, Rdnr. 142. Ebenso BFH vom 20.9.1989, BStBl. II 1990, S. 112. M.E. kann dies nur für solche Gewinne aus passiv tätigen ausländischen Betriebstätten gelten, die laut DBA freigestellt sind; ist die Freistellung an eine aktive Tätigkeit gebunden, so sind auch nur die hieraus bezogenen Einkünfte einer Hinzurechnung zugänglich. Gl.A. *Hellwig*, in: *Littmann/Bitz/Hellwig*, EStG 1998, § 2a EStG, Rdnr. 78.

1107 Vgl. *Hellwig*, Verlustvermehrung 1989, S. 1364.

1108 Vgl. mit einem Überblick über die Verlustausgleichsregelungen im internationalen Vergleich *Saathoff*, Verlustberücksichtigung 1998, S. 928 ff.

1109 Vgl. ausführlich Kapitel IV.B.2.b)(2).

1110 Vgl. *Strobl/Schäfer*, Berücksichtigung von Auslandsverlusten 1993, S. 202.

1111 Vgl. *Hellwig*, in: *Littmann/Bitz/Hellwig*, EStG 1998, § 2a EStG, Rdnr. 84.

Beispiel:

Der im Inland unbeschränkt steuerpflichtige A beteiligt sich als atypisch stiller Gesellschafter an der im Staat Z ansässigen, aktiv tätigen X GmbH; sein Einlagekonto beträgt 200.000 GE. Darüber hinaus betreibt A eine passiv tätige Betriebstätte Y im Staat Z. Das mit Z bestehende DBA entspricht dem OECD-MA.

Im Jahr 01 wird A aus der stillen Beteiligung ein Verlust i. H. v. 350.000 GE zugewiesen; aus der Betriebstätte Y bezieht er positive Einkünfte i. H. v. 20.000 GE. Die Summe der inländischen Einkünfte beträgt 100.000 GE.

Im Jahr 02 erhält A aus der stillen Beteiligung einen Gewinnanteil i. H. v. 120.000 GE; aus der Betriebstätte Y kommen positive Einkünfte i. H. v. 70.000 GE hinzu; die Summe der inländischen Einkünfte beträgt 80.000 GE.

Im Jahr 03 erfolgt eine Gewinnzuweisung aus der stillen Beteiligung i. H. v. 50.000 GE; die Betriebstätte erwirtschaftet anteilig Einkünfte i. H. v. 120.000 GE; die Summe der inländischen Einkünfte beträgt 20.000 GE.

	Jahr 01	**Jahr 02**	**Jahr 03**
Einkünfte aus X	-350.000	+120.000	+50.000
Einkünfte aus Y	+20.000	+70.000	+120.000
Summe der inländischen Einkünfte	+100.000	+80.000	+20.000
In den Folgejahren verrechenbarer Verlust gem. § 15a Abs. 1 EStG	-150.000	-30.000	0
Summe der Einkünfte	+100.000	+80.000	+20.000
Abzugsfähige Verluste gem. § 2a Abs. 3 Satz 1 EStG	-180.000	0	0
Hinzurechnungsbetrag gem. § 2a Abs. 3 Satz 3 EStG	0	+70.000	+110.000
Gesamtbetrag der Einkünfte	-80.000	+150.000	+130.000
Verlustabzug gem. § 10d EStG	0	-80.000	0
Einkommen	-80.000	+70.000	+130.000

(2) Steuerliche Behandlung bei abweichender Wertung

Abweichende Wertungen hinsichtlich der DBA-Objekttatbestände können sich sowohl bei den Erfolgszuweisungen an den atypisch stillen Gesellschafter als auch bei der Einordnung der Sondervergütungen ergeben. Gewinnzuweisungen könnten im Ausland eine Qualifikation als Dividenden i. S. v. Art. 10 OECD-MA oder als Zinsen

i. S. v. Art. 11 OECD-MA erfahren; Sondervergütungen könnten abweichend von der rein nationalen Sichtweise unter Anerkennung der zivilrechtlichen Betrachtungsweise in die entsprechenden DBA-Einkunftskategorien eingeordnet werden. Dabei handelt es sich im wesentlichen um Einkünfte aus unbeweglichem Vermögen i. S. v. Art. 6 OECD-MA, Zinsen i. S. v. Art. 11 OECD-MA, Lizenzgebühren i. S. v. Art. 12 OECD-MA, Einkünfte aus selbständiger Arbeit i. S. v. Art. 14 OECD-MA sowie solche aus unselbständiger Arbeit i. S. v. Art. 15 OECD-MA.[1112]

Qualifiziert der ausländische Quellenstaat die **Gewinnanteile** aus der atypisch stillen Gesellschaft als **Dividenden** i. S. v. Art. 10 OECD-MA **oder Zinsen** i. S. v. Art. 11 OECD-MA, so ist diese Wertung für den Wohnsitzstaat aufgrund der Qualifikationsverkettung in Art. 23A Abs. 2 OECD-MA maßgeblich; eine konfliktäre Situation besteht nicht. Die steuerliche Behandlung erfolgt aus deutscher Sicht, wie bei Qualifikation der Einkünfte aus einer typisch stillen Beteiligung im Ausland als Dividenden bzw. – mit der nationalen Sichtweise übereinstimmend – als Zinsen.[1113] Die abkommensrechtliche Einordnung der Einnahmen aus der atypisch stillen Gesellschaft als Zinsen bzw. Dividenden schlägt allerdings nicht auf die Ermittlung der Höhe der Einkünfte nach innerstaatlichem Recht durch;[1114] vielmehr sind die Einkünfte des atypisch stillen Gesellschafters nach den geltenden nationalen Vorschriften zu ermitteln[1115] und die im Ausland angefallenen Steuern gem. Art. 23A Abs. 2 OECD-MA anzurechnen.

Mit Ausnahme der **Sondervergütungen** in Form von Zinsen aus einem Gesellschafterdarlehen, für die die in der Vermeidungsnorm des OECD-MA ausdrücklich verankerte Qualifikationsverkettung gilt, kommt es bei abweichender Wertung von im Zusammenhang mit dem atypisch stillen Gesellschaftsverhältnis neben dem Erfolgsanteil gezahlten Entgelten nach der hier vertretenen Meinung stets zum Qualifikationskonflikt;[1116] wobei die Bundesrepublik Deutschland abkommensrechtlich Unternehmensgewinne i. S. v. Art. 7 OECD-MA aus einer im Ausland belegenen Betriebstätte annimmt und die Einkünfte folglich gem. Art. 23A Abs. 1 und 3 OECD-MA unter Progressionsvorbehalt von der deutschen Besteuerung freistellt.[1117]

Stellt der atypisch stille Gesellschafter der ausländischen Personengesellschaft ein im selben ausländischen Staat belegenes Grundstück entgeltlich zur Nutzung zur Verfügung, ist, wenn der ausländische Staat abweichend von der deutschen steuerrechtlichen Behandlung keine gewerblichen Einkünfte annimmt, Art. 6 OECD-MA einschlägig. Für **Einkünfte aus unbeweglichem Vermögen** räumt Art. 6 Abs. 1 OECD-MA dem Belegenheitsstaat ein uneingeschränktes Besteuerungsrecht ein

---

[1112] Vgl. Kapitel IV.C.5.c)(2).

[1113] Vgl. dazu Kapitel IV.C.6.a).

[1114] Vgl. bereits Kapitel IV.C.4.b).

[1115] Vgl. BFH vom 27.2.1991, BStBl. II 1991, S. 444.

[1116] Vgl. Kapitel IV.C.5.c)(2) sowie zusammenfassend Abbildung 21.

[1117] Damit ergibt sich aus deutscher Sicht eine Vorgehensweise wie im Fall übereinstimmender Wertung durch die Vertragspartner; vgl. Kapitel IV.C.6.b)(1).

(Belegenheitsprinzip);[1118] wegen der Charakteristik der Vorschrift als „unvollständige Verteilungsnorm“[1119] bedarf es zur Vermeidung der Doppelbesteuerung der Anwendung einer der beiden in der Vermeidungsnorm vorgesehenen Methoden durch den Wohnsitzstaat.[1120] Da der Wohnsitzstaat Unternehmensgewinne i. S. v. Art. 7 OECD-MA annimmt und die Sondervergütungen von der nationalen Besteuerung freistellt, kommt es trotz der vorliegenden Wertungsdivergenz der Vertragspartner bezüglich der DBA-Objekttatbestände weder zur Doppelbesteuerung noch zur Minder- oder Nichtbesteuerung.

Das Entgelt aus der Überlassung von immateriellen Wirtschaftsgütern durch den Gesellschafter zur Nutzung an die Personengesellschaft ist im deutschen Steuerrechtssystem ebenfalls als Sondervergütung des atypisch stillen Gesellschafters i. S. d. § 15 Abs. 1 Nr. 2 EStG zu qualifizieren;[1121] abkommensrechtlich sind aus deutscher Sicht erneut in Deutschland freizustellende Unternehmensgewinne anzunehmen. Subsumiert der ausländische Vertragspartner die Einnahmen unter **Lizenzgebühren** i. S. v. Art. 12 OECD-MA, besteht gem. Abs. 1 der Vorschrift ein ausschließliches Besteuerungsrecht des Wohnsitzstaates.[1122] Im Ergebnis unterliegen die Einnahmen auf der Grundlage der jeweiligen nationalen Wertung in keinem der beiden Vertragsstaaten einer Besteuerung; es kommt zu einer doppelten Steuerfreistellung der Einkünfte.

Einkünfte, die der atypisch stille Gesellschafter aus selbständiger Arbeit bezieht, sind gem. § 18 Abs. 4 EStG als Vorabgewinne Teil seiner Einkünfte aus Gewerbebetrieb i. S. v. § 15 Abs. 1 Nr. 2 EStG und abkommensrechtlich ebenfalls Unternehmensgewinne. Erkennt der ausländische Vertragspartner darin Einkünfte aus einem **freien Beruf oder einer sonstigen freiberuflichen Tätigkeit**[1123] i. S. v. Art. 14 OECD-MA, für die keine feste Einrichtung[1124] zur Verfügung steht, muß er die Einkünfte gem. Abs. 1 der Vorschrift freistellen und das Besteuerungsrecht Deutschland überlas-

---

1118 Vgl. hierzu ausführlich *Grützner*, Ausländischer Grundbesitz 1985, S. 491 ff.

1119 *Schaumburg*, Internationales Steuerrecht 1998, S. 873. Zu dieser Charakteristik vgl. bereits Kapitel IV.C.2.c).

1120 I. d. R. sieht die deutsche Abkommenspraxis die Anwendung der Freistellungsmethode vor; vgl. *Ellsel*, in: *Becker/Höppner/Grotherr/Kroppen*, DBA 1998, Art. 6 OECD-MA, Rdnr. 4; *Schaumburg*, Internationales Steuerrecht 1998, S. 873.

1121 Vgl. z. B. *Schmidt*, in: *Schmidt*, EStG 1998, § 15 EStG, Rdnr. 593.

1122 Die deutschen DBA enthalten für Lizenzgebühren i. d. R. einen Quellensteuersatz; vgl. *Vogel*, in: *Vogel*, DBA 1996, Art. 13 OECD-MA, Rdnr. 25.

1123 Der Begriff „freier Beruf“ ist in Art. 14 Abs. 2 OECD-MA definiert; er „umfaßt insbesondere die selbständig ausgeübte wissenschaftliche, literarische, künstlerische, erzieherische oder unterrichtende Tätigkeit sowie die selbständige Tätigkeit der Ärzte, Rechtsanwälte, Ingenieure, Architekten, Zahnärzte und Buchsachverständigen.“

1124 Der Begriff der „festen Einrichtung“ ist im OECD-MA nicht definiert; nach Auffassung der Finanzjudikatur entspricht der Ausdruck jedoch dem der „Betriebstätte“ eines Unternehmens; vgl. bereits RFH vom 31.10.1940, RStBl. 1941, S. 19.

sen.[1125] Da im Wohnsitzstaat wiederum eine Freistellung aufgrund des Betriebstättenprinzips erfolgt, sind erneut „weiße“ Einkünfte die Folge.

Für **Einkünfte aus unselbständiger Arbeit** i. S. v. Art. 15 OECD-MA in Form eines Geschäftsführergehalts des atypisch stillen Gesellschafters gilt gem. Abs. 1 der Vorschrift das Arbeitsortprinzip, d. h. die Einkünfte unterliegen grundsätzlich nur in dem Staat der Besteuerung, in dem die Tätigkeit ausgeübt wird. Art. 15 Abs. 2 OECD-MA enthält allerdings drei kumulativ zu erfüllende Voraussetzungen, unter denen die Besteuerung der Einkünfte aus unselbständiger Arbeit dem Wohnsitzstaat zugewiesen wird:[1126]

1. Die Arbeitsausübung im anderen Vertragsstaat ist nur vorübergehend, d. h. umfaßt der Auslandsaufenthalt maximal 183 Tage innerhalb einer Frist von zwölf Monaten, bleibt es beim Wohnsitzprinzip (Art. 15 Abs. 2 Lit. a) OECD-MA).
2. Der Arbeitgeber ist nicht in dem Staat ansässig, in dem die Tätigkeit ausgeübt wird (Art. 15 Abs. 2 Lit. b) OECD-MA).
3. Die Vergütungen werden nicht von einer Betriebstätte oder einer festen Einrichtung, die der Arbeitgeber im Ausland unterhält, getragen (Art. 15 Abs. 2 Lit. c) OECD-MA).[1127]

Die Erfüllung der drei Kriterien ist bei Sondervergütungen aufgrund eines Arbeitsvertrags zwischen dem ausländischen Inhaber des Handelsgewerbes und dem stillen Gesellschafter m. E. lediglich unter der Voraussetzung denkbar, daß der atypisch stille Gesellschafter im Rahmen seines Arbeitsvertrags kurzfristig nicht im Staat des ausländischen Geschäftsinhabers, sondern in einem anderen Staat im Einsatz ist, der Arbeitslohn allerdings nicht von einer dortigen Betriebstätte oder festen Einrichtung des Geschäftsinhabers getragen wird.

1125 Vgl. dazu ausführlich *Vogel*, in: *Vogel*, DBA 1996, Art. 14 OECD-MA, Rdnr. 8 ff.; *Wassermeyer*, in: *Debatin/Wassermeyer*, DBA 1998, Art. 14 OECD-MA, Rdnr. 1 ff.; *Wilke*, in: *Becker/Höppner/Grotherr/Kroppen*, DBA 1998, Art. 14 OECD-MA, Rdnr. 1 ff.

1126 Die von der Bundesrepublik Deutschland mit den Nachbarstaaten Belgien, Frankreich, Österreich und Schweiz geschlossenen DBA enthalten besondere Regelungen für sog. Grenzgänger, d. h. „Personen, die in der Nähe einer Grenze wohnen, ihre Arbeit jedoch auf der anderen Seite der Grenze ausüben und daher regelmäßig die Grenze überqueren müssen.“; *Prokisch*, in: *Vogel*, DBA 1996, Art. 15 OECD-MA, Rdnr. 86. Die jeweiligen Bestimmungen weisen dem Wohnsitzstaat das Besteuerungsrecht zu, wenn der Grenzgänger im Grundsatz täglich vom Arbeitsort zum Wohnsitzort zurückkehrt und innerhalb einer bestimmten Grenzzone (im DBA-Frankreich ist beispielsweise ein Grenzgebiet von beiderseits 20 Kilometer vereinbart; vgl. *Prokisch*, in: *Vogel*, DBA 1996, Art. 15 OECD-MA, Rdnr. 88h) tätig ist; vgl. dazu ausführlich auch *Jacobs*, Internationale Unternehmensbesteuerung 1999, S. 1038 ff.

1127 Insbesondere letztere Regelung entspricht dem Grundsatz, „daß derjenige Staat das Besteuerungsrecht für den Arbeitslohn erhält, dessen Besteuerungssubstanz durch die Berücksichtigung des Arbeitsentgelts als Betriebsausgabe gemindert wurde.“, *Jacobs*, Internationale Unternehmensbesteuerung 1999, S. 1037.

In der Bundesrepublik Deutschland werden gem. § 15 Abs. 1 Nr. 2 EStG expressis verbis „Vergütungen, die der Gesellschafter für seine Tätigkeit im Dienst der Gesellschaft" bezogen hat, den Vorabgewinnen und damit abkommensrechtlich den Unternehmensgewinnen zugerechnet; darunter fallen auch die Vergütungen aus Arbeitsverträgen mit atypisch stillen Gesellschaftern.[1128] Die Kombination aus der Anwendung des Wohnsitzprinzips im Ausland und des Betriebstättenprinzips in Deutschland bewirkt eine doppelte Steuerfreistellung der Sondervergütungen, während es in den Fällen, in denen der ausländische Staat das Arbeitsortprinzip anwendet, trotz unterschiedlicher Qualifikation weder zur Doppel- noch zur Minder- oder Nichtbesteuerung kommt.

Wird die **neuere BFH-Rechtsprechung**[1129] konsequent auf transnational fließende Sondervergütungen angewandt, sind Sondervergütungen an den atypisch stillen Gesellschafter nach dem zugrundeliegenden zivilrechtlichen Rechtsgeschäft zu beurteilen und den entsprechenden Abkommensartikeln zuzurechnen;[1130] die durch die Anwendung des Art. 7 OECD-MA ausgelöste doppelte Steuerfreistellung der Einkünfte kann dann nicht auftreten, allerdings eröffnet eine geschickte Vertragsgestaltung neue Steuerersparnismöglichkeiten.[1131]

7. Beteiligung eines Steuerausländers an einem inländischen Unternehmen

a) Typisch stille Gesellschaft

Im Fall der typisch stillen Beteiligung eines ausländischen Gesellschafters an einem inländischen Handelsgewerbe erfolgt die Besteuerung im Vergleich zum Auslandsengagement eines Steuerinländers umgekehrt analog: Mit seinen inländischen Einkünften ist der Steuerausländer grundsätzlich gem. § 1 Abs. 4 EStG bzw. § 2 Nr. 1 KStG beschränkt steuerpflichtig.[1132] Die abkommensrechtliche Wertung der Einkünfte als Zinsen i. S. v. Art. 11 OECD-MA durch den Quellenstaat Deutschland ist infolge der Qualifikationsverkettung in der DBA-Vermeidungsnorm für den Wohnsitzstaat des Stillen maßgeblich.[1133] Deutschland als Quellenstaat kann gem. Art. 11 Abs. 2 OECD-MA eine Quellensteuer erheben, die jedoch auf den Höchstsatz von 10 % des Bruttobetrags beschränkt ist; die Berechnung der Bemessungsgrundlage

---

1128 Vgl. Kapitel II.B.4.a)(3)(a).

1129 Vgl. BFH-Urteil vom 27.2.1991, BStBl. II 1991, S. 444; BFH vom 31.5.1995, BStBl. II 1995, S. 683. Vgl. dazu kritisch Kapitel IV.C.4.a)(3).

1130 Vgl. Kapitel IV.C.5.c)(2).

1131 Vgl. dazu bereits Kapitel IV.C.4.a)(3).

1132 Vgl. Kapitel IV.B.1.b)(3)(a).

1133 Vgl. Kapitel IV.C.5.b), dort insbesondere Abbildung 19.

ist Sache des Quellenstaates.[1134] Da die Kapitalertragsteuer in Deutschland Abgeltungswirkung entfaltet, soweit die Zinsen nicht Betriebseinnahmen eines inländischen Betriebs sind,[1135] werden Verluste eines Steuerausländers aus einer typisch stillen Beteiligung an einem inländischen Unternehmen nicht berücksichtigt. Bei Anwendung der Anrechnungsmethode gem. Art. 23A Abs. 2 OECD-MA könnte eine Verlustberücksichtigung allerdings im Wohnsitzstaat möglich sein, soweit dort nicht eine dem § 2a EStG vergleichbare Regelung besteht.

Das deutsche Steuerrecht kennt bei **Fremdfinanzierungen durch nicht anrechnungsberechtigte Gesellschafter** die Fiktion einer vGA auch im Fall stiller Beteiligungen, die eine Umqualifizierung von – in der Höhe unbeanstandeten – Entgelten für die Finanzmittelhingabe in Gewinnausschüttungen auslöst, falls die Voraussetzungen des § 8a KStG vorliegen.[1136] Der Gewinnanteil des stillen Gesellschafters ist danach nicht als Betriebsausgabe abzugsfähig; vielmehr erhöht sich der Gewinn des Geschäftsinhabers um den betreffenden Betrag. Ob die Gewinnerhöhung auf seiten des Geschäftsinhabers und die Umqualifizierung der Zinsen in Ausschüttungen auch abkommensrechtlich Relevanz entfalten, ist in der Literatur[1137] umstritten. Als Eingangstür für eine Umqualifizierung auf Abkommensebene werden die Vorschrift über verbundene Unternehmen in Art. 9 OECD-MA, die vGA-Regelung in Art. 11 Abs. 6 OECD-MA und die Dividendendefinition in Art. 10 Abs. 3 OECD-MA diskutiert.

Eine Gewinnkorrektur ist abkommensrechtlich nach h. M.[1138] nur unter den Voraussetzungen des **Art. 9 OECD-MA** möglich. Abs. 1 der Vorschrift betrifft Unternehmen, deren kaufmännische oder finanzielle Beziehungen zu einem verbundenen Unternehmen nicht die gleichen Bedingungen aufweisen, wie sie unter Fremden vereinbart worden wären. Gewinne, die aufgrund dieser Beziehungen im Inland nicht erzielt wurden (Fremdvergleich), können dem inländischen Unternehmen zugerechnet und bei diesem besteuert werden.

Zwar ist § 8a KStG grundsätzlich eine nationale Gewinnermittlungsvorschrift, allerdings knüpft sie nicht, wie in Art. 9 OECD-MA zugrunde gelegt, zur Differenzierung an einen erzielbaren Fremdgewinn an; schließlich werden unangemessen hohe Zinsen bereits durch § 8 Abs. 3 KStG als vGA behandelt.[1139] Da in § 8a KStG auf die Kapitalausstattung der Gesellschaft abgestellt wird, wobei für transnationale typisch stille Gesellschaften die Bestimmung in Abs. 1 Nr. 1 der Vorschrift über nicht in ei-

---

1134 Vgl. *Wassermeyer*, in: *Debatin/Wassermeyer*, DBA 1998, Art. 11 OECD-MA, Rdnr. 72. Vgl. auch BFH vom 5.2.1992, BStBl. II 1992, S. 532.

1135 Vgl. §§ 50 Abs. 5 Satz 3 EStG, 50 Abs. 1 Nr. 2 KStG.

1136 Vgl. Kapitel IV.B.3.a)(2).

1137 Dagegen *Portner*, in: Becker/Höppner/Grotherr/Kroppen, DBA 1998, Art. 11 OECD-MA, Rdnr. 100; differenzierend *Krabbe*, Gesellschafterfremdfinanzierung 1984, S. 130; ebenso *Tischbirek*, in: *Vogel*, DBA 1996, Art. 10 OECD-MA, Rdnr. 200a. Mit einem Überblick über die Behandlung der Frage in anderen Staaten vgl. *Grotherr*, Unterkapitalisierungsregelungen 1995, S. 77 ff.

1138 Vgl. *Portner*, Doppelbesteuerungsabkommen 1996, S. 25; *Pöllath*, in: *Vogel*, DBA 1996, Art. 11 OECD-MA, Rdnr. 63c.

1139 Vgl. zur vGA im nationalen Kontext Kapitel II.B.3.a)(2)(b).

nem Bruchteil des Kapitals bemessene Vergütungen einschlägig ist und danach eine vGA vorliegt, wenn das Fremdkapital – einschließlich der stillen Beteiligung – die Hälfte des anteiligen Eigenkapitals des Anteilseigners übersteigt, ist die Vorschrift auch dann anwendbar, wenn der gezahlte Zins einem Fremdvergleich standhält.[1140] Die Umqualifizierung von Zinsen in Dividenden ist nicht Regelungsgegenstand des Art. 9 OECD-MA, vielmehr kann die Vorschrift im Zusammenhang mit § 8a KStG gem. Rdnr. 2 Lit. b) MK lediglich zur Beantwortung der Frage, „ob ein prima facie als Darlehen ausgestaltetes Rechtsverhältnis als Darlehen oder als eine Zahlung anderer Art, insbesondere als Zuführung von Gesellschaftskapital, anzusehen ist", herangezogen werden. § 8a KStG dagegen läßt die rechtliche Natur des Gesellschafterdarlehens als Fremdkapital auch für Besteuerungszwecke unberührt[1141] und ermöglicht lediglich die Fiktion einer vGA. Mit der DBA-Norm über verbundene Unternehmen kann daher lediglich geprüft werden, ob das dem Rechtsgeschäft zugrundeliegende Darlehen abkommensrechtlich in verdecktes Nennkapital umqualifiziert werden kann.[1142]

Demgegenüber läßt auch **Art. 11 Abs. 6 OECD-MA** die steuerrechtliche Qualifikation des Darlehens unberührt und führt – wie § 8a KStG – nur zu einer Umqualifizierung der Vergütungen. Die DBA-Vorschrift nimmt solche Zinsen aus dem abkommensrechtlichen Zinsbegriff heraus, die aufgrund der besonderen Beziehung zwischen Schuldner und Nutzungsberechtigtem den Betrag übersteigen, den die Beteiligten ohne diese Beziehung vereinbart hätten (Fremdvergleich); eine Umqualifizierung der zugrundeliegenden Forderung kommt hingegen nicht in Betracht.[1143] M. E. erfaßt der Regelungskreis der Vorschrift im Zusammenhang mit Gesellschafterdarlehen lediglich „tatsächliche" vGA und nicht deren fiktive Annahme wie in § 8a KStG, so daß Art. 11 Abs. 6 OECD-MA keine Eingangsvoraussetzung für eine abkommensrechtliche Anwendung des § 8a KStG sein kann.[1144]

Für eine Umqualifizierung der Zinsen in Dividenden muß vielmehr auf die einschlägige Abkommensvorschrift des **Art. 10 OECD-MA** zurückgegriffen werden,[1145] in deren Abs. 3 der Dividendenbegriff ausdrücklich und für beide Vertragsstaaten verbindlich definiert wird. Auf dieser Basis finden die Vergütungen aus Gesellschafterdarlehen lediglich über die „aus sonstigen Gesellschaftsanteilen stammenden Einkünfte, die nach dem Recht des Staates, in dem die ausschüttende Gesellschaft ansässig ist, den Einkünften aus Aktien steuerlich gleichgestellt sind", steuerlichen Zugang zu den

---

1140 Vgl. *Portner*, Doppelbesteuerungsabkommen 1996, S. 26.

1141 Vgl. Kapitel IV.B.3.a)(2).

1142 Vgl. *Pöllath*, in: *Vogel*, DBA 1996, Art. 11 OECD-MA, Rdnr. 63c; *Portner*, Doppelbesteuerungsabkommen 1996, S. 26.

1143 Vgl. *Portner*, Doppelbesteuerungsabkommen 1996, S. 26; *dies.*, in: *Becker/Höppner/Grotherr/Kroppen*, DBA 1998, Art. 11 OECD-MA, Rdnr. 15.

1144 A.A. *Portner*, in: *Becker/Höppner/Grotherr/Kroppen*, DBA 1998, Art. 11 OECD-MA, Rdnr. 160, die in Art. 11 Abs. 6 OECD-MA eine Rechtsgrundlage für die Anwendung des § 8a KStG auf Abkommensebene erkennt.

1145 Gl.A. *Pöllath*, in: *Vogel*, DBA 1996, Art. 11 OECD-MA, Rdnr. 63c.

Dividenden. Zwar werden in Art. 10 Abs. 3 OECD-MA die Einkünfte aus Forderungen ausdrücklich ausgenommen, dennoch wird die DBA-Dividenden-Definition anschließend um die im Quellenstaat steuerlich den Aktieneinkünften gleichgestellten Einkünfte erweitert. Letztlich stellen die Darlehenszinsen weiterhin „Einkünfte aus Forderungen jeder Art" i. S. v. Art. 11 Abs. 3 OECD-MA dar, doch geht die autonome Begriffsdefinition im DBA-Dividenden-Artikel als lex specialis vor. Als „Stolperstein" könnte sich in der obigen Dividendendefinition die Formulierung „aus sonstigen Gesellschaftsanteilen" erweisen, da die von § 8a KStG angesprochenen Gesellschafterdarlehen keine Umqualifizierung in Gesellschaftsanteile erfahren. Allerdings werden die umqualifizierten Darlehensvergütungen steuerlich als Erträge aus der Beteiligung qualifiziert,[1146] so daß die Dividendendefinition in Art. 10 Abs. 3 OECD-MA erfüllt ist.

Im Ergebnis können auch abkommensrechtlich, Vergütungen aus stillen Beteiligungen in Dividenden umqualifiziert werden, soweit die Voraussetzungen des § 8a KStG vorliegen und die entsprechende abkommensrechtliche Dividendendefinition dies zuläßt. Die Wertung des Quellenstaates ist aufgrund der Qualifikationsverkettung für den Wohnsitzstaat des Anteilseigners verbindlich, die von Deutschland erhobene Quellensteuer daher im Wohnsitzstaat gem. Art. 23A Abs. 2 OECD-MA anzurechnen.

b) Atypisch stille Gesellschaft

Beteiligt sich ein Steuerausländer atypisch still an einem inländischen Handelsgewerbe, begründet dies nach h. M.[1147] eine inländische Betriebstätte, die als Anknüpfungspunkt beschränkt steuerpflichtiger Einkünfte aus Gewerbebetrieb i. S. d. § 49 Abs. 1 Nr. 2 Lit. a) EStG dient. Abkommensrechtlich qualifiziert der Quellenstaat Deutschland die Gewinnanteile des Stillen mangels entgegenstehender DBA-Regelungen autonom als Unternehmensgewinne i. S. v. Art. 7 OECD-MA und besteuert sie im Zuge des Betriebstättenprinzips. Da die Einkommenskategorie Unternehmensgewinne im OECD-MA keiner Qualifikationsverkettung unterliegt, ist die deutsche Einschätzung für den ausländischen Wohnsitzstaat nicht maßgeblich, so daß bei unabhängiger, aber **übereinstimmender Qualifikation der Einnahmen** einschließlich der Sondervergütungen im Ausland das Besteuerungsrecht dem Betriebstättenstaat Deutschland zuerkannt wird und für den Wohnsitzstaat zur Vermeidung der Doppelbesteuerung Art. 23A Abs. 1 OECD-MA einschlägig ist.[1148] Fraglich ist allerdings, wie auf diesen Sachverhalt die **neuere Rechtsprechung des BFH**[1149]

[1146] Vgl. *Tischbirek*, in: *Vogel*, DBA 1996, Art. 10 OECD-MA, Rdnr. 200a; *Wassermeyer*, in: *Debatin/Wassermeyer*, DBA 1998, Art. 10 OECD-MA, Rdnr. 114. A.A. *Krabbe*, Gesellschafterfremdfinanzierung 1984, S. 130; *Portner*, Doppelbesteuerungsabkommen 1996, S. 67.

[1147] Vgl. Kapitel IV.B.2.b) sowie Kapitel IV.C.5.c).

[1148] Die Besteuerung erfolgt dann umgekehrt analog zum Fall der Beteiligung eines Steuerinländers an einem ausländischen Unternehmen; vgl. Kapitel IV.C.6.b).

[1149] Vgl. BFH vom 27.2.1991, BStBl. II 1991, S. 444; BFH vom 31.5.1995, BStBl. II 1995, S. 683. Vgl. dazu kritisch Kapitel IV.C.4.a)(3).

zu übertragen ist, die eine abkommensrechtliche Beurteilung der Sondervergütungen auf Grundlage des zugrundeliegenden zivilrechtlichen Rechtsgeschäfts vornimmt. Bei konsequenter Anwendung auf Steuerausländer sind die aus Deutschland abfließenden Sondervergütungen unter den „spezielleren" Abkommensartikel zu subsumieren, so daß Einkünfte aus unbeweglichem Vermögen i. S. v. Art. 6 OECD-MA, Zinsen i. S. v. Art. 11 OECD-MA, Lizenzgebühren i. S. v. Art. 12 OECD-MA, Einkünfte aus selbständiger Arbeit i. S. v. Art. 14 OECD-MA sowie solche aus unselbständiger Arbeit i. S. v. Art. 15 OECD-MA vorliegen. Trotz der Tatsache, daß nach nationalem Recht beider Vertragspartner eine gleichartige Wertung vorgenommen wird, kommt es hier zum Qualifikationskonflikt, aus dem u. U. eine Doppelbesteuerung erwächst.

Abweichend von der deutschen Einschätzung könnten die Einnahmen aus der atypisch stillen Gesellschaft bei **abweichender Wertung** im Ausland abkommensrechtlich als Dividenden bzw. Zinsen qualifiziert werden.[1150] Das OECD-MA weist für beide Einkunftskategorien dem Wohnsitzstaat das Besteuerungsrecht zu, so daß im Ergebnis die Einnahmen von beiden Staaten besteuert werden und es zu einer Doppelbesteuerung kommt (sog. schwarze Einkünfte), die allein durch ein Verständigungsverfahren beseitigt werden kann.[1151] Kennt der ausländische Staat im Zusammenhang mit der Mitunternehmerschaft auch die im innerstaatlichen Recht praktizierte Besteuerung der Sondervergütungen, ist die steuerliche Behandlung auf Abkommensebene, da umgekehrt analog zum Fall der Beteiligung eines Steuerinländers an einem ausländischen Unternehmen, unproblematisch; komplizierter ist dagegen die Besteuerung bei unterschiedlicher abkommensrechtlicher Wertung der Sondervergütungen durch die Vertragspartner:

1. Bei einer Unterstellung der Sondervergütungen unter die Vorschrift über die **Einkünfte aus unbeweglichem Vermögen** i. S. v. Art. 6 OECD-MA gesteht der ausländische Staat entsprechend dem in Abs. 1 der Vorschrift zur Sprache kommenden Belegenheitsprinzip das Besteuerungsrecht dem Inland zu, soweit das unbewegliche Vermögen dort belegen ist; ein doppelter Steuerzugriff ist folglich nicht zu erwarten.
2. Handelt es sich bei den Sondervergütungen um das Entgelt für die Hingabe eines Darlehens vom Gesellschafter an die Gesellschaft und qualifiziert der ausländische Vertragsstaat die Sondervergütungen als **Zinsen** i. S. v. Art. 11 OECD-MA, ist nach der hier vertretenen Ansicht der Wohnsitzstaat nicht verpflichtet, die deutsche Steuer gem. Art. 23A Abs. 2 OECD-MA auf die inländische Steuerschuld anzurechnen, da die Anrechnung ausschließlich für Steuern auf Einkünfte gewährt wird, die nach den „Artikeln 10 und 11 im anderen Vertragsstaat besteuert werden können". Dies ist bei den Einkünften aus der atypisch stillen Beteiligung nicht der Fall,[1152] so daß eine Doppelbesteuerung

---

[1150] Vgl. Kapitel IV.C.5.c).

[1151] Vgl. *Burmester*, Probleme der stillen Gesellschaft 1996, S. 131; *Piltz*, Qualifikationskonflikte 1993, S. 40 ff.; *ders.*, in: *Mössner* u. a., Steuerrecht 1998, S. 806.

[1152] Vgl. dazu bereits Kapitel IV.C.6.a)(2).

der Einkünfte nur mit Hilfe des Verständigungsverfahren vermieden werden kann.[1153]

3. Sind nach rein nationaler Sichtweise des ausländischen Staates die Sondervergütungen **Lizenzen** i. S. v. Art. 12 OECD-MA oder **Einkünfte aus selbständiger Arbeit** i. S. v. Art. 14 OECD-MA, steht das Besteuerungsrecht unter den in der jeweiligen Vorschrift geltend gemachten Voraussetzungen dem Wohnsitzstaat zu; die Besteuerung in Deutschland nach dem Betriebstättenprinzip führt somit zu einer Doppelbesteuerung.

4. Erkennt der ausländische Staat **Einkünfte aus unselbständiger Arbeit** i. S. v. Art. 15 OECD-MA, führt die Anwendung des Arbeitsortprinzips in Art. 15 Abs. 1 2. Halbsatz OECD-MA trotz unterschiedlicher Wertung nicht zur Doppelbesteuerung, während in den Fällen, in denen der ausländische Staat dem Wohnsitzprinzip Art. 15 Abs. 1 1. Halbsatz bzw. Abs. 2 OECD-MA folgt, eine doppelte Besteuerung der Einkünfte die Folge ist.[1154]

Aus der **neueren Argumentationslinie des BFH**[1155] – überträgt man sie auf die Beteiligung eines Steuerausländers an einem inländischen Unternehmen – ergibt sich dagegen bei nicht übereinstimmender Wertung der DBA-Objekttatbestände zumindest für die Einschätzung der Sondervergütungen eine einvernehmliche Lösung. Da der BFH für die steuerliche Beurteilung der Sondervergütungen auf die zugrundeliegenden zivilrechtlichen Rechtsgeschäfte abstellt und aus dieser Anschauung im betreffenden Abkommensartikel eine speziellere Vorschrift erkennt, werden schwarze Einkünfte – ausgelöst durch aus Deutschland abfließende Sondervergütung – vermieden;[1156] damit verzichtet der deutsche Fiskus jedoch auch auf den Besteuerungsanspruch, der ihm bei Anwendung des Betriebstättenprinzips zugestanden hätte.

Im Zuge des DBA-Betriebstättenprinzips erstreckt sich das Besteuerungsrecht des Domizilstaates des Geschäftsinhabers auf die weltweit erzielten Gewinne, so daß es zu Steuerüberschneidungen zwischen dem Domizilstaat und Drittstaaten kommen kann.[1157] Beteiligt sich beispielsweise ein im ausländischen Staat X ansässiger Steuerpflichtiger A atypisch still an einem deutschen Handelsgewerbe und bezieht A über diese inländische Betriebstätte Einkünfte, auf die der Staat Y eine Quellensteuer erhoben hat, so ist diese Steuer – setzt man die Existenz von DBA zwischen allen beteiligten Staaten voraus – in Deutschland zunächst mangels Abkommensberechtigung des A i. S. d. DBA Deutschland/Y nicht anrechnungsfähig; eine Berücksichti-

---

[1153] Vgl. *Piltz*, in: *Mössner* u. a., Steuerrecht 1998, S. 806.

[1154] Zur Anwendung der unterschiedlichen Prinzipien vgl. bereits Kapitel IV.C.6.b)(2).

[1155] Vgl. BFH vom 27.2.1991, BStBl. II 1991, S. 444; BFH vom 31.5.1995, BStBl. II 1995, S. 683. Vgl. dazu kritisch Kapitel IV.C.4.a)(3).

[1156] Vgl. *Piltz*, in: *Mössner* u. a., Steuerrecht 1998, S. 804 ff.

[1157] Vgl. *Jacobs*, Internationale Unternehmensbesteuerung 1995, S. 461.

gung der ausländischen Steuer in X entfällt, da gem. Art. 7 i. V. m. Art. 23A OECD-MA dort vom betreffenden Gewinnanteil keine Steuer erhoben wird.[1158]

Deutschland begegnet dieser Doppelbesteuerung mit einer unilateralen Vermeidungsvorschrift. Bezieht nämlich der inländische Geschäftsinhaber ausländische Einkünfte, die im Herkunftsland einer **ausländischen Steuer** unterlegen haben, die den Mitunternehmern anteilig zugerechnet wird, kann der beschränkt steuerpflichtige atypisch stille Gesellschafter auch bei Bestehen eines DBA unilaterale Maßnahmen zur Vermeidung der Doppelbesteuerung auf der Grundlage des § 50 Abs. 6 EStG in Anspruch nehmen.[1159] § 34c Abs. 1 bis 3 EStG ist danach bei Einkünften aus Land- und Forstwirtschaft, Gewerbebetrieb oder selbständiger Arbeit, die mittels einer inländischen Betriebstätte erwirtschaftet werden, entsprechend anzuwenden. Damit kann der im Ausland ansässige atypisch stille Gesellschafter die auf ihn entfallende Steuer vom Einkommen, soweit sie der deutschen Einkommensteuer entspricht, entweder gem. § 34c Abs. 1 EStG auf seine (deutsche) Einkommensteuerschuld anrechnen oder gem. § 34c Abs. 2 EStG bei der Ermittlung der Einkünfte in Abzug bringen.[1160] Entspricht dagegen die ausländische Steuer nicht der deutschen Einkommensteuer oder wurde sie nicht in dem Staat erhoben, aus dem die Einkünfte stammen, oder liegen keine ausländischen Einkünfte i. S. v. § 34d EStG vor, so kann die ausländische Steuer bei der Ermittlung der Einkünfte abgezogen werden, jedoch nur, soweit es sich dabei nicht um solche ausländischen Einkünfte handelt, mit denen der atypisch stille Gesellschafter im entsprechenden Staat zu einer bezüglich des Umfangs der deutschen unbeschränkten Steuerpflicht ähnlichen Besteuerung herangezogen wird.[1161]

Werden dem atypisch stillen Gesellschafter aus seiner inländischen Beteiligung **Verluste** zugewiesen, können diese im Rahmen seiner beschränkten Steuerpflicht gem. § 50 Abs. 1 Satz 3 EStG i. V. m. § 10d EStG vor- bzw. rückgetragen werden, soweit die Verluste in wirtschaftlichem Zusammenhang mit den inländischen Einkünften stehen und aus Unterlagen hervorgehen, die im Inland aufbewahrt werden. Auch die Verlustausgleichsbeschränkung in § 15a EStG findet auf den beschränkt Steuerpflichtigen Anwendung,[1162] der danach Verluste nur mit deutschen positiven Einkünften anderer Einkunftsarten ausgleichen kann, soweit kein negatives Einlagekonto entsteht bzw. sich erhöht; ein verbleibender, sog. verrechenbarer Verlust kann lediglich mit positiven Einkünften aus derselben atypisch stillen Beteiligung ausgeglichen werden.[1163]

[1158] Vgl. auch *Vogel*, in: *Vogel*, DBA 1996, Art. 1 OECD-MA, Rdnr. 30.

[1159] Vgl. *Krabbe*, in: *Blümich*, EStG 1998, § 50 EStG, Rdnr. 66; *Vogel*, in: *Vogel*, DBA 1996, Art. 23 OECD-MA, Rdnr. 180. Zur Berücksichtigung ausländischer Steuern bei Fehlen eines DBA vgl. Kapitel IV.B.3.b).

[1160] Vgl. Kapitel IV.B.2.c)(3)(a).

[1161] Vgl. *Nieland*, in: *Lademann*, EStG 1998, § 50 EStG, Rdnr. 153; *Krabbe*, in: *Blümich*, EStG 1998, § 50 EStG, Rdnr. 61 ff. Vgl. mit einem Beispiel hierzu Kapitel IV.B.3.b).

[1162] Vgl. *Piltz*, in: *Mössner* u. a., Steuerrecht 1998, S. 823.

[1163] Vgl. ausführlich Kapitel II.B.4.a)(3)(b).

8. Zusammenfassende Beurteilung

Wie die vorangegangenen Ausführungen zeigen, kann es bei unterschiedlicher Wertung der Einkunftsart stiller Gesellschafter im Quellen- und Wohnsitzstaat zur Doppelbesteuerung oder doppelten Steuerfreistellung bzw. Minderbesteuerung kommen, wobei lediglich erstere – da sie Sinn und Zweck des Abkommens unterläuft – über ein Verständigungsverfahren zwischen den Vertragspartnern einer einvernehmlichen Lösung zugeführt werden kann. Doppelte Steuerfreistellungen sind sicher ebenfalls nicht im Sinn der beteiligten Fisci, dennoch – so zu Recht *Wassermeyer* – haben die Vertragsstaaten sie „im Interesse einer einfachen und praktikablen Fassung und Handhabung der DBA hingenommen. Doppelte Freistellungen sind mit anderen Worten ein an sich zwar unerwünschtes Übel, das jedoch der Preis für das gewählte Vorgehen ist."[1164]

Der erkennende I. Senat des BFH hat mit den angesprochenen Urteilen[1165] jedoch einen Weg gefunden, um den deutschen Steuerzugriff zumindest auf Sondervergütungen an in Deutschland unbeschränkt steuerpflichtige Gesellschafter ausländischer Personengesellschaften zu sichern. Die Urteile betreffen stets Sondervergütungen, die aus dem ausländischen Quellenstaat in die Bundesrepublik Deutschland fließen und ohne die neue **„isolierende Betrachtungsweise"** in beiden Staaten von der Besteuerung freizustellen wären; nach der neuen Abkommensauslegung sichert sich nunmehr in solchen Fällen die Bundesrepublik Deutschland bei abweichender Wertung das Besteuerungsrecht.

Urteile, die diese Sichtweise auch für den Fall aus Deutschland abfließender Sondervergütungen bestätigen, liegen (noch) nicht vor. Sollte der BFH den neuen Weg der Abkommensauslegung als Einbahnstraße auf nach Deutschland fließende Sondervergütungen beschränken, setzt er sich m. E. der Gefahr aus, aus rein fiskalischen Gründen von der bislang geltenden Position, die doppelte Steuerfreistellungen durchaus in Kauf nahm, abzuweichen. Ungeklärt ist z. Z. ebenfalls, ob die „isolierende Betrachtungsweise" der abkommensrechtlichen Bestimmungen auch bei übereinstimmender Qualifikation der Einkünfte von Mitunternehmern auf der Grundlage des jeweiligen innerstaatlichen Rechts angewendet werden soll. Da der BFH in seinem Urteil keine Bindung an die Qualifikation des Quellenstaates zugrunde legt, wäre es nur konsequent, auch in diesen Fällen auf eine zivilrechtliche Betrachtungsweise abzustellen, selbst wenn dies dann zum Qualifikationskonflikt führt.

Wichtigstes Argument gegen die Sichtweise des I. Senats ist jedoch die seitens des BFH vorgenommene Übertragung zivilrechtlicher Betrachtungsweisen auf das Steuerrecht, obwohl der zur DBA-Auslegung herangezogene Art. 3 Abs. 2 OECD-MA eindeutig auf das Steuerrecht der Vertragspartner abstellt. Die vom BFH so geöffnete „Eingangstür" machte es *Wassermeyer*[1166] möglich, das steuerrechtliche Konstrukt der atypisch stillen Gesellschaft auf ein zivilrechtliches Schuldverhältnis zu

---

1164 *Wassermeyer*, Auslegung 1990, S. 406.

1165 Vgl. BFH vom 27.2.1991, BStBl. II 1991, S. 444; BFH vom 31.5.1995, BStBl. II 1995, S. 683.

1166 Vgl. *Wassermeyer*, Auslegung von DBA 1995, S. 51.

reduzieren und in ihr lediglich ein Darlehensverhältnis zu sehen, für das daraufhin auch die Existenz einer Betriebstätte verneint werden kann. Zwar wird im deutschen Zivilrecht per Rechtsnorm[1167] keine Unterscheidung zwischen der atypisch und der typisch stillen Gesellschaft getroffen, dennoch stellt die stille Gesellschaft auch zivilrechtlich eine über ein reines Schuldverhältnis hinausgehende Gesellschaftsform dar, der – selbst wenn man einer Übertragung zivilrechtlicher Grundsätze ins Internationale Steuerrecht zustimmt – die Qualifikation als Darlehen nicht gerecht wird. Der Versuch, die stille Gesellschaft als Gesellschaftsform im deutschen Internationalen Steuerrecht aufzugeben, ist folglich abzulehnen.

Eine Bindung der deutschen Wertung an die Qualifikation der Einkünfte im Ausland kann es nach der hier vertretenen Ansicht lediglich bei ausdrücklicher Vereinbarung einer **Qualifikationsverkettung** in der Vermeidungsnorm des DBA geben; der Hinweis auf die Wertung der Einkünfte i. S. d. Verteilungsnormen im Quellenstaat ist dann für den Adressaten der Vermeidungsnorm, nämlich den Wohnsitzstaat, verbindlich. Die Bestimmung der Höhe der Einkünfte erfolgt dabei grundsätzlich nach Maßgabe des Abkommenstextes entweder als Brutto- oder als Nettobetrag ausschließlich nach nationalen Vorschriften.

Stille Gesellschaften an sich sind mangels Ansässigkeit **keine abkommensberechtigten Personen**, so daß den Schutz eines DBA ausschließlich die an der Gesellschaft Beteiligten genießen.

Die **steuerlichen Konsequenzen einer transnationalen stillen Beteiligung** werden maßgeblich von der Wertung in den beteiligten Vertragsstaaten bestimmt. **Beteiligt sich ein Steuerinländer typisch still an einem ausländischen Handelsgewerbe**, so unterliegen die ihm zuzurechnenden Gewinnanteile bei übereinstimmender Wertung der Einkunftsart in den betreffenden DBA-Staaten im Ausland als Zinsen i. S. v. Art. 11 OECD-MA einer Quellensteuer in Höhe von 10 % der Bruttoeinnahmen, die bei Veranlagung des Steuerinländers in Deutschland auf die deutsche Steuerschuld angerechnet wird. Daneben ist im Ausland eine Qualifikation der Einkünfte aus der Beteiligung als Dividenden i. S. v. Art. 10 OECD-MA oder als Unternehmensgewinne i. S. v. Art. 7 OECD-MA denkbar.

Wertet der ausländische Staat die Einkünfte aus der stillen Beteiligung als Dividenden, so nimmt er sein Besteuerungsrecht durch den Abzug einer 15 %igen Quellensteuer vom Bruttobetrag der Einnahmen wahr. Infolge der Qualifikationsverkettung in Art. 23A Abs. 2 OECD-MA ist der Wohnsitzstaat Deutschland an die Wertung des ausländischen Quellenstaates gebunden. Die Vermeidungsnorm im DBA-Methodenartikel sieht für Dividendeneinkünfte ein Besteuerungsrecht des Wohnsitzstaates unter Anrechnung der im Ausland gezahlten Quellensteuer vor.

Keine Maßgeblichkeit der Wertung im Quellenstaat für den Wohnsitzstaat gibt es dagegen bei der Qualifikation der Einkünfte aus der typisch stillen Gesellschaft als Unternehmensgewinne i. S. v. Art. 7 OECD-MA. Bei dieser Sachlage kommt es aufgrund der divergierenden Einschätzungen in den beteiligten DBA-Staaten zu einer

---

[1167] Dagegen wird in der Literatur zwischen eigenkapitalähnlichen und fremdkapitalähnlichen stillen Beteiligungen differenziert; vgl. Kapitel II.A.4.

Doppelbesteuerung, indem der Quellenstaat Unternehmensgewinne annimmt und diese entsprechend dem Betriebstättenprinzip besteuert, und der Wohnsitzstaat Deutschland auf der Grundlage der Vorschrift über abkommensrechtliche Zinsen i.S.v. Art. 11 OECD-MA auf seinem Besteuerungsrecht besteht. Nach der hier vertretenen Ansicht läßt sich aus der DBA-Vermeidungsnorm in Art. 23A OECD-MA keine Verpflichtung des Wohnsitzstaates zur Anrechnung der ausländischen Steuer ableiten, da die betreffende Norm in Abs. 2 der Vorschrift eine derartige Maßnahme zur Vermeidung der Doppelbesteuerung ausschließlich für Einkünfte vorsieht, „die nach den Artikeln 10 und 11 im anderen Vertragsstaat besteuert werden können".

Die **atypisch stille Beteiligung** eines Steuerinländers an einem ausländischen Handelsgewerbe führt bei übereinstimmender Wertung der Einkunftsart in den beiden Vertragsstaaten zu Unternehmensgewinnen i.S.v. Art. 7 OECD-MA, deren Besteuerungsrecht dem Betriebstättenprinzip folgend dem ausländischen Quellenstaat zusteht, während der Wohnsitzstaat Deutschland an die Anordnung der Freistellung unter Progressionsvorbehalt in Art. 23A Abs. 1 und 3 OECD-MA gebunden ist. Verlustzuweisungen an den atypisch stillen Gesellschafter werden im Wohnsitzstaat durch einen negativen Progressionsvorbehalt berücksichtigt. Darüber hinaus kann der Steuerinländer die Verluste auf Antrag gem. § 2a Abs. 3 EStG bei der Ermittlung des Gesamtbetrags der Einkünfte in Abzug bringen, soweit die Einkünfte – bestünde kein DBA – in Deutschland gem. § 10d EStG ausgleichs- bzw. abzugsfähig wären und andere aus demselben Staat stammende positive Einkünfte übersteigen. Die Verlustberücksichtigung führt allerdings in den Folgejahren zur Nachversteuerung positiver Betriebstätteneinkünfte aus demselben Staat.

Bei abweichender Wertung der DBA-Objekttatbestände für den Gewinnanteil des atypisch stillen Gesellschafters könnte der ausländische Vertragsstaat eine Qualifikation als Dividenden i.S.v. Art. 10 OECD-MA oder als Zinsen i.S.v. Art. 11 OECD-MA vornehmen. In beiden Fällen ist bei Anerkennung der Theorie der Qualifikationsverkettung die ausländische Wertung in Art. 23A Abs. 2 OECD-MA für den Wohnsitzstaat Deutschland verbindlich, so daß im Ergebnis die ausländische Quellensteuer in Deutschland angerechnet wird. Dagegen läßt sich die Besteuerungsproblematik bei abweichender Wertung der Sondervergütungen in den Vertragsstaaten im Zuge der Anwendung der Theorie der Qualifikationsverkettung lediglich bei der Zuordnung der Sondervergütungen im Quellenstaat zu den abkommensrechtlichen Zinsen, d.h. bei Sondervergütungen aus der Gewährung eines Darlehens des atypisch stillen Gesellschafters an die ausländische Gesellschaft, lösen. Diese Wertung ist für den Wohnsitzstaat maßgeblich, der daher die ausländische Quellensteuer auf die Sondervergütungen anrechnen muß. Bei allen anderen Arten von Sondervergütungen, in denen der Quellenstaat die Einkünfte nach Maßgabe des zugrundeliegenden zivilrechtlichen Rechtsgeschäfts beurteilt, ist eine doppelte Steuerfreistellung bzw. – falls eine Quellensteuer vorgesehen ist – eine Minderbesteuerung der Einkünfte die Folge. Lediglich bei der entgeltlichen Überlassung eines im ausländischen Vertragsstaat belegenen Grundstücks des atypisch stillen Gesellschafters an die ausländische Gesellschaft und bei Anwendung des Arbeitsortprinzips bei Einkünften aus unselbständiger Arbeit kommt es weder zur steuerlichen Doppelbelastung noch zur doppelten Steuerfreistellung bzw. Minderbesteuerung.

Beteiligt sich hingegen **ein Steuerausländer an einem deutschen Unternehmen**, so ist er mit seinen Einkünften in Deutschland gem. § 1 Abs. 4 EStG bzw. § 2 Nr. 1 KStG beschränkt steuerpflichtig. Die deutsche Wertung der Einkünfte aus einer **typisch stillen Beteiligung** als abkommensrechtliche Zinsen i. S. v. Art. 11 OECD-MA ist bei Anwendung der Theorie der Qualifikationsverkettung für den ausländischen Vertragsstaat verbindlich, so daß der Wohnsitzstaat die von Deutschland erhobene Quellensteuer in Höhe von 10 % der Bruttoeinnahmen gem. Art. 23A Abs. 2 OECD-MA anrechnen muß. Art. 10 Abs. 3 OECD-MA, der den Dividenden i. S. v. Art. 10 OECD-MA auch jene Einkünfte zurechnet, die im Quellenstaat steuerlich den Aktieneinkünften gleichgestellt sind, erlaubt die Subsumtion der durch § 8a KStG in vGA umqualifizierten Einkünfte aus typisch stillen Beteiligungen unter den abkommensrechtlichen Dividendenbegriff. Auch in diesem Fall greift die Qualifikationsverkettung, so daß der ausländische Vertragsstaat an die deutsche Wertung gebunden ist.

Ein **atypisch still** an einem inländischen Unternehmen beteiligter Steuerausländer ist mit seinen Einkünften aus Gewerbebetrieb i. S. v. § 49 Abs. 1 Nr. 2 Lit. a) EStG in Deutschland beschränkt steuerpflichtig. Abkommensrechtlich unterstellt Deutschland den Gewinnanteil aus dem Inlandsengagement den Unternehmensgewinnen i. S. v. Art. 7 OECD-MA, wobei das Besteuerungsrecht dem Quellenstaat Deutschland zusteht, während die Vermeidung der Doppelbesteuerung durch Freistellung der Einkünfte gem. Art. 23A OECD-MA Sache des Wohnsitzstaates ist. Der ausländische Wohnsitzstaat des Gesellschafters ist mangels Qualifikationsverkettung für Unternehmensgewinne nicht an die deutsche Qualifikation gebunden; nimmt er abweichend von der deutschen Wertung eine Subsumtion der Gewinnanteile unter den abkommensrechtlichen Zins- oder Dividendenbegriff vor, kann einer Doppelbesteuerung nur mit einem Verständigungsverfahren begegnet werden. Auch für die Sondervergütungen beansprucht Deutschland auf der Grundlage des Betriebstättenprinzips das Besteuerungsrecht für sich. Eine abweichende Wertung der Vergütungen im Ausland führt regelmäßig zu einer Doppelbesteuerung; lediglich bei den Vergütungen, die im Ausland den Einkünften aus unbeweglichem Vermögen i. S. v. Art. 6 OECD-MA zugerechnet werden und bei denen sich das den Einkünften zugrundeliegende Vermögen in Deutschland befindet sowie bei Anwendung des Arbeitsortprinzips bei Einkünften aus unselbständiger Arbeit, ist eine Doppelbesteuerung nicht zu erwarten.

Anders als der beschränkt steuerpflichtige typisch stille Gesellschafter kann der atypisch stille Gesellschafter **unilaterale Maßnahmen** zur Vermeidung der Doppelbesteuerung in Anspruch nehmen, falls ihm eine ausländische Steuer anteilig zugerechnet wird, die nicht von dem Staat erhoben wird, in dem der Gesellschafter unbeschränkt steuerpflichtig ist. Auf die ausländische Steuer finden gem. § 50 Abs. 6 EStG die Steuerermäßigungsvorschriften in § 34c Abs. 1 bis 3 EStG entsprechende Anwendung.

D. Stille Gesellschaften in der deutschen Abkommenspraxis

1. Steuerliche Behandlung auf der Grundlage deutscher DBA

a) Vorbemerkung

Die nachfolgenden Ausführungen basieren auf einer Analyse aller durch die Bundesrepublik Deutschland abgeschlossenen DBA.[1168] Zunächst wird untersucht, welche Abkommen entgegen dem OECD-MA ausdrückliche Regelungen über stille Gesellschaften enthalten und welcher DBA-Norm auf der Grundlage des Wortlauts und des Abkommenszusammenhangs die beiden in Deutschland bekannten steuerrechtlichen Ausgestaltungsarten zuzurechnen sind. Je nach Abkommensartikel und Vertragspartner unterliegen Einkünfte aus typisch stillen Gesellschaften unterschiedlichen Höchstsätzen für die Quellensteuer, die vom Quellenstaat Deutschland einbehalten bzw. vom Wohnsitzstaat Deutschland angerechnet wird. Darüber hinaus werden die deutschen DBA im Fall atypisch stiller Gesellschaften auf die Besonderheit einer Aktivitätsklausel hin untersucht, die bei Vorliegen einer passiven Tätigkeit im Wohnsitzstaat zur Vermeidung bzw. Minderung der Doppelbesteuerung die Anrechnungs- anstatt der Freistellungsmethode zur Anwendung kommen läßt. Gegenstand einer letzten Analyse ist die Übertragung der Theorie der Qualifikationsverkettung auf die deutsche DBA-Praxis anhand des Wortlauts der jeweiligen Vermeidungsnorm.

b) Berücksichtigung stiller Gesellschaften

Die deutsche Abkommenspraxis unterscheidet sich hinsichtlich der Regelungen über stille Gesellschaften deutlich vom OECD-MA; die geltenden Abkommen enthalten mit nur wenigen Ausnahmen spezielle Vorschriften zur steuerlichen Behandlung grenzüberschreitender stiller Gesellschaften, in denen allerdings zumeist nicht zwischen der atypischen und der typischen Variante unterschieden wird. Allgemein können die DBA hinsichtlich ihrer Berücksichtigung stiller Gesellschaften in vier Gruppen eingeteilt werden:

1. **DBA der Gruppe 1** enthalten ausdrückliche Regelungen zu atypisch und typisch stillen Gesellschaften, wobei die Begriffe „atypisch" und „typisch" in den Abkommen nicht explizit genannt werden, sondern vielmehr Umschreibungen auf den entsprechenden Sachverhalt hinweisen.

[1168] Zugrunde gelegt wurde der Stand der deutschen Doppelbesteuerungsabkommen am 1.1.1999; vgl. BStBl. I 1999, S. 122.

2. **DBA der Gruppe 2** regeln ebenfalls stille Gesellschaften, lassen allerdings aus den Formulierungen erkennen, daß nur die typische Variante gemeint sein soll.
3. **DBA der Gruppe 3** ordnen die Einkünfte aus stillen Gesellschaften allgemein einem Abkommensartikel zu, ohne daß eine Differenzierung zwischen typischer und atypischer Ausgestaltung erkennbar wird.
4. **DBA der Gruppe 4** erwähnen stille Gesellschaften nicht.

In Tabelle 3 ist die Berücksichtigung stiller Gesellschaften in deutschen DBA im Überblick dargestellt.

Stille Gesellschaften in der deutschen DBA-Praxis		
Gruppe 1: Ausdrückliche Regelungen über atypisch und typisch stille Gesellschaften		
DBA-Luxemburg, DBA-Niederlande, DBA-Österreich, DBA-Tunesien.		
Gruppe 2: Ausdrückliche Regelung nur über typisch stille Gesellschaften		
DBA-Belgien, DBA-Israel, DBA-Marokko, DBA-Spanien.		
Gruppe 3: Undifferenzierte Regelung über stille Gesellschaften		
DBA-Ägypten,	DBA-Jamaika,	DBA-Rumänien,
DBA-Argentinien,	DBA-Japan,	DBA-Russische Föderation,
DBA-Australien,	DBA-Jugoslawien,	DBA-Sambia,
DBA-Bangladesch,	DBA-Kanada,	DBA-Schweden,
DBA-Bolivien,	DBA-Kasachstan,	DBA-Schweiz,
DBA-Brasilien,	DBA-Kenia,	DBA-Simbabwe,
DBA-Bulgarien,	DBA-Kuwait,	DBA-Singapur,
DBA-China,	DBA-Lettland,	DBA-Sri Lanka,
DBA-Dänemark,	DBA-Liberia,	DBA-Südafrika,
DBA-Ecuador,	DBA-Litauen,	DBA-Trinidad und Tobago,
DBA-Elfenbeinküste,	DBA-Malaysia,	DBA-Tschechien,
DBA-Estland,	DBA-Malta,	DBA-Türkei,
DBA-Finnland,	DBA-Mauritius,	DBA-Ukraine,
DBA-Frankreich,	DBA-Mexiko,	DBA-Ungarn,
DBA-Griechenland,	DBA-Mongolei,	DBA-Uruguay,
DBA-Großbritannien,	DBA-Namibia,	DBA-USA,
DBA-Indien,	DBA-Neuseeland,	DBA-Vereinigte Arabische Emirate,
DBA-Indonesien,	DBA-Norwegen,	DBA-Venezuela,
DBA-Irland,	DBA-Pakistan,	DBA-Vietnam,
DBA-Island,	DBA-Philippinen,	DBA-Zypern.
DBA-Italien,	DBA-Portugal,	
Gruppe 4: Keine Regelung über stille Gesellschaften		
DBA-Iran, DBA-Korea, DBA-Polen, DBA-Thailand.		

Tabelle 3: Berücksichtigung stiller Gesellschaften in deutschen DBA[1169]

Die vier deutschen DBA, die ausdrücklich Einkünfte aus einer **atypisch stillen Gesellschaft** regeln (vgl. **Gruppe 1** in Tabelle 3), subsumieren diese unter die Unternehmensgewinne; diese Bestimmung ist dann für beide Vertragsstaaten konstitutiv. Soweit – wie dies in deutschen DBA i.d.R. der Fall ist – die atypische Variante der stillen Gesellschaft nicht explizit erwähnt wird, gelten die allgemeinen Regeln der

[1169] Zugrunde gelegt wurde der Stand der deutschen Doppelbesteuerungsabkommen am 1.1.1999; vgl. BStBl. I 1999, S. 122.

Abkommensauslegung.[1170] So kann aus der konkreten Bezugnahme ausschließlich auf die typische Ausgestaltungsvariante (vgl. **Gruppe 2**) nach h.M.[1171] geschlossen werden, daß es sich bei den Einkünften aus der atypisch stillen Gesellschaft um Unternehmensgewinne i.S.d. Art. 7 OECD-MA handelt; damit spricht die Tatsache, daß ein DBA ausschließlich auf die typische Variante der stillen Gesellschaft abstellt, nicht dafür, daß keine Unterscheidung zwischen den beiden Ausgestaltungsarten getroffen werden muß und Erträge aus beiden Spielarten dem Dividendenartikel zuzurechnen sind.[1172]

Weniger eindeutig ist dagegen die Sachlage, falls der entsprechende Abkommensartikel allgemein von „stillen Gesellschaften" spricht, ohne ausdrücklich auf eine dem deutschen Steuerrecht bekannte Ausgestaltungsart Bezug zu nehmen (vgl. **Gruppe 3**). *Schmidt*[1173] ist zuzustimmen, der unter den Begriff „stille Gesellschaft" beide Varianten fassen will, falls eine dahingehende Intention des Abkommenstextes beispielsweise im Form der Berufung auf das deutsche Handelsrecht zum Ausdruck kommt. Die wenigen deutschen DBA[1174], die im Zusammenhang mit den Einkünften aus der stillen Gesellschaft eine Verbindung zum deutschen Recht herstellen, beziehen sich allerdings nicht auf das deutsche Handelsrecht; vielmehr ist dort entweder allgemein von Einkünften eines stillen Gesellschafters „im Sinne des Rechts der Bundesrepublik Deutschland"[1175] oder speziell „im Sinne des deutschen Steuerrechts"[1176] die Rede. Aus beiden Formulierungen läßt sich keine Einbeziehung der Einkünfte aus der atypisch stillen Gesellschaft in den jeweiligen Dividendenbegriff ableiten; dagegen gelten die allgemeinen Grundsätze der Abkommensauslegung,

---

1170 Vgl. *Schmidt*, Atypisch stille Gesellschaft 1996, S. 218.

1171 Vgl. *Malinski*, in: *Debatin/Wassermeyer*, DBA 1998, Art. 10 DBA-Belgien, Rdnr. 44; *Schmidt*, Atypisch stille Gesellschaft 1996, S. 218; *Vogel*, in: *Vogel*, DBA 1996, Art. 10 OECD-MA, Rdnr. 165.

1172 So jedoch *Selling*, in: *Debatin/Wassermeyer*, DBA 1998, Art. 10 DBA-Spanien, Rdnr. 53. Auch das darüber hinaus von *Selling* angeführte Argument, die Erträge aus der stillen Beteiligung seien in Spanien stets als Betriebsausgabe abzugsfähig und unterlägen der Kapitalertragsteuer, kann als Beleg für eine Einordnung der Einkünfte aus einer atypisch stillen Beteiligung unter den DBA-Dividendenartikel nicht greifen, da der Wohnsitzstaat, soweit keine abkommensautonome Definition vorliegt und sich aus dem Abkommenszusammenhang nichts anderes ergibt, eine eigenständige Wertung nach innerstaatlichem Recht unabhängig von der steuerlichen Behandlung im Quellenstaat vornimmt; vgl. ausführlich Kapitel IV.C.4.a).

1173 Vgl. *Schmidt*, Atypisch stille Gesellschaft 1996, S. 218.

1174 Vgl. Art. 10 Abs. 4 DBA-Finnland; Art. 10 Abs. 6 Lit. b) DBA-Italien; Art. 9 Abs. 4 DBA-Rumänien; Art. 10 Abs. 4 DBA-Schweiz.

1175 Vgl. Art. 10 Abs. 4 DBA-Finnland; Art. 9 Abs. 4 DBA-Rumänien. In Art. 10 Abs. 4 DBA-Schweiz wird ebenfalls allgemein von der stillen Gesellschaft „im Sinne des deutschen Rechts" gesprochen.

1176 Vgl. Art. 10 Abs. 6 Lit. b) DBA-Italien.

die dem atypisch stillen Gesellschafter aus seiner Mitunternehmerschaft Unternehmensgewinne i. S. d. Art. 10 OECD-MA zurechnen.[1177]

Für die Abkommen, in denen stille Gesellschaften nicht erwähnt sind (vgl. **Gruppe 4**), gelten die allgemeinen Ausführungen zum OECD-MA,[1178] so daß im Ergebnis aus deutscher Sicht Einkünfte aus der typisch stillen Beteiligung dem abkommensrechtlichen Zinsartikel zuzurechnen und Einkünfte aus der atypisch stillen Gesellschaft unter die Unternehmensgewinne zu subsumieren sind.

Entgegen dem Ergebnis der vorstehenden Analyse, demzufolge der atypisch stille Gesellschafter – unabhängig von der Zugehörigkeit des entsprechenden DBA zu einer der in Tabelle 3 gebildeten Gruppen – abkommensrechtlich stets Unternehmensgewinne erzielt, vertritt *Piltz*[1179] eine andere Ansicht. Er argumentiert – ganz auf der Linie des Urteils des I. Senats vom 27.2.1991[1180] – zivilrechtlich, indem er in der atypisch stillen Beteiligung lediglich eine schuldrechtliche Forderung gegen den Geschäftsinhaber erkennt und dabei zu dem Ergebnis kommt, Einkünfte eines atypisch stillen Gesellschafters seien:

„1. Unternehmensgewinne entsprechend Art. 7 MA, wenn dies ausdrücklich angeordnet ist.

2. Dividenden entsprechend Art. 10 MA, wenn keine ausdrückliche Zuweisung zu den Unternehmensgewinnen erfolgt.

3. Zinsen entsprechend Art. 11 MA, wenn die Dividendendefinition ausdrücklich auf die typisch stille Gesellschaft beschränkt ist und wenn keine ausdrückliche Zuweisung zu den Unternehmensgewinnen erfolgt."[1181]

Ist im Abkommen eine explizite Zuordnung der Einkünfte aus atypisch stillen Gesellschaften zu den Unternehmensgewinnen vorhanden, hat diese konstitutive Wirkung für beide Vertragsstaaten; damit ist dem Gliederungspunkt 1 zuzustimmen. Die im Gliederungspunkt 2 von *Piltz* vorgenommene Subsumtion der Einkünfte atypisch stiller Gesellschafter unter den Dividendenbegriff für den Fall, daß das Abkommen eine undifferenzierte Zuordnung der Einkünfte aus der stillen Gesellschaft zu den Dividenden vorsieht, folgt der zivilrechtlichen Betrachtungsweise der neueren BFH-Rechtsprechung, die hier abgelehnt wurde.[1182] Im Einklang mit der h. M.[1183] sind die

---

[1177] Ebenso *Debatin/Wassermeyer*, in: *Debatin/Wassermeyer*, DBA 1998, Art. 10 DBA-Finnland, S. 140; *Müller*, Stille Gesellschaft im Abkommensrecht 1996, S. 273; *Schmidt*, Atypisch stille Gesellschaft 1996, S. 218; *Zwosta*, in: *Debatin/Wassermeyer*, DBA 1998, Art. 10 DBA-Schweiz, Rdnr. 83.

[1178] Vgl. Kapitel IV.C.4.a).

[1179] Vgl. *Piltz*, Hybride Finanzierungen 1995, S. 141 f. Ähnlich *Wassermeyer*, in: *Debatin/Wassermeyer*, DBA 1998, Art. 10 OECD-MA, Rdnr. 115.

[1180] BStBl. II 1991, S. 444.

[1181] *Piltz*, Hybride Finanzierungen 1995, S. 142.

[1182] Vgl. Kapitel IV.C.4.a)(3).

[1183] Vgl. FN 1177.

Einkünfte atypisch stiller Gesellschafter in diesen Fällen den Unternehmensgewinnen zuzurechnen. Überraschend, weil kaum einsichtig, ist das Ergebnis in Gliederungspunkt 3; danach sollen die Einkünfte aus atypisch stillen Gesellschaften ihrem Charakter als „Schuldverpflichtung" entsprechend dem Zinsartikel zuzurechnen sein, sofern das DBA eine spezielle Regelung ausdrücklich nur für typisch stille Gesellschaften vorsieht.

Diesem Ergebnis kann aus mehreren Gründen nicht zugestimmt werden: Zunächst ist die zivilrechtliche Betrachtung bei der Einordnung der Einkünfte stiller Gesellschafter in steuerliche Einkunftskategorien nicht sachgemäß;[1184] darüber hinaus kann es nicht Sinn und Zweck einer speziellen Regelung für typisch stille Gesellschaften sein, einerseits Einkünfte aus diesen Beteiligungsverhältnissen dem Dividendenbegriff unterzuordnen und sie damit den Ausschüttungen an Anteilseigner einer Kapitalgesellschaft gleichzustellen und andererseits die Einkünfte eines mitunternehmerisch die Geschicke eines Unternehmens mitbestimmenden atypisch stillen Gesellschafters auf Entgelte aus einem „Gläubiger-Schuldner-Verhältnis" zu reduzieren. Statt dessen ist aus deutscher Sicht, soweit eine spezielle Vorschrift ausdrücklich nur für typisch stille Gesellschaften vorliegt, mangels anderweitiger Regelung eine steuerrechtliche Einordnung der Einkünfte aus der atypisch stillen Gesellschaft vorzunehmen, die dem Stillen abkommensrechtlich Unternehmensgewinne vermittelt.[1185]

Bei der Einordnung der **typisch stillen Gesellschaft** differiert die einschlägige abkommensrechtliche Einkunftskategorie. I. d. R. unterstellen deutsche DBA Einkünfte aus der typisch stillen Gesellschaft dem jeweiligen Dividendenbegriff; Ausnahmen bilden die Abkommen mit Österreich und Tunesien, in denen die Einkünfte typisch stiller Gesellschafter abkommensrechtlich ausdrücklich als Zinsen gewertet werden, sowie die DBA der Gruppe 4, bei denen mangels eigenständiger Vorschrift die deutsche Sichtweise bei Bestehen des OECD-MA gilt, die dem typisch stillen Gesellschaft Zinseinkünfte zurechnet.[1186] Die deutschen DBA sehen für Zins- und Dividendeneinkünfte regelmäßig einen dem OECD-MA entsprechenden Betriebstättenvorbehalt vor,[1187] so daß Einkünfte aus einer stillen Beteiligung, die tatsächlich zu einer im ausländischen Vertragsstaat belegenen Betriebstätte gehören, den Betriebstättengewinnen zuzurechnen sind.[1188]

1184 Vgl. dazu Kapitel IV.C.4.a)(3).

1185 Gl. A. *Schmidt*, Atypisch stille Gesellschaft 1996, S. 219.

1186 Ebenso *Vogel*, in: *Vogel*, DBA 1996, Art. 10 OECD-MA, Rdnr. 165. Zur Einordnung der Einkünfte aus typisch stillen Gesellschaften im OECD-MA vgl. Kapitel IV.C.5.b).

1187 Vgl. mit jeweiligen Übersichten *Pöllath*, in: *Vogel*, DBA 1996, Art. 11 OECD-MA, Rdnr. 80; *Tischbirek*, in: *Vogel*, DBA 1996, Art. 10 OECD-MA, Rdnr. 267.

1188 Vgl. Kapitel IV.C.4.a)(1).

c) Formulierungsstandards

Soweit die deutschen DBA **atypisch stille Gesellschaften** explizit regeln, sind die Formulierungen eindeutig und binden beide Abkommensseiten gleichermaßen. Die deutschen DBA bedienen sich zur Umschreibung der atypisch stillen Gesellschaft i. d. R. einer Standardformulierung: „Wie ein Unternehmer wird ein stiller Gesellschafter behandelt, wenn mit seiner Einlage eine Beteiligung am Vermögen des Unternehmens verbunden ist"; lediglich im DBA-Tunesien[1189] ergibt sich aus dem Abkommenszusammenhang, daß nur der mitunternehmerisch stille Gesellschafter Unternehmensgewinne i. S. d. Abkommens erzielt.

Die Wortwahl in den Vorschriften zu **typisch stillen Gesellschaften** im speziellen und zu stillen Gesellschaften im allgemeinen differiert dagegen z. T. erheblich. Eine Analyse zeigt, daß sich **zwei große Gruppen** herauskristallisieren, in denen bestimmte Standardformulierungen gebraucht werden:

1. **Gruppe 1** enthält DBA, deren Regelungen zu stillen Gesellschaften beidseitig formuliert sind;
2. **Gruppe 2** der DBA zeichnet sich hingegen durch eine einseitige Formulierung über stille Gesellschaften aus. In dieser Gruppe können im wesentlichen drei Standardformulierungen ausgemacht werden.

Das DBA-Australien stellt in der vorgenommenen Gruppenbildung eine **Ausnahme** dar; in Art. 10 Abs. 3 heißt es: „Er (der Ausdruck „Dividenden"; d. Verf.) umfaßt im Fall des Abs. 2 („Dividenden, die eine in der Bundesrepublik Deutschland unbeschränkt steuerpflichtige Gesellschaft an eine in Australien ansässige Person zahlt ..."; d. Verf.) auch die Einkünfte eines stillen Gesellschafters aus seiner Beteiligung als stiller Gesellschafter". Vom Wortlaut des DBA-Australien werden daher lediglich Einkünfte eines in Australien ansässigen Steuerpflichtigen aus der (typisch) stillen Beteiligung an einem deutschen Unternehmen erfaßt. Nicht unter diese Abkommensnorm fallen hingegen Einkünfte eines deutschen Steuerinländers aus seiner stillen Beteiligung an einem australischen Unternehmen. Ob die Qualifikation der Einkünfte aus typisch stillen Gesellschaften auch in anderen DBA – dem DBA-Australien vergleichbar – von der Fließrichtung der Zahlungsströme abhängig ist,[1190] wird im folgenden untersucht. Dazu zeigt Tabelle 4 im Überblick die nach dem Wortlaut gebildeten DBA-Gruppen einschließlich der verwendeten Standardformulierungen. Dabei wird eine für die entsprechende Gruppe bzw. Untergruppe charakteristische Formulierung vorangestellt; die zugehörigen DBA unterscheiden sich im Wortlaut i. d. R. nicht oder nur unwesentlich.

[1189] In Art. 7 Abs. 6 DBA-Tunesien heißt es: „Die Absätze 1 bis 5 sowie Artikel 6 gelten auch für die Beteiligung eines Gesellschafters am Gewinn eines Unternehmens, das in Tunesien in Form ... einer stillen Gesellschaft (association en participation) und in der Bundesrepublik Deutschland in Form einer Personengesellschaft errichtet worden ist." Einkünfte aus typisch stillen Gesellschaften werden hingegen von Art. 11 Abs. 3 DBA-Tunesien, der die Qualifikation der Einkünfte als Zinsen ausdrücklich dem Quellenstaat überläßt, erfaßt.

[1190] So *Tischbirek*, in: *Vogel*, DBA 1996, Art. 10 OECD-MA, Rdnr. 165.

Wortlaut der Regelungen über stille Gesellschaften in der deutschen DBA-Praxis

Gruppe 1: Beidseitig formulierte Regelung

Standardformulierung: „Der in diesem Artikel verwendete Ausdruck ‚Dividenden' bedeutet ... Einkünfte eines stillen Gesellschafters aus seiner Beteiligung als stiller Gesellschafter" (Art. 10 Abs. 3 DBA-Argentinien).

Art. 10 Abs. 3 DBA-Argentinien,
Art. 10 Abs. 5 DBA-Belgien,
Protokoll Nr. 3 zu Art. 10 DBA-China,
Art. 10 Abs. 4 DBA-Finnland,
Art. 7 Abs. 3 DBA-Indien,
Art. 10 Abs. 5 DBA-Island,
Art. 2 Abs. 1 Nr. 8 DBA-Israel,
Art. 10 Abs. 5 DBA-Jamaika,
Art. 10 Abs. 5 DBA-Japan,
Art. 11 Abs. 2 Lit. b) DBA-Jugoslawien,
Art. 10 Abs. 4 DBA-Kasachstan,
Art. 10 Abs. 4 DBA-Liberia,
Art. 10 Abs. 5 DBA-Malta,
Art. 10 Abs. 3 DBA-Neuseeland,
Art. 10 Abs. 6 DBA-Norwegen,
Art. 10 Abs. 4 DBA-Philippinen,
Art. 9 Abs. 4 DBA-Rumänien,
Art. 10 Abs. 4 DBA-Sambia,
Art. 10 Abs. 4 DBA-Schweiz,
Art. 10 Abs. 4 DBA-Simbabwe,
Art. 10 Abs. 4 DBA-Spanien,
Art. 7 Abs. 4 DBA-Südafrika,
Art. 10 Abs. 4 DBA-Tschechien,
Art. 10 Abs. 4 DBA-Ungarn,
Art. 10 Abs. 2 DBA-Uruguay,
Art. 10 Abs. 5 DBA-Zypern.

Gruppe 2: Einseitig formulierte Regelung

1. Standardformulierung: „Im Fall der Bundesrepublik Deutschland umfaßt der Ausdruck ‚Dividenden' auch Einkünfte eines stillen Gesellschafters aus seiner Beteiligung als stiller Gesellschafter" (Art. 10 Abs. 5 DBA-Ägypten).

Art. 10 Abs. 5 DBA-Ägypten,
Protokoll Nr. 2 zu Art. 10 und 11 DBA-Bangladesch,
Protokoll Nr. 1 zu Art. 10 DBA-Brasilien,
Art. 10 Abs. 3 DBA-Ecuador,
Art. 10 Abs. 3 DBA-Elfenbeinküste,
Art. 6 Abs. 3 DBA-Griechenland,
Art. 6 Abs. 4 DBA-Großbritannien,
Art. 10 Abs. 5 DBA-Malaysia,
Art. 10 Abs. 3 DBA-Pakistan,
Protokoll Nr. 3 zu Art. 10 DBA-Portugal,
Art. 10 Abs. 4 DBA-Trinidad und Tobago.

2. Standardformulierung: „Der Ausdruck ‚Dividenden' umfaßt in der Bundesrepublik Deutschland Einkünfte eines stillen Gesellschafters aus seiner Beteiligung als stiller Gesellschafter" (Art. 10 Abs. 4 DBA-Dänemark).

Art. 10 Abs. 4 DBA-Dänemark, Art. 9 Abs. 6 DBA-Frankreich, Art. 2 Abs. 1 Lit. (h) DBA-Irland, Art. 10 Abs. 4 DBA-Kenia, Art. 10 Abs. 5 DBA-Marokko, Protokoll Nr. 4 zu Art. 10 DBA-Russische Föderation,	Art. 10 Abs. 4 Lit. a) DBA-Schweden, Art. 10 Abs. 5 DBA-Singapur, Art. 10 Abs. 3 DBA-Sri Lanka, Art. 10 Abs. 4 DBA-USA.
3. Standardformulierung: „Der in diesem Artikel verwendete Ausdruck ‚Dividenden' bedeutet ... für die Zwecke der Besteuerung in der Bundesrepublik Deutschland Einkünfte eines stillen Gesellschafters aus seiner Beteiligung als stiller Gesellschafter" (Art. 10 Abs. 2 Lit. b) DBA-Bolivien).	
Art. 10 Abs. 2 Lit. b) DBA-Bolivien, Art. 9 Abs. 3 Lit. b) DBA-Bulgarien, Protokoll Nr. 4 zu Art. 10 DBA-Estland, Art. 10 Abs. 2 Lit. b) DBA-Indonesien, Art. 10 Abs. 6 Lit. b) DBA-Italien, Art. 10 Abs. 3 Lit. b) DBA-Kanada, Art. 10 Abs. 3 Lit. b) DBA-Kuwait, Protokoll Nr. 4 zu Art. 10 DBA-Lettland, Protokoll Nr. 4 zu Art. 10 DBA-Litauen, Protokoll Nr. 5 zu Art. 10 DBA-Mexiko,	Art. 10 Abs. 2 Lit. b) DBA-Mongolei, Art. 10 Abs. 2 Lit. b) DBA-Namibia, Art. 10 Abs. 3 Lit. b) DBA-Türkei, Art. 10 Abs. 3 Lit. b) DBA-Ukraine, Protokoll Nr. 2 zu Art. 10 DBA-Venezuela, Art. 10 Abs. 3 Lit. b) DBA-Vereinigte Arabische Emirate, Protokoll Nr. 4 zu Art. 10 und 11 DBA-Vietnam.
Ausnahme: Regelung ausdrücklich nur für aus der Bundesrepublik Deutschland abfließende Erträge	
Art. 10 Abs. 3 DBA-Australien.	

Tabelle 4: Klassifizierung des Wortlauts der Regelungen über stille Gesellschaften in der deutschen DBA-Praxis[1191]

Beidseitig formulierte Abkommensvorschriften (vgl. **Gruppe 1**) sprechen (typisch) stille Gesellschaften im allgemeinen an und manifestieren dabei die abkommensrechtliche Einkunftskategorie für beide Vertragsstaaten ohne Rücksicht auf die Fließrichtung der Einkünfte. In Art. 10 Abs. 5 DBA-Belgien findet sich ein vom Gruppenstandard abweichender Text. Mit der Formulierung „Einkünfte, die ein ‚stiller Gesellschafter' aus seiner Beteiligung bezieht und die in der Bundesrepublik Deutschland als Einkünfte aus Kapitalvermögen behandelt werden", wird nach der hier vertretenen Ansicht die deutsche Qualifikation als typisch stille Gesellschaft für die beidseitige Abkommensanwendung verbindlich: Eine Einschränkung der Anwendung der Abkommensvorschrift auf Sachverhalte, in denen Deutschland die Rolle des Quellen-

1191 Zugrunde gelegt wurde der Stand der deutschen Doppelbesteuerungsabkommen am 1.1.1999; vgl. BStBl. I 1999, S. 122.

staates annimmt, ist m. E. hier nicht gewollt.[1192] Gleiches gilt für Art. 10 Abs. 4 DBA-Finnland, der „Einkünfte eines stillen Gesellschafters im Sinne des Rechts der Bundesrepublik Deutschland aus seiner Beteiligung als stiller Gesellschafter" den Dividenden zurechnet. Auch die DBA mit Rumänien und der Schweiz knüpfen für die Einordnung der Einkünfte typisch stiller Gesellschafter an die deutsche Qualifikation an, indem sie „Einnahmen aus der Beteiligung an einem Handelsgewerbe als stiller Gesellschafter im Sinne des Rechts der Bundesrepublik Deutschland"[1193] in die abkommensrechtliche Dividendendefinition aufnehmen.

In der **Gruppe 2** sind DBA zusammengefaßt, die die Zugehörigkeit der Einkünfte aus (typisch) stillen Gesellschaften zum abkommensrechtlichen Dividendenbegriff einseitig regeln und dabei speziell die Bundesrepublik Deutschland ansprechen. Innerhalb der Gruppe können die drei in Tabelle 4 genannten Formulierungsstandards ausgemacht werden, von denen die zugeordneten DBA i. d. R. nicht abweichen. Lediglich die Abkommen mit der Russischen Föderation und Marokko differieren im Wortlaut unwesentlich von der 2. Standardformulierung, indem sie nicht von der Erweiterung des Dividendenbegriffs „in der Bundesrepublik Deutschland" auf Einkünfte aus der Beteiligung als stiller Gesellschafter, sondern „auf seiten der Bundesrepublik Deutschland"[1194] bzw. „auf deutscher Seite"[1195] sprechen.

Der Wortlaut der drei Standardformulierungen stellt m. E. lediglich klar, daß die Einkünfte aus einer (typisch) stillen Beteiligung von der Bundesrepublik Deutschland als Dividenden zu qualifizieren sind; er sagt hingegen nichts darüber aus,

1. welche Wertung die Einkünfte im anderen Vertragsstaat erfahren sollen bzw.
2. ob die Qualifikation auf eine bestimmte „Fließrichtung" der Einkünfte beschränkt ist.

Die Erweiterung des Dividendenbegriffs auf Einkünfte aus stillen Gesellschaften „im Fall der Bundesrepublik Deutschland" **bindet lediglich die deutsche Vertragsseite.**[1196] Gleiches gilt m. E. auch für die beiden anderen Standardformulierungen; eine Bindung des ausländischen Rechts an die deutsche Wertung läßt sich aus dem Wortlaut nicht ableiten. Die einseitige Maßgeblichkeit der abkommensrechtlichen Qualifikation der Einkünfte aus der stillen Beteiligung als Dividenden für den deutschen Vertragspartner ist m. E. jedoch nur dann sinnvoll, wenn der ausländische Vertragspartner im vorliegenden Sachverhalt abkommensrechtlich ebenfalls Dividenden erkennt. Werden die Einkünfte aus der typisch stillen Gesellschaft im Ausland hingegen als abkommensrechtliche Zinsen gewertet, entsteht ein Wertungs-

---

1192 Wohl ebenso *Malinski*, in: *Debatin/Wassermeyer*, DBA 1998, Art. 10 DBA-Belgien, Rdnr. 44.

1193 Art. 9 Abs. 4 DBA-Rumänien. Die Regelung in Art. 10 Abs. 4 DBA-Schweiz ist fast wortgleich: Der Ausdruck „Dividenden" umfaßt auch „Einnahmen aus Beteiligungen an einem Handelsgewerbe als stiller Gesellschafter im Sinne des deutschen Rechts".

1194 Protokoll Nr. 4 zu Art. 10 DBA-Russische Föderation.

1195 Art. 10 Abs. 5 DBA-Marokko.

1196 Vgl. zum entsprechenden Wortlaut in Protokoll Abs. 1 zu Art. 10 DBA-Brasilien *Debatin/Wassermeyer*, in: *Debatin/Wassermeyer*, DBA 1998, Art. 10 DBA-Brasilien, S. 143.

konflikt, der durch Verzicht auf die einseitige Formulierung im Dividendenartikel bzw. durch eine beidseitig formulierte Regelung hätte vermieden werden können. So ist beispielsweise in Art. 10 Abs. 6 Lit. b) DBA-Italien ebenfalls „für die Zwecke der Besteuerung in der Bundesrepublik Deutschland" eine Erweiterung des Dividendenartikels auf „Einkünfte eines stillen Gesellschafters im Sinne des deutschen Steuerrechts aus seiner Beteiligung als stiller Gesellschafter" vorgesehen, obwohl in Italien zwar der Begriff der „stillen Gesellschaft" unbekannt ist, allerdings in der „associazione in partecipazione" ein dieser Rechtsform vergleichbares Rechtsgebilde existiert, aus dem abkommensrechtlich Zinseinkünfte erwachsen.[1197]

Aus dem Wortlaut der konkreten Bezugnahme auf die Bundesrepublik Deutschland als Vertragspartner in allen drei Standardformulierungen läßt sich m. E. nicht entnehmen, daß sich der erweiterte abkommensrechtliche Dividendenbegriff auf stille Beteiligungen eines ausländischen Steuerpflichtigen an einem deutschen Unternehmen beschränkt; aus dem Abkommenstext geht lediglich hervor, daß Deutschland an die Dividendenqualifikation gebunden ist und nicht, daß für diese Bindung eine territoriale Abgrenzung auf das Gebiet der Bundesrepublik Deutschland erfolgt.[1198] Auf die Fließrichtung der Einkünfte kommt es somit nicht an.

d) Besteuerungsgrundsätze im Quellen- und Wohnsitzstaat

(1) Einkünfte aus typisch stillen Gesellschaften

Für Zinsen und Dividenden weisen die deutschen DBA das Besteuerungsrecht wie im OECD-MA regelmäßig dem Wohnsitzstaat zu, wobei dem **Quellenstaat** i. d. R.

1197 Vgl. *Lobis*, in: *Debatin/Wassermeyer*, DBA 1998, Art. 10 DBA-Italien, Rdnr. 85. Vgl. zur zivilrechtlichen und steuerlichen Behandlung stiller Gesellschaften im Ausland Kapitel III.

1198 So könnte man jedoch *Debatin/Wassermeyer* verstehen, die zur Fassung des Art. 10 Abs. 4 DBA-Kenia, der zu den Dividenden „in der Bundesrepublik Deutschland Einkünfte eines stillen Gesellschafters aus seiner Beteiligung als stiller Gesellschafter" zählt, ausführen: „Klargestellt ist, daß auch Einkünfte aus einer deutschen stillen Beteiligung mit Ausnahme der Einkünfte eines sog. ‚atypisch stillen Gesellschafters' zu den Dividenden zählen."; vgl. *Debatin/Wassermeyer*, in: *Debatin/Wassermeyer*, DBA 1998, Art. 10 DBA-Kenia, S. 138. Offen lassen *Debatin/Wassermeyer*, ob mit der Formulierung „Einkünfte aus einer deutschen stillen Beteiligung" lediglich Einkünfte aus stillen Beteiligungen auf dem Gebiet der Bundesrepublik Deutschland gemeint sind und damit sich der Sitz des Geschäftsinhabers in Deutschland befinden muß oder ob es sich um alle Einkünfte aus Rechtsgebilden handelt, die aus Sicht des deutschen Steuerrechts stille Gesellschaften darstellen, unabhängig vom Sitz des Geschäftsinhabers.

ein in der Höhe beschränktes Zugriffsrecht verbleibt.[1199] Teilweise verzichtet der Quellenstaat laut Abkommen auf eine Besteuerung der abfließenden Einkünfte.[1200]

Die Gestaltung der Quellensteuersätze in denjenigen DBA, die Einkünfte aus der typisch stillen Gesellschaft dem abkommensrechtlichen **Dividendenartikel** zurechnen, sind in der deutschen Abkommenspraxis äußerst vielfältig. **Spezielle Quellensteuersätze für Einkünfte aus typisch stillen Gesellschaften** sind in den Abkommen nur ausnahmsweise vereinbart; so sehen Art. 10 Abs. 2 Lit. b) DBA-Finnland und Art. 10 Abs. 2 Lit. b) DBA-Ungarn einen Quellensteuersatz i. H. v. 25 % und Art. 10 Abs. 2 Lit. c) DBA-Schweiz eine Obergrenze i. H. v. 30 % vor, die allerdings auf seiten der Bundesrepublik Deutschland aufgrund der nationalen Vorschrift in § 43a Abs. 1 EStG auf 25 % reduziert wird.

In zahlreichen Abkommen erfolgt eine **Aufhebung des Quellensteuerhöchstbetrags** zugunsten einer uneingeschränkten Quellenbesteuerung; das uneingeschränkte Besteuerungsrecht steht entweder beiden Vertragspartnern[1201] oder ausschließlich der Bundesrepublik Deutschland[1202] oder – wie lediglich im DBA-Mauritius[1203] vereinbart – ausschließlich dem ausländischen Vertragsstaat zu. Die DBA-Staaten knüpfen die Aufhebung der Quellensteuersatzbegrenzung dabei teilweise an die Erhebungsmethode der Steuer im Quellenstaat.[1204] Darüber hinaus ist der Wegfall der Quellensteuerhöchstbegrenzung teilweise an eine gewinnabhängige Vergütung gebunden, die beim Schuldner eine abzugsfähige Betriebsausgabe darstellt; in diesem Zusammenhang werden die Einkünfte aus stillen Gesellschaften regelmäßig explizit genannt.[1205] Mit Ausnahme des DBA-Dänemark[1206], in dem bei Vorliegen dieser Voraussetzungen der Quellensteuersatz im Vergleich zur Satzbegrenzung bei „üblichen" (Streubesitz-)Dividenden i.H.v. 15 % auf 25 % lediglich angehoben wird, sehen alle anderen Abkommen keine Höchstbetragsbegrenzung vor, so daß die natio-

---

1199 Vgl. *Pöllath*, in: *Vogel*, DBA 1996, Art. 11 OECD-MA, Rdnr. 19, 46; *Tischbirek*, in: *Vogel*, DBA 1996, Art. 10 OECD-MA, Rdnr. 27 f., 87.

1200 In den deutschen DBA verzichtet jedoch regelmäßig ausschließlich der ausländische Vertragspartner einseitig auf sein Recht zur Quellenbesteuerung; vgl. Art. 6 Abs. 1 DBA-Irland; Art. 10 Abs. 3 Lit. b) DBA-Malaysia; Art. 10 Abs. 2 Lit. b) DBA-Malta; Art. 10 Abs. 4 DBA-Singapur.

1201 Vgl. z.B. Protokoll Nr. 2 zu Art. 10 und 11 DBA-Bulgarien; Protokoll Nr. 4 zu Art. 10 und 11 DBA-China; Art. 9 Abs. 9 DBA-Frankreich; Protokoll Nr. 8 zu Art. 10 und 11 DBA-Italien; Art. 10 Abs. 5 DBA-USA.

1202 Vgl. Protokoll Nr. 2 zu Art. 10 und 11 DBA-Ägypten; Protokoll Nr. 2 zu Art. 10 und 11 DBA-Argentinien; Protokoll Nr. 4 zu Art. 10 und 11 DBA-Bolivien; Protokoll Nr. 2 zu Art. 10 und 11 DBA-Elfenbeinküste; Protokoll Nr. 1 zu Art. 11 und 12 DBA-Jugoslawien; Protokoll Nr. 1 zu Art. 10 und 11 DBA-Sri Lanka. Der Quellensteuersatz im ausländischen Vertragsstaat ist in diesen Fällen auf 15 % begrenzt.

1203 Vgl. Art. 10 Abs. 3 DBA-Mauritius.

1204 Vgl. Art. 13 Abs. 3 DBA-Luxemburg; Art. 13 Abs. 3 DBA-Niederlande.

1205 Vgl. z. B. Protokoll Nr. 2 zu Art. 10 und 11 DBA-Argentinien; Protokoll Nr. 4 zu Art. 10 und 11 DBA-China; Art. 9 Abs. 9 DBA-Frankreich; Protokoll Nr. 8 zu Art. 10 und 11 DBA-Italien.

1206 Vgl. Art. 10 Abs. 5 DBA-Dänemark.

nalen Regelungen – in Deutschland der Abzug der Kapitalertragsteuer i. H. v. 25 % – zum Einsatz kommen.

Liegt hingegen eines der Abkommen[1207] vor, die weder explizite Quellensteuersätze für stille Gesellschaften noch allgemein formulierte Vorschriften über eine Aufhebung der abkommensrechtlichen Höchstbeträge für die Besteuerung im Quellenstaat bei gewinnabhängigen und beim Schuldner abzugsfähigen Vergütungen enthalten, gelten die gewöhnlichen **Satzbegrenzungen für Streubesitzdividenden**;[1208] die Einschränkung des Steuerzugriffs durch den Quellenstaat folgt zumeist dem OECD-MA mit einem Steuersatz von 15 %, in Ausnahmefällen wird dieser Steuersatz jedoch nach oben hin auf 20 %[1209] bzw. 25 %[1210] korrigiert. Die Subsumtion der Einkünfte aus der typisch stillen Gesellschaft unter den abkommensrechtlichen Dividendenartikel folgt damit einer gesetzlichen Fiktion, die zwar die Rechtsfolgen der Vorschrift auslöst, die Voraussetzungen für das Vorliegen von Dividenden im allgemeinen jedoch entbehrlich macht.[1211] Daher steht einer Übertragung der DBA-Dividendenvorschrift auf Einkünfte aus stillen Gesellschaften der Wortlaut[1212] der Artikel, der meist die Zahlung durch eine Gesellschaft voraussetzt, nicht entgegen, auch dann nicht, wenn die stille Gesellschaft an einem Einzelunternehmen oder einer nicht abkommensberechtigten Personengesellschaft begründet wurde.[1213]

Auch die deutschen DBA, die Einkünfte aus der typisch stillen Gesellschaft ausdrücklich oder infolge der Abkommensauslegung dem **Zinsartikel** zurechnen, kennen Sonderregelungen für Kapitalerträge, die im Abzugsweg besteuert werden,[1214] bzw. für Zinsen, die auf einer Beteiligung am Gewinn beruhen und bei der Ermittlung des Gewinns des Schuldners abzugsfähig sind[1215]. Die sonstigen Quellensteuersät-

---

[1207] Vgl. z.B. Art. 10 Abs. 1 DBA-Australien; Art. 10 Abs. 1 DBA-Belgien; Art. 10 Abs. 2 DBA-Brasilien; Art. 11 Abs. 2 DBA-Griechenland; Art. 6 Abs. 1 DBA-Großbritannien.

[1208] Vgl. *Tischbirek*, in: *Vogel*, DBA 1996, Art. 10 OECD-MA, Rdnr. 166.

[1209] Vgl. Art. 10 Abs. 2 Lit. b) DBA-Trinidad und Tobago.

[1210] Vgl. Art. 11 Abs. 2 DBA-Griechenland; Art. 12 Abs. 1 DBA-Israel.

[1211] Vgl. *Mössner*, in: *Mössner* u. a., Steuerrecht 1998, S. 134.

[1212] Im Art. 10 Abs. 2 DBA-Spanien heißt es beispielsweise: „Diese Dividenden können jedoch in dem Vertragsstaat, in dem die die Dividenden zahlende Gesellschaft ansässig ist, nach dem Recht dieses Staates besteuert werden".

[1213] Vgl. *Vogel*, in: *Vogel*, DBA 1996, Art. 10 OECD-MA, Rdnr. 166. Vgl. zu den steuerrechtlichen Voraussetzungen für die Begründung einer stillen Gesellschaft Kapitel II.B.2.

[1214] Vgl. Art. 11 Abs. 2 DBA-Österreich. Vgl. zum Steuerabzug in Deutschland Kapitel II.B.3.b)(3) sowie zur Kapitalertragsteuer in Österreich *Hebig/Heuer*, Grenzüberschreitende stille Beteiligung 1985, S. 797; *Lang/Schuch*, in: *Debatin/Wassermeyer*, DBA 1998, Art. 11 DBA-Österreich, Rdnr. 48.

[1215] Vgl. Protokoll Nr. 3 zu Art. 10 und 11 DBA-Polen.

ze stimmen teilweise mit der Begrenzung auf 10 %[1216] im OECD-MA überein, einige DBA erhöhen diesen Satz jedoch auch auf 15 %[1217] bzw. 25 %[1218].

Tabelle 5 zeigt die geltenden Quellensteuersätze für Einkünfte aus typisch stillen Gesellschaften in deutschen DBA im Überblick.

Vertragspartner	**Quellensteuersätze für Einkünfte aus typisch stillen Gesellschaften**
Qualifikation als Zinsen	
1. Iran	15 % gem. Art. 11 Abs. 2 DBA-Iran
2. Korea	15 % gem. Art. 11 Abs. 2 Lit. b) DBA-Korea
3. Österreich	keine Begrenzung gem. Art. 11 Abs. 2 DBA-Österreich
4. Polen	keine Begrenzung für gewinnabhängige Zinsen gem. Protokoll Nr. 3 zu Art. 10 und 11 DBA-Polen
5. Thailand	25 % gem. Art. 11 Abs. 2 DBA-Thailand
6. Tunesien	10 % gem. Art. 11 Abs. 2 DBA-Tunesien
Qualifikation als Dividenden	
7. Ägypten	D: unbeschränkt gem. Protokoll Nr. 2 zu Art. 10 und 11 DBA-Ägypten V: 15 % gem. Art. 10 Abs. 1 DBA-Ägypten
8. Argentinien	D: unbeschränkt gem. Protokoll Nr. 2 zu Art. 10 und 11 DBA-Argentinien V: 15 % gem. Art. 10 Abs. 1 DBA-Argentinien
9. Australien	15 % gem. Art. 10 Abs. 1 DBA-Australien
10. Bangladesch	Unbeschränkt gem. Protokoll Nr. 2 zu Art. 10 und 11 DBA-Bangladesch
11. Belgien	15 % gem. Art. 10 Abs. 1 DBA-Belgien
12. Bolivien	D: unbeschränkt gem. Protokoll Nr. 4 zu Art. 10 und 11 DBA-Bolivien V: 15% gem. Art. 10 Abs. 1 DBA-Bolivien
13. Brasilien	15 % gem. Art. 10 Abs. 2 DBA-Brasilien
14. Bulgarien	Unbeschränkt gem. Protokoll Nr. 2 zu Art. 10 und 11 DBA-Bulgarien
15. China	Unbeschränkt gem. Protokoll Nr. 4 zu Art. 10 und 11 DBA-China
16. Dänemark	25 % gem. Art. 10 Abs. 5 DBA-Dänemark
17. Ecuador	15 % gem. Art. 10 Abs. 1 DBA-Ecuador
18. Elfenbeinküste	D: unbeschränkt gem. Protokoll Nr. 2 zu Art. 10 und 11 DBA-

[1216] Vgl. Art. 11 Abs. 2 DBA-Tunesien.

[1217] Vgl. Art. 11 Abs. 2 DBA-Iran; Art. 11 Abs. 2 Lit. b) DBA-Korea.

[1218] Vgl. Art. 11 Abs. 2 DBA-Thailand.

	Elfenbeinküste V: 15 % gem. Art. 10 Abs. 2 DBA-Elfenbeinküste
19. Estland	Unbeschränkt gem. Protokoll Nr. 5 zu Art. 10 und 11 DBA-Estland
20. Finnland	25 % gem. Art. 10 Abs. 2 Lit. b) DBA-Finnland
21. Frankreich	Unbeschränkt gem. Art. 9 Abs. 9 DBA-Frankreich
22. Griechenland	25 % gem. Art. 11 Abs. 2 DBA-Griechenland
23. Großbritannien	15 % gem. Art. 6 Abs. 1 DBA-Großbritannien
24. Indien	Unbeschränkt gem. Notenwechsel zum Protokoll Nr. 1 DBA-Indien
25. Indonesien	Unbeschränkt gem. Protokoll Nr. 3 zu Art. 10 und 11 DBA-Indonesien
26. Irland	D: 15 % gem. Art. 6 Abs. 1 DBA-Irland V: 0
27. Island	15 % gem. Art. 10 Abs. 2 Lit. b) DBA-Island
28. Israel	25 % gem. Art. 12 Abs. 1 DBA-Israel
29. Italien	Unbeschränkt gem. Protokoll Nr. 8 zu Art. 10 und 11 DBA-Italien
30. Jamaika	15 % gem. Art. 10 Abs. 2 Lit. b) DBA-Jamaika
31. Japan	Unbeschränkt gem. Art. 10 Abs. 8 DBA-Japan
32. Jugoslawien	D: unbeschränkt gem. Protokoll Nr. 1 zu Art. 11 und 12 DBA-Jugoslawien V: 15 % gem. Art. 11 Abs. 1 DBA-Jugoslawien
33. Kanada	Unbeschränkt gem. Protokoll Nr. 7 zu Art. 10 Abs. 2 und Art. 11 Abs. 2 DBA-Kanada
34. Kasachstan	Unbeschränkt gem. Art. 10 Abs. 3 DBA-Kasachstan
35. Kenia	15 % gem. Art. 10 Abs. 2 DBA-Kenia
36. Kuwait	Unbeschränkt gem. Protokoll Nr. 6 zu Art. 10 und 11 DBA-Kuwait
37. Lettland	Unbeschränkt gem. Protokoll Nr. 5 zu Art. 10 und 11 DBA-Lettland
38. Liberia	15 % gem. Art. 10 Abs. 2 Lit. b) DBA-Liberia
39. Litauen	Unbeschränkt gem. Protokoll Nr. 5 zu Art. 10 und 11 DBA-Litauen
40. Luxemburg	15 % gem. Art. 13 Abs. 3 DBA-Luxemburg
41. Malaysia	D: 15 % gem. Art. 10 Abs. 3 Lit. b) DBA-Malaysia V: 0
42. Malta	D: 15 % gem. Art. 10 Abs. 2 Lit. b) DBA-Malta V: 0
43. Marokko	15 % gem. Art. 10 Abs. 2 Nr. 2) DBA-Marokko
44. Mauritius	D: 15 % gem. Art. 10 Abs. 2 Lit. b) DBA-Mauritius V: unbeschränkt gem. Art. 10 Abs. 3 DBA-Mauritius
45. Mexiko	Unbeschränkt gem. Protokoll Nr. 6 zu Art. 10 und 11 DBA-Mexiko
46. Mongolei	Unbeschränkt gem. Protokoll Nr. 2 zu Art. 10 und 11 DBA-Mongolei
47. Namibia	Unbeschränkt gem. Protokoll Nr. 3 zu Art. 10 und 11 DBA-Namibia
48. Neuseeland	Unbeschränkt gem. Protokoll Nr. 4 zu Art. 10, 11 und 12 DBA-

	Neuseeland
49. Niederlande	15 % gem. Art. 13 Abs. 3 DBA-Niederlande
50. Norwegen	Unbeschränkt gem. Protokoll Nr. 3 zu Art. 10 DBA-Norwegen
51. Pakistan	Unbeschränkt gem. Protokoll Nr. 4 zu Art. 10 und 11 DBA-Pakistan
52. Philippinen	Unbeschränkt gem. Protokoll Nr. 4 DBA-Philippinen
53. Portugal	Unbeschränkt gem. Protokoll Nr. 4 zu Art. 10 Abs. 2 und 11 Abs. 2 DBA-Portugal
54. Rumänien	15 % gem. Art. 9 Abs. 2 Lit. b) DBA-Rumänien
55. Russische Föderation	Unbeschränkt gem. Protokoll Nr. 3 zu Art. 10 und 11 DBA-Russische Föderation
56. Sambia	15 % gem. Art. 10 Abs. 2 Lit. b) DBA-Sambia
57. Schweden	Unbeschränkt gem. Art. 10 Abs. 5 DBA-Schweden
58. Schweiz	30 % gem. Art. 10 Abs. 2 Lit. c) DBA-Schweiz
59. Simbabwe	Unbeschränkt gem. Protokoll Nr. 3 zu Art. 10 und 11 DBA-Simbabwe
60. Singapur	D: 15 % gem. Art. 10 Abs. 4 DBA-Singapur V: 0
61. Spanien	15 % gem. Art. 10 Abs. 2 Lit. b) DBA-Spanien
62. Sri Lanka	D: unbeschränkt gem. Protokoll Nr. 1 zu Art. 10 und 11 DBA-Sri Lanka V: 15 % gem. Art. 10 Abs. 2 Lit. b) DBA-Sri Lanka
63. Südafrika	15 % gem. Art. 7 Abs. 2 Lit. b) DBA-Südafrika
64. Trinidad und Tobago	20 % gem. Art. 10 Abs. 2 Lit. b) DBA-Trinidad und Tobago
65. Tschechien	15 % gem. Art. 10 Abs. 2 Lit. b) DBA-Tschechien
66. Türkei	Unbeschränkt gem. Art. 10 Abs. 5 DBA-Türkei
67. Ukraine	Unbeschränkt gem. Protokoll Nr. 2 zu Art. 10 und 11 DBA-Ukraine
68. Ungarn	25 % gem. Art. 10 Abs. 2 Lit. b) DBA-Ungarn
69. Uruguay	Unbeschränkt gem. Protokoll Nr. 3 zu Art. 10 und 11 DBA-Uruguay
70. USA	Unbeschränkt gem. Art. 10 Abs. 5 DBA-USA
71. Venezuela	Unbeschränkt gem. Protokoll Nr. 3 zu Art. 10 und 11 DBA-Venezuela
72. Vereinigte Arabische Emirate	Unbeschränkt gem. Protokoll Nr. 5 zu Art. 10 und 11 DBA-Vereinigte Arabische Emirate

73. Vietnam	Unbeschränkt gem. Protokoll Nr. 4 zu Art. 10 und 11 DBA-Vietnam
74. Zypern	15 % gem. Art. 10 Abs. 2 DBA-Zypern

Tabelle 5: Quellensteuersätze für Einkünfte aus typisch stillen Gesellschaften[1219]

Die deutschen DBA gewähren das Besteuerungsrecht für Einkünfte aus typisch stillen Gesellschaften, die abkommensrechtlich dem Zins- oder Dividendenartikel zuzurechnen sind, regelmäßig dem **Wohnsitzstaat,**[1220] dem als Adressat der DBA-Vermeidungsnorm die Vermeidung einer Doppelbesteuerung infolge der Quellenbesteuerung im Ansässigkeitsstaat des Geschäftsinhabers obliegt. Unabhängig davon, ob das entsprechende Abkommen – wie dies in den meisten deutschen DBA zumindest für die Seite der Bundesrepublik Deutschland der Fall ist – die Steuerbefreiung oder – wie in seltenen Fällen[1221] – die Steueranrechnung als Regelmethode vorsieht, erfolgt die Vermeidung der Doppelbesteuerung bei den Einkünften aus der typisch stillen Gesellschaft stets durch Anrechnung.

(2) Einkünfte aus atypisch stillen Gesellschaften

Abkommensrechtliche Unternehmensgewinne in Form von Einkünften aus einer atypisch stillen Beteiligung führen in den deutschen DBA[1222] auf deutscher Seite regelmäßig dem Betriebstättenprinzip folgend zum Besteuerungsrecht des Belegenheitsstaates und zur Steuerfreistellung der Einkünfte im Wohnsitzstaat. Die Einkünfte aus einer atypisch stillen Beteiligung eines Steuerausländers an einem deutschen Unternehmen werden nach Maßgabe des innerstaatlichen Rechts ermittelt und im Zuge der beschränkten Steuerpflicht des Stillen besteuert.[1223] Einkünfte, die ein Steuerinländer aus seiner atypisch stillen Beteiligung an einem ausländischen Unternehmen bezieht, ermittelt der ausländische Vertragspartner nach seinen geltenden Rechtsvorschriften. Die Freistellung der Unternehmensgewinne im Wohnsitzstaat Deutschland wird in den meisten deutschen Abkommen von der „aktiven Tätigkeit“[1224] der Betriebstätte abhängig gemacht. Aufgrund dieser Vereinbarungen werden im Wohnsitzstaat nur Einkünfte aus solchen atypisch stillen Beteiligungen freigestellt, die an

1219 Zugrunde gelegt wurde der Stand der deutschen Doppelbesteuerungsabkommen am 1.1.1999; vgl. BStBl. I 1999, S. 122.

1220 Vgl. zu Zinsen und Dividenden im allgemeinen *Pöllath*, in: *Vogel*, DBA 1996, Art. 11 OECD-MA, Rdnr. 19; *Tischbirek*, in: *Vogel*, DBA 1996, Art. 10 OECD-MA, Rdnr. 27 f.

1221 Vgl. DBA-Argentinien; DBA-Bolivien; DBA-Brasilien; DBA-Ecuador; DBA-Schweiz.

1222 Vgl. mit einer Übersicht *Hemmelrath*, in: *Vogel*, DBA 1996, Art. 7 OECD-MA, Rdnr. 37.

1223 Vgl. dazu Kapitel IV.C.4.b).

1224 Vgl. zum Begriff der „aktiven Tätigkeit“ im nationalen Außensteuerrecht Kapitel IV.B.2.b)(2).

einem aktiv tätigen ausländischen Handelsgewerbe bestehen. Bei passiv tätigen Betriebstätten wird einer Doppelbesteuerung im Wohnsitzstaat hingegen nicht mit der Freistellung der Unternehmensgewinne, sondern mit der Anrechnung ausländischer Steuern begegnet. Diejenigen DBA, die auf seiten der Bundesrepublik Deutschland ausnahmsweise die Anrechnung ausländischer Steuern als Regelmethode zur Vermeidung der Doppelbesteuerung vorsehen,[1225] enthalten dennoch einen Aktivitätsvorbehalt, da für Unternehmensgewinne regelmäßig die Anwendung der Freistellungsmethode als Ausnahme vorgesehen ist. Dagegen machen zahlreiche Vertragspartner zur Vermeidung der Doppelbesteuerung ausschließlich von der Anrechnungsmethode Gebrauch, so daß eine Aktivitätsklausel entbehrlich ist.

Tabelle 6 zeigt im Überblick Abkommen mit und ohne Aktivitätsklausel, wobei der Klammerzusatz Auskunft darüber gibt, ob die Bindung der Freistellung der Gewinne im Wohnsitzstaat an die aktive Tätigkeit für beide Vertragspartner (D/V) oder lediglich für die Bundesrepublik Deutschland (D) gilt. Bei den mit einem Stern gekennzeichneten DBA wirkt der ausländische Vertragspartner einer Doppelbesteuerung generell mit der Anrechnung ausländischer Steuern entgegen.

[1225] Vgl. DBA-Argentinien; DBA-Bolivien; DBA-Brasilien; DBA-Ecuador; DBA-Schweiz.

Aktivitätsvorbehalt für Einkünfte aus atypisch stillen Gesellschaften		
Ja		Nein
DBA-Ägypten (D), DBA-Argentinien (D), DBA-Australien* (D), DBA-Bangladesch (D/V), DBA-Bolivien (D), DBA-Brasilien (D/V), DBA-Bulgarien (D/V), DBA-China* (D), DBA-Ecuador (D/V), DBA-Elfenbeinküste (D), DBA-Estland* (D), DBA-Finnland* (D), DBA-Indien* (D), DBA-Indonesien* (D), DBA-Israel* (D), DBA-Jamaika* (D), DBA-Kasachstan* (D), DBA-Kenia* (D), DBA-Korea* (D), DBA-Kuwait (D), DBA-Lettland* (D), DBA-Liberia (D/V), DBA-Litauen* (D), DBA-Venezuela (D), DBA-Malaysia* (D), DBA-Malta* (D),	DBA-Marokko (D/V), DBA-Mauritius (D), DBA-Mexiko* (D), DBA-Mongolei* (D), DBA-Namibia* (D), DBA-Pakistan* (D), DBA-Philippinen* (D), DBA-Polen (D/V), DBA-Portugal* (D), DBA-Rumänien* (D), DBA-Sambia* (D), DBA-Schweiz (D), DBA-Simbabwe* (D), DBA-Singapur* (D), DBA-Sri Lanka (D/V), DBA-Südafrika* (D), DBA-Trinidad und Tobago* (D), DBA-Tschechien (D/V), DBA-Tunesien* (D), DBA-Ungarn (D), DBA-Uruguay (D), DBA-Vereinigte Arabische Emirate (D), DBA-Vietnam (D), DBA-Zypern* (D).	DBA-Belgien, DBA-Dänemark*, DBA-Frankreich, DBA-Griechenland*, DBA-Großbritannien*, DBA-Iran*, DBA-Irland*, DBA-Island, DBA-Italien*, DBA-Japan*, DBA-Jugoslawien, DBA-Kanada*, DBA-Luxemburg, DBA-Neuseeland*, DBA-Niederlande, DBA-Norwegen, DBA-Österreich, DBA-Russische Föderation, DBA-Schweden*, DBA-Spanien, DBA-Thailand, DBA-Türkei, DBA-Ukraine*, DBA-USA*.

Tabelle 6: Aktivitätsvorbehalt für Einkünfte aus atypisch stillen Gesellschaften in deutschen DBA[1226]

Die Formulierungen zwecks Umschreibung einer aktiven Tätigkeit sind in den DBA nicht einheitlich. Neuere DBA verwenden die Standardformulierung „Herstellung und Verkauf von Gütern und Waren, technische Beratung oder technische Dienstleitung oder Bank- oder Versicherungsgeschäfte", andere sehen eine Erweiterung z. B. auf sämtliche „Dienstleistungen"[1227] oder auf „Vermietung von Gütern und Waren"[1228] vor; darüber hinaus bestehen DBA, die allgemein auf § 8 Abs. 1 Nr. 1 bis 6 und Abs. 2 AStG[1229] verweisen.

1226 Zugrunde gelegt wurde der Stand der deutschen Doppelbesteuerungsabkommen am 1.1.1999; vgl. BStBl. I 1999, S. 122.

1227 Vgl. z. B. Art. 24 Abs. 1 Nr. 1 Lit. a) DBA-Schweiz.

1228 Vgl. z. B. Protokoll Nr. 5 zu Art. 23 DBA-Argentinien.

1229 Vgl. z. B. Art. 23 Abs. 1 Lit. c) DBA-Litauen.

2. Übertragung der Theorie der Qualifikationsverkettung auf den Erfolgsanteil des stillen Gesellschafters in der DBA-Praxis

a) Mögliche Wertungsdivergenzen trotz Bestehen eines DBA

Soweit die deutschen DBA die Einkünfte aus atypisch und typisch stillen Gesellschaften nicht explizit einer bestimmten abkommensrechtlichen Einkunftskategorie zuordnen, kann es auch in der deutschen DBA-Praxis zu unterschiedlichen Wertungen hinsichtlich der DBA-Objekttatbestände kommen. Bei **typisch stillen Beteiligungen** sind Wertungsdifferenzen nicht nur bei Vorliegen solcher DBA, die keine ausdrückliche Bezugnahme auf stille Gesellschaften enthalten (vgl. Gruppe 4 in Tabelle 3), denkbar, sondern auch, falls das DBA die Einkünfte zwar ausdrücklich, jedoch dem Wortlaut der Vorschrift nach nur einseitig dem abkommensrechtlichen Dividendenartikel zurechnet (vgl. Gruppe 2 in Tabelle 4). Theoretisch könnte in beiden Fällen der jeweilige Vertragspartner bei der Beurteilung der Einkunftsart zu einem anderen Ergebnis gelangen;[1230] die möglichen Konfliktfälle zeigt Abbildung 22.

1230 Vgl. bereits Abbildung 19.

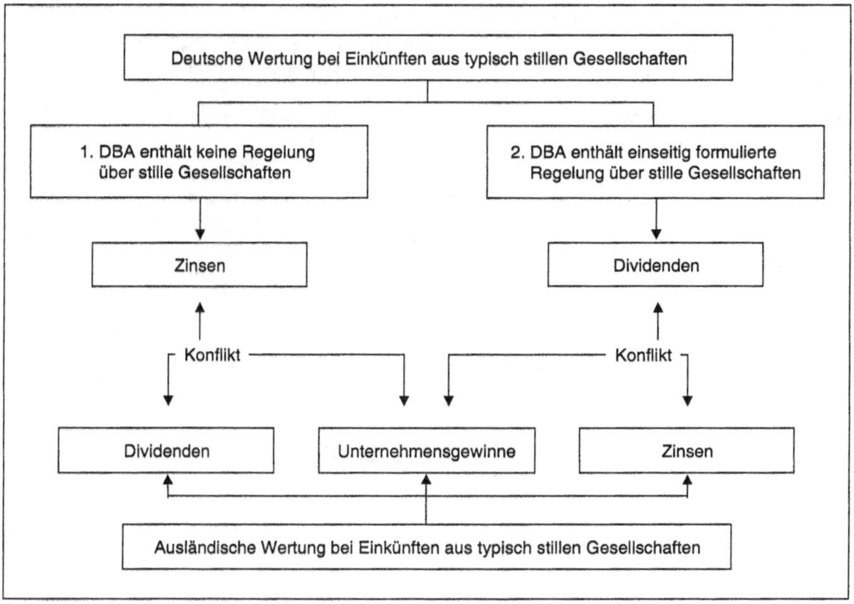

Abbildung 22: Mögliche Konfliktfälle typisch stiller Gesellschaften in der DBA-Praxis

Die dargestellten Konflikte könnten durch die konkrete Vereinbarung einer Qualifikationsverkettung, die die Wertung des Quellenstaates für den Wohnsitzstaat maßgeblich macht, vermieden werden; in diesem Zusammenhang ist nach der hier vertretenen Ansicht eine ausdrückliche Verweisung in der DBA-Vermeidungsnorm auf den Quellenstaat – wie im OECD-MA in Art. 23A Abs. 2 durch die Formulierung „Einkünfte, die nach den Artikeln 10 und 11 im anderen Vertragsstaat besteuert werden können" – als Bindung des Wohnsitzstaates an die Qualifikation des Quellenstaates auszulegen.[1231]

Beteiligt sich ein **Steuerausländer**, mit dessen Wohnsitzstaat ein DBA in der Form des in Abbildung 22 dargestellten ersten Falls besteht, typisch still an einem deutschen Handelsgewerbe, ist daher bei Vereinbarung einer Qualifikationsverkettung für abkommensrechtliche Zinsen die Wertung des deutschen Quellenstaates auch im ausländischen Wohnsitzstaat maßgeblich; ebenso kann eine Qualifikationsverkettung für abkommensrechtliche Dividenden im Fall 2 die deutsche Wertung ins Ausland transferieren. Umkehrt ist im Fall 1 bei Beteiligung eines **Steuerinländers** an einem ausländischen Handelsgewerbe der Wohnsitzstaat Deutschland an die ausländische Wertung gebunden, soweit das Abkommen für die entsprechenden Einkunftskategorien Dividenden bzw. Unternehmensgewinne eine Qualifikationsverket-

[1231] Vgl. dazu Kapitel IV.C.4.a)(2). Zur Verbreitung von Qualifikationsverkettungen in deutschen DBA vgl. Kapitel IV.D.2.b).

tung vorsieht. Keine Relevanz entfaltet für den beschriebenen Sachverhalt die Qualifikation im Ausland im Fall 2, da hier einer Übernahme des ausländischen innerstaatlichen Rechts eine konkrete Abkommensvorschrift entgegensteht.

Der Großteil der deutschen DBA[1232] verzichtet auf eine ausdrückliche Regelung über die Einkünfte aus einer **atypisch stillen Gesellschaft**, so daß den Grundsätzen der Abkommensauslegung folgend aus deutscher Sicht auf Abkommensebene Unternehmensgewinne anzunehmen sind.[1233] Je nach Sichtweise des ausländischen Vertragspartners kann es zu Wertungsdivergenzen kommen, die in Abbildung 23 dargestellt sind.

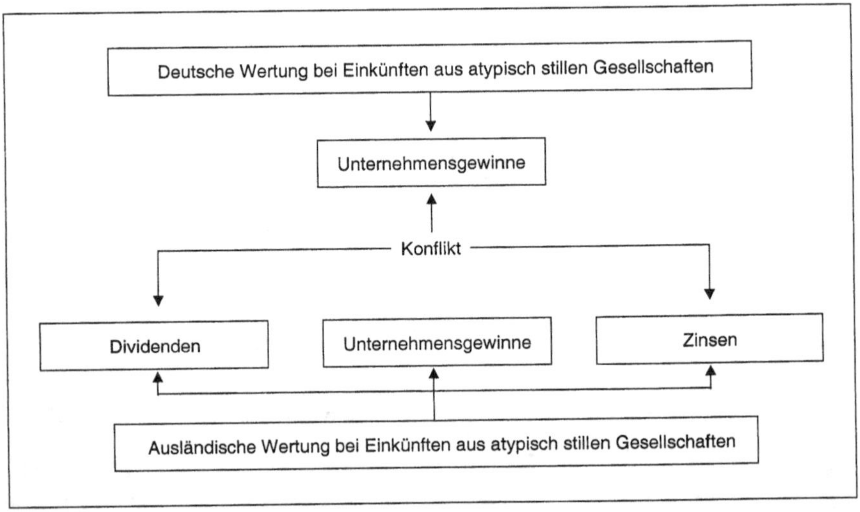

Abbildung 23: Mögliche Konfliktfälle atypisch stiller Gesellschaften in der DBA-Praxis

Die deutsche Wertung für die Einkünfte aus der atypisch stillen Beteiligung eines **Steuerausländers** an einem deutschen Handelsgewerbe als Unternehmensgewinne ist nach der Theorie der Qualifikationsverkettung dann für den Wohnsitzstaat verbindlich, wenn eine solche im Abkommen speziell für die betreffende Einkunftsart vereinbart wurde. Analog ist die ausländische Qualifikation der Einkünfte aus der atypisch stillen Beteiligung eines **Steuerinländers** an einem ausländischen Unternehmen als Dividenden bzw. Zinsen bei Vereinbarung einer Qualifikationsverkettung in der Vermeidungsnorm ebenfalls verbindlich.

1232 Vgl. Tabelle 3.

1233 Vgl. dazu ausführlich Kapitel IV.D.1.c).

b) Dem OECD-MA vergleichbare Qualifikationsverkettungen in der deutschen DBA-Praxis

Zahlreiche Vertreter in der Literatur sehen in der konkreten Bezugnahme der DBA-Vermeidungsnorm auf DBA-Verteilungsnormen eine Verkettung zwischen beiden Regelungen und schließen daraus eine Bindung des Wohnsitzstaates als Adressat der Vermeidungsnorm an die Qualifikation des Quellenstaates.[1234] Der Wortlaut des DBA-Methodenartikels stimmt jedoch in der deutschen Abkommenspraxis zumeist nicht mit dem des Art. 23A oder Art. 23B OECD-MA überein; daher werden im folgenden die DBA-Methodenartikel einer eingehenden Analyse unterzogen. Die Untersuchung orientiert sich strikt am Wortlaut der entsprechenden DBA. Eine Qualifikationsverkettung zwischen den DBA-Normen wird – im Einklang mit der in der Literatur h. M.[1235] – nur dann angenommen, wenn ein derart auszulegender Bezug der DBA-Vermeidungsnorm auf eine oder mehrere Verteilungsnormen vorhanden ist.

Die **Analyse des Methodenartikels deutscher DBA** zeigt, daß häufig diejenigen DBA, in denen auf deutscher Seite die Freistellung ausländischer Einkünfte die Regelmethode zur Vermeidung der Doppelbesteuerung darstellt, eine dem Art. 23A Abs. 2 OECD-MA ähnliche Formulierung für die Ausnahmefälle, in denen die Anrechnungsmethode zur Anwendung kommen soll, verwenden. Wie Art. 23A Abs. 2 OECD-MA ordnet die Vermeidungsnorm in den betreffenden Abkommen die Anrechnung ausländischer Steuern auf Dividenden[1236], größtenteils zusätzlich auch auf Zinsen[1237] an und nimmt dazu direkten Bezug auf die Verteilungsnormen. Zahlreiche DBA verketten die an den Wohnsitzstaat gerichtete Vermeidungsnorm nur einseitig für in Deutschland ansässige Steuerpflichtige entweder für Dividenden und Zinsen[1238] oder ausschließlich für Dividenden[1239]; in Ausnahmefällen besteht die Regelungsverquickung lediglich für Einkünfte der im Land des ausländischen Vertragspartners ansässigen Steuerpflichtigen[1240]. Im Fall der beidseitigen Vereinbarung der Qualifikationsverkettung ist der Wohnsitzstaat bei der betreffenden Einkunftsart stets an die Wertung im Quellenstaat gebunden. Bei einseitiger Formulierung der Qualifikationsverkettung, beispielsweise nur für den deutschen Vertragspartner, muß

1234 Vgl. dazu ausführlich Kapitel IV.C.4.a)(2).

1235 Vgl. Kapitel IV.C.4.a)(2).

1236 Vgl. z. B. DBA-Ägypten; DBA-Bangladesch; DBA-Island; DBA-Liberia; DBA-Norwegen; DBA-Polen; DBA-Spanien; DBA-Sri Lanka; DBA-Thailand; DBA-Tschechien; DBA-Türkei.

1237 Vgl. z. B. DBA-Ägypten; DBA-Bangladesch; DBA-Liberia; DBA-Spanien; DBA-Sri Lanka; DBA-Thailand; DBA-Türkei.

1238 Vgl. z. B. DBA-Australien; DBA-China; DBA-Estland; DBA-Indien; DBA-Israel; DBA-Italien; DBA-Japan; DBA-Kanada; DBA-Malaysia; DBA-Malta; DBA-Mexiko; DBA-Mongolei; DBA-Namibia; DBA-Neuseeland; DBA-Philippinen; DBA-Portugal; DBA-Rumänien; DBA-Singapur; DBA-Südafrika; DBA-Tunesien; DBA-Ukraine; DBA-Venezuela; DBA-Vietnam.

1239 Vgl. DBA-Dänemark; DBA-Finnland; DBA-Großbritannien; DBA-Irland; DBA-Kuwait; DBA-Schweden; DBA-USA; DBA-Vereinigte Arabische Emirate.

1240 Vgl. für Dividenden und Zinsen DBA-Jugoslawien; lediglich für Dividenden vgl. DBA-Bulgarien.

Deutschland bei Einkünften, die aus dem anderen Vertragsstaat fließen, die ausländische Wertung übernehmen. Ist Deutschland in diesem Fall hingegen Quellenstaat für die entsprechenden Einkünfte, besteht für den ausländischen Vertragspartner keine Bindung an die deutsche Qualifikation der Einkünfte.

Umgekehrt analog dazu findet sich vorwiegend in jenen Abkommen, die auf seiten der Bundesrepublik Deutschland die Anrechnung ausländischer Steuern als Regelmethode zur Vermeidung der Doppelbesteuerung konstituieren und die Freistellung ausländischer Einkünfte über Ausnahmevorschriften ermöglichen, eine Regelungsverkettung zwischen der Vermeidungsnorm und den Verteilungsnormen speziell für Unternehmensgewinne. Sie sind z. T. beidseitig für Deutschland und den Vertragspartner, teilweise auch einseitig lediglich für den Wohnsitzstaat Deutschland formuliert.

Tabelle 7 zeigt im Überblick die in deutschen DBA erkennbaren Qualifikationsverkettungen; dabei ist bei einseitigen Regelungen der Bezug auf Deutschland (D) bzw. auf den Vertragsstaat (V) als Wohnsitzstaat gekennzeichnet.

Qualifikationsverkettungen in der deutschen DBA-Praxis

Gruppe 1: Für Dividenden und Zinsen

1. Beidseitige Bindung

DBA-Ägypten,
DBA-Bangladesch,
DBA-Belgien,
DBA-Liberia,
DBA-Spanien,
DBA-Sri Lanka,
DBA-Thailand,
DBA-Türkei.

2. Einseitige Bindung

DBA-Australien (D),
DBA-China (D),
DBA-Elfenbeinküste (D),
DBA-Estland (D),
DBA-Griechenland (D),
DBA-Indien (D),
DBA-Indonesien (D),
DBA-Iran (D),
DBA-Israel (D),
DBA-Italien (D),
DBA-Jamaika (D),
DBA-Japan (D),
DBA-Jugoslawien (V),
DBA-Kanada (D),
DBA-Kasachstan (D),
DBA-Kenia (D),
DBA-Korea (D),
DBA-Lettland (D),
DBA-Litauen (D),
DBA-Malaysia (D),
DBA-Malta (D),
DBA-Marokko (D),
DBA-Mauritius (D),
DBA-Mexiko (D),
DBA-Mongolei (D),
DBA-Namibia (D),
DBA-Neuseeland (D),
DBA-Pakistan (D),
DBA-Philippinen (D),
DBA-Portugal (D),
DBA-Rumänien (D),
DBA-Sambia (D),
DBA-Schweiz (V),
DBA-Simbabwe (D),
DBA-Singapur (D),
DBA-Südafrika (D),
DBA-Trinidad und Tobago (D),
DBA-Tunesien (D),
DBA-Ukraine (D),
DBA-Venezuela (D),
DBA-Vietnam (D),
DBA-Zypern (D).

Gruppe 2: Nur für Dividenden

1. Beidseitige Bindung

DBA-Island,
DBA-Luxemburg,
DBA-Norwegen,
DBA-Polen,
DBA-Tschechien,
DBA-Ungarn.

2. Einseitige Bindung

DBA-Bulgarien (V),
DBA-Dänemark (D),
DBA-Frankreich (D),
DBA-Finnland (D),
DBA-Großbritannien (D),
DBA-Irland (D),
DBA-Kuwait (D),
DBA-Russische Föderation (D),
DBA-Schweden (D),
DBA-USA (D),
DBA-Vereinigte Arabische Emirate (D).

Gruppe 3: Nur für Unternehmensgewinne	
1. Beidseitige Bindung	
	DBA-Ecuador, DBA-Uruguay.
2. Einseitige Bindung	
	DBA-Argentinien (D), DBA-Bolivien (D), DBA-Schweiz (D).
Gruppe 4: Keine dem OECD-MA vergleichbare Regelung	
	DBA-Brasilien, DBA-Niederlande, DBA-Österreich.

Tabelle 7: Qualifikationsverkettungen in der deutschen DBA-Praxis[1241]

Eine weitreichende Ausrichtung des Wortlauts der DBA-Vermeidungsnormen an der Theorie der Qualifikationsverkettung zur Lösung von Qualifikationskonflikten erscheint allerdings problematisch: Im OECD-MA findet sich eine solche Verquickung lediglich für Zinsen und Dividenden; in der deutschen DBA-Praxis kann nur in Ausnahmefällen eine Verknüpfung der abkommensrechtlichen Unternehmensgewinne festgestellt werden. Zudem ist der Wortlaut der Bezugnahme zwar teilweise für beide Vertragsstaaten, häufig jedoch nur für einen bindend. Würde, um darüber hinaus Wertungskonflikte zwischen den Vertragspartnern auch für andere abkommensrechtliche Einkunftskategorien zu vermeiden, in neueren Abkommen eine Qualifikationsverkettung auch anderer Einkunftsarten vorangetrieben, kämen diese Regelungen einer generellen Übernahme der Qualifikation im Quellenstaat gleich. Eine solche wurde bereits in einem von einer internationalen Autorengruppen gemeinsam verfaßten Beitrag[1242] zur Auslegung der DBA gefordert, die die lex-fori-Klausel in Art. 3 Abs. 2 i.V.m. Art. 23 OECD-MA als umfassende Bindung der Wertung im Wohnsitzstaat an die Qualifikation im Quellenstaat auslegen. Eine solche generelle Übernahme der Wertung des Quellenstaates ist in der Literatur[1243] auf Kritik gestoßen. *Knobbe-Keuk* argumentiert zu Recht, daß diese Abkommensauslegung Qualifikationskonflikte bezüglich der Einkunftsarten, deren Besteuerung nach Maßgabe der Verteilungsnormen ausschließlich einem der Vertragsstaaten zukommt, nicht beseitigen kann, da es zur Anwendung der Vermeidungsnorm dann überhaupt nicht kommt, und sich zudem auch die Frage nach der Steuergerechtigkeit zwischen den

1241 Zugrunde gelegt wurde der Stand der deutschen Doppelbesteuerungsabkommen am 1.1.1999; vgl. BStBl. I 1999, S. 122.

1242 Vgl. Avery Jones/Berg/Depret/Ellis/Fontaneau/Lenz/Miyatake/Roberts/Sandels/Strobl/Ward, Interpretation of tax treaties 1984, S. 14 ff. sowie S. 90 ff.

1243 Vgl. *Brenner*, Personengesellschaften 1996, S. 71; *Knobbe-Keuk*, Qualifikationskonflikte 1991, S. 310; *Vogel*, in: *Vogel*, DBA 1996, Einl., Rdnr. 98.

Vertragspartnern stellt, da im Ergebnis die Maßgeblichkeit der Wertung im Quellenstaat denjenigen Vertragsstaat begünstigt, der den steuerrechtlichen Begriffen die weitere Bedeutung beilegt.[1244]

Einer doppelten Steuerfreistellung der Einkünfte von der Besteuerung in einem der Vertragsstaaten wird in der Abkommenspraxis z.T. durch die Vereinbarung der Anrechnung ausländischer Steuern als Regelmethode zur Vermeidung der Doppelbesteuerung auch für die Bundesrepublik Deutschland als Wohnsitzstaat begegnet.[1245] Darüber hinaus finden sich in neueren DBA häufig besondere Vorschriften, wie die „subject-to-tax"[1246]- bzw. „switch-over"[1247]-Klausel.[1248] Der Wechsel von der Freistellungs- zur Anrechnungsmethode führt zwar zur Vermeidung der doppelten Steuerfreistellung und damit zur Sicherstellung einer Einmalbesteuerung, hat allerdings den Nebeneffekt, daß ausländische Verluste Eingang in die Einkommensermittlung eines Steuerpflichtigen finden, während sie bei Anwendung der Freistellungsmethode allenfalls über den negativen Progressionsvorbehalt berücksichtigt werden.[1249] Dies erscheint, insbesondere bei verlustträchtigem Auslandsengagement, für den deutschen Fiskus nicht wünschenswert.[1250] Nicht zuletzt aufgrund dieser Entwicklung hat in neueren Abkommen die Tendenz hin zur Anrechnungsmethode als Regelmethode zur Vermeidung der Doppelbesteuerung etwas nachgelassen.[1251]

3. Zusammenfassende Beurteilung

Die Besteuerung der Einkünfte aus transnationalen typisch und atypisch stillen Gesellschaften wird bei Bestehen eines DBA aus deutscher Sicht von unterschiedlichen Komponenten bestimmt. Sie betreffen insbesondere die Frage nach der abkommensrechtlichen Qualifikation der Einkunftsart durch ausdrückliche Regelung oder

---

[1244] Vgl. *Knobbe-Keuk*, Qualifikationskonflikte 1991, S. 310. Gl.A. *Brenner*, Personengesellschaften 1996, S. 71; *Vogel*, in: *Vogel*, DBA 1996, Einl., Rdnr. 98.

[1245] Vgl. DBA-Argentinien; DBA-Brasilien; DBA-Ecuador; DBA-Schweiz.

[1246] Vgl. z.B. Art. 24 Abs. 3 DBA-Dänemark; Protokoll Nr. 17 zu Art. 24 und 6 bis 22 DBA-Italien; Art. 23 Abs. 3 DBA-Norwegen; Art. 23 Abs. 1 DBA-Schweden.

[1247] Vgl. z.B. Art. 23 Abs. 3 DBA-Kanada; Schlußprotokoll Nr. 27 zu Art. 15 DBA-Österreich; Art. 23 Abs. 2 Satz 2 DBA-USA.

[1248] Vgl. dazu bereits Kapitel IV.C.4.a)(3).

[1249] Die ausländischen Verluste unterliegen allerdings bei Vorliegen der entsprechenden Voraussetzungen auch bei Bestehen eines DBA uneingeschränkt den Verlustausgleichsverboten der §§ 2a, 15a EStG; vgl. *Bopp*, in: *Herrmann/Heuer/Raupach*, EStG/KStG 1998, § 2a EStG, Rdnr. 20; *Grützner*, Einkünfte aus ausländischen Betriebsstätten 1993, S. 1060; *Mössner*, in: *Kirchhof/Söhn*, EStG 1998, § 2a EStG, Rdnr. A 43. Zu den Voraussetzungen und Wirkungen der §§ 2a, 15a EStG vgl. ausführlich Kapitel IV.B.2.a)(2)(f).

[1250] Vgl. *Vogel*, in: *Vogel*, DBA 1996, Art. 23 OECD-MA, Rdnr. 43a.

[1251] Vgl. *Vogel*, in: *Vogel*, DBA 1996, Art. 23 OECD-MA, Rdnr. 76.

allgemeine Abkommensauslegung, die Unterschiede bei der Quellenbesteuerung der Einkünfte aus typisch stillen Gesellschaften und der Vereinbarung einer Aktivitätsklausel bei atypisch stillen Gesellschaften sowie die Lösung von Wertungsdivergenzen zwischen den Vertragsstaaten mit Hilfe der Theorie der Qualifikationsverkettung. Tabelle 8 zeigt die wesentlichen Komponenten der steuerlichen Behandlung stiller Gesellschaften in der deutschen DBA-Praxis im Überblick.

Vertragspartner	Ausdrückliche Regelung über				StG (t)							StG (a)	Wertungsverkettung für		
					Qualifikation der Einkünfte		Regelungswortlaut		Quellensteuersatz			Aktivitätsklausel			
	StG (a+t)	StG (t)	StG	—	Zinsen	Dividenden	Einseitig	Beidseitig	Streubesitzdividenden bzw. Zinsen	Ein-/Beidseitige Begrenzungsaufhebung	Spezieller Steuersatz[1]		Zinsen	Dividenden	Unternehmensgewinne
1. Ägypten			X			X	X			D: unbeschr. V: 15 %		D	D/V	D/V	
2. Argentinien			X			X		X		D: unbeschr. V: 15 %		D			D
3. Australien			X			X	X		15 %			D	D	D	
4. Bangladesch			X			X	X			unbeschr.		D/V	D/V	D/V	
5. Belgien		X				X		X	15 %				D/V	D/V	
6. Bolivien			X			X	X			D: unbeschr. V: 15 %		D			D
7. Brasilien			X			X	X		15 %			D/V			
8. Bulgarien			X			X	X			unbeschr.		D/V		V	
9. China			X			X		X		unbeschr.		D	D	D	
10. Dänemark			X			X	X		25 %					D	
11. Ecuador			X			X	X		15 %			D/V			D/V
12. Elfenbeinküste			X			X	X			D: unbeschr. V: 15 %		D	D	D	
13. Estland			X			X	X			unbeschr.		D	D	D	
14. Finnland			X			X		X			25 %	D		D	

Vertragspartner	Ausdrückliche Regelung über				StG (t)							StG (a)	Wertungsverkettung für		
					Qualifikation der Einkünfte		Regelungswortlaut		Quellensteuersatz			Aktivitätsklausel			
	StG (a+t)	StG (t)	StG	—	Zinsen	Dividenden	Einseitig	Beidseitig	Streubesitzdividenden bzw. Zinsen	Ein-/Beidseitige Begrenzungsaufhebung	Spezieller Steuersatz		Zinsen	Dividenden	Unternehmensgewinne
15. Frankreich			X			X	X			unbeschr.				D	
16. Griechenland			X			X	X		25 %				D	D	
17. Großbritannien			X			X	X		15 %					D	
18. Indien			X			X		X		unbeschr.		D	D	D	
19. Indonesien			X			X	X			unbeschr.		D	D	D	
20. Iran				X	X				15 %				D	D	
21. Irland			X			X	X		D: 15 % V: 0					D	
22. Island			X			X		X	15 %					D/V	
23. Israel		X				X		X	25 %			D	D	D	
24. Italien			X			X	X			unbeschr.			D	D	
25. Jamaika			X			X		X	15 %			D	D	D	
26. Japan			X			X		X		unbeschr.			D	D	
27. Jugoslawien			X			X		X		D: unbeschr. V: 15 %			V	V	
28. Kanada			X			X	X			unbeschr.			D	D	

Vertragspartner	Ausdrückliche Regelung über				StG (t)							StG (a)	Wertungsverkettung für		
					Qualifikation der Einkünfte		Regelungswortlaut		Quellensteuersatz			Aktivitätsklausel			
	StG (a+t)	StG (t)	StG	—	Zinsen	Dividenden	Einseitig	Beidseitig	Streubesitzdividenden bzw. Zinsen	Ein-/Beidseitige Begrenzungsaufhebung	Spezieller Steuersatz		Zinsen	Dividenden	Unternehmensgewinne
29. Kasachstan			X			X		X		unbeschr.		D	D	D	
30. Kenia			X			X	X		15 %			D	D	D	
31. Korea				X	X				15 %			D	D	D	
32. Kuwait			X			X	X			unbeschr.		D		D	
33. Lettland			X			X	X			unbeschr.		D	D	D	
34. Liberia			X			X	X		15 %			D/V	D/V	D/V	
35. Litauen			X			X	X			unbeschr.		D	D	D	
36. Luxemburg	X					X		X			15 %			D/V	
37. Malaysia			X			X	X		D: 15 % V: 0			D	D	D	
38. Malta			X			X	X		D: 15 % V: 0			D	D	D	
39. Marokko		X				X	X		15 %			D/V	D	D	
40. Mauritius			X			X	X			D: 15 % V: unbeschr.		D	D	D	
41. Mexiko			X			X	X			unbeschr.		D	D	D	
42. Mongolei			X			X	X			unbeschr.		D	D	D	

Vertragspartner	Ausdrückliche Regelung über				StG (t)							StG (a)	Wertungsverkettung für		
					Qualifikation der Einkünfte		Regelungswortlaut		Quellensteuersatz			Aktivitätsklausel			
	StG (a+t)	StG (t)	StG	—	Zinsen	Dividenden	Einseitig	Beidseitig	Streubesitzdividenden bzw. Zinsen	Ein-/Beidseitige Begrenzungsaufhebung	Spezieller Steuersatz		Zinsen	Dividenden	Unternehmensgewinne
43. Namibia			X			X	X			unbeschr.		D	D	D	
44. Neuseeland			X			X		X		unbeschr.			D	D	
45. Niederlande	X					X		X			15 %				
46. Norwegen			X			X		X		unbeschr.				D/V	
47. Österreich	X				X			X			unbeschr.				
48. Pakistan			X			X	X			unbeschr.		D	D	D	
49. Philippinen			X			X		X		unbeschr.		D	D	D	
50. Polen				X	X						unbeschr.	D/V		D/V	
51. Portugal			X			X	X			unbeschr.		D	D	D	
52. Rumänien			X			X		X	15 %			D	D	D	
53. Russische Föderation			X			X	X			unbeschr.				D	
54. Sambia			X			X		X	15 %			D	D	D	
55. Schweden			X			X	X			unbeschr.				D	
56. Schweiz			X			X		X			30 %	D	V	V	D

Vertragspartner	Ausdrückliche Regelung über				StG (t)							StG (a)	Wertungsverkettung für		
					Qualifikation der Einkünfte		Regelungswortlaut		Quellensteuersatz			Aktivitätsklausel			
	StG (a+t)	StG (t)	StG	—	Zinsen	Dividenden	Einseitig	Beidseitig	Streubesitzdividenden bzw. Zinsen	Ein-/Beidseitige Begrenzungsaufhebung	Spezieller Steuersatz		Zinsen	Dividenden	Unternehmensgewinne
57. Simbabwe			X			X		X		unbeschr.		D	D	D	
58. Singapur			X			X	X		D: 15 % V: 0			D	D	D	
59. Spanien		X				X		X	15 %				D/V	D/V	
60. Sri Lanka			X			X	X			D: unbeschr. V: 15 %		D/V	D/V	D/V	
61. Südafrika			X			X		X	15 %			D	D	D	
62. Thailand				X	X				25 %				D/V	D/V	
63. Trinidad und Tobago			X			X	X		20 %			D	D	D	
64. Tschechien			X			X		X	15 %			D/V		D/V	
65. Türkei			X			X	X			unbeschr.			D/V	D/V	
66. Tunesien	X				X			X	10 %			D	D	D	
67. Ukraine			X			X	X			unbeschr.			D	D	
68. Ungarn			X			X		X			25 %	D		D/V	
69. Uruguay			X			X		X		unbeschr.		D/V			D/V
70. USA			X			X	X			unbeschr.				D	

Vertragspartner	Ausdrückliche Regelung über				StG (t)							StG (a)	Wertungsverkettung für		
					Qualifikation der Einkünfte		Regelungswortlaut		Quellensteuersatz			Aktivitätsklausel			
	StG (a+t)	StG (t)	StG	—	Zinsen	Dividenden	Einseitig	Beidseitig	Streubesitzdividenden bzw. Zinsen	Ein-/Beidseitige Begrenzungsaufhebung	Spezieller Steuersatz		Zinsen	Dividenden	Unternehmensgewinne
71. Venezuela			X			X	X			unbeschr.		D	D	D	
72. Vereinigte Arabische Emirate			X			X	X			unbeschr.		D		D	
73. Vietnam			X			X	X			unbeschr.		D	D	D	
74. Zypern			X			X		X	15 %			D	D	D	

Legende:
D: Bundesrepublik Deutschland
StG: Stille Gesellschaft
StG (a): Atypisch stille Gesellschaft
StG (a+t): Atypisch und typisch stille Gesellschaft
StG (t): Typisch stille Gesellschaft
V: Vertragspartner

Tabelle 8: Wesentliche Komponenten der steuerlichen Behandlung von Gewinnanteilen aus grenzüberschreitenden stillen Gesellschaften in der deutschen DBA-Praxis im Überblick

Obwohl sich die Qualifikationsproblematik für Einkünfte aus stillen Gesellschaften in der deutschen DBA-Praxis regelmäßig stellt, wird sie nur in Ausnahmefällen ausdrücklich gelöst. Der Großteil der deutschen DBA begnügt sich hinsichtlich der Einordnung stiller Gesellschaften mit Stückwerk oder einem gänzlichen Regelungsverzicht. Dies hat zur Folge, daß es auch bei Bestehen eines DBA im Fall grenzüberschreitender stiller Beteiligungen weiterhin zu Qualifikationskonflikten kommen kann. Eine weitere **Ausdehnung einer Qualifikationsverkettung** zwischen der Vermeidungsnorm und den Verteilungsnormen erscheint nicht empfehlenswert, macht sie doch die Wertung im Quellenstaat grundsätzlich für den Wohnsitzstaat verbindlich, soweit der DBA-Methodenartikel zum Zuge kommt. In allen anderen Fällen, in denen das Besteuerungsrecht bereits auf der Grundlage der Verteilungsnormen einem der Vertragsstaaten zugewiesen wird, stellt eine in der Vermeidungsnorm festgeschriebene Wertungsverkettung keinen Ausweg aus einem Qualifikationskonflikt dar.

Die **sinnvollste Lösung** der im Zuge transnationaler stiller Gesellschaften bestehenden Qualifikationsprobleme ist m. E. die ausdrückliche Regelung der abkommensrechtlichen Behandlung der Einkünfte aus stillen Beteiligungen im jeweiligen DBA. Wenngleich nicht jeder nationalen Eigenart mit einer Aufnahme in bilaterale Verträge begegnet werden kann, ist zu berücksichtigen, daß es sich bei der stillen Gesellschaft um ein häufig genutztes Instrument zur Finanzierung und Einflußnahme auch im grenzüberschreitenden Bereich handelt,[1252] das zudem – wenn auch recht unterschiedlich – in anderen Ländern bekannt ist. In jenen Ländern, in denen die stille Gesellschaft als Rechtsform nicht bzw. nur in abgewandelter Form gesetzlich kodifiziert ist, könnte ein Zusatz „im Sinne des deutschen Steuerrechts" im jeweiligen Artikel, wie in Art. 10 Abs. 6 Lit. b) DBA-Italien für die Einkünfte aus typisch stillen Gesellschaften geschehen, den ausländischen Vertragspartner an die deutsche Qualifikation binden.

E. Stille Gesellschaft im Außensteuergesetz

1. Zielsetzung des Außensteuergesetzes

Mit dem Außensteuergesetz (AStG) beabsichtigt der Gesetzgeber Wettbewerbsverzerrungen bei der internationalen Geschäftstätigkeit deutscher Unternehmen zu begegnen, die sich insbesondere aus der Minderung inländischer Einkünfte aus Geschäftsbeziehungen mit nahestehenden Personen, der Erlangung von Steuervorteilen aus der unangemessenen Nutzung des internationalen Steuergefälles und der

[1252] Vgl. dazu bereits Kapitel I.

Wohnsitzverlegung von Steuerinländern in Niedrigsteuerländer ergeben.[1253] Zum Erreichen dieses Ziels behandelt das AStG die folgenden sechs Schwerpunkte:[1254]

1. Gewinnberichtigung bei international verbundenden Unternehmen (§ 1 AStG);
2. Erweiterte beschränkte Steuerpflicht bei Wohnsitzwechsel in ein Niedrigsteuerland (§§ 2, 4, 5 AStG);
3. Besteuerung des Vermögenszuwachses aus wesentlichen Beteiligungen an inländischen Kapitalgesellschaften bei Wohnsitzwechsel ins Ausland (§ 6 AStG);
4. Besteuerung der Einkünfte aus Beteiligungen an ausländischen Zwischengesellschaften (§§ 7 bis 14 AStG);
5. Steuerpflicht inländischer Stifter und Bezugsberechtigter ausländischer Familienstiftungen (§ 15 AStG);
6. Erhöhung der Mitwirkungspflicht des Steuerpflichtigen bei der Aufklärung von steuerrechtlich relevanten Auslandssachverhalten (§§ 16 und 17 AStG).

Im Zusammenhang mit stillen Gesellschaften sind lediglich die unter den Nr. 1, 2 und 4 genannten Themenschwerpunkte relevant; ihre Wirkungen auf transnationale stille Gesellschaften werden im folgenden untersucht.

2. Gewinnberichtigung bei international verbundenen Unternehmen (§ 1 AStG)

a) Positionierung der stillen Gesellschaft im Regelungskreis des § 1 AStG

§ 1 AStG steht als erster Teil selbständig neben allen weiteren sechs Teilen des AStG und bewirkt unter bestimmten Voraussetzungen bei Einkünften aus Geschäftsbeziehungen mit dem Ausland eine Korrektur der steuerlichen Bemessungsgrundlage, ohne in die zivilrechtlich bestehenden Beziehungen einzugreifen.[1255] Gem. Abs. 1 der Vorschrift erfolgt bei Einkünften eines Steuerpflichtigen aus Geschäftsbe-

---

1253 In der Begründung zum Gesetzesentwurf heißt es dazu: „Als sozialer Rechtsstaat den Geboten der Gerechtigkeit und des sozialen Ausgleichs verpflichtet, muß die Bundesrepublik ihr Steuerrecht auch für die in das Ausland reichenden Wirtschaftsinteressen so gestalten, daß es der Forderung nach gleichmäßiger Verteilung der Steuerlast genügt, die wirtschaftliche Chancengleichheit wahrt und steuerliche Wettbewerbsverzerrungen ausschließt."; vgl. BT-Drs. 6/2883, S. 14.

1254 Diese Schwerpunkte spiegeln sich in den Teilen des AStG wider; vgl. auch *Baranowski*, Auslandsbeziehungen 1996, S. 263 f.; *Fischer/Warneke*, Betriebswirtschaftliche Steuerlehre 1998, S. 94.

1255 Vgl. *Wassermeyer/Baumhoff*, in: *Flick/Wassermeyer/Becker*, Außensteuerrecht 1998, § 1 AStG, Rdnr. 1, 4.

ziehungen mit einer ihm nahestehenden Person, für die Bedingungen vereinbart wurden, die von denen abweichen, die voneinander unabhängige Dritte unter gleichen oder ähnlichen Verhältnissen vereinbart hätten, eine Korrektur „nach oben".[1256] Grundsätzlich könnten stillen Gesellschaften im Anwendungsbereich des § 1 AStG drei unterschiedliche Rollen zukommen, die es getrennt voneinander zu analysieren gilt:[1257]

1. die stille Gesellschaft als nahestehende Person,
2. die stille Beteiligung als Konkretisierung des Begriffs „nahestehend",
3. der stille Gesellschafter als inländischer Steuerpflichtiger und somit die stille Beteiligung als Geschäftsbeziehung.

b) Stille Gesellschaft keine nahestehende Person i. S. d. § 1 AStG

Das Abstellen auf eine **nahestehende Person** spiegelt die grundsätzliche Intention des Gesetzgebers wider, jene Sachverhaltsgestaltungen einzudämmen, die auf der Basis einer Interessenverflechtung zwischen den beiden Geschäftspartnern eine Verschiebung des „Entstehungsortes" der Einkünfte erlauben.[1258] Der Begriff „Person" wird in der Literatur[1259] unterschiedlich ausgelegt. Relativ eng ist die Definition von *Fu*, der mit Hinweis auf die eigenständige Wertung grenzüberschreitender Sachverhalte durch das deutsche Steuerrecht die Ansicht vertritt, Person i. S. d. § 1 AStG könne nur ein Steuerrechtssubjekt und damit insbesondere keine stille Gesellschaft sein.[1260] M. E. ergeben sich aus § 1 Abs. 1 und 2 AStG jedoch keine Hinweise darauf, den Begriff der „Person" mit der Steuerrechtsfähigkeit auszulegen;[1261] vielmehr handelt es sich um einen allgemeinen und damit in bezug auf das nationale Steuerrecht „wertneutralen" Begriff, der in der Definition von *Wassermeyer/Baumhoff* eine treffende Umschreibung erhält, wonach unter dem Ausdruck „Person" jeder zu verstehen ist, der „die Eignung hat, Vereinbarungen zu treffen, die Gegenstand einer

---

1256 Eine Korrektur „nach unten" ist hingegen nicht vorgesehen, obwohl es – wie *Baranowski* zu Recht feststellt – in der Praxis international tätiger Konzerne aus nichtsteuerlichen Gründen zuweilen auch zu Einkünften kommen kann, die zu hoch ausgewiesen sind; vgl. *Baranowski*, Auslandsbeziehungen 1996, S. 268.

1257 Vgl. auch *Fu*, Stille Gesellschaft 1997, S. 125 ff.

1258 Vgl. *Baranowski*, Auslandsbeziehungen 1996, S. 274.

1259 Vgl. *Fu*, Stille Gesellschaft 1997, S. 126; *Krabbe*, in: *Lademann*, EStG 1998, § 1 AStG, Rdnr. 16; *Schelle/Gross*, in: *Wöhrle/Schelle/Gross*, AStG 1997, § 1 AStG/VG, S. 31 f.; *Wassermeyer/Baumhoff*, in: *Flick/Wassermeyer/Becker*, Außensteuerrecht 1998, § 1 AStG, Rdnr. 249.

1260 Vgl. *Fu*, Stille Gesellschaft 1997, S. 126.

1261 Zur Definition der „Geschäftsbeziehung" in Abs. 4 der Vorschrift wird hingegen direkt Bezug auf das deutsche Einkommensteuergesetz genommen.

Gewinnverlagerung sein können"[1262], unabhängig davon, ob er rechtsfähig oder nicht bzw. unbeschränkt oder beschränkt steuerpflichtig ist. M. E. spricht die Charakteristik der stillen Gesellschaft als Innengesellschaft gegen die von *Wassermeyer/Baumhoff* für nahestehende Personen geforderte Eignung, Vereinbarungen zu treffen und damit Geschäftsbeziehungen i. S. d. § 1 AStG aufzunehmen. Daher kann die stille Gesellschaft im Ergebnis die Stellung einer nahestehenden Person i. S. d. § 1 AStG nicht übernehmen.

c) Stille Beteiligung als Konkretisierung des Begriffs „nahestehend" i. S. d. § 1 Abs. 2 AStG

Zwar kann der stillen Gesellschaft im Ergebnis die Rolle der „nahestehenden Person" i. S. d. § 1 AStG nicht zukommen, eine derartige Beteiligung könnte allerdings eine Beziehung zwischen dem inländischen Steuerpflichtigen und einer ausländischen Person herstellen, durch die **der Begriff „nahestehend" konkretisiert** wird. Das AStG definiert in § 1 Abs. 2 den Begriff „nahestehend" mit Hilfe dreier Fallgestaltungen abschließend:

1. Die ausländische Person und der Steuerpflichtige sind durch Beteiligungs- oder Beherrschungsverhältnisse miteinander verbunden (§ 1 Abs. 2 Nr. 1 AStG).
2. Das Beteiligungs- oder Beherrschungsverhältnis kann auch über eine dritte Person hergestellt werden, die sowohl am Steuerpflichtigen als auch an der ausländischen Person beteiligt ist bzw. diese beherrscht (§ 1 Abs. 2 Nr. 2 AStG).
3. Zwischen der ausländischen Person und dem Steuerpflichtigen besteht eine besondere Einflußmöglichkeit bzw. Interessenidentität (§ 1 Abs. 2 Nr. 3 AStG).

Ein **Nahestehen durch Beteiligung** wird gem. § 1 Abs. 2 Nr. 1 AStG durch eine wesentliche Beteiligung mit einer Höhe von mindestens 25 % entweder des Steuerpflichtigen an der ausländischen Person oder umgekehrt, der ausländischen Person am Steuerpflichtigen, ausgelöst. Ob unter die Beteiligungsverhältnisse auch Mitunternehmerschaften und insbesondere stille Gesellschaften zu subsumieren sind, ist in der Literatur[1263] umstritten. Einerseits wird die Ansicht vertreten, eine Beteiligung i. S. d. § 1 Abs. 1 Nr. 1 AStG könne nur an einer Kapitalgesellschaft bestehen.[1264] Argumente sind dabei entweder das Fehlen einer eigenständigen Definition des Be-

---

1262 *Wassermeyer/Baumhoff*, in: *Flick/Wassermeyer/Becker*, Außensteuerrecht 1998, § 1 AStG, Rdnr. 249.

1263 Vgl. *Baranowski*, Auslandsbeziehungen 1996, S. 275; *Debatin*, Außensteuerreformgesetz 1972, S. 268; *Ebenroth*, Verdeckte Vermögenszuwendungen 1979, S. 91; *Fu*, Stille Gesellschaft 1997, S. 127 f.; *Grotherr/Herfort/Strunk*, Internationales Steuerrecht 1998, S. 262; *Wassermeyer/Baumhoff*, in: *Flick/Wassermeyer/Becker*, Außensteuerrecht 1998, § 1 AStG, Rdnr. 833.

1264 Vgl. *Ebenroth*, Verdeckte Vermögenszuwendungen 1979, S. 91; *Fu*, Stille Gesellschaft 1997, S. 127 f.; *Grotherr/Herfort/Strunk*, Internationales Steuerrecht 1998, S. 262.

griffs „Beteiligung“ im AStG, womit ein Rückgriff auf das Einkommen- bzw. Körperschaftsteuergesetz, die in § 17 EStG bzw. § 8a KStG ausschließlich Beteiligungen an Kapitalgesellschaften ansprechen, erforderlich wäre,[1265] oder die mangelnde Steuerrechtsfähigkeit der Personengesellschaft, die die Anwendung des § 1 Abs. 1 AStG ins Leere laufen lasse.[1266] Andererseits plädiert der überwiegende Teil der Literaturstimmen[1267] in Übereinstimmung mit der Finanzverwaltung[1268] dafür, daß nicht nur Körperschaften, sondern auch Personenvereinigungen (Personengesellschaften), „deren Rechtsnatur eine vermögensmäßige Beteiligung ihrer Mitglieder (Gesellschafter) im konkreten Einzelfall vermittelt“[1269], grundsätzlich Beteiligungsobjekte sind. Insbesondere werden in diesem Zusammenhang auch ausdrücklich stille Gesellschaften als Beteiligungen i. S. d. § 1 Abs. 2 Nr. 1 AStG genannt. Obwohl die Finanzverwaltung undifferenziert stillen Gesellschaftsverhältnissen die Eignung zur Beteiligung i. S. d. § 1 Abs. 2 Nr. 1 AStG zuspricht, kann lediglich die atypische Variante gemeint sein, da nur sie eine vermögensmäßige Beteiligung auslöst.[1270]

Daß der Gesetzgeber bei der Konstruktion des § 1 AStG nicht nur Geschäftsbeziehungen zwischen Kapitalgesellschaften sowie zwischen Kapitalgesellschaften und ihren Gesellschaftern im Auge hatte, ist anzunehmen.[1271] Zumindest als „nahestehende Person“ kommen – wie oben dargestellt – neben natürlichen und juristischen Personen auch Personenvereinigungen, soweit es sich um Außengesellschaften handelt, in Frage. Da § 1 Abs. 1 AStG allgemein von den Minderungen der Einkünfte eines Steuerpflichtigen infolge von Geschäftsbeziehungen zum Ausland spricht, könnten diese Beziehungen auch zwischen einer inländischen Personengesellschaft und einer ausländischen Person bestehen. Allerdings stellt Abs. 2 der Vorschrift zur Konkretisierung des Begriffs „nahestehend“ auf eine Beteiligung des Steuerpflichtigen an einer ausländischen Person und umgekehrt auf eine Beteiligung der ausländischen Person am Steuerpflichtigen ab. Mit dem Begriff „Steuerpflichtiger“ kann nach dem Wortsinn nur eine juristische oder eine natürliche Person, nicht dagegen eine Personengesellschaft erfaßt werden, so daß eine Beteiligung am Steuerpflichtigen nicht besteht, wenn eine ausländische Gesellschaft Mitunternehmeranteile an einer inländischen Personengesellschaft hält.

Im Ergebnis fallen damit die betroffenen Personenkreise der Beteiligten einer Geschäftsbeziehung i. S. d. § 1 AStG auseinander, indem zwar der Begriff „naheste-

---

[1265] Vgl. *Fu*, Stille Gesellschaft 1997, S. 127 f.

[1266] Vgl. *Grotherr/Herfort/Strunk*, Internationales Steuerrecht 1998, S. 261 f.

[1267] Vgl. *Baranowski*, Auslandsbeziehungen 1996, S. 275; *Debatin*, Außensteuerreformgesetz 1972, S. 268; *Fischer/Warneke*, Betriebswirtschaftliche Steuerlehre 1998, S. 96; *Wassermeyer/Baumhoff*, in: *Flick/Wassermeyer/Becker*, Außensteuerrecht 1998, § 1 AStG, Rdnr. 833.

[1268] Vgl. BMF vom 11.7.1974, BStBl. I 1974, S. 442.

[1269] *Wassermeyer/Baumhoff*, in: *Flick/Wassermeyer/Becker*, Außensteuerrecht 1998, § 1 AStG, Rdnr. 833.

[1270] So zu Recht *Wassermeyer/Baumhoff*, in: *Flick/Wassermeyer/Becker*, Außensteuerrecht 1998, § 1 AStG, Rdnr. 833.

[1271] Ebenso *Fischer/Warneke*, Betriebswirtschaftliche Steuerlehre 1998, S. 96.

hende Person" für natürliche und juristische Personen sowie sonstige Personenvereinigungen offensteht, während „Steuerpflichtiger" i.S.d. § 1 AStG ausschließlich eine juristische und natürliche Person, nicht dagegen eine Personengesellschaft sein kann.[1272] Diese Diskrepanz hat wohl auch die Finanzjudikatur[1273] erkannt, die zwar ausdrücklich feststellt, Steuerpflichtiger i.S.d. § 1 AStG könne zwar keine Personengesellschaft sein, allerdings seien in diesem Fall die Rechtsfolgen des § 1 AStG auf der Ebene der Gesellschafter anzuwenden.

Dieser Auffassung der Rechtsprechung schließt sich auch die h.M. in der Literatur[1274] sowie die Finanzverwaltung[1275] an; sie geht damit davon aus, daß § 1 Abs. 2 Nr. 1 AStG nicht nur Beteiligungen an Kapitalgesellschaften erfaßt. Damit begründet im Ergebnis eine atypisch stille Beteiligung einer natürlichen oder juristischen Person bzw. einer Personengesellschaft an einem Einzelunternehmen, einer Personengesellschaft oder einer Kapitalgesellschaft ein „Nahestehen" i.S.d. § 1 Abs. 2 Nr. 1 AStG, wenn die für eine wesentliche Beteiligung erforderliche Beteiligungsquote in Höhe von 25 % vorliegt. Überträgt man die Vorstellung, die Bemessungsgrundlage für die Beteiligung sei im Fall von Mitunternehmerschaften die Beteiligung am „Festkapital der Personengesellschaft"[1276], auf atypisch stille Gesellschaften, so läßt sich die Beteiligungsquote aus der Steuerbilanz der atypisch stillen Gesellschaft errechnen.[1277]

Der wesentlichen Beteiligung ist in § 1 Abs. 2 Nr. 1 AStG ausdrücklich der **beherrschende Einfluß** gleichgestellt, wobei der Gesetzgeber hier bewußt den Wortlaut des § 17 Abs. 1 AktG gewählt hat;[1278] dennoch erfährt damit der Begriff „Beherrschung" im AStG keine eigenständige Definition. *Baumhoff/Wassermeyer* legen den Begriff zum einen nach dem Sprachgebrauch, wonach der Ausdruck ein absolutes Abhängigkeitsverhältnis umschreibe, "wie es üblicherweise in einem Beherrschungsvertrag vereinbart zu werden pflegt", und zum anderen nach dem Zusammenhang aus, der sich darin zeige, daß der beherrschende Einfluß direkte Auswirkungen auf die Bedingungen der Geschäftsbeziehungen habe.[1279] Die Finanzverwaltung[1280] gibt

---

1272 Im Ergebnis ebenso *Fischer/Warneke*, Betriebswirtschaftliche Steuerlehre 1998, S. 96.

1273 Vgl. BFH vom 30.5.1990, BStBl. II 1990, S. 875; BFH vom 17.12.1997, BStBl. II 1998, S. 321. Vgl. das letztgenannte Urteil kommentierend *Baranowski*, Anwendung des § 1 AStG 1998, S. 669 ff.

1274 Vgl. *Baranowski*, Auslandsbeziehungen 1996, S. 275; *Debatin*, Außensteuerreformgesetz 1972, S. 268; *Fischer/Warneke*, Betriebswirtschaftliche Steuerlehre 1998, S. 96; *Wassermeyer/Baumhoff*, in: *Flick/Wassermeyer/Becker*, Außensteuerrecht 1998, § 1 AStG, Rdnr. 833.

1275 Vgl. BMF vom 11.7.1974, BStBl. I 1974, S. 442.

1276 *Wassermeyer/Baumhoff*, in: *Flick/Wassermeyer/Becker*, Außensteuerrecht 1998, § 1 AStG, Rdnr. 834.

1277 Vgl. dazu Kapitel II.B.4.a)(1)(b).

1278 Vgl. BMF vom 11.7.1974, BStBl. I 1974, S. 442, Rz. 1.2.2.1.

1279 Vgl. *Wassermeyer/Baumhoff*, in: *Flick/Wassermeyer/Becker*, Außensteuerrecht 1998, § 1 AStG, Rdnr. 841; wörtliches Zitat ebenda.

1280 Vgl. BMF vom 11.7.1974, BStBl. I 1974, S. 442.

einige Beispiele an, die eine Verflechtung durch beherrschenden Einfluß begründen: beteiligungsähnliche Rechte, Unternehmensverträge i. S. d. §§ 291, 292 AktG, Eingliederung i. S. d. § 319 AktG, Zusammenfassung mehrerer Unternehmen unter einheitlicher Leitung i. S. d. § 18 AktG, wechselseitige Beteiligung i. S. d. § 19 AktG, unmittelbare oder mittelbare Beteiligung derselben Personen an der Geschäftsleitung oder Kontrolle zweier Unternehmen oder Unterstellung zweier Unternehmen unter den beherrschenden Einfluß eines dritten Unternehmens; atypisch stille Gesellschaften können in dieser Aufzählung lediglich in Gestalt beteiligungsähnlicher Rechte repräsentiert sein.[1281] Bei der eine Beherrschung begründenden Ausgestaltung des Gesellschaftsvertrags könnte daher auch bei Nichtvorliegen der Beteiligungsquote in Höhe von 25 % einer Qualifizierung des stillen Gesellschafters als nahestehende Person erfolgen. Das „Nahestehen" kann in gleicher Weise gem. § 1 Abs. 2 Nr. 2 AStG auch über eine dritte Person erreicht werden, die sowohl am Steuerpflichtigen als auch an der ausländischen Person beteiligt ist bzw. diese beherrscht.

Daneben wird gem. § 1 Abs. 2 Nr. 3 AStG dem Steuerpflichtigen ebenfalls ein Nahestehen vermittelt, falls

1. die Person oder der Steuerpflichtige imstande ist, bei der Vereinbarung der Bindungen einer Geschäftsbeziehung auf den Steuerpflichtigen oder die Person einen **außerhalb dieser Geschäftsbeziehung begründeten Einfluß** auszuüben, oder
2. einer von ihnen ein **eigenes Interesse** an der Erzielung der Einkünfte des anderen hat.

Die beiden Tatbestände beschreiben Abhängigkeitsverhältnisse, die eine durch gesellschaftsrechtliche, geschäftliche, persönliche oder verwandtschaftliche Verbindungen begründete geschäftsfremde Einflußnahme auf die grenzüberschreitenden Geschäftsbeziehungen ermöglichen.[1282] Der außerhalb der Geschäftsbeziehung begründete Einfluß ist m. E. als zusätzliches Kriterien für das Nahestehen einer Person bei Vorliegen einer stillen Beteiligung regelmäßig entbehrlich, da in diesem Fall bereits eine der anderen Voraussetzungen für das Naheliegen, insbesondere die Beteiligung bzw. die Beherrschung, vorliegen dürfte.

Das eigene Interesse i. S. d. § 1 Abs. 2 Nr. 3 AStG kann nach Ansicht des BFH „ein persönliches sein; es muß kein wirtschaftliches sein."[1283] Der erkennende Senat stellt in seinem Urteil vom 19.1.1994 fest, daß es für die Annahme eines persönlichen Interesses genügt, wenn als Grund für die eingetretene Einkünfteverlagerung ins Ausland nur die Absicht einer mittelbaren Vermögensverlagerung zwischen nahen Familienangehörigen in Betracht gezogen werden kann. Diese Einkünfteverlagerung zwi-

---

[1281] Gl. A. *Wassermeyer/Baumhoff*, in: *Flick/Wassermeyer/Becker*, Außensteuerrecht 1998, § 1 AStG, Rdnr. 840; *Fu*, Stille Gesellschaft 1997, S. 128 f.

[1282] Vgl. *Baranowski*, Auslandsbeziehungen 1996, S. 276 f.

[1283] BFH vom 19.1.1994, BStBl. II 1994, S. 725.

schen nahen Verwandten kann als Hauptanwendungsfall des Nahestehens durch Interessenidentität i. S. d. § 3 Abs. 2 Nr. 3 AStG angesehen werden.[1284]

Im Ergebnis kann eine stille Gesellschaft in ihrer atypischen Ausgestaltung zwischen den Beteiligten der Geschäftsbeziehung unter den genannten Voraussetzungen eine Nahestehen im wesentlichen durch Beteiligung bzw. durch Beherrschung vermitteln.

d) Stille Beteiligung als Geschäftsbeziehung

Laut gesetzlicher Definition in § 1 Abs. 4 AStG liegt eine **Geschäftsbeziehung** dann vor, „wenn die den Einkünften zugrunde liegende Beziehung entweder beim Steuerpflichtigen oder bei der nahestehenden Person Teil einer Tätigkeit ist, auf die die §§ 13, 15, 18 oder 21 des Einkommensteuergesetzes anzuwenden sind oder anzuwenden wären, wenn die Tätigkeit im Inland vorgenommen würde."[1285] Keine Geschäftsbeziehungen sind hingegen Beteiligungsverhältnisse,[1286] so daß eine **atypisch stille Beteiligung** keine Geschäftsbeziehung darstellt, aus der Einkünfte erwachsen, die einer Korrektur gem. § 1 AStG unterliegen könnten.

Für die **typisch stille Beteiligung** an einem ausländischen Unternehmen gilt zwar, daß die daraus bezogenen Einkünfte auf seiten des stillen Gesellschafters, soweit es sich um eine natürliche Person handelt, gem. § 20 Abs. 1 Nr. 4 EStG zu „unschädlichen" Einkünften aus Kapitalvermögen führen, allerdings wird die stille Einlage vom ausländischen Geschäftsinhaber i. d. R. dazu eingesetzt, Einkünfte aus Gewerbebetrieb i. S. d. § 15 EStG und damit schädliche Einkünfte i. S. d. Vorschrift zu erwirtschaften; die Voraussetzungen für das Vorliegen einer Geschäftsbeziehung wären dann erfüllt.[1287] Die Problematik, ob die Einkünfte aus einem typisch stillen Gesellschaftsverhältnis Gegenstand der Einkünfteberichtigung infolge internationaler Verflechtungen sein können, läßt sich m. E. auf die Frage reduzieren, ob es sich bei dem typisch stillen Gesellschaftsverhältnis um eine Geschäftsbeziehung oder ein

---

1284 Ebenso *Fischer/Warneke*, Betriebswirtschaftliche Steuerlehre 1998, S. 98.

1285 Der Gesetzeswortlaut ist zu Recht insbesondere wegen der Umschreibung einer Beziehung als Teil einer Tätigkeit auf heftige Kritik gestoßen; vgl. dazu ausführlich *Wassermeyer/Baumhoff*, in: *Flick/Wassermeyer/Becker*, Außensteuerrecht 1998, § 1 AStG, Rdnr. 895. Die Definition der Geschäftsbeziehung ist mit dem Steueränderungsgesetz 1992 (BGBl. I 1992, S. 297) in den § 1 AStG eingefügt worden. Davor definierte der BFH Geschäftsbeziehungen als „Beziehungen, die ein Betrieb im Sinne der Gewinneinkünfte eingeht, d. h. die Teil einer selbständigen, nachhaltigen, mit Gewinnerzielungsabsicht und unter Teilnahme am allgemeinen wirtschaftlichen Verkehr ausgeübten Betätigung sind"; BFH vom 5.12.1990, BStBl. II 1991, S. 287.

1286 Vgl. BFH vom 30.5.1990, BStBl. II 1990, S. 875. Vgl. auch *Ebenroth*, Verdeckte Vermögenszuwendungen 1979, S. 84; *Fischer/Warneke*, Betriebswirtschaftliche Steuerlehre 1998, S. 97; *Fu*, Stille Gesellschaft 1997, S. 131; *Menck*, in: *Blümich*, EStG 1998, § 1 AStG, Rdnr. 24; *Wassermeyer/Baumhoff*, in: *Flick/Wassermeyer/Becker*, Außensteuerrecht 1998, § 1 AStG, Rdnr. 892.

1287 Diese Schlußfolgerung für eine „gewöhnliche" Darlehensgewährung ziehend vgl. *Wassermeyer/Baumhoff*, in: *Flick/Wassermeyer/Becker*, Außensteuerrecht 1998, § 1 AStG, Rdnr. 897.

Beteiligungsverhältnis handelt. Beteiligungsverhältnisse werden ebenso wie die gesellschaftsrechtlichen Beziehungen des Gesellschafters einer Personengesellschaft zu derselben von der Finanzverwaltung[1288] ausdrücklich nicht als Geschäftsbeziehungen qualifiziert, ohne daß zur Definition der Beteiligung auf § 1 Abs. 2 AStG zurückgegriffen wird. Zwar ist die typisch stille Gesellschaft nicht wie die atypische Variante Mitunternehmerschaft und damit den Personenhandelsgesellschaften gleichgestellt, dennoch begründet sie ein Gesellschaftsverhältnis, das über eine reine Darlehensgewährung hinausgeht.[1289] Differenziert man zur Qualifikation von Einkünften, die der Berichtigung i. S. d. § 1 AStG unterliegen können, zwischen gesellschaftsrechtlichen und geschäftlichen Beziehungen, so sind m. E. die Einkünfte aus einer stillen Gesellschaft – unabhängig davon ob typisch oder atypisch ausgestaltet – der Einkünftekorrektur nicht zugänglich.[1290]

Im Ergebnis kann die stille Gesellschaft selbst weder eine nahestehende Person i. S. d. § 1 AStG sein, noch ist eine stille Beteiligung eine Geschäftsbeziehung, aus der sich Einkünfte ergeben, die einer Korrektur i. S. d. des § 1 AStG unterliegen. Eine atypisch stille Beteiligung kann lediglich unter den in § 1 Abs. 2 Nr. 1 AStG getroffenen Voraussetzungen dem inländischen Steuerpflichtigen oder der ausländischen Person ein „Nahestehen" vermitteln, aufgrund dessen, bei Vorliegen einer Geschäftsbeziehung, in der Bedingungen vereinbart wurden, die voneinander unabhängige Dritte unter gleichen oder ähnlichen Verhältnissen nicht vereinbart hätten, eine Einkünftekorrektur vorgenommen werden kann.[1291]

3. Erweiterte beschränkte Steuerpflicht bei Wohnsitzwechsel in ein Niedrigsteuerland (§§ 2 und 5 AStG)

a) Allgemeine Zielsetzung und Anwendungsvoraussetzungen

Verlegt eine im Inland ansässige Person ihren Sitz und gewöhnlichen Aufenthalt ins Ausland, so wechselt die bislang unbeschränkte Steuerpflicht in eine beschränkte Steuerpflicht, von der ausschließlich die in § 49 EStG abschließend aufgezählten inländischen Einkünfte erfaßt werden und infolgedessen die deutsche Steuer teilweise durch einen Steuerabzug als abgegolten gilt.[1292] Je nach Steuerniveau des ausländischen Staates kann der Steuerpflichtige durch die Wohnsitzverlagerung eine

---

1288 Vgl. BMF vom 2.12.1994, BStBl. I 1995, Sondernummer 1, Tz. 1.4.2.

1289 Vgl. Kapitel II.A.3.

1290 Gl.A. *Fu*, Stille Gesellschaft 1997, S. 131.

1291 Zur konkreten Vorgehensweise bei der Korrektur der Einkünfte bei international verflochtenen Unternehmen vgl. ausführlich *Baranowski*, Auslandsbeziehungen 1996, S. 277 ff.; *Grotherr/Herfort/Strunk*, Internationales Steuerrecht 1998, S. 266 ff.

1292 Vgl. zur Einkünfteermittlung bei beschränkter Steuerpflicht Kapitel IV.B.3.

erhebliche Minderung der Steuerlast erreichen und dennoch seine deutschen Wirtschaftsinteressen weiterhin verfolgen; in dieser Tatsache sieht der Gesetzgeber den Ansatzpunkt für die Annahme der Steuerflucht gegeben.[1293] Dem wirken § 2 AStG[1294] und die Umgehungsvorschrift in § 5 Abs. 1 AStG mit der Konstruktion einer erweiterten beschränkten Einkommensteuerpflicht entgegen, wobei gem. § 2 Abs. 1 AStG natürliche Personen, die in den letzten zehn Jahren vor Ende ihrer unbeschränkten Steuerpflicht als Deutsche[1295] insgesamt mindestens fünf Jahre unbeschränkt einkommensteuerpflichtig waren, über die beschränkte Einkommensteuerpflicht hinaus mit allen Einkünften, die nicht ausländische Einkünfte i. S. d. § 34c Abs. 1 EStG sind, der deutschen Einkommensteuer unterstellt. Voraussetzung gem. § 2 Abs. 1 AStG ist, daß der Steuerpflichtige in einem Gebiet ansässig ist, in dem sein Einkommen nur einer niedrigen Besteuerung unterliegt, bzw. in keinem ausländischen Gebiet ansässig ist und im Inland weiterhin wesentliche wirtschaftliche Interessen hat. Die erweiterte beschränkte Einkommensteuerpflicht greift ab einer Einkunftsgrenze in Höhe von 32.000 DM und erstreckt sich über einen Zeitraum von zehn Jahren nach Aufgabe der unbeschränkten Steuerpflicht.

Was unter einer **niedrigen Besteuerung** zu verstehen ist, definiert das AStG in Abs. 2 der Vorschrift abschließend durch zwei mögliche Fälle: Eine Niedrigbesteuerung liegt zum einen (§ 2 Abs. 2 Nr. 1 AStG) vor, wenn das ausländische Steuerniveau bei einem Einkommen eines unverheirateten Steuerpflichtigen in Höhe von 150.000 DM im ausländischen Gebiet um ein Drittel niedriger ist als in Deutschland, und zum anderen (§ 2 Abs. 2 Nr. 2 AStG), wenn die betreffende Person im ausländischen Gebiet eine Vorzugsbesteuerung in Anspruch nehmen kann, es sei denn, der Steuerpflichtige weist nach, daß die von seinem Einkommen insgesamt zu entrichtenden Steuern mindestens zwei Drittel der Einkommensteuer betragen, die der Steuerpflichtige bei unbeschränkter Steuerpflicht im Inland zu entrichten hätte.

b) Stille Beteiligungen als Kennzeichen wesentlicher wirtschaftlicher Interessen

Stille Beteiligungen könnten für den Wechsel zur erweiterten beschränkten Steuerpflicht durch die Vermittlung **wesentlicher wirtschaftlicher Interessen** eine Rolle spielen, die in § 2 Abs. 3 AStG aus einer wesentlichen Beteiligung an einer Mitunter-

---

1293 Vgl. Begründung zum Gesetzesentwurf BT-Drs. 6/2883, S. 17.

1294 § 4 AStG kodifiziert die erweitert beschränkte Steuerpflicht für die Erbschaftsteuer; § 3 AStG als korrespondierende Vorschrift für die Vermögensteuer wurde durch Art. 12 Nr. 1 Jahressteuergesetz 1997 (BGBl. I 1996, S. 2049) mit Wirkung zum 1.1.1997 aufgehoben.

1295 Damit kann der Steuerpflichtige der erweiterten beschränkten Steuerpflicht nicht entgehen, indem er nach seiner Auswanderung die deutsche Staatsangehörigkeit ablegt; vgl. *Schelle/Gross*, in: *Wöhrle/Schelle/Gross*, AStG 1997, § 2 AStG, S. 57. Zur Vereinbarkeit des § 2 AStG mit dem EG-Vertrag insbesondere hinsichtlich der Problematik einer Inländerdiskriminierung vgl. *Dautzenberg*, Erweiterte beschränkte Steuerpflicht 1997, S. 39.

nehmerschaft bzw. einer Kapitalgesellschaft[1296] oder aus der Höhe der Einkünfte im Verhältnis zu den Gesamteinkünften des Steuerpflichtigen abgeleitet werden. § 2 Abs. 3 Nr. 1 AStG nimmt wesentliche wirtschaftliche Interessen eines Steuerpflichtigen an, wenn er zu Beginn des Veranlagungszeitraums Unternehmer oder Mitunternehmer eines inländischen Gewerbebetriebs ist bzw., falls es sich um einen Kommanditisten handelt, mehr als 25 % der Einkünfte i. S. d. § 15 Abs. 1 Nr. 2 EStG aus der Gesellschaft auf ihn entfallen. Von § 2 Abs. 3 Nr. 1 AStG werden auch atypisch stille Gesellschafter erfaßt, fraglich ist jedoch, ob für sie auch die Einkunftsgrenze der Kommanditisten gilt. Mit der Einführung einer 25 %-Grenze für Kommanditisten wird im AStG offensichtlich eine Unterscheidung dahingehend getroffen, ob es sich bei dem Gesellschafter um einen Vollhafter handelt oder nicht; ersteren unterstellt man unabhängig von ihrem Anteil an den mitunternehmerischen Einkünften stets wesentliche wirtschaftliche Interessen, während bei beschränkt haftenden Gesellschaftern eine Einkunftsgrenze gezogen wird.

Die der Differenzierung zugrundeliegende Trennung zwischen beschränkter und unbeschränkter Haftung spricht gegen die in der Literatur[1297] überwiegende Ansicht, ein **atypisch stiller Gesellschafter** sei der ersten Alternative zuzurechnen, eine Einkunftsgrenze folglich nicht gegeben. Vielmehr sollten m. E. auch bei atypisch stillen Beteiligungen wesentliche wirtschaftliche Interessen erst dann angenommen werden, wenn die dem Stillen zugerechneten Einkünfte 25 % der Einkünfte aus der Gesellschaft betragen.[1298] Da in § 2 Abs. 3 Nr. 1 AStG ausdrücklich Einkünfte i. S. d. § 15 Abs. 1 Nr. 2 EStG angesprochen werden, sind im Anteil des Gesellschafters auch die Vorabvergütungen in Form von Sonderbetriebseinnahmen bzw. Sonderbetriebsausgaben enthalten.[1299]

Bei **typisch stillen Gesellschaften** sind zur Annahme wesentlicher wirtschaftlicher Interessen die Voraussetzungen des § 2 Abs. 3 Nr. 2 bzw. Nr. 3 AStG zu prüfen, die an der Höhe der nichtausländischen Einkünfte i. S. d. § 34c Abs. 1 EStG bei unbeschränkter Einkommensteuerpflicht bzw. an der Höhe des den Erträgen zugrundelie-

1296 Für die Definition einer wesentlichen Beteiligung an einer Kapitalgesellschaft knüpft § 2 Abs. 3 AStG an § 17 Abs. 1 Satz 3 EStG an, so daß bereits eine mittelbare oder unmittelbare Beteiligung von mehr als 25 % als wesentlich angesehen wird.

1297 Vgl. *Flick/Wassermeyer*, in: *Flick/Wassermeyer/Becker*, Außensteuerrecht 1998, § 2 AStG, Rdnr. 91a; *Menck*, in: *Blümich*, EStG 1998, § 2 AStG, Rdnr. 38; *Schelle/Gross*, in: *Wöhrle/Schelle/Gross*, AStG 1997, § 2 AStG, S. 58/12; *Schoss*, in: *Lademann*, EStG 1998, § 2 AStG, Rdnr. 19.

1298 Gl. A. *Fu*, Stille Gesellschaft 1997, S. 133 f.

1299 *Flick/Wassermeyer* weisen zu Recht auf das Problem hin, daß § 2 AStG für die Berechnung des Einkünfteanteils des Kommanditisten auf den Beginn des Veranlagungszeitraums abstellt, zu diesem Zeitpunkt sind jedoch weder der Jahresgewinn der KG noch die Höhe der Vorabvergütungen des Gesellschafters abzusehen. Einziger Ausweg ist die allerdings nicht mit dem Wortlaut der Vorschrift in Einklang stehende „Zurückprojizierung des tatsächlichen Jahresgewinnes auf die Vereinbarungen am Anfang des Veranlagungszeitraums“; *Flick/Wassermeyer*, in: *Flick/Wassermeyer/Becker*, Außensteuerrecht 1998, § 2 AStG, Rdnr. 93.

genden Vermögens des Stillen ansetzen.[1300] Dem typisch stillen Gesellschafter werden wesentliche wirtschaftliche Interessen zugesprochen, wenn gem. § 2 Abs. 3 Nr. 2 AStG die nichtausländischen Einkünfte mehr als 30 % seiner gesamten Einkünfte betragen oder 120.000 DM übersteigen. § 2 Abs. 3 Nr. 3 AStG stellt auf den Umfang des Vermögens ab, das den nichtausländischen Einkünften zugrunde liegt, und unterstellt wesentliche wirtschaftliche Interessen bei einem Anteil am Gesamtvermögen des Steuerpflichtigen in Höhe von 30 % bzw. einem Gesamtwert von 300.000 DM. Mit dem Wegfall der Vermögensteuer[1301] ist die Bestimmung des Vermögens nicht mehr Teil der laufenden Veranlagung, so daß ein Rückgriff auf bereits erfaßte Werte nicht möglich ist.[1302] Darüber hinaus kreiert § 2 Abs. 3 Nr. 3 AStG allerdings auch einen eigenen Vermögensbegriff, der über das Inlandsvermögen i. S. d. § 121 BewG hinaus all jene Vermögenswerte erfaßt, die zu nichtausländischen Einkünften führen.[1303] Typisch stille Beteiligungen werden vom Vermögensbegriff des § 2 Abs. 3 Nr. 3 AStG dann erfaßt, wenn der Geschäftsinhaber gem. § 121 BewG Wohnsitz oder gewöhnlichen Aufenthalt, Sitz oder Geschäftsleitung im Inland hat. Bewertungsrechtlich gilt die typisch stille Einlage als Kapitalforderung i. S. v. § 12 BewG, die, falls keine besonderen Umstände einen höheren oder geringeren Wert begründen, mit dem Nennwert anzusetzen ist.[1304] Ausschlaggebend für den Vermögensvergleich ist gem. § 2 Abs. 3 Nr. 3 AStG der Beginn des Veranlagungszeitraumes.

c) Umfang der erweiterten Inlandseinkünfte

Der erweiterte Steuerzugriff auf der Grundlage von § 2 AStG zeigt sich im Vergleich zur beschränkten Steuerpflicht gem. § 1 Abs. 4 EStG im größeren Umfang der steuerpflichtigen Einkünfte, in der Aufhebung der Abgeltungswirkung der Abzugssteuern sowie in der Anwendung der Vollprogression.[1305] Zum **erweiterten Umfang der steuerpflichtigen Einkünfte** kommt der Gesetzgeber durch eine Ausweitung des Territorialitätsprinzips auf Einkünfte, die im Vergleich zu den enumerativ in § 49 EStG aufgeführten Einkünften einen „schwächeren Bezug" zum Inland haben.[1306] Durch die im Schreiben des BMF vom 2.12.1994[1307] näher spezifizierten sog. erwei-

---

1300 Vgl. *Fu*, Stille Gesellschaft 1997, S. 134.

1301 Vgl. Jahressteuergesetz 1997, BGBl. I 1996, S. 2049.

1302 Vgl. *Menck*, in: *Blümich*, EStG 1998, § 2 AStG, Rdnr. 39.

1303 Vgl. *Flick/Wassermeyer*, in: *Flick/Wassermeyer/Becker*, Außensteuerrecht 1998, § 2 AStG, Rdnr. 102.

1304 Vgl. *Christoffel*, Vermögenseinlage eines typischen stillen Gesellschafters 1988, S. 255; *Paulick/ Blaurock*, Handbuch 1998, S. 590.

1305 Vgl. *Fischer/Warneke*, Betriebswirtschaftliche Steuerlehre 1998, S. 119 f.; *Schaumburg*, Internationales Steuerrecht 1998, S. 248.

1306 Vgl. *Menck*, in: *Blümich*, EStG 1998, § 2 AStG, Rdnr. 46.

1307 BStBl. I 1995, Sondernummer 1.

terten Inlandseinkünfte[1308] wird die Steuerpflicht gem. § 2 Abs. 1 AStG über die inländischen Einkünfte gem. § 49 Abs. 1 EStG hinaus zusätzlich auf die nichtausländischen Einkünfte gem. § 34d EStG ausgedehnt.[1309] Davon zu unterscheiden ist die Höhe der deutschen Steuerbelastung, die sich bei einer erweiterten beschränkten Steuerpflicht im Vergleich zur „üblichen" beschränkten Steuerpflicht ergibt. Erfüllt der Steuerpflichtige die Voraussetzungen des § 2 AStG, so ist die deutsche Einkommensteuer gem. § 2 Abs. 5 AStG unter Berücksichtigung der sog. **Vollprogression** zu berechnen, d. h., der zur Anwendung kommende Steuersatz richtet sich nach dem gesamten Welteinkommen des Steuerpflichtigen.[1310] Damit ist der Steuerpflichtige, obwohl er der unbeschränkten Steuerpflicht nicht mehr unterliegt, unter den gegebenen Voraussetzungen verpflichtet, sein gesamtes Welteinkommen dem deutschen Fiskus gegenüber offenzulegen.[1311]

Da § 2 Abs. 5 AStG eine **Aufhebung der Abgeltungswirkung der Kapitalertragsteuer** gem. § 50 Abs. 5 EStG für Einkünfte aus Kapitalvermögen vorsieht, kommt es auch für Einkünfte aus einer typisch stillen Beteiligung zu einer Veranlagung und somit gem. § 50 Abs. 1 Satz 1 EStG zur Einkünfteermittlung auf der Grundlage des Nettoprinzips unter Abzug aller mit der typisch stillen Beteiligung im wirtschaftlichen Zusammenhang stehenden Werbungskosten;[1312] die Abzugssteuer ist entsprechend

---

1308 Dabei handelt es sich um: Einkünfte aus Gewerbebetrieb, die a) weder einer inländischen noch ausländischen Betriebstätte zuzurechnen sind oder b) aus Bürgschafts- und Avalprovisionen erzielt werden, deren Schuldner steuerpflichtig ist; Einkünfte aus der Veräußerung von Wirtschaftsgütern, die zum Anlagevermögen eines ausländischen Betriebs gehören und im Inland belegen sind; Einkünfte aus Kapitalvermögen i. S. d. § 20 EStG, wenn der Schuldner unbeschränkt steuerpflichtig ist (hierunter fallen z. B. Zinsen, die von Inländern auf Schuldscheindarlehen an erweitert beschränkt Steuerpflichtige gezahlt werden); Einkünfte aus der Vermietung und Verpachtung aus beweglichem Vermögen im Inland, sofern dieses nicht zu einem im Ausland belegenen Sachinbegriff gehört; Einkünfte aus wiederkehrenden Bezügen i. S. d. § 22 Nr. 2 EStG, wenn der Verpflichtete unbeschränkt steuerpflichtig ist oder seinen Sitz im Inland hat; Einkünfte aus Spekulationsgewinnen i. S. v. § 22 Nr. 2 EStG, wenn die veräußerten Wirtschaftsgüter nicht im Ausland belegen sind; Einkünfte aus Leistungen, wenn der zur Vergütung der Leistung Verpflichtete unbeschränkt steuerpflichtig ist oder seinen Sitz im Land hat; andere Einkünfte, die das deutsche Steuerrecht (§§ 34d, 49 EStG) weder dem Inland noch dem Ausland zurechnet; Einkünfte, die dem Steuerpflichtigen nach § 5 bzw. § 15 AStG zuzurechnen sind; vgl. BMF vom 2.12.1994, BStBl. I 1995, Sondernummer 1, Tz. 2.5.0.

1309 Vgl. *Schaumburg*, Internationales Steuerrecht 1998, S. 263.

1310 Vgl. *Flick/Wassermeyer*, in: *Flick/Wassermeyer/Becker*, Außensteuerrecht 1998, § 2 AStG, Rdnr. 116 ff.; *Schaumburg*, Internationales Steuerrecht 1998, S. 265 ff.; *Schelle/Gross*, in: *Wöhrle/Schelle/Gross*, AStG 1997, § 2 AStG, S. 58/15.

1311 Vgl. *Flick/Wassermeyer*, in: *Flick/Wassermeyer/Becker*, Außensteuerrecht 1998, § 2 AStG, Rdnr. 117; *Schaumburg*, Internationales Steuerrecht 1998, S. 265.

1312 Vgl. *Flick/Wassermeyer*, in: *Flick/Wassermeyer/Becker*, Außensteuerrecht 1998, § 2 AStG, Rdnr. 116a; *Schoss*, in: *Lademann*, EStG 1998, § 2 AStG, Rdnr. 38.

anzurechnen.[1313] Zur Ermittlung der Einkünfte kann auf die Grundsätze bei der „üblichen" beschränkten Einkommensteuerpflicht verwiesen werden.[1314] Insbesondere gilt bei der Veranlagung stiller Gesellschafter gem. § 2 Abs. 5 AStG der in § 50 Abs. 3 Satz 2 EStG vorgesehene Mindeststeuersatz in Höhe von 25 %; er kann als Untergrenze der nationalen Besteuerung interpretiert werden. Als Obergrenze für die Besteuerung erweitert beschränkt Steuerpflichtiger legt § 2 Abs. 6 AStG den Betrag fest, der bei unbeschränkter Steuerpflicht anzusetzen gewesen wäre.

Da die Ermittlung der Steuerbemessungsgrundlage nach den allgemeinen Grundsätzen erfolgt, ist bei Einkünften, die der erweiterten beschränkten Steuerpflicht unterliegen, auch der **Ausgleich von Verlusten** mit positiven Einkünften i. S. v. § 49 EStG möglich.[1315] In den Grenzen des § 15a EStG[1316] sind damit auch Verluste aus atypisch stillen Beteiligungen ausgleichsfähig, nach dem Wortlaut des § 50 Abs. 2 EStG könnten sie allerdings nicht mit Einkünften aus typisch stillen Beteiligungen ausgeglichen werden, da diese wegen des Steuerabzugs gem. § 50 Abs. 2 EStG einem Verlustausgleich nicht zugänglich sind. *Flick/Wassermeyer* stellen m. E. zu Recht fest, daß in § 50 Abs. 2 EStG nur die Einkünfte gemeint sein können, bei denen die Abzugssteuer auch Abgeltungswirkung entfaltet, so daß im Ergebnis auch positive Einkünfte aus typisch stillen Gesellschaften für einen Verlustausgleich zur Verfügung stehen.[1317] Auch die Finanzverwaltung[1318] weist ausdrücklich auf die Nichtanwendung des Verlustausgleichsverbots i. S. d. § 50 Abs. 2 EStG im Fall von Einkünften, die dem Steuerabzug unterliegen, hin.

Der Auswanderer kann die erweiterte beschränkte Steuerpflicht i. S. v. § 2 AStG nicht umgehen, indem er seine wesentlichen wirtschaftlichen Interessen auf eine Kapitalgesellschaft mit Sitz und Geschäftsleitung im Ausland überträgt. § 5 AStG durchbricht die **Abschirmwirkung von ausländischen Kapitalgesellschaften**, an denen sich die natürliche Person, die die Kriterien des § 2 Abs. 1 Satz 1 Nr. 1 AStG erfüllt, allein oder gemeinsam mit unbeschränkt Steuerpflichtigen beteiligt, indem er bestimmte Einkünfte der Gesellschaft dem erweitert beschränkt Steuerpflichtigen direkt

---

1313 Vgl. *Menck*, in: *Blümich*, EStG 1998, § 2 AStG, Rdnr. 50.

1314 Vgl. Kapitel IV.B.3.

1315 Vgl. *Flick/Wassermeyer*, in: *Flick/Wassermeyer/Becker*, Außensteuerrecht 1998, § 2 AStG, Rdnr. 116.

1316 § 2a EStG spielt in diesem Zusammenhang, da er die Berücksichtigung ausländischer Verluste regelt, keine Rolle. Dies übersehen *Flick/Wassermeyer*, die § 2a EStG als Restriktion für den Verlustausgleich bei erweitert beschränkt Steuerpflichtigen ausdrücklich erwähnen; vgl. *Flick/Wassermeyer*, in: *Flick/Wassermeyer/Becker*, Außensteuerrecht 1998, § 2 AStG, Rdnr. 116. Verluste i. S. d. § 2a EStG finden auch bei der Ermittlung des Progressionsvorbehalts keine Berücksichtigung; vgl. dazu Kapitel IV.C.2.b)(2). A. A. *Grotherr/Herfort/Strunk*, Internationales Steuerrecht 1998, S. 328.

1317 Vgl. zur hier vertretenen Ansicht bereits Kapitel IV.B.3.a)(1). Gl. A. für den Anwendungsbereich des AStG *Flick/Wassermeyer*, in: *Flick/Wassermeyer/Becker*, Außensteuerrecht 1998, § 2 AStG, Rdnr. 116, sowie *Hellwig*, Ausgewählte Fragen 1974, S. 6.

1318 Vgl. BMF vom 2.12.1994, BStBl. I 1994, Sondernummer 1, Rz. 2.5.1.2.

zurechnet.[1319] Konsequenterweise stellt § 5 AStG für die Zurechnung von erweiterten Inlandseinkünften lediglich auf die niedrige Besteuerung (§ 2 Abs. 1 Satz 1 Nr. 1 AStG) im ausländischen Wohnsitzstaat des Deutschen ab, nicht hingegen auf das Halten wesentlicher wirtschaftlicher Interessen in der Person des Steuerpflichtigen (§ 2 Abs. 1 Satz 1 Nr. 2 AStG), da diese von der zwischengeschalteten Gesellschaft wahrgenommen werden.[1320] In dieser Zurechnungsvorschrift ist eine Ergänzung der §§ 7 bis 14 AStG zu sehen; gesetzestechnisch finden sie auf erweitert beschränkt Steuerpflichtige partiell Anwendung,[1321] indem die Definition einer ausländischen Gesellschaft i. S. d. § 7 AStG ausdrücklich übernommen wird. Folglich ist das Vorliegen der in § 7 AStG festgelegten Mindestbeteiligung erforderlich; darüber hinaus müssen die in § 8 Abs. 1 und 2 AStG aufgezählten hinzurechnungspflichtigen, d. h. passiven Einkünfte erzielt werden und einer niedrigen Besteuerung i. S. d. § 8 Abs. 3 AStG unterliegen.[1322] Daneben bestehen allerdings auch wesentliche Unterschiede zur Hinzurechnungsbesteuerung nach den §§ 7 bis 14 AStG:[1323]

1. Dem Steuerpflichtigen werden auch negative Einkünfte anteilig zugerechnet.
2. Die Einkünfte gelten am letzten Tag des Wirtschaftsjahres als der Zwischengesellschaft zugeflossen.[1324]
3. Die von der Gesellschaft u. U. gezahlte deutsche Steuer wird auf Ebene des Gesellschafters angerechnet.[1325]

d) Verhältnis zu den DBA

Bei **Bestehen eines DBA** unterliegt die erweiterte beschränkte Steuerpflicht dessen Schrankenwirkung, die § 2 AStG nur dann zur Anwendung kommen läßt, wenn das

---

1319 Vgl. *Baranowski*, Auslandsbeziehungen 1996, S. 335; *Flick/Wassermeyer*, in: *Flick/Wassermeyer/Becker*, Außensteuerrecht 1998, § 5 AStG, Rdnr. 15 ff.; *Menck*, in: *Blümich*, EStG 1998, § 5 AStG, Rdnr. 1; *Schelle/Gross*, in: *Wöhrle/Schelle/Gross*, AStG 1997, § 2 AStG, S. 65 ff.; *Schoss*, in: *Lademann*, EStG 1998, § 5 AStG, Rdnr. 1 ff.

1320 Vgl. *Grotherr/Herfort/Strunk*, Internationales Steuerrecht 1998, S. 330.

1321 Vgl. *Menck*, in: *Blümich*, EStG 1998, § 5 AStG, Rdnr. 3 ff.

1322 Vgl. *Flick/Wassermeyer*, in: *Flick/Wassermeyer/Becker*, Außensteuerrecht 1998, § 5 AStG, Rdnr. 15; *Schoss*, in: *Lademann*, EStG 1998, § 5 AStG, Rdnr. 14. Zu den Voraussetzungen einer Hinzurechnungsbesteuerung bei Einkünften aus Zwischengesellschaften und der Hinzurechnung im Zusammenhang mit stillen Gesellschaften vgl. ausführlich Kapitel IV.E.4.

1323 Vgl. *Grotherr/Herfort/Strunk*, Internationales Steuerrecht 1998, S. 331.

1324 Gem. § 10 Abs. 2 AStG gilt der Hinzurechnungsbetrag hingegen erst nach Ablauf des maßgebenden Wirtschaftsjahres der ausländischen Gesellschaft als zugeflossen.

1325 Bei der Hinzurechnungsbesteuerung werden allerdings die von der ausländischen Zwischengesellschaft auf den Hinzurechnungsbetrag gezahlten ausländischen Steuern auf Ebene des Steuerpflichtigen ebenfalls angerechnet; vgl. dazu Kapitel IV.E.4.c)(4).

Besteuerungsrecht für die Einkünfte der Bundesrepublik Deutschland zusteht;[1326] dies ist bei den für atypisch stille Gesellschaften relevanten inländischen Betriebstätteneinkünften regelmäßig der Fall.[1327] Im Fall der im Zusammenhang mit typisch stillen Gesellschaften an Bedeutung gewinnenden abkommensrechtlichen Zins- oder Dividendeneinkünfte weisen die DBA i. d. R. dem Wohnsitzstaat ein Besteuerungsrecht zu,[1328] so daß § 2 AStG ins Leere geht. Der Höchststeuersatz, den die DBA zumeist für ein dem Quellenstaat verbleibendes Besteuerungsrecht vorsehen, gilt dann auch als Obergrenze für erweitert beschränkt Steuerpflichtige und hebelt damit die in § 2 Abs. 5 AStG normierte Vollprogression aus.[1329]

Die Frage, ob bei den Einkünften, für die die Bundesrepublik Deutschland abkommensrechtlich ein Besteuerungsrecht erhält, der Progressionsvorbehalt gem. § 2 Abs. 5 AStG überhaupt zum Zuge kommen kann, ist in der Literatur umstritten. Die Befürworter[1330] lassen den Progressionsvorbehalt auch im Quellenstaat zu, wenn dem der Wortlaut und Sinn des Abkommens nicht entgegensteht und kein abkommensrechtlicher Höchststeuersatz vereinbart wurde. Die Gegner[1331] schließen aus der Tatsache, daß abkommensrechtlich ein Progressionsvorbehalt nur für den Wohnsitzstaat vorgesehen ist, ein Verbot für die Einbeziehung der Einkünfte bei der Ermittlung des Steuersatzeinkommens im Quellenstaat. Da in den Fällen, in denen das Besteuerungsrecht der Bundesrepublik Deutschland zugewiesen wird, eine Besteuerung nach innerstaatlichen Grundsätzen erfolgen soll[1332], ist m. E. die Anwendung von § 2 AStG nicht ausgeschlossen. Der Progressionsvorbehalt i. S. v. § 2 Abs. 5 AStG kann daher stets zum Zuge kommen, wenn die Auslegung des DBA oder eine abkommensrechtliche Regelung, beispielsweise in Form eines Höchststeuersatzes, dies nicht verhindert. Aus der in den DBA zumeist enthaltenen Regelung über den Progressionsvorbehalt für den Wohnsitzstaat allein läßt sich allerdings ein Progressionsvorbehalt auch für den Quellenstaat nicht ableiten.[1333]

1326 Vgl. *Flick/Wassermeyer*, in: *Flick/Wassermeyer/Becker*, Außensteuerrecht 1998, § 2 AStG, Rdnr. 5a; *Schaumburg*, Internationales Steuerrecht 1998, S. 250.

1327 Vgl. dazu Kapitel IV.C.7.b).

1328 Vgl. Kapitel IV.C.7.a).

1329 Vgl. *Flick/Wassermeyer*, in: *Flick/Wassermeyer/Becker*, Außensteuerrecht 1998, § 2 AStG, Rdnr. 5c; *Schaumburg*, Internationales Steuerrecht 1998, S. 250 f.

1330 Vgl. *Baranowski*, Auslandsbeziehungen 1996, S. 327; *Flick/Wassermeyer*, in: *Flick/Wassermeyer/Becker*, Außensteuerrecht 1998, § 2 AStG, Rdnr. 117f; *Schelle/Gross*, in: *Wöhrle/Schelle/Gross*, AStG 1997, § 2 AStG, S. 58/15; *Schoss*, in: *Lademann*, EStG 1998, § 2 AStG, Rdnr. 48. Vgl. auch BMF vom 2.12.1994, BStBl. I 1995, Sondernummer 1, Tz. 2.0.2.1.

1331 Vgl. *Grotherr*, in: *Becker/Höppner/Grotherr/Kroppen*, DBA 1998, Art. 23A/23B OECD-MA, Rdnr. 137; *Schaumburg*, Internationales Steuerrecht 1998, S. 251; *Vogel*, in: *Vogel*, DBA 1996, Art. 23 OECD-MA, Rdnr. 223.

1332 Vgl. dazu Kapitel IV.C.4.b).

1333 So jedoch *Menck*, in: *Blümich*, EStG 1998, § 2 AStG, Rdnr. 49. Auf die abkommensrechtliche Vereinbarung eines Progressionsvorbehalts für den Wohnsitzstaat stellt auch *Vogel* ab, indem er neben den Fällen, die im DBA ausdrücklich einen Progressionsvorbehalt für den Quellenstaat

Fortsetzung ...

4. Besteuerung der Einkünfte aus Beteiligungen an ausländischen Zwischengesellschaften (§§ 7 bis 14 AStG)

a) Allgemeine Zielsetzung und Anwendungsvoraussetzungen

Im vierten Teil des AStG soll in den §§ 7 bis 14 mit der sog. **Hinzurechnungsbesteuerung** einer unangemessenen Ausnutzung des internationalen Steuergefälles begegnet werden, die durch das Auslandsengagement unbeschränkt Steuerpflichtiger über sog. ausländische Zwischengesellschaften erfolgt.[1334] Durch die eigene Rechtspersönlichkeit der ausländischen Gesellschaft sind die Einkünfte, soweit sie nicht ausgeschüttet werden, vom Zugriff des deutschen Fiskus abgeschirmt; dennoch kann der inländische Anteilseigner über die in der Gesellschaft „geparkten" finanziellen Mittel wirtschaftlich verfügen, indem die Zwischengesellschaft an seiner statt weltweit Refinanzierungen vornimmt oder ihm selbst Kapital darlehensweise überläßt.[1335] Im Visier des Gesetzgebers befinden sich sowohl natürliche als auch juristische Personen, die in der Bundesrepublik Deutschland der unbeschränkten Einkommen- bzw. Körperschaftsteuerpflicht unterliegen; die Vorschrift erfaßt nach h. M.[1336] auch inländische Personengesellschaften, die Anteile an einer ausländischen Gesellschaft halten. Weitere Tatbestandsmerkmale für die Hinzurechnungsbesteuerung sind das Vorliegen einer Beherrschungsbeteiligung i. S. v. § 7 Abs. 2 bis 4 AStG sowie die Existenz einer Zwischengesellschaft i. S. v. § 8 AStG.

Bei der Hinzurechnungsbesteuerung könnten **stille Gesellschaften** in unterschiedlichen Positionen eine Rolle spielen: Dabei wäre zu prüfen, ob eine stille Einlage eine Beteiligung i. S. d. § 7 Abs. 2 bis 4 AStG vermitteln kann bzw. ob die Einkünfte aus einer stillen Beteiligung den Einkünften der Zwischengesellschaft i. S. v. § 8 AStG zuzurechnen sind. Die Rolle der **Zwischengesellschaft**, an der sich der unbeschränkt Steuerpflichtige beteiligt, kann der stillen Gesellschaft selbst nicht zukommen, da § 7 Abs. 1 AStG ausdrücklich eine Körperschaft, Personenvereinigung oder Vermögensmasse i. S. d. Körperschaftsteuergesetzes fordert.[1337]

---

vorsehen, die Einbeziehung der Einkünfte in die Ermittlung des Steuersatzeinkommens auf seiten des Quellenstaates nur bei Fehlen einer an den Wohnsitzstaat gerichteten abkommensrechtlichen Regelung über den Progressionsvorbehalt erlauben will; vgl. *Vogel*, in: *Vogel*, DBA 1996, Art. 23 OECD-MA, Rdnr. 223.

[1334] Vgl. *Baranowski*, Auslandsbeziehungen 1996, S. 350; *Fischer/Warneke*, Betriebswirtschaftliche Steuerlehre 1998, S. 125 f.; *Flick/Wassermeyer*, in: *Flick/Wassermeyer/Becker*, Außensteuerrecht 1998, § 7 AStG, Rdnr. 4 f.; *Grotherr/Herfort/Strunk*, Internationales Steuerrecht 1998, S. 345; *Mösbauer*, Übertragung bestimmter Einkunftsquellen 1998, S. 817 f.; *Schaumburg*, Internationales Steuerrecht 1998, S. 411 f.

[1335] Vgl. *Saß*, Grundzüge 1997, S. 146.

[1336] Vgl. *Flick/Wassermeyer*, in: *Flick/Wassermeyer/Becker*, Außensteuerrecht 1998, § 7 AStG, Rdnr. 9a; *Grotherr/Herfort/Strunk*, Internationales Steuerrecht 1998, S. 347.

[1337] Gl. A. *Fu*, Stille Gesellschaft 1997, S. 138.

b) Stille Einlage als Beteiligung i. S. d. § 7 AStG

Der in § 7 Abs. 1 AStG normierte Grundtatbestand der Hinzurechnungsbesteuerung fordert die Beteiligung von inländischen Steuerpflichtigen an der ausländischen Kapitalgesellschaft zu mehr als 50 % des Nennkapitals. Die Mehrheitsbeteiligung muß nicht in einer Hand gehalten werden; vielmehr stellt der Gesetzgeber auf eine Beherrschung der ausländischen Gesellschaft durch Inländer (Deutsche) und damit auf eine Kumulation der Beteiligungen unbeschränkt und erweitert beschränkt Steuerpflichtiger an der ausländischen Kapitalgesellschaft ab.[1338] Die Beherrschungsvoraussetzungen liegen gem. § 7 Abs. 2 AStG grundsätzlich dann vor, wenn den Steuerpflichtigen unmittelbar oder mittelbar mehr als die Hälfte der Anteile oder Stimmrechte an der ausländischen Gesellschaft zuzurechnen sind. Stille Beteiligungen, gleich ob typisch oder atypisch ausgestaltet, können eine gesellschaftsrechtliche Beteiligung an einer Kapitalgesellschaft nicht begründen, so daß sie bei der Bestimmung der Beteiligungshöhe auf der Grundlage des § 7 Abs. 2 AStG außer acht zu lassen sind.[1339] Die in § 7 Abs. 3 AStG vorgenommene Variation des Merkmals der Beherrschung in der Weise, daß eine Mehrheitsbeteiligung auch hergestellt werden kann, indem sich die Steuerpflichtigen unmittelbar oder über eine Personengesellschaft an einer weiteren Personengesellschaft[1340] beteiligen, die wiederum Anteile an der ausländischen Gesellschaft hält, ist für eine Einbeziehung der stillen Gesellschaft in das Grundkonzept der Hinzurechnungsbesteuerung ebenfalls ungeeignet, da diese Gesellschaftsform zwar zu den Personengesellschaften zählt, jedoch mangels eigenem Gesellschaftsvermögen keine Beherrschung durch Beteiligung auslösen kann.

Als letzte Möglichkeit für eine Inlandsbeherrschung durch stille Beteiligungen bleibt der **Ergänzungstatbestand in § 7 Abs. 4 AStG**, der dem unbeschränkt Steuerpflichtigen auch die Anteile oder Stimmrechte von Personen zurechnet, die seinen Weisungen zu folgen haben oder so folgen, daß ihnen kein eigener wesentlicher Entscheidungsraum bleibt.[1341] Weisungsgebundene Personen können nur solche sein, „die wie ein Treuhänder Beteiligungen und Stimmrechte an ausländischen Gesellschaften für eine andere Person (Treugeber) halten, ohne deshalb Treuhänder im formellen bzw. vertraglichen Sinne zu sein."[1342] Wesentlich ist, daß sich die Weisungsgebundenheit auf die Anteile bzw. auf die Stimmrechte an der ausländischen

---

1338 Vgl. *Schaumburg*, Internationales Steuerrecht 1998, S. 432.

1339 Vgl. *Flick/Wassermeyer*, in: *Flick/Wassermeyer/Becker*, Außensteuerrecht 1998, § 7 AStG, Rdnr. 60 f.; *Fu*, Stille Gesellschaft 1997, S. 139; *Grotherr/Herfort/Strunk*, Internationales Steuerrecht 1998, S. 349; *Mösbauer*, Übertragung bestimmter Einkunftsquellen 1998, S. 817 f.; *Schaumburg*, Internationales Steuerrecht 1998, S. 439.

1340 Ob es sich dabei um eine inländische oder eine ausländische Personengesellschaft handelt, ist für die Rechtsfolgen der §§ 7 ff. AStG unerheblich; vgl. BFH vom 30.8.1995, BStBl. II 1996, S. 122. Vgl. auch *F.W.*, Hinzurechnung 1996, S. 86.

1341 Vgl. *Bellstedt*, Beteiligungen an ausländischen Zwischengesellschaften 1979, S. 460 ff.

1342 *Flick/Wassermeyer*, in: *Flick/Wassermeyer/Becker*, Außensteuerrecht 1998, § 7 AStG, Rdnr. 90b.

Gesellschaft bezieht, was sich nach Ansicht der Finanzverwaltung[1343] beispielsweise in der Ausübung des Stimmrechts in der Hauptversammlung der Gesellschaft zeigen kann; Weisungsbefugnisse, die sich aus einem Amt der Person, beispielsweise aus der Geschäftsführung ergeben, sind hingegen nicht erheblich.[1344]

Nach Auffassung von Rechtsprechung[1345] und Finanzverwaltung[1346] hat die Weisungsbefugnis lediglich Auswirkungen auf die Beteiligungsquote, bei deren Berechnung die von der weisungsgebundenen Person gehaltenen Anteile voll anzusetzen sind; eine Hinzurechnungsquote läßt sich daraus hingegen nicht ableiten. Eingeschränkt wird die Reichweite des § 7 Abs. 4 AStG darüber hinaus durch die Begrenzung des Kreises derjenigen, deren Weisungen der Anteilsinhaber unterliegt, auf unbeschränkt Steuerpflichtige, während die erweitert beschränkt Steuerpflichtigen, anders als bei den anderen Tatbeständen des § 7 AStG, nicht berücksichtigt werden.[1347] Laut BMF-Anwendungsschreiben kommt § 7 Abs. 4 AStG insbesondere dann zur Anwendung, „wenn ein Inländer Anteile von einem Rechtsanwalt, Notar, einer Bank oder einer anderen Zwischenstelle halten läßt, auch wenn die Voraussetzungen für ein Treuhandverhältnis nicht gegeben sind."[1348] Fraglich ist, ob stille Beteiligungen eine derart enge Beziehung herstellen können, die die Annahme einer Weisungsgebundenheit i. S. d. § 7 Abs. 4 AStG rechtfertigt. Nach Ansicht von *Fu* ist ein so weitgehender Einfluß des atypisch stillen Gesellschafters auf den Geschäftsinhaber denkbar, „daß der Inhaber des Handelsgewerbes seine Gesellschaftsrechte an der ausländischen Gesellschaft nur nach dem Willen des atypisch stillen Gesellschafters auszuüben vermag."[1349] Die Annahme einer Weisungsgebundenheit kann vom Steuerpflichtigen durch den Nachweis eines wesentlichen verbleibenden Entscheidungsspielraums auf seiten des Anteilsinhabers entkräftet werden, wobei die praktischen Schwierigkeiten mangels gesetzlicher Definition insbesondere darin bestehen, einen im Umfang wesentlichen von einem unwesentlichen Entscheidungsspielraum zu unterscheiden.[1350]

Selbst wenn einer atypisch stillen Beteiligung die Eignung zur Vermittlung einer Weisungsbefugnis gegenüber dem eigentlichen Anteilsinhaber zugesprochen wird, ist mit dem dem stillen Gesellschafter zugerechneten Anteil an der ausländischen Gesellschaft kein Anteil an deren Einkünften verbunden, da § 7 Abs. 4 AStG ausschließlich für die Feststellung der Inländerbeherrschung, nicht aber für den Hinzu-

---

1343 Vgl. BMF vom 2.12.1994, BStBl. I 1995, Sondernummer 1, Tz. 7.4.3.

1344 Vgl. *Flick/Wassermeyer*, in: *Flick/Wassermeyer/Becker*, Außensteuerrecht 1998, § 7 AStG, Rdnr. 91c; *Schaumburg*, Internationales Steuerrecht 1998, S. 442; *Tulloch*, in: *Lademann*, EStG 1998, § 7 AStG, Rdnr. 32.

1345 Vgl. BFH vom 26.10.1983, BStBl. II 1984, S. 258.

1346 Vgl. BMF vom 11.7.1974, BStBl. I 1974, S. 442, Rz. 7.4.1.

1347 Vgl. *Schaumburg*, Internationales Steuerrecht 1998, S. 442.

1348 BMF vom 11.7.1974, BStBl. I 1974, S. 442, Rz. 7.4.1.

1349 *Fu*, Stille Gesellschaft 1997, S. 140.

1350 Vgl. *Flick/Wassermeyer*, in: *Flick/Wassermeyer/Becker*, Außensteuerrecht 1998, § 7 AStG, Rdnr. 91e.

rechnungsanteil relevant ist.[1351] Ein Anteil des stillen Gesellschafters an den Einkünften der ausländischen Gesellschaft kann auch nicht – wie von *Wöhrle*[1352] vorgeschlagen – mit § 7 Abs. 5 AStG begründet werden, der, falls für die Gewinnverteilung der ausländischen Gesellschaft nicht die Beteiligung am Nennkapital maßgebend ist oder die Gesellschaft über kein Nennkapital verfügt, die Aufteilung der Einkünfte nach dem Gewinnverteilungsmaßstab anordnet. Nach h. M.[1353] wird durch § 7 Abs. 5 1. Halbsatz AStG lediglich sichergestellt, daß, falls der Anteil am Gewinn der Gesellschafter laut Gesellschaftsvertrag vom Anteil am Nennkapital abweicht, die gesellschaftsvertragliche Regelung der Verteilung der Einkünfte zugrundegelegt wird; ein Anteil am Nennkapital wird hierdurch jedoch nicht entbehrlich.[1354] Der 2. Halbsatz der Vorschrift stellt ausdrücklich auf Gesellschaftsformen ab, „bei denen eine Beteiligung am Nennkapital begrifflich nicht in Betracht kommt."[1355]

§ 7 Abs. 6 AStG senkt die Beteiligungsgrenze, ab der eine anteilige Steuerpflicht i. S. d. § 7 AStG greift, bei Vorliegen sog. **Zwischeneinkünfte mit Kapitalanlagecharakter**[1356] i. S. d. § 10 Abs. 6 AStG auf 10 % ab. Nach h. M.[1357] kommen bei der Berechnung der Beteiligungshöhe die Ersatztatbestände i. S. v. § 7 Abs. 3 und 4 AStG für die Inländerbeherrschung nicht zum Zuge; vielmehr ist die 10 %-Grenze nur durch unmittelbare Beteiligung am Nennkapital der Gesellschaft und folglich nicht durch stille Beteiligungen zu erreichen.

Im Ergebnis kann eine stille Gesellschaft keine Beteiligung an einer ausländischen Gesellschaft vermitteln, die als Grundlage für eine Hinzurechnung der „abgeschirmten" Einkünfte dienen kann; sie kann lediglich unter den Voraussetzungen des § 7 Abs. 4 AStG zur Feststellung der Inländerbeherrschung eine bestehende Beteiligung am Nennkapital ergänzen.

c) Einkünfte aus einer stillen Beteiligung als Einkünfte einer Zwischengesellschaft i. S. v. § 8 AStG

(1) Voraussetzungen für das Vorliegen von Zwischeneinkünften

Die Einkünfte aus der ausländischen Gesellschaft unterliegen nur dann einer Hinzurechnungsbesteuerung, wenn es sich um Einkünfte von Zwischengesellschaften

---

1351 Vgl. BFH vom 26.10.1983, BStBl. II 1984, S. 258.

1352 Vgl. *Wöhrle*, in: *Wöhrle/Schelle/Gross*, AStG 1997, § 7 AStG, S. 116/6.

1353 Vgl. *Menck*, in: *Blümich*, EStG 1998, § 7 AStG, Rdnr. 37; *Schaumburg*, Internationales Steuerrecht 1998, S. 433.

1354 Ebenso *Fu*, Stille Gesellschaft 1997, S. 142 f.

1355 *Flick/Wassermeyer*, in: *Flick/Wassermeyer/Becker*, Außensteuerrecht 1998, § 7 AStG, Rdnr. 93.

1356 Vgl. dazu ausführlich Kapitel IV.E.4.c)(3).

1357 Vgl. *Tulloch*, in: *Lademann*, EStG 1998, § 7 AStG, Rdnr. 41, m.w.N.

handelt, die in § 8 AStG durch passive Tätigkeit und niedrige Besteuerung gekennzeichnet sind. Für die Ermittlung von Einkünften aus Zwischengesellschaften können stille Gesellschaften in zwei verschiedenen Richtungen eine Rolle spielen: Zum einen können stille Beteiligungen an der ausländischen Gesellschaft selbst bestehen, zum anderen kann die ausländische Gesellschaft stille Beteiligungen an anderen Gesellschaften halten. In beiden Richtungen sind Vergütungen für stille Beteiligungen auf ihre Relevanz hinsichtlich der Ermittlung der hinzuzurechnenden Einkünfte zu analysieren.

Eine **Niedrigbesteuerung** als Begriffsmerkmal der Zwischengesellschaft ist gem. § 8 Abs. 3 AStG anzunehmen, wenn die Belastung der Einkünfte der Zwischengesellschaft mit Ertragsteuern[1358] weniger als 30 % beträgt oder durch indirekte Steueranrechnung gemindert wird. Die Einkünfte für Zwecke der Berechnung der Ertragsteuerbelastung sind nach den Vorschriften des deutschen Steuerrechts zu ermitteln, ohne daß die steuerlichen Vergünstigungen, die an die unbeschränkte Steuerpflicht oder an das Bestehen eines inländischen Betriebs anknüpfen, zur Anwendung kommen.[1359] *Baumgärtel/Perlet* sehen darin eine durchgängige Benachteiligung der ausländischen Gesellschaft, „da ihr weder die ausländischen noch die inländischen Standortvorteile gewährt werden."[1360] Daneben erkennt der Gesetzgeber unabhängig von der allgemeinen 30 %-Grenze stets eine Niedrigbesteuerung, falls in dem Staat, in dem die Zwischengesellschaft ansässig ist, Steuern auf Dividenden angerechnet werden, die von der ausschüttenden nachgeschalteten Gesellschaft gezahlt wurden (sog. indirekte Steueranrechnung).[1361]

Zur Feststellung der Niedrigbesteuerung sind nicht alle von der Zwischengesellschaft erzielten Einkünfte relevant, sondern nur jene aus passiver Tätigkeit.[1362] Der Katalog in § 8 Abs. 1 AStG enthält eine abschließende Aufzählung der sog. aktiven Tätig-

---

1358 Die Finanzverwaltung definiert Ertragsteuern i.S.d. § 8 Abs. 3 AStG als „alle Steuern des Sitzstaats vom Gesamteinkommen oder von Teilen des Einkommens, einschließlich der Steuern vom Gewinn aus der Veräußerung beweglichen oder unbeweglichen Vermögens sowie der Steuern vom Vermögenszuwachs. Zu berücksichtigen sind derartige Steuern auch, wenn sie nach § 34c EStG oder § 26 KStG nicht angerechnet werden können, z.B. weil sie nach den Gesetzen einer Provinz, eines Kantons oder einer anderen Gebietskörperschaft erhoben werden"; BMF vom 2.12.1994, BStBl. I 1995, Sondernummer 1, Tz. 8.3.1.2.

1359 Vgl. *Baumgärtel/Perlet*, Hinzurechnungsbesteuerung 1996, S. 36.

1360 *Baumgärtel/Perlet*, Hinzurechnungsbesteuerung 1996, S. 36.

1361 Für die Anwendung des AStG im Zusammenhang mit stillen Gesellschaften bestehen bei der Feststellung der Niedrigbesteuerung keine Besonderheiten, so daß auf die weiterführende Kommentierung verwiesen werden kann; vgl. ausführlich *Baumgärtel/Perlet*, Hinzurechnungsbesteuerung 1996, S. 34 ff.; *Flick/Wassermeyer*, in: *Flick/Wassermeyer/Becker*, Außensteuerrecht 1998, § 8 AStG, Rdnr. 115 ff.; *Grotherr/Herfort/Strunk*, Internationales Steuerrecht 1998, S. 368 ff.; *Menck*, in: *Blümich*, EStG 1998, § 8 AStG, Rdnr. 93 ff.; *Schaumburg*, Internationales Steuerrecht 1998, S. 465 ff.

1362 Vgl. *Flick/Wassermeyer*, in: *Flick/Wassermeyer/Becker*, Außensteuerrecht 1998, § 8 AStG, Rdnr. 117.

keiten, die die Anwendung des § 7 Abs. 1 AStG insgesamt ausschließen; alle nicht ausdrücklich genannten Tätigkeiten begründen somit im Umkehrschluß einen **passiven Erwerb**, allerdings nur, soweit es sich um Einkünfte aus einer der sieben Einkunftsarten des Einkommensteuergesetzes handelt.[1363] Für die Feststellung der Tätigkeit der ausländischen Gesellschaft ist es unerheblich, daß Kapitalgesellschaften nach deutschem Steuerrecht ausschließlich Einkünfte aus Gewerbebetrieb beziehen.[1364] Einkünfte aus Beteiligungen an Personengesellschaften sind der ausländischen Gesellschaft so zuzurechnen, als habe sie die Tätigkeit selbst ausgeübt.[1365] Die bei der Subsumtion der Einkünfte einer ausländischen Gesellschaft unter die enumerativ aufgezählten Einzeltätigkeiten bestehende Schwierigkeit, daß sich Einkünfte u. U. aus unterschiedlichen Tätigkeitsfeldern, insbesondere auch aus aktiven und passiven Tätigkeiten zusammensetzen können, wird durch die Finanzjudikatur[1366] und Finanzverwaltung[1367] unter Rückgriff auf die sog. **funktionale Betrachtungsweise** gelöst, nach der wirtschaftlich zusammengehörende Tätigkeiten einheitlich beurteilt werden; maßgeblich ist dabei die Tätigkeit, „auf der nach allgemeiner Verkehrsauffassung das wirtschaftliche Schwergewicht liegt."[1368] Mögliche Ergebnisse der Klassifikation sind somit Haupt-, Folge- und Nebenerträge aus Tätigkeiten in einem Unterordnungsverhältnis, die einer einheitlichen Beurteilung unterliegen und in der Summe die Qualifikation der Haupttätigkeit erfahren, sowie Erträge aus Tätigkeiten in einem Gleichordnungsverhältnis, die zum Nebeneinander von aktiven und passiven Erträgen führen können, wobei letztere der Hinzurechnungsbesteuerung zugeführt werden.[1369]

§ 9 AStG sieht für diese sog. gemischt tätigen Gesellschaften eine **Bagatellgrenze** vor, bei deren Unterschreiten die Einkünfte aus passivem Erwerb außer Ansatz bleiben und die sich am kumulativen Vorliegen einer relativen Freigrenze sowie zweier absoluter Freigrenzen orientiert. Eine Hinzurechnung unterbleibt danach, wenn[1370]

[1363] Vgl. *Grotherr/Herfort/Strunk*, Internationales Steuerrecht 1998, S. 353; *Schaumburg*, Internationales Steuerrecht 1998, S. 445.

[1364] Vgl. *Baumgärtel/Perlet*, Hinzurechnungsbesteuerung 1996, S. 18.

[1365] Vgl. BFH vom 16.5.1990, BStBl. II 1990, S. 1049. Vgl. auch BMF vom 2.12.1994, BStBl. I 1995, Sondernummer 1, Tz. 8.0.4.

[1366] Vgl. BFH vom 16.5.1990, BStBl. II 1990, S. 1049.

[1367] Vgl. BMF vom 2.12.1994, BStBl. I 1995, Sondernummer 1, Tz. 8.0.2.

[1368] BFH vom 16.5.1990, BStBl. II 1990, S. 1049.

[1369] Vgl. *Baranowski*, Auslandsbeziehungen 1996, S. 370 f.; *Baumgärtel/Perlet*, Hinzurechnungsbesteuerung 1996, S. 16 f.; *Flick/Wassermeyer*, in: *Flick/Wassermeyer/Becker*, Außensteuerrecht 1998, § 8 AStG, Rdnr. 8 ff.; *Grotherr/Herfort/Strunk*, Internationales Steuerrecht 1998, S. 354; *Menck*, in: *Blümich*, EStG 1998, § 8 AStG, Rdnr. 16; *Schaumburg*, Internationales Steuerrecht 1998, S. 446; *Tulloch*, in: *Lademann*, EStG 1998, § 8 AStG, Rdnr. 7 f.; *Wöhrle*, in: *Wöhrle/Schelle/Gross*, AStG 1997, § 8 AStG, S. 120/1 ff.; *Ziegler/Baumgärtel*, Funktionale Betrachtungsweise 1993, S. 967 ff.

[1370] Vgl. *Schaumburg*, Internationales Steuerrecht 1998, S. 470.

- die den passiven Einkünften zugrundeliegenden Bruttoerträge nicht mehr als 10 % der gesamten Bruttoerträge der ausländischen Gesellschaft ausmachen (relative Freigrenze) und
- die Hinzurechnungsbeträge der ausländischen Gesellschaft 120.000 DM nicht übersteigen (gesellschaftsbezogene absolute Freigrenze) und
- die Hinzurechnungsbeträge des einzelnen Steuerinländers aus allen ausländischen Gesellschaften, an denen er eine Beteiligung hält, 120.000 DM nicht übersteigen (gesellschafterbezogene absolute Freigrenze).

(2) Auswirkungen atypisch stiller Beteiligungen auf die Ermittlung von Zwischeneinkünften

Ist die **ausländische Gesellschaft still an einem anderen Handelsgewerbe beteiligt**, so bezieht sie daraus aus deutscher Sicht je nach Ausgestaltung Einkünfte aus Gewerbebetrieb oder Einkünfte aus Kapitalvermögen. Für Zwecke der Hinzurechnungsbesteuerung werden jedoch die Tätigkeiten, die den Einkünften aus der stillen Beteiligung zugrunde liegen, unter eine der sieben Einzeltätigkeiten im Katalog des § 8 Abs. 1 AStG subsumiert. Bei der **atypisch stillen Beteiligung** handelt es sich um eine Mitunternehmerschaft, für die die allgemeinen Grundsätze für Personengesellschaften gelten, wonach die Tätigkeit des Unternehmens, an dem sich die ausländische Gesellschaft beteiligt, dieser als eigene zugerechnet wird.[1371] Beteiligt sich die ausländische Gesellschaft atypisch still an einem handeltreibenden Unternehmen, so übt sie aufgrund dieser Sichtweise selbst eine Handelstätigkeit i. S. v. § 8 Abs. 1 Nr. 4 AStG aus und bezieht daraus regelmäßig unschädliche Einkünfte.[1372] Daneben ist beispielsweise die Beteiligung an einer rein vermögensverwaltenden Kapitalgesellschaft denkbar, deren Einkünfte aus Vermietung und Verpachtung, die zwar in § 8 Abs. 1 Nr. 6 AStG grundsätzlich als unschädlich ausgewiesen sind, jedoch aufgrund der erheblichen Ausnahmen in der Praxis regelmäßig passive Einkünfte darstellen,[1373] der ausländischen Gesellschaft zuzurechnen sind. Grundsätz-

[1371] Vgl. dazu bereits Kapitel II.B.4.a)(1)(d).

[1372] Vgl. *Flick/Wassermeyer*, in: *Flick/Wassermeyer/Becker*, Außensteuerrecht 1998, § 8 AStG, Rdnr. 43.

[1373] Vgl. *Grotherr/Herfort/Strunk*, Internationales Steuerrecht 1998, S. 364; *Schaumburg*, Internationales Steuerrecht 1998, S. 456. Insbesondere führen nach § 6 Abs. 1 Nr. 6 Lit. b) AStG Einkünfte aus der Vermietung und Verpachtung von Grundstücken und Gebäuden zu schädlichen Einkünften; vgl. *Flick/Wassermeyer*, in: *Flick/Wassermeyer/Becker*, Außensteuerrecht 1998, § 8 AStG, Rdnr. 77. Im Gesetzestext selbst ist zwar lediglich von Grundstücken die Rede, dennoch geht die h. M. davon aus, daß auch die Vermietung und Verpachtung von Gebäuden sanktioniert werden soll; vgl. *Flick/Wassermeyer*, in: *Flick/Wassermeyer/Becker*, Außensteuerrecht 1998, § 8 AStG, Rdnr. 77; *Tulloch*, in: *Lademann*, EStG 1998, § 8 AStG, Rdnr. 101. Von dieser als Ausnahme von der Qualifkation der Einkünfte aus Vermietung und Verpachtung als aktiven Erwerb formulierten Einordnung als passiven Erwerb besteht wiederum eine Ausnahme, falls die betreffenden Einkünfte nach einem DBA steuerbefreit wären, wenn der unbeschränkt Steuerpflichtige sie unmittel-

Fortsetzung ...

lich ist die Tätigkeit des Unternehmens, an dem sich die ausländische Gesellschaft atypisch still beteiligt, auf die Möglichkeit der Subsumtion unter die Einzeltätigkeiten des Katalogs in § 8 Abs. 1 AStG hin zu überprüfen und gegebenenfalls unter Berücksichtigung der funktionalen Betrachtungsweise als aktiver bzw. passiver Erwerb zu kennzeichnen. Erhält die ausländische Gesellschaft über den Gewinnanteil hinaus Vorabvergütungen in Form von Sonderbetriebseinnahmen, so greift nach Ansicht der Finanzjudikatur[1374] ebenfalls die funktionale Betrachtungsweise. Die Gesellschaftervergütungen wie beispielsweise Geschäftsführerentgelt, Mieten und Zinsen werden folglich entsprechend ihrem funktionalen Zusammenhang unter die von der Mitunternehmerschaft ausgeübten Tätigkeiten subsumiert und u. U. auf aktive und passive Tätigkeiten aufgeteilt.[1375]

Beteiligt sich eine in- oder ausländische natürliche oder juristische Person bzw. eine Personengesellschaft **atypisch still an der ausländischen Gesellschaft**, so entsteht eine Mitunternehmerschaft, mit der Konsequenz, daß die Einkünfte des Geschäftsinhabers in Höhe des im Gesellschaftsvertrag vereinbarten Anteils dem atypisch stillen Gesellschafter zugerechnet werden.[1376] Der Anteil des Stillen mindert die Einkünfte der ausländischen Gesellschaft[1377] und damit auch die Einkünfte, die der Hinzurechnung gem. §§ 7 ff. AStG unterliegen.[1378]

---

bar bezogen hätte. Die Besteuerung von Einkünften aus Vermietung und Verpachtung von Grundstücken basiert in den meisten deutschen DBA auf dem Belegenheitsprinzip, das demjenigen Staat das Besteuerungsrecht überläßt, in dem das Grundstück belegen ist, während der Wohnsitzstaat die Einkünfte von der Besteuerung freizustellen hat; vgl. mit einer Übersicht über die Besteuerung von Einkünften aus unbeweglichem Vermögen in deutschen DBA *Vogel*, in: *Vogel*, DBA 1996, Art. 6 OECD-MA, Rdnr. 27. Damit sind Einkünfte aus Vermietung und Verpachtung lediglich dann schädlich, wenn es sich um Grundstücke handelt, die in einem Staat belegen sind, mit dem entweder kein DBA geschlossen wurde oder ein DBA besteht, in dem bei der Besteuerung der Einkünfte aus unbeweglichem Vermögen auf die Vereinbarung des Belegenheitsprinzips verzichtet wurde und die Doppelbesteuerung durch Anrechnung ausländischer Steuern verhindert wird; vgl. *Schaumburg*, Internationales Steuerrecht 1998, S. 458.

1374 Vgl. BFH vom 16.5.1990, BStBl. II 1990, S. 1049.

1375 Vgl. auch *Flick/Wassermeyer*, in: *Flick/Wassermeyer/Becker*, Außensteuerrecht 1998, § 8 AStG, Rdnr. 9d.

1376 Vgl. Kapitel II.B.4.b)(2).

1377 Vgl. Kapitel II.B.4.b)(1).

1378 Vgl. *Flick/Wassermeyer*, in: *Flick/Wassermeyer/Becker*, Außensteuerrecht 1998, § 7 AStG, Rdnr. 32.; *Fu*, Stille Gesellschaft 1997, S. 142.

(3) Auswirkungen typisch stiller Beteiligungen auf die Ermittlung von Zwischeneinkünften

Einkünfte aus typisch stillen Beteiligungen der ausländischen Gesellschaft an einem Handelsgewerbe können durch **Tätigkeiten i. S. v. § 8 Abs. 1 Nr. 7 AStG**[1379] abgebildet werden, die einen aktiven Erwerb nur in Ausnahmefällen zulassen.[1380] Der Gesetzgeber unterstellt bei Einkünften aus der Aufnahme und darlehensweisen Vergabe von Kapital lediglich dann einen aktiven Erwerb, wenn die ausländische Gesellschaft das Kapital nachweislich ausschließlich auf ausländischen Kapitalmärkten und insbesondere nicht bei einer ihr nahestehenden Person aufgenommen hat und entweder ausländischen Betrieben oder Betriebstätten, die fast ausschließlich – d. h. zu mindestens 90 % –[1381] Bruttoerträge aus aktiven Tätigkeiten i. S. d. § 1 Abs. 1 Nr. 1 bis 6 AStG beziehen, oder inländischen Betrieben oder Betriebstätten, unabhängig von der Art ihrer Tätigkeit, zur Verfügung stellt. Diese eng gesteckten Ausnahmeregelungen werden in der Literatur[1382] heftig kritisiert, insbesondere da der vom inländischen Steuerpflichtigen geforderte Nachweis der Identität des von der ausländischen Gesellschaft aufgenommenen und weitergeleiteten Kapitals sowie der aktiven Tätigkeit der empfangenden Gesellschaft in der Praxis regelmäßig nicht geleistet werden kann und die Vorschrift somit ins Leere läuft.[1383] Die Einkünfte aus einer typisch stillen Beteiligung der ausländischen Gesellschaft führen im Ergebnis auf der Grundlage des § 8 Abs. 1 Nr. 7 AStG nur dann nicht zu einer Hinzurechnungsbesteuerung, wenn die ausländische Gesellschaft das Kapital auf dem ausländischen Kapitalmarkt von einem Dritten aufnimmt und direkt an eine aktiv tätige ausländische oder eine inländische Gesellschaft als typisch stille Beteiligung weiterleitet und der inländische Steuerpflichtige alle zu seiner „Entlastung" notwendigen Nachweise er-

---

[1379] Vgl. *Baumgärtel/Perlet*, Hinzurechnungsbesteuerung 1996, S. 23 f.; *Flick/Wassermeyer*, in: *Flick/ Wassermeyer/Becker*, Außensteuerrecht 1998, § 8 AStG, Rdnr. 85; *Schaumburg*, Internationales Steuerrecht 1998, S. 459.

[1380] A. A. *Fu*, der Einkünfte aus typisch stillen Gesellschaften stets passiven Einkünften zurechnet; vgl. *Fu*, Stille Gesellschaft 1997, S. 142.

[1381] Vgl. BFH vom 30.8.1995, BStBl. II 1996, S. 122.

[1382] Vgl. *Baumgärtel/Perlet*, Hinzurechnungsbesteuerung 1996, S. 24 f.; *Flick/Wassermeyer*, in: *Flick/ Wassermeyer/Becker*, Außensteuerrecht 1998, § 8 AStG, Rdnr. 85a ff.; *Grotherr/Herfort/Strunk*, Internationales Steuerrecht 1998, S. 366; *Schaumburg*, Internationales Steuerrecht 1998, S. 460; *Tulloch*, in: *Lademann*, EStG 1998, § 8 AStG, Rdnr. 115 ff.

[1383] *Flick/Wassermeyer* erläutern das Dilemma der Nachweispflicht sehr anschaulich: „... das aufgenommene Kapital geht regelmäßig auf einem Konto der ausländischen Gesellschaft ein. Bereits dort wird es mit anderen Forderungen der Gesellschaft gegen ihre Bank vermischt. Wird das eingegangene Geld nicht unverzüglich zu einem klar erkennbaren Zweck verwendet, so machen die zwischenzeitlichen Kontobewegungen jeden Nachweis über die Identität zwischen dem aufgenommenen und dem vergebenen Darlehen unmöglich. ... Man muß bedauerlicherweise feststellen, daß der Gesetzgeber hier von jedem Verständnis für den Ablauf wirtschaftlicher Vorgänge verlassen war"; *Flick/Wassermeyer*, in: *Flick/Wassermeyer/Becker*, Außensteuerrecht 1998, § 8 AStG, Rdnr. 85a.

bringen kann. In allen anderen Fällen kommt es zur Hinzurechnung der Einkünfte aus der stillen Beteiligung der ausländischen Gesellschaft beim inländischen Steuerpflichtigen.[1384]

Eine Verschärfung der Hinzurechnungsbesteuerung gilt für sog. **Zwischeneinkünfte mit Kapitalanlagecharakter** gem. § 10 Abs. 6 i.V.m. § 7 Abs. 6 AStG, die insbesondere auch in Gestalt von Einkünften aus typisch stillen Gesellschaften vorliegen können. Voraussetzung für die Annahme dieser Einkunftsart ist, da der Gesetzgeber in § 7 Abs. 6 AStG bereits von „Zwischeneinkünften" spricht, das Vorliegen passiver, niedrig besteuerter Einkünfte,[1385] allerdings wurde die Beteiligungsgrenze, ab der diese sog. besondere Hinzurechnung greift, auf 10 % reduziert und damit von der für die allgemeine Hinzurechnung geforderten Deutschbeherrschung der ausländischen Gesellschaft losgelöst. Eine Steuerpflicht greift allerdings gem. § 7 Abs. 6 AStG nicht, wenn die den Zwischeneinkünften mit Kapitalanlagecharakter zugrunde liegenden Bruttoerträge nicht mehr als 10 % der gesamten Bruttoerträge der ausländischen Zwischengesellschaft betragen und die bei der Zwischengesellschaft oder bei dem Steuerpflichtigen hiernach außer Ansatz zu lassenden Beträge 120.000 DM nicht übersteigen.[1386]

Der Begriff der Einkünfte mit Kapitalanlagecharakter wird in § 10 Abs. 6 Satz 2 AStG definiert als Einkünfte, „die aus dem Halten, der Verwaltung, Werterhaltung oder Werterhöhung von Zahlungsmitteln, Forderungen, Wertpapieren, Beteiligungen oder ähnlichen Vermögenswerten stammen", soweit sie nicht Tätigkeiten i.S.v. § 8 Abs. 1 Nr. 1 bis 6 AStG mit Ausnahme der Tätigkeiten i.S.d. § 1 Abs. 1 Nr. 6 KWG[1387] zuzurechnen sind (§ 10 Abs. 6 Satz 2 Nr. 1 AStG) und von Gesellschaften erwirtschaftet wurden, an denen die ausländische Zwischengesellschaft zu mindestens 10 % beteiligt ist (§ 10 Abs. 6 Satz 2 Nr. 2 AStG) oder aus Dienstleistungen der ausländischen Gesellschaft stammen, soweit dafür ein nach dem Fremdverhaltensgrundsatz des § 1 AStG angemessenes Entgelt berechnet wurde (§ 10 Abs. 6 Satz 2 Nr. 3 AStG).[1388] § 10 Abs. 6 Satz 2 Nr. 1 AStG läuft allerdings weitgehend leer, da Einkünfte mit Kapitalanlagecharakter, die aktiven Tätigkeiten zuzurechnen sind, bereits aufgrund der funktionalen Betrachtungsweise keine Zwischeneinkünfte darstellen.[1389]

1384 Zu den Rechtsfolgen der Hinzurechnung vgl. Kapitel IV.E.4.c)(4).

1385 Vgl. *Baumgärtel/Perlet*, Hinzurechnungsbesteuerung 1996, S. 97.

1386 Vgl. *Bogenschütz/Kraft*, Änderungen der erweiterten Hinzurechnungsbesteuerung 1994, S. 155.

1387 Eine Ausnahme gilt folglich für Bankgeschäfte in Form von Investmentgeschäften.

1388 Bis einschließlich Veranlagungszeitraum 1994 waren Einkünfte im Rahmen der Konzernfinanzierung ebenfalls von der besonderen Hinzurechnungsbesteuerung ausgenommen, die Ausnahmeregelung wurde jedoch mit der Verschärfung der Hinzurechnungsbesteuerung bei Zwischeneinkünften mit Kapitalanlagecharakter durch Art. 12 Nr. 4 Lit. b) StMBG (Gesetz zur Bekämpfung des Mißbrauchs und zur Bereinigung des Steuerrechts vom 21.12.1993, BGBl. I 1993, S. 2310) gestrichen. Vgl. *Köhler*, Hinzurechnungsbesteuerung 1994, S. 666 ff.

1389 Vgl. *Baumgärtel/Perlet*, Hinzurechnungsbesteuerung 1996, S. 101; *Flick/Wassermeyer*, in: *Flick/Wassermeyer/Becker*, Außensteuerrecht 1998, § 10 AStG, Rdnr. 225.

Beteiligt sich die ausländische Gesellschaft typisch still an einem anderen Handelsgewerbe, so werden die daraus resultierenden Einkünfte von dem Begriff Forderung abgedeckt,[1390] so daß bei Erfüllen der weiteren Kriterien Zwischeneinkünfte mit Kapitalanlagecharakter vorliegen und eine Hinzurechnung beim inländischen Anteilseigner der ausländischen Gesellschaft ausgelöst wird. Die Rechtsfolgen der Hinzurechnungsbesteuerung allgemein und der besonderen Hinzurechnungsbesteuerung bei Zwischeneinkünften mit Kapitalanlagecharakter sind Gegenstand des folgenden Kapitels.

Hält eine in- oder ausländische natürliche oder juristische Person oder eine Personengesellschaft eine **typisch stille Beteiligung an der ausländischen Gesellschaft**, so stellt ihr Anteil am Gewinn der Zwischengesellschaft eine Verbindlichkeit dar, die die der Hinzurechnungsbesteuerung zugänglichen Zwischeneinkünfte mindert.[1391]

(4) Ermittlung des Hinzurechnungsbetrags unter Berücksichtigung der Einkünfte aus typisch und atypisch stillen Beteiligungen

Sind bei Vorliegen einer atypisch stillen Beteiligung der ausländischen Zwischengesellschaft an einem anderen Handelsgewerbe die Kriterien für die **allgemeine Hinzurechnungsbesteuerung** erfüllt, so ist gem. § 7 Abs. 1 AStG der Anteil des unbeschränkt Steuerpflichtigen an den Zwischeneinkünften der ausländischen Gesellschaft, der seinem unmittelbaren Anteil am Nennkapital der ausländischen Gesellschaft entspricht, als Einkünfte aus Kapitalvermögen i. S. v. § 20 Abs. 1 Nr. 1 EStG **wie Dividenden** zu versteuern. Ob es zu einer Hinzurechnung der Einkünfte der ausländischen Gesellschaft beim inländischen Steuerpflichtigen überhaupt kommt, hängt von dem **Bestehen eines DBA** und den darin vereinbarten Regelungen zur Dividendenbesteuerung ab, da gem. § 10 Abs. 5 AStG die Bestimmungen der DBA über Ausschüttungen auf den Hinzurechnungsbetrag entsprechende Anwendung finden. Grundsätzlich stehen der Hinzurechnungsbesteuerung die DBA-Normen nicht entgegen, soweit – wie es regelmäßig in der deutschen Abkommenspraxis der Fall ist – das volle Besteuerungsrecht für die Einkünfte dem Wohnsitzstaat zugewiesen wird, während dem Quellenstaat ein in der Höhe begrenztes Besteuerungsrecht verbleibt.[1392] Allerdings normieren die deutschen DBA i. d. R. auch ein internationales

---

1390 Gl. A. *Flick/Wassermeyer*, in: *Flick/Wassermeyer/Becker*, Außensteuerrecht 1998, § 10 AStG, Rdnr. 219.

1391 Vgl. *Flick/Wassermeyer*, in: *Flick/Wassermeyer/Becker*, Außensteuerrecht 1998, § 7 AStG, Rdnr. 32.; *Fu*, Stille Gesellschaft 1997, S. 142.

1392 Vgl. dazu ausführlich Kapitel IV.D.1.d)(1). Vgl. auch *Tischbirek*, in: *Vogel*, DBA 1996, Art. 10 OECD-MA, Rdnr. 87. In der Literatur wurde lange diskutiert, ob die §§ 7 ff. AStG mit den DBA vereinbar sind; vgl. ausführlich *Flick*, Steuerfluchtgesetz 1971, S. 250 ff.; *Vogel*, Steueroasengesetz 1971, S. 1185 ff. Der Gesetzgeber hat mit der Einfügung des § 20 Abs. 1 AStG durch das Steueränderungsgesetz 1992 eine sog. treaty overriding-Klausel aufgenommen, die entgegenstehendes Abkommensrecht außer Kraft setzt, soweit – wie in § 10 Abs. 5 AStG – nicht ausdrücklich

Fortsetzung ...

Schachtelprivileg[1393], das unter bestimmten Voraussetzungen[1394] die Freistellung der Dividendeneinkünfte im Wohnsitzstaat anordnet und damit die nationale Hinzurechnung außer Kraft setzt, soweit die Steuerfreistellung nicht an Aktivitätsklauseln gebunden ist.[1395]

Einkünfte aus stillen Beteiligungen der ausländischen Gesellschaft erhöhen, soweit sie den in den beiden vorangegangenen Kapiteln erarbeiteten Kriterien genügen, den Anteil an den Einkünften aus passiven Tätigkeiten. Erzielt die ausländische Gesellschaft Einkünfte aus verschiedenen passiven Tätigkeiten, sind diese zu saldieren,[1396] während eine Verrechnung positiver und negativer passiver Einkünfte aus verschiedenen Beteiligungen des Steuerpflichtigen an ausländischen Zwischengesellschaften gem. § 10 Abs. 1 Satz 3 AStG nicht möglich ist. Die so errechneten Zwischeneinkünfte der ausländischen Gesellschaft unterliegen weiteren Korrekturen, in deren Folge sich der sog. Hinzurechnungsbetrag gem. § 10 Abs. 1 AStG und daraus der sog. anzusetzende Betrag ergibt. Die Ermittlung des anzusetzenden Betrags ist in der folgenden Tabelle 9[1397] stark vereinfacht dargestellt und wird – da sich im Zu-

auf die Anwendung der DBA verwiesen wird; vgl. *Debatin*, Treaty Override 1992, S. 2159; *Schwarz/Fischer-Zernin*, Treaty Overriding 1992, S. 50; *Tulloch*, Mißbrauchsbekämpfung 1992, S. 1444.

1393 Vgl. mit einer Übersicht zur Verbreitung des Schachtelprivilegs in deutschen DBA *Vogel*, in: *Vogel*, DBA 1996, Art. 23 OECD-MA, Rdnr. 98. Darüber hinaus hat der deutsche Gesetzgeber mit § 8b KStG eine unilaterale Maßnahme zugunsten des Steuerpflichtigen normiert, indem die Beteiligungsgrenze für die Anwendung des Schachtelprivilegs bei Beteiligungen von unbeschränkt körperschaftsteuerpflichtigen Gesellschaften an Kapitalgesellschaften, die in einem Staat ansässig sind, mit dem abkommensrechtlich ein Schachtelprivileg für Dividendenausschüttungen vorgesehen ist, auf 10 % gesenkt wurde; vgl. zu § 8b KStG *Eilers*, Grundkonzeption 1995, S. 107 ff.; *Köster*, Internationale Schachtelvergünstigungen 1994, S. 674 ff.; *Pyszka*, Holding- und Schachtelprivileg 1997, S. 684 ff.; *Reuter*, Körperschaftsteuerliches Schachtelprivileg 1995, S. 459 ff.; *Thömmes*, Beteiligung an ausländischen Gesellschaften 1995, S. 125 ff.

1394 Für Schachteldividenden gelten Mindestbeteiligungen meist von 25 %, z.T. in neueren DBA auch von lediglich 10 %. Daneben werden besondere Quellensteuersätze vereinbart, die insgesamt zwischen 0 % und 36 %, i.d.R. jedoch zwischen 5 % und 15 % schwanken. Die Erhebung einer Kapitalertragsteuer in EU-Staaten wurde durch die sog. Mutter-Tochter-Richtlinie (Richtlinie Nr. 90/435/EWG des Rates über das gemeinsame Steuersystem der Mutter- und Tochtergesellschaften verschiedener Mitgliedstaaten vom 23.6.1990, ABl. EG Nr. L 225, S. 6) ausgeschlossen; vgl. ausführlich *Baranowski*, Auslandsbeziehungen 1996, S. 719 ff.; *Eilers*, Quellensteuervergünstigung 1997, S. 721 ff.; *Kaminski*, Dividendenausschüttungen 1997, S. 168 ff.; *Wilke*, Internationales Steuerrecht 1997, S. 128 f.

1395 Vgl. *Debatin*, Treaty Override 1992, S. 2160; *Flick/Wassermeyer*, in: *Flick/Wassermeyer/Becker*, Außensteuerrecht 1998, § 10 AStG, Rdnr. 170 ff.; *Krabbe*, in: *Lademann*, EStG 1998, § 10 AStG, Rdnr. 54 f.; *Menck*, in: *Blümich*, EStG 1998, § 10 AStG, Rdnr. 65 ff.

1396 Vgl. *Baumgärtel/Perlet*, Hinzurechnungsbesteuerung 1996, S. 42 f.

1397 Modifiziert entnommen aus *Baumgärtel/Perlet*, Hinzurechnungsbesteuerung 1996, S. 42. Die Modifikation basiert auf der Ansicht der Finanzverwaltung bezüglich der Reihenfolge der Komponenten zur Berechnung des anzusetzenden Hinzurechnungsbetrags; vgl. Anlage 3 zum BMF-

Fortsetzung ...

sammenhang mit Einkünften aus stillen Gesellschaften keine Besonderheiten ergeben – nur in den Grundzügen erläutert.[1398] Die für die Ermittlung des anzusetzenden Hinzurechnungsbetrags im Fall der allgemeinen Hinzurechnungsbesteuerung notwendigen Korrekturen sind allerdings für das Verständnis der anschließend behandelten verschärften Hinzurechnungsbesteuerung für Einkünfte mit Kapitalanlagecharakter und damit insbesondere auch für die darunter fallenden Einkünfte aus typisch stillen Beteiligungen der ausländischen Gesellschaft von Bedeutung.

	Niedrig besteuerte passive Einkünfte der ausländischen Gesellschaft
–	Auszunehmende Gewinnanteile und Veräußerungsgewinne i. S. d. § 13 AStG
–	Steuern vom Einkommen und Vermögen der ausländischen Gesellschaft (§ 10 Abs. 1 AStG)
±	Verlustvor- und -rückträge (§ 10 Abs. 3 Satz 5 AStG i. V. m. § 10d EStG)
=	Hinzurechnungsbetrag
–	Ausschüttungen der Zwischengesellschaft (§ 11 AStG)
+	anrechenbare Steuern (§ 12 AStG)
=	anzusetzender Hinzurechnungsbetrag

Tabelle 9: Ermittlung des anzusetzenden Hinzurechnungsbetrags

Zur Ermittlung des Hinzurechnungsbetrags werden zunächst gem. § 13 AStG die **Gewinnanteile und Veräußerungsgewinne** aus Beteiligungen, die die ausländische Zwischengesellschaft an Untergesellschaften (Enkelgesellschaften) hält, ausgeklammert. Diese Vorschrift trägt der Tatsache Rechnung, daß ein inländischer Steuerpflichtiger bei unmittelbarer Beteiligung an einer ausländischen Kapitalgesellschaft für Ausschüttungen i. d. R. uni- bzw. bilaterale Vergünstigungen in Form von

Schreiben vom 2.12.1994, BStBl. I 1995, Sondernummer 1. Im Unterschied zur Finanzverwaltung plädieren *Baumgärtel/Perlet* für eine vorrangige Berücksichtigung des Aufstockungsbetrags der anrechenbaren Steuern vor der Kürzung in Höhe der Ausschüttung der Zwischengesellschaft gem. § 11 AStG. Vgl. auch *Flick/Wassermeyer*, in: *Flick/Wassermeyer/Becker*, Außensteuerrecht 1998, § 11 AStG, Rdnr. 10 ff. Die Reihenfolge ist von praktischer Bedeutung, da für eine Politik der „Austrocknung des Hinzurechnungsbetrags" durch eine entsprechende Ausschüttungspolitik der Zwischengesellschaft nach der von *Baumgärtel/Perlet* vertretenen Ansicht ein höherer Betrag verbleibt; ebenso *Fischer/Warneke*, Betriebswirtschaftliche Steuerlehre 1998, S. 142.

[1398] Zur Ermittlung des anzusetzenden Hinzurechnungsbetrags vgl. ausführlich Anlage 3 zum BMF-Schreiben vom 2.12.1994, BStBl. I 1995, Sondernummer 1. Vgl. auch *Baumgärtel/Perlet*, Hinzurechnungsbesteuerung 1996, S. 42 ff.; *Flick/Wassermeyer*, in: *Flick/Wassermeyer/Becker*, Aussensteuerrecht 1998, Hinzurechnungsbesteuerung, Rdnr. 129 ff.; *Schaumburg*, Internationales Steuerrecht 1998, S. 469 ff.

Schachtelprivilegien in Anspruch nehmen könnte.[1399] Im Fall der Zwischenschaltung einer ausländischen Gesellschaft wäre der Steuerpflichtige insoweit schlechter gestellt, da die von der Enkelgesellschaft ausgeschütteten Gewinne mit § 8 AStG einen passiven Erwerb begründen und damit einer Hinzurechnungsbesteuerung unterliegen.[1400]

Die entsprechend § 10 Abs. 1 AStG anzusetzende Minderung der Zwischeneinkünfte durch **Steuern vom Einkommen und Vermögen der ausländischen Gesellschaft** spiegelt den bei der Hinzurechnungsbesteuerung zugrunde liegenden Leitgedanken wider, lediglich jenen Hinzurechnungsbetrag anzusetzen, „den die ausländische Gesellschaft günstigstenfalls hätte ausschütten können."[1401] Abzugsfähig sind daher nicht nur die Steuern, die im Sitzstaat der Zwischengesellschaft erhoben wurden, sondern auch Steuern aus Drittstaaten.[1402] Ergibt sich nach Ansatz der Steuern vom Einkommen und Vermögen ein negativer Hinzurechnungsbetrag, ordnet § 10 Abs. 1 AStG angesichts der Dividendenfiktion konsequenterweise den Verzicht auf die Hinzurechnungsbesteuerung an. Da diese Regelung der Zielsetzung des AStG, den Steuerpflichtigen so zu stellen, als habe er die Einkünfte direkt bezogen, nicht gerecht wird, normiert § 10 Abs. 3 Satz 5 AStG die entsprechende Anwendung des § 10d EStG und ermöglicht somit einen **Verlustabzug** in Form eines Rücktrags in die beiden vorangegangenen Veranlagungszeiträume bis zu einem Höchstbetrag von 10 Mio. DM bzw. einen unbeschränkten Verlustvortrag.[1403] Der Verlustabzug ist gem. § 10 Abs. 3 Satz 5 AStG um die nach § 9 AStG außer acht zu lassenden Zwischeneinkünfte zu kürzen; damit wird ein bestehender Verlustvortrag auch dann gegen positive Zwischeneinkünfte verrechnet, wenn diese aufgrund der Freigrenze von der Hinzurechnungsbesteuerung auszunehmen wären.[1404] Der Intention der Hinzurechnungsbesteuerung als einer vorweggenommenen Dividendenbesteuerung würde die erneute Besteuerung im Zeitpunkt der tatsächlichen Ausschüttung widersprechen, da bei einer solchen Vorgehensweise Einkünfte aus der Zwischengesellschaft doppelt belastet werden.[1405] Dieser Tatsache trägt die Kürzungsvorschrift über die **Ausschüttungen der Zwischengesellschaft** in § 11 Abs. 1 AStG Rechnung. Die letzte Korrekturvorschrift betrifft Steuern, für die der Steuerpflichtige statt der Vornahme eines Abzugs i. S. v. § 10 Abs. 1 AStG einen Antrag gem. § 12 Abs. 1 AStG auf **Anrechnung** nach § 34c Abs. 1 EStG bzw. § 26 Abs. 6 KStG gestellt hat.[1406]

1399 Vgl. FN 1394.

1400 Vgl. *Fischer/Warneke*, Betriebswirtschaftliche Steuerlehre 1998, S. 139 f.

1401 *Schaumburg*, Internationales Steuerrecht 1998, S. 492.

1402 Vgl. BMF vom 2.12.1994, BStBl. I 1995, Sondernummer 1, Tz. 10.1.2.1.

1403 Vgl. zum Verlustabzug gem. § 10d EStG *Heinicke*, in: *Schmidt*, EStG 1998, § 10d EStG, Rdnr. 1 ff.; *Kußmaul*, Steuerlehre 1998, S. 287.

1404 Vgl. *Baumgärtel/Perlet*, Hinzurechnungsbesteuerung 1996, S. 59; *Flick/Wassermeyer*, in: *Flick/Wassermeyer/Becker*, Außensteuerrecht 1998, § 10 AStG, Rdnr. 166; *Schaumburg*, Internationales Steuerrecht 1998, S. 495.

1405 Vgl. *Baumgärtel/Perlet*, Hinzurechnungsbesteuerung 1996, S. 63.

1406 Vgl. dazu ausführlich Kapitel IV.B.2.c)(3)(a).

Die dargestellten Rechtsfolgen entfalten grundsätzlich auch Geltung für Einkünfte aus typisch stillen Beteiligungen der ausländischen Gesellschaft, die der besonderen Hinzurechnungsbesteuerung der **Zwischeneinkünfte mit Kapitalanlagecharakter** unterliegen; allerdings bestehen gewichtige Unterschiede: Da gem. § 10 Abs. 6 AStG die DBA-Bestimmungen über die Vermeidung der Doppelbesteuerung bei Dividenden auf diese Einkünfte keine Anwendung finden, wird der Vorrang der DBA-Freistellung vor der Hinzurechnungsbesteuerung beseitigt.[1407] Damit werden fingierte Ausschüttungen, unabhängig davon, ob tatsächliche Ausschüttungen nach dem betreffenden DBA steuerbefreit sind oder nicht, im Inland stets besteuert;[1408] die im Abkommen vorgesehene Freistellungsmethode wird einseitig durch die Anrechnungsmethode ausgetauscht.[1409]

§ 10 Abs. 6 AStG sieht für den Vorrang der Hinzurechnung vor der DBA-Freistellung zwei Bagatellgrenzen vor, nämlich das Erreichen eines Mindestanteils der den Zwischeneinkünften mit Kapitalanlagecharakter zugrundeliegenden Bruttoerträge an den den gesamten Zwischeneinkünften der ausländischen Gesellschaft zugrundeliegenden Bruttoerträgen in Höhe von 10 % (relative Freigrenze) und den Mindestbetrag der hiernach außer Ansatz bleibenden Bruttoerträge beim Steuerpflichtigen oder der ausländischen Gesellschaft in Höhe von 120.000 DM (absolute Freigrenze).[1410]

Auf dem Prinzip der Einmalbesteuerung im Wohnsitzstaat Deutschland basiert auch die Behandlung der Ausschüttung von Gewinnanteilen durch die ausländische Zwischengesellschaft gem. § 11 Abs. 4 AStG. Im Unterschied zur allgemeinen Hinzurechnung, bei der zur Vermeidung einer doppelten Besteuerung die Ausschüttungen der ausländischen Zwischengesellschaft den Hinzurechnungsbetrag gem. § 11 Abs. 1 AStG kürzen, besteht bei Einkünften mit Kapitalanlagecharakter mit § 11 Abs. 4 AStG ein Kürzungsverbot. Zur Vermeidung einer doppelten Besteuerung hat der Gesetzgeber gem. § 11 Abs. 4 Satz 2 AStG mit der Steuerfreistellung der Gewinne, soweit sie den Betrag der Zwischeneinkünfte nicht übersteigen, einen anderen Weg gewählt.[1411] Damit bedient sich der Gesetzgeber zur Sicherstellung der Einmalbesteuerung im Inland eines Tricks: Die Steuerfreistellung der tatsächlich ausgeschütteten Gewinne kann sich bei Vorliegen eines DBA mit einem Schach-

---

[1407] Vgl. *Menck*, in: *Blümich*, EStG 1998, § 10 AStG, Rdnr. 85. Eine Ausnahme gilt gem. § 10 Abs. 6 Satz 3 AStG für die Finanzierung von aktiv tätigen ausländischen Betriebstätten oder ausländischen Gesellschaften, die zum selben Konzern gehören wie die ausländische Zwischengesellschaft; sie unterliegen nur mit einem Anteil von 60 % der Zwischeneinkünfte der Hinzurechnungsbesteuerung; vgl. *Schaumburg*, Internationales Steuerrecht 1998, S. 563 f.

[1408] Vgl. *Schaumburg*, Internationales Steuerrecht 1998, S. 553.

[1409] Vgl. *Seer*, Switch-over-Klausel 1997, S. 482.

[1410] Die Freigrenzen in § 10 Abs. 6 AStG wurden denen in § 9 AStG nachgebildet; vgl. Kapitel IV.E.4.c)(1).

[1411] Die Steuerfreiheit durch § 11 Abs. 4 Satz 2 AStG ersetzt die Steuerfreiheit infolge eines Schachtelprivilegs, ist allerdings nicht auf DBA-Schachteldividenden beschränkt; vgl. *Debatin*, Treaty Override 1992, S. 2162.

telprivileg überschneiden und folglich bereits von daher einer Besteuerung im Inland entzogen sein; der ungekürzte Hinzurechnungsbetrag unterliegt aber weiterhin der deutschen Besteuerung.[1412]

§ 12 Abs. 3 AStG sieht auch bei Zwischeneinkünften mit Kapitalanlagecharakter eine Anrechnung bzw. einen Abzug der ausländischen Steuern vor, die auf die Ausschüttungen der Zwischengesellschaft erhoben wurden. Die Notwendigkeit dieser ergänzenden Vorschrift ergibt sich aus der Tatsache, daß bei einer Steuerbefreiung der Ausschüttung – wie sie durch § 11 Abs. 4 Satz 2 AStG angeordnet wird – anders als bei der Kürzung des Hinzurechnungsbetrags um Ausschüttungen im Fall der allgemeinen Hinzurechnung eine Anrechnung ausländischer Steuern gem. § 34c Abs. 1 EStG ausgeschlossen ist und damit eine Doppelbesteuerung nicht vermieden werden könnte.[1413] Systematisch paßt § 12 Abs. 3 AStG jedoch nicht zu § 12 Abs. 1 AStG, sondern eher zu § 34c EStG, da bei der Steueranrechnung auf Ausschüttungen in § 12 Abs. 1 AStG auf die Steuern der ausländischen Gesellschaft, in § 12 Abs. 3 AStG hingegen auf die Steuern des Steuerinländers abgestellt wird.[1414] Anrechenbar gem. § 12 Abs. 3 AStG sind folglich alle ausländischen Quellensteuern auf den nach § 11 Abs. 4 Satz 2 AStG freigestellten Betrag und zwar unabhängig davon, ob die Ausschüttung nach Maßgabe einer DBA-Regelung ebenfalls im Inland steuerfrei ist.[1415]

5. Zusammenfassende Beurteilung

Stille Gesellschaften spielen in folgenden Teilbereichen des AStG eine Rolle:

- Gewinnberichtigung international verbundener Unternehmen (§ 1 AStG),
- Wohnsitzwechsel in niedrigbesteuernde Gebiete (§§ 2 und 5 AStG) und
- Beteiligung an ausländischen Zwischengesellschaften (§§ 7 bis 14 AStG).

Bei der **Gewinnberichtigung international verbundener Unternehmen** gem. § 1 AStG kann ihnen weder die Position der nahestehenden Person, zu der der deutsche Steuerpflichtige Geschäftsbeziehungen unterhält, noch die Rolle der Geschäftsbeziehung selbst zukommen. Stille Beteiligungen können lediglich in ihrer atypischen Variante dem Steuerpflichtigen oder der ausländischen Person bei Vorliegen der Voraussetzungen des § 1 Abs. 1 Nr. 1 AStG durch Beteiligung bzw. Beherrschung ein Nahestehen vermitteln, das als Grundlage für eine Berichtigung von Einkünften aus Geschäftsbeziehungen dienen kann. Die Einkünfte aus der stillen

1412 Vgl. *Flick/Wassermeyer*, in: *Flick/Wassermeyer/Becker*, Außensteuerrecht 1998, Hinzurechnungsbesteuerung, Rdnr. 134; *Köhler*, Hinzurechnungsbesteuerung 1994, S. 667 f.

1413 Vgl. *Schaumburg*, Internationales Steuerrecht 1998, S. 567.

1414 Vgl. *Flick/Wassermeyer*, in: *Flick/Wassermeyer/Becker*, Außensteuerrecht 1998, Hinzurechnungsbesteuerung, Rdnr. 149.

1415 Vgl. *Flick/Wassermeyer*, in: *Flick/Wassermeyer/Becker*, Außensteuerrecht 1998, Hinzurechnungsbesteuerung, Rdnr. 153.

Beteiligung selbst resultieren nicht aus einer Geschäftsbeziehung i.S.d. AStG und sind damit einer Berichtigung nach § 1 AStG nicht zugänglich.

Natürliche Personen, die in den letzten zehn Jahren mindestens fünf Jahre im Inland als deutsche Staatsangehörige unbeschränkt steuerpflichtig waren und ihren Wohnsitz sowie ihren gewöhnlichen Aufenthalt ins **niedrigbesteuernde Ausland** verlegen, werden gem. § 2 AStG von der erweiterten beschränkten Steuerpflicht erfaßt, falls sie im Zeitpunkt des Wegzugs wesentliche wirtschaftliche Interessen in Deutschland haben. Diese wesentlichen wirtschaftlichen Interessen können sowohl in einer atypisch stillen Beteiligung unter den Voraussetzungen des § 2 Abs. 3 Nr. 1 AStG als auch in einer typisch stillen Beteiligung unter den Voraussetzungen des § 2 Abs. 3 Nr. 2 oder 3 AStG liegen. Die Einkünfte aus der stillen Beteiligung lösen dann den erweiterten Steuerzugriff der Bundesrepublik Deutschland aus, der sich im wesentlichen durch die Anwendung der Vollprogression und die Aufhebung der Abgeltungswirkung der Kapitalertragsteuer von der üblichen beschränkten Steuerpflicht unterscheidet.

Die §§ 7 bis 14 AStG normieren unter bestimmten Voraussetzungen die **Hinzurechnung** von nicht ausgeschütteten Einkünften ausländischer Kapitalgesellschaften bei ihren inländischen Anteilseignern. Da gem. § 7 Abs. 1 AStG ausdrücklich nur Körperschaften i.S.d. deutschen Körperschaftsteuergesetzes als ausländische Gesellschaften in Frage kommen, kann die Zwischenschaltung einer stillen Gesellschaft keine Hinzurechnungsbesteuerung auslösen. Grundsätzlich kann eine stille Einlage auch keine Beteiligung i.S.d. § 7 AStG vermitteln, die als Ansatzpunkt für die Hinzurechnung der Einkünfte der ausländischen Zwischengesellschaft dienen könnte. M.E. praktisch irrelevant ist auch das Erfüllen der Ersatztatbestände für eine Beteiligung in § 7 Abs. 4 AStG, der dem inländischen Steuerpflichtigen die Beteiligung eines tatsächlichen Anteilseigners der ausländischen Gesellschaft vermittelt, falls der tatsächliche Anteilseigner an dessen Weisungen gebunden ist. Fraglich ist, ob selbst eine atypisch stille Beteiligung eine derartige Weisungsbefugnis auslösen kann, wie sie der Gesetzgeber wohl vor Augen hatte und die in den Beispielen des BMF-Anwendungsschreibens zum Ausdruck kommt. Selbst wenn man eine derartige Bindung des Anteilseigners an die Weisungen eines atypisch stillen Gesellschafters bejaht, ist die Reichweite des § 7 Abs. 4 AStG eingeschränkt, da er lediglich eine Inländerbeherrschung, nicht jedoch einen Hinzurechnungsanteil an den Zwischeneinkünften vermitteln kann.

Eine bedeutsame Rolle spielen Einkünfte aus stillen Beteiligungen bei der Ermittlung des Hinzurechnungsbetrags sowohl bei Beteiligungen an der ausländischen Gesellschaft als auch bei Beteiligungen, die die ausländische Gesellschaft an anderen Unternehmen hält. Der Anteil an den Einkünften der ausländischen Zwischengesellschaft eines typisch bzw. atypisch stillen Gesellschafters mindert den Hinzurechnungsbetrag. Beteiligt sich hingegen die ausländische Gesellschaft selbst still an einem Handelsgewerbe, so gelten für die atypische Variante die Grundsätze für die Behandlung von Mitunternehmeranteilen: Der ausländischen Gesellschaft wird die Tätigkeit des Inhabers des Handelsgewerbes als eigene zugerechnet, so daß der Anteil aus der atypisch stillen Gesellschaft, falls er einer niedrigen Besteuerung unterliegt und unter Berücksichtigung der funktionalen Betrachtungsweise nicht aus einer aktiven Tätigkeit i.S.d. § 8 Abs. 1 AStG stammt, in die Ermittlung des Hinzurechnungsbetrags eingeht. Auch die Einkünfte aus einer typisch stillen Beteiligung der ausländischen Gesellschaft können Zwischeneinkünfte i. S. d. § 8 AStG darstellen, falls die Aktivitätsvoraussetzungen des § 8 Abs. 1 Nr. 7 AStG nicht vorliegen. Darüber hinaus kann durch Einkünfte aus typisch stillen Beteiligungen die verschärfte Hinzurechnungsbesteuerung gem. § 10 Abs. 6 i. V. m. § 7 Abs. 6 AStG für Zwischeneinkünfte mit Kapitalanlagecharakter ausgelöst werden, für die der Vorrang der DBA-Freistellung vor der Hinzurechnung aufgehoben ist.

V. Schlußbetrachtung

Ziel der Arbeit war die systematische Analyse der einkommen- und körperschaftsteuerlichen Wirkungen grenzüberschreitender stiller Gesellschaften im deutschen nationalen und Internationalen Steuerrecht. Die sich an die einleitende Darstellung der Problemstellung der Arbeit sowie an die Skizzierung des Gangs der Untersuchung anschließende eingehende Analyse der Konsequenzen rein nationaler stiller Gesellschaften im zweiten Hauptkapitel offenbarte zahlreiche Zweifelsfragen hinsichtlich ihrer zivilrechtlichen und steuerrechtlichen Behandlung. Im Handelsrecht stellt sich insbesondere das Problem der bilanziellen Behandlung der stillen Beteiligung in der Bilanz des Geschäftsinhabers und der Bilanz des stillen Gesellschafters, wobei hier im Unterkapitel A. ein von der Ausgestaltung des Vertragsverhältnisses abhängiger differenzierter Ausweis in der Bilanz des Geschäftsinhabers entweder im Eigenkapital oder im Fremdkapital und in der Bilanz des stillen Gesellschafters entweder im Finanzanlagevermögen oder im Umlaufvermögen in der Position „Forderung" befürwortet wurde.

Darauf aufbauend erfolgte im Unterkapitel B. die Darstellung der steuerrechtlichen Behandlung der stillen Gesellschaft im nationalen Kontext. Auch hier zeigte sich, daß trotz der langen Geschichte dieses Rechtsgebildes zahlreiche, nicht abschließend gelöste Problemkreise bestehen. So wurde im Bereich der speziellen steuerrechtlichen Anerkennungsvoraussetzungen für das stille Vertragsverhältnis insbesondere die Problematik der Qualifikation der Art der Einkünfte eines Gesellschafters (und zugleich Geschäftsführers) einer Kapitalgesellschaft bei zusätzlicher stiller Beteiligungen an derselben Gesellschaft ausführlich diskutiert.

In der Arbeit wurde für eine Anerkennung der atypisch stillen Gesellschaft als Subjekt der Einkünfteermittlung, -qualifikation und -erzielung votiert. Diese Auffassung trägt der Tatsache Rechnung, daß es sich bei der atypisch stillen Gesellschaft um eine der KG ähnliche Personengesellschaft handelt und die Position des atypisch stillen Gesellschafters wirtschaftlich der eines Kommanditisten entspricht. Damit wird den wesentlichen zivilrechtlichen Unterschieden zwischen beiden Gesellschaftsformen in Gestalt des Faktums, daß die stille Gesellschaft nach außen nicht in Erscheinung tritt, und der lediglich schuldrechtlichen Beteiligung des stillen Gesellschafters am Gesellschaftsvermögen für die Frage nach der steuerlichen Einkünfteermittlung und der Wertung der Einkünfte keine Beachtung geschenkt. Begrüßenswert erscheint in diesem Zusammenhang die vor kurzem vollzogene Wandlung der Ansicht des BFH, der nunmehr gleichfalls eine den Personenhandelsgesellschaften vergleichbare Steuerrechtssubjektfähigkeit der stillen Gesellschaft sieht.

Die herausgearbeiteten Lösungen für die Problemkreise im nationalen Recht bildeten das Fundament für die weitere Untersuchung grenzüberschreitender Sachverhalte. Zwar ist angesichts des Untersuchungsgegenstands der Arbeit für die Besteuerung transnationaler stiller Gesellschaften ausschließlich die deutsche Sichtweise relevant, dennoch wurde der Analyse der steuerlichen Behandlung im deutschen Internationalen Steuerrecht mit dem dritten Hauptkapitel die zivil- und steuerrechtlichen Regelungen über stille Gesellschaften im Ausland vorangestellt. Diesen kommen bei der steuerlichen Behandlung stiller Gesellschaften unter Berücksichtigung des Abkommensrechts insofern Bedeutung zu, als die steuerlichen Folgen einer stillen Beteiligung eines Steuerinländers an einem ausländischen Unternehmen von der im Ausland vorgenommenen Qualifikation des Rechtsgebildes beeinflußt werden können. Die beispielhafte Darstellung der zivil- und steuerrechtlichen Fundierung der stillen Gesellschaft im ausländischen Recht sowie der aufgrund des Fehlens dahingehender Rechtsvorschriften gewählten Ersatzlösungen dienten dabei als Basis für die Darstellung der bei abweichender Wertung in den beteiligten Staaten ausgelösten Steuerfolgen.

Den Kern der Arbeit bildete die ausführliche Analyse grenzüberschreitender stiller Gesellschaften im komplexen Umfeld des Internationalen Steuerrechts im vierten Hauptkapitel, in dem zunächst die steuerliche Behandlung der Einkünfte aus der Beteiligung eines Steuerinländers an einem ausländischen Unternehmen bzw. eines Steuerausländers an einem inländischen Unternehmen ohne Berücksichtigung des Abkommensrechts sowie anschließend bei Bestehen eines DBA auf der Grundlage des OECD-MA untersucht wurden. Die dabei aufgetretene Kernproblematik der deutschen Wertung ausländischer Rechtsgebilde und der daraus bezogenen Einkünfte bei Fehlen eines DBA wurde einer zweistufigen Lösung zugeführt. Auf der ersten Stufe erfolgt die Einordnung ausländischer Rechtsgebilde anhand ihrer Strukturmerkmale in das nationale System der Gesellschaftsformen mit Hilfe eines Rechtstypenvergleichs; auf der zweiten Stufe werden auf diesem Ergebnis aufbauend die aus dem ausländischen Vertragsverhältnis bezogenen Einkünfte allein nach Maßgabe des deutschen Steuerrechts qualifiziert.

Die Crux der steuerlichen Behandlung grenzüberschreitender stiller Gesellschaften unter Berücksichtigung des Abkommensrechts in Gestalt des OECD-MA besteht vor allem in Qualifikationsdifferenzen hinsichtlich der aus dem stillen Gesellschaftsverhältnis bezogenen Einkunftsart in den beteiligten Staaten, die durch das Fehlen einer konkreten abkommensrechtlichen Norm ausgelöst werden. Während die Bundesrepublik Deutschland auf der Grundlage des OECD-MA bei den Einkünften aus typisch stillen Gesellschaften stets Zinseinkünfte und bei den Einkünften aus atypisch stillen Gesellschaften einschließlich der Sondervergütungen stets Unternehmensgewinne annimmt, sind im Ausland durchaus andere Wertungen denkbar; im Ergebnis kann es zu Doppelbesteuerungen oder Minderbesteuerungen bzw. doppelten Steuerfreistellungen kommen, wobei lediglich den Doppelbesteuerungen, nicht dagegen den doppelten Steuerfreistellungen bzw. Minderbesteuerungen mit einem Verständigungsverfahren begegnet werden kann. Die hier befürwortete Theorie der Qualifikationsverkettung umgeht teilweise das Problem der Wertungsdivergenz, indem unter bestimmten Voraussetzungen eine Verquickung zwischen der sich an den Wohnsitzstaat richtenden Vermeidungsnorm und den entsprechenden Verteilungsnormen anerkannt und daraus eine Maßgeblichkeit der Wertung im Quellenstaat für den Wohnsitzstaat abgeleitet wird.

Aufbauend auf den Ausführungen zum OECD-MA wurden die von der Bundesrepublik Deutschland abgeschlossenen 74 DBA (Stand: 1.1.1999) einer eingehenden Analyse unterzogen, wobei sich zeigte, daß die meisten DBA zwar ausdrückliche Regelungen über stille Gesellschaften enthalten, im Wortlaut allerdings nicht zwischen den deutschen Varianten typisch und atypisch unterscheiden, so daß es auch in der deutschen Abkommenspraxis grundsätzlich zu Wertungsdivergenzen kommen kann. Zusätzliche praktische Probleme schafft die meist einseitige, ausschließlich den deutschen Vertragspartner bindende Formulierung hinsichtlich der Qualifikation der Einkunftsart, die lediglich in den Fällen, in denen der ausländische Vertragspartner bei Anwendung innerstaatlichen Rechts zu einer Wertung kommt, die mit der im Vertragstext für Deutschland angeordneten Qualifikation übereinstimmt, sinnvoll ist. Ist dies nicht der Fall, sind trotz Aufnahme der stillen Gesellschaft in den abkommensrechtlichen Vertragstext erneut unterschiedliche Wertungen die Folge. Die Übertragung der Theorie der Qualifikationsverkettung auf die deutsche DBA-Praxis ergab, daß eine Verkettung zwischen der Vermeidungsnorm und den Verteilungsnormen und damit eine Maßgeblichkeit der Wertung des Quellenstaates für den Wohnsitzstaat regelmäßig für diejenigen abkommensrechtlichen Einkunftsarten bejaht werden kann, für die zwecks Vermeidung der Doppelbesteuerung die Anwendung einer von der im betreffenden Abkommen gewählten Regelmethode abweichenden Methode vorgesehen ist. Die meisten DBA ordnen auf seiten des deutschen Vertragspartners wie das OECD-MA in Art. 23A als Regelmethode die Freistellung der Einkünfte im Wohnsitzstaat an und formulieren damit die Anrechnung der ausländischen Steuer als Ausnahme; eine Regelungsverkettung liegt dabei regelmäßig für die abkommensrechtlichen Einkunftsarten vor, deren Doppelbesteuerung mit einer Anrechnung begegnet wird. Umgekehrt analog ist eine Qualifikationsverkettung in denjenigen DBA, die die Anrechnungsmethode als Regelmethode festschreiben, i. d. R. bei den abkommensrechtlichen Einkunftsarten gegeben, deren Doppelbesteuerung durch die Freistellung der Einkünfte im Wohnsitzstaat vermieden wird.

Da sich die Zuordnung des (ausschließlichen) Besteuerungsrechts zu einem der Vertragsstaaten im Abkommen teilweise bereits auf Ebene der Verteilungsnorm vollzieht und Qualifikationsverkettungen im OECD-MA bzw. in der deutschen Abkommenspraxis nach dem Wortlaut der Abkommmenstexte nur einen kleinen Ausschnitt aus dem abkommensrechtlichen Einkünftekatalog erfassen, können auch auf der Grundlage der vertraglich fixierten Qualifikationsverkettung im Ergebnis Wertungsdivergenzen und in ihrem Gefolge Doppel- oder Minderbesteuerungen bzw. doppelte Steuerfreistellungen nicht vollumfänglich verhindert werden. Eine Ausdehnung der Qualifikationsverkettung auf alle Einkunftsarten des abkommensrechtlichen Einkünftekatalogs und damit eine umfassende Bindung der Wertung des Wohnsitzstaates an die des Quellenstaates für diejenigen Einkünfte, deren Besteuerungsrecht durch die Vermeidungsnorm geregelt wird, wurde hier abgelehnt, weil sie zum einen Wertungsdivergenzen nicht vollständig verhindert, da diejenigen Einkünfte, deren doppelte Besteuerung nicht durch Anwendung der Vermeidungsnorm vermieden wird, aus dem Raster fallen, und zum anderen, da sie diejenigen Staaten bevorzugt, die eine möglichst weite Auslegung der abkommensrechtlichen Begriffe für Einkünfte immer dann vorsehen, wenn ihnen durch das DBA das Besteuerungsrecht zugewiesen wird.

Der dargestellten Problematik kann in der deutschen Abkommenspraxis auf zwei Wegen begegnet werden, wobei einerseits das Problem der Wertungsdivergenz grundsätzlich beseitigt und andererseits, ohne die Ursache zu bekämpfen, am Symptom, nämlich der Doppel- oder Minderbesteuerung bzw. doppelten Steuerfreistellung, angesetzt wird. Da die Ursache der Wertungsdivergenzen zumeist in der

Übertragung der Begriffswelt des innerstaatlichen Rechts in den Regelungskreis des DBA auf der Grundlage der lex-fori-Klausel liegt, können abweichende Qualifikationen in den Vertragsstaaten ausschließlich durch eine ausdrückliche Regelung zu den Einkünften aus stillen Gesellschaften im entsprechenden DBA verhindert werden, wobei hier als Lösungsweg die Möglichkeit aufgezeigt wurde, in den Abkommen mit jenen Ländern, die die Gesellschaftsform der stillen Gesellschaft entweder nicht oder nur in abgewandelter Form kennen, durch den Zusatz „im Sinne des deutschen Steuerrechts" im jeweiligen Abkommensartikel eine Bindung des ausländischen Vertragspartners an die deutsche Wertung herbeizuführen. An den Folgen der Wertungsdivergenzen setzt die Vereinbarung einer „switch-over"-Klausel an, die dem Wohnsitzstaat den Wechsel von der Freistellungsmethode zur Anrechnungsmethode in den Fällen erlaubt, in denen die Einkünfte in den beteiligten Staaten unterschiedlich qualifiziert werden und dieser Konflikt durch ein Verständigungsverfahren nicht beseitigt werden kann.

Die anschließende Analyse der Bedeutung stiller Gesellschaften im komplexen Kontext des deutschen AStG ergab, daß diese Beteiligungsform im Zusammenhang mit der Gewinnberichtigung international verbundener Unternehmen lediglich eine untergeordnete Rolle spielt. Dagegen kann eine stille Beteiligung im Inland in typischer und atypischer Form zur Annahme wesentlicher wirtschaftlicher Interessen eines ins niedrigbesteuernde Ausland ausgewanderten Deutschen führen und somit die erweiterte beschränkte Steuerpflicht auslösen. In den schwer zugänglichen Bestimmungen des AStG hinsichtlich der Hinzurechnungsbesteuerung von in ausländischen Zwischengesellschaften vom deutschen Fiskus abgeschirmten Gewinnen ist im wesentlichen die Hinzurechnung von Einkünften aus stillen Beteiligungen der ausländischen Zwischengesellschaft zu beachten, wobei Einkünfte aus typisch stillen Gesellschaften auch der verschärften Hinzurechnungsbesteuerung zugänglich sind.

Die vorliegende Arbeit zeigt die Zweifelsfragen, mit denen transnationale Gestaltungen mit stillen Gesellschaften behaftet sind, und bietet für diese unter besonderer Beachtung von Sinn und Zweck der jeweiligen Regelungsnorm eine Lösung an. Deutlich werden auch die vielfältigen im Dickicht des deutschen Internationalen Steuerrechts verborgenen Fallstricke und Geheimwege, die den Steuerpflichtigen einerseits ein bedeutendes steuerliches Gestaltungspotential eröffnen, indem sie bei geschickter Ausnutzung des internationalen Steuergefälles bzw. der Wertungsdivergenzen in den betreffenden Staaten eine Steuerminderung oder sogar eine doppelte Steuerfreistellung zur Folge haben können; andererseits können unterschiedliche Qualifikationen auch zu Doppelbesteuerungen führen. Einem Auslandsengagement in Form einer stillen Beteiligung sollte daher eine eingehende Analyse insbesondere der steuerlichen Behandlung der Einkünfte aus stillen Gesellschaften im Ausland und – bei Bestehen eines DBA – der ausländischen Qualifikation hinsichtlich der abkommensrechtlichen Einkunftsart vorangehen.

Quellenverzeichnis

Literaturverzeichnis

Adler, Hans/Düring, Walther/Schmaltz, Kurt: [in: ADS 1997] Rechnungslegung und Prüfung der Unternehmen – Kommentar zum HGB, AktG, GmbHG, PublG nach den Vorschriften des Bilanzrichtlinien-Gesetzes, Teilband 5: §§ 264-274, 274a, 275-283 HGB, 6. Aufl., Stuttgart 1997.

Adler, Hans/Düring, Walther/Schmaltz, Kurt: [in: ADS 1997] Rechnungslegung und Prüfung der Unternehmen – Kommentar zum HGB, AktG, GmbHG, PublG nach den Vorschriften des Bilanzrichtlinien-Gesetzes, Teilband 6: Vorbem. §§ 238-241 HGB, §§238-2512 HGB, 6. Aufl., Stuttgart 1997.

Ahrens, Frank: [Auslegung von Gesetzestexten 1996] Auslegung von Gesetzestexten im Steuerrecht, in: SteuerStud 1996, S. 247-251.

Albracht, Wolfgang: [Publikumspersonengesellschaften 1990] Die stille Gesellschaft im Recht der Publikumspersonengesellschaft, Frankfurt am Main 1990.

Alsted, Peter/Hansen, Søren Friis: [in: EU-Handbuch Gesellschaftsrecht 1997] Dänemark, in: Hohloch, Gerhard (Hrsg.): EU-Handbuch Gesellschaftsrecht, Loseblattwerk, Herne/Berlin, Stand: 1. Ergänzungslieferung 1997.

Altheim, Michael: [Gestaltungsspielräume 1995] Gestaltungsspielräume nach Einführung des § 8a KStG, in: IStR 1995, S. 373-377 (Teil I) und S. 409-415 (Teil II).

Amann, Robert: [Ermittlung ausländischer Einkünfte 1997] Zur Systematik der Ermittlung ausländischer Einkünfte, in: DStR 1997, S. 796-799.

Arendt, Wolfgang: [Qualifikationsproblem 1959] Zum Qualifikationsproblem im deutschen Internationalen Steuerrecht, in: StW 1959, Sp. 381-396.

Aulinger, Leonhard: [Atypische stille Gesellschaft 1955] Die atypische stille Gesellschaft, Düsseldorf 1955.

Avery Jones, John F./Berg, Charles J./Depret, Henri-Robert/Ellis, Maarten J./Fontaneau, Pierre/Lenz, Raoul/Miyatake, Toshio/Roberts, Sidney I./Sandels, Claes/Strobl, Jakob/Ward, David A.: [Interpretation of tax treaties 1984] Interpretation of tax treaties with particular reference to article 3 (2) of the OECD Model, in: British Tax Review 1984, S. 14-54 (Teil I) und S. 90-108 (Teil II).

Baconnier, Robert: [Unternehmensbesteuerung in Frankreich 1994] Unternehmensbesteuerung in Frankreich, in: Lang, Joachim (Hrsg.): Unternehmensbesteuerung in EU-Staaten, Köln 1994, S. 73-92.

Bader, Axel: [Ausländische Schachtelbeteiligungen 1996] Gestaltungsüberlegungen beim Aufwandsabzug für ausländische Schachtelbeteiligungen, in: INF 1996, S. 652-657.

Baetge, Jörg: [Bilanzen 1996] Bilanzen, 4. Aufl., Düsseldorf 1996.

Bähre, Inge Lore/Schneider, Manfred: [KWG-Kommentar 1986] KWG-Kommentar, Kreditwesen mit den wichtigsten Ausführungsvorschriften, begr. von Consbruch, Johannes/Möller, Annemarie, 3. Aufl., München 1986.

Baranowski, Karl-Heinz: [Auslandsbeziehungen 1996] Besteuerung von Auslandsbeziehungen, 2. Aufl., Herne/Berlin 1996.

Baranowski, Karl-Heinz: [Anwendung des § 1 AStG 1998] Zur Anwendung des § 1 AStG bei einer Personengesellschaft, in: IWB, Fach 3a, Gruppe 1, Rechtsprechung, Loseblattwerk, 17. Aufl., Herne/Berlin 1994, Stand: Juni 1998, S. 669-674.

Bartin, Etienne: [Conflits de lois 1897] De l'impossibilité d'arriver à la suppression définitive des conflits de lois, in: Journal du droit international privé et de la jurisprudence comparée 1897, S. 225-255 (Teil I), S. 466-495 (Teil II) und S. 720-738 (Teil III).

Bastian, Daniel/Germain, Michel: [in: Jura Europae, Gesellschaftsrecht 1995] Frankreich, in: Jura Europae. Das Recht der Länder der Europäischen Gemeinschaft, Gesellschaftsrecht, Band II, Loseblattwerk, München, Stand: Oktober 1995.

Baumbach, Adolf/Duden, Konrad/Hopt, Klaus J.: [HGB 1995] Einl. vor § 1 HGB, §§ 230, 231, 232 HGB, in: Handelsgesetzbuch mit GmbH & Co., Handelsklauseln, Bank- und Börsenrecht, Transportrecht (ohne Seerecht), 29. Aufl., München 1995.

Baumgärtel, Martina/Perlet, Helmut: [Hinzurechnungsbesteuerung 1996] Die Hinzurechnungsbesteuerung bei Auslandsbeteiligungen, Neuwied u. a. 1996.

Beckermann, Hartmut/Jarosch, Klaus-Reiner: [Bedeutung des § 2a EStG 1984] Die Bedeutung des § 2a EStG für den negativen Progressionsvorbehalt und die Anrechnung ausländischer Steuern (§ 34 EStG), in: FR 1984, S. 108-116.

Beisse, Heinrich: [Wirtschaftliche Betrachtungsweise 1981] Die wirtschaftliche Betrachtungsweise bei der Auslegung der Steuergesetze in der neueren deutschen Rechtsprechung, in: StuW 1981, S. 1-14.

Bellstedt, Christoph: [Beteiligungen an ausländischen Zwischengesellschaften 1979] Beteiligungen an ausländischen Zwischengesellschaften im Sinne von § 7 Abs. 4 des Außensteuergesetzes, in: RIW/AWD 1979, S. 460-463.

Benz, Sebastian: [in: Lademann, EStG 1998] §§ 1, 1a EStG, in: Lademann, Fritz (Hrsg.): Kommentar zum Einkommensteuergesetz, Loseblattwerk, 4. Aufl., Stuttgart u. a. 1997, Stand: Mai 1998.

Berkes, Jörg: [Beschränkte Steuerpflicht 1991] Die beschränkte Steuerpflicht der Arbeitnehmer im System des Einkommensteuergesetzes, Frankfurt am Main u. a. 1991.

Bezzenberger, Gerold: [in: Münchener Handbuch 1991] §§ 1, 2, 3, 5, 12, 18, 20, 22 StG, in: Riegger, Bodo/Weipert, Lutz (Hrsg.): Münchener Handbuch des Gesellschaftsrechts, Band 2, Kommanditgesellschaft, Stille Gesellschaft, München 1991.

Bieg, Hartmut: [Handelsbilanzausweis 1985] Ermessensentscheidungen beim Handelsbilanzausweis von „Finanzanlagen" und „Wertpapieren des Umlaufvermögens" – auch nach neuem Bilanzrecht?, in: DB 1985, Beilage Nr. 24/85 zu Heft 41.

Bieg, Hartmut: [in: Küting/Weber, HdR 1995] § 271 HGB, in: Küting, Karlheinz/Weber, Claus-Peter (Hrsg.): Handbuch der Rechnungslegung, Band Ia, 4. Aufl., Stuttgart 1995.

Bieg, Hartmut: [Eigenkapitalbeschaffung 1997] Die Eigenkapitalbeschaffung nicht-emissionsfähiger Unternehmungen, in: StB 1997, S. 64-69.

Bieg, Hartmut: [Finanzierung und Besteuerung 1998] Finanzierung und Besteuerung, in: StB 1998, S. 351-361 (Teil I) und S. 395-407 (Teil II).

Bieg, Hartmut: [Genussrechte 1998] Genussrechte als Sonderform der Außenfinanzierung, in: StB 1998, S. 481-488.

Bieg, Hartmut/Kußmaul, Heinz: [Rechnungswesen 1998] Externes Rechnungswesen, 2. Aufl., München u. a. 1998.

Biergans, Enno: [Verlustausgleichsbeschränkungen 1992] Die Verlustausgleichsbeschränkungen des § 2a EStG nach Inkrafttreten des Steueränderungsgesetzes 1992, in: IWB, Fach 3, Deutschland, Gruppe 3, Loseblattwerk, 16. Aufl., Herne/Berlin 1993, Stand: April 1995, S. 987-1000.

Binger, Jürgen: [Einkommen- und Gewerbesteuer 1988] Einkommen- und Gewerbesteuer bei der typisch stillen Gesellschaft, in: DB 1988, S. 414-417.

Birk, Dieter: [in: Hübschmann/Hepp/Spitaler, AO/FGO 1998] § 10 AO, in: Hübschmann/Hepp/Spitaler: Abgabenordnung und Finanzgerichtsordnung, Kommentar von Söhn, Hartmut/Alber, Christel/Beermann, Albert u. a., Loseblattwerk, 10. Aufl., Köln 1995, Stand: Oktober 1998.

Birkenfeld, Wolfram: [Einfluß des Gemeinschaftsrechts 1998] Der Einfluß des Gemeinschaftsrechts auf die Rechtsverwirklichung im Steuerrecht, in: StuW 1998, S. 55-75.

Blaurock, Uwe: [GmbH & Still 1992] Die GmbH & Still im Steuerrecht, in: BB 1992, S. 1969-1977.

Bogenschütz, Eugen/Kraft, Gerhard: [Änderungen der erweiterten Hinzurechnungsbesteuerung 1994] Konzeptionelle Änderungen der erweiterten Hinzurechnungsbesteuerung und Verschärfungen im Bereich der Konzernfinanzierungseinkünfte durch das StMBG, in: IStR 1994, S. 153-159.

Bopp, Gerhard: [in: JbFfSt 1986/87] Personengesellschaften im Umbruch, in: Jahrbuch der Fachanwälte für Steuerrecht 1986/87, Aktuelle steuerrechtliche Beiträge, Referate und Diskussionen der 37. Steuerrechtlichen Jahresarbeitstagung, Wiesbaden vom 28. bis 30. April 1986, Herne/Berlin 1987, S. 219-304.

Bopp, Gerhard: [in: Herrmann/Heuer/Raupach, EStG/KStG 1997] Grüne Blätter zu § 20 Abs. 1 Nr. 4 EStG, in: Herrmann, Carl/Heuer, Gerhard/Raupach, Arndt: Einkommensteuer- und Körperschaftsteuergesetz, Kommentar, begr. von Mrozek, Alfons/Kennerknecht, Albert, fortgef. von Heuer, Gerhard/Herrmann, Carl, hrsg. von Raupach, Arndt, Loseblattwerk, 21. Aufl., Köln 1950/96, Stand: Dezember 1997.

Bopp, Gerhard: [in: Herrmann/Heuer/Raupach, EStG/KStG 1998] § 2a EStG, in: Herrmann, Carl/Heuer, Gerhard/Raupach, Arndt: Einkommensteuer- und Körperschaftsteuergesetz, Kommentar, begr. von Mrozek, Alfons/Kennerknecht, Albert, fortgef. von Heuer, Gerhard/Herrmann, Carl, hrsg. von Raupach, Arndt, Loseblattwerk, 21. Aufl., Köln 1950/96, Stand: Juli 1998.

Borchert, Dierk: [in: Küting/Weber, HdR 1995] § 275 HGB, in: Küting, Karlheinz/Weber, Claus-Peter (Hrsg.): Handbuch der Rechnungslegung, Band Ia, 4. Aufl., Stuttgart 1995.

Bordewin, Arno: [Sinngemäße Anwendung 1982] Sinngemäße Anwendung des § 15a EStG bei den Einkünften aus Kapitalvermögen, in: FR 1982, S. 268-273.

Bordewin, Arno: [Gepräge-Rechtsprechung 1985] Aufgabe der Gepräge-Rechtsprechung – Auswirkungen auf die Betriebsaufspaltung, die atypische GmbH & Still und die „gemischt" tätige GmbH & Co. KG?, in: FR 1985, S. 98-99.

Bordewin, Arno: [Einlage von Nutzungen 1988] Zur Einlage von Nutzungen, in: DStR 1988, S. 227-233.

Bordewin, Arno: [in: Lademann, EStG 1998] § 20 EStG, in: Lademann, Fritz (Hrsg.): Kommentar zum Einkommensteuergesetz, Loseblattwerk, 4. Aufl., Stuttgart u. a. 1997, Stand: Mai 1998.

Bordt, Karl: [in: HdJ 1998] Abt. III/1: Das Grund- und Stammkapital der Kapitalgesellschaften, in: v. Wysocki, Klaus/Schulze-Osterloh, Joachim (Hrsg.): Handbuch des Jahresabschlusses in Einzeldarstellungen (HdJ), Kommentar, Loseblattwerk, 2. Aufl., Köln 1984/92, Stand: Juli 1998.

Bormann, M.: [Steuern einer GmbH & Still (atypisch) 1984] Die Steuern einer GmbH & Still (atypisch) und ihrer Beteiligten, in: INF 1984, S. 25-33.

Böttcher, Conrad/Zartmann, Hugo/Faut, Eberhard: [Unterbeteiligung 1977] Stille Gesellschaft und Unterbeteiligung, Wege zu anonymer Partnerschaft an Personenunternehmen und Kapitalgesellschaften, wirtschaftlich, handelsrechtlich, steuerlich, 3. Aufl., Stuttgart u. a. 1977.

Brandenberg, Hermann Bernwart: [in: JbFfSt 1996/97] Grenzüberschreitende Sachverhalte, in: Jahrbuch der Fachanwälte für Steuerrecht 1996/97, Aktuelle steuerrechtliche Beiträge, Referate und Diskussionen der 47. Steuerrechtlichen Jahresarbeitstagung, Wiesbaden vom 20. bis 22. Mai 1996, Herne/Berlin 1997, S. 331-335.

Brenner, Dieter: [Personengesellschaften 1996] Personengesellschaften im Internationalen Steuerrecht, in: Haarmann, Wilhelm (Hrsg.): Unternehmensstrukturen und Rechtsformen im Internationalen Steuerrecht, Köln 1996, S. 63-88.

Brune, Alfons: [Auswirkungen des Handelsrechtsreformgesetzes 1998] Die Auswirkungen des Handelsrechtsreformgesetzes auf die handels- und steuerrechtliche Buchführungspflicht, in: StBp 1998, S. 242-245.

Büchele, Ernst: [Einlagen 1997] Offene und verdeckte Einlagen im Bilanz- und Gesellschaftsrecht, in: DB 1997, S. 2337-2344.

Bühler, Ottmar: [Prinzipien des Internationalen Steuerrechts 1964] Prinzipien des Internationalen Steuerrechts IStR. Ein systematischer Versuch, Amsterdam 1964.

Burmester, Gabriele: [Probleme der stillen Gesellschaft 1996] Ausgewählte international-steuerrechtliche Probleme der stillen Gesellschaft, in: Haarmann, Wilhelm (Hrsg.): Unternehmensstrukturen und Rechtsformen im Internationalen Steuerrecht, Köln 1996, S. 122-150.

Burmester, Gabriele: [Internationale Minderbesteuerung 1997] Zur Systematik internationaler Minderbesteuerung und ihrer Vermeidung, in: Burmester, Gabriele/Endres, Dieter (Hrsg.): Außensteuerrecht, Doppelbesteuerungsabkommen und EU-Recht im Spannungsverhältnis, Festschrift für Helmut Debatin zum 70. Geburtstag, München 1997, S. 55-79.

Busl, Peter: [Zinszahlungen einer US-Limited Partnership 1991] Steuerpflicht von Zinszahlungen einer US-Limited Partnership an inländische Gesellschafter, in: RIW 1991, S. 847-849.

Christoffel, Hans Günter: [Vermögenseinlage eines typischen stillen Gesellschafters 1988] Bewertung der Vermögenseinlage eines typischen stillen Gesellschafters als sonstiges Vermögen, in: DB 1988, S. 255-257.

Christoffel, Hans Günter/Dankmeyer, Udo: [Steuerbereinigungsgesetz 1986] Das Steuerbereinigungsgesetz 1986: Die gesetzliche Verankerung der sog. Geprägegrundsätze, in: DB 1986, S. 347-355.

Clemm, Hermann/Nonnenmacher, Rolf: [in: Beck Bil-Komm 1995] §§ 247, 266 HGB, in: Beck'scher Bilanz-Kommentar, der Jahresabschluß nach Handels- und Steuerrecht; Konzernabschluß, Prüfung, Offenlegung; §§ 238 bis 339 HGB, 3. Aufl., München 1995.

Coing, Helmut: [in: Staudingers Kommentar zum BGB 1995] Einleitung, in: Staudinger, J. von: Kommentar zum Bürgerlichen Gesetzbuch mit Einführungsgesetz und Nebengesetzen, begr. von Staudinger, Julius von, Einleitung zum Bürgerlichen Gesetzbuch, 1. Buch: Allgemeiner Teil, §§ 1-12, Verschollenheitsgesetz, 13. Aufl., Berlin u. a. 1995.

Colombo, Giovanni: [in: Jura Europae, Gesellschaftsrecht 1995] Italien, in: Jura Europae. Das Recht der Länder der Europäischen Gemeinschaft, Gesellschaftsrecht, Band III, Loseblattwerk, München, Stand: Oktober 1995.

Conradi, Jochen: [in: Littmann/Bitz/Hellwig, EStG 1998] § 20 EStG, in: Littmann, Eberhard/Bitz, Horst/Hellwig, Peter: Das Einkommensteuerrecht, begr. von Littmann, Eberhard, hrsg. von Bitz, Horst/Hellwig, Peter, Loseblattwerk, 15. Aufl., Stuttgart 1988, Stand: Oktober 1998.

Costede, Jürgen: [GmbH & Still 1983] Steuerrechtsfragen der GmbH & Still, in: StuW 1983, S. 308-317.

Costede, Jürgen: [in: StBKgR 1986] Arbeitskreis II, Die Stille Gesellschaft – Überlegungen aus handelsrechtlicher, steuerrechtlicher und betriebswirtschaftlicher Sicht, 2. Referat, in: Bundessteuerberaterkammer (Hrsg.): Steuerberaterkongreß-Report 1986, Deutscher Steuerberaterkongreß 1986 der Bundessteuerberaterkammer, Ansprachen, Referate, Diskussionen, München 1987, S. 239-270.

Curtius-Hartung, Rudolf/Costede, Jürgen: [in: StBKgR 1986] Arbeitskreis II, Die Stille Gesellschaft – Überlegungen aus handelsrechtlicher, steuerrechtlicher und betriebswirtschaftlicher Sicht, 1. Referat, in: Bundessteuerberaterkammer (Hrsg.): Steuerberaterkongreß-Report 1986, Deutscher Steuerberaterkongreß 1986 der Bundessteuerberaterkammer, Ansprachen, Referate, Diskussionen, München 1987, S. 223-237.

Dabin, Léon/Benoit-Moury, Anne: [in: Jura Europae, Gesellschaftsrecht 1995] Belgien, in: Jura Europae. Das Recht der Länder der Europäischen Gemeinschaft, Gesellschaftsrecht, Band II, Loseblattwerk, München, Stand: Oktober 1995.

Dautzenberg, Norbert: [Erweiterte beschränkte Steuerpflicht 1997] Die erweiterte beschränkte Steuerpflicht des AStG und der EG-Vertrag, in: IStR 1997, S. 39-43.

Dautzenberg, Norbert/Heyeres, Ralf: [Steuerliche Behandlung des nicht-unternehmerischen Gesellschafters 1994] Die steuerliche Behandlung des nicht-mitunternehmerischen Gesellschafters, in: BB 1994, S. 903-907.

Debatin, Helmut: [Einkommen- und Körperschaftsteuer 1960] Die beschränkte Steuerpflicht bei der Einkommen- und Körperschaftsteuer, in: BB 1960, S. 1015-1018.

Debatin, Helmut: [Stille Gesellschaft 1966] Die stille Gesellschaft im internationalen Steuerrecht, in: DStZ/A 1966, S. 369-375.

Debatin, Helmut: [Außensteuerreformgesetz 1972] Außensteuerreformgesetz, in: DStZ/A 1972, S. 265-278.

Debatin, Helmut: [Mitunternehmerschaften im Ausland 1978] Inländische Beteiligungen an Mitunternehmerschaften im Ausland, in: BB 1978, S. 669-674.

Debatin, Helmut: [Qualifikationsprobleme 1979] Qualifikationsprobleme im Doppelbesteuerungsrecht, in: FR 1979, S. 493-499.

Debatin, Helmut: [System und Auslegung 1985] System und Auslegung der Doppelbesteuerungsabkommen, in: DB 1985, Beilage Nr. 23/85 zu Heft 39.

Debatin, Helmut: [Subjektfähigkeit ausländischer Wirtschaftsgebilde 1988] Subjektfähigkeit ausländischer Wirtschaftsgebilde im deutschen Recht, in: BB 1988, S. 1155-1160.

Debatin, Helmut: [Steuerstatus ausländischer Kapitalgesellschaften 1990] Zum Steuerstatus ausländischer Kapitalgesellschaften, in: BB 1990, S. 1457-1460.

Debatin, Helmut: [Beteiligungen an Personengesellschaften 1992] Zur Behandlung von Beteiligungen an Personengesellschaften unter den Doppelbesteuerungsabkommen im Lichte der neueren Rechtsprechung des Bundesfinanzhofes, in: BB 1992, S. 1181-1188.

Debatin, Helmut: [Treaty Override 1992] StÄndG 1992 und „Treaty Override", in: DB 1992, S. 2159-2163.

Debatin, Helmut: [in: Debatin/Wassermeyer, DBA 1998] Systematik I, Systematik, in: Debatin, Helmut/Wassermeyer, Franz (Hrsg.): Doppelbesteuerung, Kommentar zu allen deutschen Doppelbesteuerungsabkommen, begr. von Korn, Rudolf/Dietz, Georg, Loseblattwerk, München, Stand: Juli 1998.

Debatin, Helmut/Wassermeyer, Franz: [in: Debatin/Wassermeyer, DBA 1998] Art. 10 DBA-Brasilien, Art. 10 DBA-Finnland, Art. 10 DBA-Kenia, Art. 10 DBA-Finnland, in: Debatin, Helmut/Wassermeyer, Franz (Hrsg.): Doppelbesteuerung, Kommentar zu allen deutschen Doppelbesteuerungsabkommen, begr. von Korn, Rudolf/Dietz, Georg, Loseblattwerk, München, Stand: Juli 1998.

Delvaux, Bernhard: [in: Jura Europae, Gesellschaftsrecht 1995] Luxemburg, in: Jura Europae. Das Recht der Länder der Europäischen Gemeinschaft, Gesellschaftsrecht, Band III, Loseblattwerk, München, Stand: Oktober 1995.

Diehl, Wolfram: [Qualifikationskonflikte 1978] Qualifikationskonflikte im Außensteuerrecht, in: FR 1978, S. 517-526.

Döllerer, Georg: [Steuerbilanz der Personenhandelsgesellschaft 1974] Die Steuerbilanz der Personenhandelsgesellschaft als konsolidierte Bilanz einer wirtschaftlichen Einheit, in DStZ/A 1974, S. 211-220.

Döllerer, Georg: [Neuere Entwicklungen 1976] Neuere Entwicklungen im Steuerrecht der Personengesellschaft, in: DStZ/A 1976, S. 435-441.

Döllerer, Georg: [Probleme 1985] Die atypische stille Gesellschaft – gelöste und ungelöste Probleme, in: DStR 1985, S. 295-303.

Döllerer, Georg: [in: StBJb 1987/88] Die atypische stille Gesellschaft in der neuesten Rechtsprechung des Bundesfinanzhofes, in: Curtius-Hartung, Rudolf/Herzig, Norbert/Niemann, Ursula (Hrsg.): Steuerberater-Jahrbuch 1987/88, zugleich Bericht über den 39. Fachkongreß der Steuerberater Köln, 23. bis 25. November 1987, Köln 1988, S. 289-308.

Döllerer, Georg: [Verdeckte Einlage 1988] Nutzungen und Nutzungsrechte – keine verdeckten Einlagen bei Kapitalgesellschaften, in: BB 1988, S. 1789-1796.

Döllerer, Georg: [Verdeckte Einlagen 1990] Verdeckte Gewinnausschüttungen und verdeckte Einlagen bei Kapitalgesellschaften, 2. Aufl., Heidelberg 1990.

Doralt, Werner: [in: EStG (Österreich) 1997] § 26 EStG, in: Doralt, Werner: Einkommensteuergesetz, Kommentar, 3. Aufl., Wien 1997.

Dötsch, Ewald: [Körperschaftsteuerliche Behandlung der Verlegung des Sitzes 1988] Körperschaftsteuerliche Behandlung der Verlegung des Sitzes bzw. der Geschäftsleitung einer Kapitalgesellschaft über die Grenze, in: DB 1988, S. 2296-2303.

Dötsch, Ewald: [in: Kirchhof/Söhn, EStG 1998] § 20 EStG, in: Kirchhof, Paul/Söhn, Hartmut (Hrsg.): Einkommensteuergesetz, Kommentar, Loseblattwerk, Heidelberg, Stand: Oktober 1998.

Dusemond, Michael/Knop, Wolfgang: [in: Küting/Weber, HdR 1995] § 266 HGB, in: Küting, Karlheinz/Weber, Claus-Peter (Hrsg.): Handbuch der Rechnungslegung, Band Ia, 4. Aufl., Stuttgart 1995.

Ebenroth, Carsten Thomas: [Verdeckte Vermögenszuwendungen 1979] Die verdeckten Vermögenszuwendungen im transnationalen Unternehmen, Bielefeld 1979.

Ebenroth, Carsten Thomas/Auer, Thomas: [Ausländische Gesellschaften 1992] Körperschaftsteuersubjektfähigkeit ausländischer Gesellschaften mit inländischem Ort der Geschäftsleitung?, in: RIW 1992, S. 998-1012.

Ebling, Klaus: [Steuerliche Rechtsfähigkeit ausländischer Unternehmungen 1988] Anerkennung der steuerlichen Rechtsfähigkeit ausländischer Unternehmungen, Landesbericht Deutschland, in: CDFI 1988, Band 73a, S. 227-244.

Ehlers, Ernst-August: [Realisation stiller Reserven 1987] Vermeidung der Realisation stiller Reserven bei Betriebsbeendigung – zugleich ein Beitrag zur Problematik sog. Auffanggesellschaften, in: DStZ 1987, S. 557-564.

Eicher, Hans: [in: Littmann/Bitz/Hellwig, EStG 1998] § 49 EStG, in: Littmann, Eberhard/Bitz, Horst/Hellwig, Peter: Das Einkommensteuerrecht, begr. von Littmann, Eberhard, hrsg. von Bitz, Horst/Hellwig, Peter, Loseblattwerk, 15. Aufl., Stuttgart 1988, Stand: Oktober 1998.

Eilers, Stephan: [Grundkonzeption 1995] Grundkonzeption, Zweifelsfragen und Gestaltungsüberlegungen im Zusammenhang mit § 8b KStG, in: Herzig, Norbert (Hrsg.): Gesellschafterfremdfinanzierung und Beteiligung an ausländischen Gesellschaften im Körperschaftsteuerrecht: Anwendungspraxis der §§ 8a und 8b KStG, Köln 1995, S. 107-124.

Eilers, Stephan: [Quellensteuervergünstigung 1997] Zur Quellensteuervergünstigung nach der Mutter-/Tochterrichtlinie, in: DStR 1997, S. 721-725.

Ellsel, Ralf: [in: Becker/Höppner/Grotherr/Kroppen, DBA 1998] Art. 6 OECD-MA, in: Becker, Helmut/Höppner, Horst-Dieter/Grotherr, Siegfried/Kroppen, Heinz-Klaus (Hrsg.): DBA-Kommentar, Loseblattwerk, Herne/Berlin, Stand: Juni 1998.

F.W.: [Hinzurechnung 1996] Hinzurechnung gemäß § 7 Abs. 1 AStG gegenüber einer ausländischen Personengesellschaft?, in: IStR 1996, S. 83-86.

Faber, Georges: [in: Jura Europae, Steuerrecht 1972] Luxemburg, in: Jura Europae. Das Recht der Länder der Europäischen Gemeinschaft, Steuerrecht, Band II, Loseblattwerk, München, Stand: Dezember 1972.

Fantozzi, Augusto: [Unternehmensbesteuerung in Italien 1994] Unternehmensbesteuerung in Italien, in: Lang, Joachim (Hrsg.): Unternehmensbesteuerung in EU-Staaten, Köln 1994, S. 153-194.

Fischer, Lutz/Warneke, Perygrin: [Betriebswirtschaftliche Steuerlehre 1998] Internationale Betriebswirtschaftliche Steuerlehre, begr. von Fischer, Lutz/Warneke, Perygrin, fortgef. von Fischer, Lutz, 4. Aufl., Bielefeld 1998.

Fischer-Zernin, Justus: [Sondervergütungen 1991] Sondervergütungen und DBA, in: RIW 1991, S. 493-497.

Fleischer, Erich/Thierfeld, Rainer: [Stille Gesellschaft 1998] Stille Gesellschaft im Steuerrecht, 8. Aufl., Achim 1998.

Flick, Hans/Wassermeyer, Franz: [in: Flick/Wassermeyer/Becker, Außensteuerrecht 1998] §§ 2, 5, 7, 8, 10, 11 AStG, Hinzurechnungsbesteuerung, in: Flick, Hans/Wassermeyer, Franz/Becker, Helmut: Kommentar zum Außensteuerrecht, Loseblattwerk, 6. Aufl., Köln 1997, Stand: Juni 1998.

Flick, Hans/Wassermeyer, Franz/Lüdicke, Jürgen: [in: Flick/Wassermeyer/Becker, Außensteuerrecht 1998] §§ 34c, 34d EStG, in: Flick, Hans/Wassermeyer, Franz/Becker, Helmut: Kommentar zum Außensteuerrecht, Loseblattwerk, 6. Aufl., Köln 1997, Stand: Juni 1998.

Flick, Heinz: [Steuerfluchtgesetz 1971] Vereinbarkeit des Steuerfluchtgesetzes mit Doppelbesteuerungsabkommen, in: BB 1971, S. 250-251.

Förschle, Gerhart: [in: Beck Bil-Komm 1995] § 277 HGB, in: Beck'scher Bilanz-Kommentar, der Jahresabschluß nach Handels- und Steuerrecht; Konzernabschluß, Prüfung, Offenlegung; §§ 238 bis 339 HGB, 3. Aufl., München 1995.

Förschle, Gerhart/Kofahl, Günther: [in: Beck Bil-Komm 1995] §§ 266, 272 HGB, in: Beck'scher Bilanz-Kommentar, der Jahresabschluß nach Handels- und Steuerrecht; Konzernabschluß, Prüfung, Offenlegung; §§ 238 bis 339 HGB, 3. Aufl., München 1995.

Fort, Eric: [in: Mennel/Förster, Steuern in Europa, Amerika und Asien 1998] Luxemburg, in: Mennel, Annemarie/Förster, Jutta (Hrsg.): Steuern in Europa, Amerika und Asien, Loseblattwerk, Herne/Berlin, Stand: Juni 1998.

Friese, Franz-Josef: [Spanisches Steuerrecht 1989] Spanisches Steuerrecht: eine systematische Übersicht, Frankfurt am Main 1989.

Frotscher, Gerrit: [Gesellschafter-Fremdfinanzierung 1994] Gesellschafter-Fremdfinanzierung durch nicht anrechnungsberechtigte Anteilseigner, in: IStR 1994, S. 201-211.

Fu, Reiner: [Stille Gesellschaft 1997] Die stille Gesellschaft im internationalen Steuerrecht aus deutscher Sicht, Frankfurt am Main u. a. 1997.

Gassner, Bruno/Pöllath, Reinhard: [in: JbFfSt 1985/86] Ausgewählte ertragsteuerliche Aspekte bei atypischer stiller Beteiligung an einer GmbH einschließlich ihrer Folgen bei Auslandsbeziehungen, in: Jahrbuch der Fachanwälte für Steuerrecht 1985/86, Aktuelle steuerrechtliche Beiträge, Referate und Diskussionen der 36. Steuerrechtlichen Jahresarbeitstagung, Wiesbaden vom 13. bis 15. Mai 1985, Herne/Berlin 1985, S. 353-386.

Geuenich, Marco: [Steuerliche Verlustzuweisung 1998] Steuerliche Verlustzuweisung bei nicht eingezahlter Einlage des stillen Gesellschafters – Wechselwirkung zwischen Bilanzierung und Ergebniszuweisung, in: DStR 1998, S. 57-61.

Glade, Anton: [Praxishandbuch 1995] § 266 HGB, in: Praxishandbuch der Rechnungslegung und Prüfung. Systematische Darstellung und Kommentar zum Bilanzrecht, 2. Aufl., Herne/Berlin 1995.

Glanegger, Peter: [in: Schmidt, EStG 1998] §§ 6, 32 EStG, in: Schmidt, Ludwig (Hrsg.): Einkommensteuergesetz, 17. Aufl., München 1998.

Gloria, Christian: [Steuerliches Verständigungsverfahren 1988] Das steuerliche Verständigungsverfahren und das Recht auf diplomatischen Schutz, Berlin 1988.

Graffe, Ingo: [in: Dötsch/Eversberg/Jost/Witt, KStG 1998] § 1 KStG, in: Dötsch, Ewald/Eversberg, Horst/Jost, Werner F./Witt, Georg (Hrsg.): Die Körperschaftsteuer, Kommentar zum Körperschaftsteuergesetz und zu den einkommensteuerrechtlichen Vorschriften des Anrechnungsverfahrens, Loseblattwerk, Stuttgart, Stand: August 1998.

Grammer, Peter: [Rechtsanwendung im Steuerrecht 1998] Zur Rechtsanwendung im Steuerrecht, in: SteuerStud 1998, S. 201-204.

Greif, Martin: [International tätige Personengesellschaft 1996] Steuergestaltung bei einer international tätigen Personengesellschaft, in: Haarmann, Wilhelm (Hrsg.): Unternehmensstrukturen und Rechtsformen im Internationalen Steuerrecht, Köln 1996, S. 89-121.

Greif, Martin: [in: Mössner u. a., Steuerrecht 1998] Beteiligung an ausländischen Personengesellschaften, in: Mössner, Jörg Manfred: Steuerrecht international tätiger Unternehmen, Handbuch der Besteuerung von Auslandsaktivitäten inländischer Unternehmen und von Inlandsaktivitäten ausländischer Unternehmen, Köln 1998, S. 549-618.

Greif, Martin/Fischer, Brigitte: [Internationale Einkommensteuerprobleme 1995] Internationale Einkommensteuerprobleme bei Personengesellschaften, Deutscher Nationalbericht zum Thema I des 49. IFA-Kongresses in Cannes 1995, in: IWB, Fach 1, IFA-Mitteilungen, Loseblattwerk, 17. Aufl., Herne/Berlin 1994, Stand: Juni 1998, S. 1375-1384.

Groh, Manfred: [Mitunternehmerschaft 1982] Die Kriterien der Mitunternehmerschaft, in: BB 1982, S. 1229-1233.

Groh, Manfred: [Aufgabe der Geprägetheorie 1984] Nach der Aufgabe der Geprägetheorie – Zum Beschluß des Großen Senats des BFH vom 25.6.1984 GrS 4/82, DB 1984 S. 2383 –, in: DB 1984, S. 2373-2379.

Groh, Manfred: [Nutzungseinlage 1988] Nutzungseinlage, Nutzungsentnahme und Nutzungsausschüttung, in: DB 1988, S. 514-524 (Teil I) und S. 571-575 (Teil II).

Groh, Manfred: [Eigenkapitalersatz 1993] Eigenkapitalersatz in der Bilanz, in: BB 1993, S. 1882-1892.

Großfeld, Bernhard: [in: Staudingers Kommentar zum BGB 1984] Internationales Gesellschaftsrecht, in: Staudingers Kommentar zum Bürgerlichen Gesetzbuch mit Einführungsgesetz und Nebengesetzen, begr. von Staudinger, Julius von, EGBGB, Einleitung zu Art. 7 ff.; Art. 7, 8; § 12 VerschG; Internationales Gesellschaftsrecht; Art. 11, 12. Aufl., Berlin 1984.

Großfeld, Bernhard/König, Thomas: [Internationales Gesellschaftsrecht 1992] Das internationale Gesellschaftsrecht in der Europäischen Gemeinschaft, in: RIW 1992, S. 433-440.

Großfeld, Bernhard/Luttermann, Claus: [Qualifikation ausländischer Gesellschaften 1993] Rechtsfähigkeit und Qualifikation ausländischer Gesellschaften im Internationalen Steuerrecht, in: IPRax 1993, S. 229-341.

Grotherr, Siegfried: [Unterkapitalisierungsregelungen 1995] Ausländische Unterkapitalisierungsregelung, in: Piltz, Detlev J./Schaumburg, Harald (Hrsg.): Unternehmensfinanzierung im Internationalen Steuerrecht, Köln 1995, S. 49-87.

Grotherr, Siegfried: [Rückfallklausel 1997] Zweifelsfragen bei der Anwendung der Rückfallklausel („subject to tax clause") gemäß DBA, in: IWB, Fach 3, Deutschland, Gruppe 2, Loseblattwerk, 17. Aufl., Herne/Berlin 1994, Stand: Juni 1998, S. 689-718.

Grotherr, Siegfried: [in: Becker/Höppner/Grotherr/Kroppen, DBA 1998] Grundlagen: Doppelbesteuerung, Art. 23A/23B OECD-MA, in: Becker, Helmut/ Höppner, Horst-Dieter/Grotherr, Siegfried/Kroppen, Heinz-Klaus (Hrsg.): DBA-Kommentar, Loseblattwerk, Herne/Berlin, Stand: Juni 1998.

Grotherr, Siegfried/Herfort, Claus/Strunk, Günter: [Internationales Steuerrecht 1998] Internationales Steuerrecht, Achim 1998.

Grützner, Dieter: [Ausländischer Grundbesitz 1985] Einzelfragen zur inländischen Besteuerung bei ausländischem Grundbesitz, in: IWB, Fach 3, Deutschland, Gruppe 2, Loseblattwerk, 16. Aufl., Herne/Berlin 1993, Stand: April 1995, S. 491-506.

Grützner, Dieter: [Einkünfte aus ausländischen Betriebsstätten 1993] Anwendung des § 15a EStG bei Bezug von Einkünften aus ausländischen Betriebsstätten, in: IWB, Fach 3, Deutschland, Gruppe 3, Loseblattwerk, 17. Aufl., Herne/Berlin 1994, Stand: Juni 1998, S. 1059-1076.

Grützner, Dieter: [Auslandsbeziehungen 1997] Auslandsbeziehungen eines Steuerinländers. Ein Leitfaden zur einkommensteuerlichen Beurteilung, Herne/Berlin 1997.

Gschwendtner, Hubertus: [Beschränkt rechtsfähiges Steuerrechtssubjekt 1998] Die atypisch stille Gesellschaft als beschränkt rechtsfähiges Steuerrechtssubjekt im Einkommensteuerrecht, in: DStZ 1998, S. 335-344.

Günkel, Manfred: [in: JbFfSt 1996/97] „GmbH & Still" mit ausländischer Muttergesellschaft, in: Jahrbuch der Fachanwälte für Steuerrecht 1996/97, Aktuelle steuerrechtliche Beiträge, Referate und Diskussionen der 47. Steuerrechtlichen Jahresarbeitstagung, Wiesbaden vom 20. bis 22. Mai 1996, Herne/Berlin 1997, S. 206-214.

Haas, Gerhard: [Mitunternehmerschaften 1978] Mitunternehmerschaften mit beschränkter Haftung, Bielefeld 1978.

Haas, Gerhard: [Beschränkung des Verlustausgleichs 1985] Gedanken zur Beschränkung des Verlustausgleichs bei Doppelbesteuerungsabkommen, in: BB 1984, S. 907-909.

Hannes, Berthold: [Qualifikationskonflikte 1992] Qualifikationskonflikte im Internationalen Steuerrecht, Hamburg 1992.

Harbich, Armin: [Typische stille Gesellschaft 1989] Die typische stille Gesellschaft in steuerlicher Sicht, in: StBp 1989, S. 35-38.

Harenberg, Friedrich E.: [in: Herrmann/Heuer/Raupach, EStG/KStG 1998] § 20 EStG, in: Herrmann, Carl/Heuer, Gerhard/Raupach, Arndt: Einkommensteuer- und Körperschaftsteuergesetz, Kommentar, begr. von Mrozek, Alfons/Kennerknecht, Albert, fortgef. von Heuer, Gerhard/Herrmann, Carl, hrsg. von Raupach, Arndt, Loseblattwerk, 21. Aufl., Köln 1950/96, Stand: Juli 1998.

Harthaus, Reinhold: [Darlehnsverhältnis 1998] Typische oder atypische stille Gesellschaft oder bloßes Darlehnsverhältnis, in: StB 1998, S. 14-18.

Hartmann, Bernhard/Walter, Norbert: [Auslegung 1984] Auslegung und Anwendung von Steuergesetzen, Grundlagen der Rechtsanwendung im Steuerrecht, Berlin 1984.

Hauptfachausschuß des Instituts der Wirtschaftsprüfer in Deutschland e. V.: [HFA 1/1991] Zur Bilanzierung von Anteilen an Personengesellschaften im Jahresabschluß von Kapitalgesellschaften, Stellungnahme 1/1991, in: WPg 1991, S. 334-335.

Hauptfachausschuß des Instituts der Wirtschaftsprüfer in Deutschland e. V.: [HFA 1/1994] Zur Behandlung von Genußrechten im Jahresabschluß von Kapitalgesellschaften, Stellungnahme 1/1994, in: WPg 1994, S. 419-423.

Hauser, Hansgeorg: [Freistellung oder Anrechnung 1996] Freistellung oder Anrechnung als Regelmethode in Doppelbesteuerungsabkommen?, in: Vogel, Klaus (Hrsg.): Freistellung im internationalen Steuerrecht, München 1996, S. 47-54.

Hebeler, Christian: [Beteiligung an Personengesellschaften 1998] Verlustanteile aus der Beteiligung an Personengesellschaften in den Bilanzen einer Kapitalgesellschaft, in: BB 1998, S. 206-210.

Hebig, Michael/Heuer, Frank: [Grenzüberschreitende stille Beteiligung 1985] Besteuerung einer grenzüberschreitenden stillen Beteiligung an einer österreichischen Kapitalgesellschaft, in: RIW 1985, S. 797-801.

Heigl, Anton: [Unternehmensbesteuerung 1996] Unternehmensbesteuerung, Grundriß, 2. Aufl., München u. a. 1996.

Heinicke, Wolfgang: [in: Schmidt, EStG 1998] §§ 1, 1a, 2, 2a, 4, 10d, 20, 34d, 50 EStG, in: Schmidt, Ludwig (Hrsg.): Einkommensteuergesetz, 17. Aufl., München 1998.

Hellwig, Peter: [Ausgewählte Fragen 1974] Ausgewählte Fragen zur erweiterten beschränkten Steuerpflicht, in: DStZ/A 1974, S. 4-7.

Hellwig, Peter: [Anrechnung ausländischer Steuern 1984] Die Anrechnung ausländischer Steuern und die Grenzen des Ausgleichs ausländischer Verluste, in: DB 1984, S. 2264-2265.

Hellwig, Peter: [Verlustvermehrung 1989] Die wundersame Verlustvermehrung im internationalen Steuerrecht – Gedanken anläßlich der Umbettung des § 2 AIG, in: DB 1989, S. 1364-1365.

Hellwig, Peter: [in: Hübschmann/Hepp/Spitaler, AO/FGO 1998] §§ 8, 9 AO, in: Hübschmann/Hepp/Spitaler: Abgabenordnung und Finanzgerichtsordnung, Kommentar von Söhn, Hartmut/Alber, Christel/Beermann, Albert u. a., Loseblattwerk, 10. Aufl., Köln 1995, Stand: Oktober 1998.

Hellwig, Peter: [in: Littmann/Bitz/Hellwig, EStG 1998] §§ 2a, 34c EStG, in: Littmann, Eberhard/Bitz, Horst/Hellwig, Peter: Das Einkommensteuerrecht, begr. von Littmann, Eberhard, hrsg. von Bitz, Horst/Hellwig, Peter, Loseblattwerk, 15. Aufl., Stuttgart 1988, Stand: Oktober 1998.

Helmreich, Heinz: [Verluste 1998] Verluste bei beschränkter Haftung und § 15a EStG, Stuttgart 1998.

Hemmelrath, Alexander: [Personengesellschaften in DBA-Staaten 1995] Besonderheiten bei der Beteiligung von Steuerinländern an Personengesellschaften in DBA-Staaten, in: IStR 1995, S. 570-574.

Hemmelrath, Alexander: [in: Vogel, DBA 1996] Art. 7 OECD-MA, in: Vogel, Klaus: Doppelbesteuerungsabkommen der Bundesrepublik Deutschland auf dem Gebiet der Steuern vom Einkommen und Vermögen, Kommentar auf der Grundlage der Musterabkommen, 3. Aufl., München 1996.

Henkel, Udo W.: [Grenzüberschreitende Kapitalgesellschaften 1991] Subjektfähigkeit grenzüberschreitender Kapitalgesellschaften, in: RIW 1991, S. 565-570.

Henkel, Udo W.: [in: Becker/Höppner/Grotherr/Kroppen, DBA 1998] Grundlagen: Auslegung der DBA, in: Becker, Helmut/Höppner, Horst-Dieter/Grotherr, Siegfried/Kroppen, Heinz-Klaus (Hrsg.): DBA-Kommentar, Loseblattwerk, Herne/Berlin, Stand: Juni 1998.

Henkel, Udo W.: [in: Mössner u. a., Steuerrecht 1998] Beteiligung an inländischen Kapitalgesellschaften, in: Mössner, Jörg Manfred: Steuerrecht international tätiger Unternehmen, Handbuch der Besteuerung von Auslandsaktivitäten inländischer Unternehmen und von Inlandsaktivitäten ausländischer Unternehmen, Köln 1998, S. 834-923.

Henning, Thomas: [§ 15a EStG und § 2a EStG 1985] Das Verhältnis zwischen § 15 EStG und § 2a EStG, in: DB 1985, S. 1551-1553.

Hense, Burkhard/Jung, Burckhard/Schwaiger, Helmut: [in: Beck GmbH-HB 1995] § 7, F. GmbH und Still, in: Müller, Welf/Hense, Burkhard (Hrsg.): Beck'sches Handbuch der GmbH, Gesellschaftsrecht – Steuerrecht, München 1995.

Hense, Heinz Hermann: [Jahresabschluß 1990] Die stille Gesellschaft im handelsrechtlichen Jahresabschluß, Düsseldorf 1990.

Herrmann, Elke: [Schenkung 1983] Sogenannte Schenkung stiller Beteiligungen, in: ZHR 1983, S. 313-328.

Herzfeld, Edgar: [Probleme des Internationalen Steuerrechts 1932] Probleme des Internationalen Steuerrechts unter besonderer Berücksichtigung des Territorialitätsproblems und des Qualifikationsproblems, in: Vierteljahresschrift für Steuer- und Finanzrecht 1932, S. 422-495.

Herzig, Norbert: [Arbeitsgruppe 1993] Gesellschafter-Fremdfinanzierung von Kapitalgesellschaften – Bericht aus einer Arbeitsgruppe –, in: StuW 1993, S. 237-248.

Herzig, Norbert: [Standortsicherungsgesetz 1994] Standortsicherungsgesetz: Gesetzliche Regelung der Gesellschafter-Fremdfinanzierung in § 8a KStG, in: DB 1994, S. 110-115 (Teil I) und S. 168-177 (Teil II).

Herzig, Norbert/Kessler, Wolfgang: [Tatbestandsmerkmale 1986] Tatbestandsmerkmale und Anwendungsbereich des Gepräge-Gesetzes, in: DStR 1986, S. 451-457.

Heuer, Gerhard: [in: Herrmann/Heuer/Raupach, EStG/KStG 1998] § 6 EStG, in: Herrmann, Carl/Heuer, Gerhard/Raupach, Arndt: Einkommensteuer- und Körperschaftsteuergesetz, Kommentar, begr. von Mrozek, Alfons/ Kennerknecht, Albert, fortgef. von Heuer, Gerhard/Herrmann, Carl, hrsg. von Raupach, Arndt, Loseblattwerk, 21. Aufl., Köln 1950/96, Stand: Juli 1998.

Hey, Friedrich E. F.: [Gesellschafterfremdfinanzierung 1995] Gesellschafterfremdfinanzierung. Der Anwendungserlaß zu § 8a KStG, in: RIW 1995, S. 304-315.

Hintzen, Lothar: [Anerkennung ausländischer Gesellschaften 1971] Die Anerkennung ausländischer Personengesellschaften als Kapitalgesellschaften nach deutschem Steuerrecht, in: DStR 1971, S. 327-334.

Hintzen, Lothar: [Ausländische körperschaftsteuerpflichtige Personengesellschaften 1974] Zur Qualifikation ausländischer körperschaftsteuerpflichtiger Personengesellschaften, in: StuW 1974, S. 319-326.

Höfer, Johannes: [Doppelbesteuerungsabkommen 1997] Deutsche Doppelbesteuerungsabkommen – Grundlagen und aktuelle steuerpolitische Entwicklungen, in: Klein, Franz/Stihl, Hans Peter/Wassermeyer, Franz (Hrsg.): Unternehmen Steuern, Festschrift für Hans Flick zum 70. Geburtstag, Köln 1997, S. 805-816.

Höhn, Ernst: [Auslegung 1995] Zweck(e) des Steuerrechts und Auslegung, in: Lang, Joachim (Hrsg.): Die Steuerrechtsordnung in der Diskussion, Festschrift für Klaus Tipke zum 70. Geburtstag, Köln 1995, S. 213-236.

Horlemann, Heinz-Gerd: [Erwiderung und Ergänzung 1995] Änderung der Ermittlung der Einkünfte aus Kapitalvermögen und Abzug ausländischer Quellensteuern gem. § 34c Abs. 2 EStG, – Erwiderung und Ergänzung zu Lickteig in DStR 1995, 792 –, in: DStR 1995, S. 1536-1537.

Horn, Norbert: [in: Heymann, HGB 1996] §§ 230, 231, 232 HGB, in: Horn, Norbert (Hrsg.): Heymann, Handelsgesetzbuch (ohne Seerecht), Kommentar, Band 2, §§ 105-237 HGB, Berlin u. a. 1996.

Horn, Wilhelm/Maertins, Jan: [Atypische stille Beteiligung an der GmbH 1994] Die steuerliche atypische stille Beteiligung an der GmbH, in: GmbHR 1994, S. 147-152.

Hornung, Klaus: [in: HdB 1998] Stille Gesellschaft, Stichwort Nr. 127a, in: Federmann, Rudolf (Hrsg.): Handbuch der Bilanzierung, Freiburg i. Br., Loseblattwerk, Stand: August 1998.

Huber, Ulrich: [Vermögensanteil 1970] Vermögensanteil, Kapitalanteil und Gesellschaftsanteil an Personalgesellschaften des Handelsrechts, Heidelberg 1970.

Huffer, Henning: [Partiarisches Geschäft 1971] Das partiarische Geschäft als Rechtstypus: zugleich eine Studie über die Grundlagen der Typuslehre, München 1971.

Hüttemann, Ulrich: [in: HdJ 1998] Abt. III/8: Die Verbindlichkeiten, in: v. Wysocki, Klaus/Schulze-Osterloh, Joachim (Hrsg.): Handbuch des Jahresabschlusses in Einzeldarstellungen (HdJ), Kommentar, Loseblattwerk, 2. Aufl., Köln 1984/92, Stand: Juli 1998.

Institut der Wirtschaftsprüfer in Deutschland e.V. (Hrsg.): [WP-Handbuch 1992] Wirtschaftsprüfer-Handbuch 1992, Handbuch für Rechnungslegung, Prüfung und Beratung, Band I, 10. Aufl., Düsseldorf 1992.

Jacobs, Otto H. (Hrsg.): [Internationale Unternehmensbesteuerung 1999] Internationale Unternehmensbesteuerung, 4. Aufl., München 1999.

Jakob, Wolfgang: [Mitunternehmerschaft 1986] Die Mitunternehmerschaft in der Form der sogenannten atypisch stillen Gesellschaft, in: BB 1986, S. 1615-1622.

Janssen, Bernhard: [§ 8a KStG 1997] § 8a KStG – Zweck der Vorschrift und Kritik ihrer Ausgestaltung –, Göttingen 1997.

Janssen, Bernhard: [Fremdkapital 1997] Der Begriff des Fremdkapitals in § 8a KStG, in: DB 1997, S. 1589-1593.

Janssen, Bernhard: [Gesellschafterfremdfinanzierung 1997] Gesellschafterfremdfinanzierung. Neue Aspekte bei der praktischen Anwendung von § 8a KStG, in: RIW 1997, S. 666-674.

Janssen, Bernhard: [Gewinnabhängig und gewinnunabhängig verzinste Darlehen 1997] Abgrenzung zwischen gewinnabhängig und gewinnunabhängig verzinsten Darlehen bei § 8a KStG, in: FR 1997, S. 333-336.

Jebens, Philipp: [Stille Beteiligung 1996] Die stille Beteiligung an einer Kapitalgesellschaft, in: BB 1996, S. 701-708.

Jestädt, Gottfried: [Partiarisches Darlehen 1993] Partiarisches Darlehen oder Stille Gesellschaft?, in: DStR 1993, S. 387-390.

Kaldenbach, Peter/Löhr, Dirk: [Bilanzierung stiller Beteiligungen 1997] Bilanzierung stiller Beteiligungen bei negativem Kapitalkonto im Konzernabschluß, in: BB 1997, S. 1089-1092.

Kaminski, Bert: [Dividendenausschüttungen 1997] Kapitalertragsteuer bei Dividendenausschüttungen an EG-Muttergesellschaften, in: SteuerStud 1997, S. 168-171.

Kappe, Klaus: [US-Personengesellschaften 1987] Besteuerung von Gewinnanteilen aus US-Personengesellschaften und Zinsen aus Gesellschafterdarlehen nach dem DBA-USA, in: DStR 1987, S. 479-482.

Karrenbauer, Michael: [in: Küting/Weber, HdR 1995] § 253 HGB, in: Küting, Karlheinz/Weber, Claus-Peter (Hrsg.): Handbuch der Rechnungslegung, Band Ia, 4. Aufl., Stuttgart 1995.

Kaufmann, Jürgen F.: [Sonderprobleme 1994] Sonderprobleme bei der Anrechnung schweizerischer Steuern auf die deutsche Einkommen- und Körperschaftsteuer, in: IStR 1994, S. 419-421.

Kempermann, Michael: [Abfärbetheorie 1995] „Abfärbetheorie" gilt auch bei atypisch stiller Gesellschaft (§ 15 Abs. 3 Nr. 1 EStG), in: FR 1995, S. 20-22.

Kessler, Wolfgang: [DBA-Schachtelprivileg 1994] DBA-Schachtelprivileg und § 3c EStG – Steuerwirkungen der unterschiedlichen Lösungsalternativen, in: IStR 1994, S. 299-304.

Keßler, Ernst: [in: Staudingers Kommentar zum BGB 1991] Vorbem. zu § 705 BGB, in: Staudingers Kommentar zum Bürgerlichen Gesetzbuch mit Einführungsgesetz und Nebengesetzen, begr. von Staudinger, Julius von, 2. Buch, Recht der Schuldverhältnisse, §§ 652-740, 12. Aufl., Berlin 1991.

Kieschke, Hans-Ulrich: [Haushaltsbegleitgesetz 1983] Der abgabenrechtliche Teil des Haushaltsbegleitgesetzes 1983, in: DStZ 1983, S. 4-16.

Kießling, Heinz/Pelikan, Horst/Jäger, Birgit: [Körperschaftsteuer 1995] Körperschaftsteuer, 14. Aufl., Achim 1995.

Klauss, Herbert/Mittelbach, Rolf: [Stille Gesellschaft 1980] Die stille Gesellschaft: Gesellschaftsrecht, Steuerrecht, 2. Aufl., Ludwigshafen 1980.

Kluge, Volker: [Anerkennung ausländischer Gesellschaften 1976] Die Anerkennung ausländischer Gesellschaften im deutschen Steuerrecht, in: DStR 1976, S. 365-369.

Kluge, Volker: [Deutsches Internationales Steuerrecht 1992] Das deutsche Internationale Steuerrecht, 3. Aufl., München 1992.

Kneip, Christoph: [Mitunternehmer 1994] Der einkommensteuerrechtliche Mitunternehmer, Stuttgart 1994.

Knobbe-Keuk, Brigitte: [Gesellschaftsanteile 1979] Gesellschaftsanteile in Handels- und Steuerbilanz, in: AG 1979, S. 293-306.

Knobbe-Keuk, Brigitte: [§ 15a EStG 1981] Der neue § 15a EStG – ein Beispiel für den Gesetzgebungsstil unserer Zeit, in: StuW 1981, S. 97-105.

Knobbe-Keuk, Brigitte: [Fremdfinanzierung 1982] Die Fremdfinanzierung inländischer Kapitalgesellschaften durch nichtanrechnungsberechtigte Anteilseigner – Kritik des § 8a KStÄndGE 1982 –, in: StuW 1982, S. 201-222.

Knobbe-Keuk, Brigitte: [Rangrücktrittsvereinbarung 1983] Stille Beteiligung und Verbindlichkeiten mit Rangrücktrittsvereinbarung im Überschuldungsstatus und in der Handelsbilanz des Geschäftsinhabers, in: ZIP 1983, S. 127-131.

Knobbe-Keuk, Brigitte: [Mitunternehmerschaft 1986] Gesellschaft und Mitunternehmerschaft, in: StuW 1986, S. 106-117.

Knobbe-Keuk, Brigitte: [Qualifikationskonflikte 1991] „Qualifikationskonflikte" im internationalen Steuerrecht der Personengesellschaften, in: RIW 1991, S. 306-316.

Knobbe-Keuk, Brigitte: [Körperschaftsteuerpflicht 1992] Körperschaftsteuerpflicht einer AG nach liechtensteinischem Recht mit Geschäftsleitung im Inland, in: DB 1992, S. 2067-2071.

Knobbe-Keuk, Brigitte: [Unternehmenssteuerrecht 1993] Bilanz- und Unternehmenssteuerrecht, 9. Aufl., Köln 1993.

Koenigs, Folkmar: [Stille Gesellschaft 1961] Die stille Gesellschaft, Berlin 1961.

Köhler, Franz: [Betriebstättenprinzip 1991] Das Betriebsstättenprinzip im Recht der deutschen Doppelbesteuerungsabkommen bei Mitunternehmerschaftsgebilden, in: RIW 1991, S. 1024-1038.

Köhler, Franz: [Anrechnung und Abzug 1993] Anrechnung und Abzug ausländischer Steuern vom Einkommen nach § 34c Abs. 1 und 3 EStG, in: FR 1993, S. 489-494.

Köhler, Roland: [Sonderposten mit Rücklageanteil 1997] Sonderposten mit Rücklageanteil, Grundsätze – Buchtechnische Verrechnung – Steuerliche Aspekte, in: StBp 1997, S. 249-253 (Teil I) und S. 285-289 (Teil II).

Köhler, Stefan: [Hinzurechnungsbesteuerung 1994] Trendwende in der Hinzurechnungsbesteuerung?, in: RIW 1994, S. 663-676.

Korn, Klaus: [Kapitalgesellschafter-Fremdfinanzierungen 1993] Kapitalgesellschafter-Fremdfinanzierungen – Reichweite des § 8a KStG und Beratungserwägungen –, in: DStZ 1993, S. 737-742.

Köster, Beate-Katrin: [Internationale Schachtelvergünstigungen 1994] Die Ausweitung internationaler Schachtelvergünstigungen durch § 8b KStG für unbeschränkt steuerpflichtige Körperschaften, in: GmbHR 1994, S. 674-682.

Krabbe, Helmut: [Berücksichtigung ausländischer Steuer 1980] Berücksichtigung ausländischer Steuern vom Einkommen bei der deutschen Besteuerung, in: BB 1980, S. 1146-1150.

Krabbe, Helmut: [Besteuerung von Sondervergütungen 1981] Besteuerung von Sondervergütungen an beschränkt steuerpflichtige Gesellschafter inländischer Personengesellschaften, in: FR 1981, S. 393-395.

Krabbe, Helmut: [Ausländische Verluste 1983] Steuerliche Behandlung ausländischer Verluste nach § 2a EStG, in: RIW 1983, S. 42-46.

Krabbe, Helmut: [Gesellschafterfremdfinanzierung 1984] Maßnahmen gegen unangemessene Gesellschafterfremdfinanzierung und das Recht der Doppelbesteuerungsabkommen, in: RIW 1984, S. 127-130.

Krabbe, Helmut: [Verlustausgleichsbeschränkungen 1992] Erweiterung der Verlustausgleichsbeschränkungen nach § 2a EStG durch das Steueränderungsgesetz 1992, in: IStR 1992, S. 57-59.

Krabbe, Helmut: [Betriebsausgaben 1994] Betriebsausgaben im Zusammenhang mit ausländischen Schachtelbeteiligungen, in: DB 1994, S. 242-245.

Krabbe, Helmut: [Freistellung 1996] Freistellung und Mißbrauchsbekämpfung, in: Vogel, Klaus (Hrsg.): Freistellung im internationalen Steuerrecht, München 1996, S. 39-47.

Krabbe, Helmut: [in: Blümich, EStG 1998] §§ 1a, 2a, 34c, 34d, 49, 50 EStG, in: Blümich: EStG · KStG · GewStG, Kommentar, hrsg. von Ebling, Klaus, Loseblattwerk, München, Stand: April 1998.

Krabbe, Helmut: [in: Lademann, EStG 1998] §§ 1, 10 AStG, in: Lademann, Fritz (Hrsg.): Kommentar zum Einkommensteuergesetz, Loseblattwerk, 4. Aufl., Stuttgart u. a. 1997, Stand: Mai 1998.

Kramer, Jörg-Dietrich: [in: Debatin/Wassermeyer, DBA 1998] Art. 4 DBA-Frankreich, in: Debatin, Helmut/Wassermeyer, Franz (Hrsg.): Doppelbesteuerung, Kommentar zu allen deutschen Doppelbesteuerungsabkommen, begr. von Korn, Rudolf/Dietz, Georg, Loseblattwerk, München, Stand: Juli 1998.

Krüger, Dirk: [Ausländische Verluste 1996] Ausländische Verluste und inländische Besteuerung, in: Generalthema Globale Unternehmenstätigkeit und inländische Besteuerung: Bericht über die Steuerfachtagung 1996 des Instituts der Wirtschaftsprüfer in Deutschland e. V., 26. September in Neuss, Düsseldorf 1996, S. 15-27.

Krüger, Dirk: [Nachversteuerung von Auslandsverlusten 1997] Die atypisch stille Gesellschaft als Instrument zur Vermeidung der Nachversteuerung von Auslandsverlusten, in: Burmester, Gabriele/Endres, Dieter (Hrsg.): Außensteuerrecht, Doppelbesteuerungsabkommen und EU-Recht im Spannungsverhältnis, Festschrift für Helmut Debatin zum 70. Geburtstag, München 1997, S. 267-281.

Kruse, Heinrich Wilhelm: [in: Tipke/Kruse, AO/FGO 1998] §§ 4, 8, 9, 10, 11, 140 AO, in: Tipke, Klaus/Kruse, Heinrich Wilhelm: Abgabenordnung/Finanzgerichtsordnung, Kommentar zur AO 1977 und FGO (ohne Steuerstrafrecht), Loseblattwerk, 16. Aufl., Köln 1996, Stand: September 1998.

Kühn, Wolfgang: [in: Münchener Handbuch 1991] §§ 14, 17 StG, in: Riegger, Bodo/Weipert, Lutz (Hrsg.): Münchener Handbuch des Gesellschaftsrechts, Band 2, Kommanditgesellschaft, Stille Gesellschaft, München 1991.

Kühnle, Horst: [Partiarisches Darlehen 1967] Stille Gesellschaft und partiarisches Darlehen, Köln 1967.

Küspert, Klaus: [Sondervergütungen 1988] Sondervergütungen inländischer Personengesellschafter nach dem DBA-USA, in: RIW 1988, S. 461-468.

Kußmaul, Heinz: [Unternehmerkinder 1983] Unternehmerkinder. Ihre zivil- und steuerrechtliche Berücksichtigung in personenbezogenen, mittelständischen Familienunternehmen, Köln u. a. 1983.

Kußmaul, Heinz: [Nutzungsrechte 1987] Nutzungsrechte an Grundstücken in Handels- und Steuerbilanz, Hamburg 1987.

Kußmaul, Heinz: [Vermögensgegenstände 1987] Sind Nutzungsrechte Vermögensgegenstände bzw. Wirtschaftsgüter?, in: BB 1987, S. 2053-2065.

Kußmaul, Heinz: [StBKgR 1990] Arbeitskreis II: Betriebswirtschaftliche Beratungsempfehlungen zur Finanzierung mittelständischer Unternehmen, in: Bundessteuerberaterkammer (Hrsg.): Steuerberaterkongreß-Report 1990, Deutscher Steuerberaterkongreß 1990 der Bundessteuerberaterkammer, Ansprachen, Referate, Diskussionen, München 1991, S. 179-295.

Kußmaul, Heinz: [Ansatz und Bewertung 1992] Ansatz und Bewertung im handels- und steuerrechtlichen Jahresabschluß, in: StB 1992, S. 455-458 (Teil I).

Kußmaul, Heinz: [Ansatz und Bewertung 1993] Ansatz und Bewertung im handels- und steuerrechtlichen Jahresabschluß, in: StB 1993, S. 13-16 (Teil II) und S. 57-63 (Teil III).

Kußmaul, Heinz: [in: Küting/Weber, HdR 1995] Bilanzierungsfähigkeit und Bilanzierungspflicht, in: Küting, Karlheinz/Weber, Claus-Peter (Hrsg.): Handbuch der Rechnungslegung, Band Ia, 4. Aufl., Stuttgart 1995.

Kußmaul, Heinz: [in: StBKgR 1995] Steueroptimierung in Familienunternehmen, in: Bundessteuerberaterkammer (Hrsg.): Steuerberaterkongreß-Report 1995, Deutscher Steuerberaterkongreß 1995 der Bundessteuerberaterkammer, Ansprachen, Referate, Diskussionen, München 1995, S. 205-251.

Kußmaul, Heinz: [Familiengesellschaften 1998] Familiengesellschaften – Motive, Probleme, Gestaltungsbereiche –, in: Bünz, Vincent/Heinsius, Ernst W.: Familiengesellschaften in Recht und Praxis, Loseblattwerk, Freiburg i. Br., Stand: November 1998.

Kußmaul, Heinz: [in: HdB 1998] Nutzungen/Nutzungsrechte, Stichwort Nr. 91, in: Federmann, Rudolf (Hrsg.): Handbuch der Bilanzierung, Freiburg i. Br., Loseblattwerk, Stand: August 1998.

Kußmaul, Heinz: [Steuerlehre 1998] Betriebswirtschaftliche Steuerlehre: Arbeitsbuch, München u. a. 1998.

Kußmaul, Heinz/Wegener, Wolfgang: [Steueroptimale Gestaltungen 1995] Aktuelle Aspekte steueroptimaler Gestaltungen in Familienunternehmen, in: StB 1995, S. 414-428.

Küting, Karlheinz: [in: Küting/Weber, HdR 1995] § 271 HGB, in: Küting, Karlheinz/Weber, Claus-Peter (Hrsg.): Handbuch der Rechnungslegung, Band Ia, 4. Aufl., Stuttgart 1995.

Küting, Karlheinz/Kessler, Harald: [Eigenkapitalähnliche Mittel 1994] Eigenkapitalähnliche Mittel in der Handelsbilanz und im Überschuldungsstatus, in: BB 1994, S. 2103-2121.

Küting, Karlheinz/Kessler, Harald: [in: Küting/Weber, HdR 1995] § 272 HGB, in: Küting, Karlheinz/Weber, Claus-Peter (Hrsg.): Handbuch der Rechnungslegung, Band Ia, 4. Aufl., Stuttgart 1995.

Lambrecht, Claus: [Beschränkte und unbeschränkte Steuerpflicht 1986] Die beschränkte und unbeschränkte Steuerpflicht im Bereich der U.S.-amerikanischen Bundessteuern, in: StuW 1986, S. 274-286.

Lang, Joachim: [in: JbFfSt 1984/85] Verdeckte Gewinnausschüttungen bei verbundenen Unternehmen, in: Jahrbuch der Fachanwälte für Steuerrecht 1984/85, Aktuelle steuerrechtliche Beiträge, Referate und Diskussionen der 35. Steuerrechtlichen Jahresarbeitstagung, Wiesbaden vom 14. bis 16. Mai 1984, Herne/Berlin 1985, S. 515-541.

Lang, Joachim: [in: Tipke/Lang, Steuerrecht 1998] §§ 2, 3, 5, 9, in: Tipke, Klaus/Lang, Joachim, Steuerrecht, 16. Aufl., Köln 1998.

Lang, Michael/Schuch, Josef: [in: Debatin/Wassermeyer, DBA 1998] Art. 11 DBA-Österreich, in: Debatin, Helmut/Wassermeyer, Franz (Hrsg.): Doppelbesteuerung, Kommentar zu allen deutschen Doppelbesteuerungsabkommen, begr. von Korn, Rudolf/Dietz, Georg, Loseblattwerk, München, Stand: Juli 1998.

Lange, Joachim: [in: Lange/Grützner/Kussmann/Reiß, Personengesellschaften 1998] Gründung einer Personengesellschaft, in: Lange, Joachim/Grützner, Dieter/Kussmann, Manfred/Reiß, Wolfram: Personengesellschaften im Steuerrecht, 5. Aufl., Herne/Berlin 1998, S. 406-427.

Lange, Joachim: [in: Lange/Grützner/Kussmann/Reiß, Personengesellschaften 1998] Stille Gesellschaft zwischen Familienangehörigen, in: Lange, Joachim/Grützner, Dieter/Kussmann, Manfred/Reiß, Wolfram: Personengesellschaften im Steuerrecht, 5. Aufl., Herne/Berlin 1998, S. 123-133.

Larenz, Karl: [Methodenlehre 1991] Methodenlehre der Rechtswissenschaft, 6. Aufl., Berlin u. a. 1991.

Lickteig, Elke: [Abzug ausländischer Quellensteuern 1995] Änderung der Ermittlung der Einkünfte aus Kapitalvermögen und Abzug ausländischer Quellensteuern gem. § 34c Abs. 2 EStG, in: DStR 1995, S. 792-795.

Lickteig, Elke: [Duplik auf Horlemann 1995] Änderung der Ermittlung der Einkünfte aus Kapitalvermögen und Abzug ausländischer Quellensteuern gem. § 34c Abs. 2 EStG, – Duplik auf Horlemann –, in: DStR 1995, S. 1536-1537.

Lindberg, Klaus: [Kapitaleinkünfte 1996] Die Besteuerung der Kapitaleinkünfte, München 1996.

Lobis, Eduard: [in: Debatin/Wassermeyer, DBA 1998] Art. 10 DBA-Italien, in: Debatin, Helmut/Wassermeyer, Franz (Hrsg.): Doppelbesteuerung, Kommentar zu allen deutschen Doppelbesteuerungsabkommen, begr. von Korn, Rudolf/Dietz, Georg, Loseblattwerk, München, Stand: Juli 1998.

Lobis, Eduard: [in: Mennel/Förster, Steuern in Europa, Amerika und Asien 1998] Italien, in: Mennel, Annemarie/Förster, Jutta (Hrsg.): Steuern in Europa, Amerika und Asien, Loseblattwerk, Herne/Berlin, Stand: Juni 1998.

Lüdicke, Jürgen: [in: StBKgR 1994] Arbeitskreis IV, Die inländische Betriebsstätte eines ausländischen Unternehmens, in: Bundessteuerberaterkammer (Hrsg.): Steuerberaterkongreß-Report 1994, Deutscher Steuerberaterkongreß 1994 der Bundessteuerberaterkammer, Ansprachen, Referate, Diskussionen, München 1994, S. 217-252.

Lüdicke, Jürgen: [in: StBKgR 1996] Arbeitskreis IV, Neue Entwicklungen zur beschränkten Steuerpflicht – Einflüsse aus dem EU-Gemeinschaftsrecht und aus den Doppelbesteuerungsabkommen, in: Bundessteuerberaterkammer (Hrsg.): Steuerberaterkongreß-Report 1996, Deutscher Steuerberaterkongreß 1996 der Bundessteuerberaterkammer, Ansprachen, Referate, Diskussionen, München 1996, S. 399-436.

Lüdicke, Jürgen: [Merkwürdigkeiten 1996] Merkwürdigkeiten bei der Umsetzung des Schumacker-Urteils des EuGH, in: IStR 1996, S. 111-114.

Lüdicke, Jürgen: [in: JbFfSt 1996/97] Aussprache zu „Grenzüberschreitende Sachverhalte", in: Jahrbuch der Fachanwälte für Steuerrecht 1996/97, Aktuelle steuerrechtliche Beiträge, Referate und Diskussionen der 47. Steuerrechtlichen Jahresarbeitstagung, Wiesbaden vom 20. bis 22. Mai 1996, Herne/Berlin 1997, S. 335-337.

Lüdicke, Jürgen: [in: StBJb 1997/98] Neue Entwicklungen der Besteuerung von Personengesellschaften um internationalen Steuerrecht, in: Steuerberater-Jahrbuch 1997/98, zugleich Bericht über den 49. Fachkongreß der Steuerberater, Köln, 21. und 22. Oktober 1997, Köln 1998, S. 449-492.

Lüdicke, Jürgen: [in: Lademann, EStG 1998] § 49 EStG, in: Lademann, Fritz (Hrsg.): Kommentar zum Einkommensteuergesetz, Loseblattwerk, 4. Aufl., Stuttgart u. a. 1997, Stand: Mai 1998.

Lutter, Marcus: [Genußrechte 1993] Zur Bilanzierung von Genußrechten, in: DB 1993, S. 2441-2446.

Lutter, Marcus: [Europäisches Unternehmensrecht 1996] Europäisches Unternehmensrecht, Grundlagen, Stand und Entwicklung nebst Texten und Materialien zur Rechtsangleichung, 4. Aufl., New York 1996.

Malinski, Peter: [in: Debatin/Wassermeyer, DBA 1998] Art. 10 DBA–Belgien, in: Debatin, Helmut/Wassermeyer, Franz (Hrsg.): Doppelbesteuerung, Kommentar zu allen Doppelbesteuerungsabkommen, begr. vom Korn, Rudolf/Dietz, Georg, Loseblattwerk, München, Stand: Juli 1998.

Manke, Klaus: [in: JbFfSt 1978/79] Personengesellschaften im internationalen Steuerrecht, in: Jahrbuch der Fachanwälte für Steuerrecht 1978/79, Aktuelle steuerrechtliche Beiträge, Referate und Diskussionen der 29. Steuerrechtlichen Jahresarbeitstagung, Wiesbaden vom 8. bis 10. Mai 1978, Herne/Berlin 1979, S. 333-353.

Manke, Klaus: [Angeklagt 1984] Angeklagt: § 2a EStG – Plädoyer für und gegen den Gesetzgeber –, in: DStZ 1984, S. 235-244.

Martinez, José-Alejo Rueda: [in: EU-Handbuch Gesellschaftsrecht 1997] Spanien, in: Hohloch, Gerhard (Hrsg.): EU-Handbuch Gesellschaftsrecht, Loseblattwerk, Herne/Berlin, Stand: 1. Ergänzungslieferung 1997.

Mathiak, Walter: [Anrechnung ausländischer Steuern 1991] Anrechnung ausländischer Steuern – Zur Auslegung des § 34c Abs. 1 EStG, in: FR 1991, S. 735-739.

Mattausch, Hubert: [Konzernfinanzierung 1994] Die internationale Konzernfinanzierung unter dem Einfluß des § 8a KStG, in: Fischer, Lutz (Hrsg.): Wirtschaftsstandort Deutschland im Internationalen Steuerrecht: Standortsicherung, Holding, Zinsabschlag und internationale Finanzinnovationen, Konzernfinanzierung und § 8a KStG, Umsatzsteuer-Binnenmarkt, Betriebsprüfung, Köln 1994, S. 88-112.

Meincke, Jens Peter: [in: Littmann/Bitz/Hellwig, EStG 1998] § 6 EStG, in: Littmann, Eberhard/Bitz, Horst/Hellwig, Peter: Das Einkommensteuerrecht, begr. von Littmann, Eberhard, hrsg. von Bitz, Horst/Hellwig, Peter, Loseblattwerk, 15. Aufl., Stuttgart 1988, Stand: Oktober 1998.

Menck, Thomas: [Grenzüberschreitende Geschäftsaktivitäten 1997] Auswirkungen des EU-Rechts auf grenzüberschreitende Geschäftsaktivitäten deutscher Unternehmen, in: FR 1997, S. 118-119.

Menck, Thomas: [in: Becker/Höppner/Grotherr/Kroppen, DBA 1998] Grundlagen: Qualifikationskonflikte, in: Becker, Helmut/Höppner, Horst-Dieter/Grotherr, Siegfried/Kroppen, Heinz-Klaus (Hrsg.): DBA-Kommentar, Loseblattwerk, Herne/Berlin, Stand: Juni 1998.

Menck, Thomas: [in: Blümich, EStG 1998] §§ 1, 2, 5, 7, 8, 10 AStG, in: Blümich: EStG · KStG · GewStG, Kommentar, hrsg. von Ebling, Klaus, Loseblattwerk, München, Stand: April 1998.

Mösbauer, Heinz: [Übertragung bestimmter Einkunftsquellen 1998] Die Beteiligungsbesteuerung bei Übertragung bestimmter Einkunftsquellen ins niedrigbesteuernde Ausland, in: BB 1998, S. 817-820.

Mössner, Jörg Manfred: [Doppelbesteuerung 1985] Die Methoden zur Vermeidung der Doppelbesteuerung, in: Vogel, Klaus (Hrsg.): Grundfragen des internationalen Steuerrechts, Köln 1985, S. 135-169.

Mössner, Jörg Manfred: [Treaty Overriding 1993] Rechtsschutz beim Treaty Overriding, in: Fischer, Lutz (Hrsg.): Besteuerung internationaler Konzerne, Köln 1993, S. 113-136.

Mössner, Jörg Manfred: [in: Kirchhof/Söhn, EStG 1998] § 2a EStG, in: Kirchhof, Paul/Söhn, Hartmut (Hrsg.): Einkommensteuergesetz, Kommentar, Loseblattwerk, Heidelberg, Stand: Oktober 1998.

Mössner, Jörg Manfred: [in: Mössner u. a., Steuerrecht 1998] Grundlagen, persönliche und sachliche Anknüpfungskriterien, in: Mössner, Jörg Manfred: Steuerrecht international tätiger Unternehmen, Handbuch der Besteuerung von Auslandsaktivitäten inländischer Unternehmen und von Inlandsaktivitäten ausländischer Unternehmen, Köln 1998, S. 51-156.

Müller, Rolf: [Stille Gesellschaft im Abkommensrecht 1996] Die atypisch ausgestaltete stille Gesellschaft im Abkommensrecht, in: IStR 1996, S. 266-275.

Müller, Friedrich: [Juristische Methodik 1995] Juristische Methodik, 6. Aufl., Berlin 1995.

Müller, Hans Peter: [Überschuldungsstatus 1997] Bilanzierungsprobleme bei der Erstellung eines Überschuldungsstatus nach § 19 Abs. 2 InsO, in: Arbeitskreis für Insolvenz- und Schiedsgerichtswesen e. V. (Hrsg.): Kölner Schrift zur Insolvenzordnung: das neue Insolvenzrecht in der Praxis, Herne/Berlin 1997, S. 97-114.

Müller, Thomas: [Beschränkte Einkommensteuerpflicht 1995] Das „Schumacker"-Urteil des EuGH und seine Auswirkungen auf die beschränkte Einkommensteuerpflicht, in: DStR 1995, S. 585-589.

Neu, Norbert: [Einkünfteinfektion 1995] Einkünfteinfektion nach § 15 Abs. 3 Nr. 1 EStG – genügt der Obstkarren?, in: DStR 1995, S. 1893-1898.

Neubert, Hans-Peter/Weinläder, Horst: [Steuerpraxis 1983] GmbH und atypisch stille Gesellschaft in der Steuerpraxis, in: DB 1983, S. 630-633.

Nieland, Michael: [in: Lademann, EStG 1998] § 50 EStG, in: Lademann, Fritz (Hrsg.): Kommentar zum Einkommensteuergesetz, Loseblattwerk, 4. Aufl., Stuttgart u. a. 1997, Stand: Mai 1998.

Oho, Wolfgang/Schneider, Jutta/Behrens, Stefan: [Atypisch stille Beteiligung 1996] Keine Umqualifizierung von an einen ausländischen Anteilseigner gezahlten Darlehenszinsen gem. § 8a KStG bei gleichzeitiger atypisch stiller Beteiligung, in: DB 1996, S. 2516-2520.

Paulick, Heinz/Blaurock, Uwe: [Handbuch 1988 (Altauflage)] Handbuch der stillen Gesellschaft. Systematische Darstellung in gesellschaftsrechtlicher und steuerrechtlicher Sicht, 4. Aufl., Köln 1988.

Paulick, Heinz/Blaurock, Uwe: [Handbuch 1998] Handbuch der Stillen Gesellschaft: Gesellschaftsrecht, Steuerrecht, begr. von Heinz Paulick, fortgef. von Uwe Blaurock, 5. Aufl., Köln 1998.

Paulick, Heinz: [Einmann-GmbH Stille Gesellschaft 1982] Die Einmann-GmbH Stille Gesellschaft (StG) im Steuerrecht, in: GmbHR 1982, S. 237-242.

Paulick, Heinz: [Handbuch 1981 (Altauflage)] Handbuch der stillen Gesellschaft. Systematische Darstellung in gesellschaftsrechtlicher und steuerrechtlicher Sicht, 3. Aufl., Köln 1981.

Peusquens, Herbert: [Mitunternehmerschaft im Ausland 1980] Beteiligung an Mitunternehmerschaft im Ausland, in: BB 1980, S. 255-257.

Pezzer, Heinz Jürgen: [in: Tipke/Lang, Steuerrecht 1998] § 11, in: Tipke, Klaus/Lang, Joachim, Steuerrecht, 16. Aufl., Köln 1998.

Piltz, Detlev J.: [Personengesellschaften 1981] Die Personengesellschaften im internationalen Steuerrecht der Bundesrepublik Deutschland, Heidelberg 1981.

Piltz, Detlev J.: [Unbeschränkte Körperschaftsteuerpflicht 1990] Unbeschränkte Steuerpflicht ausländischer Kapitalgesellschaften, in: FR 1990, S. 608-609.

Piltz, Detlev J.: [Qualifikationskonflikte 1993] Qualifikationskonflikte im internationalen Steuerrecht unter besonderer Berücksichtigung von Personengesellschaften, in: Lutz, Fischer (Hrsg.): Besteuerung internationaler Konzerne, Köln 1993, S. 21-47.

Piltz, Detlev J.: [Hybride Finanzierungen 1995] Hybride Finanzierungen in Doppelbesteuerungsabkommen, in: Piltz, Detlev J./Schaumburg, Harald (Hrsg.): Unternehmensfinanzierung im Internationalen Steuerrecht, Köln 1995, S. 125-144.

Piltz, Detlev J.: [in: Debatin/Wassermeyer, DBA 1998] Art. 7 OECD-MA, in: Debatin, Helmut/Wassermeyer, Franz (Hrsg.): Doppelbesteuerung, Kommentar zu allen deutschen Doppelbesteuerungsabkommen, begr. von Korn, Rudolf/Dietz, Georg, Loseblattwerk, München, Stand: Juli 1998.

Piltz, Detlev J.: [in: Mössner u. a., Steuerrecht 1998] Inländische Personengesellschaften mit ausländischen Gesellschaftern, in: Mössner, Jörg Manfred: Steuerrecht international tätiger Unternehmen, Handbuch der Besteuerung von Auslandsaktivitäten inländischer Unternehmen und von Inlandsaktivitäten ausländischer Unternehmen, Köln 1998, S. 792-833.

Pöllath, Reinhard: [in: Vogel, DBA 1996] Art. 11 DBA-MA, in: Vogel, Klaus: Doppelbesteuerungsabkommen der Bundesrepublik Deutschland auf dem Gebiet der Steuern vom Einkommen und Vermögen, Kommentar auf der Grundlage der Musterabkommen, 3. Aufl., München 1996.

Portner, Rosemarie: [Doppelbesteuerungsabkommen 1996] Vereinbarkeit des § 8a EStG mit den Doppelbesteuerungsabkommen, in: IStR 1996, S. 23-30 (Teil I) und S. 66-70 (Teil II).

Portner, Rosemarie: [in: Becker/Höppner/Grotherr/Kroppen, DBA 1998] Art. 11, 12 OECD-MA, in: Becker, Helmut/Höppner, Horst-Dieter/Grotherr, Siegfried/Kroppen, Heinz-Klaus (Hrsg.): DBA-Kommentar, Loseblattwerk, Herne/Berlin, Stand: Juni 1998.

Portner, Rosemarie: [in: Lademann, EStG 1998] § 2a EStG, in: Lademann, Fritz (Hrsg.): Kommentar zum Einkommensteuergesetz, Loseblattwerk, 4. Aufl., Stuttgart u. a. 1997, Stand: Mai 1998.

Post, Manfried/Hoffmann, Günther F.: [Stille Beteiligung 1984] Die stille Beteiligung am Unternehmen der Kapitalgesellschaft – GmbH & Still – Recht, Steuer, Betriebswirtschaft, 2. Aufl., Bielefeld 1984.

Prinz, Ulrich: [Beratungspraxis 1995] Ausgewählte Problemfälle zu § 8a KStG aus der Beratungspraxis, in: Herzig, Norbert (Hrsg.): Gesellschafter-fremdfinanzierung und Beteiligung an ausländischen Gesellschaften im Körperschaftsteuerrecht: Anwendungspraxis der §§ 8a und 8b KStG, Köln 1995, S. 39-106.

Prinz, Ulrich: [Gegenthesen 1995] § 8a KStG: Gegenthesen zum Anteilseignerbegriff von Wassermeyer, in: IStR 1995, S. 378-380.

Prinz, Ulrich: [Veranlassungsprinzip 1996] Grundfragen und Anwendungsbereiche des Veranlassungsprinzips im Ertragsteuerrecht, in: StuW 1996, S. 267-274.

Prinz, Ulrich/Breuninger, Gottfried E.: [Ausländische Personengesellschaften 1997] Steuergestaltungen mit ausländischen Personengesellschaften, in: IWB, Fach 10, International, Gruppe 2, Loseblattwerk, 17. Aufl., Herne/Berlin 1994, Stand: Juni 1998, S. 1293-1310.

Probst, Ulrich: [in: Flick/Wassermeyer/Becker, Außensteuerrecht 1998] § 2a EStG, in: Flick, Hans/Wassermeyer, Franz/Becker, Helmut: Kommentar zum Außensteuerrecht, Loseblattwerk, 6. Aufl., Köln 1997, Stand: Juni 1998.

Prokisch, Rainer: [in: Vogel, DBA 1996] Art. 15 OECD-MA, in: Vogel, Klaus: Doppelbesteuerungsabkommen der Bundesrepublik Deutschland auf dem Gebiet der Steuern vom Einkommen und Vermögen, Kommentar auf der Grundlage der Musterabkommen, 3. Aufl., München 1996.

Pyszka, Tillmann: [Gefährdung des Holdingprivilegs 1997] Gesellschafter-Fremdfinanzierung (§ 8a KStG): Gefährdung des Holdingprivilegs bei vorübergehendem Ausweis eines nicht durch Eigenkapital gedeckten Fehlbetrags in der Handelsbilanz?, in: IStR 1997, S. 298-300.

Pyszka, Tillmann: [Holding- und Schachtelprivileg 1997] Das Holding- und Schachtelprivileg des § 8b Abs. 4 KStG für Auslandsbeteiligungen im inländischen Betriebsvermögen eines beschränkt körperschaftsteuerpflichtigen Mitunternehmers, in: IStR 1997, S. 684-687.

Rasner, Henning: [Atypische stille Gesellschaft 1961] Die atypische stille Gesellschaft, ein Institut des Gesellschaftsrechts, Bielefeld 1961.

Raupach, Arndt: [Doppelansässigkeit 1996] Steuerliche Folgen der Doppelansässigkeit, in: Haarmann, Wilhelm (Hrsg.): Unternehmensstrukturen und Rechtsformen im Internationalen Steuerrecht, Köln 1996, S. 28-62.

Regnery, Bernhard/Scherer, Thomas B.: [Konzernfinanzierung 1994] Internationale Konzernfinanzierung – § 8a Abs. 1 Satz 2 KStG, in: IStR 1994, S. 528-530.

Regnery, Peter: [Bankeneigenkapital 1994] Bankenaufsicht, Bankeneigenkapital und Wettbewerb. Die Eigenkapitaldefinition nach der Vierten KWG-Novelle und der Einfluß auf die Wettbewerbsfähigkeit deutscher Kreditinstitute, Stuttgart 1994.

Reichert, Gudrun: [Anrechnung 1997] Anrechnung, Abzug oder Pauschalierung ausländischer Steuer? – Entscheidungsregeln für die Ausübung des Wahlrechts gemäß § 34c EStG, in: DB 1997, S. 131-136.

Reinhard, Herbert: [in: Küting/Weber, HdR 1995] § 247 HGB, in: Küting, Karlheinz/Weber, Claus-Peter (Hrsg.): Handbuch der Rechnungslegung, Band Ia, 4. Aufl., Stuttgart 1995.

Reusch, Peter: [Eigenkapital 1989] Eigenkapital und Eigenkapitalersatz im Rahmen der stillen Gesellschaft, in: BB 1989, S. 2358-2367.

Reuter, Hans Peter: [Körperschaftsteuerliches Schachtelprivileg 1995] Der neue § 8b KStG mit weitreichenden Regelungen für das körperschaftsteuerliche Schachtelprivileg, in: AG 1995, S. 459-462.

Ritzrow, Manfred: [Stille Gesellschaft mit Familienangehörigen 1996] Die typisch stille Gesellschaft mit Familienangehörigen – Überblick über die Rechtsprechung des BFH –, in: StBp 1996, S. 239-243.

Rohrlack-Soth, Lars/Kaufmann, Jürgen F.: [Besteuerung französischer Gesellschaften 1992] Besteuerung französischer Gesellschaften und ihrer deutschen Anteilseigner, in: IStR 1992, S. 95-98 (Teil I).

Rohrlack-Soth, Lars/Kaufmann, Jürgen F.: [Besteuerung französischer Gesellschaften 1993] Besteuerung französischer Gesellschaften und ihrer deutschen Anteilseigner, in: IStR 1993, S. 6-11 (Teil II).

Rose, Gerd: [Grundzüge 1995] Betrieb und Steuer: Grundlagen zur betriebswirtschaftlichen Steuerlehre, Buch 5, Grundzüge des internationalen Steuerrechts, 3. Aufl., Wiesbaden 1995.

Ruban, Reinhild: [Ertragsteuerrecht 1995] Die atypische stille Gesellschaft im Ertragsteuerrecht – Tendenzen in der neueren Rechtsprechung des Bundesfinanzhofes, in: DStZ 1995, S. 637-646.

Rupp, Thomas: [Auslandsbesteuerung 1994] Auslandsbesteuerung. Die Anwendung der Doppelbesteuerungsabkommen und der ergänzenden Vorschriften des deutschen Steuerrechts, Bonn 1994.

Saathoff, Jan: [Verlustberücksichtigung 1998] Steueroase Deutschland? Verlustberücksichtigung und Besteuerung von Vermögenszuwächsen im internationalen Vergleich, in: FR 1998, S. 917-934.

Safarik, Frantisek J.: [in: Debatin/Wassermeyer, DBA 1998] Art. 10 DBA-Tschechien, in: Debatin, Helmut/Wassermeyer, Franz (Hrsg.): Doppelbesteuerung, Kommentar zu allen deutschen Doppelbesteuerungsabkommen, begr. von Korn, Rudolf/Dietz, Georg, Loseblattwerk, München, Stand: Juli 1998.

Saß, Gert: [Regelungen für Ausländer 1996] Die Regelungen für Ausländer nach dem Jahressteuergesetz 1996 vor dem Hintergrund des „Schumacker-Urteils" des EuGH, in: DB 1996, S. 295-298.

Saß, Gert: [Grundzüge 1997] Grundzüge des Internationalen Steuerrechts, Baden-Baden 1997.

Schaumburg, Harald: [Internationales Steuerrecht 1998] Internationales Steuerrecht: Außensteuerrecht, Doppelbesteuerungsrecht, 2. Aufl., Köln 1998.

Scheffler, Wolfram: [Betriebswirtschaftliche Analyse 1993] Betriebswirtschaftliche Analyse des Wahlrechts zwischen Anrechnung und Abzug ausländischer Steuern nach dem Steueränderungsgesetz 1992, in: DB 1993, S. 845-851.

Schelle, Diether/Gross, Ekkehard: [in: Wöhrle/Schelle/Gross, AStG 1997] § 1 AStG/VG, § 2 AStG, in: Wöhrle, Winfried/Schelle, Diether/Gross, Ekkehard: Außensteuergesetz (AStG), Kommentar, Loseblattwerk, Stuttgart, Stand: September 1997.

Schieber, Paul-Hermann: [in: Debatin/Wassermeyer, DBA 1998] Vor Art. 10-12, Anlage zu Art. 10-12, Art. 15 OECD-MA, in: Debatin, Helmut/Wassermeyer, Franz (Hrsg.): Doppelbesteuerung, Kommentar zu allen deutschen Doppelbesteuerungsabkommen, begr. von Korn, Rudolf/Dietz, Georg, Loseblattwerk, München, Stand: Juli 1998.

Schlütter, Egon: [Personengesellschaft 1985] Personengesellschaft oder Körperschaft? – Aktuelle Qualifikationsfragen –, in: Vogel, Klaus (Hrsg.): Grundfragen des Internationalen Steuerrechts, Köln 1985, S. 215-234.

Schmidt, Christian: [Atypisch stille Gesellschaft 1996] Die atypisch stille Gesellschaft im deutschen Internationalen Steuerrecht – Wie begründet ist die herrschende Meinung?, in: IStR 1996, S. 213-223.

Schmidt, Christian: [Rechtsfähige ausländische Personengesellschaften 1996] Zur DBA-Anwendung und inländischen Steuerpflicht bei im Sitzstaat rechtsfähigen ausländischen Personengesellschaften, in: IStR 1996, S. 14-23.

Schmidt, Karsten: [in: Schlegelberger, HGB 1986] § 335 (§ 230 n. F.), § 336 (§ 231 n. F.), § 337 (§ 232 n. F.) HGB, in: Schlegelberger: Handelsgesetzbuch, Kommentar von Geßler, Ernst/Hefermehl, Wolfgang/Hildebrand, Wolfgang/Schröder, Georg/Martens, Klaus-Peter/Schmidt, Karsten, Band III, 2. Halbband, §§ 161-177a, §§ 335-342 (§§ 230-237 n. F.), München 1986.

Schmidt, Karsten: [Gesellschaftsrecht 1998] Gesellschaftsrecht, 3. Aufl., Köln u. a. 1998.

Schmidt, Ludwig: [in: Schmidt, EStG 1998] § 15 EStG, in: Schmidt, Ludwig (Hrsg.): Einkommensteuergesetz, 17. Aufl., München 1998.

Schneck, Horst/Hirsch, Christoph J.: [Rechtsfolgen der Fremdfinanzierung 1998] Rechtsfolgen der Fremdfinanzierung inländischer Kapitalgesellschaften durch ausländische Anteilseigner nach § 8a EStG, in: GmbHR 1998, S. 223-229.

Schnicke, Christian/Gutike, Hans-Jochen: [in: Beck Bil-Komm 1995] § 271 HGB, in: Beck'scher Bilanz-Kommentar, der Jahresabschluß nach Handels- und Steuerrecht; Konzernabschluß, Prüfung, Offenlegung; §§ 238 bis 339 HGB, 3. Aufl., München 1995.

Schön, Wolfgang: [Steuerbilanz 1985] Steuerbilanz der atypischen stillen Gesellschaft, in: BB 1985, S. 313-314.

Schoss, Niels-Peter: [in: Lademann, EStG 1998] §§ 2, 5 AStG, in: Lademann, Fritz (Hrsg.): Kommentar zum Einkommensteuergesetz, Loseblattwerk, 4. Aufl., Stuttgart u. a. 1997, Stand: Mai 1998.

Schröder, Siegfried: [Qualifikationskonflikte nach DBA 1989] Abkommensberechtigung und Qualifikationskonflikte nach DBA bei Mitunternehmern, in: StBp 1989, S. 7-12 (Teil I) und S. 25-31 (Teil II).

Schröder, Siegfried: [in: Mössner u. a., Steuerrecht 1998] Gewinnermittlung bei Betriebstätten, in: Mössner, Jörg Manfred: Steuerrecht international tätiger Unternehmen, Handbuch der Besteuerung von Auslandsaktivitäten inländischer Unternehmen und von Inlandsaktivitäten ausländischer Unternehmen, Köln 1998, S. 235-343.

Schücking, Christoph: [in: Münchener Handbuch 1995] § 4 BGB-Gesellschaft, in: Riegger, Bodo/Weipert, Lutz (Hrsg.): Münchener Handbuch des Gesellschaftsrechts, Band 1, BGB-Gesellschaft, Offene Handelsgesellschaft, Partnerschaftsgesellschaft, Partenreederei, EWIV, München 1995.

Schulze zur Wiesche, Dieter: [Gewinnermittlung 1982] Die Gewinnermittlung bei der atypischen GmbH & Still, in: GmbHR 1982, S. 114-117.

Schulze zur Wiesche, Dieter: [Gemischte Tätigkeiten 1986] Gemischte Tätigkeiten einer Personengesellschaft und die vermögensverwaltende GmbH & Co. KG nach § 15 Abs. 3 Nr. 1 und 2 EStG, in: FR 1986, S. 198-202.

Schulze zur Wiesche, Dieter: [Typische GmbH & Still 1991] Ist die typische GmbH & Still tot?, in: GmbHR 1991, S. 533-535.

Schulze zur Wiesche, Dieter: [Bilanzierung 1995] Zur Bilanzierung von typischen stillen Beteiligungen, in: Förschle, Gerhart/Kaiser, Klaus/Moxter, Adolf (Hrsg.): Rechenschaftslegung im Wandel, Festschrift für Wolfgang Dieter Budde, München 1995, S. 579-597.

Schulze zur Wiesche, Dieter: [Jahressteuergesetz 1996] Die Besteuerung von unbeschränkt Steuerpflichtigen und beschränkt Steuerpflichtigen nach dem Jahressteuergesetz 1996, S. 105-100.

Schulze zur Wiesche, Dieter: [Atypisch stille Gesellschaft 1997] Die atypisch stille Gesellschaft, in: FR 1997, S. 405-409.

Schulze zur Wiesche, Dieter: [GmbH & Still 1997] Die GmbH & Still. Eine alternative Gesellschaftsform, 3. Aufl., Heidelberg 1997.

Schulze-Osterloh, Joachim: [Beteiligungen 1979] Beteiligungen an Personengesellschaften unter Berücksichtigung der Besonderheiten von Publikums-Kommanditgesellschaften, in: WPg 1979, S. 629-641.

Schwarz, Hubertus/Fischer-Zernin, Justus: [Treaty Overriding 1992] Deutsches „Treaty Overriding" im Entwurf zum Steueränderungsgesetz 1992, in: RIW 1992, S. 49-53.

Schwebel, Manfred: [in: Dötsch/Eversberg/Jost/Witt, KStG 1998] § 8a KStG, in: Dötsch, Ewald/Eversberg, Horst/Jost, Werner F./Witt, Georg (Hrsg.): Die Körperschaftsteuer, Kommentar zum Körperschaftsteuergesetz und zu den einkommensteuerrechtlichen Vorschriften des Anrechnungsverfahrens Loseblattwerk, Stuttgart, Stand: August 1998.

Schwedhelm, Rolf: [Geschäftsführer 1994] Ist der stille Gesellschafter als Geschäftsführer der GmbH & Still Mitunternehmer?, in: GmbHR 1994, S. 445-448.

Seer, Roman: [Switch-over-Klausel 1997] Grenzen der Zuverlässigkeit eines treaty overridings am Beispiel der Switch-over-Klausel des § 20 AStG, in: IStR 1997, S. 481-486 (Teil I) und S. 520-525 (Teil II).

Seidl-Hohenveldern, Ignaz: [Völkerrecht 1997] Völkerrecht, 9. Aufl., Köln u. a. 1997.

Selling, Heinz-Jürgen: [Handbuch 1985] Handbuch des spanischen Steuerrechts: systematische Darstellung mit Rechenbeispielen, Herne/Berlin 1985.

Selling, Heinz-Jürgen: [in: Debatin/Wassermeyer, DBA 1998] Art. 10, Anh. DBA-Spanien, in: Debatin, Helmut/Wassermeyer, Franz (Hrsg.): Doppelbesteuerung, Kommentar zu allen deutschen Doppelbesteuerungsabkommen, begr. von Korn, Rudolf/Dietz, Georg, Loseblattwerk, München, Stand: Juli 1998.

Sigle, Hermann: [in: Küting/Weber, HdR 1995] § 277 HGB, in: Küting, Karlheinz/Weber, Claus-Peter (Hrsg.): Handbuch der Rechnungslegung, Band Ia, 4. Aufl., Stuttgart 1995.

Söffing, Günter: [Mitunternehmer 1994] Besteuerung der Mitunternehmer, 4. Aufl., Herne/Berlin 1994.

Söffing, Günter: [Nicht gewerblich tätige Personengesellschaft 1994] Beteiligung einer nicht gewerblich tätigen Personengesellschaft an einer gewerblich tätigen Personengesellschaft, in: FR 1994, S. 805-808.

Söffing, Günter/Wrede, Friedrich: [Gesetz zur Änderung des EStG 1980] Das Gesetz zur Änderung des EStG, des KStG und anderer Gesetze, in: FR 1980, S. 365-384 (Teil I) und S. 397-404 (Teil II).

Söffing, Matthias: [in: Lademann, EStG 1998] § 6 EStG, in: Lademann, Fritz (Hrsg.): Kommentar zum Einkommensteuergesetz, Loseblattwerk, 4. Aufl., Stuttgart u. a. 1997, Stand: Mai 1998.

Specht, Jürgen: [Qualifikation 1996] Die Qualifikation von Auslandsverlusten, in: IWB, Fach 3, Deutschland, Gruppe 1, Loseblattwerk, 17. Aufl., Herne/Berlin 1994, Stand: Juni 1998, S. 1511-1520.

Steiniger, Wolfgang: [in: Jura Europae, Gesellschaftsrecht 1995] Dänemark, in: Jura Europae. Das Recht der Länder der Europäischen Gemeinschaft, Gesellschaftsrecht, Band II, Loseblattwerk, München, Stand: Oktober 1995.

Stobbe, Ludwig: [Berücksichtigung von Verlusten 1990] Einkommensteuerliche Berücksichtigung von Verlusten ausländischer Betriebsstätten, in: DStZ 1990, S. 419-422.

Storck, Alfred/Selent, Alexander: [Besteuerung inländischer Beteiligungen 1980] Die Besteuerung inländischer Beteiligungen an ausländischen Mitunternehmerschaften im Ertragsteuerrecht, in: RIW/AWD 1980, S. 332-341.

Streck, Michael: [KStG 1997] Körperschaftsteuergesetz mit Nebengesetzen, 5. Aufl., München 1997.

Strobl, Elisabeth/Schäfer, Karl: [Berücksichtigung von Auslandsverlusten 1993] Berücksichtigung von Auslandsverlusten bei atypisch stiller Gesellschaft, in: IStR 1993, S. 206-212.

Stuhlfelner, Ulrich/Glanegger, Peter: [in: Heidelberger Kommentar 1995] § 230 HGB, in: Heidelberger Kommentar zum Handelsgesetzbuch. Handelsrecht · Bilanzrecht · Steuerrecht. Kommentar zum Handelsgesetzbuch mit den Rechnungslegungsvorschriften nach dem Bilanzrichtlinien-Gesetz und den Steuern der kaufmännischen Personenunternehmen, 4. Aufl., Heidelberg 1995.

Stuhrmann, Gerd: [in: Blümich, EStG 1998] § 15 EStG, in: Blümich: EStG · KStG · GewStG, Kommentar, hrsg. von Ebling, Klaus, Loseblattwerk, München, Stand: April 1998.

Stüttgen, Hans-Gerd: [Gewerbliche Familien-GmbH 1988] Die stille Beteiligung an der gewerblichen Familien-GmbH, Düsseldorf 1988.

Sudhoff, Heinrich/Sudhoff, Martin: [Umwandlung 1984] Stille Beteiligung an einer GmbH und die Umwandlung dieser Beteiligung, in: GmbHR 1984, S. 77-81.

Szep, Christoph: [in: EU-Handbuch Gesellschaftsrecht 1997] Österreich, in: Hohloch, Gerhard (Hrsg.): EU-Handbuch Gesellschaftsrecht, Loseblattwerk, Herne/Berlin, Stand: 1. Ergänzungslieferung 1997.

Thömmes, Otmar: [Beteiligung an ausländischen Gesellschaften 1995] Beteiligung an ausländischen Gesellschaften (§ 8b KStG), in: Herzig, Norbert (Hrsg.): Gesellschafterfremdfinanzierung und Beteiligung an ausländischen Gesellschaften im Körperschaftsteuerrecht: Anwendungspraxis der §§ 8a und 8b KStG, Köln 1995, S. 125-161.

Thömmes, Otmar: [in: JbFfSt 1996/97] Umsetzung der EuGH-Entscheidung in der Rechtssache Schumacker im Jahressteuergesetz 1996, in: Jahrbuch der Fachanwälte für Steuerrecht 1996/97, Aktuelle steuerrechtliche Beiträge, Referate und Diskussionen der 47. Steuerrechtlichen Jahresarbeitstagung, Wiesbaden vom 20. bis 22. Mai 1996, Herne/Berlin 1997, S. 95-115.

Thurmayr, Georg: [Vorgehensweise der Finanzverwaltung 1996] Vorgehensweise der Finanzverwaltung bei der Anrechnung ausländischer Quellensteuern bei Einkünften aus Kapitalvermögen, in: DB 1996, S. 1696-1701.

Tietze, Hubert: [in: Küting/Weber, HdR 1995] § 273 HGB, in: Küting, Karlheinz/Weber, Claus-Peter (Hrsg.): Handbuch der Rechnungslegung, Band Ia, 4. Aufl., Stuttgart 1995.

Tillmanns, Wolfhard: [in: EU-Handbuch Gesellschaftsrecht 1997] Frankreich, in: Hohloch, Gerhard (Hrsg.): EU-Handbuch Gesellschaftsrecht, Loseblattwerk, Herne/Berlin, Stand: 1. Ergänzungslieferung 1997.

Tillmanns, Wolfhard: [in: Mennel/Förster, Steuern in Europa, Amerika und Asien 1998] Frankreich, in: Mennel, Annemarie/Förster, Jutta (Hrsg.): Steuern in Europa, Amerika und Asien, Loseblattwerk, Herne/Berlin, Stand: Juni 1998.

Tillmanns, Wolfhard: [in: Mössner u. a., Steuerrecht 1998] Beseitigung der Doppelbesteuerung, in: Mössner, Jörg Manfred: Steuerrecht international tätiger Unternehmen, Handbuch der Besteuerung von Auslandsaktivitäten inländischer Unternehmen und von Inlandsaktivitäten ausländischer Unternehmen, Köln 1998, S. 157-234.

Tipke, Klaus: [Teleologische Auslegung 1985] Über teleologische Auslegung, Lückenfeststellung und Lückenausfüllung, in: Klein, Franz/Vogel, Klaus (Hrsg.): Der Bundesfinanzhof und seine Rechtsprechung, Grundfragen – Grundlagen, Festschrift für Hugo von Wallis zum 75. Geburtstag, Bonn 1985, S. 133-150.

Tischbirek, Wolfgang: [in: Vogel, DBA 1996] Art. 10 OECD-MA, in: Vogel, Klaus: Doppelbesteuerungsabkommen der Bundesrepublik Deutschland auf dem Gebiet der Steuern vom Einkommen und Vermögen, Kommentar auf der Grundlage der Musterabkommen, 3. Aufl., München 1996.

Töben, Thomas: [in: Münchener Handbuch 1991] § 23 StG, in: Riegger, Bodo/Weipert, Lutz (Hrsg.): Münchener Handbuch des Gesellschaftsrechts, Band 2, Kommanditgesellschaft, Stille Gesellschaft, München 1991.

Tulloch, Anthony: [Mißbrauchsbekämpfung 1992] StÄndG 1992: Die neue Hinzurechnung im AStG als Instrument der Mißbrauchsbekämpfung, in: DB 1992, S. 1444-1449.

Tulloch, Anthony: [in: Lademann, EStG 1998] §§ 7, 8 AStG, in: Lademann, Fritz (Hrsg.): Kommentar zum Einkommensteuergesetz, Loseblattwerk, 4. Aufl., Stuttgart u. a. 1997, Stand: Mai 1998.

Uelner, Adalbert: [in: StBJb 1985/86] Folgerungen aus der Aufgabe der Gepräge-Rechtsprechung durch den Bundesfinanzhof, in: Curtius-Hartung, Rudolf/Herzig, Norbert/Niemann, Ursula (Hrsg.): Steuerberater-Jahrbuch 1985/86, zugleich Bericht über den 37. Fachkongreß der Steuerberater Köln, 28. bis 30. Oktober 1985, Köln 1986, S. 237-362.

Ullmann-Czubak, Hertha: [GmbH & Still in den USA 1980] „Association“ oder „Partnership“ – Steuerliche Qualifikation einer deutschen GmbH & Still in den USA, in: RIW 1980, S. 634-635.

Ulmer, Peter: [in: Münchener Kommentar BGB 1997] § 705 BGB, in: Rebmann, Kurt/Säcker, Franz Jürgen/Rixecker, Roland (Hrsg.): Münchener Kommentar zum Bürgerlichen Gesetzbuch, Band 5, Schuldrecht, Besonderer Teil III (§§ 705-853), Partnerschaftsgesellschaftsgesetz, Produkthaftungsgesetz, 3. Aufl., München 1997.

Unvericht, Willi: [Gewerbeertrag und Gewerbekapital 1987] Gewerbeertrag und Gewerbekapital der atypisch stillen Gesellschaft, in: DStR 1987, S. 413-416.

Vesely, Heinz/Kumpf, Wolfgang: [Ausländische Gesellschafter 1977] Stille Beteiligung ausländischer Gesellschafter an der „eigenen“ GmbH, in: RIW 1977, S. 309-313.

Vesely, Heinz/Schneider, Jutta/Behrens, Stefan: [DBA-Schachtelprivileg 1996] Zur Frage der Abzugsfähigkeit durch Auslandsbeteiligungen mit DBA-Schachtelprivileg verursachter Kosten, in: IStR 1996, S. 99-104 (Teil I) und S. 145-150 (Teil II).

Vogel, Horst: [Steueroasengesetz 1971] Aktuelle Fragen des Außensteuerrechts, insbesondere des „Steueroasengesetzes“ unter Berücksichtigung des neuen Doppelbesteuerungsabkommens mit der Schweiz, in: BB 1971, S. 1187-1192.

Vogel, Klaus: [Verbot des Verlustausgleichs 1983] Verbot des Verlustausgleichs für bestimmte ausländische Verluste. Der neue § 2a des Einkommensteuergesetzes, in: BB 1983, S. 180-188.

Vogel, Klaus: [Umgekehrt isolierende Betrachtungsweise 1985] Die „umgekehrt isolierende Betrachtungsweise“ – Über die Suggestivkraft einer Wortschöpfung, in: Klein, Franz/Vogel, Klaus (Hrsg.): Der Bundesfinanzhof und seine Rechtsprechung, Grundfragen – Grundlagen, Festschrift für Hugo von Wallis zum 75. Geburtstag, Bonn 1985, S. 397-404.

Vogel, Klaus: [in: Vogel: DBA 1996] Einl., Art. 1, 3, Vor Art. 6-22, 6, 13, 14, 23 OECD-MA, in: Vogel, Klaus: Doppelbesteuerungsabkommen der Bundesrepublik Deutschland auf dem Gebiet der Steuern vom Einkommen und Vermögen, Kommentar auf der Grundlage der Musterabkommen, 3. Aufl., München 1996.

Vogel, Klaus: [Wesen und Wirkungen 1996] Wesen und Wirkungen der Freistellung, in: Vogel, Klaus (Hrsg.): Freistellung im internationalen Steuerrecht, München 1996, S. 1-20.

von Poser und Groß-Noedlitz, Arwed: [Qualifikationskonflikt 1972] Der Qualifikationskonflikt bei Doppelbesteuerungsabkommen, München 1972.

Wagner, Jürgen: [Gesellschaftsrecht 1995] Gesellschaftsrecht in der Schweiz und in Liechtenstein, München 1995.

Wahl, Adalbert: [Vermögenseinlage 1975] Die Vermögenseinlage des atypischen stillen Gesellschafters in der Handelsbilanz und im Überschuldungsstatus der GmbH, in: GmbHR 1975, S. 169-177.

Walter, Wolfgang: [GmbH & Atypisch Still 1994] § 8a KStG und die GmbH & Atypisch Still, in: DStZ 1994, S. 113-115.

Wassermeyer, Franz: [Beschränkte Steuerpflicht 1985] Die beschränkte Steuerpflicht, in: Vogel, Klaus (Hrsg.): Grundfragen des internationalen Steuerrechts, Köln 1985, S. 49-77.

Wassermeyer, Franz: [in: JbFfSt 1985/86] Anmerkung zu „Ausgewählte ertragsteuerliche Aspekte bei atypischer stiller Beteiligung an einer GmbH einschließlich ihrer Folgen bei Auslandsbeziehungen", in: Jahrbuch der Fachanwälte für Steuerrecht 1985/86, Aktuelle steuerrechtliche Beiträge, Referate und Diskussionen der 36. Steuerrechtlichen Jahresarbeitstagung, Wiesbaden vom 13. bis 15. Mai 1985, Herne/Berlin 1986, S. 353-386.

Wassermeyer, Franz: [Auslegung 1990] Die Auslegung von Doppelbesteuerungsabkommen durch den Bundesfinanzhof, in: StuW 1990, S. 40-412.

Wassermeyer, Franz: [Anmerkungen zu einem Grundsatzurteil 1991] Anrechnung ausländischer Steuern – Einige Anmerkungen zu einem Grundsatzurteil zu § 34c EStG, in: FR 1991, S. 680-683.

Wassermeyer, Franz: [Anteilseignerbegriff 1995] Der Anteilseignerbegriff des § 8a KStG, in: IStR 1995, S. 105-108.

Wassermeyer, Franz: [Auslegung von DBA 1995] Merkwürdigkeiten bei der Auslegung von DBA durch die Finanzverwaltung, in: IStR 1995, S. 49-51.

Wassermeyer, Franz: [Replik 1995] Replik zu Prinz in IStR 1995, 378, in: IStR 1995, S. 380-382.

Wassermeyer, Franz: [Zweifelsfragen 1995] Stellungnahme zu ausgewählten Zweifelsfragen bei der Anwendung des § 8a KStG, in: Herzig, Norbert (Hrsg.): Gesellschafterfremdfinanzierung und Beteiligung an ausländischen Gesellschaften im Körperschaftsteuerrecht: Anwendungspraxis der §§ 8a und 8b KStG, Köln 1995, S. 1-15.

Wassermeyer, Franz: [Aufwandsabzug 1996] Aufwandsabzug bei Schachtelbeteiligungen, in: Vogel, Klaus (Hrsg.): Freistellung im internationalen Steuerrecht, München 1996, S. 220-228.

Wassermeyer, Franz: [Einkommen und Vermögen 1997] Einkommen und Vermögen im Abkommensrecht, in: Budde, Wolfgang Dieter/Moxter, Adolf/Offerhaus, Klaus (Hrsg.): Handelsbilanzen und Steuerbilanzen, Festschrift für Heinrich Beisse zum 70. Geburtstag, Düsseldorf 1997, S. 529-539.

Wassermeyer, Franz: [in: Debatin/Wassermeyer, DBA 1998] Art. 1, 3, Vor Art. 6-22, 6, 10, 11, 14, 23A OECD-MA, in: Debatin, Helmut/Wassermeyer, Franz (Hrsg.): Doppelbesteuerung, Kommentar zu allen Doppelbesteuerungsabkommen, begr. vom Korn, Rudolf/Dietz, Georg, Loseblattwerk, München, Stand: Juli 1998.

Wassermeyer, Franz/Baumhoff, Hubertus: [in: Flick/Wassermeyer/Becker, Außensteuerrecht 1998] § 1 AStG, in: Flick, Hans/Wassermeyer, Franz/ Becker, Helmut: Kommentar zum Außensteuerrecht, Loseblattwerk, 6. Aufl., Köln 1997, Stand: Juli 1998.

Weber, Klaus: [Ende der typisch stillen Beteiligung 1992] Ende der typisch stillen Beteiligung bei beherrschendem Einfluß?, in: DB 1992, S. 546-549.

Weber, Klaus: [Geschäftsführer-Tätigkeit 1994] Die Bedeutung der Geschäftsführer-Tätigkeit für die Annahme einer atypischen GmbH & Still, in: GmbHR 1994, S. 144-147.

Weber-Grellet, Heinrich: [Europäisiertes Steuerrecht 1995] Europäisiertes Steuerrecht?, Stand und Entwicklung, in: StuW 1995, S. 336-351.

Weilbach, Erich A.: [Sonderposten mit Rücklageanteil 1989] Der Sonderposten mit Rücklageanteil – Scharnier der Maßgeblichkeit der Handelsbilanz, in: BB 1989, S. 1788-1791.

Werndl, Josef: [in: Kirchhof/Söhn, EStG 1998] § 6 EStG, in: Kirchhof, Paul/ Söhn, Hartmut (Hrsg.): Einkommensteuergesetz, Kommentar, Loseblattwerk, Heidelberg, Stand: Oktober 1998.

Westerfelhaus, Herwarth: [Bilanzrecht 1988] Die stille Gesellschaft im Bilanzrecht, in: DB 1988, S. 1173-1179.

Westermann, Harm P.: [Vertragsfreiheit 1970] Vertragsfreiheit und Typengesetzlichkeit im Recht der Personengesellschaften, Berlin 1970.

Westermann, Harm P.: [in: Handkommentar BGB 1993] Vor § 705 BGB, in: Westermann, Harm P. (Hrsg.): Handkommentar zur Bürgerlichen Gesetzbuch, 9. Aufl., München 1993.

Wied, Edgar: [in: Blümich, EStG 1998] § 34c EStG, in: Blümich: EStG · KStG · GewStG, Kommentar, hrsg. von Ebling, Klaus, Loseblattwerk, München, Stand: April 1998.

Wilke, Kay-Michael: [Besteuerung ausländischer Einkünfte 1995] Die Besteuerung ausländischer Einkünfte im Körperschaftsteuerrecht, in: IWB, Fach 3, Deutschland, Gruppe 4, Loseblattwerk, 17. Aufl., Herne/Berlin 1994, Stand: Juni 1998, S. 339-360.

Wilke, Kay-Michael: [Internationales Steuerrecht 1997] Lehrbuch des internationalen Steuerrechts, 6. Aufl., Herne/Berlin 1997.

Wilke, Kay-Michael: [in: Becker/Höppner/Grotherr/Kroppen, DBA 1998] Art. 1, 3, 14 OECD-MA, in: Becker, Helmut/Höppner, Horst-Dieter/Grotherr, Siegfried/Kroppen, Heinz-Klaus (Hrsg.): DBA-Kommentar, Loseblattwerk, Herne/Berlin, Stand: Juni 1998.

Winkeljohann, Norbert/Halfar, Bernd: [Gewerbesteuerliche Vorzüge 1994] Gewerbesteuerliche Vorzüge der GmbH & atypisch Still?, in: DB 1994, S. 2471-2474.

Winther-Sørensen, Niels: [Unternehmensbesteuerung in Dänemark 1994] Unternehmensbesteuerung in Dänemark, in: Lang, Joachim (Hrsg.): Unternehmensbesteuerung in EU-Staaten, Köln 1994, S. 121-151.

Wirth, Gerhard: [in: Münchener Handbuch 1991] § 3 KG, in: Riegger, Bodo/Weipert, Lutz (Hrsg.): Münchener Handbuch des Gesellschaftsrechts, Band 2, Kommanditgesellschaft, Stille Gesellschaft, München 1991.

Wöhe, Günter: [Steuerlehre II/1 1990] Betriebswirtschaftliche Steuerlehre, Band II, 1. Halbband, Der Einfluß der Besteuerung auf die Wahl und den Wechsel der Rechtsform des Betriebes, 5. Aufl., München 1990.

Wöhrle, Winfried: [in: Wöhrle/Schelle/Gross, AStG 1997] § 8 AStG, in: Wöhrle, Winfried/Schelle, Diether/Gross, Ekkehard: Außensteuergesetz (AStG), Kommentar, Loseblattwerk, Stuttgart, Stand: September 1997.

Wolf-Knott, Bernd: [Ertragsteuerliche Behandlung 1996] Die ertragsteuerliche Behandlung der stillen Gesellschaft, in: SteuerStud 1996, S. 112-118.

Wurster, Hans-Jürgen: [Anerkennung ausländischer Körperschaften 1980] Die Anerkennung ausländischer Körperschaften im deutschen Ertragsteuerrecht, in: FR 1980, S. 588-591.

Zacharias, Erwin/Hebig, Michael/Rinnewitz, Jürgen: [Stille Gesellschaft 1996] Die atypische stille Gesellschaft. Recht, Steuer, Betriebswirtschaft, Bielefeld 1996.

Ziegler, Günter/Baumgärtel, Martina: [Funktionale Betrachtungsweise 1993] Die funktionale Betrachtungsweise des Außensteuergesetzes bei „Einkünften aus Kapitalvermögen", in: Beisse, Heinrich/Lutter, Marcus/Närger, Heribald (Hrsg.): Festschrift für Karl Beusch zum 68. Geburtstag, Berlin 1993, S. 963-972.

Zwosta, Max-Burkhard: [in: Debatin/Wassermeyer, DBA 1998] Art. 10 DBA-Schweiz, in: Debatin, Helmut/Wassermeyer, Franz (Hrsg.): Doppelbesteuerung, Kommentar zu allen deutschen Doppelbesteuerungsabkommen, begr. von Korn, Rudolf/Dietz, Georg, Loseblattwerk, München, Stand: Juli 1998.

Bundestagsdrucksachen

BT-Drs. 6/2883 vom 2.12.1971: Entwurf eines Gesetzes zur Wahrung der steuerlichen Gleichmäßigkeit bei Auslandsbeziehungen und zur Verbesserung der steuerlichen Wettbewerbslage bei Auslandsinvestitionen.

BT-Drs. 8/3648 vom 8.2.1980: Entwurf eines Gesetzes zur Änderung des Einkommensteuergesetzes, des Körperschaftsteuergesetzes und anderer Gesetze.

BT-Drs. 9/2074 vom 4.11.1982: Entwurf eines Gesetzes zur Wiederbelebung der Wirtschaft und Beschäftigung und zur Entlastung des Bundeshaushaltes (Haushaltsbegleitgesetz 1983).

BT-Drs. 10/4268 vom 18.11.1985: Beschlußempfehlung und Bericht des Rechtsausschusses (6. Ausschuß) zu dem von der Bundesregierung eingebrachten Entwurf eines Gesetzes zur Durchführung der Vierten Richtlinie des Rates der Europäischen Gemeinschaften zur Koordinierung des Gesellschaftsrechts (Bilanzrichtliniegesetz – BiRiLiG), Drucksache 10/317, und zum Entwurf eines Gesetzes zur Durchführung der Siebenten und Achten Richtlinie des Rates der Europäischen Gemeinschaften zur Koordinierung des Gesellschaftsrechts, Drucksache 10/3440.

BT-Drs. 12/4158 vom 20.1.1993: Entwurf eines Gesetzes zur Verbesserung der steuerlichen Bedingungen zur Sicherung des Wirtschaftsstandorts Deutschland im Europäischen Binnenmarkt (Standortsicherungsgesetz – StandOG).

BMF-Schreiben

BMF vom 11.7.1974: Grundsätze zur Anwendung des Außensteuergesetzes, IV C 1 – S 1340 – 32/74, BStBl. I 1974, S. 442.

BMF vom 9.2.1981: Sinngemäße Anwendung des § 15 a EStG bei den Einkünften aus Vermietung und Verpachtung; hier: Billigkeitsregelung zur Berücksichtigung der Anteilsfinanzierung durch Kredit, IV B 1 – S 2253 – 28/81, BStBl. I 1981, S. 75.

BMF vom 16.3.1987: Verdecktes Nennkapital, IV B 7 – S 2742 – 3/87, BStBl. I 1987, S. 373.

BMF vom 26.11.1987: Steuerrechtliche Behandlung der atypischen stillen Gesellschaft, IV B 2 – S 2241 – 61/87, BStBl. I 1987, S. 765.

BMF von 31.8.1990: Negative Einkünfte aus der Vermietung und Verpachtung im Rahmen von sog. Bauherrenmodellen und vergleichbaren Modellen sowie geschlossenen Immobilienfonds, IV B 3 – S 2253a – 49/90, BStBl. I 1990, S. 366.

BMF vom 18.2.1992: Anrechnung ausländischer Steuern gemäß § 34c EStG; hier: BFH-Urteil vom 4. Juni 1991 – X R 35/88 –, IV C 6 – S 2293 – 17/91, BStBl. I 1992, S. 123.

BMF vom 20.2.1992: Begriff des Kapitalkontos i.S. des § 15a EStG und Begriff der nicht unwahrscheinlichen Vermögensminderung i.S. des § 15a EStG; hier: Anwendung der BFH-Urteile vom 14. Mai 1991 – VIII R 31/88 – und – VIII R 111/86 –, IV B 2 – S 2241a – 8/92, BStBl. I 1992, S. 123.

BMF vom 2.12.1994: Grundsätze zur Anwendung des Außensteuergesetzes, IV C 7 – S 1340 – 20/94, BStBl. I 1995, Sondernummer 1.

BMF vom 15.12.1994: Gesellschafter-Fremdfinanzierung (§ 8a KStG), IV B 7 – S 2742a – 63/94, BStBl. I 1995, S. 25.

BMF vom 27.2.1996: Berücksichtigung ausländischer Verhältnisse; Ländergruppeneinteilung ab 1996, IV B 6 – S 2365 – 4/96, BStBl. I 1996, S. 115.

BMF vom 20.1.1997: Zuordnung von Betriebsausgaben zu steuerfreien Schachteldividenden, IV C 5 – S 1301 – 176/96, BStBl. I 1997, S. 99.

Erlasse der Länder

FinMin NRW vom 1.12.1986, S 1301 – USA 60 – V C 1, in: DB 1987, S. 24.

OFD-Verfügungen

OFD Düsseldorf vom 5.7.1989, S 2118a A – St 11 H 1, in: DB 1989, S. 1700.

OFD Düsseldorf vom 8.1.1991, S 1301 A – Schweiz-St 115, in: DB 1991, S. 308.

OFD Freiburg vom 24.2.1995, S 1301 A – St 32 2/109, in: IStR 1995, S. 190.

OFD Karlsruhe vom 24.2.1995, S 1301 B – 56/93 – St 231, in: IStR 1995, S. 190.

OFD Stuttgart vom 24.2.1995, S 2293 A – 66 – St 32, in: IStR 1995, S. 190.

OFD Bremen vom 21.3.1995, S 1300 – St 2210, in: FR 1995, S. 521.

Urteile

1. Europäischer Gerichtshof

Datum	Aktenzeichen	Fundstelle
14.2.1995	C–279/93	EUGHE I 1995, S. 225

2. Bundesgerichtshof

Datum	Aktenzeichen	Fundstelle
29.10.1952	II Z R 16/52	BGHZ 7, S. 378
26.9.1957	II ZR 42/56	in: WM 1957, S. 1335
30.11.1959	II ZR 204/57	in: DB 1960, S. 261
22.1.1962	II Z R 11/61	BGHZ 36, S. 292
25.9.1963	V ZR 133/61	in: BB 1963, S. 1277
10.6.1965	III ZR 239/63	in: WM 1965, S. 1052
9.2.1967	III ZR 226/64	in: BB 1967, S. 439
21.3.1983	II ZR 139/82	in: GmbHR 1984, S. 39
21.3.1986	V ZR 10/85	BGHZ 97, S. 269
11.7.1988	II ZR 346/87	in: WM 1988, S. 1447

3. Reichsfinanzhof

Datum	Aktenzeichen	Fundstelle
12.2.1930	VI A 899/27	RStBl. 1930, S. 444
28.11.1933	I A 456/31	RStBl. 1934, S. 620
31.10.1940	IV 78/40	RStBl. 1941, S. 19
20.1.1944	III 38/43	RStBl. 1944, S. 435
20.8.1954	I 130/53 U	RStBl. III 1954, S. 336

4. Bundesfinanzhof

Datum	Aktenzeichen	Fundstelle
22.8.1951	IV 246/50	BStBl. III 1951, S. 181
20.3.1956	I 178/55 U	BStBl. III 1956, S. 179
20.1.1959	I 112/57 S	BStBl. III 1959, S. 133
2.8.1960	I 221/59 S	BStBl. III 1960, S. 408

11.10.1960	I 229/59 U	BStBl. III 1960, S. 509
25.10.1963	I 325/61 S	BStBl. III 1964, S. 17
29.1.1964	I 153/61 S	BStBl. III 1964, S. 165
28.10.1964	I 198/62 U	BStBl. III 1965, S. 119
18.2.1966	VI 326/65	BStBl. III 1966, S. 496
17.3.1966	IV 233-234/65	BStBl. III 1966, S. 171
18.3.1966	IV 218/65	BStBl. III 1966, S. 197
30.11.1966	I 215/64	BStBl. III 1967, S. 400
15.11.1967	IV R 139/67	BStBl. II 1968, S. 152
7.2.1968	I 103/65	BStBl. II 1968, S. 454
21.3.1968	IV R 166/67	BStBl. II 1968, S. 579
4.7.1968	IV 136/63	BStBl. II 1968, S. 671
17.7.1968	I 121/64	BStBl. II 1968, S. 695
9.10.1969	IV 294/69	BStBl. II 1970, S. 320
22.1.1970	IV R 178/68	BStBl. II 1970, S. 416
7.10.1970	I R 1/68	BStBl. II 1971, S. 69
21.4.1971	I R 97/68	BStBl. II 1971, S. 694
29.5.1972	GrS 4/71	BStBl. II 1973, S. 5
3.8.1972	IV R 235/67	BStBl. II 1972, S. 799
17.1.1973	I R 46/71	BStBl. II 1973, S. 418
14.2.1973	I R 131/70	BStBl. II 9173, S. 393
29.3.1973	IV R 56/70	BStBl. II 1973, S. 650
15.6.1973	III R 118/70	BStBl. II 1973, S. 810
27.9.1973	IV R 33/71	BStBl. II 1974, S. 51
28.11.1973	I R 101/72	BStBl. II 1974, S. 289
20.2.1974	I R 217/71	BStBl. II 1974, S. 511
21.2.1974	IV B 28/73	BStBl. II 1974, S. 404
30.1.1975	IV R 190/71	BStBl. II 1975, S. 776
10.4.1975	I R 261/72	BStBl. II 1975, S. 586
24.4.1975	I R 204/73	BStBl. II 1975, S. 604
2.7.1975	I B 5/75	BFHE 116, S. 348
15.10.1975	I R 16/73	BStBl. II 1976, S. 188
13.5.1976	IV R 4/75	BStBl. II 1976, S. 617
19.5.1976	I R 164/74	BStBl. II 1977, S. 60

8.12.1976	I R 215/73	BStBl. II 1977, S. 409
25.5.1977	I R 93/75	BStBl. II 1977, S. 660
10.2.1978	III R 115/76	BStBl. II 1978, S. 256
25.1.1979	IV R 56/75	BStBl. II 1979, S. 302
20.2.1979	VII R 16/78	BStBl. II 1979, S. 274
12.4.1979	IV R 14/76	BStBl. II 1979, S. 622
11.7.1979	I R 149/76	BFHE 128, S. 248
11.10.1979	IV R 125/76	BStBl. II 1980, S. 40
8.11.1979	IV R 145/77	BStBl. II 1980, S. 146
5.12.1979	I R 184/76	BStBl. II 1980, S. 119
30.1.1980	I R 194/77	BStBl. II 1980, S. 449
6.2.1980	I R 50/76	BStBl. II 1980, S. 477
6.11.1980	IV R 182/77	BStBl. II 1981, S. 220
11.12.1980	IV R 91/76	BStBl. II 1981, S. 310
22.1.1981	IV B 41/80	BStBl. II 1981, S. 424
19.3.1981	IV R 167/80	BStBl. II 1981, S. 527
5.5.1981	VIII B 26/80	BStBl. II 1981, S. 574
25.6.1981	IV R 61/78	BStBl. II 1982, S. 59
28.1.1982	IV R 197/79	BStBl. II 1982, S. 389
20.10.1982	I R 104/79	BStBl. II 1983, S. 402
1.12.1982	I R 238/81	BStBl. II 1983, S. 213
2.12.1982	IV R 72/79	BStBl. II1983, S. 215
12.1.1983	I R 90/79	BStBl. II 1983, S. 382
24.3.1983	IV R 240/80	BStBl. II 1983, S. 663
14.4.1983	IV R 198/80	BStBl. II 1983, S. 555
18.5.1983	I R 5/82	BStBl. II 1983, S. 771
21.6.1983	VIII R 237/80	BStBl. II 1983, S. 563
26.10.1983	I R 200/78	BStBl. II 1984, S. 258
10.11.1983	IV R 62/82	BStBl. II 1984, S. 605
10.11.1983	IV R 86/80	BStBl. II 1984, S. 152
7.12.1983	I R 144/79	BStBl. II 1984, S. 373
8.3.1984	I R 31/80	BStBl. II 1984, S. 623
2.5.1984	VIII R 276/81	BStBl. II 1984, S. 820
22.5.1984	VIII R 35/84	BStBl. II 1985, S. 243

23.5.1984	I R 294/81	BStBl. II 1984, S. 673
25.6.1984	GrS 4/82	BStBl. II 1984, S. 751
2.9.1985	IV B 51/85	BStBl. II 1986, S. 10
10.10.1985	IV B 30/85	BStBl. II 1986, S. 68
23.10.1985	I R 247/81	BStBl. II 1986, S. 199
23.10.1985	I R 247/81	BStBl. II 1986, S. 195
12.11.1985	VIII R 286/81	BStBl. II 1986, S. 55
12.11.1985	VIII R 364/83	BStBl. II 1986, S. 311
28.1.1986	IX R 12/80	BStBl. II 1986, S. 348
5.6.1986	IV R 268/82	BStBl. II 1986, S. 659
24.7.1986	IV R 103/83	BStBl. II 1987, S. 54
7.10.1986	IX R 167/83	BStBl. II 1987, S. 322
7.4.1987	IX R 103/85	BStBl. II 1987, S. 777
19.5.1987	VIII B 104/85	BStBl. II 1988, S. 5
9.7.1987	IV R 95/85	BStBl. II 1988, S. 247
6.10.1987	VIII R 137/84	BStBl. II 1988, S. 679
22.10.1987	IV R 17/84	BStBl. II 1988, S. 62
26.10.1987	GrS 2/86	BStBl. II 1988, S. 348
26.10.1987	GrS 2/86	BStBl. II 1988, S. 348
10.11.1987	VIII R 53/84	BStBl. II 1988, S. 186
3.2.1988	I R 134/84	BStBl. II 1988, S. 588
24.2.1988	I R 95/84	BStBl. II 1988, S. 663
21.4.1988	IV R 47/85	BStBl. II 1989, S. 722
9.11.1988	I R 191/84	BStBl. II 1989, S. 343
22.2.1989	I R 44/85	BStBl. II 1989, S. 475
2.3.1989	IV R 128/86	BStBl. II 1989, S. 543
1.6.1989	IV R 19/88	BStBl. II 1989, S. 1018
6.7.1989	IV R 62/86	BStBl. II 1989, S. 890
13.9.1989	I R 117/87	BStBl. II 1990, S. 57
13.9.1989	I R 117/87	BStBl. II 1990, S. 57
20.9.1989	X R 180/87	BStBl. II 1990, S. 112
28.11.1989	VIII R 40/84	BStBl. II 1990, S. 561
24.1.1990	I R 55/85	BStBl. II 1991, S. 147
16.5.1990	I R 16/88	BStBl. II 1990, S. 1049

22.5.1990	VIII R 41/87	BFHE 161, S. 456
30.5.1990	I R 97/88	BStBl. II 1990, S. 875
21.8.1990	VIII R 271/84	BStBl. II 1991, S. 126
17.10.1990	I R 16/89	BStBl. II 1991, S. 211
17.10.1990	I R 182/87	BStBl. II 1991, S. 136
20.11.1990	VIII R 10/87	BFHE 163, S. 336
5.12.1990	I R 94/88	BStBl. II 1991, S. 287
11.12.1990	VIII R 122/86	BFHE 163, S. 346
25.2.1991	GrS 7/89	BStBl. II 1992, S. 697
27.2.1991	I R 15/89	BStBl. II 1991, S. 444
14.5.1991	VIII R 31/88	BStBl. II 1992, S. 167
22.5.1991	I R 32/90	BStBl. II 1992, S. 94
4.6.1991	X R 35/88	BStBl. II 1992, S. 187
5.9.1991	IV R 40/90	BStBl. II 1992, S. 192
13.11.1991	I R 3/91	BStBl. II 1992, S. 345
4.12.1991	I R 140/90	BStBl. II 1992, S. 750
5.2.1992	I R 127/90	BStBl. II 1992, S. 532
26.2.1992	I R 85/91	BStBl. II 1992, S. 937
29.4.1992	I R 102/91	BStBl. II 1993, S. 149
23.6.1992	IX R 182/87	BStBl. II 1992, S. 972
15.12.1992	VIII R 42/90	BStBl. II 1994, S. 702
16.12.1992	I R 32/92	BStBl. II 1993, S. 395
9.2.1993	VIII R 29/91	BStBl. II 1993, S. 747
26.5.1993	X R 108/91	BStBl. II 1994, S. 96
27.5.1993	IV R 1/92	BStBl. II 1994, S. 700
23.6.1993	I R 72/92	BStBl. II 1993, S. 801
13.7.1993	VIII R 50/92	BStBl. II 1994, S. 282
13.7.1993	VIII R 85/91	BStBl. II 1994, S. 243
19.1.1994	I R 93/93	BStBl. II 1994, S. 725
24.1.1994	IV R 114/91	BStBl. II 1994, S. 635
2.2.1994	I R 66/92	BStBl. II 1994, S. 727
3.2.1994	III R 23/89	BStBl. II 1994, S. 243
16.3.1994	I R 42/93	BStBl. II 1994, S. 799
16.3.1994	I R 42/93	BStBl. II 1994, S. 799

29.6.1994	I R 137/93	BFHE 175, S. 350
10.8.1994	I R 133/93	BStBl. II 1995, S. 171
31.5.1995	I R 74/93	BStBl. II 1995, S. 683
30.8.1995	I R 77/94	BStBl. II 1996, S. 122
30.8.1995	I R 112/94	BStBl. II 1996, S. 563
14.12.1995	IV R 106/94	BStBl. II 1996, S. 226
16.2.1996	I R 47/95	BStBl. II 1996, S. 588
26.3.1996	IX R 12/91	BStBl. II 1996, S. 606
29.5.1996	I R 15/94	BStBl. II 1997, S. 57
29.5.1996	I R 15/94	BStBl. II 1997, S. 57
29.5.1996	I R 167/94	BStBl. II 1997, S. 60
29.5.1996	I R 21/95	BStBl. II 1997, S. 63
1.8.1996	VIII R 12/94	BStBl. II 1997, S. 272
15.10.1996	IX R 72/92	BStBl. II 1997, S. 250
26.11.1996	VIII R 42/94	BStBl. II 1998, S. 328
18.12.1996	I R 139/94	BStBl. II 1997, S. 301
3.7.1997	IV R 58/95	BStBl. II 1998, S. 86
17.12.1997	I B 96/97	BStBl. II 1998, S. 321
15.10.1998	IV R 18/98	in: BB 1999, S. 94

5. Finanzgerichte und Oberlandesgerichte

Gericht/Datum	**Aktenzeichen**	**Fundstelle**
FG Hannover		
12.11.1958	VII 430-435/36	EFG 1959, S. 155
FG Rheinland-Pfalz		
21.3.1988	5 K 338/87	EFG 1988, S. 574
OLG Oldenburg		
4.4.1989	12 U 13/89	in: RIW 1990, S. 1019
FG Niedersachsen		
8.11.1990	VI 174/89	in: RIW 1991, S. 79
OLG Düsseldorf		
15.11.1990	G U 94/90	in: DStR 1992, S. 726
FG München		
15.1.1992	1 K 1208/87	EFG 1992, S. 463

FG Düsseldorf

15.12.1992 6 K 110/88 K EFG 1993, S. 447

Verträge und Richtlinien

Vertrag zur Gründung der Europäischen Gemeinschaft vom 25.3.1957 (EGV), BGBl. II 1957, S. 766.

Richtlinie Nr. 90/434/EWG des Rates über das gemeinsame Steuersystem für Fusionen, Spaltungen, die Einbringung von Unternehmensteilen und den Austausch von Anteilen, die Gesellschaften verschiedener Mitgliedstaaten betreffen vom 23.6.1990 (Fusions-Richtlinie), ABl. EG Nr. L 225, S. 1.

Richtlinie Nr. 90/435/EWG des Rates über das gemeinsame Steuersystem der Mutter- und Tochtergesellschaften verschiedener Mitgliedstaaten vom 23.6.1990 (Mutter/Tochter-Richtlinie), ABl. EG Nr. L 225, S. 6.

Gesetze

Abgabenordnung (AO) in der Fassung vom 16.3.1976, BGBl. I 1976, S. 613, mit späteren Änderungen.

Aktiengesetz (AktG) in der Fassung vom 6.9.1865, BGBl. I 1965, S. 1089, mit späteren Änderungen.

Auslandsinvestitionsgesetz (AIG) in der Fassung vom 18.81969, BGBl. I 1969, S. 1214, mit späteren Änderungen.

Auslandsinvestmentgesetz (AuslInvG) in der Fassung vom 28.7.1969, BGBl. I 1969, S. 968, mit späteren Änderungen.

Bewertungsgesetz (BewG) in der Fassung vom 1.2.1991, BGBl. I 1991, S. 231, mit späteren Änderungen.

Bürgerliches Gesetzbuch (BGB) in der Fassung vom 18.8.1896, RGBl. 1896, S. 195, mit späteren Änderungen.

Einkommensteuergesetz (EStG) in der Fassung vom 16.4.1997, BGBl. I 1997, S. 823, mit späteren Änderungen.

Entwicklungsländer-Steuergesetz (EntwLStG) in der Fassung vom 21.5.1979, BGBl. I 1878, S. 565, mit späteren Änderungen.

Erbschaft- und Schenkungsteuergesetz (ErbStG) in der Fassung vom 27.2.1997, BGBl. I 1997, S. 379.

Finanzgerichtsordnung (FGO) in der Fassung vom 6.10.1965, BGBl. I 1965, S. 1477, mit späteren Änderungen.

Gesetz betreffend die Gesellschaften mit beschränkter Haftung (GmbHG) in der Fassung vom 20.4.1892, RGBl. 1892, S. 477, mit späteren Änderungen.

Gesetz über die Besteuerung bei Auslandsbeziehungen (Außensteuergesetz) in der Fassung vom 8.9.1972, BGBl. I 1972, S. 1713, mit späteren Änderungen.

Gesetz über die Rechnungslegung von bestimmten Unternehmen und Konzernen (Publizitätsgesetz) in der Fassung vom 15.8.1969, BGBl. I 1969, S. 1189, mit späteren Änderungen.

Gesetz vom 18.7.1974 (Zweites Steueränderungsgesetz 1973), BGBl. I 1974, S. 1489.

Gesetz vom 19.12.1985 (Steuerbereinigungsgesetz 1986), BGBl. I 1985, S. 2436.

Gesetz vom 25.7.1988 (Steuerreformgesetz (StRefG) 1990), BGBl. I 1988, S. 1093, 2074.

Gesetz vom 11.10.1995 (Jahressteuergesetz 1996), BGBl. I 1995, S. 1250.

Gesetz vom 20.12.1996 (Jahressteuergesetz 1997), BGBl. I 1996, S. 2049.

Gesetz zu dem Wiener Übereinkommen vom 23. Mai 1969 über das Recht der Verträge vom 3.8.1985, BGBl. II 1985, S. 926.

Gesetz zum Vertrag vom 7.2.1992 über die Europäische Union (EU-Vertrag) vom 28.12.1992, BGBl. II 1992, S. 1251.

Gesetz zur Bekämpfung des Mißbrauchs und zur Bereinigung des Steuerrechts (StMBG) vom 21.12.1993, BGBl. I 1993, S. 2310.

Gesetz zur Durchführung der Vierten, Siebenten und Achten Richtlinie des Rates der Europäischen Gemeinschaften zur Koordinierung des Gesellschaftsrechts (Bilanzrichtlinien-Gesetz (BiRiLiG)) vom 19.12.1985, BGBl. I 1985, S. 2355.

Gesetz zur Entlastung der Familien und zur Verbesserung der Rahmenbedingungen für Investitionen und Arbeitsplätze vom 25.2.1992 (StÄndG 1992), BGBl. I 1992, S. 297.

Gesetz zur Neuregelung des Kaufmanns- und Firmenrechts und zur Änderung anderer handels- und gesellschaftsrechtlicher Vorschriften vom 22.6.1998 (Handelsreformgesetz HRefG), BGBl. I 1998, S. 1474.

Gesetz zur Verbesserung der steuerlichen Bedingungen zur Sicherung des Wirtschaftsstandorts Deutschland im Europäischen Binnenmarkt vom 13.9.1993 (StandOG), BGBl. I 1993, S. 1569.

Gewerbesteuergesetz (GewStG) in der Fassung vom 21.3.1991, BGBl. I 1991, S. 815, mit späteren Änderungen.

Grundgesetz der Bundesrepublik Deutschland (GG) in der Fassung vom 23.5.1949, BGBl. I 1949, S. 1, mit späteren Änderungen.

Handelsgesetzbuch (HGB) in der Fassung vom 10.5.1897, RGBl. 1897, S. 219, mit späteren Änderungen.

Körperschaftsteuergesetz (KStG) in der Fassung vom 22.2.1996, BGBl. I 1996, S. 341, mit späteren Änderungen.

Zweites Gesetz zur Verbesserung der Haushaltsstruktur vom 22.12.1981 (Zweites Haushaltsstrukturgesetz (HStrktG)), BGBl. I 1981, S. 1523.

FSC
www.fsc.org
MIX
Papier | Fördert
gute Waldnutzung
FSC® C083411

Kolibri 360 GmbH
Ferdinand-Jühlke-Straße 7
99095 Erfurt, Deutschland
produktsicherheit@kolibri360.de

Druck:
CPI Druckdienstleistungen GmbH
im Auftrag der
Kolibri 360 GmbH
Ferdinand-Jühlke-Str. 7
99095 Erfurt